Contratos de Rede e Redes de Empresas

Contratos de Rede e Redes de Empresas

2020

Joana Correia de Miranda
Doutora em Direito e Advogada

ALMEDINA

CONTRATOS DE REDE E REDES DE EMPRESAS

AUTORA
Joana Correia de Miranda

EDITOR
EDIÇÕES ALMEDINA, S.A.
Rua Fernandes Tomás, nºs 76-80
3000-167 Coimbra
Tel.: 239 851 904 · Fax: 239 851 901
www.almedina.net · editora@almedina.net

DESIGN DE CAPA
FBA.

PRÉ-IMPRESSÃO
João Jegundo

IMPRESSÃO E ACABAMENTO
ARTIPOL - www.artipol.net

Março, 2020

DEPÓSITO LEGAL
468047/20

ALMEDINA | GRUPOALMEDINA

BIBLIOTECA NACIONAL DE PORTUGAL – CATALOGAÇÃO NA PUBLICAÇÃO

MIRANDA, Joana Simões Correia de

Contratos de rede e redes de empresas. – (Teses de doutoramento)
ISBN 978-972-40-8314-8

CDU 34

A meus Pais e Irmãos

Por tudo o que são. Por tudo o que sou.

Recomeça...
Se puderes,
Sem angústia e sem pressa.
E os passos que deres,
Nesse caminho duro
Do futuro,
Dá-os em liberdade.
Enquanto não alcances
Não descanses.
De nenhum fruto queiras só metade.

MIGUEL TORGA, *Diário XIII*

NOTA PRÉVIA

O texto que se publica corresponde, com ligeiras alterações, à dissertação de doutoramento em Direito (Ciências Jurídico-Empresariais) apresentada à Faculdade de Direito da Universidade de Coimbra, em setembro de 2015, e defendida em provas públicas, na mesma Faculdade, no dia 30 de janeiro de 2018, perante um júri constituído pelos Professores Doutores Rui Manuel de Figueiredo Marcos (Presidente), Paulo de Tarso da Cruz Domingues, Fernando Augusto Ferreira Pinto (Arguente), Jorge Manuel Coutinho de Abreu (Orientador), Filipe Cassiano Nunes dos Santos, Francisco Manuel Brito Pereira Coelho e Carolina de Castro Nunes Vicente Cunha (Arguente), tendo sido aprovada com distinção por unanimidade. Aos membros do júri agradeço a atenção dispensada ao resultado da investigação realizada e, em especial, aos arguentes pelas valiosas apreciações feitas à dissertação.

Aproveito a oportunidade para agradecer à minha família, ao Filipe, aos meus amigos e aos meus colegas de trabalho, por todo o apoio e incentivo para a investigação que culminou no presente texto e por toda a compreensão e paciência pelas horas que deixaram de ser suas.

Um agradecimento, em especial, à Catarina Vasconcelos e ao Dr. António Frada, pela leitura atenta e crítica da dissertação, pelos comentários e sugestões que formularam e que muito contribuíram para a conclusão do texto.

Profundamente grata sou ao meu orientador Professor Doutor Jorge Manuel Coutinho de Abreu, por todo o empenho, conselhos, ensinamentos e disponibilidade sempre demonstrados.

RESUMO

O objetivo da presente investigação é contribuir para o estudo do fenómeno de cooperação interempresarial em rede. As relações de rede têm sido apresentadas como uma alternativa às relações de mercado e às formas de integração de empresas.

Uma análise quanto às figuras jurídicas com as quais as redes apresentam maiores afinidades permite concluir que as redes são uma figura trans-típica, mas com elementos mínimos que permitem identificar a cooperação de rede como um conjunto tendencialmente estável e duradouro de relações bilaterais ou multilaterais de colaboração entre empresas, juridicamente autónomas e independentes, que visam aumentar a competitividade no mercado, coordenando as suas atividades económicas de forma interdependente.

A relevância jurídica específica das redes não é alcançada através do mero somatório do contrato ou de um conjunto de contratos; a ligação entre os vários contratantes opera ao nível da causa e do objeto.

De iure constituendo, sustenta-se a necessidade de regulação de alguns aspetos das relações reticulares ante a insuficiência das soluções legais existentes e, bem assim, dos princípios jurídicos aplicáveis em geral, nos domínios da vinculação, representação e responsabilidade civil.

Após análise da noção legal de rede contida no Estatuto da Ordem dos Revisores Oficias de Contas e no Regime Jurídico da Supervisão de Auditoria, conclui-se que os parâmetros exemplificativos eleitos pelo legislador europeu e nacional para considerar a existência de uma rede no domínio de atividade dos revisores oficiais de contas e sociedades de revisores oficiais de contas podem ser convocados para a análise das relações de cooperação interempresarial e conduzir à conclusão de existência de uma relação de rede quando se verifiquem aqueles indícios, fora dos quadros da revisão de contas.

Quanto às relações de rede em que existe uma entidade a quem são atribuídos ou reconhecidos poderes de conformação da rede, analisa-se o poder de controlo do cume da rede, qualificando-o como um poder funcionalizado, que tem sempre como diapasão o bom funcionamento da rede e é passível de sindicância judicial, quer quanto à sua extensão quer quanto ao modo de exercício. A eventual responsabilidade do cume da rede por atos praticados pelos membros da rede integrantes na rede gerida pelo primeiro tem a sua fonte na aplicação das regras gerais de direito civil, nomeadamente na tutela da boa fé, na proibição do abuso de direito, e ainda, na responsabilidade pelo risco, sendo especialmente ponderada a relevância do interesse do cume da rede e o equilíbrio contratual.

Analisa-se, ainda, a vertente dinâmica da rede, quer quanto à sua constituição, conteúdo dos deveres dos seus membros e cessação, com especial análise quanto ao tempo de duração mínima de vinculação ou vigência dos contratos de rede.

Palavras-chave: Redes, Redes de Empresas, Tipicidade, Interdependência, Coligação Contratual.

ABSTRACT

The goal of this research is to contribute to the study of the phenomenon of enterprise network cooperation. Network relationships have been presented as an alternative to market relations and hierarchy.

An analysis on similar legal concepts shows that networks are a trans-typical concept, yet they have some elements which can lead towards qualification of a network as a set of bilateral or multilateral stable and long-lasting collaboration relationships between enterprises, autonomous and independent, with the purpose of increasing market competition by coordinating their economic activities interdependently.

The specific legal relevance of networks is not achieved through the mere sum of the contracts or set of contracts; the link between the various contractors occurs at both cause and object level.

De jure constituendo, it is presented the need for regulation of some aspects of reticular relationships, considering the insufficiency of the existing legal solutions, as well as the insufficiency of general legal principles applicable in the areas of binding, representation and liability.

After analysing the legal notion of network contained in the Statute of Chartered Accounts Officers Bar and the Legal Regime of the Audit Supervision, it is concluded that the parameters elected by European and national legislators to consider the existence of a network in the field of activity of the chartered accounts officers and companies of chartered accounts officers may be applied to the analysis of enterprises relationships pointing out to its existence whenever some of those signs occur, outside the Chartered Accounts Officers field.

As to the cases in which there is an entity to whom coordination powers are assigned or recognized (leader), it is analysed the leader control power, which is qualified as a functionalized power, oriented towards the proper functioning of the network and subject to judicial appreciation, either as to its length or as to the way it is exercised. Network leader's liability for acts performed by network members has its source in the application of general rules of civil law, including good faith, the prohibition of abuse of right, and responsibility for risk, with special attention being given to the relevance of network's leader interest and the contractual balance.

It also analyses the dynamic aspect of the network, either as to its constitution, either as to the content of the duties of its members and cessation, with special analysis to the minimum length of time of binding or enforceability of network contracts.

Key words: Networks, Enterprise Networks, Typicality, Interdependence, Linked Contracts.

ABREVIATURAS

AAVV	Autores vários
ACE	Agrupamento Complementar de Empresas
BGB	Bürgerlichen Gesetzbuches
CCiv	Código Civil, aprovado pelo Decreto-Lei nº 47344/66, de 25 de novembro
CCom	Código Comercial, aprovado por Carta de Lei de 28 de junho de 1888
CCoop	Código Cooperativo, aprovado pela Lei nº 119/2015, de 31 de agosto
Cfr.	Confronte
CIRC	Código do Imposto sobre o Rendimento das Pessoas Coletivas, aprovado pelo Decreto-Lei nº 442-B/88, de 30 de novembro
CIRE	Código da Insolvência e da Recuperação de Empresas, aprovado pelo Decreto-Lei nº 53/2004, de 18 de março
Cit.	Citado
CMVM	Comissão do Mercado de Valores Mobiliários
CNSA	Conselho Nacional de Supervisão da Auditoria
COF	Conselho de Orientação e Fiscalização
CPI	Código da Propriedade Industrial, aprovado pelo Decreto-Lei nº 36/2003, de 5 de março
CRegCom	Código do Registo Comercial, aprovado pelo Decreto-Lei nº 403/86, de 3 de dezembro
CRP	Constituição da República Portuguesa, aprovada pelo Decreto de 10 de abril de 1976
CSC	Código das Sociedades Comerciais, aprovado pelo Decreto-Lei nº 262/86, de 2 de setembro
CT	Código do Trabalho, aprovado pela Lei nº 7/2009, de 12 de fevereiro
CVM	Código dos Valores Mobiliários, aprovado pelo Decreto-Lei nº 486/99, de 13 de novembro
e.g.	*Exempli gratia*
EIRL	Estabelecimento Individual de Responsabilidade Limitada
EOROC	Estatuto da Ordem dos Revisores Oficiais de Contas, aprovado pelo Decreto-Lei nº 487/99, de 16 de novembro

FCPC	Ficheiro Central de Pessoas Coletivas
HGB	Handelsgesetzbuch
Loc.	Local
Nº	Número
NEOROC	Novo Estatuto da Ordem dos Revisores Oficiais de Contas, aprovado pela Lei nº 140/2015, de 7 de setembro
Op.	*Opus*
OROC	Ordem dos Revisores Oficiais de Contas
Pág.	Página
PME	Pequena e Média Empresa
RJSA	Regime Jurídico da Supervisão de Auditoria, aprovado pela Lei nº 148/2015, de 9 de setembro
RJSEE	Regime Jurídico do Sector Empresarial do Estado, aprovado pelo Decreto-Lei nº 133/2013, de 3 de outubro
RMC	Regulamento da Marca Comunitária – Regulamento (CE) nº 207/2009 do Conselho, de 26 de fevereiro de 2009
RNPC	Registo Nacional de Pessoas Coletivas, aprovado pelo Decreto-Lei nº 129/98, de 13 de maio
ROC	Revisor Oficial de Contas
SGPS	Sociedade Gestora de Participações Sociais
SROC	Sociedade de Revisores Oficiais de Contas
Ss.	Seguintes
STJ	Supremo Tribunal de Justiça
TFUE	Tratado sobre o Funcionamento da União Europeia
TRC	Tribunal da Relação de Coimbra
TRG	Tribunal da Relação de Guimarães
TRL	Tribunal da Relação de Lisboa
TRP	Tribunal da Relação do Porto
TUE	Tratado da União Europeia
UE	União Europeia
Vol.	Volume

OBJETO DE ESTUDO

A palavra rede – como veremos em texto – tem surgido frequentemente em textos legais, jurisprudenciais e doutrinários ainda que a associação à vertente empresarial seja uma manifestação mais recente.

Pretendemos com o estudo a que nos dedicamos apurar quanto à possibilidade de sustentar uma noção jurídica de rede de empresas e, afirmada a sua existência, analisar se na base de uma rede se encontra um contrato que se pode designar de contrato de rede.

Ao Direito não são indiferentes, por um lado, as ligações duradouras entre sujeitos jurídicos tendo como horizonte objetivos comuns e, por outro, a coligação entre contratos distintos, que se suporta numa operação económica unitária.

Do ponto de vista do direito constituído português, a rede enquanto fenómeno de colaboração interdependente entre entidades juridicamente distintas e que não assente – ou, pelo menos, que não assente exclusivamente – numa relação de participação societária entre as entidades (quando as mesmas assumam feição societária) é relativamente recente e, em Portugal, surgiu por impulso do Direito Europeu, no âmbito específico da atividade dos revisores oficiais de contas.

Posteriormente a um enquadramento económico-social da rede, e das noções de rede doutrinalmente apresentadas, avaliaremos a noção de rede que ficou consignada no Estatuto da Ordem dos Revisores Oficiais de Contas (no artigo 68º-A nº 11 do Decreto-Lei nº 487/99, de 16 de novembro), designadamente se os indícios de rede, previstos naquele diploma, podem ser transpostos para as relações reticulares no campo jurídico-mercantil.

O legislador europeu – através da Diretiva nº 2006/43/CE, a qual foi transposta para o ordenamento jurídico português por via do Decreto-Lei nº 224/2008, de 20 de novembro – considerou que a integração numa rede por parte de um revisor oficial de contas ou sociedade de revisores oficiais de contas pode constituir uma causa de perda da independência.

Entretanto, com a aprovação do Novo Estatuto da Ordem dos Revisores Oficiais de Contas ("NEOROC"), aprovado pela Lei nº 140/2015, de 7 de setembro, a noção de rede foi eliminada do Estatuto e veio a ser vertida, com alterações, no Regime Jurídico da Supervisão de Auditoria ("RJSA"), aprovado pela Lei nº 148/2015, de 9 de setembro.

A relação de rede, quer com preponderância da vertente contratual quer da institucional, pode encontrar algumas respostas para as especificidades que reclama no domínio jurídico-laboral – nomeadamente por via da figura da pluralidade de empregadores – no concorrencial – na proibição do abuso de posição dominante ou dependência económica.

O enfoque do nosso estudo é a vertente jurídico-mercantil e nela tentaremos percorrer a dinâmica das relações de rede, desde a sua criação até à sua extinção, salientando alguns aspetos que, em face do consagrado na lei ou sustentado doutrinal ou jurisprudencialmente nas relações jurídicas isoladamente consideradas, merecem uma ponderação ou solução diversa atendendo ao específico contexto da rede.

É este o nosso caminho, ainda que sempre orientados pelos versos de Antonio Machado: *"Caminante, no hay camino,/ se hace camino al andar"*.

I
INTRODUÇÃO

1
O fenómeno social e económico

O direito não é uma ciência estanque. Nasce, vive e respira condicionado, determinado frequentemente, por uma realidade fáctica, seja do mundo social ou económico, à qual não é, nem pode ser, alheio. A necessidade de intervenção do direito é reclamada pelo mundo social que o envolve.

Podemos, pois, afirmar, sem hesitações, que o direito é um ser social.

As redes de empresas – e dos contratos que, como veremos, estão normalmente associados às mesmas e na base dos quais estas se suportam e regulam – não se apartam desta realidade condicionante, determinante.

Foi no domínio da ciência económica[1] que primeiramente brotou o termo *"rede"*, por contraposição a mercado e hierarquia ou empresa.

No que se refere à noção de mercado, e no quadro da ciência económica, este pode definir-se como abarcando um conjunto de trocas paritárias em regime concorrencial; no que se reporta a hierarquia, tem vindo a ser utilizado esse termo associado à integração vertical, sendo que surge, amiúde, conexo com empresa.

A rede, no domínio económico, surgiu, assim, como uma terceira via entre a visão dicotómica mercado e hierarquia.[2]

[1] Em relação à articulação entre economia e redes de empresas, convocamos Stefan Grundmann, segundo o qual *"o domínio das redes contratuais é o principal testemunho da interação mútua benéfica entre a dogmática e a realidade económica"*. Cfr. "Die Dogmatik der Vertragsnetze", in *Archiv für die civilistische Praxis*, Bd. 207 (2007), Mohr Siebeck, pág. 765.

[2] Há que reconhecer que a dicotomia mercado/hierarquia pode parecer redutora, na medida em que entre os dois extremos se encontra uma panóplia de fenómenos, como sejam as mais diversas formas de cooperação interempresarial que, quando assumam uma duração continuada, não se podem subsumir a uma mera contratação de mercado nem, de todo o modo, são idóneas a suportar uma relação de integração vertical, uma hierarquia.

Ainda que passível de crítica, a dicotomia mercado/hierarquia tem sido mencionada por diversos autores, frequentemente por referência ao enquadramento dogmático das redes de empresas. Assim, designadamente, Maria Manuel Leitão Marques, "As Redes de Empresas: Um Desafio ao Direito da Concorrência", in AAVV., *Estudos jurídicos e económicos em homenagem ao Prof. Doutor António de Sousa Franco*, Vol. III, Coimbra Editora, 2006, págs. 178-179, Tito Menzani e Vera Zamagni, "Cooperative Networks in the Italian Economy", Enterprise Soc (2010) 11(1), disponível em http://www.theholmteam.ca/Menzani+Zamani.Coop.Networks.in.Ital.Econ.pdf, pág. 120, Fabrizio Cafaggi, "Contractual Networks and the Small Business Act: Towards European Principles?", EUI Working Papers Law 2008/15 European University Institute, disponível em http://cadmus.eui.eu/bitstream/handle/1814/8771/LAW_2008_15.pdf?sequence=1, pág. 1, Richard M. Buxbaum, "Is 'Network' a Legal Concept?", 149/4, Journal of Institutional and Theoretical Economics, 1993, pág. 698, Hugh Collins, "The weakest link: legal implications of the network architecture of supply chains" in *Networks Legal issues of multilateral co-operation*, Ed. Marc Amstutz e Gunther Teubner, Hart Publishing, Oxford and Portland, Oregon, 2009, pág. 191, Maria Elena León Olave e João Amato Neto, "Redes de cooperação produtiva: uma estratégia de competitividade e sobrevivência para pequenas e médias empresas", in Gestão & Produção, v.8, n.3, 2001, pág. 300, disponível em http://www.scielo.br/pdf/gp/v8n3/v8n3a06.pdf, Carlos Baptista Lobo, *Sectores em Rede: Regulação para a Concorrência – Enquadramento Jurídico-Económico das Redes Físicas (Telecomunicações, Energia e Transportes) e das Redes Virtuais*, Almedina, 2009, pág. 24, Gert Jan Hofstede, "Transparency in netchains", WU Information Technology Group, Disponível em http://www.paceth.com/ibus/HofstedeTrustTransp.pdf, pág. 24, Roberta Bertagnin, *Il contratto di rete: una nuova opportunità di crescita per le nostre imprese*, Università Degli Studi di Padova, 2012, Disponível em http://tesi.cab.unipd.it/41606/1/tesi_Roberta _Bertagnin_MED.pdf, pág. 1, Gaetano Guzzardi, *Il Contratto di Rete*, Università degli Studi di Catania, março, 2013, disponível em http://hdl.handle.net/10761/1361, pág. 10, Maria de Fátima Ribeiro, "O contrato de franquia (franchising)", in *Revista de Direito e Justiça*, Vol. XIX, 2005, Tomo I, Revista da Faculdade de Direito da Universidade Católica Portuguesa, pág. 81, Marco Gobbato, "Allocazione del rischio da inadempimento nelle reti di imprese e nel contratto di rete: problemi e prospettive in un'ottica giuridico-economica", in *Il contratto di rete per la crescita delle imprese*, Fabrizio Cafaggi, Paola Iamiceli e Gian Mosco Domenico (Dir.), Quaderni di Giurisprudenza Commerciale, Giuffrè Editore, 2012, pág. 262, Chiara Bentivogli, Fabio Quintiliani e Daniele Sabbatini, "Le reti di imprese" (22 de Fevereiro de 2013), in *Questioni di Economia e Finanza*, Bank of Italy Occasional Paper N. 152, disponível em SSRN: http://ssrn.com/abstract=2243585, pág. 6 e Thomas Mülle, "Virtuelle Organisation, Konzept, Theoriebasis, Möglichkeiten und Grenzen", Nr. 21 (1997), disponível em http://kops.uni-konstanz.de, pág. 27. Em parte, também, Vincenzo Zeno-Zencovich e Francesco Mezzanotte, "Le reti della conoscenza: dall' economia al diritto", in *Il Diritto Dell'informazione e Dell' informatica*, Anno XXIV Fasc. 2 – 2008, Milano – Giuffrè Editore, disponível em http://www.giur.uniroma3.it/materiale/docenti/zeno/ materiale/Zeno%20Zencovich-Mezzanotte.pdf, pág. 155 e, entre nós, Maria Manuel L. Marques, *Subcontratação e autonomia empresarial. Um estudo sobre o caso português*, Edições Afrontamento, Centro de Estudos Sociais, 1992, pág. 38.

Surgem, no entanto, vários autores que consideram, como referimos supra, a dicotomia redutora e que a mesma não esgota o conjunto de possibilidades para o desenvolvimento da atividade económica da empresa. Assim, de modo não exaustivo, podemos apontar Francesco Schiavone, "Governance, Reti d' imprese e Distretti industriali: considerazioni metodologiche", 2003, disponível em http://econwpa.repec.org/eps/ urb/ papers/0401/0401004.pdf , pág. 8, Anna Grandori e Giuseppe

Ainda que a análise do fenómeno de rede tenha surgido, primeiramente, como uma alternativa a relações de mercado e hierárquicas,[3] esse enquadramento veio a sofrer uma evolução, sustentando-se que o binómio mercado e hierarquia está em retrocesso.[4]

Walter Powell[5], na análise por si empreendida quanto ao enquadramento das redes de empresas, alude à circunstância de estarem as empresas a variar as formas de colaboração entre si, formas de colaboração essas que vão um pouco mais além da tradicional contratação em mercado concorrencial ou da integração.

O nascimento das redes, enquanto fenómeno socioeconómico, tem sido associado aos distritos industriais, comuns no século XIX, sendo que, no século XX, se promoveu a sua redescoberta e dinamização.[6]

Os distritos industriais caraterizam-se pela associação de empresas, normalmente de pequena e média dimensão[7], que decidem fixar-se num deter-

Soda, *Inter-firm Networks: Antecedents, mechanisms and forms*, Organization Studies 1995, 16/2, Egos, disponível em http://alejandrogg.com.mx/temario3/Grandori-coordinacion%20y%20redes.PDF, págs. 184-185, Simon Deakin, "The return of the guild? Network relations in historical perspective", in *Networks Legal issues of multilateral co-operation*, Ed. Marc Amstutz e Gunther Teubner, Hart Publishing, Oxford and Portland, Oregon, 2009, pág. 53, Teresa Rodríguez de las Heras Ballell, "Aspetos jurídicos de las redes empresariales en internet", in *Nuevas Perspectivas del Derecho de Redes Empresariales*, Director Juan Ignacio Ruiz Peris, Tirant lo blanch, Valência 2012, pág. 407.

As redes, conforme teremos oportunidade de, mais em detalhe, analisar no texto, têm sido, por alguma doutrina, referidas como uma realidade híbrida. Referindo-se aos híbridos, alguns autores negam que estes possam ser considerados como algo intermédio entre contrato e organização (entre o mercado e a hierarquia). Assim, Michael Hutter e Gunther Teubner, "The parisitic role of hybrids", in *Journal of Institutional and Theoretical Economics* (JITE), 149/4 (1993), pág. 707.

[3] George L. Priest postula que não se descarta a distinção entre acordos horizontais e verticais (subsumíveis à tradicional visão mercado e hierarquia), mas tal visão é complementada por uma terceira categoria – as redes. Cfr. "Rethinking Antitrust Law in an Age of Network Industries (2007), in *Yale Law & Economics Research Paper N. 352*. Disponível em SSRN: http://ssrn.com/abstract=1031166, pág. 39.

[4] Assim, Gunther Teubner, "Hybrid Laws: Constitutionalizing Private Governance Networks" (publicado em Robert Kagan and Kenneth Winston (eds.) Legality and Community, Berkeley Public Policy Press, Berkeley 2002, 311-331, disponível em http://www.jura.uni-frankfurt.de/42852982/ hybrid_law.pdf, pág. 1.

[5] "Neither market nor Hierarchy: network forms of organization", in *Research in organizational behaviour*, Vol. 12, JAI Press Inc 1990, pág. 297.

[6] Assim, Walter Powell, "Neither market..." (cit.), pág. 309.

[7] Assim, Gaetano Guzzardi, *Il Contratto...* (cit.), pág. 8, Alberto Musso, *Concorrenza ed Integrazione nei Contratti di Subfornitura Industriale*, Dott. A. Giuffrè Editore, 1993, pág. 210, Alejandro García Macías, "Redes sociales y "clusters" empresariales", in *REDES – Revista hispana para el análisis de redes sociales*, Vol.1, #6, Janeiro 2002, disponível em http://revista-redes.

minado território (distrito); essa decisão é determinada pela existência, nesse local, de um aglomerado de empresas e de um conjunto de infraestruturas orientados para um determinado segmento da produção industrial e que beneficiarão a empresa que aí se decida fixar.[8]

As empresas que integram os distritos industriais tendem a especializar-se em várias fases ou na mesma fase do processo produtivo, contribuindo para a mesma produção.[9]

Assinala-se, ainda, que os distritos industriais beneficiam do interface com instituições locais não empresariais, como sejam centros tecnológicos, universidades e associações comerciais e industriais.[10]

Os distritos industriais – realidade muito difundida em território italiano, e não só[11] – começaram a apresentar alguma inflexão no seu desenvolvimento e sustentabilidade, apresentando uma dificuldade de desempenho,[12] tendo alguns autores italianos apontado algumas causas para a sua estagnação, o

rediris.es, pág. 5 e Mattia Esposito, "Distretti e reti d'imprese", 2009, disponível em http://www. eurosportelloveneto.it/pubblicazioni/DistrettiRetiImprese_versione060309.doc, pág. 4.
Francesco Schiavone aponta, entre outras, como caraterísticas dos distritos industriais, a elevada especialização num setor específico da produção, a predominância de PME, a decomposição do processo produtivo em fases diferenciadas e a troca de conhecimento. Cfr. Governance... (cit.), págs. 5-6.
Maria Elena León Olave e João Amato Neto salientam que, nos distritos industriais, existe um grau de integração vertical reduzido. Cfr. "Redes de cooperação...", (cit.), pág. 295.
Por seu turno, Mattia Esposito aponta, como caraterísticas dos distritos industriais, a elevada circulação de conhecimento, a elevada concorrência com a consequente elevada eficiência, dimensão reduzida das empresas e existência de oportunidades de cooperação. Cfr. "Distretti..." (cit.), pág. 4.

[8] Cfr. Walter Powell, "Neither market..." (cit.), pág. 309.

[9] Assim, Filipa Dionísio Vieira e Fernando Romero, "Distritos industriais e inovação: o sector dos moldes em Portugal", Edições INEGI, 2008, disponível em http://hdl.handle.net/1822/19292, pág. 3. Neste sentido, também, Filipa Dionísio Vieira, *Distritos industriais e inovação: o sector dos moldes em Portugal*, Universidade do Minho, 2007, disponível em http://hdl.handle.net/1822/7315, pág. 27.

[10] Cfr. Filipa Dionísio Vieira, *Distritos industriais e inovação: o sector dos moldes...* (cit.), pág. 29.

[11] Ressalvamos a presença, também, em território mexicano, conforme assinala Alejandro García Macías, "Redes sociales..." (cit.), pág. 6. O Autor aponta uma região (no centro ocidental do México) em que se verifica alta especialização no caso da indústria de roupa. Na cidade de Villa Hidalgo, eleita pelo Autor para a sua investigação, estima-se a existência de mais de 300 empresas produtoras de roupa.

[12] Cfr. Carlo Altomonte e Giovanni Ferri, "Per lo Sviluppo d'Impresa: Reti non gabbie", in *Il contratto di rete per la crescita delle imprese*, Fabrizio Cafaggi, Paola Iamiceli e Gian Mosco Domenico (Dir.), Quaderni di Giurisprudenza Commerciale, Giuffrè Editore, 2012, pág. 16.

que pode ter contribuído para o surgimento de figuras alternativas, como as redes de empresas, de que ora cuidamos.[13]

Aponta-se a secundarização do elemento territorial,[14] elemento preponderante e distintivo nos distritos industriais, que resultou da maior facilidade na transmissão de informação, *maxime* através das tecnologias de comunicação. Adicionalmente, os distritos industriais caraterizam-se por uma tendencial informalidade nas relações contratuais empreendidas entre os membros, o que, a médio e longo prazo, pode dificultar uma presença competitiva no mercado.[15] Salienta-se, ainda, o facto de os distritos industriais, que incorporavam empresas de pequena e média dimensão, não se adaptarem à globalização e à concorrência estrangeira.[16]

Não obstante o reconhecido declínio dos distritos industriais italianos, o legislador (regional) continua a dedicar-lhe um regime próprio, estabelecendo as suas finalidades e prevendo incentivos financeiros à sua constituição.[17]

[13] Salientam alguns autores, no entanto, que as finalidades subjacentes à regulação das duas figuras (distritos industriais e redes de empresas) são diversas, já que, nos distritos, se pretenderiam consagrar incentivos à cooperação entre empresas enquanto que, nas redes, seria de disciplinar os contratos privados celebrados entre as empresas que integram as redes. Cfr. Mattia Esposito, "Distretti..." (cit.), pág. 12.
Tendo em conta o direito constituído italiano quanto ao contrato de rede, o legislador cuidou, em especial, de promover a sua celebração. Desde logo, o regime jurídico deste contrato foi instituído no seio de um conjunto de medidas destinadas a fazer face à crise por parte das empresas italianas e, por outro lado, foram instituídos benefícios fiscais para as empresas que o celebrem – artigo 42º co. 2 co. 2- quarter – 2-septies do Decreto-lei nº 78, de 31 de maio de 2010.

[14] Assim, por exemplo, AAVV., *Manuale di buone pratiche, costituzione e gestione di una rete d'impresa*, no âmbito do Programma di cooperazione transfrontaliera italia-francia marittimo, 2014, disponível em http://www.cersaa.it, pág. 3. Semelhantemente, também, Elena Calzolaio, Fulvio D'Alvia, Paolo Di Marco, Francesco Rullani e Massimo Tronci, "Il Management delle Reti d'Impresa, dalla costituzione alla gestione operativa", Retimpresa, Fev. 2013, in AAVV., *Manuale di buone pratiche...* (cit.), pág. 4 e Eva Bredariol, *Regole di imputazione e responsabilità patrimoniale nelle reti d'impresa*, Università degli Studi di Padova, 2014, disponível em http://paduaresearch .cab. unipd.it/6563/1/bredariol_eva_tesi.pdf, pág. 14.

[15] Vide, por todos, Chiara Bentivogli, Fabio Quintiliani e Daniele Sabbatini, "Le reti di imprese..." (cit.), pág. 5.

[16] Assim, Mattia Esposito, "Distretti..." (cit.), págs. 4-5.

[17] Constitui exemplo a Lei regional, para a região de Véneto, nº 13 de 30 de maio de 2014 (BUR n. 57/2014). As finalidades constantes nesta lei, mais concretamente, no seu artigo 1º, são muito similares às finalidades normalmente assacadas às redes de empresas, encontrando-se o incentivo à criação de ecossistemas para promoção da inovação dos setores produtivos, desenvolvimento de novos processos, defesa do emprego e desenvolvimento do empreendedorismo. A definição de distrito industrial consta do nº 1 do artigo 2º: *"Por distrito industrial entende-se um sistema produtivo local, no interior de uma parte definida do território regional, caraterizado por uma elevada concentração de empresas de manufactura artesanal e industriais, com prevalência de pequenas e médias empresas, operante*

Ainda em sede de apuramento dos antecedentes das redes de empresas, WALTER W. POWELL indica os exemplos dos têxteis na Alemanha e o modelo Emiliano, em Itália.

Quanto à Alemanha, POWELL aponta a existência de um sistema produtivo refinado que liga pequenas e médias empresas, existindo um conjunto de serviços que sustentam o aludido sistema e que incluem *"institutos de investigação, centros de estágio, empresas de consultadoria e agências de marketing"*. [18/19]

O modelo Emiliano, por seu turno, carateriza-se, segundo a interpretação propugnada por POWELL, pela existência de um conjunto de pequenas empresas que se agrupam de acordo com o produto, manifestam um baixo grau de integração vertical e a produção é levada a cabo através de acordos de subcontratação.[20]

No âmbito deste modelo, e como salienta SEBASTIANO BRUSCO, estão em causa empresas de pequena dimensão que empregam, frequentemente, menos de dez trabalhadores e em que se manifesta um nível baixo de integração vertical.[21]

Têm sido várias as causas apontadas para o surgimento deste modelo de cooperação entre empresas, que estará muito próximo das redes.

Desde logo, indica-se a proximidade geográfica dos intervenientes, a especialização setorial, o predomínio de pequenas e médias empresas, a colaboração entre estas e, ainda, o apoio do poder público.[22]

em específicas fileiras produtivas ou em fileiras ligadas que sejam relevantes para a economia regional." (tradução nossa)
O diploma em análise também alude às redes de empresas (na acepção de redes de inovação regional), definindo-as no nº 2 do artigo 2º: *"Por rede de inovação regional entende-se um sistema de empresas e sujeitos públicos e privados, presentes no âmbito regional, mas não necessariamente territorialmente contíguas, que operam em setores diversos e que são adequadas a desenvolver um conjunto coerente de iniciativas e projetos relevantes para a economia regional."* (tradução nossa) Como teremos oportunidade de analisar, a noção de rede aqui presente é mais ampla do que aquela que se encontra atualmente vigente na legislação nacional italiana.

[18] "Neither..." (cit.), pág. 309.

[19] A tradução do original inglês é nossa.

[20] "Neither..." (cit.), pág. 310.

[21] SEBASTIANO BRUSCO, *The Emilian model: productive decentralisation and social integration*, Cambridge Journal of Economics 1982, 6, pág. 169.

[22] Por todos vide, com maior desenvolvimento, GESINALDO ATAÍDE CÂNDIDO, *Factores críticos de sucesso no processo de formação, desenvolvimento e manutenção de redes interempresariais do tipo agrupamento industrial entre pequenas e médias empresas: um estudo comparativo de experiências brasileiras*, disponível em inscricao.egc.ufsc.br/EmProducao/igti.ufsc.br/jos_institucional/ images/teses/ Factores_Cr%C3%ADticos_de_Sucesso.pdf, pág. 72.

Em Portugal, podem apontar-se alguns exemplos de distritos industriais,[23] em que se denota um maior grau de concentração de aglomerados industriais, de acordo com o produto. Atenta a dimensão do território português, comparativamente mais pequeno do que o território italiano e muito mais pequeno do que o território alemão, não se encontram os aglomerados industriais que caracterizem um distrito. Ao invés, surgem numa dimensão mais pequena, podendo abranger cidades ou pequenos conjuntos de cidades.

Tem sido indicado, como um exemplo português próximo dos distritos industriais, o setor dos moldes, na Marinha Grande. Descreve-se a existência de um aglomerado de empresas de pequena e média dimensão, com níveis de especialização e flexibilização acentuados. Por outro lado, assinala-se a incidência de relações de cooperação informais entre as empresas aí localizadas.[24]

Uma das caraterísticas que se aponta aos distritos industriais é a de envolverem relações de cooperação entre pequenas e médias empresas, sendo a reduzida dimensão das empresas um fator que permite uma maior flexibilidade e adaptação às mutações do mercado em que as mesmas se inserem.

É legítimo indagar se – à semelhança dos distritos industriais – também as redes se caraterizam, sob o ponto de vista económico-jurídico, como uma relação de cooperação entre pequenas e médias empresas ("PME") ou se, ao invés, a noção de rede tem sido associada a uma específica relação de cooperação, sendo irrelevante a dimensão das empresas, podendo, pois, ser formado entre empresas de qualquer dimensão.[25]

A maioria dos autores tem concluído quanto a serem as redes não só um fenómeno apetecível para as PME – já que as mesmas, atenta a sua dimen-

[23] No sentido de verificar se a densidade industrial e caraterísticas das empresas numa determinada zona geográfica são idóneas à subsunção a um distrito industrial, João Cerejeira propõe algumas variáveis, como sejam: (i)Taxa de Industrialização; (ii) Coeficiente de Especialização Industrial; (iii) Densidade de Emprego em Pequenas e Médias Empresas e (iv) Especialização e Aglomeração Industrial. Cfr. "Identificação dos Distritos Industriais em Portugal", IV Congresso Português de Sociologia, 2000, disponível em http://www.aps.pt/cms/docs_prv/docs/DPR462def3e493fe_1.PDF, pág. 7.

[24] Por todos vide, desenvolvidamente, Filipa Dionísio Vieira e Fernando Romero, "Distritos industriais..." (cit.), págs. 9 e ss. e, também, Filipa Dionísio Vieira, *Distritos industriais e inovação: o sector dos moldes...* (cit.), págs. 50 e ss.

[25] Assim, também, atento o regime instituído em Itália, Emanuele Cusa, "Le società consortili con personalità giuridica: fattispecie e frammenti di disciplina", in *Revista Electrónica de Direito* – Fevereiro 2014 – nº 1, disponível em www.cije.up.pt/revistared, pág. 23 (em nota), Eva Bredariol, *Regole di imputazione...* (cit.), pág. 50 e Francesca Mollo, *Reti di contratti e reti di imprese*, Università di Bologna, 2012, disponível em http://amsdottorato.unibo.it/4476/1/mollo_ francesca_tesi.pdf, pág. 186.

são, podem aproveitar, em maior medida, a flexibilidade inerente às redes[26] –, mas também para a generalidade das empresas, mesmo de grande dimensão.

Deste modo, as PME, também em virtude da sua dimensão, podem adaptar-se mais facilmente a mudanças tecnológicas.[27]

Por outro lado, estas empresas de menor dimensão deparam-se com uma maior dificuldade no acesso a mercados internacionais, atentos os custos que a internacionalização pode acarretar; ao encetarem, entre si, relações de cooperação interempresarial podem beneficiar de economias de escala e, assim, aceder a mercados que, de outro modo, não acederiam.[28]

Ao serem as PME apresentadas como um dos focos de incidência das redes traz para o campo da discussão doutrinal uma dimensão de interesse público das redes, a que o Direito não pode ficar indiferente.

As redes não são, apenas, um fenómeno que reclama a atenção do direito privado; há uma inegável dimensão pública, sobretudo se atentarmos nas vantagens que o recurso ao fenómeno das redes pode trazer no campo da coesão social, emprego e desenvolvimento económico e tecnológico.[29/30]

[26] Neste sentido, vide Simón Sánchez Moral, *Natalidad industrial y redes de empresas en España, El papel de la Ciudad de Madrid*, Ayuntamiento de Madrid, Área de Economia y Participación Ciudanana, 2005, disponível em http://www.madrid.es/UnidadesDescentralizadas/UDCObservEconomico/Monograficos/Natalidad.pdf, em especial, págs. 83 e ss.
A flexibilidade das redes tem sido um dos aspetos destacados por alguns autores para a preferência pelo fenómeno reticular, comparativamente com as situações de integração. Assim, designadamente, Gesinaldo Ataíde Cândido, "A formação de redes interorganizacionais como mecanismo para geração de vantagem competitiva e para promoção do desenvolvimento regional: o papel do estado e das políticas públicas neste cenário", in *REAd – Revista Eletrônica de Administração* – Edição 28 Vol. 8 No. 4, jul-ago 2002, disponível em http://seer.ufrgs.br/index.php/read/article/view/44129, pág. 2.

[27] Neste sentido, Ricardo André Machado, Dalva Maria Righi Dotto e Milton Luiz Wittmann, "Redes de cooperação: um relato da implantação de uma rede de comércio varejista de alimentos do Rio Grande do Sul", Disponível em www.abepro.org.br/biblioteca/ENEGEP2003_TR0706_0822.pdf, pág. 2.

[28] Cfr. Gesinaldo Ataíde Cândido, *Factores críticos de sucesso...*, (cit.), pág. 83. Conclui o Autor que estas pequenas e médias empresas, "[a]*o compartilhar custos e conhecimentos em áreas que tradicionalmente podem ser custeadas apenas por empresas de grande porte, as pequenas empresas podem realizar trabalho de gigantes*".
Em sentido semelhante, também, Francesca Bartoli, Giovanni Ferri, Pierluigi Murro e Zeno Rotondi, "Enterprise Networks, Firm Performance and Bank-Firm Relationships", Jul. 30, 2012, disponível em SSRN: http://ssrn.com/abstract=2119931, pág. 2

[29] Salientando a dupla relevância da rede, enquanto instrumento jurídico privado e enquanto fenómeno de dimensão pública de desenvolvimento local, ao nível da promoção da coesão social, por via das redes de PME, vide Fabrizio Caffagi, "Reti di imprese, spazi e silenzi regolativi", in *Reti di imprese tra regolazione e norme sociali – Nuove sfide per diritto ed economia*, a cura di Fabrizio Cafaggi, il mulino prismi, 2004, pág. 7.

Ainda que tenhamos destacado o surgimento, na ciência económica, da noção de rede, e porque a rede de empresas é, marcadamente, um fenómeno económico,[31] há que salientar que a noção se expandiu para outros domínios do conhecimento, incluindo o jurídico, não sem antes ter caminhado pelos campos das ciências sociais, *maxime* da sociologia.[32]

Na visão sociológica, Manuel Castells carateriza as redes enquanto formas de organização da sociedade e salienta a sua flexibilidade e adaptabilidade, o que permite que estas sigam *"de um modo muito eficiente o caminho evolutivo dos esquemas sociais humanos"*.[33]

A flexibilidade e adaptabilidade constituem notas comummente utilizadas no léxico jurídico. No âmbito do direito do trabalho, associa-se a flexibilidade a formas de contratação temporárias (e.g. contrato de trabalho a termo, contrato de trabalho temporário ou cedência ocasional de trabalhadores); no plano jurídico-mercantil, a flexibilidade encontra-se na descentralização produtiva[34]

[30] O Direito da UE tem manifestado referências ainda tímidas às redes de empresas enquanto mecanismo idóneo à promoção da competitividade e inovação por parte das PME. No Programa para a Competitividade das Empresas e das Pequenas e Médias Empresas (COSME) (2014 - 2020), aprovado pelo Regulamento UE nº 1287/2013 do Parlamento Europeu e do Conselho, de 11 de dezembro de 2013, apenas alude às redes de empresas ao nível das ações que podem ser levadas a cabo pela Comissão (cfr. artigo 11º nº 3 *a)* do Regulamento).

[31] Para Paulo Alexandre Neto todas as redes de cooperação têm três dimensões: uma dimensão económica (enquanto fenómeno de colaboração entre agentes económicos), uma dimensão cognitiva (porquanto os membros reconhecem internamente os parceiros da rede e projetam para o exterior as suas potencialidades) e, por fim, uma dimensão normativa (aludindo-se à existência de regras de funcionamento e de cooperação em rede). Cfr. *A integração espacial, economias de rede e inovação: contribuições para uma análise reticular do processo de União Europeia e relacionamento com o sistema envolvente*, Instituto Piaget, 1999, disponível em http://www.rdpc.uevora.pt/handle/10174/11033, pág. 40.

Cremos que nem todas as redes têm uma dimensão externa; as redes podem servir o propósito, apenas, de troca de informações entre os seus membros, não existindo projeção direta da rede para o exterior. Por outro lado, a dimensão normativa pode ser ténue, se estivermos perante redes não formalizadas, ou seja, redes que se constituem sem recurso a instrumentos contratuais formais.

[32] Walter W. Powell, Douglas R. White, Kenneth W. Koput e Jason Owen-Smith apontam que a imagem da rede é comum quer no âmbito da física quer nas ciências sociais. Cfr. "Network Dynamics and Field Evolution: The Growth of Interorganizational Collaboration in the Life Sciences", in *American Journal of Sociology*, Vol. 110, Nr. 4 (Janeiro 2005), pág. 1132.

[33] Cfr. "Sociedade em rede – do conhecimento à política", in *Sociedade em rede – Do conhecimento à acção política*, Organizado por Manuel Castells e Gustavo Cardoso, Imprensa Nacional Casa da Moeda, disponível em http://www.cies.iscte.pt/destaques/documents/Sociedade_em_Rede_CC.pdf, pág. 17.

[34] De modo paradigmático, Fernando Valdés Dal-Ré refere que *"a descentralização produtiva é a parteira que ajudou a dar à luz o novo paradigma de empresa em que radica a empresa-rede"*. Cfr. "Descentralización productiva y desorganización del derecho del trabajo", in *Revista Universitária*

e distributiva, de que constituem exemplo a subcontratação, a agência, concessão e franquia.

No campo contratual, a flexibilidade e adaptabilidade têm vindo a ser alcançadas através da introdução de cláusulas de revisão automática,[35] que determinam a alteração de estipulações contratuais verificados certos pressupostos antecipadamente definidos e sem que haja necessidade de um acordo subsequente das partes contratantes a ajustar essa alteração.

As caraterísticas ora em apreço podem ser vislumbradas, nalgumas redes, quando permitam a entrada e saída de membros, ainda que a adesão à rede possa ser condicionada quer ao consentimento dos membros quer, frequentemente de forma cumulativa, ao preenchimento de um conjunto de pressupostos económicos, técnicos ou detenção de certas qualidades.

Ainda no âmbito da caraterização das redes de empresas, empreendida por Manuel Castells, acrescenta a relevância das tecnologias de informação e comunicação e o dinamismo da rede.

Concedendo especial enfoque ao papel das tecnologias de informação – e à utilização de meios telemáticos de ligação entre os participantes – encontramos alguns autores que trazem esse elemento para a qualificação das redes de empresas.[36]

Manuel Castells e Pekka Himanen exemplificam, como rede, a Nokia e concluem que a Nokia, nos anos 90, se transformou numa organização de tipo horizontal, com uma hierarquia decisória de três níveis: projeto, divisão e empresa.[37] Salientam, ainda, que a organização produtiva *"está localizada numa rede global, baseada na qualidade e flexibilidade do trabalho e em considerações políticas"*[38/39] e que, só na Finlândia, a Nokia tem trezentos parceiros.

No domínio empresarial, a *"empresa em rede"*[40] forma ligações com redes de fornecedores e, até, com universidades.[41]

de Ciência del Trabajo y Protección Social en Europa, 1ª Ed. Junho 2002, disponível em http://www.ruct.uva.es/pdf/Revista%202/202.pdf, pág. 50.

[35] Quanto a estas cláusulas, vide José A. Engrácia Antunes, *Direito dos Contratos Comerciais*, Almedina, 2009, págs. 317-318.

[36] Neste sentido, vide I. 2.1.8. infra.

[37] Manuel Castells e Pekka Himanen, *The information society and the welfare state. The finish state*, Oxford University Press, 2002, págs. 37-38.

[38] Manuel Castells e Pekka Himanen, *The information society...* (cit.), pág. 34.

[39] Para uma perspetiva política do fenómeno das redes, vide, designadamente, Véronique Kleck, *Sociétés en Réseaux et Gouvernance*, Numérique & Cie, Éditions Charles Léoplod Mayer, 2006, sobretudo, quanto à análise sócio-política, págs. 149 e ss.

[40] Expressão também utilizada por Ana Isabel Lambelho Costa, em sede da análise da evolução da empresa fordista para a empresa em rede, que se carateriza, segundo a Autora, pela

No plano da sociologia, *maxime* no que se refere à análise das organizações, surge o que tem vindo a ser designado de *"perspetiva de rede"*, segundo a qual *"a estrutura de qualquer organização deve ser entendida e analisada nos termos de múltiplas redes de relações na organização (ambas prescritas e emergentes) e como elas estão padronizadas, isoladamente e em várias combinações"*.[42]

Ou seja, para melhor se compreender uma organização, devem ser analisadas as relações por aquela encetadas, o seu meio envolvente, em detrimento de uma análise estática, de atributos categóricos.[43]

Consideramos que os contributos sociológicos, e a *perspetiva de rede* ora em análise, podem ser transportados para a esfera da análise jurídica da empresa e do ambiente que a rodeia. Tem vindo a ser progressivamente afastado o enquadramento da análise e estudo da empresa de modo atomístico, em que apenas se considera a empresa e os elementos que a integram, secundarizando o conjunto das relações que esta mantém com entidades externas.

Por outro lado, o afastamento desta visão atomística também se manifesta quando se analisa uma relação de cooperação, uma rede ou uma aliança. Para se analisar uma rede – nomeadamente quanto aos seus efeitos, vantagens e posição que as empresas têm no seu seio – não se pode considerar, apenas, as empresas integrantes e as relações que estas estabelecem, no âmbito da rede, com fornecedores, clientes ou outros parceiros.

A visão da empresa e da rede em que esta se insere só é completa se atender também à posição de outras empresas (concorrentes) e à interação da empresa com o mercado, conquanto a interação não se materialize na celebração de qualquer contrato. Também aqui se manifesta a perspetiva de rede.

organização *"em unidades empresariais mais reduzidas, mais ágeis e flexíveis que, mediante acordos pontuais e relações de coordenação, respondem às necessidades do momento"*. Cfr. *Descentralização produtiva, redes de cooperação empresarial e negociação colectiva. Reflexões a partir da experiência portuguesa*, Tese dout., Fac. Derecho, Univ. Salamanca, 2010, Salamanca: [s.n], 2010, disponível em http://gredos.usal.es/jspui/bitstream/10366/83241/1/DDTTS_CostaAI_Descentraliza%C3%A7ao. pdf, pág. 17. MANUEL CASTELLS descreve a empresa em rede como rede de negócios, focada e erigida em projetos de negócios específicos. Cfr. "Sociedade em rede..." (cit.), pág. 21.

[41] Assim MANUEL CASTELLS e PEKKA HIMANEN, *The information society...* (cit.), pág. 153.

[42] Assim, NITIN NOHRIA, "Is a Network Perspective a Useful Way of Studying Organizations?" In *Networks and Organizations: Structure, Form and Action*, ed. N. NOHRIA e R. C. ECCLES, Boston: Harvard Business School Press, 1992, pág. 290. [tradução em texto é nossa].

[43] MUSTAFA EMIRBAYER e JEFF GOODWIN consideram que o ponto de partida da análise de rede é o que designam de *"imperativo anti-categórico"*. Cfr. MUSTAFA EMIRBAYER e JEFF GOODWIN, "Network analysis, culture and the problem of agency", in The American journal of sociology, vol. 99, nº 6, Maio, 1994, pág. 1414.

A perspetiva de acordo com a qual as ações económicas são influenciadas pelo contexto social em que se incorporam.[44]

Importados alguns dos enquadramentos económicos e sociológicos do fenómeno reticular, é tempo de avaliar os contributos que os mesmos podem trazer para a definição da noção ou noções de rede, no plano jurídico.

Gunther Teubner[45] sublinha que, da visão sociológica, podem ser retirados vários ensinamentos para a ciência jurídica. Desde logo, o Autor propugna, na esteira da aludida visão sociológica, que a rede é individualista na sua orientação, baseando-se esta na autonomia comportamental e decisória dos intervenientes individualmente considerados.

Ainda quanto à visão sociológica, salientam alguns autores que avultam, na base das relações de rede, ligações étnicas, religiosas, ideológicas e familiares, que trazem benefícios na circulação da informação e no reforço do compromisso entre os membros.[46]

No plano jurídico, entendemos que são sobretudo motivações económicas e de mercado que justificam a cooperação que as empresas estabelecem, ainda que se possam ponderar motivações diversas e, quiçá, igualmente relevantes, para a formação das redes.

No que se refere ao enquadramento económico das redes, que as coloca, maioritariamente, como um fenómeno de cooperação interempresarial entre as relações de mercado e a hierarquia e em que se analisam os fundamentos da cooperação enquanto fator de promoção da competitividade das empresas, entendemos que esse enquadramento auxilia o jurista na exclusão, da noção de rede, das contratações esporádicas (*"mercado"*) e das relações de integração total entre empresas (*"hierarquia"*). Por outro lado, ponderando os fundamentos das relações de cooperação sob a forma de rede, permite-se a subsunção de esquemas negociais típicos à noção de rede, aquilatando-se se tais esquemas de cooperação empresarial pretendem sustentar a prossecução dos mesmos fundamentos de cooperação em rede.

[44] Neste sentido, Ranjay Gulati, "Alliances and networks", in *Strategic Management Journal*, Vol. 19, pág. 295.

[45] Cfr. *Networks as connected contracts*, International Studies in the Theory of Private Law, Hart Publishing, Oxford and Portland, Oregon, 2011, págs. 87-88.

[46] Deste modo, vide Tito Menzani e Vera Zamagni, "Cooperative Networks..." (cit.), pág. 100. Em sentido contrário, salientado que os vínculos pessoais não são uma condição necessária para a confiança base nas relações de rede de subcontratação, vide Edward H. Lorenz, "Neither Friends nor Strangers: Informal Networks of Subcontracting in French Industry", in Gambetta, Diego (ed.) *Trust: Making and Breaking Cooperative Relations*, electronic edition, Department of Sociology, University of Oxford (2000), disponível em http://www.sociology.ox.ac.uk/papers/lorenz194-210.pdf, pág. 208.

Colocadas em relevo as principais conclusões de outros ramos do pensamento, é legítimo indagar se a rede é ou pode ser um conceito jurídico.

É paradigmática a frase de RICHARD BUXBAUM, em que em estudo cujo propósito é saber se a rede é ou não um conceito jurídico, refere: *"Network is not a legal concept"*.[47]

O termo rede tem vindo a ser mencionado em vários diplomas legais, pese embora não de forma unívoca, na medida em que surge com um conteúdo variado consoante a realidade subjacente, como teremos oportunidade de concretizar infra, *maxime* em sede de apreciação da noção de rede constante no EOROC e no RJSA.

Entendemos que a relevância jurídica da rede é, na sociedade hodierna, incontornável. O tecido empresarial contemporâneo tem encontrado novas formas de desenvolver a sua cooperação, além das tradicionais figuras cooperativas do consórcio, a associação, ou o *joint venture* e, ainda, dos fenómenos de integração e grupos de sociedades.

A dinâmica da contratação mercantil não se compadece com a rigidez dos cânones comummente utilizados e as empresas, perante uma situação de crise estrutural com que se deparam, conjugam os seus esforços, complementando e interconectando as suas atividades.

Esta interconexão – associada à interdependência – assume uma relevância a que o direito não pode ficar indiferente. Não só porquanto deve permitir que a liberdade negocial das partes alcance a finalidade que os contratantes podem ter em vista, possibilitando a ligação – em rede – entre várias partes, como, e com igual relevância, pode existir a necessidade de temperar a vontade das partes, designadamente quando perante redes em que se reconheça a uma ou a mais partes o poder de conformar, dirigir ou orientar a atividade das demais; o poder de conformação ou, até, de direção, pode ser contrário aos princípios gerais de direito, como seja o da autonomia das sociedades comerciais ou da livre concorrência no mercado.

Dir-se-á, legitimamente, que rede *qua tale* não é um conceito específico e privativo do mundo do direito, sendo transversal a várias áreas do conhecimento. Não obstante, a relevância jurídica dos fenómenos de cooperação interempresarial sob a forma de rede é insofismável e, como mencionado, o termo rede tem vindo a ser utilizado em diplomas legais, nacionais e além fronteiras, sendo, ainda, referido pela jurisprudência, sobretudo em sede de contratos de franquia.

[47] "Is 'Network' a Legal..." (cit.), pág. 704.

1.1. Fundamentos para a cooperação em rede e causas para a sua difusão

Os fundamentos para a cooperação interempresarial sob a forma de rede não diferem da motivação que, por norma, se encontra subjacente às formas de cooperação densificadas na dinâmica empresarial, quer ao nível de formas legalmente típicas (como sejam as associações, as sociedades comerciais ou os consórcios), quer quanto às legalmente atípicas (como a concessão comercial ou a franquia).

Apontam-se: (i) intenção de entrada em novos mercados;[48] (ii) partilha de custos;[49] (iii) partilha dos riscos;[50] (iv) inovação tecnológica;[51] (v) melhoria em face da concorrência; (vi) maior eficiência produtiva;[52] (vii) benefício de economias de escala e de âmbito;[53] (viii) controlo mais efetivo de interdependências organizacionais;[54] (ix) partilha de conhecimentos,[55] de habilidades

[48] Walter W. Powell refere um melhor acesso aos mercados. Cfr. "Neither..." (cit.), pág. 317. Assim, também, Massimiliano Di Pace et alia, "La rete di imprese, Istruzioni per l'uso", Dez 2011, in AAVV., *Manuale di buone pratiche...* (cit.), pág. 50.

[49] Na vertente de redução de custos, vide Fabrizio Cafaggi e Paola Iamiceli, "Reti di imprese e modelli di governo inter-imprenditoriale: analisis comparativa e prospettive di approfondimento" in *Reti di imprese tra crescita e innovazione organizzativa. Riflessioni da una ricerca sul campo*, Fabrizio Cafaggi e Paola Iamiceli, Bologna, Il Mulino, 2007, pág. 288. Também, Eva Bredariol, *Regole di imputazione...* (cit.), pág. 17 e AAVV, *Manuale di buone pratiche...* (cit.), pág. 8 e, sobretudo quanto às PME, Massimiliano Di Pace et alia, "La rete di imprese..." (cit.), pág. 19 e, em geral, na pág. 51.

[50] Assim, também, Walter W. Powell, "Neither...", pág. 317, Pietro Zanelli, *Reti e contratto...* (cit.), pág. 11 e Eva Bredariol, *Regole di imputazione...* (cit.), pág. 17. No sentido da limitação do risco quanto a novas atividades, vide Massimiliano Di Pace et alia, "La rete di imprese..." (cit.), pág. 52.

[51] Neste sentido, igualmente, Massimo D'Auria, "Dal concetto di rete di imprese al contratto di rete", in Il Corriere Del Merito, 1/2010, disponível em http://www3.unisi.it/ricerca/dip/dir_eco/ RASS%20n. 1%20-10.pdf, pág. 17 e Gesinaldo Ataíde Cândido, "A formação de redes interorganizacionais...", (cit.), págs. 19-20. No sentido da limitação do risco quanto a novas atividades, vide Massimiliano Di Pace et alia, "La rete di imprese..." (cit.), pág. 52.

[52] Vide, por todos, Ana Isabel Lambelho Costa, *Descentralização produtiva...* (cit.), pág. 43 e 61, Gaetano Guzzardi, *Il Contratto...* (cit.), pág. 14.
Quanto à eficiência, também, Massimiliano Di Pace et alia, "La rete di imprese..." (cit.), pág. 51.

[53] Assim, Walter W. Powell, "Neither...", pág. 317 e Elena Calzolaio, Fulvio D'Alvia, Paolo Di Marco, Francesco Rullani e Massimo Tronci, "Il Management..." (cit.), pág. 1. Quanto às economias de escala, também, Roberta Bertagnin, *Il contratto di rete...* (cit.), págs. 14-16, Thomas Müller, "Virtuelle Organisation..." (cit.), pág. 42 e Eva Bredariol, *Regole di imputazione...* (cit.), pág. 18.

[54] Quanto a este ponto, vide Mariana Baldi e Fernando Dias Lopes, "Rede – forma híbrida ou nova forma?", in *Revista Portuguesa e Brasileira de Gestão*, v.1 nº 3, out./dez., 2002, págs. 12-13.

[55] Cfr. AAVV, *Manuale di buone pratiche...* (cit.), pág. 7, salientando que a acumulação de conhecimento representa uma das principais fontes estratégicas de vantagens competitivas.

e recursos essenciais aos processos de inovação;[56] (x) associação do nome da empresa a marcas reconhecidas internacionalmente;[57] (xi) maior facilidade no acesso a crédito;[58] (xii) difusão de produção de bens coletivos;[59] (xiii) redução dos custos de transação;[60] (ix) possibilidade de aumento de produção.[61]

56 Cfr. ALSONES BALESTRIN e LILIA MARIA VARGAS, "A Dimensão Estratégica das Redes Horizontais de PMEs: Teorizações e Evidências", in *Revista de Administração Contemporânea*, Edição Especial 2004, Disponível em http://www.redalyc.org/articulo.oa?id=84009511, pág. 204.

57 MARIANA BALDI e FERNANDO DIAS LOPES, "Rede – forma híbrida..." (cit.), págs. 12-13. Semelhantemente, também, MASSIMILIANO DI PACE et alia, "La rete di imprese..." (cit.), pág. 50, que salienta a possibilidade de adquirir certificação de qualidade ou marcas comerciais.

58 Assim, RICARDO ANDRÉ MACHADO, DALVA MARIA RIGHI DOTTO e MILTON LUIZ WITTMANN, "Redes de cooperação..." (cit.), pág. 3, GESINALDO ATAÍDE CÂNDIDO, *Factores críticos de sucesso...*, (cit.), pág. 86 e FABRIZIO CAFAGGI e PAOLA IAMICELI, "Reti di imprese e modelli di governo... (cit.), pág. 390, ROBERTA BERTAGNIN, *Il contratto di rete...* (cit.), págs. 14-16, acrescentando a Autora poderem ser as redes uma forma de saída da crise financeira.
De forma mais ampla, aludindo à possibilidade de, através das redes, se obterem recursos financeiros (não necessariamente através de crédito), vide, ainda, ADORACIÓN ÁLVARO MOYA, "Redes empresariales, inversión directa extranjera y monopolio: el caso de Telefónica, 1924-1965, in *Revista de Historia Industrial*, nr. 34. Año XVI. 2007. 2, pág. 68.
Elencamos, propositadamente, vantagens de recurso ao fenómeno reticular que se podem verificar na generalidade das redes e independentemente do ordenamento jurídico no âmbito do qual estas surgem. Se considerarmos, em especial, o ordenamento jurídico italiano que, como veremos infra, foi o único que regulou – tanto quando saibamos – o contrato de rede *qua tale*, aí, como forma de estímulo à celebração do contrato de rede, consagraram-se alguns benefícios fiscais, administrativos e financeiros; os mesmos encontram-se previstos no artigo 42º co. 2 co. 2- quarter – 2-septies do Decreto-lei nº 78, de 31 de maio de 2010. A Comissão já reconheceu, através da sua decisão C (2010) 8939 de 26 de janeiro de 2011, que as vantagens fiscais atribuídas aos subscritores de um contrato de rede não constituem um auxílio de estado. Para uma análise destas vantagens fiscais, vide, designadamente, Agenzia Entrate, Direzione Centrale Normativa, Circolare n. 4/E, disponível em http://www.pr.camcom.it /portale/promozione/reti-di-impresa/ CIRCOLARE_4_E__15_FEBBRAIO_ 2011.pdf, págs. 54 e ss. e EDOARDO BERNINI, GUIDO BEVILACQUA, EVA BREDARIOL, LORENZA BULLO, CRISTIANO CASALINI, GIULIA CLARIZIO, GIUSEPPE FIETTA, ANDREA TODESCHINI PREMUDA e DIEGO TRENTIN, "Linee guida..." (cit.), págs. 89 e ss.
GIORGIO MARASÀ aponta que os benefícios fiscais instituídos pelo diploma em apreço perderam, em parte, alguma da sua relevância quanto às redes dotadas de subjetividade jurídica, porquanto as mesmas já são tratadas como sujeitos de tributação autónoma. Cfr. "La pubblicità dei contratti di rete", in *Orizzonti del diritto commerciale, Rivista Telematica*, 2014, 3, disponível em http://rivistaodc.eu/ media/42159/maras__.pdf, pág. 10.

59 Assim, FABRIZIO CAFAGGI, "Lungo il sentiero di una ricerca", in *Reti di imprese tra crescita e innovazione organizzativa. Riflessioni da una ricerca sul campo*, FABRIZIO CAFAGGI e PAOLA IAMICELI, Bologna, Il Mulino, 2007, pág. 31.

60 Ainda que enquadrado no âmbito de estruturas de cooperação em cadeia (que representam, como veremos, apenas uma das faces das redes), esta vantagem constitui uma das assinaladas expressamente no Livro Verde sobre as restrições verticais no âmbito da política comunitária da

Na análise das vantagens de recurso às redes – por comparação com os demais instrumentos de cooperação interempresarial – alguns autores referem, ainda, o facto de as redes permitirem a preservação da individualidade de cada uma das empresas integrantes das redes.[62]

Uma das caraterísticas que apontaremos às redes é a autonomia de cada um dos membros em relação aos demais. Esta caraterística apresenta-se como um dos elementos constitutivos das redes, podendo ser assinalado, possivelmente, como o elemento verdadeiramente diferenciador em face dos fenómenos de integração empresarial.

Autonomia não coincide (nem se confunde) com individualidade. A individualidade pressupõe que cada um dos participantes das redes é diferente dos demais e traz para a rede um elemento diferenciador que não é repetido noutros sujeitos.

Nas redes de franquia, verifica-se que as posições negociais assumidas por cada um dos franquiados são similares e paralelas, o que resulta, em grande medida, de uma uniformidade pretendida pelo franquiador; materializa-se, frequentemente, em contratos absolutamente idênticos, quer no que respeita aos direitos e obrigações que impendem sobre cada um dos franquiados quer no que se reporta a procedimentos e regras de funcionamento de cada um dos estabelecimentos que o franquiado possa explorar, sob a égide da marca que lhe foi provisoriamente disponibilizada pelo franquiador. Para o franquiador não releva – e, diríamos até, não pretende – um elemento diferenciador para a rede por si gerida; o que é, na realidade, distinto é a marca e não cada um dos membros da rede.

Aceitamos a autonomia como elemento caraterizador das redes mas consideramos que a manutenção da individualidade de cada uma das empresas que integram as redes pode não suceder em algumas redes, daí que não reco-

concorrência, COM (1996) 0721, na sua página iv (disponível em www.europa.eu). O mencionado Livro Verde acrescenta, como fundamentos económicos subjacentes às relações em cadeia estabelecida entre produtores e distribuidores, entre outros, a obtenção de economias de escala e a penetração em novos mercados.

[61] Quanto a este ponto, ainda que em sede de análise de vantagens das empresas virtuais enquanto fenómeno de rede, vide STEFAN BRANDNER, *Integriertes Produktdaten- und Prozeßmanagement in virtuellen Fabriken*, Herbert Utz Verlag, 2000, disponível em http://www.iwb.tum.de/iwbmedia/Brandner.pdf, pág. 8.
Vide, também, MASSIMILIANO DI PACE et alia, "La rete di imprese..." (cit.), pág. 51, aludindo quanto à possibilidade de estabilização da faturação, excetuando em situações de crise.

[62] Neste sentido, RICARDO ANDRÉ MACHADO, DALVA MARIA RIGHI DOTTO e MILTON LUIZ WITTMANN, "Redes de cooperação..." (cit.), pág. 3.

nheçamos à individualidade das empresas integrantes de uma rede a qualificação de elemento mínimo caraterizador da rede.

A par dos fundamentos que podem determinar a celebração de acordos de rede, com o conteúdo que iremos detalhar infra, serão de descortinar quais as razões subjacentes à difusão das relações de rede e/ou em rede.

Tem sido apontado por alguns autores, conforme tem resultado do exposto, que as situações de crise económico-financeira por que atravessam a generalidade das empresas aquém e além fronteiras potenciam a celebração de acordos de cooperação interempresarial.[63]

Ainda que reconheçamos valia ao apontado, consideramos que não constitui a situação de crise um fundamento específico da celebração e difusão de acordos de rede, apresentando-se, ao invés, como uma causa para o reforço das relações de cooperação entre empresas, através de diversos acordos, entre os quais podem estar os acordos de rede.

Apontam-se, por outro lado, os avanços tecnológicos sentidos nas últimas décadas e que tornaram possíveis os acordos de produção de base flexível e desagregados e, ainda, a maturidade da análise da rede como disciplina académica.[64]

Acrescentam outros autores que as redes podem ser instrumentos válidos para *"resolver problemas económicos, técnicos, estratégicos para os patrocinadores, já que eles desenvolvem, produzem e comercializam bens, serviços e conhecimento."*[65]

1.2. Os problemas das redes

Para enquadramento do fenómeno que nos propomos tratar, tentaremos ter em consideração alguns dos principais problemas que as relações de cooperação sob a forma de rede podem dar origem.

Qualquer cenário de cooperação interempresarial, independentemente dos seus contornos e dos instrumentos jurídicos a que os contratantes recorram para a formalização da relação entre os mesmos instituída,[66] envolve riscos que podem desembocar em problemas que reclamam reflexão e resolução por parte do direito.

[63] Assim, por exemplo, Fabrizio Cafaggi, Paola Iamiceli e Gian Mosco Domenico, "Reti e crescita imprenditoriale", in *Il contratto di rete per la crescita delle imprese*, Fabrizio Cafaggi, Paola Iamiceli e Gian Mosco Domenico (Dir.), Quaderni di Giurisprudenza Commerciale, Giuffrè Editore, 2012, págs. ix e ss.

[64] Cfr. Nitin Nohria, "Is a Network Perspective..." (cit.), pág. 288.

[65] Tradução nossa. Cfr. Richard N. Osborn e John Hagedoorn, "The institutionalization and evolutionary dynamics of interorganizational alliances and networks", in *Academy of Management Journal*, 1997, Vol. 40, nº 2 Special Research forum on alliances and networks, pág. 272.

[66] Ainda que, como veremos em I.4.7. infra, a rede não careça de ser formalizada.

Nesta sede, sustenta-se que as relações de rede de sucesso e sustentáveis são a exceção e não a regra e, ainda, que, pela sua própria natureza, tais relações são frágeis e transitórias.[67/68]

Apontam-se que *"a rede por si só não é sinônimo de inovação, eficiência, desenvolvimento local, entre outros benefícios"*, nem *"pode ser assumida como uma panaceia para os problemas sociais de uma região ou local ou para resolução de problemas de gestão de organizações."*[69]

Reconhecendo-se, embora, as virtualidades das redes – acima sumariamente elencadas – as redes não podem ser consideradas como um conjunto de figuras de cooperação interempresarial perfeitas e absolutamente idóneas à satisfação profícua dos objetivos delineados pelos seus participantes.

Elencaremos alguns dos problemas que têm sido assinalados e que podem reclamar medidas preventivas, aquando da definição das disposições e regras que os contratantes definem para os negócios jurídicos celebrados no seio da rede.

Referem alguns autores que as redes de empresas podem envolver conflitos decisórios.[70]

Qualquer organização que envolva o agrupamento de vários sujeitos pode ter conflitos quanto à tomada de decisões, quanto à definição das próprias regras de funcionamento quer quanto ao conteúdo das deliberações a adotar na/pela organização, sobretudo quando os interesses não são coincidentes.

Quando a rede de empresas envolva a constituição de uma pessoa coletiva – por exemplo, uma sociedade comercial ou um ACE – as regras quanto à tomada de decisões estão antecipadamente definidas pelo legislador, admitindo-se em alguns aspetos, e dependendo, quanto às sociedades comerciais, do tipo social eleito pelos sócios, o afastamento de algumas normas supletivas.

[67] Neste sentido, vide SIMON DEAKIN, ANA LOURENÇO e STEPHEN PRATTEN, "No 'third way' for economic organization? Networks and quasi-markets in broadcasting", in *Industrial and Corporate Change*, Volume 18, N. 1, 2009, pág. 71.

[68] Conforme resulta da nossa exposição infra, em texto, no ponto I.2.2.4., entendemos que as relações de cooperação, em rede, são marcadamente duradouras, daí que divergimos da qualificação da natureza das redes como frágeis e transitórias.

[69] Cfr. FERNANDO DIAS LOPES e MARIANA BALDI, "Redes como perspectiva de análise e como estrutura de governança: uma análise das diferentes contribuições", in *Revista de Administração Pública*, nr. 43(5), Set./Out. 2009, págs. 1024-1025.

[70] Cfr. GUNTHER TEUBNER, « "And if I by Beelzebub cast out Devils,...": An Essay On the Diabolics of Network Failure», in *German Law Journal, Review of Developments in German, European and International Jurisprudence, Special Issue The Law of the Network Society, A Tribute to Karl-Heinz Ladeur*, Vol.10 nº 4, disponível em https://www.germanlawjournal.com/pdfs/TOC/pdf_table_of_contents_Vol_10_No_04.pdf, pág. 397.

No que diz respeito a estas entidades, o legislador prevê igualmente regras quanto à entrada e saída de membros e às condições em que pode ocorrer a exclusão da organização, mesmo contra a vontade de um membro.

Ainda que possam existir conflitos, estes tendem a ser minorados – mas não totalmente excluídos – porquanto o legislador terá prevenido algumas das situações típicas que poderiam suscitar divergências entre os membros da rede.

Quando a rede de empresas não implique a constituição de uma pessoa coletiva e os negócios jurídicos celebrados entre os membros não contenham regras pormenorizadas quanto ao funcionamento da rede, nos seus aspetos essenciais,[71] as decisões que, em concreto, tenham de ser tomadas podem suscitar um conflito entre os membros, tanto mais recorrente quanto maiores forem as diferenças entre os membros.

Outro problema que se assinala refere-se, precisamente, às diferenças entre os membros da rede.[72]

O sucesso de uma rede não está inteiramente dependente da homogeneidade entre os membros da rede; no entanto, as diferenças entre os contratantes ao nível dos objetivos principais a prosseguir pela rede ou quanto a mecanismos de controlo da qualidade ou da gestão da rede, podem constituir pontos fraturantes no seio da rede e conduzir à sua extinção ou à saída de alguns dos seus membros.

A assimetria do poder entre os vários membros da rede constitui um dos aspetos que pode dificultar a estabilidade da rede e o processo de inovação[73] ou suscitar necessidades de mudança.[74]

[71] Definir antecipadamente quais são os *"aspetos essenciais"* para o bom funcionamento da rede não se afigura tarefa singela. Sem prejuízo de cuidarmos da questão infra, dir-se-á, por ora, que os aspetos relacionados com a maioria de aprovação para a tomada de decisões e as regras quanto à entrada e saída de membros nos parecem essenciais e cuja falta de previsão contratual pode aumentar os conflitos decisórios de que falamos em texto.

[72] Assim, Paulo Barcellos, Margareth Borella, Jucelda Peretti e Ademar Galelli, "Insucesso em redes de cooperação: Estudo multicasos", in *Revista Portuguesa e Brasileira de Gestão*, 2012, vol.11, n. 4, pág. 55.

[73] Cfr. Mário Sacomano Neto, *Redes: difusão de conhecimento e controle – um estudo de caso na indústria brasileira de caminhões*, Tese (doutorado) – Departamento de Engenharia de Produção – Universidade Federal de São Carlos, 2004, Disponível em http://www.bdtd.ufscar.br, pág. 43.

[74] Considerando que este é um constrangimento decorrente da posição na rede (posição interorganizacional na rede), vide Tai-Young Kim, Hongseok Oh e Anand Swaminathan, "Framing Interorganizational network change: a network inertia perspective", in *The Academy of Management Review*, Julho, 2006, Vol. 31, nº 3, pág. 706.

As diferenças entre os contratantes podem manifestar-se, ainda, ao nível dos interesses que os mesmos pretendem prosseguir no seio da rede.[75]

Por outro lado, a diferente dimensão dos membros da rede, nomeadamente quanto a número de trabalhadores, volume de negócios, grau de internacionalização, nível de procedimentos de controlo da qualidade, pode introduzir fatores de distúrbio na estabilidade da rede, assim como custos operacionais mais elevados e dificultar a tomada de decisões.

No seio da rede podem ocorrer, ainda, problemas de liderança[76] ou de governo.

Como veremos, a existência de um líder (cume da rede), uma entidade a quem são reconhecidos ou atribuídos poderes de conformação da rede não se apresenta como um elemento constitutivo das redes de empresas.

No entanto, a rede, enquanto estrutura organizativa e quando a atividade empreendida pelos seus membros se dirija para o exterior, e envolva a celebração de contratos com terceiros, carece de ser governada.

Se os fenómenos de rede forem comparados aos grupos de sociedades, dir-se-á que, *em princípio*, a probabilidade de existência de problemas de liderança e de governo será maior nos primeiros do que nos segundos e o risco de vicissitudes relacionadas com solicitações externas será, semelhantemente, maior nos primeiros.[77]

Sublinhamos, em princípio, na medida em que, independentemente da existência de um regime jurídico delineado para os grupos, pode ocorrer um conflito quanto ao poder de direção que se reconhece à sociedade diretora (ou à direção comum, no caso dos contratos de grupo paritário) na direção da sociedade subordinada (ou das sociedades outorgantes do contrato de grupo paritário) e dos interesses da sociedade subordinada, nomeadamente quando perante instruções desvantajosas para esta última (cfr. artigo 503º nº 2 do CSC). Ainda que esse conflito exista, o legislador procurou prever mecanismos para a sua resolução, nomeadamente através das regras consagradas nos artigos 501º, 502º e 504º do CSC.

Aponta-se, ainda, a concorrência entre os membros da rede.

As relações de rede podem estabelecer-se entre empresas que desempenham a sua atividade no âmbito do mesmo setor económico, *maxime*, entre empresas concorrentes, ou podem manifestar-se entre empresas que, situ-

[75] Neste sentido, Roberta Bertagnin, *Il contratto di rete...* (cit.), pág. 17.

[76] Vide, também, Paulo Barcellos, Margareth Borella, Jucelda Peretti e Ademar Galelli, “Insucesso em redes de cooperação...” (cit.), pág. 55.

[77] Neste sentido, também, Fabrizio Cafaggi, “Lungo il sentiero...” (cit.), pág. 31.

ando-se embora no mesmo setor económico, desempenham atividades diversas mas complementares, pelo que não concorrem, entre si, no âmbito do mercado e quanto aos mesmos clientes, destinatários da atividade.

O fator concorrencial entre as empresas que integram uma rede aumenta o risco de divergências entre os contratantes, na medida em que as empresas podem ter *know-how* muito semelhante e estratégias diversas de abordagem para o mercado em que operam. Por outro lado, sendo empresas concorrentes, a compatibilização do interesse individual com o interesse coletivo pode tornar-se mais difícil.[78]

Sustenta-se que as relações de rede estabelecidas entre empresas concorrentes têm tendência a falhar e quando se encetam idênticas relações de cooperação entre empresas não concorrentes estas são mais profícuas.[79]

Como forma de minimizar os riscos de divergência entre os contratantes, propõe-se que, nas redes formadas por empresas concorrentes, os membros assumam uma obrigação de não concorrência com a atividade desenvolvida pela rede.[80]

Cremos que a consagração de obrigações de não concorrência ou cláusulas de exclusividade, ainda que tenham a virtualidade de diminuir potenciais conflitos entre interesses individuais dos membros e o interesse da coletividade da rede, podem, por outro lado, colocar demasiada pressão na rede em termos tais que podem ser incompatíveis com o seu objeto.

A relação de rede não é, na sua definição, exclusiva para os seus membros e, julgamos, essa exclusividade não é desejada quando da rede façam parte entidades concorrentes entre si e em que inexista um cume da rede.

Aceitamos, no entanto, que a exclusividade e a não concorrência têm cabimento na rede quando exista um interesse superior ao interesse individual das empresas ou da coletividade, como seja o interesse do cume da rede, nas situações em que essa entidade seja titular, por exemplo, de *know-how* ou de um sinal distintivo do comércio, cuja salvaguarda impõe a necessidade de

[78] Cfr. Fabrizio Cafaggi e Paola Iamiceli, "Reti di imprese e modelli di governo interimprenditoriale..." (cit.), pág. 297.
Sustentam a exclusão da concorrência entre as empresas que são membros de uma rede, enquanto uma das regras de confiança entre estas, Arnold Picot, Ralf Reichwald e Rolf T. Wigand *apud* Thomas Müller, "Virtuelle Organisation..." (cit.), págs. 36-37.

[79] Neste sentido, designadamente, Francesca Mollo, *Reti di contratti...* (cit.), págs. 54-55.

[80] Assim, Fabrizio Cafaggi e Paola Iamiceli, "Reti di imprese e modelli di governo interimprenditoriale...", (cit.), pág. 298.
Quanto às cláusulas que limitam a liberdade de pertença a redes concorrentes, vide Pietro Zanelli, *Reti e contratto di rete*, Cedam, 2012, págs. 278-279.

previsão de regras específicas quanto à sua utilização por cada um dos membros que integram a rede. Diremos que, nessa hipótese, de que constituem exemplo clássico as redes de franquia, a consagração de cláusulas de exclusividade e de não concorrência quase que se impõe por força da franquia e dos interesses do franquiador que se pretendem salvaguardar, como elementos naturais da relação de franquia.

Nas demais redes, a consagração destas cláusulas, além de poderem dificultar a expansão da rede – porquanto a decisão de adesão a uma rede em que exista uma obrigação de não concorrência ou de não desempenho da atividade fora do quadro da rede pode relevar-se de difícil consenso interno – pode comprometer a continuidade da rede.

Só se o custo de oportunidade para o membro se revelar favorável à manutenção na rede, quando comparado com as oportunidades de que abre mão por aceitar a exclusividade, é que um potencial membro aceita aderir à rede, restringindo a sua liberdade económica e contratual, com a aceitação de uma cláusula de exclusividade.

Se atentarmos numa figura que tem estado próxima das redes – o contrato de consórcio[81] – o legislador estabelece, como regra geral, o dever de não concorrência com o consórcio [cfr. artigo 8º, alínea *a)*, do Decreto-Lei nº 231/81, de 28 de julho]. Entendemos que o dever de não concorrência, previsto na lei para os consorciados, abrange apenas a não concorrência com o específico objeto do contrato de consórcio.

Conceba-se a situação comum em que é celebrado um contrato de consórcio para a execução de uma obra, concertadamente entre os consorciados; o âmbito da obrigação de não concorrência refere-se àquela obra em concreto, já que o contrato de consórcio é limitado à mesma. Não ficam os consorciados impedidos, por força da obrigação de concorrência, de executarem outras obras em seu proveito individual; não podem é, em relação ao mesmo dono de obra e quanto ao mesmo projeto, assumir a execução de trabalhos fora do quadro do contrato de consórcio.

Atendendo a que as redes têm, por norma, um objeto que não se delimita a um projeto específico, a obrigação de não concorrência, a ser consagrada, há de relacionar-se com o específico negócio, acordo ou projeto que, em concreto, venha a ser desenvolvido no seio da rede.

No que se reporta à exclusividade nas redes de franquia, pode aceitar-se como razoável, na economia do contrato, a sua inserção, atentos os interesses envolvidos, para salvaguarda do interesse do franquiador que pretende

[81] Teremos oportunidade de efetuar o confronto entre redes e consórcios, infra, no ponto I. 3.1..

que os franquiados desenvolvam a sua atividade apenas no âmbito da franquia e por forma a proteger o sinal distintivo associado aos produtos ou aos serviços prestados.

Por fim, um dos riscos que se assaca às relações de rede refere-se ao risco sistémico.

Às redes surge associada a caraterística de interdependência, traduzindo-se esta interdependência numa especial relação de cooperação recíproca entre os sujeitos integrantes na rede; atendendo a que algumas redes podem manifestar uma apreciável interdependência entre os contratantes, pode ocorrer uma mais fácil propagação de problemas reputacionais e/ou de crédito. Referem alguns autores que, até para efeitos de *rating* empresarial, o comportamento das demais empresas integrantes na rede influenciará todas elas.[82]

Quanto mais aprofundados forem os laços cooperativos entre as empresas o risco de propagação de incumprimento e crédito é mais acentuado.

Por outro lado, se a rede for constituída entre empresas que partilham elementos identificativos comuns, por exemplo, a mesma marca, o mesmo elemento nas respetivas firmas sociais, a insolvência de uma deles pode gerar, perante terceiros, dúvidas quanto à solvabilidade das demais empresas que integram a rede.

A diluição deste risco, para alguns tipos de redes, revela-se de difícil concretização, porquanto passaria pela descaraterização de elementos essenciais à coesão da rede, nomeadamente a marca comum.

[82] Neste sentido, ROBERTA BERTAGNIN, *Il contratto di rete...* (cit.), pág. 18.

2
Enquadramento

2.1. Noções de rede

Têm sido apresentadas algumas propostas de definição de rede, contrato de rede e redes de empresas, não obstante o enquadramento legal que o fenómeno já vai tendo em alguns ordenamentos jurídicos.

Numa primeira aproximação à noção, abordaremos algumas propostas de definição e enquadramento que têm sido dadas no sentido de se tentar encontrar uma noção que tenha a amplitude necessária para abranger todos os prismas por que se manifesta o fenómeno das redes de empresas; reconhece-se que, atenta a relativa juventude da noção, tanto no plano do direito constituído como no do léxico jurídico, a multiplicidade de noções não facilita uma noção unitária de rede e de contratos de rede,[83] no domínio jurídico-empresarial.

Previamente a um breve percurso pelas várias propostas de rede que têm sido apresentadas, atentemos no sentido etimológico do termo, para se poder constatar se o vocábulo rede tem sido utilizado para designar, com propriedade, a noção (jurídica) que nos propomos explorar.

O termo rede tem sido utilizado para designar um conjunto de realidades muito diversas, desde, a mais comum, *"tecido de malhas mais ou menos largas"*, passando por *"qualquer objecto entrelaçado, entretecido ou disposto à maneira de tecido de malhas"* e, até, num sentido menos próximo de tecido, é apto a qualificar o *"conjunto de caminhos, de estradas, de rios ou de canos, que encontram uns nos outros"*, ou no plano médico-científico, o *"entrelaçamento de nervos, fibras, vasos"* que compõem a rede sanguínea. Por fim, uma referência adicional a um sentido

[83] Daí que preferiremos a utilização da expressão contratos de rede (no plural) em detrimento de contrato de rede.

sociológico e, quiçá, mais consentâneo com o que cuidamos será aquele que considera rede o *"conjunto de pessoas dispersas que cooperam para um dado fim"*.[84/85]

No sentido etimológico do termo, rede envolve uma ideia de ligação, um entrelaçamento de um conjunto de pontos separados. Adicionalmente, a finalidade comum está presente, sendo que, em alguns casos, apenas indiretamente. Quando aludimos a rede enquanto conjunto de laços, pretende-se uma determinada finalidade para esse entrelaçamento, designadamente nas redes de pesca ou nas redes para captura de outras espécies.

Tendo em mente tais pontos de partida – ligação/entrelaçamento e finalidade comum – é tempo de atentarmos no enquadramento jurídico da figura.

Sem prejuízo de dedicarmos especial enfoque infra – no ponto II.1 – à noção de rede contida na Diretiva nº 2006/43/CE, no EOROC e no RJSA, convoquemos em que sentido o termo rede tem vindo a ser utilizado no direito constituído português.

Não tem sido a ciência jurídica alheia à utilização do termo rede; no âmbito jurídico-mercantil, abunda o uso de rede, quanto à distribuição comercial, seja ao nível da franquia, ou da agência, ou, ainda, da concessão.

A rede surge, no plano de direito positivo e da jurisprudência dos tribunais superiores, quase sempre associada à normal existência de um líder em redor do qual se associam um conjunto de agentes e tendo a rede caráter duradouro,[86] havendo ligação entre o conjunto dos membros,[87] com objetivos definidos e sem que tenham que conhecer todos os membros envolvidos.[88]

Estas caraterísticas têm sido apontadas em sede jurídico-criminal, sobretudo na concretização do que se entende por bando e onde se utiliza, na explanação do conceito, o vocábulo rede. Apesar da sua incidência nesse ramo da ciência jurídica, podem as notas caraterizadoras ser aproveitadas quando em busca de uma noção jurídica de rede, transversal aos vários ramos do direito.

[84] Por todos, vide *Grande Enciclopédia Portuguesa e Brasileira*, Editorial Enciclopédia Limitada, Lisboa, Rio de Janeiro, Volume 24, págs. 656-657.

[85] O termo rede apresenta-se transversal a várias áreas do conhecimento. Se supra destacámos as vertentes económica e sociológica e tentaremos cuidar da jurídica, apontam-se também outros domínios, como seja na antropologia, na psicologia, na ciência política e nos estudos organizacionais. Cfr. Mário Sacomano Neto, *Redes: difusão de conhecimento...* (cit.), pág. 40.

[86] Cfr. Acórdão do STJ, datado de 13-04-1994, proferido no âmbito do Processo nº 45813, in *Colectânea de Jurisprudência do Supremo Tribunal de Justiça*, 1994, tomo 1, pág. 256.

[87] Cfr. Acórdão do STJ, datado de 22-06-1995, proferido no âmbito do Processo nº 47.997, in *Colectânea de Jurisprudência do Supremo Tribunal de Justiça*, 1995, tomo 2, pág. 238

[88] Cfr. Acórdão do STJ, datado de 13-02-1997, proferido no âmbito do Processo nº 1019/96 – 3ª – in *Sumários de Acórdãos Supremo Tribunal de Justiça*, Gabinete de Assessoria, nº 8, Fevereiro de 1997, pág. 89.

No plano do direito positivo, o termo *rede* é, sobretudo, utilizado para definir um conjunto de ligações de comunicação, físicas ou através de satélites. Acolhendo essa noção, encontramos, designadamente, o plasmado na lei das comunicações eletrónicas [Lei nº 5/2004, de 10 de fevereiro, artigo 3º, alíneas *dd)* e *ee)*].

No fornecimento de gás e eletricidade, a rede apresenta-se como conjunto de infraestruturas destinadas à distribuição; assim, consta, quanto ao gás, no Decreto-Lei nº 140/2006, de 26 de junho [definindo-se as várias redes nas alíneas *ii), jj), kk), ll)* e *mm)* do artigo 3º] e, quanto à eletricidade, no Decreto-Lei nº 29/2006 [que apresenta as noções de diversas redes nas alíneas *ee), ff), gg)* e *hh)* do artigo 3º].

Rede surge, igualmente, associada a um conjunto de serviços (públicos e/ou privados) descentralizados territorialmente mas integrados no âmbito da mesma organização e orientados para a mesma finalidade. Paradigmática é a Rede Nacional de Cuidados Continuados Integrados, instituída pelo Decreto-Lei nº 101/2006, de 6 de junho. Aí preveem-se sistemas de coordenação nacional e regional de unidades e equipas de cuidados continuados de saúde, e/ou apoio social e de ações e cuidados paliativos. Da mencionada rede nacional podem fazer parte, de acordo com o previsto no artigo 36º daquele diploma, entidades públicas e privadas.

De forma pontual, rede também é mencionada pelo legislador como uma forma de contratação cooperativa entre diversas entidades. Assim, segundo julgamos, é o que resulta do disposto no nº 1 do artigo 281º do Código dos Valores Mobiliários, que preceitua que *"Os sistemas utilizados na liquidação de operações de mercado regulamentado ou de sistemas de negociação multilateral ou organizado devem estabelecer as ligações necessárias à boa liquidação das operações, constituindo uma rede de conexões..."*.

Se atentarmos, em especial, na expressão *rede de empresas*, a mesma só muito recentemente tem vindo a fazer parte do léxico do legislador e, podemos afirmá-lo, sob o impulso do legislador da União.

Deste modo, no Decreto-Lei nº 6/2015, de 8 de janeiro, em desenvolvimento das prioridades da «Estratégia Europa 2020», procede-se ao enquadramento nacional dos sistemas de incentivos às empresas. Ainda que sem apresentar uma definição de rede de empresas (ou, tão-pouco, de rede), o legislador, no elenco dos princípios orientadores dos incentivos, refere-se, na alínea *e)* do artigo 4º, ao *"Fomento da cooperação através do incentivo aos investimentos assentes num funcionamento em rede"*. Curiosamente, no âmbito do mesmo diploma, o vocábulo rede é também utilizado relacionado com um conjunto de ligações de comunicação (cfr. artigo 22º)

O termo rede, no âmbito doutrinário, tem sido definido e enquadrado em termos diversos, salientando uns autores a vertente de cooperação, outros a vertente contratual, outros ainda as relações de consumo.

Vejamos.

2.1.1. Rede de empresas como conjunto de relações de cooperação entre empresas juridicamente distintas e interdependentes e onde exista necessidade de coordenação[89]

Enquadramos no âmbito dos defensores desta qualificação das redes de empresas um amplo conjunto de autores, designadamente FABRIZIO CAFFAGI, PAOLA IAMICELI,[90] DECIO ZYLBERSZTAJN, ELIZABETH QUERIDO FARINA,[91] PAOLA PIENTEDOSI,[92] SANDRO CERATO,[93] ROBERTA

[89] A noção ora transposta é a que, de forma, mais completa, alude ao fenómeno descrito como uma relação de cooperação entre empresas juridicamente distintas mas economicamente interdependentes. De forma mais simples, poder-se-á, com HANS B. THORELLI, definir rede como *"duas ou mais organizações envolvidas em relações de longa duração"* e como *"consistindo em nós ou posições (ocupadas por empresas, famílias, unidades de negócio estratégicas em segmentes diversos, associações de comércio e outros tipos de organizações) e ligações que se manifestam com a interação entre as posições."* (Tradução nossa do original inglês). Cfr. *Networks: Between Markets and Hierarchies*, Strategic Management Journal, Volume 7, Issue 1 (Jan-Fev, 1986), págs. 37-38. Ainda que tal noção aponte o essencial da rede (relações de cooperação, de caráter duradouro, entre duas ou mais empresas), não tem a aptidão necessária para distinguir rede de outros tipos de contratos comerciais, duradouros, entre empresas, daí que tenhamos seguido mais de perto, neste âmbito, a noção de FABRIZIO CAFAGGI e PAOLA IAMICELI, conforme resulta do exposto infra, em texto.
De todo o modo, tem vindo a ser reconhecido a HANS B. THORELLI algum pioneirismo na utilização, no âmbito da ciência económica, do termo *"rede"*. Cfr. CAMILLA CREA, *Reti contrattuali e organizzazione dell'attività di impresa*, Publicazioni della Facoltà di Economia e del Dipartimento di Studi Giuridici, Policiti e Sociali, 51, 2008, pág. 127, nota 192.
No sentido da singeleza da noção de rede – comparativamente com as noções apresentadas em texto – vide, designadamente, MUSTAFA EMIRBAYER e JEFF GOODWIN, in "Network analysis..." (cit.), pág. 1448. Os Autores apontam, como noção de rede, o conjunto de relações sociais entre agentes, e, bem assim, os agentes assim que ligados.

[90] Vide, designadamente, FABRIZIO CAFAGGI e PAOLA IAMICELI, *Private Regulation and Industrial Organisation: The Network Approach* (July 1, 2012), EUI Working Papers LAW No. 2012/21, disponível em SSRN: http://ssrn.com/abstract=2168729, pág. 9. De forma idêntica também, FABRIZIO CAFAGGI e PAOLA IAMICELI, *Inter-firm networks in the european wine industry*, EUI Working Papers, Law 2010/19, Department of law, http://cadmus.eui.eu/bitstream/handle/1814/15654/LAW_2010_19_rev.pdf? sequence=5, pág. 6.

[91] Cfr. DECIO ZYLBERSZTAJN e ELIZABETH MARIA MERC QUERIDO FARINA, *Dynamics of Network Governance: A Contribution to the Study of Complex Forms* (August 18, 2008), REAd: Revista Eletrônica de Administração, Vol. 16, Nº 1, 2010, disponível em SSRN: http://ssrn.com/abstract=1716302, pág. 4.

[92] Cfr. *Il contratto di rete*, Dispensa MAP On-Line nº 5, maio 2011, disponível em http://www.solmap.it/dispensa/Default.aspx?idDispensa=91#Articolo588, pág. 12

BERTAGNIN,[94] GESINALDO ATAÍDE CÂNDIDO,[95] PIETRO ZANELLI,[96] e EVA BREDARIOL,[97] ainda que, entre estes, possam existir ligeiras variantes quanto à densificação da noção.

Vejamos algumas propostas mais em detalhe.

Para PAOLA IAMICELI existe uma rede de empresas quando se manifesta um *"conjunto de relações de tipo cooperativo e tendencialmente estáveis entre duas ou mais empresas formal e juridicamente distintas, e concorrentes, entre as quais existam atividades ou se gere uma qualquer interdependência e emirja uma necessidade de coordenação, recorrendo a instrumentos diversos formais ou informais, contratuais ou não"*.[98]

Da noção proposta pela Autora manifestamos, sobretudo, as nossas reservas quanto à alusão ao caráter concorrencial das empresas que integram uma rede. Na verdade, entendemos que não é estranho à noção de redes de empresas que possam as mesmas dedicar-se a segmentos diversos do processo produtivo, não sendo, assim, concorrentes.

Julgamos que serem as empresas concorrenciais não será um elemento natural das redes, pelo que, na noção de rede que proporemos, em I.2.2. infra, afastaremos o caráter concorrencial das empresas do elemento subjetivo das redes de empresas.

FABRIZIO CAFFAGI e PAOLA IAMICELI reconhecem a complexidade da rede, na medida em que não se encontra uma única modalidade de rede, ou seja, inexistiria um conceito unitário de rede. Na verdade, apontam a rede como o resultado de uma de três realidades, a saber: um contrato multilateral, um conjunto de contratos bilaterais combinados ou uma nova entidade, da qual farão parte um conjunto de membros e que não se incorporam, não se fundem, com a entidade à qual pertencem.[99]

[93] Cfr. "L'evoluzione della «rete»: novita` e precisazioni in mérito alle reti d'impresa e al loro governo", Administrazione & Finanza 7/2011, disponível em http://www.sinthema.it/repository/pubblicazioni/pdf/ reti_impresa_7.pdf pág. 36. Optámos por incluir o Autor no âmbito desta teoria/enquadramento, porquanto, no essencial, acolhe os elementos comuns da teoria. Não obstante, da noção proposta por SANDRO CERATO – quanto a nós não olvidando o enquadramento legal à data já existente para este tipo de contratação – consta, ainda, a partilha de recursos e os objetivos comuns.

[94] In *Il contratto di rete...* (cit.), págs. 11-12. A Autora acrescenta, ainda, como nota caraterizadora da figura, dar o contrato de rede vida *"a operações económicas e organizativas diversificadas e heterogéneas"*.

[95] Cfr. Factores críticos de sucesso... (cit.), pág. 53.

[96] Cfr. PIETRO ZANELLI, *Reti e contratto...* (cit.), pág. 10.

[97] Cfr. *Regole di imputazione...* (cit.), pág. 12.

[98] Tradução nossa do original italiano. Cfr. "Le reti di imprese: Modelli contrattuali..." (cit.), pág. 128.

[99] Cfr. "Redes empresariales en la industria europea del vino", in *Nuevas Perspectivas del Derecho de Redes Empresariales*, Director Juan Ignacio Ruiz Peris, Tirant lo blanch, Valência 2012, pág. 607.

Entendemos, igualmente, ser inviável um conceito unitário de rede, porquanto as formas de cooperação interempresarial subsumíveis às redes são variáveis na sua configuração interna e externa, atentos os variáveis fundamentos e objetivos a prosseguir pelos sujeitos que integram a rede.

Tal como Ricardo Lorenzetti, não podemos deixar de assinalar a esta proposta de enquadramento uma vertente descritiva.[100]

Ricardo Lorenzetti, no sentido de ultrapassar a vertente descritiva, aponta para uma visão sistémica das redes, colocando-se o enfoque não no contrato mas na interação existente e, ainda, na finalidade supra-contratual existente.

2.1.2. Rede de empresas como conjunto de relações não hierárquicas de coordenação entre empresas interdependentes que assumem responsabilidade ilimitada

Para Juan Ignacio Ruiz Peris, *"as redes fundam-se em relações não hierárquicas de coordenação empresarial em que se reconhece a existência de interdependência"*.[101]

Acrescentando, ainda, o Autor a qualificação enquanto estrutura relacional estável e com recurso a contratos plurilaterais, consórcios ou esquemas grupais ou societários, que se carateriza pela "*interdependência, a estabilidade ou caráter duradouro da rede, a autonomia empresarial e a responsabilidade ilimitada dos seus membros*"[102/103]

A noção proposta pelo Autor introduz novas notas caraterizadoras em relação à de Paola Iamiceli.

[100] Ricardo Luís Lorenzetti, *Tratado de Los Contratos – Tomo I*, Rubinal – Culzon, Editores, Buenos Aires, pág. 50. O Autor qualifica esta tese como a dos contratos relacionais. Preferimos, no entanto, utilizar a referência expressa a texto, porquanto, por um lado, a noção de *"contratos relacionais"* é demasiado ampla e alude uma realidade que poderá ir muito além da que ora cuidamos e, por outro lado, ao aludir-se, na noção, a aspetos caraterizadores da figura (como sejam a interdependência e a coordenação) permite-se a delimitação de outras com as quais poderá apresentar maior afinidade.
Aos contratos relacionais voltaremos em I.6.7. infra.

[101] Tradução nossa do original espanhol. Cfr. "Un derecho específico para las redes empresariales", in *Nuevas Perspectivas del Derecho de Redes Empresariales*, Director Juan Ignacio Ruiz Peris, Tirant lo blanch, Valência 2012, pág. 83.

[102] Tradução nossa do original espanhol. Cfr. últ. *Op. Cit.*, pág. 87.

[103] De modo semelhante também Javier Viciano Pastor, "El principio de eficiencia (defesa de la competencia) en el derecho contractual. Los límites a la política comercial de las redes de distribución: ¿eficiencia o ineficiencia?", in *Nuevas Perspectivas del Derecho de Redes Empresariales*, Director Juan Ignacio Ruiz Peris, Tirant lo blanch, Valência 2012, pág. 493. O Autor, no entanto, comparativamente com a noção transcrita em texto e proposta por Ruiz Peris, aponta, como base para a rede, a partilha da exploração de, designadamente, um bem jurídico, sinais distintivos e tecnologia.

Desde logo, da noção decorre a utilização de instrumentos contratuais e a responsabilidade ilimitada dos seus membros.

Quanto à primeira nota caraterizadora divergente, entendemos que o recurso a instrumentos de índole contratual, ainda que a amplitude de instrumentos que podem ser utilizados seja reconhecida pelo Autor – na medida em que se admite, designadamente, a celebração de contratos consorciais, grupais ou societários – é redutora.

Com efeito, é configurável a existência de uma rede de empresas que não tenha subjacente qualquer relação contratual formal que a institua e discipline.[104]

No que se refere à responsabilidade ilimitada, há que considerar que podem os sujeitos membros de uma rede recorrer a instrumentos de formalização da rede que não envolvam, para os seus membros, responsabilidade ilimitada. Com efeito, podem constituir uma sociedade anónima, onde não existe responsabilidade ilimitada dos sócios.

2.1.3. Redes de distribuição como redes entre empresas juridicamente autónomas mas interdependentes em que todas contratam com o cume da rede[105]

No que se reporta à categorização e à subsunção a um tipo social com um conteúdo reconhecido pelo direito, a noção de rede de distribuição tem obtido, por parte da doutrina, um maior consenso.

Estas podem ser definidas, como propõe Jaume Martí Miravalls, como *"uma categoria de redes contratuais compostas por empresários juridicamente independentes mas economicamente vinculados e interdependentes, na qual todos os membros contratam com o cume da rede (que possui poderes de coordenação, direção e controlo em relação à atuação destes) para a comercialização dos mesmos bens e serviços."*[106/107]

[104] Neste sentido, vide Hugh Collins, "Introduction: the research agenda of implicit dimensions of contracts", in *Implicit dimensions of contract, Discrete, relational and network contracts,* Ed. David Campbell, Hugh Collins e John Wightman, European Private Law Theory, Hart Publishing, Oxford and Portlend, Oregon, 2003, págs. 19 e 20. O Autor exemplifica a relação que se poderá considerar estabelecida entre o dono de obra e um subempreiteiro, que não têm, entre si, qualquer contrato expressamente celebrado.

[105] Para uma análise desenvolvida do enquadramento dos contratos de distribuição no âmbito da teoria de rede, vide Fernando A. Ferreira Pinto, *Contratos de distribuição: da tutela do distribuidor integrado em face da cessação do vínculo,* Universidade Católica Editora, Lisboa 2013, págs. 123 e ss.

[106] Tradução nossa do original espanhol. Cfr. "Redes de distribución: régimen jurídico de las inversiones", in *Nuevas Perspectivas del Derecho de Redes Empresariales,* Director Juan Ignacio Ruiz Peris, Tirant lo blanch, Valência 2012, pág. 192.

[107] De modo semelhante, também Francisco González Castilla, "El impacto de la intermediación on-line en el marco de las redes de distribución", in *Nuevas Perspectivas del Derecho*

Entendemos, no entanto, que as redes de empresas não se limitam às de distribuição, reconhecendo-se, contudo, que estas últimas apresentam uma incidência preponderante no fenómeno em análise.

As redes de distribuição constituem uma realidade jurídico-económica já difundida no século XX, com consagração legislativa expressa[108] e a que estão associadas as figuras de franquia, concessão e agência – para aludirmos apenas às mais comuns. Caraterística paradigmática de todas elas é a dissociação entre a figura do produtor ou do titular do sinal distintivo do comércio e a pessoa que comercializa ou explora o bem ou serviço. É conatural às redes de distribuição a celebração de um contrato, por parte do aderente à rede (nos exemplos acima indicados, o franquiado, o concessionário e o agente), com o cume da rede, inexistindo, por norma, qualquer vínculo contratual expressamente firmado entre os vários franquiados, concessionários ou agentes do mesmo franquiador, concedente ou principal.[109]

Nas redes de distribuição, tem sido assinalada uma finalidade comum aos vários contratos que são celebrados, na medida em que se dirigem, todos – ainda que possa não se verificar, formalmente, qualquer ligação entre estes contratos paralelos – a uma mesma finalidade económica, que se traduz na comercialização de bens mediante uma estrutura estável: a rede.[110]

de Redes Empresariales, Director Juan Ignacio Ruiz Peris, Tirant lo blanch, Valência 2012, pág. 375. O Autor acrescenta, no entanto, a procura, por parte do cume da rede, de repartição do mercado (em relação a um determinado bem ou serviço) entre os membros da rede. Vide, também, CÁRMEN CERDA MARTINEZ-PUJALTE, "Coordinación empresarial en las redes versus control antitrust: análisis del nuevo Reglamento CE 330/2010 en clave de red", in *Nuevas Perspectivas del Derecho de Redes Empresariales*, Director Juan Ignacio Ruiz Peris, Tirant lo blanch, Valência 2012, pág. 532. Salienta-se o caráter padronizado dos contratos celebrados entre os membros e o cume da rede e, ainda, a legitimidade do poder de direção do cume da rede.

Entre nós, também a noção de rede de distribuição tem vindo a ser utilizada sem grandes variações conceptuais. Vide, por exemplo, LUÍS DOMINGOS SILVA MORAIS, que enquadra a rede de distribuição no âmbito dos contratos de integração empresarial. Cfr. *Empresas Comuns – Joint ventures – no direito comunitário da concorrência*, Colecções Teses Almedina, Janeiro 2006, pág. 286.

[108] Reconhece-se que a regulação das redes de distribuição não tem sido generalizada, manifestando-se uma regulação meramente parcial, como sucede, entre nós, com o contrato de agência, mas já não com outras figuras associadas à descentralização distributiva e com as quais o contrato de agência apresenta algumas afinidades como ocorre com a concessão e a franquia.

[109] A inexistência de qualquer vínculo contratual expresso entre os vários membros paralelos da mesma rede de distribuição não constitui, quanto a nós, obstáculo à incidência de determinados deveres quanto aos membros entre si. No sentido exposto, vide, com maior desenvolvimento, II.2.4.2.4. infra.

[110] Assim, JAUME MARTÍ MIRAVALLS, "Redes de distribución...", (cit.), pág. 194.

Consideraremos relevante a noção de redes de distribuição – como a transcrita em texto – mas assumimo-la como uma concretização do fenómeno mais abrangente que se traduz nas redes de empresas, as quais operam em domínios além da distribuição.

Quer no plano jurisprudencial, quer a nível doutrinário ou, ainda, legislativo, a noção de redes de distribuição tem estado presente.

São vários os Acórdãos que, entre nós, aludem às redes de distribuição, tanto no plano da distribuição de energia, como, o que se aproxima do campo da nossa análise, enquanto manifestação da descentralização da distribuição de bens e serviços.[111]

No plano do direito constituído, o ordenamento jurídico português não apresenta uma definição de rede de distribuição, em termos gerais, aludindo-se às redes de distribuição apenas sectorialmente, *maxime* quanto à distribuição de gás e eletricidade (cfr. Decreto-Lei nº 140/2006, de 26 de junho, quanto ao gás e Decreto-Lei nº 29/2006, de 15 de fevereiro, quanto à eletricidade).

No país vizinho, no projeto-lei de contratos de distribuição, o Projecto-lei nº 121/000138, publicado a 29 de junho de 2011, no Boletín Oficial de las Cortes Generales, integrava-se, na noção de contratos de distribuição, as redes de distribuição. Mais concretamente, constava da alínea *d)* do nº 2 do artigo 1º: *"redes de distribución en las que un organizador dirige o coordina el reparto de las funciones comerciales entre varios distribuidores repartidos territorial o sectorialmente. En particular, las redes de distribución integradas, en las que un proveedor ejerce un poder de dirección comercial sobre una pluralidad de distribuidores, caracterizada por una marca o método operativo propio."*[112]

[111] Quanto aos primeiros, vide, por exemplo, Acórdão do TRC, Processo nº 2211/10.1TJSB.C2, datado de 22.10.2013 (Relator Maria José Guerra), disponível em www.dgsi.pt, em que se salienta a direção efetiva que tinha a EDP da rede de distribuição de energia em causa.
Quanto aos segundos, e no caso específico da franquia, vide Acórdão do STJ, Processo nº 1807/08.6TVLSB.L1.S1, datado de 15.12.2011 (Relator Álvaro Rodrigues), disponível em www.dgsi.pt. No caso específico da concessão comercial, vide Acórdão do STJ, Processo nº 178/07.2TVPRT.P1.S1, datado de 20.06.2013 (Relator Serra Baptista), Acórdão do STJ, Processo nº 1420/06.2TVLSB.L1.S1, datado de 2.12.2013 (Relator Salazar Casanova) e Acórdão do TRL, Processo nº 4189/09-7, datado de 01.10.2013 (Relator Pimentel Marcos), todos disponíveis em www.dgsi.pt.

[112] Ainda que estejamos no plano de um projeto-lei, não vertido em diploma legal, a doutrina tem tecido críticas ao preceito. Destacamos aqui a posição de Juan Ignacio Ruiz Peris. O Autor considera que a noção de redes de distribuição teve como paradigma as redes de concessionários, circunstância que conduz a que não seja uma noção passível de aplicação generalizada a outras redes de distribuição. Cfr. "Un derecho específico... (cit.), pág. 103.
Ainda que se reconheça que a inspiração dos autores do projeto-lei terá sido as redes de concessionários, haverá que considerar, para a análise do preceito, que o projeto previa um conjunto

Constata-se, aqui, sobretudo quando se alude às redes de distribuição integradas, que existe um poder de direção comercial em benefício de um fornecedor sobre a pluralidade de distribuidores.

Não constitui elemento constitutivo da noção de redes de empresas que acolhemos a existência de um poder de direção a favor de um dos sujeitos integrantes da rede; no entanto, em algumas redes, como as de distribuição, esse poder é reconhecido à entidade com quem todos os demais contratam.

2.1.4. A rede como forma organizativa híbrida e os contratos coligados e/ou conexos[113/114]

Uma grande parte da doutrina, que acolhe a noção de rede como forma organizativa híbrida, conjuga a natureza híbrida das redes com um enquadramento teórico mais amplo, designadamente com a vertente de distribuição de bens e serviços desta forma de organização.[115] Podemos, pois, afirmar que a rede como forma híbrida não se apresenta como uma teoria pura.

de situações que se encontrarão excluídas do seu âmbito de aplicação. Assim, atento o disposto no artigo 3º do projeto, não se aplica o regime ali previsto, designadamente, aos contratos de agência (que são, tipicamente, contratos dogmaticamente enquadráveis nos contratos de distribuição) ou aos contratos de comercialização de produtos financeiros e de seguros.
Por outro lado, também em Espanha, na Proposta de Código Mercantil (na sua versão datada de 17 de junho de 2013), consta um capítulo quanto aos contratos de distribuição, nos artigos 543º e ss.

[113] A expressão *"contratos conexos"* é, preferentemente, utilizada no ordenamento jurídico brasileiro, enquanto que, entre nós, e para a designação de uma realidade similar à dos contratos conexos, se utiliza a expressão *"contratos coligados"*. Ambas as expressões têm subjacente a ligação entre dois contratos, manifestando interdependência contratual. No entanto, se se considerarem os contributos legais, doutrinários e jurisprudenciais, poder-se-á, pelo menos preliminarmente, afirmar que nem todo o fenómeno de coligação contratual manifesta uma unidade económica de uma operação complexa, conforme veremos mais em detalhe em texto, conquanto essa seja a vertente dominante. Quanto ao programa económico unitário nos contratos coligados, vide, desenvolvidamente, Francisco Manuel de Brito Pereira Coelho, "Coligação negocial e operações negociais complexas, Tendências fundamentais da doutrina e necessidade de uma reconstrução unitária", in *Boletim da Faculdade de Direito – Volume Comemorativo*, Universidade de Coimbra, 2003, págs. 250 e ss.. Com especial enfoque nos contratos de crédito ao consumo vide Fernando de Gravato Morais, *Contratos de crédito ao consumo*, Almedina, Coimbra, 2007, págs. 274 e ss.
Distinguimos, igualmente, a dupla vertente que a conexão tende a apresentar. Como nota Carlos Nelson Konder, *Contratos conexos. Grupos de Contratos, Redes Contratuais e Contratos Coligados*, Renovar, 2006, págs. 97-98, a conexão pode ser vista, essencialmente, em duas perspetivas: a vertente empresarial e as relações de consumo. Neste ponto, apontamos a vertente empresarial, no subsequente a vertente que articula rede, contratos conexos e relações de consumo.

[114] Para o enquadramento da coligação contratual enquanto potencial de sustentação de relações de rede vide, desenvolvidamente, Francesca Mollo, *Reti di contratti...* (cit.), págs. 93e ss.

[115] Em certa medida acolhendo o caráter híbrido da rede, não sem o considerar a par da rede como estrutura distributiva de bens e serviços, vide Teresa Rodríguez de las Heras Ballell,

A natureza híbrida da rede de empresas relaciona-se com o facto de, segundo alguns autores, ser um fenómeno que se encontra entre um organismo/instituição e o contrato, e, ao mesmo tempo, entre cooperação e concorrência, flexibilidade e estabilidade e dependência e autonomia.[116/117]

De acordo com Camilla Crea, a rede surge, assim, como uma síntese *"de funções contratuais, não numa soma ou mera ligação de atos"*.[118] Por outro lado, no âmbito desta tese, a rede surge como o resultado de contratos bilaterais, mas a rede não é, ela própria, um contrato.[119]

Acrescentando, ainda, a Autora, que *"todos os contratos individuais da rede têm um efeito a sua unificação que é a rede."*[120]

Assinala-se, ainda, às redes a qualificação de híbridas[121] para designar a circunstância de as empresas que integram a rede, em simultâneo com a manutenção da sua independência e autonomia, terem que respeitar um conjunto de prescrições, normativos ou orientações, decorrentes da sua inserção num agrupamento, num conjunto, em termos similares aos que sucedem numa empresa integrada.[122]

"Aspectos jurídicos de las redes..." (cit.), pág. 405.
Do mesmo modo, também, Hugh Collins, "Introduction to Networks as Connected Contracts", Networks as connected contracts" in *Networks as connected contracts*, Hart Publishing, Oxford and Portland, Oregon, International Studies in the Theory of private law 2011, pág. 10.

[116] Para todos os binómios presentes nesta dialéctica, vide, por exemplo, Camilla Crea, *Reti contrattuali...* (cit.), págs. 114-116.

[117] O enquadramento expresso em texto é aquele mais comummente adotado pelos autores que se filiam nesta teoria; no entanto, diríamos que o termo híbrido é passível de utilização para caraterizar as demais teorias, na medida em que a própria consideração da rede enquanto algo que se situa entre o mercado e a hierarquia denota um caráter híbrido da rede.

[118] Cfr. Camilla Crea, *Reti contrattuali...*, págs. 128-129. Tradução nossa do original italiano.

[119] Assim, Camilla Crea, *Reti contrattuali...*, pág. 129.

[120] Cfr. Camilla Crea, *Reti contrattuali...*, pág. 132. Tradução nossa.

[121] Temos apontado o adjetivo *híbrido* como qualificador da contratação em rede, para o conjunto de teorias que ora se expõem em texto. Surge, no entanto, mesmo na doutrina portuguesa, o adjetivo *simbiótico*, salientando-se um esquema entre integração e coordenação. Cfr. Fernando A. Ferreira Pinto, *Contratos de distribuição...*, (cit.), págs. 120-121. Não podem tais adjetivos aqui ser utilizados como sinónimos, já que a contratação em rede que analisamos apresenta-se como uma operação económica no caminho entre a integração e a cooperação (entre a hierarquia e o mercado, se quisermos recuperar o binómio acima mencionado). A simbiose não é apenas um caminho intermédio entre duas realidade; é uma recíproca relação entre organismos diferentes benéfica para os envolvidos. As redes são simbióticas, sendo essa simbiose uma manifestação, por um lado, da interdependência que existe entre os membros e, por outro, dos fatores de integração e cooperação que são, ambos, convocados para a caraterização das redes.

[122] Cfr. Hugh Collins, "The weakest link..." (cit.), pág. 191.

Admitimos que este entendimento tem aplicação, sobretudo e desde logo, para os ordenamentos jurídicos que, como o português, não regularam o contrato de rede. Nestes ordenamentos, assumirá inegável relevância a composição – e não mero somatório – de vários contratos bilaterais que, atento o funcionamento da dialética, dão origem a uma rede.[123]

No entanto, mesmo no ordenamento jurídico italiano, que regula o contrato de rede, tendo o reconhecimento surgido enquanto contrato multilateral e que obedece a um determinado formalismo (designadamente, a nível da forma e conteúdo), ainda assim pode relevar a qualificação enquanto rede, quer para as situações em que não existe um contrato multilateral, mas um conjunto de contratos bilaterais combinados entre si, quer para as situações em que, podendo existir um contrato multilateral, o mesmo, por um qualquer motivo, não obedeça aos cânones legais ou reúna apenas alguns elementos que não constituem os suficientes para a sua subsunção à figura típica legalmente prevista.

A teoria da rede enquanto fenómeno híbrido – navegando, segundo a expressão de Gunther Teubner,[124] no triângulo das bermudas entre contratos, responsabilidade civil e instituições – não se apresenta, segundo cremos, como de simples aplicação e acolhimento num ordenamento jurídico como o português, cujos conceitos jurídicos gravitam em torno do *tipo*.[125/126]

As fórmulas *híbridas* não são caras ao direito privado português. Não obstante a matriz em que o ordenamento português se insere, admite-se que algumas fórmulas híbridas evoluíram para tipos legais; constitui exemplo

[123] Para uma distinção entre redes, híbridos e redes híbridas vide Gunther Teubner, *Das Recht hybrider Netzwerke*, 2001, Univ.-Bibliothek Frankfurt am Main, disponível em http://www.jura.uni-frankfurt.de/42828844/hybride_netzwerke.pdf, pág. 3.

[124] Cfr. Gunther Teubner, "Coincidentia Oppositorum: Hybrid Networks Beyond Contract and Organization", Festschrift in honour of Lawrence Friedman, Robert Gordon and Mort Horwitz, eds., Stanford University Press, 2006, disponível em SSRN: http://ssrn.com/abstract=876939, pág. 10.

[125] Neste sentido, também, Jean Nicolas Druey, "The path of the law – the difficult access of networks", in *Networks Legal Issues*... (cit), pág. 94, fazendo apelo ao caráter rígido do direito e Sérgio Carbone e Andrea D'Angelo, "De-Qualificazione e Fonti Normative di Disciplina del Contratto di Cooperazione tra Imprese", in *Le joint-ventures, Profili Giuridici e Modelli Contrattuali, Istituto per lo Studio e la Diffudione dell'Arbitrato e del Diritto del Commercio Internacionale*, AAVV, EGEA, 1997, pág. 35, ainda que enquadrando a análise no âmbito das *joint venture*.

[126] Assumimos a noção de tipo tal como vem sendo sustentada doutrinalmente, como um modelo socialmente reconhecível, podendo este ser um tipo legal, quando encontre na lei elementos que permitam *"delimitar um modelo que seja reconhecível fora (e, por via de regra, antes) do mundo do Direito"*. Cfr. Rui Pinto Duarte, *Tipicidade e Atipicidade dos Contratos*, Coimbra, Almedina, 2000, pág. 42.

paradigmático dessa evolução o surgimento do contrato de locação financeira, cuja génese resultou da combinação de dois contratos típicos: o contrato de locação e o contrato de compra e venda.

O direito português não é indiferente a figuras híbridas pelo que a qualificação da rede como figura híbrida, que gravita em torno dos contratos, das sociedades (ou instituições) e da responsabilidade civil (aproveitando-se a triangulação proposta por GUNTHER TEUBNER) não constitui obstáculo à sua admissão, no plano de *iure condendo*, ainda que essa configuração se possa deparar com alguma resistência inicial, apanágio da certeza e segurança jurídicas.

Na teorização em apreço colocamos em título a expressão *"contratos conexos"* e *"contratos coligados"*.[127]

A ligação entre a rede enquanto figura híbrida e a teoria dos contratos conexos ou coligados advém sobretudo da posição doutrinária de GUNTHER TEUBNER, que, perante a contradição institucionalizada criada pelas redes enquanto fenómeno híbrido, propõe o recurso à figura dos contratos conexos/coligados, definindo-os como *"contratos individuais com vários níveis hierárquicos que são incorporados num sistema abrangente, o qual é dominado pelo sistema central e que liga os contratos individuais de modo detalhado"*,[128] apresentando-se como *"um conjunto de contratos independentes que criam uma unidade económica, não obstante a sua natureza separada"*.[129]

Da noção ora transcrita podem retirar-se várias notas caraterizadoras, segundo o Autor, para enquadramento das redes de empresas.

[127] Como já referirmos, em regra, a expressão *"contratos conexos"* é a utilizada no Brasil, enquanto que, entre nós, se optou pela de *"contratos coligados"*, à semelhança, aliás, do que se verifica em Itália. No entanto, mesmo em Portugal, a nível doutrinário, constata-se a utilização indistinta das duas expressões (contratos conexos e contratos coligados). Assim, FERNANDO DE GRAVATO MORAIS, *Contratos de crédito...* (cit.), pág. 278, na nota 375 e JORGE MORAIS CARVALHO, *Os Contratos de Consumo, Reflexão sobre a Autonomia Privada no Direito do Consumo*, 2011, disponível em http://run.unl.pt/bitstream/10362/6196/1/Carvalho_2011.pdf, pág. 579.
No ordenamento jurídico espanhol (e nos países de idêntica matriz linguística), prefere-se o vocábulo *"conexos"*. Em França, para a realidade em análise, prefere-se a expressão grupos de contratos. Neste sentido, por todos, vide PAULA PATRÍCIA SOUZA DOS PRAZERES e ELAINE ALVES SILVA DE SANTANA, "Conexão contratual: a perspectiva da desconsideração da lei do inquilinato em virtude do reconhecimento da coligação contratual", pág. 105, in *Revista Pesquisas Jurídicas*, Vol. 1, nº 1, Dezembro de 2012, disponível em http://www.revistapesquisasjuridicas.com.br/ojs/index.php/RPJur/ article/view/8 e JOSÉ VIRGÍLIO LOPES ENEI, "Contratos coligados", in *Revista de Direito Mercantil, Industrial, Econômico e Financeiro*, 132, Ano XLII (outubro-dezembro/2003), Malheiros Editores, págs. 112-113.

[128] Tradução nossa do original inglês. In *Networks as...* (cit.), pág. 233.

[129] Tradução nossa do original inglês. In *Networks as...* (cit.), pág. 147.

Desde logo, a existência de vários contratos. Daqui resulta que, ao contrário do sustentado por alguns autores – e com o que se encontra positivado no contrato de rede, regulado em Itália – não estamos perante um contrato multilateral, mas, ao invés, ante um conjunto de contratos bilaterais, com vários níveis hierárquicos.

GUNTHER TEUBNER afasta-se, expressamente, da noção de rede enquanto contrato multilateral, que, no seu entendimento, exige muito da realidade social, ou por mera convicção doutrinária ou por ficção.[130] Entende que, de modo mais realista, a construção da rede se satisfaz com a existência de meros contratos bilaterais e em que existe um sistema central.

A introdução de um sistema central, ainda que tenha a virtualidade de limitar o âmbito de aplicação da figura, exclui das redes de empresas – ou dos contratos conexos ou coligados, segundo o enquadramento que lhe é dado por GUNTHER TEUBNER – os fenómenos de rede meramente horizontais, que não tenham subjacente uma relação de hierarquia nem a existência de uma entidade coordenadora de todo o sistema.[131/132]

A noção de contratos conexos, proposta por CARLOS NELSON KONDER, não é coincidente com a ora em análise, sustentando o Autor que esta se descreve, mas não se define, *"pela utilização de uma pluralidade de negócios para a realização de uma mesma operação económica."*[133/134]

Para PAULA PATRÍCIA SOUZA DOS PRAZERES e ELAINE ALVES SILVA DE SANTANA, os contratos conexos seriam formados por ligações entre contratos que, na sua maioria, são típicos.[135/136]

130 Cfr. *Networks as...* (cit.), pág. 160.

131 Quanto às redes verticais e hierárquicas e horizontais e paritárias, vide, com mais desenvolvimento, I.4.2. infra.

132 À manifestação legal dos contratos coligados ou conexos – no domínio do ordenamento jurídico alemão – aludiremos infra aquando da explanação do enquadramento da rede enquanto conexão de atos no âmbito das relações de consumo.

133 Cfr. *Contratos conexos...* (cit.), pág. 275.

134 Quanto ao fim comum nos contratos coligados vide, também, PEDRO HENRIQUE GALLOTTI KENICKE, "A causa e a coligação contratual brasileira: Referência da noção causalista em contratos coligados e a aplicação destes na jurisprudência", 2012, disponível em http://www.academia.edu/3722723/A_causa_e_a_coligacao_contratual, pág. 22. Quanto à operação económica unitária, enquanto fator agregador de contratos distintos, vide FRANCESCA MOLLO, *Reti di contratti...* (cit.), pág. 97.

135 Cfr. "Conexão contratual..." (cit.), pág. 111.

136 Ainda que sem aludirem expressamente ao facto de a ligação entre os contratos ser entre contratos típicos, podemos apontar AUGUSTO RODRÍGUEZ OREJUELA e MIGUEL HERNÁNDEZ ESPALLARDO como acolhendo uma noção próxima da aqui transcrita. Cfr. "La creación de valor y de ventaja competitiva en la red de relaciones de negocios", in *Revista Universidad Eafit*, ano/vol.

Também esta tese, no seu todo, não é isenta de críticas. Desde logo, a visão da rede enquanto conexão de contratos bilaterais fecha a porta às situações de rede que podem advir da celebração de um ou vários contratos multilaterais.

Uma outra fragilidade que pode ser assacada à proposta em análise reside na circunstância de, pelo menos para alguns autores, os contratos conexos ou coligados implicarem uma ligação, na generalidade dos casos, entre contratos típicos. Ora, atenta a amplitude do fenómeno das redes de empresas, que pode abranger a ligação entre contratos legalmente atípicos (por vezes, socialmente típicos), como será o exemplo paradigmático das redes de franquia, a subsunção a ligações de contratos típicos afastaria da figura realidades sociais que reclamam idênticas preocupações jurídicas.

Da tese ora em apreciação aproveitamos o conceito de *"conexão"* ou *"coligação"*, que, *in casu*, vislumbramos como sinónimo de interdependência e que destacamos como um dos elementos caraterizadores das redes empresariais.

Sendo a rede uma noção metafórica, tem subjacente uma ideia de ligação, similarmente a uma teia de conexões entre várias entidades (e não necessariamente entre vários contratos, como indiciaria a opção pela expressão conexão de contratos ou contratos conexos ou coligados).

Não obstante, entendemos preferível o termo interdependência, já que este carateriza a ligação de dependência recíproca existente entre as partes/prestações/contratos, não se limitando a uma alusão à existência de uma ligação, o que poderia resultar com a opção do termo *"conexão"*.

A tese da rede enquanto conexão ou coligação contratual tem sido acolhida, em parte, por alguns autores, como uma forma de regulação das relações de rede, ainda que não tenha esta tese a potencialidade de poder ser aproveitada para todas as redes.[137]

A coligação contratual, como uma forma de regulação das redes, pode ser aplicada para redes de menor dimensão e para aquelas em que a relação

39, número 132, Universidade Eafit, Medellín, Colombia, Out/Nov/Dez 2003, pág. 9. Os autores acrescentam, no entanto, na página 12, o propósito subjacente a tal ligação e que se traduz na obtenção de vantagens competitivas.

[137] No que se refere ao aproveitamento da coligação negocial para regulação das redes, Fabrizio Cafaggi e Paola Iamiceli, referem que, para tal suceda, será necessária a presença de, pelo menos, três entidades e que exista uma relação de interdependência entre as empresas, *"um condicionamento recíproco (potencialmente assimétrico)"*. Cfr. "Reti di imprese e modelli di governo inter-imprenditoriale...", (cit.), pág. 313.

Cremos que a coligação só parcialmente é idónea a regular o fenómeno reticular, já que será inverosímil a existência de um conjunto de regras, uniformes, que os novos membros se comprometem a acatar, mesmo que apenas tenham um vínculo contratual expresso com ou mais membros mas não com todos. Daí que, segundo julgamos, a coligação negocial, podendo embora regular parcialmente a rede, não é bastante para exaurir todas as questões carentes de regulação no âmbito de uma rede.

entre os contratantes é marcadamente cooperativa, e em que a integração dos membros na rede é em menor grau.

Com efeito, assinalam-se alguns problemas jurídicos especialmente prováveis em redes de maior dimensão e em redes em que se verifica uma maior assimetria entre os membros que integram a rede. Nestas redes, existem específicas questões, como sejam a tomada de decisões no seio da rede ou os procedimentos e regras relativas à entrada e saída da rede a que não responde uma visão meramente contratual, que não pondere a vertente institucional da rede.

2.1.5. A rede como conexão de atos e/ou entidades no âmbito do fornecimento de energia elétrica, gás, telefone

A rede surge, também, associada à atividade de fornecimento de energia elétrica, gás e telefone e, bem assim, a um conjunto de bens ou serviços para cujo fornecimento contribuem, em termos técnicos, várias entidades.[138]

Essa associação tem sido concretizada não só no plano doutrinário como no domínio do direito constituído.

Na Lei da Concorrência (Lei nº 19/2012, de 8 de maio), acolhe-se a noção de rede com o conteúdo que ora analisamos. Com efeito, na alínea *e)* do nº 2 do artigo 11º, na densificação de *"abuso de posição dominante"*, alude o legislador a poder ser considerado abusivo "[r]*ecusar o acesso a uma rede ou a outras infraestruturas essenciais por si controladas"*.

Encontra-se ali patente, como podendo configurar um abuso de uma posição de domínio, a circunstância de uma entidade controlar uma rede, por exemplo, de telefone, e recusar o acesso à mesma rede a outra empresa.[139]

Tem sido esta a fonte para a Autoridade da Concorrência sancionar comportamentos de operadoras telefónicas nacionais que têm a seu favor um domínio no acesso à rede.[140]

Não será este o domínio da nossa análise. Rede, aqui, salienta o aspeto físico-material da conexão entre entidades, sendo que as principais questões

[138] A par da energia eléctrica, do gás e do telefone, poderíamos apontar uma série de bens e/ou serviços que podem aqui incluir-se, nomeadamente, o aquecimento ou a água.

[139] Por referência a esta alínea, Jónatas Eduardo Mendes Machado alude a indústrias de rede. Cfr. *Direito da União Europeia*, Coimbra Editora, 2ª Ed., 2014, págs. 434.

[140] Para uma análise de vários acórdãos em que se aprecia a recusa de acesso a uma rede ou a outras infraestruturas essenciais, vide, com desenvolvimento, Gonçalo Anastácio, Comentário ao Artigo 11º, in *Lei da concorrência: comentário conimbricense*, Coord. Carolina Cunha, Miguel Gorjão-Henriques, José Luís da Cruz Vilaça, Gonçalo Anastácio, Manuel Lopes Porto, Almedina, 2013, págs. 128 e ss., especial enfoque sendo dado às contraordenações aplicadas pela Autoridade da Concorrência à PT – Comunicações.

jurídicas que têm sido levantadas no âmbito do direito nacional e da União têm sido relacionadas com o direito da concorrência.

Estando em causa, pela sua natureza, bens essenciais e que são utilizados pela generalidade das pessoas nas suas atividades diárias quotidianas, colocam-se problemas referentes, por exemplo, ao acesso a este tipo de fornecimento, às licenças que são concedidas para a sua exploração, às barreiras existentes à entrada e à saída e à regulamentação quanto ao seu exercício.

Conquanto não seja esta a orientação do nosso estudo, nem a noção de rede de empresas que perfilhamos e que norteará as nossas considerações, desta noção podem ser aproveitadas algumas notas caraterizadoras para a rede, sob o ponto de vista jurídico.

Da rede enquanto conexão de atos (no domínio físico) aproveitaremos a ideia de conexão, de ligação e de complementaridade. Na verdade, a rede, sob o ponto de vista jurídico, surge associada à conexão seja ela encetada entre pessoas jurídicas seja entre prestações ou obrigações.

A ligação física que subjaz ao fornecimento de gás, eletricidade ou telefone, é descartada, ou melhor, não é relevante para a existência de uma rede sob o ponto de vista jurídico, que se basta com o desenvolvimento de laços contratuais, podendo até estes ser formalizados/concluídos virtualmente ou, reunidas determinadas condições,[141] pode a rede instituir-se entre vários sujeitos mesmo que estes não tenham celebrado, expressamente, qualquer contrato destinado a constituir ou a regular a rede.

2.1.6. A rede como conexão de atos e/ou entidades no âmbito das relações de consumo, em especial os pagamentos automáticos[142/143]

Tem sido este um relevante campo de análise do fenómeno de rede, ainda que o enquadramento esteja umbilicalmente ligado à tese da rede enquanto cone-

[141] Como concretizaremos em II. 2.1.1. e II.2.1.2. infra.

[142] A doutrina alemã tem acolhido e desenvolvido o conceito de rede no âmbito das relações de consumo, e, em especial, a vertente financeira, no domínio bancário, quanto aos pagamentos automáticos (sem dinheiro). Para uma análise desenvolvida quanto a esta vertente, vide MATHIAS ROHE, *Netzverträge*, Jus Privatum 23, Mohr Siebeck, 1998, sobretudo págs. 12 e ss.

[143] Já têm sido designadas estas redes ora em apreciação como redes financeiras. Propositadamente omitimos tal designação em título tendo em vista salientarmos o enfoque de direito de consumo que tem sido dado pelos autores que, em relação a estas redes, se têm debruçado. Na verdade, e ainda que a doutrina aborde a relação existente entre as instituições financeiras que cooperam para a concretização destas transações, coloca o ênfase na proteção do consumidor, *maxime* para efeitos de responsabilidade e imputação do cumprimento e, bem assim, na análise das obrigações perante o consumidor/cliente, numa situação de rede. Vide, de forma mais desenvolvida, JAUME MARTÍ MIRAVALLS, "Redes de distribución: régimen jurídico... (cit.), págs. 191 a 225.

xão de contratos e, naturalmente, numa faceta que tem o seu palco de explanação no domínio do direito das obrigações, *maxime* do direito dos contratos.

Podemos apontar como a fonte – mais ou menos próxima – do reconhecimento do fenómeno o vertido no §358 do BGB. Reconhecem-se, aí, os contratos conexos ou coligados, inserindo-se no âmbito dos contratos de consumo, mais concretamente na situação típica de um consumidor que contrai um empréstimo bancário para a aquisição de um bem ou serviço.

No normativo em apreço consagra-se a conexão entre dois contratos que formam uma unidade económica; constituindo-se a especial ligação entre o contrato de mútuo e o contrato de compra e venda (ou prestação de serviços) que o primeiro contrato financia, a extinção da declaração do consumidor no âmbito do contrato de compra e venda (ou prestação de serviços) conduz à extinção da obrigação que, para o consumidor, emerge de um contrato de mútuo que esteja associado a tal compra e venda (ou prestação de serviços).

Nesta norma, considera-se que dois contratos são conexos ou coligados, para este efeito, se o mútuo servir, total ou parcialmente, para financiar a aquisição (de bens ou serviços) e se ambos formam uma unidade económica.

Analisemos o que se deve entender por unidade económica – elemento constitutivo da coligação contratual prevista naquela norma – considerando, em especial, o poder ser um elemento preponderante para a configuração das redes enquanto contratos conexos ou coligados.

No sentido de auxiliar na definição de unidade económica, atentemos no preceituado, entre nós, no regime jurídico dos contratos de crédito com consumidores, atualmente consagrado no Decreto-Lei nº 133/2009, de 2 de junho, que revogou o anterior regime (patente no Decreto-Lei nº 359/91, de 21 de setembro), assim transpondo para o ordenamento jurídico pátrio a Diretiva nº 2008/48/CE, de 23 de abril, do Parlamento Europeu e o Conselho.

Deste diploma, convocamos o seu artigo 18º, cuja epígrafe é impressiva ao designar *"contrato de crédito coligado"*.

A noção de contrato de crédito coligado é dada pela alínea *o)* do nº 1 do artigo 4º daquele diploma legal em que, para a conclusão de existência de coligação de um contrato de crédito a um contrato de compra e venda ou de prestação de serviços, se alude à constituição de uma unidade económica.[144/145]

[144] No âmbito do anteprojeto do Código do Consumidor constava, no artigo 304º, a definição de coligação entre contratos, com um conteúdo ligeiramente distinto do que veio a ser consagrado nesta alínea. Quanto à unidade económica, constava no nº 2 daquele artigo "2. *Sem prejuízo de a mesma poder resultar de outras circunstâncias, considera-se, em especial, que se acha constituída uma unidade*

Constata-se, assim, uma alusão expressa a uma *"unidade económica"*,[146] em linha com o constante no §358 do BGB.

A coligação contratual – tal como a desenha a jurisprudência e a doutrina – está, por regra, associada, além de a uma unidade económica, a um propósito comum unitário entre os negócios celebrados.[147]

A coligação prevista no Decreto-Lei nº 133/2009 é, assim, setorial, posto que apenas se aplicará, de acordo com o previsto no artigo 18º, a uma coligação com um contrato de compra e venda (nº 1 do artigo 18º) ou com contrato de prestação de serviços (nº 6 do artigo 18º) e, sempre, em qualquer caso, a uma relação de consumo, ou seja, com um consumidor e não entre empresários.

Na Diretiva nº 2008/48/CE, transposta pelo legislador nacional, utiliza-se a expressão, na versão portuguesa, de *"contratos de créditos ligados"*,[148] não inteiramente coincidente com a figura da coligação contratual.

Para finalizarmos, uma referência – sumária, apenas – às transferências bancárias transfronteiriças que implicam, para a sua concretização, a intervenção coordenada e interdependente de várias instituições bancárias.

A ideia de ligação ou conexão encontra-se presente e podem suscitar-se alguns problemas a que ao direito, designadamente no plano da proteção do consumidor, pode ser suscitada a intervenção.

económica entre os contratos referidos no número anterior quando seja o próprio fornecedor do bem ou do serviço a financiar a sua aquisição, assim como, na hipótese de o financiador ser um terceiro, quando este se sirva da colaboração do fornecedor, quer na preparação, quer na conclusão do contrato de mútuo ou de abertura de crédito." Para uma análise deste normativo do anteprojeto, vide Fernando de Gravato Morais, *Contratos de crédito...* (cit.), págs. 281-282.

145 Desenvolvidamente, quanto a esta noção, vide Jorge Morais Carvalho, *Os Contratos de Consumo...* (cit.), págs. 582 e ss. e, bem assim, Fernando de Gravato Morais, "Proteção do consumidor a crédito na celebração e na execução do contrato", in *Revista Electrónica de Direito* – Fevereiro 2014 – nº 1, disponível em www.cije.up.pt/revistared, págs. 12 e ss.

146 Fernando de Gravato Morais salienta o caráter unitário do conceito de unidade económica que, até ao Decreto-Lei nº 133/2009, de 2 de junho, assumiu contornos diversos, atento o consagrado na parte final do nº 1 do artigo 12º e alínea *a)* do nº 2 do artigo 12º do Decreto-Lei nº 359/91, de 21 de setembro, e nº 3 do artigo 18º do Decreto-Lei nº 143/2001, de 26 de abril. Cfr. "Proteção do consumidor a crédito..." (cit.), pág. 12. Também neste sentido, vide Jorge Morais Carvalho, *Os contratos de Consumo...* (cit.), pág. 582.

147 Quanto ao propósito comum nestes contratos vide Fernando de Gravato Morais, *Contratos de crédito...* (cit.), pág. 275.

148 Analisadas as versões inglesa, francesa, alemã, italiana e espanhola (para indicar apenas algumas), encontram-se, respetivamente, as expressões *"linked credit agreements"*, *"contrats de crédit liés"*, *"Verbundene Kreditverträge"*, *"contratti di credito collegati"* e *"contratos de crédito vinculados"*. Implica, pois, uma conclusão da uniformidade da ligação, sendo que apenas a versão italiana se mantém fiel ao vocábulo coligação (comum aos ordenamentos jurídicos de matriz germânica).

Não sendo o escopo do nosso estudo o levantamento e proposta de solução para tais problemas, referir-nos-emos, singelamente, aos aspetos que têm sido destacados pela doutrina que sobre tal temática se tem debruçado, apenas na medida em que esta análise possa ser aproveitada para as nossas indagações quanto à temática das redes.

No quadro das ligações interbancárias, tem sido, sobretudo, objeto de preocupação, por parte da doutrina, o risco sistémico e perigo de contágio,[149] a que, na verdade, já havíamos aludido em I.1.2. supra.

Numa análise estruturada das redes de empresas, deve ser ponderado o risco de contágio nas redes de empresas, *maxime* naquelas em que a relação de interdependência é especialmente forte, de modo que o incumprimento de uma das empresas ou, até, o encerramento da atividade de uma delas, pode beliscar o cumprimento ou funcionamento de outras ou, no limite, de todas.

Como nota Roberta Bertagnin, a interdependência, sendo embora um requisito essencial para que possamos estar perante uma rede, envolve, simultaneamente, vantagens e desvantagens, apontando a Autora, como exemplo das primeiras, a relevância (positiva) para efeitos de *rating* das empresas que integram uma rede; e, como exemplo das segundas, o risco para os participantes em caso de alteração do lucro das demais e, bem assim, da adoção de comportamentos ou decisões desvantajosas.[150]

A forma como é estruturada a rede, por hipótese, no domínio bancário ou financeiro, tende a ter em conta formas de minorar os riscos de contágio.

Cremos que o enquadramento ora exposto pode caraterizar a rede, mas não a rede de empresas – a realidade que pretendemos analisar. Admitindo que de uma rede possa fazer parte um consumidor, de acordo com a tese ora em apreciação, não teremos uma rede de empresas, já que o consumidor, por definição, e nessa qualidade, não é titular de empresa.[151] Pode, contudo, ser o destinatário dos serviços prestados por uma rede, ou seja, das atividades conexas ou complementares que as diversas entidades que a integram desenvolvem.

[149] Vide, quanto a tal questão, entre outros, Ana Maria Babus, "Essays on Networks: Theory and Applications", in Tinbergen Institute Research Series nr. 424, 2008, disponível em http://repub.eur.nl /pub/12680, págs. 53 e ss.

[150] Cfr., por todos, Roberta Bertagnin, *Il contratto di rete...* (cit.), pág. 18.

[151] Roger Brownsword refere que as redes podem ser aplicadas de forma mais radical, trazendo o consumidor para o fim do sistema integrado de distribuição. Cfr. "Network contracts revisited", in *Networks Legal issues of multilateral co-operation*, Ed. Marc Amstutz e Gunther Teubner, Hart Publishing, Oxford and Portland, Oregon, 2009, pág. 33.

2.1.7. A rede como conjunto de relações estabelecidas entre os vários intervenientes numa sociedade comercial

Sustenta-se, ainda, que a rede é apta a designar o conjunto de relações que, no seio de uma sociedade comercial, se estabelece entre sócios, administradores,[152] credores e trabalhadores, sendo que as relações assim encetadas são implícitas.[153]

Está intimamente relacionada com este enquadramento reticular a visão contratualista da sociedade comercial e das relações nela estabelecidas entre os vários elementos que a integram.

Os sócios, ao serem-no, têm uma ligação com os administradores da sociedade comercial, assim como mantêm uma ligação com os credores da sociedade e com os trabalhadores da mesma. No entanto, a relação estabelecida não é formal e expressa, porquanto não é celebrado nenhum contrato entre o sócio e o administrador ou o credor e o trabalhador, nem, paralelamente, esse contrato é celebrado entre o administrador e o trabalhador e o credor.

Formalmente, o vínculo é apenas estabelecido entre a sociedade e os sócios (através da participação social), entre a sociedade e os administradores (por via da nomeação/eleição, nos termos legais), entre a sociedade e os trabalhadores (através do contrato de trabalho) e, por fim, entre a sociedade e credores (por exemplo, por via de um contrato de prestação de serviços/fornecimento).

Sob o ponto de vista implícito, e para os autores que sustentam esta tese, há uma relação entre todos estes intervenientes, sem que seja necessária a mediação de uma entidade – sociedade comercial – e essa relação implícita daria origem a uma rede.

Não é este o enquadramento que consideramos para efeitos de redes de empresas, desde logo porque, no âmbito desta teoria, apenas nos encontramos perante uma empresa, ainda que possam estar em causa diversos sujeitos jurídicos (*shareholders* e *stakeholders*, por exemplo).

A teoria pressupõe uma visão contratualista das relações assim instituídas, ou seja, os sujeitos têm sempre um contrato que os vincula uns aos outros, conquanto esse contrato possa ser uma ficção (um contrato implícito), sem uma materialização no plano formal.

[152] Utilizamos o termo administrador em sentido amplo, de modo a abranger quer os administradores *proprio sensu* quer os gerentes.

[153] Neste sentido, vide Hugh Collins, "Introduction: the research agenda..." (cit.), pág. 20, concluindo que *"A utilização do conceito rede significa que, ainda que alguns destes participantes possam não ter ligação direta através de contratos expressos, ainda assim a sua interdependência económica na prática deve ser reconhecida e acomodada dentro de um enquadramento jurídico. Uma metáfora gráfica para exprimir esta ideia é sugerir que todas as partes numa rede estão ligadas por contratos implícitos."* (tradução nossa)

Esta teoria não será idónea a abranger as situações – cada vez mais comuns – em que as sociedades comerciais veem o seu capital disperso por inúmeros sujeitos que desconhecem os rostos dos administradores, trabalhadores ou credores, apenas pretendendo o maior retorno quanto ao capital investido. Nessa hipótese, justificar-se-á a ficção de uma relação implícita entre cada um dos inúmeros sócios e os demais sujeitos com quem a sociedade se relaciona? E com que objetivo?

A ficção construída não deverá, por certo, ter por fundamento a consagração de deveres contratuais de uns sujeitos para com os demais, posto que tais deveres podem existir, mesmo que nenhum contrato se ficcione, designadamente por força da lei ou dos princípios jurídicos aplicáveis.

Aliás, e até no plano do direito constituído, na concretização dos deveres que impendem sobre os administradores das sociedades comerciais, se considera que os mesmos devem observar *"deveres de lealdade, no interesse da sociedade, atendendo aos interesses de longo prazo dos sócios e ponderando os interesses dos outros sujeitos relevantes para a sustentabilidade da sociedade, tais como os seus trabalhadores, clientes e credores"* [cfr. alínea *b)* do nº 1 do artigo 64º do CSC].[154]

Poder-se-ia aventar a hipótese de tal ficção assumir relevância – e ter, alguma, aplicação – nas sociedades comerciais de menor dimensão, *maxime*, familiares,[155] ou, até, nas sociedades em que o elemento pessoal sobreleva o elemento patrimonial.[156]

Entendemos, no entanto, que a proposta de enquadramento, que sobrevaloriza a dimensão contratual da sociedade comercial, em detrimento da

[154] Para uma análise da norma também sob o ponto de vista que ora cuidamos, com indicação de extensa bibliografia, vide Ricardo Costa/Gabriela Figueiredo Dias, in *Código das Sociedades Comerciais em Comentário*, Vol. I, Coord. Jorge M. Coutinho de Abreu, Almedina, 2010, anotação ao artigo 64º, págs. 721 e ss.

[155] No sentido de poder a teoria do nexo-de-contratos/rede ter alguma relevância em relação a estas sociedades, vide Paddy Ireland. O Autor, simultaneamente, critica a aplicação da teoria às sociedades de capital aberto, na medida em que *"com a despersonalização da detenção acionista e as ações mais in rem do que in personam, a utilização da metáfora de contratos implícitos ofusca mais do que clarifica."* Cfr., para ambos os aspetos, "Recontractualising the corporation; implicit contract as ideology", in *Implicit dimensions of contract, Discrete, relational and network contracts*, Ed. David Campbell, Hugh Collins e John Wightman, European Private Law Theory, Hart Publishing, Oxford and Portlend, Oregon, 2003, pág. 280.

[156] Segundo Pedro Pais de Vasconcelos, *"quanto menos densa a textura da sociedade, quanto menos autonomia exista entre a sociedade e os sócios, mais importante será a componente contratual e correspondentemente menos a institucional."* Cfr. *A participação social nas sociedades comerciais*, Almedina, 2ª Edição, 2006, pág. 56. Conclui o Autor, na página 57, que as sociedades de pessoas estarão mais próximas do pólo contratualista enquanto que as de capitais mais próximas do pólo institucional.

institucional, também nas sociedades comerciais de pequena dimensão, é, como mencionámos, restritiva.

Admite-se como válido o entendimento contratualista para qualificar a relação encetada entre os sócios e a sociedade comercial, mas já se considera que esse contratualismo não será adequado – e, no nosso entendimento, tendo por base, até, o direito constituído, não o é – para o enquadramento entre a relação entre os administradores e os sócios e entre os primeiros e credores ou trabalhadores.[157]

2.1.8. Rede de empresas como empresa virtual

A noção de empresa virtual[158] não é nova. Na densificação da mesma recorrer-se, amiúde, à utilização do termo *"rede"*.[159]

Assim, refere-se que, nas empresas virtuais, *"cada membro traz para a rede apenas uma das suas competências chave"*[160] e, na empresa virtual duradoura e hierárquico-piramidal, *"uma das empresas (normalmente a promotora da rede) fica com todas ou algumas tarefas nucleares (v.g. investigação e desenvolvimento, marketing, finanças, escolha dos membros da rede) e coordena a actividade das restantes empresas."*[161/162]

[157] Assim, também, aquando da análise do interesse social enquanto parâmetro para a bondade da atuação de sócios e administradores, vide Jorge Manuel Coutinho de Abreu, *Curso de Direito Comercial – Vol. II – Das Sociedades*, Almedina, 3ª Edição, 2009, págs. 291 e ss.. Para uma explanação, desenvolvida, sobre as conceções dogmáticas sobre o interesse da sociedade, incluindo a indicação das várias teorias contratualistas, anticontratualistas e institucionalistas, vide José Nuno Marques Estaca, *O interesse da sociedade nas deliberações sociais*, Almedina, 2003, págs. 106 e ss.

[158] Surge, também, a noção de território virtual, não inteiramente coincidente ou confundível com o de empresa virtual. O território virtual pode ser definido como um conjunto de representações de territórios reais nos sistemas de informação em rede. Cfr. Paulo Alexandre Neto, *A integração espacial...* (cit.), pág. 221.

[159] Thomas Müller conclui ser consensual que a cooperação empresarial em rede é uma caraterística das organizações virtuais. Cfr. "Virtuelle Organisation..." (cit.), pág. 19. No sentido de a cooperação em rede formar uma empresa virtual vide, designadamente, Stefan Brandner, *Integriertes Produktdaten...* (cit.), pág. 1.

[160] Cfr. Christian Scholz, "Die virtuelle Organisation als Strukturkonzept der Zukunft", Nr. 30, Set. 1994, Universität des Saarlandes, disponível em http://www.orga.uni-sb.de/bibliothek/nr30.pdf, pág. 16.

[161] Cfr. J. M. Coutinho de Abreu, "Empresas virtuais (Esboços)", in *Estudos em homenagem ao Professor Doutor Inocêncio Galvão Telles: novos estudos de direito privado*, Vol. IV, Almedina, 2003, pág. 604.

[162] Em sentido similar, ainda que não inteiramente coincidente, Ana Isabel Lambelho Costa, *Descentralização produtiva...* (cit.), pág. 127. Para a Autora a empresa virtual não exerce diretamente qualquer atividade produtiva, limitando-se a coordenar a atividade das empresas suas parceiras.

Aponta-se, como caraterística da empresa virtual, a circunstância de os componentes da mesma serem independentes, mesmo quando a cooperação assuma feições verticais.

Nas redes, a independência surge, de igual modo, como um elemento caraterizador quando se avalia o enquadramento das empresas que as integram; como vimos, as redes de empresas surgiram como uma alternativa aos fenómenos de integração e à contratação em mercado.[163]

Temos, pois, como traço comum entre ambas as figuras, a independência entre as empresas integrantes de uma empresa virtual e de uma rede de empresas.

Para alguns autores, a empresa virtual, como manifestação de uma rede de empresas, carateriza-se por um conjunto de empresas distintas ligadas por técnicas telemáticas; o virtual seria, assim, o informático.[164]

Sendo este o entendimento adotado, cremos que o mesmo não permite incluir – na noção de empresa virtual – todas as redes de empresas que, em abstrato, podem ser constituídas. Se atentarmos nas redes de empresas na franquia, a ligação que se estabelece entre os vários elementos da rede não assenta, na sua essência, em conexões telemáticas. Desde logo, a ligação que intercede entre o franquiador e o franquiado é materializada na celebração de um contrato, contrato esse que é, por norma, celebrado por escrito; o eventual recurso a meios telemáticos, podendo ser um auxílio para a celebração do contrato, não o carateriza, não é um elemento constitutivo do tipo contratual.

No que se refere à ligação entre os vários franquiados, a mesma não resulta da celebração de qualquer contrato entre estes, mas do facto de todos eles celebrarem contratos (paralelos e, frequentemente, iguais) com o mesmo franquiador. A *"virtualidade"* que aqui se pode vislumbrar não será tanto um sinónimo de meio telemático mas de ficção. Se assim for o enquadramento, tendemos a aceitar a qualificação de virtual para caraterizar a ligação que se estabelece entre algumas empresas em rede (ou de rede ou na rede) que não têm entre si qualquer vínculo contratual expresso.

Para outros autores, e tendo no horizonte o ordenamento jurídico italiano, a rede de empresas enquanto empresa virtual assenta no facto de podermos estar perante uma empresa não subjetivada – não dotada de personalidade

[163] No sentido de inexistir hierarquia, vide THOMAS MÜLLER, "Virtuelle Organisation..." (cit.), pág. 21.

[164] Neste sentido, J. M. COUTINHO DE ABREU, "Empresas virtuais...", (cit.), págs. 602-603. Sustentando ser esta uma das caraterísticas das empresas virtuais (a par de outras), vide THOMAS MÜLLER, "Virtuelle Organisation..." (cit.), pág. 21.

jurídica distinta dos membros que integram a rede – mas que se publicita e apresenta em face de terceiros enquanto uma única empresa.[165]

Destaca-se, ainda, por fim, como caraterística das empresas virtuais, a ausência de uma regulação formal das relações estabelecidas no seu seio.[166]

Como teremos oportunidade de analisar infra, as redes de empresas podem ser formalizadas ou não formalizadas, consoante os contratantes celebrem um ou mais contratos tendentes a organizar o funcionamento na rede, quer internamente, entre os vários membros, quer externamente, quanto aos termos e condições em que se processa a contratação com terceiros.

No nosso entendimento, a principal distinção que pode ser encontrada entre a empresa virtual e uma rede de empresas encontra-se na unidade que se manifesta na primeira e na pluralidade que se encontra na segunda.

Como a própria designação utilizada inculca, e mesmo que seja acompanhada do adjetivo *"virtual"*, na empresa virtual temos *uma* empresa.[167] Na rede de empresas, temos várias empresas que, ainda que envidem os seus esforços em torno de um objetivo comum, não veem a sua autonomia, enquanto *"empresa"* distinta das demais, cerceada. Não pretendemos com esta afirmação significar que uma empresa não possa integrar uma empresa mais ampla; o que consideramos é que a homogeneidade que se pode verificar entre as várias empresas integrantes da rede não é, em princípio, bastante para que *uma* empresa surja (mesmo que virtual).

Dizemos, em princípio, na medida em que consideramos que, em determinadas situações, uma empresa pode existir. Não se afigura tarefa fácil a definição de quais as condições que têm que estar reunidas para que se conclua quanto à formação de *uma* empresa na rede de empresas.

Em primeiro lugar, e desde logo, tem que se vislumbrar um conjunto organizado de meios de produção; a organização inerente a qualquer empresa deve manifestar-se na rede de empresas. Se estivermos perante uma rede de empresas informal, que não envolva atos de organização e conjugação combinada dos vários elementos componentes da rede, entendemos que não estão reunidos os elementos mínimos para a existência de uma empresa e, em consequência, não estaríamos perante uma empresa virtual.

165 Cfr. Pietro Zanelli, *Reti e contratto...* (cit.), pág. 138.

166 Cfr. Thomas Müller, "Virtuelle Organisation..." (cit.), pág. 33.

167 Não assim para parte da doutrina, que considera que, numa empresa virtual, há sempre várias empresas em sentido subjetivo e, normalmente, também em sentido objetivo. Cfr. J. M. Coutinho de Abreu, "Empresas virtuais...", (cit.), pág. 604.

Em segundo lugar, o nível de integração que se verifica entre os vários membros da rede tem de ser elevado. Com efeito, é inerente a qualquer empresa o controlo do processo produtivo por parte do empresário, o que implica que esse empresário – titular da empresa – tem o poder de conformar cada um dos elementos da empresa, como considerar necessário ou conveniente para a prossecução da atividade desenvolvida.

Nas redes de empresas, que apresentam uma paridade entre os vários membros e em que não foram atribuídos ou reconhecidos poderes de conformação ou coordenação da rede a um dos membros ou a um terceiro, o pressuposto ora em análise não se preenche. Mais, mesmo nas redes de empresas com uma entidade conformadora ou coordenadora da rede, se, ainda assim, existir autonomia dos membros na alta direção das suas próprias atividades, não teremos uma (única) empresa.

Em terceiro lugar, sustenta-se que a rede de empresas tem que ser vislumbrada, perante terceiros,[168] como uma unidade económica,[169] como uma única empresa,[170] com uma uniformidade que permita aos terceiros identificar um conjunto organizado de meios de produção e não apenas como um conjunto de empresas que cooperam em torno de um objetivo económico por aquelas delineado.

Cremos que este constitui um dos vetores de mais complexa verificação no quadro das redes de empresas.

A unidade associada a uma empresa, para se verificar numa rede de empresas, aos olhos de terceiros, há de pressupor, por exemplo, a utilização dos mesmos sinais distintivos do comércio, designadamente marcas e nomes de estabelecimentos, assim como técnicas de produção, comercialização e controlo de qualidade.

Em certas redes de franquia, em que se verifica um peso da marca e as regras definidas pelo franquiador/cume da rede são pormenorizadas e o cumprimento das mesmas escrupulosamente escrutinado, podemos vislumbrar alguma homogeneidade no conjunto das empresas que integram a rede. Estaremos, nesse caso, ante uma empresa virtual?

[168] Utilizamos aqui o vocábulo *"terceiros"* no seu sentido amplo, como compreendendo não só aqueles com quem a rede contrata, como fornecedores ou compradores ou consumidores, como ainda as entidades concorrentes no mercado em que a rede desenvolve a sua atividade económica.

[169] Não se exige, para que se possa concluir pela existência de uma empresa virtual, que exista uma entidade distinta dos membros (uma sociedade comercial, por exemplo), nem um património autónomo. Cfr. J. M. Coutinho de Abreu, "Empresas virtuais...", (cit.), pág. 606.

[170] Assim, Oksana Arnold, Wolfgang Faisst, Martina Härtling, Pascal Sieber *apud* Thomas Müller, "Virtuelle Organisation..." (cit.), pág. 15.

Cremos que, também aí, não se encontram reunidos pressupostos para a existência de uma empresa virtual; ainda que se possa concluir pela homogeneidade dos vários componentes que integram a rede de franquia, reconhece-se, não obstante, uma autonomia a cada um dos sujeitos e não uma absoluta hierarquização em face do franquiador.

Segundo parte da doutrina, as empresas virtuais, ao contrário de outras formas de cooperação, como sejam as *joint venture* e as alianças estratégicas, constituem organizações temporárias e não duradouras.[171]

As redes são formas de cooperação tendencialmente duradouras; sendo que, para algumas redes, atentos os investimentos iniciais elevados que se exige aos membros para o serem – por exemplo, no que toca a aquisição de equipamentos, matérias-primas, *software*, formação – uma duração inicial da relação de rede que permita o retorno do capital investido pode, até, impor-se por razões de ordem pública e de boa fé.[172]

Entendemos, no entanto, não ser uma caraterística essencial às empresas virtuais a efemeridade, podendo, até, existir empresas virtuais duradouras.[173]

É virtual o que não é real; é virtual o que não assenta na efetiva propriedade[174] de todos os meios de produção. Nas redes de franquia, o franquiador não é, na verdade, o proprietário de todos os meios de produção que são afetados ao desempenho da atividade que constitui o objeto da rede, mas exerce sobre esses meios um controlo efetivo, posto que, por um lado, é titular de um sinal distintivo (por norma, uma marca) cuja utilização cede ao franquiado e, por outro lado, estabelece um conjunto de condições inerentes a essa cedência que manifestam um acompanhamento acentuado quanto ao modo como é desempenhada a atividade por parte do franquiado.

Acolhendo-se este entendimento, que salienta a vertente não real da relação instituída entre os sujeitos, tenderíamos a admitir que as redes de franquia podem ser subsumidas a uma empresa virtual.

2.2. Noção provisoriamente adotada. Os elementos dos contratos de rede

Expostas as principais noções de rede, que a doutrina e o legislador têm colocado em evidência, é tempo de descortinar qual a que melhor se adapta ao fenómeno jurídico-social que constitui o âmbito do nosso estudo.

[171] Cfr. Christian Scholz, "Die virtuelle Organisation...", (cit.), pág. 21. Em parte, também, Thomas Müller, "Virtuelle Organisation..." (cit.), pág. 32.

[172] Em II.2.7.2. infra, analisaremos, mais em detalhe, as condições em que se admite a cessação antecipada do contrato e se existe uma duração mínima das relações de rede.

[173] Assim, também, J. M. Coutinho de Abreu, "Empresas virtuais...", (cit.), pág. 604.

[174] Neste sentido, Christian Scholz, "Die virtuelle Organisation...", (cit.), pág. 5.

Aproveitaremos, da generalidade das teses, os elementos constitutivos de conexão e interdependência e, de algumas, a finalidade da constituição da rede.

Como noção provisória e operacional, no quadro da análise que pretendemos empreender, poderemos avançar com a noção de rede enquanto:

Conjunto tendencialmente estável e duradouro de relações bilaterais ou multilaterais de colaboração entre empresas, juridicamente autónomas e independentes, que visam aumentar a competitividade no mercado, coordenando as suas atividades económicas de forma interdependente.[175]

Apontaremos os elementos essenciais da noção de rede, para melhor se delimitar a figura aquando da sua confrontação com figuras afins e, bem assim, aquando da análise de algumas disposições legais que têm vindo a acolher a noção jurídica de rede de empresas.

Considerando a noção acima provisoriamente apresentada, deduz-se que, no nosso entendimento, não existe uma rede enquanto conceito unitário, mas vários instrumentos contratuais que, verificadas determinadas condições, podem ser enquadráveis como rede, pelo que preferiremos a utilização da expressão *redes de empresas* em detrimento de *contrato ou contratos de rede,* posto que contrato de rede indicia a existência de uma formalização da rede, através de um contrato para o efeito concebido, o que, conforme resulta e resultará da nossa exposição, pode não suceder[176], na medida em que as redes podem

[175] A opção de indicação, provisória é certo, de uma noção de rede pretende, também, apresentar as notas caraterizadoras das redes. Da noção proposta em texto constam alguns elementos nucleares, como sejam o elemento empresarial (ligado aos sujeitos que compõem a rede), um elemento de autonomia, a interdependência, a estabilidade e durabilidade das redes, a competitividade e a coordenação. Parte das notas que aqui apontamos são, também, mencionadas por Edoardo Bernini, Guido Bevilacqua, Eva Bredariol, Lorenza Bullo, Cristiano Casalini, Giulia Clarizio, Giuseppe Fietta, Andrea Todeschini Premuda e Diego Trentin "Linee guida per i contratti di rete", Mar. 2012, in *Manuale di buone pratiche, costituzione e gestione di una rete d'impresa,* no âmbito do Programma di cooperazione transfrontaliera italia-francia marittimo, 2014, disponível em http://www.cersaa.it, pág. 3. Com efeito, os Autores indicam, como caraterísticas das redes: autonomia, interdependência, coordenação, cooperação, estabilidade e flexibilidade.

[176] Não acompanhamos, aqui, Gunther Teubner, para quem o contrato de rede enquanto contrato multilateral é uma ficção e sem adesão à realidade, porquanto inexistiria, designadamente, uma relação recíproca entre os vários intervenientes individuais. Cfr. Gunther Teubner, *Das Recht Hybrider...* (cit.), pág. 6.

Entendemos que existe multilateralidade na rede, conquanto possa resultar de um contrato de formação sucessiva. Constitui exemplo paradigmático de contratos multilaterais de redes algumas situações de rede no âmbito da atividade dos revisores oficiais de contas, conforme infra explanaremos.

formar-se mesmo que nenhum contrato *qua tale*, tendo como objeto a própria constituição da rede, seja celebrado.

2.2.1. O elemento subjetivo

No âmbito das redes de empresas, vejamos quais são os sujeitos das redes de empresas. Ou seja, podem ser pessoas singulares ou coletivas? Caso se admita a pertença à rede de pessoas singulares, têm estas que ser titulares de empresas, de modo a preencher-se o termo redes *de empresas*?

No que se refere a este elemento subjetivo, consideramos que quer pessoas singulares quer pessoas coletivas possam fazer parte de redes de empresas.

Sustentamos tal conclusão ante a inexistência de norma legal que regule, em termos gerais, o fenómeno, com base, desde logo, no princípio da liberdade contratual, princípio esse que é aplicável a qualquer pessoa que pretenda contratar, seja pessoa singular ou coletiva (cfr. artigo 405º do CCiv).

Ademais, conjugando várias disposições legais relativas à contratação mercantil, concluímos que não se reserva ou a pessoas singulares ou a pessoas coletivas a celebração de um contrato; assim é, por exemplo, no domínio do regime jurídico do contrato de consórcio e de associação em participação,[177] do contrato de agência,[178] do contrato de sociedade[179] ou dos ACE.[180]

Por outro lado, e atentos os fundamentos subjacentes ao desenvolvimento deste tipo de contratação, compreende-se que a ele possam recorrer quer pessoas singulares, quer pessoas coletivas.[181] Com efeito, sendo um instrumento ou forma de contratação destinado a aumentar a competitividade entre as entidades contratantes, no quadro de uma cooperação económica, considera-se que tal desiderato só é atingido se puderem recorrer à rede quaisquer entidades que desenvolvem uma atividade económica.

[177] Assim se encontra no artigo 1º do Decreto-Lei nº 231/81, de 28 de julho a referência a pessoas singulares ou coletivas.

[178] No artigo 1º do Decreto-Lei nº 178/86, de 3 de julho, alude-se a partes, não se distinguindo entre pessoa singular ou coletiva. *Ubi lex non distinguit...*

[179] O artigo 980º do CCiv refere apenas pessoas, sem referir pessoas singulares ou coletivas; o artigo 7º do CSC alude a partes e subscritores.

[180] A Base I da Lei nº 4/73, de 4 de junho, admite a constituição de ACE's por pessoas singulares ou coletivas.

[181] Sob o ponto de vista de incidência da figura do contrato de rede, no âmbito do ordenamento jurídico italiano, e tendo por referência o ano de 2010, aponta-se que 55% dos membros de rede são empresários em nome individual, 19,12% sociedades de pessoas e 22,13% sociedades de capitais. Cfr. Fabrizio Cafaggi, Paola Iamiceli e Gian Mosco Domenico, "Prime evidenze sui contratti di rete (2010-2011)", in *Il contratto di rete per la crescita delle imprese*, Fabrizio Cafaggi, Paola Iamiceli e Gian Mosco Domenico (Dir.), Quaderni di Giurisprudenza Commerciale, Giuffrè Editore, 2012, pág. xviii.

Tendo respondido afirmativamente quanto à possibilidade de quer pessoas singulares quer coletivas recorrerem à rede, será que, quanto às pessoas singulares, estas têm que ser titulares de empresa? Ou seja, terão as pessoas singulares que ter uma empresa para termos uma rede de empresas?[182] E um contrato de rede?

A resposta à primeira é inevitável: só teremos rede *de empresas* se dela fizerem parte *empresas, rectius,* sujeitos jurídicos titulares de empresa... Mas e uma rede? Um contrato de rede?

Entendemos que, também aqui, a resposta é afirmativa[183] e a sustentação principia pelo direito constituído.[184]

Conforme infra aludiremos, o campo da revisão oficial de contas traduziu-se num terreno fértil para o surgimento da noção de rede *de iure constituto.*[185]

Os revisores oficiais de contas, *maxime* quando desenvolvem a sua atividade fora do quadro de uma sociedade de revisores oficiais de contas e sem que possuam o espectro mínimo de organização doutrinalmente admitido para a qualificação enquanto empresa, desenvolvem uma atividade económica – ao nível da prestação de serviços – mas não são, *propriu sensu*, empresários.

Não obstante a ausência de empresa, o legislador[186] considerou que, quando se manifeste um grau de cooperação entre revisores oficiais de contas e/ou

[182] A resposta da doutrina italiana, perante o quadro legal aí existente, tende a ser afirmativa. Podem celebrar um contrato de rede quer pessoas singulares quer pessoas coletivas, sendo que, quanto às pessoas singulares as mesmas terão que ser empresários. Neste sentido, vide ROBERTA BERTAGNIN, *Il contratto di rete...* (cit.), pág. 41.

[183] Em face do ordenamento jurídico italiano, e considerando a circunstância de o contrato de rede, tal como está concebido pelo legislador, prever a sua celebração apenas por empresas, sustentam alguns autores a impossibilidade de os profissionais liberais e a administração pública integrar uma rede. Assim, EDOARDO BERNINI, GUIDO BEVILACQUA, EVA BREDARIOL, LORENZA BULLO, CRISTIANO CASALINI, GIULIA CLARIZIO, GIUSEPPE FIETTA, ANDREA TODESCHINI PREMUDA e DIEGO TRENTIN "Linee guida..." (cit.), pág. 8 e ALBERTO ALFREDO FERRARIO e LUIGI SCAPPINI, "Aspetti giuridici e fiscali delle reti di impresa strumenti aggregativi per lo sviluppo delle imprese", in *Bollettino Tributario d'Informazioni*, 2013, n. 15/16, Bollettino Tributario, pág. 1146. Quanto aos profissionais liberais, vide MATTIA ESPOSITO, "Il contratto di rete dopo il c.d. «decreto sviluppo»", in *Revista Ricerche giuridiche*, Vol. I. nº 1, novembro 2012, disponível em http://virgo.unive.it/ecf-workflow/upload_pdf/RG_1.pdf, pág. 78.

[184] Ao postularmos que a resposta afirmada tem por base o direito constituído temos em consideração o direito constituído português e, conforme veremos, pelo menos quanto aos revisores oficiais de contas, os estados membros da UE. No entanto, se atentarmos quanto ao contrato de rede regulado pelo legislador italiano – que não introduziu o termo *"empresa"* no nome do tipo legal – deduz-se que apenas podem ser contratantes empresas.

[185] Vide, desenvolvidamente, II. 1. infra.

[186] Quando aludimos a legislador, aqui no domínio da revisão oficial de contas, estamos a referir-nos ao legislador comunitário (cfr. Diretiva nº 2006/43/CE, do Parlamento Europeu e do Conselho,

sociedades de revisores oficiais de contas, verificados os demais requisitos estabelecidos na lei, poderemos ter uma rede juridicamente relevante.

Perante tal manifestação, expressa, do legislador, tenderemos pois a admitir a existência de uma rede, pese embora não exista uma única empresa enquanto membro da mesma.[187]

Uma nota adicional ainda. Não será certamente pelo facto de vulgarmente se designar uma realidade social como rede que esta seja uma rede, em termos jurídicos; nem, por outro lado, se os sujeitos qualificarem a relação entre estes instituída como rede ou, até, como contrato de rede, que, como consequência de tal manifestação de vontade, teremos uma rede. No entanto, a designação atribuída pelos membros ou por terceiros não será indiferente para efeitos de qualificação.

Isto posto, são comummente designadas redes formas de cooperação que não têm, de entre os seus membros, uma única empresa e que assumem uma relevância jurídica assinalável.

Há alianças formadas entre estados (que não são, pela sua natureza, uma empresa) que podem ser qualificadas como redes, de que constitui exemplo clássico e paradigmático a UE.[188]

de 17 de maio) e ao legislador nacional, com a noção de rede contida no nº 11 do artigo 68º-A do EOROC e na alínea *p)* do artigo 2º do RJSA.

[187] Problema diverso, ainda que conexo com este, será o de saber se uma rede, seja ou não composta por empresas, é, ela mesma, uma empresa. Sobre tal problema já nos pronunciámos, sumariamente, em I. 2.1.8. supra, aquando do enquadramento das redes enquanto empresa virtual.

[188] De acordo com a classificação a que infra aludiremos, a União Europeia é passível de classificação enquanto rede de redes, porquanto, no seu seio, existem várias sub-redes, de que constituem exemplo a Rede Judiciária Europeia e a Rede Europeia da Concorrência. Quanto a esta última vide, desenvolvidamente, Renata Benigno-Wisskirchen, *O Desempenho da Rede Europeia da Concorrência – REC – e seus Membros no Processo de Modernização do Controlo da Concorrência na União Europeia*, Faculdade de Direito da Universidade do Porto, 2010, disponível em www.cije.up.pt/download-file/1025.
Por outro lado, o próprio Tratado da União Europeia reserva um capítulo às redes transeuropeias, nos artigos 170º e ss..
Conquanto aceitemos a qualificação da UE enquanto rede, salientamos que a inserção naquele organismo implica, para os estados membros, uma integração que dá origem, em parte, a uma perda da autonomia e uma subordinação/sujeição a regras comuns. Na delimitação das redes em face de outras modalidades de cooperação (empresarial) apontamos que as mesmas não se confundem com a integração. No rigor dos princípios, e em face do enquadramento económico-jurídico atual que apresenta a UE, tenderíamos a afastar da noção (pura) de rede que acolhemos, ainda que algumas caraterísticas das redes possam estar presentes quer na UE quer nos seus organismos.
Quanto ao sistema económico da UE enquanto *"conjunto articulado e estratificado de sistemas de rede e de relações económicas reticulares sociais, culturais, económicas entre cidades e entre regiões"*, vide Paulo

Os Estados podem ser, também, membros de redes,[189] não podendo esta forma de colaboração que temos vindo a analisar ser reservada para as empresas.

Para traçar a fronteira entre sujeitos que podem fazer parte de uma rede de empresas e sujeitos que dela estão excluídos, podemos ter que convocar outros elementos constitutivos das relações de rede, como seja o elemento finalístico, a análise dos fundamentos para a cooperação em rede e os objetivos que os seus membros pretendem, através desta forma de cooperação, alcançar. Assim, por exemplo, quanto às cooperativas e quanto às instituições públicas. Atendendo que a apreciação quanto à possibilidade de pertença à rede convoca, pelo menos, o elemento finalístico, a essa possibilidade aludiremos, desenvolvidamente, em I.2.2.2. infra.

Enquadrando-se, ainda, no elemento subjetivo da rede, teremos a nota caraterizadora das empresas membro da rede enquanto *juridicamente autónomas e independentes.*[190]

A autonomia e independência dos membros das redes de empresas têm sido sufragadas pela generalidade da doutrina.[191] Não obstante a aceitação

Alexandre Neto, *A integração espacial...* (cit.), pág. 44, acrescentando o Autor, na pág. 168, que a economia da UE vai ganhando *"características de economia em rede"*.

[189] No sentido de poderem os estados ser membros de redes, vide, também, Ana Maria Babus, "Essays on Networks..." (cit.), pág. 1.

[190] Não obstante incluirmos, na análise do elemento subjetivo da rede, a menção de serem as empresas juridicamente autónomas e independentes, reconhecemos que tal qualificação também releva quer quanto ao objeto das redes quer quanto ao seu objetivo (elemento finalístico).

[191] Assim, quanto à autonomia, vide, designadamente, Juan Ignacio Ruiz Peris, "Un derecho específico..." (cit.), pág. 87, Camilla Crea, *Reti contrattuali...* (cit.), pág. 193, Renato Santaga, Il «Contratto di Rete» fra (comunione di) impresa e società (consortile)", in *Revista de Diritto Civile*, Ano LVIII, nº 3 Maggio-Giugno 2011, Cedam, Padova, pág. 237, Sandro Cerato, " L'evoluzione della «rete»..." (cit.), pág. 36, Fabrizio Cafaggi, "Contractual Networks and the Small Business Act...", (cit.), pág. 1, Paola Iamicelli, "Le reti di imprese: modelli contrattuali...", (cit.), pág. 128, Gaetano Guzzardi, *Il Contratto...* (cit.), pág. 14, Pietro Zanelli, *Reti e contratto...* (cit.), pág. 14. Em parte, também, Chiara Bentivogli, Fabio Quintiliani e Daniele Sabbatini, "Le reti di imprese..." (cit.), pág. 6.
Quanto à independência, vide, entre outros, Joseba A. Echebarría Sáenz, "Los grupos de coordinación..." (cit.), pág. 295, Sandro Cerato, " L'evoluzione della «rete»..." (cit.), pág. 38, Hugh Collins, "Introduction to Networks as...", pág. 1, Fabrizio Cafaggi, "Contractual Networks and the Small Business Act...", (cit.), pág. 1, Marina Wellenhoffer, "Third party effects of bilateral contracts within network, in Networks Legal issues of multilateral co-operation, Ed. Marc Amstutz e Gunther Teubner, Hart Publishing, Oxford and Portland, Oregon, 2009, pág. 127, Paola Iamicelli, "Le reti di imprese: Modelli contrattuali di coordinamento", in *Reti di imprese tra regolazione e nome sociali – Nuove sfide per diritto ed economia*, a cura di Fabrizio Cafaggi, il mulino prismi, 2004, pág. 128, Gaetano Guzzardi, *Il Contratto...* (cit.), pág. 14, Marco Gobbato, "Allocazione del rischio da inadempimento...", (cit.), pág. 262.

generalizada, entendemos que a independência dos membros da rede pode não vir a ser salvaguardada em toda a linha e em todos os tipos de rede.

Se convocarmos aqui as redes que se apresentam como o resultado da conjunção de contratos franquia, apesar de, no texto dos contratos, constar, expressamente, a autonomia e independência do franquiado, a independência é temperada por um conjunto de orientações por parte do franquiador em relação a cada um dos franquiados. Por outro lado, a dependência da atividade do franquiado quanto aos sinais distintivos disponibilizados pelo franquiador pode envolver uma limitação na atuação e decisão empresarial por parte do primeiro.

Sublinhamos, pois, que jurídica e formalmente, essas empresas são autónomas e independentes, ainda que, sob o ponto de vista económico, se possa considerar a dependência de umas em relação a outra ou outras.

Não poderemos deixar de aludir, na análise dos elementos constitutivos do conceito de rede, à manifestação legal do fenómeno no âmbito do ordenamento jurídico italiano, sublinhando-se o pioneirismo desse ordenamento que, no âmbito de um conjunto de medidas especialmente concebidas para fazer face à situação de crise por que atravessavam as empresas italianas, acolheu e legislou quanto ao contrato de rede.

Com efeito, a Lei nº 33 de 9 de abril de 2009 – que converteu em lei o Decreto-lei nº 5 de 10 de fevereiro de 2009 – consagra, num normativo sintético, o regime jurídico do contrato de rede.[192]

No sentido da inexistência de autonomia numa situação de rede, nomeadamente ao nível da tomada de decisões, vide Ana Isabel Lambelho Costa, *Descentralização produtiva...* (cit.), pág. 129.

[192] A doutrina italiana tem sido especialmente crítica quer em relação ao regime que veio a ser aprovado através do diploma elencado em texto, quer ainda com a posição do legislador italiano – antes da sobredita regulamentação – em face do fenómeno. No que se refere às críticas tecidas ao legislador italiano antes da norma em causa, vide, em especial Fabrizio Cafaggi, "Reti di imprese, spazi e silenzi... (cit.), pág. 7, criticando-se a preocupação, por parte do legislador, mais sobre a vertente económica do que com a dimensão jurídica das redes.
Quanto ao direito constituído, o Autor aponta, como falhas da lei, o facto de se exigir que se verifique o desenvolvimento em comum da atividade, o ter que estar a atividade ligada ao objeto social das empresas participantes e, ainda, a ausência de uma disciplina em relação ao abuso de dependência económica. Cfr. Fabrizio Cafaggi, *Il contratto di rete: uno strumento per la crescita?* (2009), disponível em www.nelmerito.com, pág. 2.
Fabrizio Cafaggi, Paola Iamiceli e Gian Mosco Domenico referem que a noção de contrato de rede estabelecida pelo legislador é ampla e a regulação é curta. Cfr. "Prime evidenze sui contratti...", in *Il contratto di rete per la crescita delle imprese...* (cit), pág. xvii.
Por outro lado, sublinha Mattia Esposito que, atentas as sucessivas alterações legislativas que o diploma já sofreu, não obstante o seu caráter recente, se pode concluir que a norma é um *"work in progress"*, posto que a cada crítica da doutrina sucede-se uma alteração legislativa, tendente a colmatar os problemas apontados. Cfr. "Il contratto di rete..." (cit.), pág. 74.

Estabelece o artigo 3º – comma 4-ter (na sua redação atual), que *"através do contrato de rede, vários empresários, com a finalidade de aumentar, individual ou coletivamente, a sua capacidade inovativa e a própria competitividade no mercado, obrigam-se, com base num programa comum de rede, a colaborar de modo e em âmbitos pré-determinados, atinentes ao exercício das próprias empresas ou a trocar informações ou prestações de natureza industrial, comercial, técnica ou tecnológica ou, ainda, a exercer em comum uma ou mais atividades no âmbito do objeto da própria empresa."*[193]

Analisada a sobredita norma legal, inferem-se alguns elementos caraterizadores da figura.

Quanto a esta norma, infere-se não ser bastante a pluralidade de membros, será necessário que esses membros sejam empresas.

Interpretamos que, aqui, empresa estará mais associada a empresário, seja pessoa singular seja pessoa coletiva, mas, em qualquer caso, titular de empresa.[194/195] Contra esta interpretação poderia estar o segmento da norma que

Também Renato Santaga aponta críticas ao processo legislativo, caraterizando-o como descuidado e apressado. Cfr. "Il «Contratto di Rete»..." (cit.), pág. 328.

Massimo D'Auria, por seu turno, salienta que se corre o risco de o instituto entrar no reliquiário de instrumentos memoráveis, por não ter passado de uma boa intenção. Assim, em "Dal concetto di rete di imprese..." (cit.), pág. 17.

Alude-se, ainda, à ampla indeterminação do regime legal e ao facto de o legislador não ter apresentado um modelo de contrato de rede. Neste sentido, Chiara Bentivogli, Fabio Quintiliani e Daniele Sabbatini, "Le reti di imprese..." (cit.), págs. 19 e ss.

Carlo Ibba, por seu turno, refere que se trata de um processo legislativo por tentativas. Cfr. "Contratto di rete e pubblicità delle imprese (con qualche divagazione in tema di soggettività)", in *Orizzonti del diritto commerciale, Rivista Telematica*, 2014, 3, disponível em http://rivistaodc.eu/media/42566/ ibba.pdf, pág. 2.

Pese embora o coro de críticas se faça sentir, como será natural, no plano doutrinário italiano, também autores não italianos têm manifestado reservas quanto ao diploma aprovado e, bem assim, quanto às alterações a que o mesmo foi sujeito. Juan Ignacio Ruiz Peris aponta, como possíveis causas para a volatilidade legislativa quanto ao contrato de rede no ordenamento jurídico italiano, a circunstância de se pretender comprimir num contrato de rede *"uma realidade muito mais plural que requer flexibilidade que dificilmente se moldará a um único instrumento contratual"*. Cfr. "Un derecho específico para las redes..." (cit.), pág. 93. Tradução nossa.

[193] Tradução nossa do original italiano, que reza: *"Con il contratto di rete più imprenditori perseguono lo scopo di accrescere, individualmente e collettivamente, la propria capacità innovativa e la propria competitività sul mercato e a tal fine si obbligano, sulla base di un programma comune di rete, a collaborare in forme e in ambiti predeterminati attinenti all'esercizio delle proprie imprese ovvero a scambiarsi informazioni o prestazioni di natura industriale, commerciale, tecnica o tecnologica ovvero ancora ad esercitare in comune una o più attività rientranti nell'oggetto della propria impresa."*

[194] Assim, também, no quadro legal instituído em Itália, Francesco Cirianni, "La costituzione del contratto di rete: aspetti operativi", in *I contratti di rete, Il Corriere Del Merito*, 1/2010, disponível em http://www3.unisi.it/ricerca/dip/dir_eco/RASS%20n.1%20-10.pdf, pág. 27. O Autor, por outro

prevê que o exercício em comum da atividade será no âmbito dos respetivos objetos sociais e o conceito de objeto social está normalmente ligado às sociedades comerciais[196] ou, no mínimo, às pessoas coletivas.

Julgamos que, não obstante existir um segmento da norma que alude a objeto social, a interpretação mais consentânea com o espírito da lei será a de admitir que possam ser parte de um contrato de rede pessoas singulares titulares de empresa. Não bastará aqui, ao que cuidamos, ser-se comerciante.

Referindo-se o legislador italiano a um contrato celebrado entre duas ou mais empresas, poder-se-á conjeturar quanto a um eventual número máximo de empresas/membros.

Sob o ponto de vista legal, é inequívoca a inexistência de qualquer limite.[197/198] Ainda que não conste qualquer limite, não implica que, por um lado, as vantagens de utilização da figura sejam as mesmas independentemente do número de membros e, por outro, que as necessidades de regulação interna e externa da rede não se alterem em função do número.

Uma rede de grande dimensão (em termos de número de membros) pode causar problemas de gestão, articulação e formação de vontade interna e representação em relação a terceiros. A coordenação das várias entidades pode revelar-se complexa, sobretudo quando as entidades que compõem a

lado, considera que podem celebrar o contrato de rede previsto naquele diploma legal consórcios, cooperativas, associações temporárias de empresas e empresas sociais.

195 Atendendo a que, como teremos de oportunidade de mencionar infra, em texto, a celebração do contrato de rede implica, no ordenamento jurídico italiano, a inscrição do mesmo no registo comercial das empresas integrantes na rede, sustenta-se que para que os empresários possam celebrar um contrato de rede têm não só de ser titulares de empresa (requisito substancial) como estar inscritos no correspondente registo comercial (requisito formal). Assim, PIETRO ZANELLI, *Reti e contratto...* (cit.), pág. 174. Semelhantemente, também, EDOARDO BERNINI, GUIDO BEVILACQUA, EVA BREDARIOL, LORENZA BULLO, CRISTIANO CASALINI, GIULIA CLARIZIO, GIUSEPPE FIETTA, ANDREA TODESCHINI PREMUDA e DIEGO TRENTIN "Linee guida..." (cit.), pág. 7 e ALBERTO ALFREDO FERRARIO e LUIGI SCAPPINI, "Aspetti giuridici... (cit.), pág. 1146.

196 No sentido de previsão da forma societária, vide RUIZ PERIS, "Un derecho específico para las redes..." (cit.), pág. 94.

197 No sentido da inexistência de limite, vide FABRIZIO CAFAGGI, *Il contrato di rete: uno strumento* (cit.), pág. 1, PIETRO ZANELLI, *Reti e contratto...* (cit.), pág. 40 e FRANCESCA MOLLO, *Reti di contratti...* (cit), pág. 186.

198 Sem prejuízo de inexistir um limite legal para o número de membros/contratantes de um contrato de rede, constata-se que, do ponto de vista prático, no quadro do ordenamento jurídico italiano, a maior parte das redes tem reduzido número de membros. FABRIZIO CAFAGGI, PAOLA IAMICELI e GIAN MOSCO DOMENICO apontam uma incidência maioritária entre 3 e 9 membros. Cfr."Prime evidenze sui contratti...", (cit), pág. Xix. Por seu turno, MASSIMILIANO DI PACE et alia aludem a uma maioria de redes com dois e três membros. Cfr. "La rete di imprese..." (cit.), pág. 63.

rede forem sociedades comerciais que, por seu turno, podem ter dificuldades inerentes à pluralidade de sócios.

Não existindo um número máximo, o ordenamento italiano também não alude a um número mínimo de membros para que surja uma rede, sendo que, tratando-se de um contrato, pressupõe-se, à luz daquele ordenamento jurídico e para a aplicação do regime jurídico ali previsto, pelo menos dois contratantes.[199]

Abstraindo-nos do direito constituído italiano, cumprirá avaliar se, concetualmente, se exige um número mínimo de membros da rede ou se se admite uma rede com apenas um membro.

A base das nossas considerações tem assentado na pluralidade de membros/contratantes, quer através da celebração de um contrato plurilateral quer como resultado da conjugação de vários contratos bilaterais, que, atenta a sua natureza e finalidade, podem ser considerados unificados em torno de objetivos comuns.[200]

Doutrinalmente, tem vindo a ser apontado que não existe um número mínimo de membros para que a rede de empresas possa prosperar.[201]

No entanto, entendemos que, para que exista uma rede juridicamente relevante, será necessária a existência de duas entidades distintas.[202]

[199] Assim, também, MASSIMILIANO DI PACE et alia, "La rete di imprese..." (cit.), pág. 7.
A nível estatístico, assinala-se que, até ao ano de 2011, e dos contratos de rede celebrados à luz do direito italiano, uma grande fatia (48%) foi celebrado por 2/3 membros, o que demonstra que a figura tem sido, aí, vocacionada para relações de rede de reduzido número de contratantes. Cfr. FRANCESCA BARTOLI, GIOVANNI FERRI, PIERLUIGI MURRO e ZENO ROTONDI, "Enterprise Networks...", (cit.), pág. 5.

[200] Em II.2.1.1. infra aludiremos às propostas de enquadramento da ligação existente entre contratos bilaterais para fundar uma rede.

[201] Neste sentido, designadamente, KEITH G. PROVAN e H. BRINTON MILWARD, "Do Networks Really Work? A Framework for Evaluating Public-Sector Organizational Networks", *Public Administration Review*, Vol. 61, No. 4 (Jul. – Aug., 2001), Blackwell Publishing on behalf of the American Society for Public Administration, pág. 418.

[202] Mas e serão duas entidades suficientes para se formar uma rede? Entendemos que sim, ainda que, para um segmento de rede que consideramos (aquele que resulta da combinação de vários contratos bilaterais) se imponha mais do que dois membros distintos, ou seja, pelo menos, três membros.
Pertinente é, em relação a tal questão, o chamamento à colação do significado de rede, suscitado por MATTIA ESPOSITO. O Autor considera que tal como entendido na ciência matemática, geometricamente, dois pontos ligados formam uma linha e não uma rede. Cfr. "Il contratto di rete..." (cit.), pág. 76. No entanto, analisando a norma legal italiana que regula alguns aspetos do contrato de rede, conclui que, atento o teor literal da norma e a circunstância de aí não se consagrar um número mínimo de membros, conclui pela admissibilidade de um contrato de rede celebrado apenas por dois sujeitos.

Perante esta afirmação analisemos se há rede naquelas situações em que uma entidade, atenta a dispersão territorial por que se manifesta a sua atividade económica, tem representações locais, como extensões da pessoa coletiva, mas esses ramos não têm personalidade jurídica distinta e autónoma do centro de imputação de vontade da pessoa coletiva.

Serão essas situações uma rede? E, sendo rede, é juridicamente relevante?

Reconhece-se que, em termos de linguagem corrente, o termo rede seja aplicado às situações descritas.

Conjeture-se, por hipótese, uma empresa seguradora ou uma empresa de prestação de serviços de saúde que têm representações em várias cidades do território nacional, mas cada uma dessas unidades locais não tem personalidade jurídica própria, nem, em qualquer caso, autonomia decisória fora dos parâmetros estabelecidos pela pessoa coletiva. Podem existir pessoas singulares que, localmente, atuam como representantes da pessoa coletiva (v.g. através de procuração), mas, não atuando tais pessoas em nome próprio e sendo os efeitos da sua atuação incidentes na esfera da entidade representada, teremos, naturalmente, apenas uma pessoa jurídica.

Consideramos que, para que exista uma rede juridicamente relevante, a pluralidade de membros ou contratantes revela-se um elemento essencial; quando mencionamos a relevância jurídica, temos em mente um conjunto de problemas jurídicos que apenas se colocam verificada a pluralidade de membros, como seja a adesão ou saída da rede, a representação da rede, os contributos iniciais e sucessivos de cada um dos membros, as regras de funcionamento interno da rede e o processo de tomada de decisões.

A posição inversa, ou seja, que admitisse a existência de rede quando apenas uma pessoa jurídica interviesse poderia levar a uma extensão generalizada da noção, nela incluindo um grande número de empresas que optam pela mera deslocalização interna da sua atividade, através da criação de unidades locais sem autonomia jurídica. E, na verdade, mesmo que se admitisse rede numa situação como a que agora excluímos, entendemos que pouco relevaria para efeitos dos principais problemas suscitados nas redes, como sejam, como referido, a organização interna da rede, a adesão e exclusão da rede, a representação da rede e os efeitos da rede em relação a terceiros. Todo um conjunto de interrogações que assaltam o aplicador do direito quando perante si tem uma verdadeira rede de empresas e que não surgem quando há uma única pessoa jurídica.

Outros autores, no entanto, exigem, para que uma rede se forme (e independentemente do tipo de rede em presença) que existam três partes e duas relações duradouras. Neste sentido, Hugh Collins, "The weakest link..." (cit.), pág. 202.

Afirmada a pluralidade de membros, avaliemos quando é que a pluralidade se verifica.

As sociedades que integram um grupo de sociedades – tal como se encontra legalmente configurado entre nós – podem celebrar, entre si, um contrato de rede?

O grupo de sociedades é tratado, para alguns efeitos,[203] de modo unitário e cumprirá descortinar se essa unidade impede, pela não verificação da pluralidade de sujeitos, que possamos ter, simultaneamente, um grupo de empresas e uma rede de empresas.

Por outro lado, e quando perante grupos formados, por exemplo, através da celebração de contratos de subordinação, teremos, ainda assim, e para se avaliar a verificação do elemento *empresas, juridicamente autónomas e independentes*, que analisar se as relações de grupo serão impeditivas da celebração destes contratos.

A resposta, a ambas as questões, é no sentido da admissibilidade.

Ou seja, e quanto à primeira interrogação, a circunstância de existir um grupo não implica que se afastem as sociedades comerciais que integram o grupo da celebração de contratos de redes quer entre si quer com entidades fora do perímetro do grupo.[204]

Já quanto à segunda interrogação, as dúvidas serão legítimas, uma vez que se colocou em destaque, como nota caraterizadora das relações de rede, o facto de as empresas intervenientes serem juridicamente autónomas e independentes.

Pretendíamos colocar em evidência que, com a celebração do contrato ou contratos de rede, as empresas contratantes não veem limitada a sua autonomia e independência em relação aos demais contratantes.[205]

[203] No plano do direito constituído português, existem já algumas normas que tratam o grupo de forma unitária. São, sobretudo, no plano jurídico-contabilístico, jurídico-laboral e jurídico-financeiro. Destacam-se, assim, e a título exemplificativo, o Decreto-Lei nº 238/91, de 2 de julho (quanto à consolidação de contas), os artigos 69º a 71º do CIRC (quanto à tributação dos grupos de sociedades), Lei nº 96/2009, de 3 de setembro (quanto aos conselhos de empresa europeus) e artigos 130º e ss. do Regime Geral das Instituições de Crédito e Sociedades Financeiras.
Assim, desenvolvidamente, José A. Engrácia Antunes, *Os Grupos de Sociedades – Estrutura e Organização da Empresa Plurissocietária*, Almedina, 2ª Edição, maio 2002, págs. 163 e ss.

[204] No sentido de admitir a celebração do contrato de rede, à luz do direito italiano, por parte de empresas controladas, numa relação de grupo, vide, com suporte jurisprudencial, Roberta Bertagnin, *Il contratto di rete...* (cit.), pág. 78. Também a favor da admissibilidade, Alberto Alfredo Ferrario e Luigi Scappini, "Aspetti giuridici..." (cit.), pág. 1146. Em sentido tendencialmente negativo, quando da rede apenas façam parte sociedades em relação de domínio, Edoardo Bernini, Guido Bevilacqua, Eva Bredariol, Lorenza Bullo, Cristiano Casalini, Giulia Clarizio, Giuseppe Fietta, Andrea Todeschini Premuda e Diego Trentin "Linee guida..." (cit.), pág. 10.

[205] Como salienta Thomas Müller, nas redes há um conflito entre autonomia e interdependência o que conduz ao designado *"paradoxo da cooperação"*. Cfr. "Virtuelle Organisation..." (cit.), pág. 29.

Atentemos, por exemplo, nas sociedades em relação de domínio total. Não se pode sustentar que a sociedade totalmente dominada é independente em relação à sociedade-mãe, designadamente porquanto, atento o preceituado no artigo 503º do CSC, assiste o direito, à sociedade dominante, de emitir instruções à sociedade dominada.

A relação de rede não é, nos seus contornos essenciais, idónea a cercear a autonomia e independência dos seus membros, na medida em que as relações de rede são sobretudo cooperativas, não conduzindo a uma subordinação de uns membros em relação aos demais. Se for analisada a questão da autonomia e independência a montante da constituição da relação de rede, ou seja, em sede de avaliação do elemento subjetivo das redes, cremos que os fundamentos da cooperação em rede e os objetivos que os sujeitos pretendem alcançar com as redes, impõem que às redes possam aceder sociedades dominadas por outras. O facto de uma sociedade ser totalmente dominada por outra não lhe retira a possibilidade de celebrar contratos ou encetar relações de cooperação com outras. Para a rede não releva o processo interno de formação da vontade da sociedade aspirante à integração na rede; o que releva é o resultado dessa formação da vontade e não o que a antecede, o que está na sua origem.

Outro entendimento, que excluísse das relações de rede as entidades que não fossem, no seu funcionamento (interno e externo), absolutamente independentes, levaria a uma incerteza jurídica aquando da apreciação de um concreto candidato. Fora do quadro legal das sociedades dominadas, como se aprecia se uma sociedade é, ou não, em concreto, independente e autónoma?

Concluímos, assim, que os fundamentos da cooperação em rede não são incompatíveis com a pertença, à mesma, de sociedades que integrem uma relação de grupo, *maxime* sociedades dominadas por outras.

Para a noção de que perfilhamos – que implica, quase que se diria por força da própria semântica [rede] em uso, uma ideia de ligação, conexão – entendemos que a relação de rede, para poder ser estabelecida, carece de uma pluralidade de sujeitos jurídicos intervenientes, pluralidade essa que se basta com um mínimo de dois sujeitos.

Uma nota ainda quanto ao elemento subjetivo e que se relaciona com o facto de poderem ser consideradas membros de uma rede de empresas os sujeitos jurídicos que, formalmente, não o sejam ou, *rectius*, que à rede formalmente não tenham aderido.

Concretizando.

Tendo por horizonte o ordenamento jurídico italiano e o contrato de rede como aí regulado, Leonardo Giani apresenta duas empresas de rede, uma em sentido substancial e outra em sentido formal; o que distingue as duas empresas é o facto de a primeira poder ser considerada membro da rede, no contexto da rede em sentido económico, ainda que, formalmente, não seja parte do contrato celebrado enquanto que na noção de empresa de rede em sentido formal esta é outorgante do contrato, não obstante não fazer parte do contexto da rede em sentido económico.[206/207]

A classificação proposta pode ser aproveitada para a análise que empreendemos, mesmo num ordenamento jurídico, como o nosso, em que inexiste um diploma legal que, *qua tale*, preveja e regule a figura.[208]

Dedicaremos especial atenção infra à rede como se encontra prevista na Diretiva nº 2006/43/CE, quanto aos revisores oficiais de contas; contudo, antecipando a nossa análise, refira-se que a rede não pressupõe qualquer ato formal de pertença à rede, incluindo-se na rede entidades que, verificados os indícios de inserção numa estrutura mais ampla, na rede são consideradas integradas. A Diretiva nº 2006/43/CE, o EOROC e o RJSA acolheram, nesta medida, uma vertente substantiva da rede.

Afastando-nos, por ora, do conceito de rede previsto naquele diploma legal – quanto é certo que o mesmo não está concebido para delinear as redes de empresas, mas um fenómeno reticular que não pressupõe a existência de uma empresa, tal como essa realidade tem vindo a ser considerada pelo Direito – teremos que ponderar se fará sentido manter a noção de empresa de rede em sentido formal quando não existe um contrato de rede tipificado na lei.

Avançamos que a resposta é afirmativa.

Entendemos que o caráter formal da empresa de rede está relacionado não tanto com o facto de uma empresa ser parte num contrato a que as partes dão, ao abrigo da liberdade contratual, o nome de contrato de rede mas com o de podermos estar perante uma empresa que celebrou um ou vários contratos que, isolada ou conjuntamente, dão origem a uma realidade que se designa de rede.

Ante a inexistência de um contrato de rede legalmente típico e tendo em conta – conforme detalharemos infra – que o contrato de rede é, no nosso entendimento, uma figura trans-típica, consideramos como elemento deter-

[206] Cfr. Leonardo Giani, "Prime riflessioni sulla crise della «impresa di rete»", in *Il contratto di rete per la crescita delle imprese*, Fabrizio Cafaggi, Paola Iamiceli e Gian Mosco Domenico (Dir.), Quaderni di Giurisprudenza Commerciale, Giuffrè Editore, 2012, pág. 293.

[207] Ainda que não num modo inteiramente coincidente, J. Kenneth Benson alude a ligações diretas e indiretas entre as organizações que integram uma rede. Cfr. "The Interorganizational Network as a Political Economy", in *Administrative Science Quarterly*, Sage Publications, Inc., Vol. 20, N. 2 (Jun., 1975), pág. 230.

[208] Além das noções incluídas no EOROC e no RJSA.

minante para a conclusão de estarmos em face de uma empresa de rede em sentido formal, o esta ter um vínculo contratual voluntariamente instituído com outra ou outras empresas, idóneo à subsunção a uma rede.

Quanto ao conceito de empresa de rede em sentido substancial, relevará, em linha com o postulado por LEONARDO GIANI, a inserção económica de uma rede, não obstante a inexistência de qualquer contrato destinado à admissão de membro da rede.

Regressando à interrogação acima assinalada, atenta a noção de rede que provisoriamente acolhemos, da rede podem fazer parte sujeitos que a ela não formalmente aderiram?

Também perante a interrogação aventamos uma resposta afirmativa.

Temos considerado que, na génese de uma rede de empresas, estará sempre e, pelo menos, um contrato. Assumindo esse pressuposto, não será necessário, segundo o enquadramento que temos vindo a adotar, que todos os membros da rede façam parte/sejam contratantes do mesmo contrato, na medida em que entendemos que a rede pode resultar da conjugação de vários contratos bilaterais, dos quais não são parte todos e cada um dos membros.

Notamos, ainda, que um dos elementos constitutivos das relações de rede relaciona-se com os objetivos tidos em vista pelos contratantes.

É caso, pois, para, justificadamente, indagar como podem fazer parte da rede sujeitos que a ela não formalmente aderiram e, simultaneamente, exigir que o objetivo da rede é comum entre os seus membros, como seja o aumento da competitividade no mercado?

Pode suceder, não sendo, contudo, de ocorrência frequente, que um determinado sujeito, através de um conjunto de práticas comerciais encetadas com outro ou outros, partilhe objetivos comuns e adote obrigações interdependentes em relação aos demais, ainda que não tenha celebrado qualquer negócio jurídico formal de adesão a uma rede.

À semelhança do que alguns autores têm sustentado para as sociedades comerciais quanto ao *affectio societatis* e quanto à sua dispensabilidade naquelas, que, nas redes, não será elemento constitutivo das mesmas a intenção de fazer parte ou constituir uma rede.[209]

Milita a favor da tese que acolhemos o facto de, nas redes de ROC e SROC, não se exigir, no plano do direito constituído, qualquer ato formal de adesão à rede para que se considere a existência de uma rede e que a mesma inclui

[209] Cfr. JORGE MANUEL COUTINHO DE ABREU, *Curso de Direito Comercial – Vol. II...* (cit.), pág. 21, em nota (50), e os autores aí citados. Voltaremos, em II.2.12. infra, a esta questão, aquando da apreciação da relevância da vontade na formação das redes de empresas.

as entidades em relação às quais se reúnam os indícios exemplificadamente eleitos pelo legislador.

Aceitando-se, como membros de uma rede, sujeitos que não estão formalmente vinculados à rede, teremos, contudo, que indagar em que condições tal pode suceder.

Desde logo, haverá necessidade de reunião de todos os demais elementos da noção de rede; adicionalmente, consideramos imprescindível a existência de um contrato com um dos membros da rede que, na sua execução, se materialize numa adesão ao substrato finalístico essencial da rede em que está inserido aquele com quem o sujeito contrata. Ou seja, para que um sujeito seja parte de uma rede impõe-se que celebre um contrato expresso com um membro da rede, podendo a ligação com os demais membros ser meramente indireta; consideramos que não pode ser membro de uma rede aquele que tenha apenas ligações indiretas e não diretas (não formais, não expressas) com os membros.

Concebamos uma sociedade em relação de grupo com outra. A sociedade-mãe, por exemplo, faz parte de uma rede, tendo celebrado um contrato com o cume da rede, no âmbito do qual se obrigou a prestar serviços sob a égide de uma marca de que é titular o cume da rede. A sociedade-mãe, para a execução do contrato que celebrou com o cume da rede, não celebrou qualquer contrato com a sociedade-filha nem esta última praticou, diretamente, qualquer ato em execução desse contrato.

É insofismável a ligação existente entre a sociedade-mãe e a sociedade-filha (uma relação societária que pode resultar, por hipótese, do facto de a sociedade-mãe ser titular da totalidade das participações sociais da filha) mas a não verificação de qualquer contrato destinado a incorporar a sociedade-filha na execução do contrato celebrado pela sociedade-mãe leva a que aquela não seja havida como membro da rede.

Avancemos, no entanto, nas situações-fronteira.

Será que um único contrato celebrado entre a sociedade-mãe e a sociedade-filha (ou, de modo mais amplo, entre um membro e um não membro da rede) pode trazer para o seio da rede essa entidade contratante?

Consideramos que um contrato de execução instantânea não reúne as condições mínimas para a inserção do contratante na rede, ainda que o contratante possa comungar dos mesmos objetivos que os membros da rede traçaram para a rede. Falha ao contrato de execução instantânea, como é o caso, por exemplo, de um único contrato de compra e venda, a duração essencial às relações de rede.

Pode ser bastante a celebração de vários contratos de execução instantânea se os mesmos se sucederem entre um não-membro e os membros da rede, para a mesma atividade a que se dedica a rede.

É necessário que o contrato que o membro celebra com um não-membro da rede tenha, no seu conteúdo, ou na sua execução, contornos de uma relação reticular, a qual se carateriza pela interdependência entre os contratantes, pela colaboração em torno de um objetivo comum e que se relaciona com o aumento da competitividade no mercado e, ainda, que se prolongue no tempo, sendo o fator temporal um elemento preponderante na delimitação dos contratos que são celebrados pelos membros, já que é ele que permite excluir de uma rede de empresas contratantes esporádicos, não reiterados, cujo contacto com a rede não se repete.

Previamente ao percurso pelo segundo elemento caraterizador das redes de empresas, uma breve análise quanto à noção de rede de redes.

Entendemos que esta noção pode abranger duas grandes vertentes: a primeira materializa-se através da entrada numa rede mais ampla por parte de todo o conjunto de contratantes que já faz parte de uma rede de empresas; a segunda, que consideramos ser a mais comum, será uma rede de empresas que tem personalidade jurídica própria (conceba-se, por hipótese, uma sociedade comercial constituída entre várias empresas como veículo para a relação de cooperação interempresarial entre aquelas formada) celebrar um acordo de adesão a uma rede, de que já fazem parte outras redes, podendo a rede de redes ter personalidade jurídica própria.[210]

As duas hipóteses aqui colocadas em destaque distinguem-se, assim, consoante ocorra apenas num domínio contratual (a primeira) ou entronquemos numa vertente que combina a celebração de contratos com o reconhecimento de personalidade jurídica à rede que fará parte de uma rede de redes.

Tendo por horizonte esta específica figura, um segmento da doutrina destaca que muitas redes que contêm apenas dois membros são, na verdade, redes de redes,[211] daí que, na pureza dos princípios, não teríamos apenas duas empresas.

[210] No âmbito das redes de franquia será uma opção comum. O cume da rede celebra vários contratos com entidades diversas, as quais, por seu turno, celebram contratos com os franquiados finais, sendo que cada uma das entidades sub-coordenadoras ficará incumbida da gestão dos franquiados que operam num determinado território. Vide, quanto à noção de rede de redes, no quadro dos sinais distintivos, PILAR MARTÍN ARESTI, "Signos distintivos y redes de distribución", in *Nuevas Perspectivas del Derecho de Redes Empresariales*, Director Juan Ignacio Ruiz Peris, Tirant lo blanch, Valência 2012, pág. 553.

[211] Neste sentido, FABRIZIO CAFAGGI, PAOLA IAMICELI e GIAN MOSCO DOMENICO, "Prime evidenze sui contratti..." , in *Il contratto di rete per la crescita delle imprese...* (cit), pág. xx.

2.2.2. O elemento finalístico[212]

O elemento finalístico convoca os objetivos subjacentes às relações de rede e ao agrupamento de empresas em rede.

No âmbito do ordenamento jurídico italiano, as normas que regem o contrato de rede são expressivas quanto à finalidade tida em vista com este tipo de contratação. Por imposição legal, assinala-se que o objetivo constitui o aumento da capacidade de inovação[213] e a competitividade no mercado.[214]

Esta limitação do legislador italiano não é consentânea com o *"contrato de rede"* que tem sido estudado pela doutrina além-fronteiras.

Porque não um contrato de rede em que os membros/contratantes pretendam uma finalidade meramente especulativa?[215] E um contrato de rede que preveja, como objetivo a prosseguir pelos contratantes, o lucro desviar-se-á da finalidade pretendida pelo legislador e será, por essa via, inválido?

No direito italiano, ainda que o legislador tenha eleito, como finalidades do contrato de rede, o aumento da capacidade de inovação e competitividade do mercado, não terá pretendido sancionar com a nulidade a celebração de contratos de rede em que os contratantes pretendam o aumento do lucro. Na verdade, a inovação e a competitividade constituem meios idóneos ao aumento da capacidade lucrativa; o que o legislador terá pretendido foi associar ao lucro objetivos que permitam a sustentabilidade das empresas

[212] Consideramos como elementos distintos o elemento finalístico e o elemento do objeto – que analisaremos em I.2.2.3. infra. Reconhece-se que a distinção entre os dois elementos nem sempre se apresenta estanque e com contornos muito definidos, já que, para a densificação do conteúdo dos objetivos da rede, será relevante apurar a atividade desenvolvida pelos membros da rede. Por exemplo, para quem considera que, na rede, existe a defesa de um projeto global, tal entendimento releva quer para efeitos de concretização do elemento finalístico quer para o elemento do objeto. Quanto à rede enquanto projeto global, vide, designadamente, CORDULA HELDT, "Internal relations and semi-spontaneous order: the case of franchising and construction contracts", in *Networks Legal issues of multilateral co-operation*, Ed. MARC AMSTUTZ e GUNTHER TEUBNER, Hart Publishing, Oxford and Portland, Oregon, 2009, pág. 141.

[213] A inovação relaciona-se, como destaca ROBERTA BERTAGNIN, com qualquer modificação na gestão ou partilha de conhecimento. Cfr. *Il contratto di rete...* (cit.), pág. 34.

[214] GIAN DOMENICO MOSCO sustenta que *"inovação e competitividade estão ligados, no sentido em que o aumento da inovação deve ser funcionalizado ao aumento da competitividade e este último é alcançado através do primeiro."* Cfr. "Il Contratto de Rete dopo la Riforma: Che Tipo!", in *Il contratto di rete per la crescita delle imprese*, FABRIZIO CAFAGGI, PAOLA IAMICELI e GIAN MOSCO DOMENICO (Dir.), Quaderni di Giurisprudenza Commerciale, Giuffrè Editore, 2012, pág. 31. Tradução nossa.

[215] ILENIA SALA e ANDREA BORRONI consideram que a causa do contrato de rede não pode ser considerada meramente lucrativa nem altruística. Cfr. "La partecipazione agli appalti pubblici: profili civilistici e fiscali del contratto di rete", in http://www.osservatorioappalti.unitn.it/, 2012, pág. 12.

envolvidas, na medida em que, tornando-as mais competitivas e promovendo a investigação, pode alcançar um tecido empresarial mais consentâneo com políticas de internacionalização.

Se atentarmos no facto de, das redes de empresas, poderem fazer parte sociedades comerciais e a estas estar inerente o intuito lucrativo compreende-se que às redes de empresas não pode ser indiferente essa finalidade, já que só ela justifica a admissibilidade de as sociedades comerciais serem membros de uma rede.

Elegemos, como elemento constitutivo mínimo da rede de empresas, o objetivo[216] de aumento da competitividade no mercado,[217] sendo que a esse objetivo podem estar associados outros objetivos económicos, como a poupança de custos ou a possibilidade de atingir internacionalização que, não fora o contexto de rede, seria inviável para os participantes na rede[218] ou, ainda, o que pode ser especialmente relevante em algumas indústrias, o facto de se verificar uma grande complexidade na prestação de um serviço ou na produção de um bem e justificar-se, para o efeito, a associação sob a forma de rede.[219]

Pode, ainda, constituir objetivo dos contratantes a partilha de informação, particularmente relevante nas indústrias de base tecnológica e em que a capacidade de investigação assume uma nota diferenciadora em face das empresas concorrentes.[220]

[216] Salientam alguns autores que, para o sucesso da rede, os objetivos têm que ser definidos claramente desde o início. Assim, Gesinaldo Ataíde Cândido, *Factores críticos de sucesso...*, (cit.), pág. 294.

[217] Tal como Pietro Zanelli, *Reti e contratto...* (cit.), pág. 60, consideramos que a competitividade não é, ainda, um conceito jurídico. Propendemos, aqui, para uma perspetiva económica, de aumento das vantagens face aos concorrentes no mercado, alcançando uma melhoria de posição no mercado, vantagens essas que podem ser do lado dos custos (por exemplo, redução dos custos) ou do lado dos proveitos (por exemplo, aumento das vendas).

[218] Indicando, como objetivos/vantagens desta cooperação, o acesso a melhores mercados, o mais rápido acesso ao mercado, a poupança de custos através de economias de escala ou de escopo e a economia nos custos de governação das atividades, vide Walter W.C. Chung, Anthony Y.K. Yam e Michael F.S. Chan, "Networked enterprise: A new business model for global sourcing", in *International Journal of Production Economics* 87 (2004), pág. 272.

[219] Salientando, em especial, este último objetivo, vide Valmir Emil Hoffmann, F. Xavier Molina-Morales, M. Teresa Martínez-Fernández, "Redes de Empresas: Proposta de uma Tipologia para Classificação Aplicada na Indústria de Cerâmica de Revestimento", in *Revista de Administração Contemporânea*, 1a. Edição Especial 2007, disponível em http://www.scielo.br/pdf/rac/v11nspe1/ a06v11ns1.pdf, pág. 106.

[220] Em sede de apreciação da intensidade da relação de rede, Chiara Bentivogli, Fabio Quintiliani e Daniele Sabbatini aludem ao facto de as redes poderem visar desde a mera troca de informações até o exercício de uma atividade económica. Cfr. "Le reti..." (cit.), pág. 14.

Perante a nota ora em análise, será relevante apurar se o objetivo aqui colocado em relevo tem de ser um objetivo comum a todos os participantes; ou seja, inexistindo embora um conceito unitário de rede, existirá um conceito unitário de objetivo da rede, sendo tal objetivo partilhado por todos os membros da rede?

Tem sido apontado que os membros da rede têm interesses diversificados,[221] o que não se afigura incompatível com a partilha de um mesmo objetivo. De facto, mesmo nas sociedades comerciais, ainda que possam conviver interesses distintos dos sócios (como sejam entre aqueles que pretendam, com o lucro alcançado num determinado exercício económico, investir em tecnologia ou inovação e aqueles que pretendem a distribuição do lucro pelos sócios), não deixa de existir um objetivo comum que é a obtenção de lucro.[222]

Assim, entendemos – com a maioria da doutrina[223] – que, nas redes de empresas, existe um objetivo comum, partilhado por todos os membros que

Também Gesinaldo Ataíde Cândido aponta que as redes "[p]*odem existir simplesmente para a troca de informações ou para serem envolvidas em um processo de atividades conjuntas*". Cfr. "A formação de redes interorganizacionais..." (cit.).

[221] Utilizamos aqui o conceito de interesse em sentido amplo, abrangendo a vontade de adesão à rede e os objetivos individuais que cada um dos contratantes pretende ao integrar uma rede.
Salientando a possibilidade de as vontades dos participantes na rede divergirem, vide Richard N. Osborn e John Hagedoorn, "The institutionalization and evolutionary dynamics..." (cit.), pág. 274. A esta questão voltaremos em I.3.9. infra, aquando do confronto entre rede de empresas e sociedades comerciais.

[222] Em sentido contrário, negando que exista um objetivo comum, reconhecendo, contudo, a existência de cooperação entre os membros, vide Gunther Teubner, *Das Recht Hybrider...* (cit.), pág. 7 e, bem assim, quanto às redes *"amici degle amici"*, em "Hybrid Laws: Constitutionalizing...", pág. 8. Ainda que o Autor admita em *Networks as connected...* (cit.), pág. 122.

[223] Assim, designadamente, Fabrizio Caffagi, "Redes contractuales y teoria contractual: uma agenda de investigación para un derecho contractual europeo", in *Nuevas Perspectivas del Derecho de Redes Empresariales*, Director Juan Ignacio Ruiz Peris, Tirant lo blanch, Valência 2012, pág. 35 com Paola Iamiceli, "Redes empresariales en la industria europea..." (cit.), pág. 607, Camilla Crea, in *Reti contrattuali...* (cit.), pág. 128, Renato Santaga, "Il «Contratto di Rete»...", pág. 320, Sandro Cerato, "L'evoluzione della «rete»... (cit.), pág. 36, Terence Daintith, "Mixed public-private networks as vehicles for regulatory policy, comments of the chapter by Andreas Abegg", pág. 299, in *Networks Legal issues of multilateral co-operation*, Ed. Marc Amstutz e Gunther Teubner, Hart Publishing, Oxford and Portland, Oregon, 2009, Pietro Zanelli, "Reti di impresa dall'economia al diritto, dall'istituzione al contratto" in *Contrato e impresa, Dialoghi com la Giurisprudence Civil e Comercial*, Cedam, nr. 4 e 5 2010, pág. 965, Hugh Collins, "Introduction to Networks as..."(cit.), pág. 42 e Massimiliano Di Pace et alia, "La rete di imprese... (cit.), pág. 24, sustentando essa posição, sobretudo, para garantia da coerência e homogeneidade da atuação da rede.
Em parte, também, Stefan Grundmann, "Redes contractuales. Contratos o Sociedades no personificadas", in *Nuevas Perspectivas del Derecho de Redes Empresariales*, Director Juan Ignacio Ruiz

delas fazem parte; esse objetivo relaciona-se com a melhoria da competitividade no mercado, entendida esta finalidade em sentido amplo.

Alguns autores entendem inclusivamente que é a existência de um objetivo/fim comum que agrega em torno da rede um conjunto de membros ou um conjunto de contratos bilaterais celebrados. Ou, dizendo de outro modo, revela-se uma unidade económica nos vários negócios jurídicos que são celebrados – no caso específico das redes formadas por conjuntos de contratos bilaterais – e é essa unidade económica que justificaria a existência de uma rede.[224]

Na Diretiva nº 2006/43/CE, no EOROC[225] e no RJSA, como veremos, estabeleceu-se uma noção de rede não inteiramente coincidente com aquela que provisoriamente adotámos e, no que se reporta à densificação do elemento finalístico, as normas constantes naqueles diplomas são menos restritivas, admitindo, como objetivos dos contratantes para efeitos de subsunção a uma rede, propósitos mais amplos.[226]

Peris, Tirant lo blanch, Valência 2012, pág. 146 e, de forma mais clara, em "Die Dogmatik..." (cit.), pág. 727, ainda que o objetivo comum, de acordo com o Autor, esteja relacionado com a finalidade de ser a rede bem sucedida, Jaume Martí Miravalls, "Redes de distribución...", (cit.), pág. 196, Pilar Martín Aresti, Signos distintivos... (cit.), pág. 550, Ricardo Luís Lorenzetti, *Tratado...* (cit.), pág. 54, Cordula Heldt, "Internal relations... (cit.), pág. 139 e Ana Isabel Lambelho Costa, *Descentralização produtiva...* (cit.), pág. 61.
Salienta-se que a opção doutrinária quanto à existência de um objetivo comum se torna mais natural para os autores italianos, atento o regime legal vigente e o objetivo comum aí previsto de aumento da competitividade do mercado e da capacidade de inovação.
Adicionalmente, também quanto a autores que destacam a vertente da coligação contratual apontam para um objetivo comum. Neste sentido, designadamente, Rodrigo Momberg Uribe, "Linked Contracts: Elements for a General Regulation", In *Linked Contracts*, Ilse Samoy e Marco B.M. Lobos (eds.) Intersentia Publishing Ltd. 2012, UK, pág. 159.

[224] Para uma análise, desenvolvida, do conceito de unidade económica, no âmbito das redes e dos contratos coligados, vide Gunther Teubner, *Networks as connected...* (cit.), págs. 145 e ss. Quanto à ligação existente entre vários contratuais bilaterais, para formação de uma rede, aludiremos em II.2.1.1. infra.

[225] Com a aprovação no NEOROC, através da Lei nº 140/2015, de 7 de setembro, a noção de rede deixou de estar presente no Estatuto, ainda que a pertença à rede continue a relevar, no NEOROC, para vários efeitos, designadamente para avaliação da independência de ROC's e SROC's [cfr. artigo 71º nºs 2, 3 e 11, alínea *a)*, do NEOROC].

[226] No nº 11 do artigo 68º-A do EOROC, na redação dada pelo Decreto-Lei nº 224/2008, de 20 de Novembro, refere-se que a rede terá como objetivo *"a partilha de lucros ou de custos ou a partilha em comum da propriedade, controlo ou gestão, das políticas e procedimentos comuns de controlo de qualidade, da estratégia comum, da utilização de uma denominação comum ou de uma parte significativa de recursos profissionais."* No RJSA, o objetivo é *"a partilha dos lucros e dos custos, ou a partilha da propriedade,*

A circunstância de, no plano do direito constituído, já existir uma manifestação legal de rede cujo elemento finalístico é amplíssimo não será bastante para se concluir que existirá rede sempre que se verifiquem as circunstâncias eleitas por uma lei especial para aferição de existência de redes em geral, fora do específico âmbito de atuação dessa lei.

Constando esses objetivos no quadro de um diploma que pretende salvaguardar o interesse público subjacente à revisão de contas, nos campos especiais da transparência, imparcialidade, objetividade, isenção e independência, compreende-se que o legislador pretenda acolher um amplo conjunto de relações de cooperação entre sujeitos jurídicos que partilham objetivos comuns na atividade dos revisores oficiais de contas.[227]

Como conceito mínimo, entendemos, pois, que o aumento da competitividade no mercado traduz o objetivo natural das redes de empresas.

Ponderemos, no entanto, se, simultaneamente ao objetivo comum de aumento da competitividade, há ou pode haver um objetivo individual, por parte de cada um dos membros do contrato de rede. Pode o objetivo comum de aumento da competitividade implicar que nem todos os membros da rede retirem igual benefício?

Teremos oportunidade de aludir, em II.2.4. infra, à eventual incidência do princípio da igualdade na avaliação das posições relativas dos membros das redes; por ora, limitar-nos-emos a indagar se a par de um objetivo comum há, necessária ou eventualmente, um objetivo individual.

De uma rede de empresas pode ser parte qualquer empresa, podendo ter ou não subjacente uma sociedade comercial. Às sociedades comerciais – e, bem assim, às sociedades civis – associa o legislador um intuito lucrativo, sendo esse escopo um dos elementos constitutivos da figura (cfr. artigo 980º do CCiv).

controlo ou gestão comuns, políticas e procedimentos de controlo interno de qualidade comuns, uma estratégia empresarial comum, a utilização de uma marca comum ou uma parte significativa dos recursos profissionais." Antecipando a análise das normas com maior detalhe, a que nos dedicaremos em II.1. infra, refira-se que, apesar de o legislador ter colocado como objetivos da rede todas as realidades por si descritas, infere-se que alguns dos factos constituem o objeto da rede e não o seu objetivo. Assim, melhor estaria o enquadramento enquanto factos índice de rede das situações ali expostas do que a sua consideração, todas, como objetivos. Não é facilmente percetível que as partes encetam uma relação de cooperação duradoura que tenha como objetivo a partilha de uma denominação ou marca comum ou dos recursos profissionais. Essas situações são, por norma, os meios para atingir um fim comum e que se traduzirá, amiúde, pelo aumento e partilha dos lucros e/ou pela diminuição dos custos.

[227] Ainda que reconheçamos que os indícios expostos pelo legislador naquele diploma possam auxiliar na subsunção de uma relação de cooperação a uma rede de empresas.

Quanto às empresas, as mesmas ocupam, transversalmente, vários domínios da atividade económica (no setor público, privado ou, ainda, cooperativo e social); o escopo lucrativo não é comum a todas estas, já que nas primeiras e nas últimas não é o lucro o fim precípuo.[228]

Se consideramos que as empresas que são parte de um contrato de rede podem ter um objetivo individual, paralelo ao objetivo comum (relacionado com o aumento da competitividade no mercado, que pode pressupor a majoração do lucro), cumpre avaliar se, atento o objetivo individual, as empresas que não tenham intuito lucrativo (como sejam as empresas públicas e as empresas do setor cooperativo e social, por exemplo), podem fazer parte de um contrato de rede.

A rede apresenta-se como uma figura ampla e trans-típica e abstratamente idónea a ser utilizada por vários sujeitos, ainda que os objetivos individuais que cada um destes sujeitos prossegue possam não ser inteiramente coincidentes com os objetivos que, uma vez integrados na rede, podem vir a ser abraçados.

Quanto às empresas públicas,[229] no artigo 10º nº 3 do regime jurídico do setor empresarial do estado, atualmente previsto no Decreto-Lei nº 133/2013, de 3 de outubro (RJSEE), alude-se à rentabilidade das empresas e não ao lucro.

Entendemos que a prossecução de objetivos públicos por parte destas empresas envolve a possibilidade de celebração de um amplo conjunto de contratos, sendo admissível a celebração de contratos de cooperação.

Para se indagar quanto à admissibilidade de uma empresa pública celebrar um contrato subsumível a um contrato de rede ou aderir a uma rede, consideramos ser de apurar quais os objetivos da rede a que pretende aderir e apreciar a sua conformidade em face dos objetivos que tiverem sido traçados para a empresa pública.

O elemento finalístico constitutivo das redes de empresas não é o lucro, mas o aumento da competitividade no mercado; as empresas públicas não visam o propósito de competitividade, bastando-se o legislador, quanto a tal questão, com a fixação e cumprimento de determinados critérios de viabilidade económico-financeira (cfr. artigo 10º nº 3 RJSEE) e a observância das

[228] Desenvolvidamente, quanto a esta questão, vide COUTINHO DE ABREU, *Curso de Direito Comercial – Vol. I – Introdução, Actos de Comércio, Comerciantes, Empresas, Sinais Distintivos*, Almedina, 7ª Edição, 2010, págs. 263 e ss.

[229] No quadro do ordenamento jurídico italiano, sustenta-se poderem ser as empresas públicas parte de um contrato de rede. Assim, PIETRO ZANELLI, *Reti e contratto...* (cit.), pág. 88, referindo, no entanto, que tal suceda através de uma sociedade *ad hoc*. Vide, em sentido contrário, os autores citados no Capítulo I.2.2.1 em nota.

regras da concorrência, havendo sujeição ao princípio da neutralidade competitiva (cfr. artigo 15º).

O reforço da posição no mercado, através do aumento da competitividade, não é um dos objetivos das empresas públicas, ainda que o legislador lhes reconheça a igualdade nas condições em que desenvolvem a sua atividade, comparativamente com as empresas privadas.

Entendemos, pois, ser de estabelecer uma especificidade quanto ao elemento finalístico das redes de empresas.

Por norma, as redes de empresas têm em vista, como objetivo comum – e também individual de cada um dos seus membros, quando inseridos na rede – o aumento da competitividade no mercado. Porém, admitimos como possíveis outros objetivos, e consideramos tais objetivos, concebendo a situação específica das empresas públicas e o interesse público que está associados às mesmas.

Será um interesse relevante da empresa pública – enquadrável nos fins públicos de atuação que lhe foram estipulados – consolidar a posição no mercado, o que, *in casu*, pode envolver a celebração de um contrato de rede.

Podemos considerar incluído no aumento da competitividade no mercado o objetivo de consolidação ou manutenção da posição no mercado, não sendo imperioso que as empresas que aderem a uma rede tenham em vista, individual e coletivamente, o aumento das vantagens competitivas em face das empresas concorrentes com as aderentes.

Idêntico raciocínio pode ser transposto para as empresas do setor cooperativo e social.[230/231] As cooperativas não têm escopo lucrativo, visando a satisfação das necessidades dos seus membros (artigo 2º nº 1 do CCoop[232]).

Serão facilmente concebíveis redes de empresas que confluem em interesses compatíveis com as finalidades das cooperativas, nos vários domínios da atividade económica em que estas operam.

As cooperativas podem desenvolver a sua atividade, por exemplo, no ramo do ensino. Conceba-se a realização de cursos de formação ou intercâmbio de

[230] Para uma comparação entre redes de empresas e cooperativas, vide I.3.8. infra.

[231] Quando referimos *"idêntico raciocínio"*, não significa que acolhamos a igualdade de fundamentos para a aceitação da celebração de contratos de rede por parte de empresas públicas e por parte de cooperativas, sob o prisma do elemento finalístico dos contratos de rede. Desde logo, e atendendo ao facto de apenas nas cooperativas ser feita referência legal expressa à inexistência de intuito lucrativo por parte destas pessoas coletivas. Por outro lado, nas empresas públicas, há, no plano do direito constituído, uma procura pela rentabilidade das mesmas, a que não será alheio o propósito da consolidação das contas públicas.

[232] As referências ao Código Cooperativo são, salvo se referido expressamente o contrário, ao aprovado pela Lei nº 119/2015, de 31 de agosto, que revoga o anterior Código Cooperativo (aprovado pela Lei nº 51/96, de 7 de setembro), e com entrada em vigor a 30.09.2015.

docentes entre várias instituições de ensino, no quadro de acordos de cooperação de longa duração e que pretende aumentar a procura, por parte dos alunos, de cada uma das instituições participantes. Sob o ponto de vista dos resultados alcançados, tais acordos podem conduzir a um aumento de receitas para cada um dos membros; no entanto, ainda que esse aumento surja, não constitui o escopo lucrativo a finalidade das cooperativas integrantes num acordo nestes moldes.[233]

Conjugue-se este enquadramento com o estipulado no artigo 8º do CCoop, que levanta alguns problemas de compatibilidade com a admissão da celebração de contratos de rede por parte de cooperativas e com a necessidade de salvaguarda dos princípios cooperativos da autonomia e da independência.[234]

No sentido de interpretarmos o âmbito de aplicação desta norma, avaliemos se a entrada numa rede significa uma associação, se é permitida a associação das cooperativas a pessoas singulares (tendo em conta que o artigo apenas refere a associação a outras pessoas coletivas) e, ainda, se a entrada em rede pode afetar a autonomia ou independência da cooperativa.[235/236]

Temos vindo a apontar a relação de rede como uma relação de cooperação, de longa duração, entre duas ou mais entidades, caraterizando-se pela interdependência entre as partes e, ainda, pelos especiais objetivos tidos em vista pelos contratantes e que se prendem com o aumento e/ou manutenção da competitividade no mercado.

A associação, como delineada pelo legislador, nos artigos 167º e ss. do CCiv, materializa-se na reunião de vontades de vários contratantes, que, verificados determinados pressupostos, adquire personalidade jurídica distinta dos associados.

[233] Haverá que ter em conta que, existindo um excedente, o mesmo será afeto à constituição de reservas, sendo que só em casos limitados é possível a sua repartição pelos cooperadores, posto que tais excedentes distribuíveis não podem resultar de operações com terceiros (cfr. artigos 96º e ss. do CCoop).

[234] Assinala-se uma diferença de redação em face do constante do anterior Código Cooperativo, em que se salvaguardava, apenas, a autonomia e, agora, surge a salvaguarda do princípio da independência.

[235] A avaliação da primeira e da terceira questões poderá trazer contributos para o enquadramento das relações de rede, mesmo fora do perímetro das cooperativas.

[236] Ainda que não caiba na economia da presente investigação, assinala-se, no setor cooperativo, uma situação de associação entre cooperativas que pode estar muito próxima – e até subsumir-se – a uma associação em rede. A Caixa Central – Caixa Central de Crédito Agrícola Mútuo CRL, que constitui, juridicamente, uma cooperativa, tem, atualmente, 84 caixas associadas. À Caixa Central são atribuídas competências de supervisão, orientação e acompanhamento das Caixas de Crédito Agrícola.

Os associados estão num plano de paridade, não existindo relações de subordinação entre eles e exercem os seus direitos através da assembleia geral.

Não é um elemento constitutivo dos contratos de rede ou das relações de rede a existência de uma relação de paridade ou igualdade entre os contratantes;[237] desde logo, porquanto podem existir contributos distintos para a rede, designadamente decorrentes da titularidade de uma posição especial no mercado, por parte de um ou vários contratantes. Essa especial posição no mercado concretiza-se, no contrato, em regra, pelo reconhecimento de um poder de influência decisiva ou, até, verdadeira conformação do destino da rede, situação que não ocorre nas associações.

De todo o modo, e pese embora os figurinos diversos que uma rede pode apresentar – já que a liberdade contratual das partes pode moldar a rede à medida dos propósitos manifestados pelos contratantes – podemos, sem grandes reservas, assumir que haverá adesões a redes que se apresentam como verdadeiras adesões a associações.

Ultrapassado o primeiro obstáculo, vejamos o segundo.

Uma cooperativa pode associar-se a pessoas singulares?

O que legislador terá tido em vista com a norma em análise foi admitir a associação com pessoas coletivas, que, por um lado, sob o ponto de vista prático, pode ocorrer com maior probabilidade e, por outro, seria a situação que, em abstrato, levantaria alguns riscos de salvaguarda da autonomia e independência das cooperativas.

Admitir que apenas pudessem as cooperativas associar-se a pessoas coletivas e não a pessoas singulares significaria uma restrição, no nosso entendimento, injustificada à livre atividade das cooperativas.

O setor cooperativo tem reconhecimento constitucional, o que se consubstancia em várias disposições legais impulsionadoras do setor cooperativo, designadamente o constante dos artigos 80º, alíneas *b)* e *f)*, 82º nº 4, 85º, 97º e 288º, alínea *f)*, da CRP.

Concluímos, pois, com base, em especial, na tutela constitucional das cooperativas e no facto de a associação a pessoas singulares não implicar a violação dos princípios cooperativos em termos diversos dos que ocorreriam se a associação fosse com pessoas coletivas, na possibilidade de as cooperativas se associarem a pessoas singulares.

Sustentamos aqui o argumento por maioria de razão; atendendo a que se admite a associação a pessoas coletivas dever-se-á admitir, por maioria de

[237] Avaliaremos infra a relevância do princípio da igualdade nas redes.

razão, a associação a pessoas singulares, porquanto será a associação às primeiras e já não – pelo menos com idêntica intensidade – às segundas que se pode suscitar um maior risco de afetação dos princípios inerentes às cooperativas, designadamente a autonomia das mesmas.

Avancemos para a terceira interrogação que consiste em saber se a celebração de acordos de rede pode afetar os princípios da autonomia e independência das cooperativas.

O princípio da autonomia e da independência encontra-se previsto no artigo 3º do CCoop, pretendendo-se salvaguardar *"o controlo democrático pelos seus membros"* e a *"autonomia como cooperativas"*.

O princípio da autonomia e independência, no seu campo de incidência específico das cooperativas, significa que a cooperativa é controlada pelos seus membros, os cooperadores, e não por entidades externas.

Atento este conteúdo, ficaria aniquilada a autonomia e independência da cooperativa se esta fosse controlada por outrem que não os seus membros.

A resposta a esta interrogação assume foros de maior importância dos que aqui colocados, algo singelamente, na apreciação da admissibilidade da pertença das cooperativas a redes.

O poderem as redes implicar a perda da autonomia dos membros será uma indagação que atenta quanto à própria natureza das redes e, adicionalmente, quanto à tipologia e caraterísticas de cada rede, concretamente avaliada.

Na noção que provisoriamente acolhemos não consta, como elemento constitutivo das redes, a perda da autonomia ou independência dos contratantes. Há, sim, uma ligação interdependente entre os contratantes, que partilham um objetivo comum de aumento da competitividade no mercado.

A interdependência – como teremos oportunidade de analisar – traduz uma dependência recíproca entre os contratantes, que não envolve uma subordinação jurídica de um sujeito em relação a outro ou outros.

Isto posto, teremos que efetuar uma precisão. Consideramos que algumas redes, atenta a sua configuração interna e ponderando, ainda, os poderes de direção que podem ser atribuídos e/ou reconhecidos a um dos membros ou a um conjunto de membros, podem envolver uma supremacia no seio da rede. Ou seja, o poder interno da rede pode estar concentrado numa única entidade; esta concentração não implica, no entanto, que, em relação ao funcionamento interno de cada um dos membros, esse poder se faça sentir. Na verdade, pode o curso da rede ser determinado por um sujeito, mas não ter esse sujeito qualquer poder para tomar decisões de alta direção no seio de cada um dos membros.

Para efeitos de avaliação da pertença das cooperativas às redes, entendemos que, sendo salvaguardado o processo decisório das cooperativas, e cabendo aos cooperadores o poder exclusivo de tomada de deliberações na cooperativa, os riscos de derrogação do princípio da autonomia e independência serão diminutos.[238]

As redes, como aludimos, podem ter configurações internas diversas e, em algumas delas, pode manifestar-se uma hierarquização entre os seus membros, patente, designadamente, em direitos especiais ou poderes reconhecidos a alguns (a que pode não ser indiferente a titularidade de sinais distintivos do comércio com notória projeção no mercado) em detrimento de outros. São as designadas redes hierárquicas ou verticais.[239]

Entendemos que as cooperativas podem ser membros de redes hierárquicas ou verticais e aí não ocupar uma posição de supremacia mas de uma certa subordinação.

Quando concluímos que as cooperativas podem fazer parte de redes verticais/hierárquicas, temos subjacente o facto de a pertença às mesmas, por parte das cooperativas, não implicar, substancialmente, a perda da autonomia das cooperativas.

Constitui nota caraterizadora destas redes, conforme detalharemos infra, o manifestarem uma diferença de poder no seio da rede, porquanto, por norma, a um membro é reconhecido um poder de conformação da rede.[240]

Ainda que o poder de conformação exista, o mesmo não envolve a perda da autonomia dos membros da rede; existirá perda da autonomia – por ora avaliando-se, apenas, no quadro das cooperativas – se a gestão das cooperativas passar a ser efetuada por outrem que não os cooperadores.

Nas redes verticais/hierárquicas, a conformação da rede, reconhecida ao cume da rede, não será intrusiva ao nível da gestão e governo de cada um dos membros.

As considerações que ora tecemos são colocadas em causa nas situações em que se verifique um abuso de direito, por parte do cume da rede e em

[238] De acordo com Elena Calzolaio, Fulvio D'Alvia, Paolo Di Marco, Francesco Rullani e Massimo Tronci, para a salvaguarda da autonomia dos sujeitos integrantes das redes, haverá que assegurar o equilíbrio democrático dos poderes na rede. Cfr. "Il Management..." (cit.), pág. 69.

[239] Veremos em detalhe a classificação ora anunciada, em I.4.2. infra.

[240] Propositadamente, omitimos a utilização do termo *direção*, na medida em que entendemos que, nas redes verticais, o cume da rede tem um poder de conformação e de coordenação em relação aos vários membros que integram a rede liderada pelo primeiro. No entanto, não constituirá um elemento caraterizador destas redes a existência de um poder de direção do cume da rede e do seu corolário dever de obediência por parte dos demais membros.

que efetivamente se materialize, em termos práticos, uma direção do cume da rede, em relação aos membros da rede, ou seja, quando o poder de direção produz efeitos além dos contornos da rede.

Nessa situação, não será admissível que uma cooperativa faça parte de uma rede, na medida em que aniquilada fica a sua autonomia.

No entanto, idênticas considerações poderemos formular quanto à pertença por parte de outras pessoas coletivas, designadamente por parte de sociedades comerciais.

Ou seja, quando a entrada numa rede possa afetar, irremediavelmente, a autonomia por parte das pessoas coletivas, haverá o risco de essa entrada na rede ser considerada uma atuação desconforme com os princípios gerais aplicáveis às pessoas coletivas, *maxime* às sociedades comerciais, e, mais concretamente, com as regras taxativamente consagradas no CSC quanto à subordinação jurídica das mesmas a outras entidades.

À guisa de conclusão, poderemos, pois, aduzir, que as cooperativas podem fazer parte de redes de empresas, incluindo das redes verticais/hierárquicas, posto que fiquem salvaguardados os princípios aplicáveis às cooperativas, em especial o princípio da autonomia e independência e do controlo democrático da cooperativa pelos cooperadores e não por um terceiro.

Podemos indagar, ainda, na linha do já exposto quanto às cooperativas, se atendendo aos objetivos subjacentes às redes de empresas, se as instituições de ensino superior podem fazer parte de uma rede.

Aquando do enquadramento social e económico das redes, aludimos ao facto de as mesmas poderem implicar o envolvimento de instituições de ensino, em conjunto com empresas, em torno de objetivos comuns.[241]

No âmbito do regime jurídico das instituições de ensino superior (atualmente regulado pela Lei nº 62/2007, de 10 de setembro), o legislador esclarece, expressamente, a questão que ora cuidamos; com efeito, encontra-se consagrado no nº 3 do artigo 16º do mencionado diploma a possibilidade de as instituições se integrarem em redes.

O objetivo eleito pelo legislador para o encetar dessas relações encontra-se plasmado na parte final do nº 2 do mesmo artigo, consagrando-se que o objetivo será *"para efeitos de coordenação conjunta na prossecução das suas actividades"*.

Parece, assim, atenta a redação das normas em causa, ser admitida a integração de instituições de ensino superior em redes, ainda que estas instituições de ensino superior não sejam, em regra, empresas.

[241] Cfr. Manuel Castells e Pekka Himanen, *The information society...* (cit.), pág. 153.

Por outro lado, o legislador, ao mesmo tempo em que admite a integração destas instituições em redes, admite que os demais membros que integrem a rede possam não assumir a qualidade de estabelecimento de ensino superior, podendo ser quaisquer instituições, desde que os objetivos subjacentes à rede se enquadrem nos admitidos por lei.

Concluímos, deste modo, que as instituições de ensino superior podem fazer parte de redes, as quais podem integrar empresas.[242/243]

2.2.3. O elemento do objeto

No que se refere ao objeto do contrato de rede, este relaciona-se com um modo específico de coordenação das atividades económicas dos membros da rede, as quais são conjugadas de forma interdependente.

A interdependência[244] surge como um baluarte das redes de empresas, não sendo, no entanto, um conceito novo no direito nem, em qualquer caso, privativo das redes. Consideramos que a interação, interdependente, das atividades desenvolvidas pelos membros das redes traduz o objeto comum das redes de empresas.[245]

[242] A admissibilidade da integração em rede, por parte de instituições de ensino superior, vem, assim, aceite expressamente pelo legislador. No entanto, ainda que nenhuma norma existisse quanto a esta possibilidade, consideramos que, inexistindo, de idêntico modo, uma norma proibitiva, estas instituições poderiam fazer parte de uma rede. A pertença a uma rede, por parte das mesmas, desde que tal integração fosse idónea à prossecução dos objetivos definidos pelo legislador e às atribuições fixadas por lei (cfr. artigo 8º da Lei nº 62/2007), e não pusesse em causa a autonomia, seria de admitir.
No sentido que de uma rede podem fazer parte organizações não económicas, como ONG's, universidades e centros de pesquisa, vide, designadamente, Mariana Baldi e Fernando Dias Lopes, "Rede – forma híbrida..." (cit.), pág. 4.
Quanto a este tipo de redes, os Autores referem, a págs. 25, que estas redes podem dispensar mecanismos estruturais de coordenação e controlo, concluindo que *"tais arranjos, normalmente, tem como mecanismo central de coordenação elementos culturais, ideológicos e profissionais."*

[243] À luz do ordenamento jurídico italiano, sustenta-se que as entidades de investigação, não podendo fazer parte de uma rede (por lhes falhar o elemento empresarial), enquanto membros, podem encontrar colocação em sede de execução do contrato de rede. Cfr. Pietro Zanelli, *Reti e contratto...* (cit.), pág. 69.

[244] Concretizaremos em II.2.1. infra, com maior acuidade, a interdependência exigível para efeitos de rede, quer nas redes formadas por um contrato multilateral quer nas que decorrem da conjugação de vários contratos bilaterais.

[245] Em sentido ligeiramente diferente encontra-se parte da doutrina italiana, que considera que o objeto do contrato de rede – legalmente típico – será a atividade, plasmada no programa comum, que deve ser exercida para ser atingido o escopo comum. Neste sentido, vide Roberta Bertagnin, *Il contratto di rete...* (cit.), pág. 44.

Sendo uma caraterística das redes, a interdependência está subjacente a todo o funcionamento e desenvolvimento da rede, podendo até ter efeitos negativos.[246] A interdependência será o fundamento para, por exemplo, a cessação de um contrato que esteja na direta dependência de um outro que cesse, por qualquer motivo; a interdependência manifesta-se, ainda, no facto de os comportamentos de cada um dos sujeitos integrantes da rede poderem ter consequências quanto ao funcionamento de todo o sistema de rede.[247]

Sustenta-se, ainda, ser a interdependência o elemento que motiva a vontade para a *"transferência de funções, para difundir informações estratégicas e para participar na planificação conjunta"*.[248]

A maioria da doutrina, que sobre o tema se tem pronunciado, tem concluído pela verificação de uma interdependência entre as prestações desenvolvidas pelos membros das redes.[249]

[246] Mário Sacomano Neto salienta, por exemplo, que as relações muito interdependentes podem atravancar o processo de inovação. Cfr. *Redes: Difusão de conhecimento e controle...* (cit.), pág. 43.

[247] Assim, quanto às empresas virtuais, enquanto conjunto de contratos de rede, vide J. M. Coutinho de Abreu, "Empresas virtuais...", (cit.), pág. 607.

[248] Cfr. Elena Calzolaio, Fulvio D'Alvia,Paolo Di Marco, Francesco Rullani e Massimo Tronci, "Il Management..." (cit.), pág. 5. Tradução nossa.

[249] Assim, designadamente, Fabrizio Caffagi, "Redes contractuales y teoria contractual..." (cit), pág. 35, ainda que se refira não só à interdependência das atividades económicas como também entre os contratos, Juan Ignacio Ruiz Peris, "Un derecho específico..." (cit), pág. 87, Rafael Marimón Durá, "Redes financeiras..." (cit), pág. 162, Jaume Martí Miravalls, "Redes de distribución..." (cit), pág. 192, Joseba A. Echebarría Sáenz, "Los grupos de coordinación..." (cit), pág. 251, Carlos Gómez Asensio,"El concepto de red..."(cit), pág. 330, Teresa Rodríguez de las Heras Ballell, "Aspectos jurídicos de las redes...", pág. 415, Javier Viciano Pastor, "El principio de eficiencia..." (cit.), pág. 493, Cármen Cerda Martinez-Pujalte, "Coordinación empresarial en las redes versus control antitrust: análisis del nuevo Reglamento CE 330/2010 en clave de red", in *Nuevas Perspectivas del Derecho de Redes Empresariales*, Director Juan Ignacio Ruiz Peris, Tirant lo blanch, Valência 2012, pág. 532, Keith G. Provan e H. Brinton Milward, "Do Networks Really Work?..." (cit.), pág. 415, Sergio G. Lazzarini, Fabio R. Chaddad e Michael L. Cook, "Integrating supply chain and network analysis: The study of netchains", in *Journal on Chain and Network Science*, Vol. 1, Nr. 1 / Junho 2001, págs. 11 e 12, aludindo os autores a vários tipos de interdependência, que designam de recíproca, sequencial ou agrupada, Anna Grandori e Giuseppe Soda, "Inter-firm Networks...", (cit.), págs. 184 e 185, Walter W. Powell, "Neither Market..." (cit.), pág. 301, Hans B. Thorelli, "Networks: Between markets..." (cit.), pág. 41, M. José Cabaleiro Casal, "Redes de empresas: propuesta de crecimiento externo para las sociedades cooperativas", in *Revesco – Revista de Estúdios Cooperativos*, Num. 74, 2001, pág. 10, Mário Sacomano Neto, Osvaldo Elias Farah, Antônio Carlos Giuliani e Nádia Kassouf Pizzinatto, "Redes de micro pequenas e médias empresas", disponível em http://legacy.unifacef.com.br /quartocbs/arquivos/12.pdf, pág. 2, Sandro Cerato, in "L'evoluzione della «rete»... (cit.), pág. 36, Paola Iamicelli, "Le reti di imprese: modelli contrattuali..." (cit.), pág. 128, Vincenzo Zeno-Zencovich e Francesco

A interdependência implica uma ligação dependente bidirecional;[250] isto é, a dependência de um membro da rede é não só deste em relação a outro membro como do outro ou de outros em relação a si. Todavia, a interdependência não tem que se manifestar de forma igual e uniforme em relação a todos os membros da rede nem todos os membros têm que ser dependentes uns dos outros.

O que releva para se formar a teia subjacente às redes é que exista uma recíproca relação de dependência, que ligue todos os membros da rede, ainda que essa ligação de todos os membros se possa operar através de um único membro – por hipótese, comum – o cume da rede.

Sustentam alguns autores que a interdependência que se manifesta nas redes de empresas é técnica, temporal e social.[251]

As aludias notas caraterizadoras podem estar reunidas em algumas redes, mas entendemos que não são cumulativas; com efeito, quanto à interdependência técnica, a mesma encontra-se designadamente no facto de a prestação a cargo de um dos contratantes depender, por exemplo, na sua execução, da prestação de um outro contratante. Nas redes em que existe autonomia técnica entre os contratantes esta interdependência técnica não está presente. Temos em mente as redes em que os contratantes, em atividades concorrentes, cooperam entre si para a execução do mesmo trabalho; todos são autónomos na execução das suas tarefas, não dependentes de instruções ou informações técnicas dos demais.

MEZZANOTTE, "Le reti della conoscenza..."(cit.), pág. 154, ONNO OMTA, JACQUES TRIENEKENS e GEORGE BEERS, "The knowledge domain of chain and network science", in *Chain and network science* (2001), pág. 78, POUL F. KJAER, "Embeddedness through Networks: A Critical Appraisal of the Network Concept in the Oeuvre of Karl-Heinz Ladeur", in *German Law Journal, Review of Development in German, European and International Jurisprudence, Special Issue The Law of the Network Society A Tribute to Karl-Heinz Ladeur,* Vol.10 No. 04, Abril 2009, pág. 487, FRANCESCA BARTOLI, GIOVANNI FERRI, PIERLUIGI MURRO e ZENO ROTONDI, "Enterprise Networks..." (cit.), pág. 3, DAVIKEN STUDNICKI-GIZBERT, "Interdependence and the Collective Pursuit of Profits: Portuguese Commercial Networks in the Early Modern Atlantic", in *Commercial networks in the early modern world* Ed. DIOGO RAMADA CURTO, ANTHONY MOLHO, HEC nº 2002/2, EUI Working papers, European University Institute, Department of History and Civilization, disponível em http://cadmus.eui.eu/ bitstream/id/935/HEC02-02.pdf/, ver, em especial, pág. 116, ROBERTA BERTAGNIN, *Il contratto di rete...* (cit.), pág. 12, MARCO GOBBATO, "Allocazione del rischio da inadempimento...", (cit.), pág. 26 e EVA BREDARIOL, *Regole di imputazione...* (cit.), pág. 23.

[250] Uma dependência recíproca, como assinala, também, MARIA MANUEL LEITÃO MARQUES, "As Redes de Empresas... (cit.), pág. 181.

[251] Assim, HAKAN HAKANSSON e JAN JOHANSON, "Le strategie di cooperazione formale e informale nelle reti industriali internazionali", in *La cooperazione tra imprese, Joint ventures, alleanze tecnologiche ed altre forme di collaborazione per i mercati internazionali,* Ed. FAROK J. CONTRACTOR e PETER LORANE, Etaslibri, 1990, pág. 437.

Quando as redes envolvam a troca de intensa e extensa informação entre os seus membros essa informação pode incluir a partilha de técnicas de produção ou comercialização de bens de modo tal que se crie uma interdependência técnica entre os contratantes.

Quanto à segunda nota acima indicada, também consideramos que a interdependência temporal, conquanto tenda a manifestar-se em algumas redes (*maxime* nas redes em cadeia), porquanto, frequentemente, as atividades desempenhadas pelos membros têm uma sequência cronológica, nas redes paralelas a interdependência temporal não existe.[252]

Conforme se analisará, em certas condições, os contratos de franquia podem estar na base de uma rede de empresas; todavia a relação de interdependência que existe entre os vários franquiados e estes, por sua vez, com o franquiador, não se carateriza por uma interdependência temporal, posto que desempenham atividades paralelas e não sequenciais.

No que se reporta à interdependência social, cremos que a mesma está presente na generalidade das redes. As redes de empresas têm, na sua génese, uma vertente económica e sociológica inegável; a ligação que se forma entre as empresas integrantes da rede tem um fundamento económico, ou *rectius*, vários fundamentos económicos e, por outro lado, tais conexões, para perdurarem, implicam a verificação de laços sociais entre os participantes.

Quando aludimos a dependência bidirecional não nos referimos apenas a uma dependência económica que, aliás, não tem de se verificar para que possamos estar perante uma rede de empresas.[253]

Será legítimo indagar se essa interdependência existe sempre, ou seja, se todas as redes manifestam a interdependência. Especial acuidade tem a interrogação que agora levantamos nas redes hierárquicas, em que existe uma entidade que assume a função de coordenação dos vários componentes que integram a rede. A interdependência é mútua ou existe, apenas, uma dependência dos membros em relação ao cume da rede?

[252] As redes paralelas podem entender-se como redes de contratos bilaterais não sequenciais. Para a classificação das redes quanto à sua configuração interna vide I.4.4. infra.

[253] Em sentido ligeiramente divergente, Ana Lambelho Costa, *"A subcontratação e as relações individuais de trabalho à luz da actual legislação laboral"*, in *Leiria: Instituto Politécnico de Leiria – Escola Superior de Tecnologia e Gestão, 2012.* Comunicação apresentada no "I Congresso Internacional de Ciências Jurídico-Empresariais, 2009", disponível em https://iconline.ipleiria.pt/bitstream/10400.8/771/1/artigo1.Pdf. A Autora alude, na pág. 11, à dependência económica enquanto caraterística das redes de empresas. Assim, já, também, a Autora, em *Descentralização produtiva...* (cit.), pág. 18.

Entendemos que, nas redes, a interdependência é um conceito chave, que pressupõe algo mais do que uma mera dependência de um sujeito em relação a outro ou outros.

Se estivermos perante uma mera relação de subordinação de um contratante em relação a outro ou outros não teremos rede, mas, ao invés, uma relação eminentemente hierárquica, de integração, que pode suscitar um conjunto variado de consequências jurídicas, designadamente reclamando, com especial preponderância, a aplicação do direito da concorrência.[254]

Não obstante, mesmo perante uma notória dependência[255] de um membro em relação a outro – o que pode suceder quando, por exemplo, o membro mais dependente tem a sua atividade especialmente condicionada pela utilização de um sinal distintivo do comércio que é da titularidade de outrem, ou eventualmente, tem a sua atividade produtiva determinada por um *know-how* de que é apenas o utilizador e não o proprietário – ainda assim pode a atividade económica do membro dominante beneficiar da atividade do membro dependente.

Na verdade, convocando novamente o prestável exemplo do contrato de franquia, o franquiador beneficia da atividade desenvolvida pelo franquiado, pois que, através daquele, vê o seu bem ou serviço divulgado por via de um agente económico, o que pode implicar uma poupança de recursos caso o decidisse efetuar diretamente, sem recorrer a um franquiado.

Constatado o benefício que o franquiador retira da atividade desenvolvida pelo franquiado, entendemos que a interdependência, ou *rectius*, a dependência jurídica da atividade do franquiador quanto à do franquiado, se manifesta também na execução do contrato de franquia. Com a execução do contrato por parte do franquiador e do franquiado manifesta-se uma dependência do primeiro quanto à atividade desenvolvida pelo segundo; a dependência traduz-se não só no benefício que assinalámos mas também na circunstância de, sem o concurso da atividade do franquiado, o franquiador poder não ter os meios para promover a comercialização dos bens ou serviços que a franquia envolve.

[254] Ainda que, conforme veremos em I.7 infra, às relações de rede não seja indiferente a aplicação do direito da concorrência.

[255] Em virtude de tal caraterística, ISABEL MARIA DE OLIVEIRA ALEXANDRE qualifica o contrato de franquia (que, quanto a nós, poderá estar na base de uma rede de empresas) como um contrato de dependência [Cfr. "O Contrato de Franquia (Franchising)", in *Revista O Direito*, Ano 123º, 1991, Vol. II-III Abril – Setembro, pág. 374] qualificação que não partilhamos, porquanto olvida o especial interesse que mantém o franquiador com a atividade desenvolvida pelos franquiados o que não nos permite qualificá-lo, apenas, como um contrato de dependência.

A franquia carateriza-se pela dissociação entre a figura do produtor e a do comercializador ou distribuidor dos bens, tendo o franquiado, sobretudo se localizado em território diferente daquele onde o franquiador tem a sua sede ou administração principal, a especial vantagem de conhecimento do mercado em que é desenvolvida a atividade económica. E essa vantagem, sobretudo em mercados em que o franquiador não tem condições para, por si, comercializar os bens, pode demandar uma especial dependência do franquiador quanto a um certo franquiado.

Assim, mesmo no contrato de franquia, pode existir uma relação de interdependência entre franquiado e franquiador.[256] Aliás, se procedermos à análise das cláusulas normalmente inseridas nos contratos de franquia, podemos concluir que muitas delas pretendem salvaguardar o interesse do franquiador na gestão dos vários franquiados, ao mesmo tempo que deixam transparecer que o franquiador também depende de cada um dos franquiados e que retira benefício da atividade daqueles, designadamente ao nível da clientela.[257]

Não sendo este o foro para a análise, com a profundidade que o tema reclamaria, das condições contratuais normalmente estabelecidas nas franquias, destacaremos, apenas, algumas cláusulas que envolvem a preocupação do franquiador em garantir que a dependência que também tem em relação ao franquiado o afeta em menor medida e à rede que gere.

Encontramos, assim, regras atinentes ao dever de aprovação prévia de qualquer ação publicitária que o franquiado pretenda promover,[258] ou a consagração de um conjunto de obrigações por parte do franquiado tendo por base o interesse da rede[259] ou, ainda, a estipulação de inexistência de uma indemnização pela clientela angariada pelo franquiado, aquando da cessação

[256] Podemos, até, acrescentar que, no contrato de franquia, conforme veremos, mais em detalhe, infra, a interdependência far-se-á sentir não só entre franquiador e franquiado como também entre o franquiado e toda a rede de franquia, mesmo que nenhuma relação contratual exista formalmente entre estes. Assim, também, Marco Gobbato, "Allocazione del rischio da inadempimento..." (cit.), pág. 263.

[257] Naturalmente que os contratos de franquia que são celebrados resultam, em regra, da mera adesão por parte do franquiado a um conjunto contratual pré-concebido pelo franquiador sendo que a liberdade contratual do franquiado manifesta-se, sobretudo, pela faculdade de aderir ou não àquele contrato.

[258] Isabel Maria de Oliveira Alexandre refere, quanto às ações publicitárias, a necessidade de existência de acordo prévio. Cfr. "O Contrato de Franquia...", (cit.), pág. 363.

[259] Consagra-se, a este propósito, num dos contratos de franquia a que tivemos acesso: *"Compete ao Franchisado a obrigação de resolver qualquer reclamação apresentada contra ele ou contra o seu Estabelecimento, comprometendo-se a evidenciar todos os esforços na sua resolução do modo que se apresente como o mais favorável aos interesses de toda a Rede."*

do contrato,[260] o que indicia que a clientela eventualmente angariada pelo franquiado irá continuar a beneficiar o franquiador, não obstante a cessação do contrato de franquia.

Também como consequência do ora exposto, entendemos excluir da noção que acolhemos – e no que, em concreto, se refere ao objeto das redes de empresas e dos contratos de redes – a alusão a cooperação[261] ou integração

JOSEBA A. ECHEBARRIA SÁENZ aponta concretizações a estes deveres, salientado algumas cláusulas normalmente inseridas nos contratos, como sejam cláusulas resolutórias ou cláusulas penais *"referentes à «perda do espírito de colaboração» ou à «desconexão com a dinâmica da rede»."* Cfr. *El contrato de franquicia – definición y conflictos en las relaciones internas*, McGraw-Hill, Madrid, 1995, pág. 376. Tradução nossa.

Quanto ao interesse na rede, vide I.3.8. infra.

[260] Cláusula essa que, em relação ao contrato de agência e ao contrato de concessão, a jurisprudência tem vindo a considerar nula, atribuindo-se ao agente e ao concessionário, verificados os demais pressupostos para tanto, a indemnização pela clientela, sendo que, fora da agência, tal indemnização é atribuída por via da aplicação analógica do regime legal do contrato de agência. Vide, no sentido da nulidade da cláusula que consagra a inexistência de indemnização clientela, por se tratar de violação de norma imperativa, a título meramente exemplificativo, Acórdão do STJ, datado de 05-03-2009, em que é Relator Alberto Sobrinho, acórdão disponível, para consulta, em www.dgsi.pt. Admitindo, em abstrato, a indemnização de clientela no contrato de franquia, vide, por exemplo, Acórdão do STJ, datado de 09-01-2007, em que é Relator Sebastião Póvoas, acórdão disponível, para consulta, em www.dgsi.pt.

Para uma análise, desenvolvida, da aplicação analógica da indemnização de clientela ao contrato de concessão vide FERNANDO A. FERREIRA PINTO, *Contratos de distribuição...*, (cit.), págs. 691 e ss. Doutrinalmente, não é uniforme o entendimento quanto à atribuição de indemnização de clientela ao franquiado. Pronunciando-se contra ANTÓNIO MENEZES CORDEIRO, "Do Contrato de Franquia («Franchising»): Autonomia Privada versus Tipicidade Negocial", in *Revista da Ordem dos Advogados*, ano 48, Vol. I, pág. 83 e também MARIA DE FÁTIMA RIBEIRO, "O contrato de Franquia...", (cit.), pág. 93, quando não exista previsão contratual; a favor, *"sempre que a analogia se verifique"*, ANTÓNIO PINTO MONTEIRO, *Contratos de Distribuição Comercial*, Almedina, 2004, pág. 163, e também em *Contrato de agência, Anotação*, 6ª Edição, Almedina, Coimbra, Abril 2007, págs. 143-144, ISABEL MARIA DE OLIVEIRA ALEXANDRE, "O Contrato de Franquia...", (cit.), pág. 369 e JOSEBA A. ECHEBARRIA SÁENZ, *El contrato de franquicia...* (cit.), pág. 548.

Em parte, também contra a aplicação analógica, vide FERNANDO A. FERREIRA PINTO, *Contratos de distribuição...*, (cit.), págs. 724 e ss.. Justifica o Autor a sua posição salientando as diferenças que intercedem entre a agência e a franquia, designadamente porquanto a atividade do agente, ao contrário da do franquiado, é orientada para os interesses do principal; por outro lado, a negociação, nos franquiados, é encetada e fechada diretamente entre franquiado e clientela. Parece-nos que o argumento preponderante apresentado pelo autor, a págs. 730, se prende com o facto de a clientela que possa advir e manter-se na esfera do franquiador, mesmo após a cessação do contrato de franquia, será sobretudo resultado da força da marca e dos produtos associados à mesma e não da atuação do franquiado.

[261] Ainda que os contratos de rede se possam qualificar como contratos de cooperação, como se verá em I.6.2. infra.

dos membros.[262] De facto, consideramos que podem existir redes integradas, por oposição a redes meramente cooperativas, sendo que a utilização de uma ou outra designação (cooperação e integração) implicaria uma opção concetual que julgamos desajustada e restritiva, tendo em mente a especificidade das redes.[263]

Optamos, pois, pela utilização dos vocábulos *coordenação* e *colaboração*, os quais se apresentam como mais neutros e passíveis de concretização através de instrumentos contratuais e/ou institucionais meramente cooperativos ou já integradores.

Não ignoramos que o objeto da rede – que ora provisoriamente propusemos – não apresenta o grau de pormenorização próprio de um tipo doutrinário, na medida em que as notas caraterizadoras que elegemos para o objeto do contrato de rede são fórmulas (propositadamente) abrangentes, como sejam, a interdependência, a colaboração e coordenação. As redes de empresas têm-se apresentado para a doutrina e para o legislador (nas situações pontuais em que o mesmo acolhe as redes) como uma realidade ampla, nela cabendo manifestações muito diversas da colaboração interempresarial.

A noção de rede – acolhida pelo legislador italiano – não é coincidente com a ora provisoriamente adotada, na medida em que define, como objeto possível do contrato de rede, a assunção da obrigação de exercício em comum de uma ou mais atividades económicas no âmbito dos respetivos objetos sociais.[264]

[262] Há quem considere demasiado simplista qualificar as relações de mercado como competitivas e as de rede como cooperativas. Cfr. FABRIZIO CAFAGGI, "Lungo il sentiero..." (cit.), pág. 39.

[263] Não é consensual entre a doutrina a admissão das redes enquanto fenómeno amplo que pode abranger estruturas de cooperação e estruturas integradas. Existindo, minoritariamente embora, autores que sustentam que constitui caraterística da rede a integração. Neste sentido, designadamente, GESINALDO ATAÍDE CÂNDIDO, *Factores críticos...* (cit.), pág. 54 e M. JOSÉ CABALEIRO CASAL, "Redes de empresas: propuesta... (cit.), pág. 10. Para esta última autora, nas relações de rede existirá mesmo uma subordinação.
Por outro lado, também há quem considere que nas redes não existe dirigismo, o que parece envolver que a rede seria, por definição, uma estrutura paritária. Neste sentido, vide, GAETANO GUZZARDI, *Il Contratto...* (cit.), pág. 151.

[264] A norma italiana em apreço prevê, no essencial, três atividades alternativas: (i) colaboração conjunta em áreas definidas, atinentes ao exercício das atividades por parte das empresas; (ii) troca de informações ou de prestações de natureza industrial, comercial, técnica ou tecnológica ou (iii) o exercício em comum de uma ou mais atividades económicas no âmbito dos respetivos objetos sociais. A que delineamos em texto é, pois, e apenas, uma das três hipóteses.
Quanto às três hipóteses, MATTIA ESPOSITO considera que a primeira é praticamente absorvida pelas outras duas. Cfr. "Il contratto di rete..." (cit.), pág. 80.
Ainda em relação à análise do objeto do contrato de rede, o Autor salienta, com argumentos que nos parecem convincentes, que, tal como está eleito pelo legislador, o objeto do contrato de rede

Perante esta noção, assalta-nos a inequívoca proximidade em relação ao contrato de sociedade.

De facto, no quadro do regime legal português, *maxime* do estatuído no artigo 980º do CCiv, alude-se à obrigação de contribuir com bens ou serviços para o exercício em comum de uma atividade económica.

No entanto, resulta da norma legal italiana que a obrigação assumida pelos membros/intervenientes no contrato de rede é o exercício em comum da atividade económica e já não – como sucede com o contrato de sociedade – a obrigação de contribuir com bens ou serviços para esse exercício.

Enquanto no contrato de sociedade, o legislador (e aqui, naturalmente, não só o legislador português, mas igualmente o italiano[265]) se basta com o contributo em bens ou serviços para o exercício da atividade económica, no contrato de rede italiano parece ser exigível o exercício efetivo em comum.

Mas será assim? Ou seja, será que nos devemos cingir à letra do preceito ou será de admitir o contributo para o exercício em comum e não o exercício efetivo? Parece-nos que a resposta não deixará de ser afirmativa, aceitando-se o contributo para o exercício da atividade, em comum, por parte dos contratantes do contrato de rede.[266]

A atividade económica industrial ou de prestação de serviços é de tal modo complexa que as empresas que coloquem em comum os seus esforços podem não se quedar – a final – todas diretamente envolvidas no processo produtivo.[267]

O legislador terá pretendido – o que não se pode olvidar tendo em conta que o contrato de rede surgiu no âmbito de um conjunto de medidas destinadas a dinamizar o tecido empresarial italiano, sobretudo no que se reporta às PME – estimular a cooperação entre as empresas, por forma a que estas

não é um elemento que permita distinguir a figura em apreço de outros contratos celebrados pelas empresas; o que permitirá a distinção será, antes, a causa do contrato que se relaciona com o aumento da capacidade de inovação e competitividade do mercado. Assim, "Il contratto di rete..." (cit.), pág. 82.

Por seu turno, Pietro Zanelli salienta que, na versão originária da lei, o legislador partia de numa concepção mais societária na medida em que aludia ao *"exercício em comum"*. Atualmente, considera o Autor que o legislador parte de algo mais etéreo como seja *"colaborar"*. Cfr. *Reti e contratto...* (cit.), pág. 137.

265 No artigo 2247 do Codice Civile.

266 Neste sentido, também, Mattia Esposito, "Il contratto di rete..." (cit.), pág. 81.

267 Paola Iamiceli considera, igualmente, que o "exercício em comum" tal como pressuposto pelo legislador italiano consente uma mera coordenação conjunta da atividade imputável a uma única empresa. Cfr. "Contratto di rete, fondo comune e responsabilità patrimoniale", in *Il contratto di rete – Commentario*, a cura di Fabrizio Caffagi, il mulino, 2009, pág. 65.

possam aumentar a inovação e a competitividade. Queda-se, ao que reputamos, fora do alcance do estímulo e da proteção da norma o contratante que apenas tenha uma finalidade especulativa, isto é, cujo envolvimento na rede seja, apenas, para retirar um retorno económico, sem uma promoção efetiva no aumento da competitividade no mercado

Uma nota adicional quanto aos contratos bilaterais e multilaterais que estão na origem das redes de empresas. As redes, como referido, podem resultar de práticas comerciais duradouras que, pelo seu caráter repetitivo e estável, dão origem a uma rede.

Quando aludimos a contratos bilaterais e multilaterais, implica concluir que, para que uma rede exista, tem sempre que ter sido celebrado, pelo menos, um contrato?

A resposta é afirmativa. A montante de uma prática comercial duradoura, mesmo que informal, está, pelo menos, um contrato, mesmo que apenas um contrato de compra e venda ou um contrato de fornecimento de bens ou, ainda, um contrato de prestação de serviços.

O referido não pressupõe que a rede se forme apenas nos termos e condições contratualmente ajustados entre as partes, sendo admissível que a execução do contrato entre as partes traduza uma definição tácita e sucessiva das condições que regem a relação de cooperação entre os sujeitos integrantes da rede.

Temos mencionado que, nas redes, existe uma coordenação das atividades económicas desenvolvidas por cada uma das empresas que integram a rede; isto posto, é tempo de avaliar se, nas redes, cada uma das empresas será responsável por um segmento do processo produtivo ou se pode ocorrer a atribuição/distribuição de atividades comuns a mais do que uma empresa, sendo parte da atividade desenvolvida conjuntamente.

Quanto a esta questão, importa efetuar uma prévia distinção que se relaciona com o tipo de rede em causa; na eventualidade de estar em causa uma rede em cadeia,[268] em que a cada uma das empresas cabe uma parte do processo produtivo (por exemplo, na produção de vinho, a uma empresa pode incumbir o cultivo do vinho, a outra a sua produção e processamento, a uma outra o seu engarrafamento e, por fim, a uma última a sua comercialização), concluímos que cada uma das empresas, autonomamente, tem uma tarefa delimitada e que, ainda que possa condicionar a realização das tarefas das

[268] Também designadas como redes em série. Cfr. Elena Calzolaio, Fulvio D'Alvia, Paolo Di Marco, Francesco Rullani e Massimo Tronci, "Il Management..." (cit.), págs. 18-19.

demais empresas (nomeadamente daquelas cujo processo produtivo se situa a jusante do seu), a atividade é desenvolvida isoladamente.

O fenómeno reticular não se reduz à situação ora descrita. Por um lado, será admissível a formação de redes exclusivamente entre empresas a quem incumbe a realização de uma atividade no mesmo processo produtivo. Temos em mente, por exemplo, as redes formadas pela celebração de contratos de franquia, que podem ter por objeto apenas a comercialização de bens e serviços. Por outro lado, mesmo quanto a redes que abarquem empresas cuja atividade nuclear abrange vários processos produtivos, pode cada uma das atividades ser distribuída a mais do que uma empresa. Assim, na hipótese supra apresentada da atividade de vitivinicultura, o cultivo do vinho pode caber a várias empresas.[269]

Conclui-se, assim, pela possibilidade de, nas redes, haver a atribuição da mesma atividade a mais do que um sujeito membro. Quando as partes recorram a esta vertente, pode haver a necessidade de definir, com maior detalhe, os padrões de qualidade do serviço a prestar ou do bem a produzir, o que pode revelar-se essencial para a homogeneidade do serviço ou bem resultado da cooperação em rede.

2.2.4. O elemento temporal

Da noção proposta consta o trecho *tendencialmente estável e duradouro.*

Principiemos pela estabilidade, que aqui surge adjetivada como tendencial.[270]

A estabilidade da rede não aparece como sinónima de rigidez ou de impossibilidade de acesso por parte de terceiros. A estabilidade, que aqui acolhemos enquanto elemento integrante da rede, relaciona-se com o cumprimento dos objetivos da rede. Na verdade, podendo ser acrescentados *nós*[271] e *segmentos* à rede, a malha mantém-se relativamente a mesma.[272] Ao que acresce que, a

[269] Em sentido ligeiramente divergente, vide MATTIA ESPOSITO, "Distretti..." (cit.), págs. 12-13. De acordo com o Autor, ainda em período anterior à previsão legal da figura em Itália, nas redes, cada uma das empresas realiza, autonomamente, uma fase do processo produtivo.

[270] Quanto à caraterização da estabilidade como tendencial, vide, também, EDOARDO BERNINI, GUIDO BEVILACQUA, EVA BREDARIOL, LORENZA BULLO,CRISTIANO CASALINI, GIULIA CLARIZIO, GIUSEPPE FIETTA, ANDREA TODESCHINI PREMUDA e DIEGO TRENTIN "Linee guida..." (cit.), pág. 3.

[271] O conceito de "nós" tem sido abundantemente mencionado por referência às redes de empresas. Pode ser uma representação de uma empresa (membro da rede) ou uma atividade da rede. Cfr. MÁRIO SACOMANO NETO, *Redes: difusão de conhecimento...* (cit.), pág. 4.

[272] Neste sentido, vide CARLOS GÓMEZ ASENSIO, "El concepto de red en la reforma...", pág. 330, para quem a estabilidade da rede não é incompatível com um elevado número de entradas e saídas da rede.

rede não visa, em princípio, a celebração de apenas um contrato, traduzindo um empreendimento que não se esgota num momento.

É inevitável a ligação das duas caraterísticas: estabilidade e durabilidade.

Previamente à explanação da durabilidade, umas breves considerações quanto ao *tendencialmente*.

Ao considerarmos que a estabilidade, aqui posta em relevo, é tendencial, pretendemos admitir que a rede possa, em determinadas situações, e não obstante os objetivos que esta se propôs prosseguir, manifestar instabilidade, decorrente, por exemplo, da entrada e saída de membros da rede, voluntária ou compulsiva.

Encontrando-nos, sobretudo, num elemento temporal, estabilidade aqui não surge como contraponto a flexibilidade, já que reconhecemos, até, como caraterística da rede, apresentar-se esta como mais flexível,[273] quando comparada com outros instrumentos jurídicos, por exemplo, o contrato de sociedade.[274]

No que se refere ao vocábulo *duradouro*, pretendemos aludir, na linha do que também têm apontado alguns autores,[275] ao caráter não instantâneo/transitório da rede, e à sua continuidade no tempo.[276]

O elemento de durabilidade surge, sobretudo, motivado por duas razões.

Por um lado, tratando-se de uma cooperação encetada no domínio económico, frequentemente tais cooperações, para serem profícuas, carecem de ser executadas durante um certo lapso de tempo. Pode justificar-se uma

[273] O que não significa que abracemos a caraterística natural das redes como flexíveis, porquanto reconhecemos que a flexibilidade pode estar ou não presente nas redes. Na verdade, a flexibilidade das redes implica que as mesmas se adaptem com relativa facilidade ao meio em que desempenham a sua atividade e, por outro lado, que permitam fluxos dinâmicos de entrada e saída na rede. Cremos que as redes de maior dimensão e com elevada regulamentação não são flexíveis. Quanto às redes estáveis e flexíveis, vide THOMAS MÜLLER, "Virtuelle Organisation..." (cit.), pág. 26.

[274] Salientando, também, a maior flexibilidade da rede quando comparada com outras estruturas, vide TITO MENZANI e VERA ZAMAGNI, "Cooperative Networks..." (cit), pág. 121.

[275] Assim, designadamente, STEFAN GRUNDMANN, "Redes contractuales..." (cit.), pág. 156; aludindo aí o Autor à ideia de *"rede em pequenos passos"*. No mesmo sentido, também, GAETANO GUZZARDI, *Il Contratto...* (cit.), pág. 14, CAMILLA CREA, *Reti contrattuali...* (cit.), págs. 266-267, MASSIMILIANO DI PACE et alia, "La rete di imprese... (cit.), pág. 22 e, ainda, VINCENZO CUFFARO, "Contratti di impresa e contratti tra impresa" in *Il Corriere Del Merito*, 1/2010, disponível em http://www3.unisi.it/ricerca/ dip/dir_eco/RASS%20n.1%20-10.pdf, pág. 6.

[276] A durabilidade das redes de empresas quase que se diria conatural, enquanto relação de cooperação entre empresas. De facto, são vários os autores que sublinham o caráter duradouro, por definição, dos contratos de cooperação. Vide, a título exemplificativo, JOSÉ A. ENGRÁCIA ANTUNES, *Direito dos Contratos...* (cit.), 389.

duração mínima, atentos os investimentos realizados por algum dos membros, quer na entrada na rede quer na execução da atividade no âmbito da rede.[277]

Por outro lado, quando perante redes formadas por conjuntos de contratos bilaterais, a sua formação ocorre de forma sucessiva e não instantânea ou simultânea. Poderemos estar, pois, perante um contrato de formação sucessiva, sendo que aí também a própria formação da rede é duradoura.

Ao sustentarmos o caráter duradouro das redes, umbilicalmente ligado ao retorno financeiro que os contratantes pretendem alcançar, não pretendemos assumir que quanto mais duradoura for a relação de rede, maiores serão as vantagens inerentes à mesma.

Na verdade, e tal como CAMILLA CREA, entendemos que não existe uma relação linear entre duração da rede e vantagens da rede.[278]

A caraterização da rede como envolvendo uma relação de cooperação duradoura levanta duas questões adicionais que procuraremos analisar. A primeira relaciona-se com o facto de saber qual a duração necessária para este tipo de contratação para podermos concluir que o elemento temporal está preenchido. A segunda, e provavelmente aquela que mais dúvidas nos suscita, é se não será admissível um contrato de rede, ou, melhor dizendo, uma relação de cooperação em rede que se esgote numa única operação económica, instantânea.

Principiemos pela duração do contrato de rede. Não será possível definir, em abstrato, a duração das relações de rede; consideramos que, atendendo aos objetivos tidos em vista pelos contratantes aquando da celebração do(s) contrato(s), a duração mínima do(s) contrato(s) pode variar.

Na ausência de qualquer disposição legal que o imponha, não será imperioso que o contrato celebrado tenha um prazo de duração definido.

No ordenamento jurídico italiano, consagra-se, expressamente, que, do programa de rede, deve constar a indicação da duração do contrato[279] [cfr. alínea *d)* do 4-quater, artigo 3º], constatando-se, ainda que no início da vigên-

[277] A duração mínima pode encontrar igualmente a sua justificação na análise dos objetivos traçados pelos membros aquando da constituição da rede, objetivos plasmados no contrato de rede. Cfr. EDOARDO BERNINI, GUIDO BEVILACQUA, EVA BREDARIOL, LORENZA BULLO, CRISTIANO CASALINI, GIULIA CLARIZIO, GIUSEPPE FIETTA, ANDREA TODESCHINI PREMUDA e DIEGO TRENTIN, "Linee guida..." (cit.), pág. 43.

[278] Assim, CAMILLA CREA, *Reti contrattuali...* (cit.), págs. 266-267.

[279] O que leva a que se conclua que o contrato de rede não pode ter uma duração indeterminada. Assim, designadamente, PIETRO ZANELLI, *Reti e contratto...* (cit.), págs. 228 e ss.
Não consideramos que seja esse o espírito da norma; o legislador impõe a indicação da duração do contrato de rede mas não impõe a fixação de um prazo, donde ser de admitir, segundo julgamos, que os contratantes estabeleçam, como duração do contrato de rede, uma duração indeterminada.

cia do regime jurídico do contrato de rede, que a maior parte das redes têm uma duração prevista no contrato superior a 5 anos.[280]

Vejamos, agora, a segunda questão colocada, respeitante à idoneidade da figura para uma única operação económica.

Antecipamos uma resposta afirmativa, verificados que sejam alguns pressupostos.

A contratação em rede, como tem vindo a ser configurada doutrinalmente, não se apresenta como compreendendo um conjunto de relações negociais instantâneas; antes envolve uma diversidade de direitos e obrigações para as partes contratantes, que se prolongam no tempo.

O prolongamento no tempo não implica que as partes tenham subjacente, à relação de cooperação encetada, uma união das suas atividades económicas, ou até, que a cooperação tenha que envolver várias operações económicas.

Tenha-se em atenção a situação, não incomum, de um contrato de empreitada para a construção de um viaduto, de uma ponte ou de um túnel, i.e., um contrato de empreitada que pode implicar, para o empreiteiro, um conjunto relevante de meios técnicos e humanos que este, por si só, atendendo à sua dimensão reduzida, não consegue satisfazer. Constitui um exemplo clássico dos fundamentos para a celebração do contrato de consórcio, mas que, segundo cremos, constitui, também, uma situação que pode motivar a celebração de um contrato de rede.

Estamos perante uma atividade jurídico-económica que se prolonga no tempo e que envolve uma série de atos materiais e jurídicos praticados por várias entidades, a quem incumbe uma parte da obra.

A circunstância de existir apenas uma obra e um contrato com um terceiro (o contrato de empreitada celebrado com o dono de obra) não se apresenta como um facto idóneo a afastar esta forma de contratação – reunidos que se encontrem os demais elementos caraterizadores da relação de cooperação de rede – do âmbito das redes de empresas.

Não sendo este o foro para apreciarmos a bondade da opção legislativa italiana quanto à duração do contrato de rede, entendemos, no entanto, que melhor seria a previsão supletiva da duração do contrato de rede por tempo indeterminando, sendo admissível que os membros da rede, que o pretendessem, consagrassem, no programa de rede, uma duração determinada, similarmente ao que sucede, entre nós, com as sociedades comerciais (artigo 15º nº 1 CSC), mas ao contrário do consagrado para os ACE (Base III, da Lei nº 4/73, de 4 de junho).

[280] Assim, Fabrizio Cafaggi, Paola Iamiceli e Gian Mosco Domenico, "Prime evidenze sui contratti..." (cit.), pág. xx.

Prazo mínimo igualmente sustentado por Massimiliano Di Pace et alia, "La rete di imprese... (cit.), pág. 31, tendo em conta os objetivos estratégicos inerentes ao tipo legal de contrato de rede.

Concluímos, pois, que o contrato de rede pode abranger, apenas, uma operação económica.[281]

No entanto, no exemplo que colocamos em relevo, ainda que estivesse em causa um único contrato com terceiros, a operação económica, na sua execução, prolongava-se no tempo, sendo, pois, duradoura.

Pode a operação económica ser instantânea, materializar-se num único ato jurídico?

Apontemos, para efeitos de operacionalização do raciocínio, dois exemplos. Um que, no quadro de uma relação de cooperação entre instituições bancárias, tem vindo, doutrinalmente, a ser configurado como rede e outro que, no âmbito da atividade transportadora, pode ser enquadrado, igualmente, pelo menos sob o ponto de vista económico, no fenómeno reticular.

As transferências bancárias, quando envolvem a remessa monetária para estados diferentes, implicam, frequentemente, acordos bilaterais ou, até, multilaterais, entre várias instituições de crédito distintas, que desenvolvem a sua atividade nos territórios convocáveis para a concretização das aludidas transferências bancárias.

Em regra, os acordos entre instituições bancárias prolongam-se no tempo e não têm o seu objeto delimitado a uma única operação de transferência de dinheiro, mas abrangem um conjunto de transferências e, em função dessa durabilidade e estabilidade, têm essas relações de cooperação vindo a ser consideradas relações de rede ou em rede.

Os problemas de qualificação e enquadramento surgem, portanto, quanto a acordos entre instituições bancárias especialmente desenhados para uma transferência e que se extinguem após a concretização da mesma.

Conceba-se que todos os demais elementos até agora definidos como caraterizadores das redes estão presentes, sendo que, *in casu*, a interdependência entre as prestações desenvolvidas pelos membros consubstanciar-se-á no facto de a falta ou incumprimento de uma das prestações poder comprometer toda a operação.

Neste caso, podendo embora existir um fenómeno de coligação contratual entre vários contratos bilaterais ou, até, multilaterais, não teremos uma rede. Para que rede existisse seria imperioso que os contratantes tivessem como propósito uma colaboração prolongada.

[281] Sobre a questão vide, desenvolvidamente, Edoardo Bernini, Guido Bevilacqua, Eva Bredariol, Lorenza Bullo, Cristiano Casalini, Giulia Clarizio, Giuseppe Fietta, Andrea Todeschini Premuda e Diego Trentin, "Linee guida..." (cit.), págs. 31 e ss.

Ao que acresce, em abono da conclusão ora expendida, o facto de o elemento objetivo constitutivo da rede de empresas implicar uma relação de cooperação entre os membros integrantes da rede tendo em vista o aumento da competitividade no mercado. Esse objetivo não é, por norma, alcançável com uma única operação jurídica instantânea, antes implica uma conjugação dos esforços dos membros da rede, uma definição de uma estratégia de colaboração.

Semelhante raciocínio pode ser concretizado quanto a um determinado transporte, que igualmente pode envolver, sobretudo se convocar meios de transporte combinados e/ou diversos estados, a necessidade de conjugação da atividade de vários sujeitos. Tratando-se de um único transporte, não teremos uma relação de rede.

Não obstante tenhamos concluído quanto à inexistência de uma rede de empresas nas duas situações acima apontadas, por lhes faltar a caraterística da durabilidade, cremos que algumas das questões que se levantam nas redes podem colocar-se, também, nas situações ora descritas. Com efeito, quer nas transferências bancárias, quer em alguns contratos de transporte, constata-se a interdependência entre as prestações dos vários sujeitos envolvidos, interdependência essa que pode impor um acrescido grau de cooperação entre os contratantes e, ainda, suscitar a possibilidade de responsabilização de um dos elementos da cadeia perante os demais se aquele incumprir e ainda que nenhum vínculo contratual expresso exista entre alguns deles.

São problemas que se suscitam quando perante prestações interdependentes e, em especial, entre sujeitos não vinculados contratualmente; donde, a análise que se leva a cabo quanto a tais questões pode, com as devidas adaptações, envolver as situações como as que agora excluímos da noção de rede.

2.2.5. O elemento patrimonial? Fundo patrimonial? Problematização

Na noção que provisoriamente apresentámos, como ponto de partida na investigação que nos propomos realizar, omitimos a alusão a qualquer fundo patrimonial comum no seio da rede.

A omissão foi propositada, sem prejuízo de reconhecermos que, na escassa regulação legal da figura, surge o fundo patrimonial como um elemento (facultativo) da rede. Entendemos, não obstante, que não constitui, em regra, um elemento essencial da rede.

Principiemos pela análise do regime jurídico italiano do contrato de rede, para se analisar o consagrado quanto ao fundo comum. Estabelece-se que, no contrato de rede, os contratantes descreverão a modalidade de realização do escopo comum, estabelecendo-se a possibilidade de constituição de um fundo patrimonial comum[282] ou a constituição, por cada um dos contratantes, de um fundo patrimonial específico para o negócio.[283]

[282] A constituição do fundo patrimonial comum é, pois, no quadro do direito constituído italiano, apenas uma possibilidade. Ainda que se afigure como uma opção, constata-se que, estatisticamente, o fundo comum é instituído em 90% das redes formadas ao abrigo deste regime legal. Cfr. FABRIZIO CAFAGGI, PAOLA IAMICELI e GIAN MOSCO DOMENICO, "Prime evidenze sui contratti..."(cit.), pág. xxxvi.
Pode suceder, como nota ANTONIO DAMIANO, que os contratantes, no âmbito do contrato de rede, prevejam, apenas, a realização de prestações de índole pessoal, não carecendo de um acervo patrimonial comum. Cfr. "L'organizzazione nella rete", in *Il contratto di rete per la crescita delle imprese*, FABRIZIO CAFAGGI, PAOLA IAMICELI e GIAN MOSCO DOMENICO (Dir.), Quaderni di Giurisprudenza Commerciale, Giuffrè Editore, 2012, pág. 219.
Conquanto o fundo patrimonial seja uma possibilidade, a nota eventual associada a este elemento do contrato de rede pode diluir-se, como assinala PIETRO ZANELLI, pelo facto de estar associada à constituição de um fundo patrimonial um conjunto de benefícios fiscais (patentes no artigo 42., co 2-quarter do D.L. 78, de 31 de maio de 2010) que incentivarão os membros da rede a, na verdade, constituírem tal fundo. Cfr. *Reti e contratto...* (cit.), pág. 217.
Através da Lei nº 134, de 7 de agosto 2012, o fundo patrimonial que, inicialmente, se apresentava como um elemento constitutivo do contrato de rede tornou-se, a partir daquela alteração, como uma mera possibilidade para os contratantes.
GIUSEPPE CAVALLARO justifica a alteração para salvaguardar aquelas situações em que as empresas, outorgantes de um contrato de rede, pretendam apenas uma atividade puramente interna, por exemplo, a troca de informações, sem que assumam os contratantes obrigações para com terceiros que envolvam encargos financeiros. Cfr. "The Network and Capital Allocation in the Italian Companies", novembro, 10, 2012), disponível em SSRN: http://ssrn.com/abstract=2188306, pág. 1. Assim, também, em "La rete e i patrimoni destinati", in *Il contratto di rete per la crescita delle imprese*, FABRIZIO CAFAGGI, PAOLA IAMICELI e GIAN MOSCO DOMENICO (Dir.), Quaderni di Giurisprudenza Commerciale, Giuffrè Editore, 2012, pág. 251
No mesmo sentido, também, GAETANO GUZZARDI, *Il Contratto...* (cit.), pág. 88, que qualifica de anacrónico o regime inicialmente previsto, porque os contratos de escopo comum (categoria em que, de acordo com o Autor, se insere o contrato de rede) não necessitarão de um fundo patrimonial para a execução do contrato.
Esta dispensabilidade não é, no entanto, absoluta. Também por via da mencionada lei, passou a ser admitida a atribuição de subjetividade (sic) jurídica às redes de empresas. No entanto, aponta-se que uma percentagem inferior a 5% dos contratos de rede atribui subjetividade jurídica à rede. Cfr. GIORGIO MARASÀ, "La pubblicità dei contratti..." (cit.), pág. 11
Quando os contratantes de um contrato de rede pretendam recorrer à possibilidade de atribuir a subjetividade, o fundo patrimonial deixa de ser uma faculdade e torna-se uma obrigatoriedade. É o que resulta, de forma expressa, do ponto 4-quarter do artigo 3º, co, do diploma que rege o contrato de rede. Donde se deduz que as redes que não tenham um fundo patrimonial são, apenas, redes-contrato e não redes-sujeito. Neste sentido, EVA BREDARIOL, *Regole di imputazione...* (cit.), pág. 100.

[283] Para uma análise desenvolvida do fundo patrimonial, à luz do direito constituído italiano, vide, em especial, PAOLA IAMICELI, "Contratto di rete, fondo comune...", págs. 63 e ss.

Ao consagrar o fundo comum como uma possibilidade, pretendeu o legislador reconhecer a amplitude do objeto do contrato de rede. Se o contrato de rede pode ter por objeto, apenas, a troca de informações entre os contratantes, compreende-se a desnecessidade de um fundo patrimonial comum, porquanto inexistirá, em princípio, uma atividade dirigida à celebração de contratos com terceiros, por parte da rede.[284] Se a atividade é meramente interna, eventuais custos em que os contratantes incorram podem ser assumidos pelos contratantes *ad hoc*, quando a necessidade se manifeste.

Quando a atividade é externa, a existência de um fundo patrimonial pode desempenhar uma função diversa do que a que desempenham os contributos monetários esporádicos. Um fundo patrimonial pode apresentar-se, perante terceiros, designadamente credores com quem a rede contrata (por si[285] ou através dos seus membros), como uma garantia do bom cumprimento das obrigações assumidas pela rede e/ou pelos seus membros.

Optando-se pela constituição de um fundo patrimonial comum, os contratantes devem estabelecer, no programa de rede, os critérios para a avaliação das entradas e as regras para a sua gestão.[286]

Há aqui, pelo menos aparentemente, uma proximidade em face do consagrado para o contrato de sociedade, no que se refere à existência de critérios para a avaliação das entradas.

No entanto, no regime jurídico do contrato de rede, concede-se amplitude para que o programa de rede defina os critérios para a avaliação das entradas, o que, para as sociedades comerciais, e no que se refere a bens diferentes de dinheiro, não se manifesta com igual extensão (cfr. artigo 28º do CSC).

[284] Quanto ao facto de uma atividade meramente interna desenvolvida pela rede não reclamar significativas exigências de tutela de terceiros, vide MAURIZIO SCIUTO, "Imputazione e responsabilita` nel contratto di rete (ovvero dell'incapienza del patrimonio separato)", texto desenvolvido da apresentação do autor no convénio "Le reti di imprese", na Faculdade de Economia da Universidade de Macerata a 21.05.2010, disponível em www.associazionepreite.it, pág. 3 e, bem assim, em "Imputazione e responsabilità del contratto di rete (ovvero dell'incapienza del patrimonio separato)", in *Il contratto di rete per la crescita delle imprese*, FABRIZIO CAFAGGI, PAOLA IAMICELI e GIAN MOSCO DOMENICO (Dir.), Quaderni di Giurisprudenza Commerciale, Giuffrè Editore, 2012, pág. 68.

[285] Quando aludimos à possibilidade de a rede contratar por si pressupomos a personalidade jurídica da rede, paralela à dos seus membros. Consoante a entidade veículo criada pelos membros, as indagações aqui colocadas quanto ao fundo patrimonial comum podem perder a sua pertinência autónoma, porquanto podem os normativos que regem a figura consagrar a obrigatoriedade do fundo patrimonial. Assim, por exemplo, quanto ao contrato de sociedade comercial e quanto à obrigação de realização de entradas por parte dos sócios [cfr. artigo 20º alínea *a)* do CSC], ainda que o conjunto das entradas dos sócios não se apresente, verdadeiramente, como um fundo comum.

[286] Quanto à realização das entradas na rede e sua avaliação vide II.2.4.1. infra.

A norma italiana é omissa quanto a parâmetros orientadores de critérios válidos para avaliar as entradas, pelo que se coloca a questão de saber se a liberdade contratual dos contratantes é incondicionada e se podem estes definir os critérios que entenderem convenientes ou se, ao invés, sem prejuízo de inexistirem limitações legais quanto à avaliação das entradas no contrato de rede, se convoca a aplicação de normas análogas, designadamente as previstas para a avaliação das entradas nas sociedades comerciais.

Inclinamo-nos para esta última opção, sendo que, dada a analogia das situações convocadas, tenderíamos a aplicar alguns dos princípios, que, quanto às entradas,[287] vêm estabelecidos para o regime do contrato de sociedade, entre nós, no CSC.

Alguns dos princípios seriam aqui chamados à colação, desde logo, tratando-se de entradas em dinheiro, em princípio, a uma entrada deverá corresponder uma participação quantitativamente equivalente. No que se refere às entradas em espécie, que são aquelas que, por natureza, maiores problemas jurídicos podem suscitar quanto à sua avaliação, julgamos que não seria de exigir um relatório por um revisor oficial de contas, como consagrado no artigo 28º do CSC.

Na verdade, no contrato de rede – como o mesmo é atualmente configurado pelo legislador italiano – pode existir um fundo patrimonial, que não constitui um capital social.

A função desempenhada pelo fundo patrimonial, podendo ter pontos de contacto com a desempenhada pelo capital social, não se confunde com este.[288]

O legislador italiano, ao prever o fundo patrimonial no contrato de rede, admite que o mesmo possa ser constituído, se previsto no programa comum da rede, através da figura do património destinado, previsto no Código Civil italiano, para as sociedades anónimas. Nos artigos 2447º-bis[289] e ss. estabelece-se que as sociedades anónimas podem constituir um ou mais patrimónios destinados exclusivamente a um determinado negócio ou operação económica.[290]

[287] Apesar de a aplicação analógica das regras consignadas para as entradas nas sociedades comerciais não implicar a aplicação dos princípios previstos para o capital social, nomeadamente a intangibilidade do capital social, que, cremos, ser inaplicável às situações em que sujeitos jurídicos constituam um património comum no seio de uma rede de empresas.

[288] Quanto às funções desempenhadas pelo capital social, vide, desenvolvidamente Paulo de Tarso Domingues, *Variações sobre o Capital Social*, Almedina, Setembro 2009, págs. 556 e ss.

[289] Normas inovadoras e introduzidas no Código Civil italiano pelo Decreto-lei nº 6 de 17 de janeiro de 2003.

[290] No ordenamento jurídico português não existe qualquer norma semelhante à que se aludiu em texto. O que não significa que uma sociedade comercial anónima não possa criar fundos

Ao estabelecer-se a possibilidade de o contributo dos membros da rede se materializar num património destinado[291] deduz-se que o legislador pretendeu alargar a faculdade estabelecida, no CCiv, para as sociedades anónimas, para qualquer entidade que pretenda concretizar a sua entrada na rede através daquela figura.

Na verdade, o legislador, admitindo que, do contrato de rede, possam fazer parte quaisquer empresários, sejam pessoas singulares titulares de empresa, sejam pessoas coletivas (não necessariamente societárias), e não consagrando qualquer exceção quanto ao recurso ao património destinado, parece aceitar que o expediente seja utilizado por qualquer entidade membro do contrato de rede mesmo que não seja uma sociedade anónima.[292]

Estabelecendo-se a possibilidade de instituição de um fundo patrimonial específico para a participação na rede, várias questões se levantam quando o expediente não seja consagrado por parte de uma sociedade anónima.

A primeira proposta de resolução passaria pela aplicação analógica do regime previsto para as sociedades anónimas. No entanto, algumas regras previstas para aquelas sociedades não poderiam ser transpostas, sem mais,

patrimoniais específicos, para afetar a algum negócio jurídico ou, até, afetar a um negócio/operação uma parcela do lucro obtido em determinado exercício económico. Será o caso, genericamente aceite pela doutrina, das reservas estatutárias, fixadas pelo contrato de sociedade para uma finalidade no mesmo prevista.

Próxima desta possibilidade, encontramos a constituição de *tracking stocks*, que se traduzem na afetação de um conjunto de ações a uma determinada atividade económica, de entre as várias a que se pode dedicar uma sociedade comercial. Sobre a figura vide, desenvolvidamente, FÁTIMA GOMES, "As «tracking stocks» como categoria de acções e a sua compatibilidade com o ordenamento jurídico português", in *Direito das Sociedades em Revista*, Setembro de 2010, ano 2, Vol. 4, Semestral, Direcção PEDRO PAIS DE VASCONCELOS, J. COUTINHO DE ABREU, R. PINTO DUARTE, Almedina, págs. 78 e ss. e SABINE JOHANNA LANGNER, "Tracking Stocks", Fevereiro, 2002, disponível em http://ssrn.com/abstract= 302173.

Ainda que seja uma figura próxima, convirá destacar que a constituição de ações setoriais não envolve qualquer cisão de património, pelo que não se poderá concluir por uma afetação patrimonial específica a um determinado negócio jurídico. O ponto de vista é, assim, diverso. Nas *tracking stocks*, destacam-se ações para uma atividade distinta, na autonomização patrimonial, afeta-se património a uma atividade.

Pese embora não se encontrem expressamente previstas na lei, sustenta FÁTIMA GOMES a admissibilidade das "tracking stocks" por força do disposto nos artigos 24º e 302º do CSC. Cfr. "As «tracking stocks»..." (cit.), pág. 97.

[291] Quanto ao recurso à figura do património destinado, no âmbito do contrato de rede, vide, em especial, PIETRO ZANELLI, *Reti e contratto...* (cit.), págs. 49 e ss.

[292] Neste sentido, vide GIUSEPPE CAVALLARO, "La rete e i patrimoni destinati"... (cit.), págs. 257 e ss. O Autor aponta, ainda, a possibilidade de a figura ser utilizada por entidades não lucrativas, como sejam as cooperativas sociais.

para todas as entidades a que potencialmente se aplica a figura. O principal obstáculo com que nos deparamos será a publicidade que se consagra, nos artigos 2447-ter e 2447-quater, quanto à constituição do património destinado, na medida em que se impõe que a deliberação que o institui seja registada nos termos do disposto no artigo 2436º.[293]

Coloca-se o problema de saber como dar cumprimento ao disposto neste artigo, quando estivermos perante entidades em relação às quais não se preveja publicidade das deliberações/decisões tomadas no seio das mesmas.

Se, por hipótese, estiverem em causa patrimónios destinados que compreendam bens imóveis ou móveis sujeitos a registo, a questão está, nesse aspeto, parcialmente solucionada, já que a publicidade pode advir no âmbito dos registos que, quanto a tais bens, sejam efetuados.

Nas demais situações, será na publicidade registal prevista para o contrato de rede que os credores podem ter conhecimento da afetação à rede de uma parte do património de algum devedor.

Mas outras disposições previstas para as sociedades anónimas podem levantar problemas mais complexos. Giuseppe Cavallaro levanta a questão da compatibilidade da admissão de um património destinado com o regime da responsabilidade patrimonial e da garantia geral das obrigações.

Tal como no CCiv português, mais concretamente no seu artigo 601º, o Código Civil italiano prevê, nos artigos 2740º e 2741º, que o devedor responde com todos os seus bens (presentes e futuros) pelas obrigações por si contraídas. Entende o Autor que aqueles artigos consagram hipóteses típicas para a limitação da responsabilidade, daí que vislumbre com reservas a possibilidade de estender um regime típico de limitação a responsabilidade – previsto para as sociedades anónimas – a qualquer outra entidade.[294]

Não sendo este o foro próprio para avaliarmos, com a atenção merecida, a aplicação do regime previsto para o património destinado a quaisquer entidades, consideramos que, prevendo o regime jurídico do contrato de rede essa

[293] Impõe-se, igualmente, quando do património destinado façam parte bens imóveis ou bens móveis sujeitos a registo, que, para tal limitação seja oponível a terceiro, a mesma seja registada, no registo correspondente. É o que preceitua o artigo 2447-quinquies do Código Civil italiano. Entendemos que tal disposição é passível de aplicação analógica a qualquer pessoa que não seja uma sociedade anónima. No entanto, não será necessária a analogia, sendo possível, segundo cremos, a aplicação direta do disposto no artigo 2647 do mesmo diploma legal, que estabelece a obrigatoriedade de registo para a constituição de fundos patrimoniais quando dos mesmos façam parte bens imóveis.

[294] Vide, desenvolvidamente, Giuseppe Cavallaro, "La rete e i patrimoni destinati"... (cit.), pág. 258.

modalidade de contribuição para o património comum, e não consagrando, simultaneamente, qualquer restrição quanto às entidades que podem concretizar essas entradas, será de admitir que qualquer um dos membros possa recorrer a esta modalidade. No entanto, se, por exemplo, não se alcançar a publicidade – designadamente registal – em termos análogos à prevista para as sociedades anónimas, designadamente porque poderemos estar perante entidades cuja constituição não envolva o registo, não será de admitir esta forma de restrição patrimonial.[295]

São apontadas várias vantagens para a instituição de um património destinado/específico, no âmbito do regime jurídico das redes de empresas.

Pretende-se salvaguardar a posição dos credores que contratam com a rede, porquanto o património destinado fica afeto ao vínculo de destino, sendo, em consequência, subtraído ao concurso com os demais credores.[296] Adicionalmente, os custos de monitorização serão mais baixos, na medida em que os credores apenas atendem a um conjunto patrimonial precisamente delimitado e não a todo o acervo patrimonial da rede.[297]

A doutrina italiana tem concluído que o fundo instituído pelo regime jurídico do contrato de rede se apresenta como um verdadeiro e próprio patri-

[295] Quanto à relevância da publicidade na limitação da responsabilidade no seio do contrato de rede vide, em especial, Edoardo Bernini, Guido Bevilacqua, Eva Bredariol, Lorenza Bullo, Cristiano Casalini, Giulia Clarizio, Giuseppe Fietta, Andrea Todeschini Premuda e Diego Trentin, "Linee guida..." (cit.), págs. 49 e ss.

[296] A alusão à subtração ao concurso dos demais credores reporta-se a uma situação de pré-insolvência. Suscitar-se-ão, naturalmente, questões diversas quando perante uma situação de insolvência da rede (caso esta tenha personalidade jurídica distinta dos membros) ou de alguns dos seus membros. No regime jurídico da insolvência, no direito italiano, consta uma disposição específica para os credores de uma sociedade insolvente beneficiários de um património destinado. Consagra o artigo 67º-bis da Legge Fallimentare que o ato de constituição do património destinado pode ser resolvido em benefício da massa, quanto prejudique a sociedade. Ainda que o artigo tenha subjacente a insolvência das sociedades anónimas, entendemos que o mesmo pode ser aplicado à insolvência de redes dotadas de personalidade jurídica. Entre nós, inexiste idêntica disposição no CIRE. No entanto, assumindo-se que, nas sociedades anónimas, possam existir *tracking stocks* – como vimos supra – cumprirá indagar qual o regime aplicável quando ocorra a insolvência da sociedade anónima e existam credores constituídos no âmbito de atividades económicas separadas pelo mecanismo das *tracking stocks*, ou outro análogo. Fora de dúvida estará que, não sendo constituída qualquer garantia, os credores dos insolventes cujo crédito advenha de uma atividade específica e para a qual seja afeto um património específico não serão credores garantidos e concorrerão, em consequência, conjuntamente com os credores comuns (cfr. artigo 47º nº 4 CIRE).
Entendemos que, perante a ausência de norma que expressamente previna esta situação, não deixarão de ser aplicadas as regras contidas nos artigos 120º e ss. do CIRE, respeitante à resolução de atos em benefício da massa insolvente e nas condições aí previstas.

[297] Neste sentido, Giuseppe Cavallaro, "La rete e i patrimoni destinati"... (cit.), pág. 254.

mónio autónomo, com fundamento na aplicação, por remissão, dos artigos 2614º e 2615º do Código Civil italiano, disposições sistematicamente colocadas no âmbito do contrato de consórcio e que preveem a intangibilidade e a impossibilidade de agregação e, ainda, a responsabilização em face de terceiros.[298]

Atendendo a que, em Portugal, – e na generalidade dos estados europeus – o contrato de rede não se encontra regulado,[299] cumprirá, pois, perante uma omissão de uma norma que imponha ou preveja a instituição de um fundo patrimonial comum, indagar se o fundo é essencial.

Na noção que provisoriamente propusemos mencionámos a coordenação e colaboração entre empresas autónomas e independentes, caraterizando-se a relação instituída entre as partes como tendencialmente estável e duradoura. Não olvidamos que a colaboração entre as empresas, no quadro de um esquema de rede, possa envolver, por vezes, a realização de contributos monetários na entrada da rede, designadamente quando à rede esteja associada a utilização de sinal distintivo do comércio do qual é titular apenas um ou alguns membros,[300] e, por regra, a contribuição com a atividade económica dos membros para a competitividade da rede no mercado.

É, sobretudo, a situação em que existe a obrigação de realização de uma entrada inicial (uma *entry fee*, como comummente designada), aquela que pode levantar, com maior acuidade, a questão do fundo patrimonial da rede enquanto elemento constitutivo do conceito. Em todo o caso, fazendo um paralelismo com as entradas em indústria, também a contribuição com a atividade económica poderia ser computada de um modo análogo àquelas entradas – nos tipos sociais que as admitam – ainda que estas, nas sociedades comerciais, não sejam computadas no capital social (cfr. artigo 178º nº 1 do CSC), podem assumir relevância para efeitos de avaliação do fundo patrimonial.

298 A partir de esta qualificação como património autónomo, concluíam FABRIZIO CAFAGGI e CHIARA FERRARI (antes da possibilidade de atribuição de subjetividade jurídica à rede, introduzida na lei em 2012) poder a rede manifestar-se como um centro autónomo de imputação de direitos e obrigações em relação aos membros. Cfr. "La responsabilità della rete verso i terzi", in *Il contratto di rete – Commentario*, a cura di FABRIZIO CAFFAGI, il mulino, 2009, pág. 130.

299 Salvaguardando, naturalmente, a noção de rede e as consequências dela decorrentes no âmbito do EOROC, do NEOROC e do RJSA, a que aludiremos em II.1. infra.

300 Estarão aqui incluídas as redes de franquia, nas quais o franquiador é titular de um sinal distintivo do comércio, comummente uma marca, e em que admite a adesão à rede de franquiados, mediante o pagamento de uma quantia inicial (normalmente associado ao conceito de *"direito de entrada"*, *"fee de entrada"*, *"initial fee"* ou *"front money"*), e, frequentemente, uma quantia periódica mensal.

Entendemos, no entanto, que ambas as hipóteses aqui colocadas em relevo não envolvem, em termos da sua operacionalização prática, qualquer fundo patrimonial.

Na verdade, e quanto à primeira, as entradas em dinheiro que possam ser exigidas pelo cume da rede – o titular do sinal distintivo – são em seu benefício e não em benefício do organismo global que o mesmo coordena.[301]

A distinção tem consequências jurídicas de relevo, posto que sendo considerada uma deslocação patrimonial a favor de um dos membros da rede, a definição do seu destino àquele exclusivamente pertence, não sendo legítimo aos demais membros da rede arrogarem-se de qualquer pretensão de utilização do conjunto do montante entregue para a entrada na rede para outra finalidade, designadamente em benefício comum.

Ademais, sendo um montante da exclusiva esfera do titular do sinal distintivo não podem os credores de cada um dos membros da rede prevalecer-se de tal montante tendo em vista a satisfação do seu crédito (considerando o disposto no artigo 601º do CCiv).

A segunda hipótese, quase que se diria por maioria de razão, também não implica a constituição de um fundo patrimonial. Na verdade, qualquer contratante, no âmbito de um determinado contrato de cooperação interempresarial, comprometer-se-á a envidar os seus esforços, tendo em vista a profícua realização dos objetivos que essa cooperação almeja. Não obstante, e podendo embora os contratantes quantificar o volume do contributo da sua atividade económica, não destacam uma parte do seu património a favor da rede; ou seja, não existe uma autonomização de um conjunto patrimonial, com a mera atividade económica desenvolvida.

Aceita-se que os membros de uma rede possam afetar parte do seu património ao desenvolvimento da atividade económica de rede, mas não o transmitem a favor da rede ou do conjunto dos demais membros.[302]

A circunstância de a rede não ter, como regra, personalidade jurídica distinta dos membros que a compõem não é o obstáculo maior à existência de um fundo patrimonial, posto que seria sempre possível que o fundo patrimonial fosse detido, em comum, pelos membros, independentemente da exis-

[301] Referimos organismo global para evitar aludir à personalidade jurídica da rede que pode não se verificar.

[302] Salvaguarda-se a hipótese, admissível tendo em conta a liberdade contratual das partes, de se definir, como uma das condições para acesso à rede, a transmissão para os demais membros da rede de um determinado bem. Aludiremos a esta situação, desenvolvidamente, no ponto II.2.4.1. infra, aquando da análise das entradas na rede.

tência de uma entidade nova. A criação de uma entidade distinta é um *plus* ou, pelo menos, um *aliud* em relação à instituição de um fundo patrimonial.

Existem algumas relações de cooperação que, pelo menos sob alguns aspetos, podem ser consideradas rede, e em que efetivamente existe uma realidade muito próxima do fundo patrimonial, intimamente relacionado com o desenvolvimento da atividade por parte da rede. Temos em mente a cooperação no setor vitivinícola, em vários estados europeus, em que os membros na cadeia de cooperação colocam em comum a sua matéria-prima (*in casu*, as uvas), a qual, posteriormente, é processada tendo em vista o produto final, a ser comercializado, em comum, pelos membros.[303]

Em idêntica medida, nas redes industriais, pode existir a conjugação de esforços, materializada no contributo com bens/matérias primas para a prestação de serviço ou produção de um bem final.

Sem prejuízo de tudo quanto expusemos quanto à não essencialidade do fundo patrimonial comum para que se conclua quanto à presença de uma rede, podemos concluir, sem reservas, que casos há em que o fundo se constitui e, ainda assim, se justifica a qualificação como rede de empresas (se os pressupostos para tanto se encontrarem preenchidos). Podem os membros da rede ter optado por uma forma de cooperação que envolva esse fundo patrimonial comum, e sobretudo por não poderem, em virtude dessa opção de instituição de um fundo patrimonial, recorrer a outras figuras típicas.

Com efeito, para o contrato de consórcio, que poderia ser uma opção viável para empresas que pretendam encetar cooperação no quadro das suas atividades económicas, sem que tivessem que constituir uma entidade jurídica nova (como seja a sociedade comercial, a cooperativa ou um ACE, por exemplo), consagra-se a proibição de realização de fundos comuns (cfr. artigo 20º nº 1 do Decreto-Lei nº 231/81, de 28 de julho).

Compreende-se mal esta opção legislativa,[304] considerando que, para o bom funcionamento do consórcio, podem os consorciados ter interesse na colocação em comum de um fundo patrimonial.

Imagine-se que, na execução do mencionado contrato de empreitada, são realizadas, por um dos consorciados, em nome e com autorização dos demais,

[303] Sobre o tema específico das redes no setor vitivinícola vide, desenvolvidamente, Fabrizio Caffagi e Paola Iamicelli (Eds.), *Inter-firm networks in the european...* (cit.). Quanto à realidade portuguesa na região do douro, vide, em especial, Ana Lourenço e Federica Casarosa, "Inter-firm networks in the portuguese wine industry: the case of the douro region", págs. 54 e ss.

[304] Com reservas quanto à opção do legislador, sobretudo nos consórcios externos, também Raúl Ventura, "Primeiras Notas Sobre o Contrato de Consórcio", in *Revista da Ordem dos Advogados*, ano 41 (Set-Dez de 1981), pág. 689.

um conjunto de despesas a serem imputadas a cada um dos consorciados, nas proporções das respetivas participações no consórcio. Se, antes de solver a dívida assim contraída um dos consorciados vem a ser declarado insolvente, a falta de cumprimento pode gerar uma dificuldade dos demais membros na continuação da empreitada. Caso tivesse sido, *ab initio*, instituído um fundo comum, o mesmo pode servir como uma *"almofada"*, eliminando ou minorando os riscos que o incumprimento ou insolvência de um dos membros traga para o consórcio.

Perante esta proibição, será o contrato de rede uma alternativa viável para os contratantes que pretendam a instituição de um fundo comum, que funciona como património mínimo garante para solver os custos de funcionamento da rede.

Acrescentemos, ainda, ser curial que a rede de empresas careça do contributo dos membros para o seu funcionamento, quer no que respeita a suportarem os membros despesas administrativas (como sejam custos com consumíveis e telecomunicações) quer ainda custos com eventuais trabalhadores afetos à atividade da rede.[305] A circunstância de existir a obrigação de pagamento de tais despesas, quer seja o pagamento efetuado *ex ante* ou *ex post*, não implica a constituição de qualquer fundo patrimonial comum,[306] antes devendo tal pagamento ser enquadrado no regime geral previsto na alínea *c)* do artigo 1167º do CCiv, referente à obrigação do mandante reembolsar o mandatário das despesas feitas que sejam consideradas indispensáveis.

Outra questão, conexa com a que temos vindo a desenvolver, e relacionada com o elemento patrimonial das redes de empresas, será a de saber se é admissível a limitação da responsabilidade da rede a um fundo patrimonial.[307]

Ainda que não seja um elemento natural das redes de empresas, será admissível a constituição de um fundo patrimonial comum, o qual será afetado pelos membros ao desenvolvimento da atividade comum e que suportará, em primeira linha, os custos inerentes ao cumprimento das obrigações comuns dos membros.

Quando exista um fundo patrimonial, não envolvendo a rede, como regra, a constituição de uma entidade jurídica nova e distinta dos seus membros –

[305] Vincenzo Ricciuto considera, com propriedade, que há sempre despesas comuns em qualquer fenómeno associativo. Cfr. *Struttura e funzione del fenómeno consortile*, Cedam, Saggi e Documenti di Diritto Civile, 6, 1992, pág. 267.

[306] No mesmo sentido vide Juan Ignacio Ruiz Peris, "Un derecho específico..." (cit.), pág. 95. O Autor salienta que estas despesas, indicadas em texto, são de baixo valor.

[307] Quanto à questão colocada em texto, a mesma será objeto de maior desenvolvimento, aquando da análise da responsabilidade no âmbito das redes de empresas. Cfr. II.3. infra.

pois que se essa constituição se verificar, serão aplicáveis as regras gerais relativas à responsabilidade para a entidade constituída – a constituição de um fundo não implicará, como efeito automático, uma limitação da responsabilidade dos membros ao fundo que assim tiver sido constituído.[308]

Entendemos que, como regra, não pode a pertença a uma rede de empresas e a constituição de um fundo patrimonial comum no âmbito dessa mesma rede de empresas implicar uma violação das regras de responsabilização dos sujeitos jurídicos.

De notar que, atento o disposto no artigo 601º do CCiv, pelas obrigações assumidas por um devedor respondem todos os seus bens suscetíveis de penhora, salvaguardando as situações de separação de patrimónios. As situações de separação de patrimónios, a coberto da disposição legal em apreço, constituem aquelas expressamente previstas na lei, não podendo a autonomia privada criar formas de limitação da responsabilidade que não as prevenidas pelo legislador.

Encontra-se subjacente a esta norma a tutela dos credores e a necessidade de as limitações de responsabilidade serem alvo da publicidade adequada, daqui se inferindo o caráter taxativo das situações de limitação da responsabilidade patrimonial.[309]

[308] Quanto às sociedades por quotas *"de alguma dimensão"*, Giuseppe Cavallaro considera que as mesmas também podem recorrer ao expediente da afetação patrimonial, sublinhando o Autor, em especial, e como argumento sustentador de tal admissibilidade, a circunstância de não se justificar a discriminação entre os tipos sociais. Cfr. "The Network..." (cit.), págs. 5 e 6.
Entendemos, no entanto, que não será a impossibilidade de discriminação entre os vários tipos legais de sociedades o argumento preponderante para a admissibilidade da afetação patrimonial, posto que haverá sempre que indagar se o tratamento distinto entre os vários tipos sociais não encontra acolhimento na natureza... distinta desses tipos. E, na verdade, considerando as regras diversas para o tema "responsabilidade" entre, designadamente, sociedades em nome coletivo, sociedades por quotas e sociedades anónimas, não se poderá transpor, automaticamente, soluções previstas para as sociedades anónimas para as demais sociedades.

[309] A esta questão voltaremos infra, nos pontos II.2.6. e II.3.2., aquando da apreciação da responsabilidade na e da rede.

3
Figuras afins

Razão de ordem

Tendo sido apresentada uma definição provisória de rede cumprirá proceder a uma breve distinção em face das figuras jurídicas que com ela apresentam mais afinidades.

A tarefa a empreender não se apresenta de concretização simples, por um triplo arrazoado. Por um lado, não estando o contrato de rede ou a rede de empresas definida legalmente – excetuando o que já aludimos quanto às redes na atividade dos revisores oficiais de contas e, no ordenamento jurídico italiano, quanto ao contrato de rede aí regulado – o confronto com figuras afins será sempre com base numa proposta de definição de rede.

Adicionalmente, podendo a rede apresentar-se como uma figura trans-típica, aproximar-se-á mais de um ou outro tipo consoante as configurações que manifeste. Com efeito, e desde logo, podendo a rede apresentar-se como conjunto de relações bilaterais ou como um contrato multilateral, o confronto com outras figuras deverá ter em conta essa dualidade.

Por fim, e ligado ao fundamento vindo de explanar, redes de empresas e contrato de rede não parecem ser – pelo menos assim o entendemos nesta fase em que a análise do instituto principia – um conceito unitário. Não temos, assim, um contrato de rede ou uma rede de empresas, independentemente dos contornos em que a figura se mova.

Selecionámos, para que a delimitação das redes de empresas seja mais profícua, figuras que se apresentam como contratos multilaterais de cooperação interempresarial e, bem assim, contratos bilaterais que, quando celebrados no quadro de uma ideia de negócio comum e de forma paralela ou sucessiva, podem aproximar-se (ou confundir-se?) com a noção de rede que temos vindo a desenvolver.

Empreenderemos, também, uma análise comparativa entre as redes e alguns institutos jurídicos que não são contratos mas cláusulas acessórias aos mesmos e que acolhem uma pretensão de ligação contratual, inevitavelmente presente nas redes de empresas e, ainda, atos unilaterais.

Para finalizar, a análise comparativa terá por mote a noção/noções acima indicadas sendo que, se tal se justificar, poderemos recorrer, no confronto com figuras afins, a algumas variantes às noções que escolhemos supra.[310]

Previamente à análise comparativa, cumpre salientar que a perspetiva que orienta e orientará o nosso estudo é, marcadamente, jurídico-mercantil. Na verdade, consoante as lentes utilizadas para a análise comparativa, a maior ou menor proximidade a figuras afins, pode variar. Se a análise fosse eminentemente civilista, a perspetiva dominante seria a contratual, nomeadamente comparando o fenómeno das redes de empresas (na vertente contrato de rede) sobretudo com esquemas de coligação contratual.[311]

O enquadramento e a subsunção das redes a uma determinada área da ciência jurídica releva, também, para efeitos de colmatação de lacunas e analogia.

3.1. Contratos de agência, concessão e franquia

Os contratos de agência, concessão e franquia constituem contratos tradicionalmente incluídos, jurisprudencial e doutrinalmente, na categoria de contratos de distribuição, na medida em que têm subjacente a dissociação, na cadeia produtiva, entre produtor e distribuidor.[312]

Estes contratos, sem prejuízo da evidente caraterização distinta, frequentemente podem conduzir ou ser fonte de uma ou várias relações reticulares.

Definida a rede, provisoriamente, como podendo ser formada por um conjunto de relações bilaterais entre empresas,[313] que visam, entre outros obje-

[310] Temos em mente, em especial, a noção amplíssima de rede que veio a ser plasmada – conforme veremos com o devido detalhe infra – na Diretiva nº 2006/43/CE, no EOROC e, mais recentemente, no RJSA. Ainda que as noções, na lei portuguesa, tenham o seu âmbito de aplicação limitado ao regime jurídico em que se inserem, não deixaremos de salvaguardar as noções aquando do confronto com as figuras afins que ora iremos analisar.

[311] Quanto à relevância da visão utilizada (civilista ou jurídico-mercantil), vide PIETRO ZANELLI, *Reti e contratto...* (cit.), pág. 18.

[312] A dissociação entre produtor e distribuidor não é inteiramente coincidente com a noção de descentralização produtiva, associada ao *outsourcing*. Sobre a figura, desenvolvidamente, o nosso *O outsourcing e o modelo atomístico de empresa*, Dissertação de mestrado apresentada à Faculdade de Direito da Universidade de Coimbra, Coimbra, 2006. No outsourcing não se encontra presente o objetivo comum que se assinala às redes nem, por norma, a especial duração e estabilidade, caraterísticas das redes.

[313] Não serão facilmente configuráveis – apesar de a realidade ser sempre mais imaginativa do que o direito – redes na agência, concessão e franquia formadas por contratos multilaterais, desde

infra – mesmo que os membros da rede não tenham prevenido ou querido essa ligação.

Quando concebemos redes de empresas formadas por conjuntos de contratos bilaterais, pode não existir, sob o ponto de vista jurídico, uma efetiva ligação entre cada um dos contratos bilaterais que são celebrados.

Um dos elementos de conexão que poderia assinalar-se seria um dos lados do contrato bilateral ser sempre ocupado pela mesma entidade, por exemplo, o franquiador, mas tal não basta para se concluir por uma situação de coligação contratual, pois não existe uma operação económica unitária.

Por outro lado – e entendemos que será aqui o elemento preponderante – nas redes de empresas, a vertente contratual, estando embora na génese da generalidade das redes, não é a pedra de toque das mesmas.

O que torna as redes de empresas um fenómeno distinto é precisamente a circunstância de não se reconduzirem a formas típicas de colaboração interempresarial, sendo que o vislumbrar-se nelas apenas o resultado de um contrato ou de um conjunto de contratos será olvidar a vertente organizativa e institucional que subjaz a algumas redes.

Quando referimos que, nas redes, as mesmas não se cingem à vertente contratual, sendo relevante o âmbito organizativo, temos presente que existem contratos de organização e, nessa medida, podendo as redes ser subsumíveis, pelo menos em parte, a contratos de organização, a vertente contratual estaria presente, concomitantemente com a vertente organizativa.

Nos contratos de organização – de que constituirá exemplo paradigmático o contrato de consórcio – o contrato assume uma função genética da instituição a que dá origem. Por outro lado, a relevância do elemento contratual não fica aniquilada com a sua celebração, antes conforma a relação instituída entre todas as partes envolvidas.

Nessa medida, as redes de empresas aproximar-se-ão dos contratos de organização, conforme se destacará em I.6.6. infra.

Perante situações práticas que sejam colocadas ao intérprete ou ao julgador e relacionadas com a especial ligação entre os contratos, podem ser aproveitadas as considerações e conclusões já devidamente densificadas no campo da coligação contratual.

São comummente apontadas as questões relativas à interpretação, integração dos contratos e, bem assim, as regras aplicáveis à cessação dos mesmos, à sua invalidade, ineficácia e incumprimento.[350] Por outro lado, e entendemos

[350] Francisco Manuel de Brito Pereira Coelho aponta algumas decorrências da coligação contratual e que se prendem com a interpretação negocial, eventual diagnóstico de fraude à lei,

que será especialmente relevante no âmbito das redes de empresas – ainda que também o seja na coligação contratual –, podem incidir especiais deveres sobre os contratantes relacionados com a preservação da unidade económica formada pela rede de empresas/coligação contratual.

Tem vindo a ser doutrinalmente sustentado que impende sobre os contratantes integrados no fenómeno da coligação contratual um especial dever de preservação do conjunto.[351]

Apontam-se, ainda, as especificidades que podem surgir numa situação de coligação contratual quanto ao funcionamento da exceção do não cumprimento do contrato.

Tal figura, prevista, entre nós, no artigo 428º do CCiv, assumirá contornos próprios quando perante contratos coligados; designadamente, colocar-se-á a questão de saber se será legítimo invocar a exceção quando a situação de incumprimento não surja no contrato singular em que se pretende que a mesma seja invocada mas num outro contrato coligado com aquele.

Idêntico raciocínio pode ser concretizado nas redes de empresas, *maxime* naquelas formadas pela combinação de contratos bilaterais. Releva indagar da bondade da invocação, por exemplo, por parte de um franquiado, do incumprimento contratual manifestado num contrato de franquia paralelo ao seu e celebrado por um outro franquiado com o mesmo franquiador, para legitimar a recusa em cumprir as suas obrigações.

Estas são apenas algumas das hipóteses colocadas na coligação contratual e que são suscetíveis de ser convocadas nas redes.

Assim, ainda que se reconheça que não são figuras inteiramente coincidentes, convocaremos os ensinamentos doutrinários e jurisprudenciais que têm sido proferidos quanto à coligação contratual, sempre e na medida em que essa análise possa ser proficuamente aproveitada para um fenómeno que tem relevantes pontos de contacto.

3.6. Representações locais e sucursais

O afastamento das redes de empresas em relação às representações locais ou sucursais afigura-se-nos notório.

Quer as representações locais quer as sucursais (e daí a sua análise conjunta) estão inexoravelmente ligadas a uma entidade com personalidade jurí-

avaliação da gratuitidade ou onerosidade, bilateralidade ou unilateralidade e funcionamento da exceção do não cumprimento. Cfr. "Coligação negocial e operações negociais..." (cit.), págs. 255 e ss. Também quanto às consequências da coligação contratual, vide Paula Patrícia Souza dos Prazeres e Elaine Alves Silva de Santana, "Conexão contratual..." (cit.), pág. 110.

[351] Neste sentido, vide José Virgílio Lopes Enei, "Contratos coligados" (cit.), pág. 123.

dica própria e que, tendo em vista a sua expansão territorial, tanto nacional como internacionalmente, decide constituir uma sua representação, descentralizada da sede principal.

As empresas integrantes de uma rede, seja ela hierarquizada ou não, são, por definição da maioria da doutrina, juridicamente autónomas, não existindo, como regra, tão-pouco, qualquer relação de participação (societária) entre as empresas que integram a rede.

Não assim nas representações locais e sucursais, em que os atos praticados por estas representações são diretamente imputados no centro nevrálgico da administração principal, não tendo tais representações locais personalidade jurídica distinta da sociedade que representam.[352]

Conforme havíamos destacado em I.2.2.1. supra, não existindo pluralidade de sujeitos, inexistirá, em consequência, uma rede de empresas.

Sem prejuízo da exclusão, do fenómeno reticular, das sucursais e representações locais, estas unidades jurídicas têm sido, por vezes, designadas, na prática, como integrando uma rede. No entanto, por lhes falar o elemento subjetivo, só impropriamente a designação *"rede"* se mantém.

3.7. Grupos de sociedades

Problema parcialmente distinto é saber se pode existir rede nos grupos de sociedades.

No direito constituído português, *maxime* no CSC,[353] os grupos de sociedades podem assumir três feições: (i) participação totalitária no capital social de uma sociedade por uma outra (domínio total, podendo este ser inicial ou superveniente); (ii) contrato de grupo paritário; (iii) contrato de subordinação.

Sem prejuízo da diferenciação dogmática entre as três situações ora elencadas, colocam-se aqui duas questões. A primeira é a de saber se, ultrapassado o óbice da inexistência de personalidade jurídica distinta (como sucedia nas representações locais e sucursais), poderemos ter rede. Paralelamente, pode indagar-se se as sociedades comerciais que formem um grupo de sociedades – seja de facto seja de direito – serão qualificáveis como redes.

[352] A inexistência de personalidade jurídica própria das representações locais e sucursais não impede que tenham personalidade judiciária, sendo tal personalidade judiciária atribuída pelo artigo 13º do CPC nem, de igual modo, que possam ser sujeitos passivos de impostos, como resulta, por exemplo, do artigo 2º CIRC.

[353] A análise que aqui tecemos quanto aos grupos de sociedades tem em conta a limitação de aplicação do preceituado nos artigos 481º e ss. do CSC às sociedades com sede em Portugal – cfr. artigo 481º nº 2 CSC.

Antecipando, diremos que a resposta será negativa quanto a ambas as situações, sendo os motivos para tal conclusão sensivelmente os mesmos.

A noção de rede, independentemente da definição que vem sendo proposta pela jurisprudência, lei e, sobretudo, pela doutrina, tem a sua génese, conforme já havíamos mencionado, na tensão entre mercado e hierarquia; ou seja, não sendo a rede coincidente com qualquer um daqueles polos, acolhe, no entanto, notas de cada um deles e notas intermédias.

No que se refere aos grupos de sociedades enquadráveis na primeira hipótese elencada – domínio total inicial ou superveniente – o poder de direção advém da titularidade de participações sociais de uma outra ou outras sociedades comerciais, o que legitima os poderes de direção que tem a dominante em relação à dominada.

As redes não pressupõem qualquer relação de participação societária entre as entidades envolvidas,[354] nada impedindo, no entanto, e para que se conclua quanto à existência de rede, que a participação possa existir.

Não obstante, constata-se uma proximidade entre as redes e os grupos de sociedades, na parte em que ambas as figuras demonstram uma convivência entre unidade e multiplicidade, entre o individual e o coletivo.

Nos grupos de sociedades, temos o individual e a multiplicidade quando atentamos em cada uma das sociedades que integram o grupo, e o coletivo e a unidade quando o grupo é vislumbrado como um todo, tendo em vista a prossecução de objetivos definidos pela sociedade-mãe, seja individual seja coletivamente.[355]

Em algumas das suas roupagens, as redes apresentam estas vertentes, sobretudo as redes de feição hierárquica. Quando, no âmbito das redes, surja uma entidade a quem sejam atribuídos poderes de conformação do destino da rede, e, bem assim, de cada uma das entidades que a compõem, teremos uma estreita ligação com os grupos de sociedades. Aí, será de ponderar, na ausência de normas expressas a prevenir uma determinada situação, a eventual convocação, para aplicação analógica, das normas jurídicas previstas para os grupos,[356] ainda que a fonte do poder de conformação seja diversa.

[354] Assim, também, Catarina Nunes de Oliveira Carvalho, *Da dimensão da empresa...* (cit.), pág. 900.

[355] No sentido exposto, vide Gunther Teubner, *Networks as Connected Contracts...* (cit.), pág. 133. O Autor salienta que as contradições entre unidade e multiplicidade manifestam-se tanto a nível interno (e quanto às relações que no seio dos grupos se concebem), como a nível externo.

[356] Deste modo, também, Gunther Teubner, *Networks as...* (cit.), pág. 138, quando *"se crie uma situação de dependência comparável"*.

noção de contratos organizacionais ou de organização, a que regressaremos em I.6.6. infra. Por ora, antecipamos que os instrumentos negociais que tenham em vista disciplinar os termos em que se processa a entrada e saída numa organização, o modo como esta é gerida, como se relaciona com terceiros e como se forma a vontade, podem ser qualificados como contratos de organização.

Em face desta classificação, poder-se-ia considerar que só quando a fonte da entidade jurídica constituída não fosse um contrato, mas um negócio jurídico unilateral, é que, com propriedade, se aludiria a uma rede organizacional; com efeito, todas as redes que, ainda que dessem origem a uma entidade jurídica, resultassem da celebração de um contrato, seriam, também, contratuais.

Numa tentativa de atribuir efeito útil à distinção ora em análise, há que atender não ao instrumento negocial a que os sujeitos recorreram para reger as relações de rede (podendo este assumir uma feição contratual ou outra), mas aos efeitos que o instrumento negocial produz.

Se se formar uma pessoa jurídica distinta dos contratantes teremos uma rede organizacional; mais, mesmo que não exista tal entidade distinta, quando se vislumbre um conjunto organizado de entidades com um mínimo de coesão em torno de princípios previamente definidos, ainda que o substrato assim instituído não tenha órgãos próprios, mesmo aí se entenderia estarmos perante uma rede organizacional.

Para os autores que admitem a existência de redes organizacionais, a par de redes contratuais, apontam, como exemplos das redes organizacionais, as redes societárias, as redes constituídas através de uma associação ou fundação e, ainda, as cooperativas ou sociedades consorciais (estas últimas sustentadas pela doutrina italiana, com base na previsão legal da figura).[407]

Outros autores apresentam como exemplos de redes organizacionais, os AEIE e as sociedades europeias, salientando, com essas propostas, as redes transnacionais.[408]

Entre nós, só são admissíveis as pessoas coletivas previstas na lei, não sendo legítimo às partes – a coberto, designadamente, do princípio da autonomia privada – constituir pessoas coletivas, com personalidade jurídica distinta dos contratantes, para além das condições e nos exatos termos previstos na lei.[409]

de consórcio, vide Gian Domenico Mosco, "Frammenti ricostruttivi sul contrato di rete", *in Giurisprudenza Commerciale*, I, 2010, pág. 842.

[407] Neste sentido, Roberta Bertagnin, *Il contratto di rete...* (cit.), págs. 18-19.

[408] Deste modo, Gian Domenico Mosco, "Frammenti ricostruttivi..." (cit.), pág. 842.

[409] Gaetano Guzzardi sublinha que caso fosse admissível a constituição de entidades com personalidade jurídica própria, sem que tal figura estivesse expressamente prevista na lei, levaria a uma grande incerteza no direito. Cfr. *Il contratto...* (cit.), pág. 105.

Com a alteração introduzida, pela Lei nº 134, de 7 de agosto 2012[410], no regime jurídico italiano para o contrato de rede, tornou-se legalmente admissível atribuir subjetividade[411] jurídica às redes de empresas.[412/413]

410 Através da mencionada lei ficou consagrado na parte final do nº 4-quarter do artigo 3º que: *"com a inscrição no registo comercial a rede adquire subjetividade jurídica"*. Tem sido apontada a novidade da utilização do termo *"subjetividade"* ao invés de *"personalidade"*. Cfr. EVA BREDARIOL, *Regole di imputazione...* (cit.), pág. 36.

411 A concretização do que seja *"subjetividade"* por comparação com *"personalidade"* ou, até, *"capacidade"* jurídica constitui temática que, reconhecemos, merecia uma análise mais aprofundada do que aquela que lhe dedicamos, mas o objeto do nosso estudo não o permite. Sustentam alguns autores que subjetividade é geralmente considerado um *minus* em relação ao conceito de personalidade jurídica. Neste sentido, EVA BREDARIOL, *Regole di imputazione...* (cit.), pág. 85. Entendemos que, à luz do direito constituído português, um contrato celebrado entre os contratantes ou dá origem a entidades dotadas de personalidade jurídica ou não, atendendo ao preceituado nas normas legais aplicáveis. Não existe um *tertium genus*, que permitisse reconhecer uma personalidade, por assim dizer, diminuída ou menor a algumas entidades. *Tertium genus* que se afirma, na doutrina e na lei italiana, com o conceito de subjetividade.

412 O que colocou um ponto final num intenso debate doutrinário naquele país, quando a saber se, perante a ausência de uma norma expressamente reconhecedora da subjetividade jurídica da rede, seria possível atribuir essa subjetividade por força da conjugação de várias disposições. A doutrina dividia-se entre aqueles que se manifestavam contra como VINCENZO DONATIVI, *"Contratto di rete, Le reti di imprese: natura giuridica e modelli di governance"*, in *Le Società* 12/2011, págs. 1432-1433, FRANCESCO CIRIANNI, "La costituzione del contratto di rete... (cit.), pág. 28, SALVATORE LOPREIATO, "Programa comune di rete ed efficacia normativa variabile", in *Il contratto di rete per la crescita delle imprese*, FABRIZIO CAFAGGI, PAOLA IAMICELI e GIAN MOSCO DOMENICO (Dir.), Quaderni di Giurisprudenza Commerciale, Giuffrè Editore, 2012, pág. 156, MAURIZIO SCIUTO, "Imputazione e responsabilità..." (cit.), pág. 11, PIETRO ZANELLI, *Reti e contratto...* (cit.), pág. 146, AAVV., *Manuale di buone pratiche...* (cit.), pág. 4, MIRZIA BIANCA, "Il modelo normativo del contratto di rete. Nuovi spunti di riflessione sul rapporto tra soggettività giuridica e autonomia patrimoniale" in *Il contratto di rete per la crescita delle imprese*, FABRIZIO CAFAGGI, PAOLA IAMICELI e GIAN MOSCO DOMENICO (Dir.), Quaderni di Giurisprudenza Commerciale, Giuffrè Editore, 2012, pág. 52, EDOARDO BERNINI, GUIDO BEVILACQUA, EVA BREDARIOL, LORENZA BULLO, CRISTIANO CASALINI, GIULIA CLARIZIO, GIUSEPPE FIETTA, ANDREA TODESCHINI PREMUDA e DIEGO TRENTIN, "Linee guida..." (cit.), pág. 48 e a favor como RENATO SANTAGA, Il «Contratto di Rete»... (cit.), pág. 339 e GIAN DOMENICO MOSCO, "Frammenti ricostruttivi..." (cit.), pág. 861, quando as partes do contrato de rede tivessem constituído um fundo comum.

Referindo-se aos trabalhos parlamentares e às divergências surgidas quanto à atribuição de subjetividade jurídica à rede ou, apenas, subjetividade tributária, vide MATTIA ESPOSITO, "Il contratto di rete..." (cit.), pág. 112.

413 Sob o ponto de vista da tutela de terceiros, e ainda que a atribuição de personalidade jurídica à rede seja um facto sujeito a registo, parece-nos gerar uma incerteza na contratação. Podendo o contrato de rede dar origem ou não a uma pessoa distinta dos contratantes, recairá sobre os terceiros o especial ónus de indagar se existe uma entidade distinta. É, assim, um problema distinto do regime aplicável às sociedades em formação, sociedades irregulares e sociedades aparentes. De notar que, segundo parece resultar das normas italianas em causa, a existência de uma denominação

Ora, atendendo ao segmento doutrinário que admite a existência de redes organizacionais (com o conteúdo que supra apontámos), tenderíamos a concluir que quando as partes, reunindo-se, é certo, os pressupostos legalmente previstos para tanto, pretendessem criar uma entidade jurídica nova, teríamos uma rede organizacional.

Sob o ponto de vista da sua ocorrência prática, tem a doutrina salientado que as redes contratuais em muito superam – em número – as redes societárias (ou organizacionais, acrescentamos nós).[414]

Os fundamentos para o predomínio encontram-se na maior flexibilidade e facilidade de formação e cessação das redes contratuais por comparação com as redes societárias. As redes, cuja sustentação se encontre numa ou mais sociedades comerciais, têm que submeter-se ao espartilho legal previsto para o tipo social instituído, designadamente quanto ao seu governo e composição acionista.

Quase que diríamos que o domínio das redes contratuais encontra a sua justificação nos fundamentos de formação de redes entre empresas. Com efeito, pretendendo as empresas encetar relações de cooperação entre si, tendo em vista, designadamente, o aumento das suas capacidades competitivas em face dos seus concorrentes no mercado, optam por esquemas de cooperação que sejam idóneos a acompanhar a dinâmica da negociação mercantil e que permitam, por exemplo, a entrada e saída de novos contratantes sem que sejam tais movimentos condicionados ou cerceados por disposições legais imperativas restritivas.

Pense-se, por hipótese, na necessidade de realizar alterações ao contrato de sociedade, por alteração dos sócios, quando a rede societária existente exija essa alteração; essas alterações, tendo que cumprir um procedimento legalmente estabelecido, podem ser morosas e burocráticas de tal modo que pode desincentivar ou até impedir a sua concretização.

A autonomia contratual dos membros das redes encontra condições mais propícias para o seu exercício quando os contratantes não se limitam a escolher um modelo legal para a sua cooperação empresarial mas criam um modelo contratual, permitindo-se, assim, que possam até celebrar vários contratos atípicos, compondo as regras que melhor se adaptem ao figurino negocial que têm em vista.

e uma sede para a rede é uma menção comum às redes dotadas de subjetividade jurídica e àquelas que a não têm, o que tudo não contribui para o cabal esclarecimento dos terceiros com quem os membros da rede ou a rede contratam.

[414] Assim, JOSEBA A. ECHEBARRÍA SÁENZ "Los grupos de coordinación..." (cit.), pág. 269.

Para finalizar.

Acima indicámos que, para alguns autores, poderíamos ter redes mistas, que se caraterizam pela circunstância de coexistirem contratos multilaterais e contratos bilaterais no âmbito de uma mesma rede.

No entanto, podemos igualmente designar como redes mistas as redes que se apresentam como um *tertium genus*, em que coexiste a vertente organizacional e a vertente contratual,[415] ainda que, segundo o enquadramento que votamos à classificação, tais redes, existindo uma pessoa jurídica distinta dos membros, e mesmo que um contrato exista, serão organizacionais.

Como mencionado, sendo constituída uma pessoa coletiva distinta dos membros, teremos uma condição bastante para a rede assim formada ser considerada organizacional e não contratual. O facto de, supervenientemente à constituição da nova pessoa jurídica, serem celebrados contratos ou com terceiros ou com os próprios membros não tem a virtualidade de colocar fora da noção de rede organizacional a realidade que assim se forma.[416]

Aquando da constituição de uma pessoa coletiva, seja qual for o propósito delineado pelos sujeitos que a constituem, pretendem-se que a mesma se assuma como um centro de imputação de direitos e obrigações, independentemente dos contratantes que estiveram na base da sua constituição.

Constituída uma pessoa coletiva, a mesma entrará no comércio jurídico, celebrando contratos com terceiros, que produzem os seus efeitos na sua própria esfera jurídica e, por regra, não na dos sujeitos que a integram.

Por outro lado, e tomamos como exemplo as sociedades comerciais, estas celebram, amiúde, negócios jurídicos com os seus sócios e, não obstante, a existência de tais contratos com os sócios – *e.g.* contratos de suprimento – não se nega que estaremos perante uma organização.

Conclui-se pela consideração das redes como contratuais se estas não dão origem a uma pessoa jurídica distinta dos contratantes, sendo organizativas caso tal constituição se verificar e, preenchidos alguns pressupostos, mesmo quando não exista uma entidade distinta, como é o exemplo o consórcio.

Esta conclusão não ignora uma vertente organizacional em qualquer rede, mesmo naquelas que não dão origem uma entidade jurídica distinta dos seus membros.[417]

415 Assim, designadamente, Eva Bredariol, *Regole di imputazione...* (cit.), pág. 21.

416 Em sentido contrário, referindo que são redes mistas, Echebarría Sáenz, "Los grupos de coordinación..." (cit.), pág. 272 e, bem assim, Fabrizio Caffagi, "Redes contractuales y teoria contractual...", (cit.), págs. 53-54.

417 Assim, também Jean Nicolas Druey, "The path of the law..." (cit.), pág. 93.

Ao contrário do que sucede com o contrato de consórcio, o ACE tem personalidade jurídica própria, adquirindo-a com o registo (cfr. Base II da Lei nº 4/73, de 4 de junho).

O ACE apresenta, ainda, a vantagem de se apresentar como uma entidade unitária perante terceiros, não se exigindo, para efeitos de vinculação, que intervenham todos os membros ou que sejam atribuídos poderes de representação a um deles, como sucederá, como regra, no contrato de consórcio e nas relações de cooperação que não deem origem a uma entidade jurídica distinta dos membros que a compõem.

O AEIE foi aprovado, a nível europeu, pelo Regulamento (CEE) nº 2137/85 do Conselho, de 25 de julho de 1985. Em Portugal, veio a ser prevista a execução substantiva daquele Regulamento através do Decreto-Lei nº 148/90, de 9 de maio.

Como especificidades do AEIE em face do ACE estará, sobretudo, o facto de o primeiro exigir, pelo menos, dois membros com sede em Estados diferentes, atento o consagrado no nº 2 do artigo 4º do Regulamento.

Sendo os contratos de ACE e AEIE contratos multilaterais e aos quais podem aderir outros membros, encontramos uma proximidade quanto a uma das vertentes através da qual se pode formar uma rede de empresas. A que acrescerá a circunstância de, comparativamente com o consórcio ou com as várias formas de *joint ventures*, ser tendencialmente mais estável,[330] admitindo,

cenário de incremento da economia nacional. Como resulta do disposto na Base IV, o estímulo à constituição dos ACE levou o legislador a prever a isenção, por parte do ACE, de contribuição industrial (antecedente do atual Imposto sobre o Rendimento das Pessoas Coletivas). Atualmente, ainda subsistem alguns benefícios fiscais (ainda que mitigados em face dos inicialmente instituídos e que foram revogados com a aprovação do atual CIRC, através do Decreto-Lei nº 442-B/88, de 30 de novembro) tendentes a impulsionar a constituição de ACE's. Subsistem, ainda, em sede de imposto municipal sobre as transmissões onerosas de imóveis e imposto do selo (cfr. artigo 60º do Estatuto dos Benefícios Fiscais).

Como assinala Raúl Ventura, tratando-se de uma figura utilizável por sociedades comerciais e sendo inerente a estas o intuito lucrativo, não é crível que estas integrem um ACE para piorar as suas condições de mercado, pelo que, destaca o Autor, o fim indicado pelo legislador é apenas um fim genérico. Cfr. "Primeiras Notas Sobre o Contrato..." (cit.), pág. 625.

[330] Dizemos tendencialmente mais estável, porquanto, da pesquisa efetuada quanto a alguns dos ACE's constituídos em Portugal se conclui que alguns deles são constituídos tendo em vista um empreendimento específico, designadamente ao nível da construção civil. Optam os contratantes, em detrimento do recurso, por exemplo, ao contrato de consórcio, pela constituição de um ACE. Assim, por exemplo, no âmbito de contratos de empreitada, encontramos ACE's cujo objeto é a própria construção (e.g. *"Teixeira Duarte/Opca-Fungere-Parcela 1.18 Parque Nações Lisboa-3ª fase-Empreitada Acab. Instalações Especiais Edifícios para Hotel e Escritórios ACE"*). Outros ACE's, atento o seu objeto, já manifestam uma relação de cooperação estável entre várias entidades. Assim

contudo, de forma a evitar vinculações perpétuas ou demasiadamente duradouras, a exoneração.

Quando nos referimos a serem os ACE e os AEIE tendencialmente mais estáveis, no que ao fator tempo diz respeito, não se ignora que, amiúde, e sobretudo no quadro das grandes empreitadas, é a figura do ACE (e AEIE) utilizada como veículo para a sua execução concertada por parte de vários proponentes com a vantagem de, em relação à entidade adjudicante, surgir uma única entidade, ao contrário do que sucede com o consórcio.

Acrescentem-se, ainda, à nota distintiva vinda de referir, as limitações que os ACE e o AEIE podem trazer às pretensões dos potenciais membros de uma rede de empresas. Como aludido, a finalidade lucrativa está afastada das finalidades principais destas figuras; a atividade das redes de empresas, ainda que tenha uma tónica de colaboração, está sobretudo orientada para o lucro (na modalidade de aumento da competitividade no mercado). É, no entanto, admissível que as redes de empresas possam não ter uma finalidade lucrativa e, quando assim suceda, não vislumbramos obstáculos dogmáticos a que os contratantes, para a formalização das redes, recorram às figuras legalmente típicas de que ora cuidamos.

No âmbito das finalidades assinaladas às redes de empresas, encontramos o aumento da competitividade do mercado, o que não terá de se manifestar nos ACE e nos AEIE, não obstante a prática demostrar que a associação em ACE e AEIE tem, também, em vista aquele aumento de competitividade.[331]

3.4. Contrato de consórcio

Encontra-se o contrato de consórcio regulado, em Portugal, em conjunto com o contrato de associação em participação, sendo que a regulação conjunta não vem acompanhada de uma comunhão nas caraterísticas essenciais entre ambas as figuras.

Vem o referido contrato definido no artigo 1º do Decreto-Lei nº 231/81, de 28 de julho.

Analisada a noção legal, constata-se que dos consórcios podem fazer parte pessoas singulares ou coletivas. Na verdade, sendo figuras utilizáveis para o desenvolvimento de atividades mercantis, compreende-se que sejam passíveis de utilização quer por pessoas singulares quer por pessoas coletivas, quando

sucede, designadamente, com *"Portarroz – Agrupamento de Produtores de Arroz, A.C.E."*, que conta com dezenas de agrupados e cujo objeto é a *"prestação de serviços de apoio, consultadoria e assessoria técnica aos produtores seus agrupados, em todas as fases e estádios da produção e comercialização de arroz"*.

[331] Assim, também, Massimiliano Di Pace et alia, "La rete di imprese, Istruzioni..." (cit.), pág. 14.

é certo que, para as pessoas singulares, e quanto ao exercício do comércio, são poucas as limitações legais de exercício.

No entanto, conjugando o disposto no artigo 1º com o estabelecido no artigo 2º, referente ao objeto do contrato de consórcio, conclui-se que o consórcio tem sempre em vista um projeto/atividade determinada ou determinável. Isto é, ainda que a atuação de forma concertada possa ser duradoura no tempo (contratos de execução continuada), tem subjacente um termo, o qual seja a conclusão do projeto, o fornecimento do bem.

Mantemos tal conclusão mesmo considerando o disposto na alínea *a)* do artigo 2º do diploma em apreço. De facto, mesmo que a atividade possa ser de execução continuada (*rectius*, duradoura), está o contrato de consórcio umbilicalmente ligado a *"certa actividade"* ou *"certa contribuição"* (cfr. artigo 1º).

Assim não sucede, conforme temos vindo a sufragar, com as redes de empresas que, tendo no horizonte uma relação de pendor cooperativo, manifestam uma dinâmica incompatível com o espartilho de uma atividade previamente definida e com um horizonte temporal à vista.[332]

O caráter temporário do consórcio vem assumido pelo próprio legislador,[333] ao consagrar, no nº 2 do artigo 11º, a extinção do consórcio decorridos dez anos sobre a data da sua celebração, caso as partes não tenham acordado a sua prorrogação.

Aponta-se, ainda, o facto de, no consórcio, ao invés do que sucede nas redes de empresas, se pretender, no essencial, a divisão de fases de produção de obras e serviços, enquanto as redes têm uma finalidade de aumento da competitividade no mercado (e de desenvolvimento de inovações tecnológicas, se tivermos em mente o ordenamento jurídico italiano e o diploma que rege o contrato de rede).[334]

Existem, por outro lado, certas disposições no regime jurídico do contrato de consórcio que cerceiam a liberdade contratual dos membros e cuja aplicação – direta ou por via analógica – às relações de rede iria esbarrar quer com os fundamentos para o surgimento da contratação em análise quer, igualmente, com a miríade de vertentes que esta pode manifestar.

[332] Salvaguardamos, naturalmente, as situações em que as atividades económicas delimitadas no tempo podem ser subsumidas a uma rede de empresas, como já assinalado em I.2.2.4. supra.

[333] Sendo o caráter temporário igualmente sublinhado pela doutrina maioritária. Assim, designadamente, Paulo Alves de Sousa Vasconcelos, *O Contrato de Consórcio no Âmbito dos Contratos de Cooperação Entre Empresas*, Coimbra Editora, 1999, pág. 20 e Charles-Henry Chenut, *Le Contrat de Consortium*, LGDJ, Bibliotheque de Droit Prive, 2003, pág. 22.

[334] Neste sentido, Pietro Zanelli, *Reti e contratto...* (cit.), pág. 33.

Veja-se, por exemplo, o vertido no nº 1 do artigo 20º do regime jurídico do contrato de consórcio, o qual estabelece que não é admissível a constituição de fundos comuns. Nas redes, conforme já aludimos supra,[335] sobretudo naquelas que se constituam através da celebração de um contrato multilateral, concebemos como possível que os membros da rede, no sentido de melhor salvaguardarem quer a gestão diária da rede quer a realização dos investimentos que se revelarem pertinentes para o desenvolvimento da rede, considerem relevante a constituição de um fundo comum.

Naturalmente que, quando as redes de empresas não deem origem à constituição de uma pessoa coletiva distinta dos seus membros, o fundo comum será composto por um conjunto de bens que pertencerá, por regra, em compropriedade, a todos os membros.[336]

A proibição de fundos comuns nos consórcios apresenta-se, deste modo, como um obstáculo legalmente imposto à pretensão de sujeitos jurídicos que concebessem o contrato de consórcio como um veículo de regulação de uma relação de rede quando estes pretendam, adicionalmente, recorrer a um lastro patrimonial comum, como base de sustentação da relação de cooperação.

Por outro lado, aponta-se, como caraterística do consórcio, o facto de este não manifestar uma unidade económica, mas, ao invés, deixar transparecer a existência de diversas empresas, que mantêm a sua autonomia distintiva.[337]

Entendemos que, nas redes, a unidade económica pode surgir, ainda que sem aniquilar a autonomia jurídica de cada uma das empresas que à rede aderem.

Para parte da doutrina – que reputamos minoritária – manifesta-se uma coincidência entre consórcio e rede.[338]

Estribam alguns autores – sobretudo na doutrina italiana – a inexistência de diferenças fundamentais entre rede e consórcio, na finalidade comum que

[335] Cfr. I.2.2.5. supra.

[336] Assim, também, EDOARDO BERNINI, GUIDO BEVILACQUA, EVA BREDARIOL, LORENZA BULLO, CRISTIANO CASALINI, GIULIA CLARIZIO, GIUSEPPE FIETTA, ANDREA TODESCHINI PREMUDA e DIEGO TRENTIN, "Linee guida..." (cit.), pág. 49.

[337] Assim, VINCENZO RICCIUTO, *Struttura e funzione...* (cit.), pág. 197. Divergentemente, parece, MASSIMILIANO DI PACE et alia, "La rete di imprese, Istruzioni..." (cit.), pág. 13, que salientam que no consórcio há uma renúncia à autonomia das empresas, o que já não se manifestaria nas redes.

[338] No sentido de as redes de empresas incluírem os consórcios, vide, entre nós, CATARINA NUNES DE OLIVEIRA CARVALHO, *Da dimensão da empresa...* (cit.), pág. 900 e ANA LAMBELHO COSTA, *"A subcontratação e as relações individuais...* (cit.), pág. 11, quando alude a ser o consórcio uma das formas de constituição de redes.

ambas as categorias podem ter (inovação e competitividade), na formalização do contrato por escrito e na necessidade de inscrição no registo.[339]

Não poderemos deixar de reconhecer que, no plano do direito constituído italiano, tal como foi desenhado o contrato de rede, existe um paralelismo forte em relação ao contrato de consórcio, com atividade externa.[340]

De assinalar, quanto ao contrato de consórcio no ordenamento jurídico italiano, e, sobretudo, para se compreender a maior proximidade constatada entre consórcio e rede, que o consórcio externo tem uma dimensão diversa da que se encontra patente no ordenamento jurídico português.

No consórcio externo italiano, prevê-se um conjunto de regras que demonstram ser aquela figura, mais do que um contrato, uma organização empresarial homogénea, que se relaciona diretamente com terceiros e que apresenta caraterísticas de entidade dotada de personalidade jurídica distinta dos consorciados, como seja a necessidade de sujeição a registo, a indicação da denominação e sede do consórcio ou a identificação das pessoas a quem são atribuídas as funções de direção e representação do consórcio (cfr. artigo 2612º do código civil italiano). Por outro lado, estabelece-se igualmente que os credores, quanto a responsabilidades assumidas pelo consórcio, apenas podem fazer valer as suas pretensões em relação ao fundo comum (*fondo consortile*), atento o disposto no artigo 2615º.[341]

No entanto, convirá não olvidar, desde logo, que o que ficou vertido no diploma legal italiano foi apenas uma das vertentes pelas quais se pode constituir uma rede de empresas, não sendo essa (através de um contrato multilateral), ao que reputamos, a mais comum.

[339] Neste sentido, e concluindo por uma crítica ao legislador italiano quanto a não ter instituído uma figura, de direito privado, verdadeiramente distinta do contrato de consórcio, vide GIORGIO MARASÀ, "Contratti di rete e consorzi", in *I contratti di rete*, Il Corriere Del Merito, 1/2010, disponível em http://www3.unisi.it/ricerca/dip/dir_eco/RASS%20n.1%20-10.pdf, págs. 9 e ss.
Em sede de análise prática do contrato de rede e da sua difusão em Itália, FABRIZIO CAFAGGI assinala que são raros os fenómenos em que os consórcios e as *joint venture* se transformam em contratos de rede. Cfr., "Il contratto di rete nella prassi, prime riflessioni", (disponível em http://www.inretesipuo.it/pdf/ ContrattoRete.pdf), pág. 6.

[340] Como ponto de partida enquadrando a rede como uma espécie do contrato de consórcio vide GIUSEPPE FERRI, *Manuale di Diritto Commerciale*, a cura di CARLO ANGELICI e GIOVANNI B. FERRI, UTET Giuridica, 2010, pág. 211.
Contra, EMANUELE CUSA, "Le società consortili..." (cit.), pág. 4 (em nota) e FRANCESCA MOLLO, *Reti di contratti...* (cit.), pág. 170.

[341] Quanto às especificidades do regime jurídico italiano do contrato de consórcio, em face do regime português, vide RAÚL VENTURA, "Primeiras Notas Sobre o Contrato..." (cit.), págs. 612-613.

Conquanto tenhamos destacado, sobretudo, as notas caraterizadoras dissonantes do consórcio em face das redes de empresas, não será de todo inconfigurável que, no seio de uma rede de empresas, se celebrem contratos de consórcio entre alguns dos membros, sobretudo entre aqueles cujas prestações contratuais possam justificar instrumentos contratuais paralelos ao contrato de rede para se concertarem as atividades desse grupo de membros.

Para finalizar, uma possível consideração distintiva entre consórcio e rede pode assentar, segundo cremos, no facto de, no consórcio, pelo menos como o mesmo foi legalmente concebido, inexistir um fim comum entre os consorciados.

Em relação à finalidade do contrato de consórcio, tem a doutrina considerado que "[p]*ara além daquilo que a lei chama objecto não há outro fim contratual*".[342] Se considerarmos o disposto no artigo 1º do Decreto-Lei nº 231/81, o mesmo estabelece que o consórcio tem por finalidade a prossecução dos objetos consagrados no artigo 2º e que respeita às modalidades dos consórcios.

Não exige o legislador – e, em consequência, não deverá exigir o intérprete – que os consorciados partilhem um mesmo objetivo, podendo, até, ter em vista objetivos individuais distintos entre si, desde que se conformem com a atividade a que se vinculam por meio do consórcio.

Nas redes, sustentámos que há um objetivo comum partilhado por todos os membros da rede e que se relaciona com o aumento da competitividade no mercado. Por esse fundamento, seremos tentados a concluir que a rede exige, dos seus membros, algo mais do que a mera coordenação interdependente das suas atividades; a rede faz surgir entre os seus membros uma relação de cooperação que é tecida e encontra a sua justificação na complementaridade encetada em torno de um objetivo comum. A rede carateriza-se por uma simbiose entre o objetivo comum da rede e os objetivos individuais dos membros, sendo que só estes últimos é que podem divergir entre si. O primeiro, esse, é unitário.

3.5. Coligação de contratos

Como tivemos oportunidade de expor supra, para parte da doutrina, as redes de empresas não serão mais ou, melhor, não serão algo muito diverso da coligação ou conexão contratual.[343]

A vertente comparativa que iniciamos salienta a componente contratual das redes de empresas, secundarizando o elemento institucional das redes.

[342] Cfr. Raúl Ventura, "Primeiras Notas Sobre o Contrato..." (cit.), págs. 612-613.

[343] Vide I.2.1.4. e I.2.1.6 supra.

Em qualquer caso, atentando na noção provisoriamente adotada de redes de empresas, podemos, sem reservas, afirmar que a conexão contratual está presente, sobretudo quando se alude a conjuntos de contratos bilaterais em torno de uma ideia de cooperação unitária.

No entanto, mesmo tomando em consideração a noção que acolhemos, entendemos que as duas figuras não podem ser consideradas coincidentes.

A coligação contratual, não estando prevista na lei em termos gerais,[344] está sedimentada, concetualmente, quer na doutrina quer na jurisprudência. Os contratos coligados consubstanciam-se, segundo ANTUNES VARELA,[345] em dois ou mais contratos que se encontram ligados por um nexo, sem que, no entanto, qualquer um deles perca a sua individualidade.

As partes, num fenómeno de coligação contratual, podem ser todas diferentes, não sendo exigível uma coincidência mínima quanto aos sujeitos.[346]

No sentido de aproximarmos as duas realidades, podemos, ainda, convocar aquelas hipóteses de coligação contratual em que existe uma relação de dependência entre os dois contratos, sendo que essa dependência pode implicar que um contrato esteja subordinado à existência, subsistência ou, por exemplo, execução de um outro contrato. ANTUNES VARELA conclui, em relação a estes contratos, que *"nem as cláusulas acessórias, nem o nexo de correspetividade ou de motivação que prendem um dos contratos ao outro, destróiem a sua individualidade"*.[347]

A coligação contratual, quando gera uma relação de dependência funcional entre dois contratos, pode levar a que, por exemplo, cessando um contrato, o outro cesse, igualmente.

A hipótese prática mais comum é a do contrato de mútuo celebrado em coligação com um contrato de compra e venda e em que – seguindo os exemplos *de escola* – o contrato de compra e venda é anulável por qualquer vício da coisa vendida. Jurisprudencialmente, tem sido sufragado que a dependência do mútuo à compra e venda – de um modo em que as ocorrências na relação contratual de compra e venda afetarão a relação de mútuo – tem de ser aco-

[344] Referimos *"em termos gerais"*, porquanto em alguns diplomas legais – conforme referiremos infra em texto – a coligação contratual vem definida e regulada.

[345] Cfr. JOÃO DE MATOS ANTUNES VARELA, *Das Obrigações em Geral*, Vol. I, Almedina, 1982, 4ª Edição, pág. 242. Note-se, no entanto, que a noção transcrita em texto tem por referência a junção e união de contratos e não, apenas, a coligação de contratos.

[346] SABRINA RONDELLI refere que tal é uma conquista da doutrina, validada em sede jurisprudencial. Cfr. "I Contratti collegati: profili interpretazione", in *Europa e Diritto Privato*, Giuffré Editore, ano 2000, Vol. I, pág. 145.

[347] Cfr. JOÃO DE MATOS ANTUNES VARELA, *Das Obrigações...* (cit.), pág. 244.

lhida no próprio contrato de mútuo, não sendo bastante que o comprador e mutuário tenha recorrido ao mútuo apenas tendo em vista a aquisição do bem e daquele bem, àquele vendedor.[348]

Em todo o caso, assente que seja a efetiva coligação entre o contrato de crédito e a compra e venda, encontra-se legalmente estabelecido, que a invalidade ou revogação do contrato de compra e venda repercutem-se no contrato de crédito ao consumo (cfr. nº 2 do artigo 18º do Decreto-Lei nº 133/2009, de 2 de junho); por outro lado, e ultrapassando as fronteiras do princípio da relatividade dos contratos, será admissível que o consumidor/comprador possa invocar perante o financiador a exceção do não cumprimento do contrato por parte do vendedor para, assim, não cumprir, por exemplo, com o pagamento atempado das prestações mensais que tenha acordado no âmbito do contrato de mútuo celebrado, como permite a alínea *a)* do nº 3 do aludido artigo 18º.

Regressando à noção de coligação contratual (mais ampla do que a coligação pressuposta no regime dos contratos de crédito a consumidores), avalie-se em que medida se distinguem as situações de coligação contratual das redes de empresas.

Entendemos que as redes de empresas não podem ser reconduzidas a uma mera situação de coligação contratual.

A coligação contratual tem subjacente uma interdependência voluntária entre vínculos contratuais; os contratantes pretendem sujeitar a vigência e execução de um contrato a outro vínculo contratual. A coligação contratual não pode, segundo cremos, ser tácita.[349]

A ligação entre contratos bilaterais, subjacente às redes de empresas, pode, ao invés, ser tácita, estabelecendo-se a interdependência entre os vários contratantes – verificados os pressupostos para tanto, como concretizaremos

[348] Assim têm entendido os nossos tribunais, maioritariamente. Vide, a título meramente exemplificativo, o Acórdão do STJ datado de 14.02.2008 (proferido no âmbito do Processo nº 08B074 e em que é Relator Oliveira Vasconcelos). De modo análogo, mas salientando, em especial, a necessária existência de um sinalagma trilateral entre os contratos que são celebrados, vide Acórdão do TRC datado de 12.07.2011 (proferido no âmbito do Processo nº 934/07.1TBFND-A.C1 e em que é Relator Pedro Martins). Ambos disponíveis em www.dgsi.pt.

[349] A questão não é, no entanto, isenta de dúvidas, sendo avaliada, doutrinal e jurisprudencialmente, a relevância da vontade das partes para efeitos de coligação contratual. Se, por exemplo, a vontade das partes for expressamente contrária à coligação entre contratos, poderá essa coligação impor-se às partes, em função da natureza da operação económica globalmente considerada? Para o estado da questão nos tribunais franceses, vide, com a indicação de vários acórdãos dissonantes, Xavier Delpech "Interdépendance contractuelle: mise en échec de la clause de divisibilité", 22.05.2013, disponível em http://www.dalloz-actualite.fr.

infra – mesmo que os membros da rede não tenham prevenido ou querido essa ligação.

Quando concebemos redes de empresas formadas por conjuntos de contratos bilaterais, pode não existir, sob o ponto de vista jurídico, uma efetiva ligação entre cada um dos contratos bilaterais que são celebrados.

Um dos elementos de conexão que poderia assinalar-se seria um dos lados do contrato bilateral ser sempre ocupado pela mesma entidade, por exemplo, o franquiador, mas tal não basta para se concluir por uma situação de coligação contratual, pois não existe uma operação económica unitária.

Por outro lado – e entendemos que será aqui o elemento preponderante – nas redes de empresas, a vertente contratual, estando embora na génese da generalidade das redes, não é a pedra de toque das mesmas.

O que torna as redes de empresas um fenómeno distinto é precisamente a circunstância de não se reconduzirem a formas típicas de colaboração interempresarial, sendo que o vislumbrar-se nelas apenas o resultado de um contrato ou de um conjunto de contratos será olvidar a vertente organizativa e institucional que subjaz a algumas redes.

Quando referimos que, nas redes, as mesmas não se cingem à vertente contratual, sendo relevante o âmbito organizativo, temos presente que existem contratos de organização e, nessa medida, podendo as redes ser subsumíveis, pelo menos em parte, a contratos de organização, a vertente contratual estaria presente, concomitantemente com a vertente organizativa.

Nos contratos de organização – de que constituirá exemplo paradigmático o contrato de consórcio – o contrato assume uma função genética da instituição a que dá origem. Por outro lado, a relevância do elemento contratual não fica aniquilada com a sua celebração, antes conforma a relação instituída entre todas as partes envolvidas.

Nessa medida, as redes de empresas aproximar-se-ão dos contratos de organização, conforme se destacará em I.6.6. infra.

Perante situações práticas que sejam colocadas ao intérprete ou ao julgador e relacionadas com a especial ligação entre os contratos, podem ser aproveitadas as considerações e conclusões já devidamente densificadas no campo da coligação contratual.

São comummente apontadas as questões relativas à interpretação, integração dos contratos e, bem assim, as regras aplicáveis à cessação dos mesmos, à sua invalidade, ineficácia e incumprimento.[350] Por outro lado, e entendemos

[350] Francisco Manuel de Brito Pereira Coelho aponta algumas decorrências da coligação contratual e que se prendem com a interpretação negocial, eventual diagnóstico de fraude à lei,

que será especialmente relevante no âmbito das redes de empresas – ainda que também o seja na coligação contratual –, podem incidir especiais deveres sobre os contratantes relacionados com a preservação da unidade económica formada pela rede de empresas/coligação contratual.

Tem vindo a ser doutrinalmente sustentado que impende sobre os contratantes integrados no fenómeno da coligação contratual um especial dever de preservação do conjunto.[351]

Apontam-se, ainda, as especificidades que podem surgir numa situação de coligação contratual quanto ao funcionamento da exceção do não cumprimento do contrato.

Tal figura, prevista, entre nós, no artigo 428º do CCiv, assumirá contornos próprios quando perante contratos coligados; designadamente, colocar-se-á a questão de saber se será legítimo invocar a exceção quando a situação de incumprimento não surja no contrato singular em que se pretende que a mesma seja invocada mas num outro contrato coligado com aquele.

Idêntico raciocínio pode ser concretizado nas redes de empresas, *maxime* naquelas formadas pela combinação de contratos bilaterais. Releva indagar da bondade da invocação, por exemplo, por parte de um franquiado, do incumprimento contratual manifestado num contrato de franquia paralelo ao seu e celebrado por um outro franquiado com o mesmo franquiador, para legitimar a recusa em cumprir as suas obrigações.

Estas são apenas algumas das hipóteses colocadas na coligação contratual e que são suscetíveis de ser convocadas nas redes.

Assim, ainda que se reconheça que não são figuras inteiramente coincidentes, convocaremos os ensinamentos doutrinários e jurisprudenciais que têm sido proferidos quanto à coligação contratual, sempre e na medida em que essa análise possa ser proficuamente aproveitada para um fenómeno que tem relevantes pontos de contacto.

3.6. Representações locais e sucursais

O afastamento das redes de empresas em relação às representações locais ou sucursais afigura-se-nos notório.

Quer as representações locais quer as sucursais (e daí a sua análise conjunta) estão inexoravelmente ligadas a uma entidade com personalidade jurí-

avaliação da gratuitidade ou onerosidade, bilateralidade ou unilateralidade e funcionamento da exceção do não cumprimento. Cfr. "Coligação negocial e operações negociais..." (cit.), págs. 255 e ss. Também quanto às consequências da coligação contratual, vide Paula Patrícia Souza dos Prazeres e Elaine Alves Silva de Santana, "Conexão contratual..." (cit.), pág. 110.

[351] Neste sentido, vide José Virgílio Lopes Enei, "Contratos coligados" (cit.), pág. 123.

dica própria e que, tendo em vista a sua expansão territorial, tanto nacional como internacionalmente, decide constituir uma sua representação, descentralizada da sede principal.

As empresas integrantes de uma rede, seja ela hierarquizada ou não, são, por definição da maioria da doutrina, juridicamente autónomas, não existindo, como regra, tão-pouco, qualquer relação de participação (societária) entre as empresas que integram a rede.

Não assim nas representações locais e sucursais, em que os atos praticados por estas representações são diretamente imputados no centro nevrálgico da administração principal, não tendo tais representações locais personalidade jurídica distinta da sociedade que representam.[352]

Conforme havíamos destacado em I.2.2.1. supra, não existindo pluralidade de sujeitos, inexistirá, em consequência, uma rede de empresas.

Sem prejuízo da exclusão, do fenómeno reticular, das sucursais e representações locais, estas unidades jurídicas têm sido, por vezes, designadas, na prática, como integrando uma rede. No entanto, por lhes falar o elemento subjetivo, só impropriamente a designação *"rede"* se mantém.

3.7. Grupos de sociedades

Problema parcialmente distinto é saber se pode existir rede nos grupos de sociedades.

No direito constituído português, *maxime* no CSC,[353] os grupos de sociedades podem assumir três feições: (i) participação totalitária no capital social de uma sociedade por uma outra (domínio total, podendo este ser inicial ou superveniente); (ii) contrato de grupo paritário; (iii) contrato de subordinação.

Sem prejuízo da diferenciação dogmática entre as três situações ora elencadas, colocam-se aqui duas questões. A primeira é a de saber se, ultrapassado o óbice da inexistência de personalidade jurídica distinta (como sucedia nas representações locais e sucursais), poderemos ter rede. Paralelamente, pode indagar-se se as sociedades comerciais que formem um grupo de sociedades – seja de facto seja de direito – serão qualificáveis como redes.

[352] A inexistência de personalidade jurídica própria das representações locais e sucursais não impede que tenham personalidade judiciária, sendo tal personalidade judiciária atribuída pelo artigo 13º do CPC nem, de igual modo, que possam ser sujeitos passivos de impostos, como resulta, por exemplo, do artigo 2º CIRC.

[353] A análise que aqui tecemos quanto aos grupos de sociedades tem em conta a limitação de aplicação do preceituado nos artigos 481º e ss. do CSC às sociedades com sede em Portugal – cfr. artigo 481º nº 2 CSC.

Antecipando, diremos que a resposta será negativa quanto a ambas as situações, sendo os motivos para tal conclusão sensivelmente os mesmos.

A noção de rede, independentemente da definição que vem sendo proposta pela jurisprudência, lei e, sobretudo, pela doutrina, tem a sua génese, conforme já havíamos mencionado, na tensão entre mercado e hierarquia; ou seja, não sendo a rede coincidente com qualquer um daqueles polos, acolhe, no entanto, notas de cada um deles e notas intermédias.

No que se refere aos grupos de sociedades enquadráveis na primeira hipótese elencada – domínio total inicial ou superveniente – o poder de direção advém da titularidade de participações sociais de uma outra ou outras sociedades comerciais, o que legitima os poderes de direção que tem a dominante em relação à dominada.

As redes não pressupõem qualquer relação de participação societária entre as entidades envolvidas,[354] nada impedindo, no entanto, e para que se conclua quanto à existência de rede, que a participação possa existir.

Não obstante, constata-se uma proximidade entre as redes e os grupos de sociedades, na parte em que ambas as figuras demonstram uma convivência entre unidade e multiplicidade, entre o individual e o coletivo.

Nos grupos de sociedades, temos o individual e a multiplicidade quando atentamos em cada uma das sociedades que integram o grupo, e o coletivo e a unidade quando o grupo é vislumbrado como um todo, tendo em vista a prossecução de objetivos definidos pela sociedade-mãe, seja individual seja coletivamente.[355]

Em algumas das suas roupagens, as redes apresentam estas vertentes, sobretudo as redes de feição hierárquica. Quando, no âmbito das redes, surja uma entidade a quem sejam atribuídos poderes de conformação do destino da rede, e, bem assim, de cada uma das entidades que a compõem, teremos uma estreita ligação com os grupos de sociedades. Aí, será de ponderar, na ausência de normas expressas a prevenir uma determinada situação, a eventual convocação, para aplicação analógica, das normas jurídicas previstas para os grupos,[356] ainda que a fonte do poder de conformação seja diversa.

[354] Assim, também, Catarina Nunes de Oliveira Carvalho, *Da dimensão da empresa...* (cit.), pág. 900.

[355] No sentido exposto, vide Gunther Teubner, *Networks as Connected Contracts...* (cit.), pág. 133. O Autor salienta que as contradições entre unidade e multiplicidade manifestam-se tanto a nível interno (e quanto às relações que no seio dos grupos se concebem), como a nível externo.

[356] Deste modo, também, Gunther Teubner, *Networks as...* (cit.), pág. 138, quando *"se crie uma situação de dependência comparável"*.

Adicionalmente, nos grupos de sociedades, há uma indesmentível ligação entre as várias sociedades que compõem o grupo, mesmo que, entre si, possam não existir relações de participações sociais (por exemplo, nas sociedades totalmente dominadas por uma terceira).[357]

Os aspetos em que as figuras se aproximam constituem, sob o prisma das redes, elementos marginais e não essenciais. Recuperando a noção proposta de rede, constata-se que, nos grupos, não se verifica, designadamente, o propósito comum de aumento da competitividade do mercado nem a coordenação das atividades económicas de forma interdependente.[358]

No que se reporta à interdependência, as atividades económicas desenvolvidas pelas sociedades que se encontram em relação de grupo *não têm que* ser interdependentes, posto que pode cada uma das sociedades integrantes do grupo ter atividades distintas, em áreas diversas. Não impõe o legislador que exista uma cooperação ou colaboração entre as empresas integrantes do grupo, orientada para uma finalidade económica comum.

Por outro lado, as relações de rede são marcadamente cooperativas ainda que não se bastem com a mera cooperação – tal como esta tem vindo a ser entendida nas tradicionais relações de cooperação entre empresas – e a vertente hierárquica (que se assume poder existir nas redes) não pressupõe, em regra, qualquer relação de participação maioritária ou total no capital dos demais membros da rede.[359]

Nos grupos de sociedades pode verificar-se a interdependência, sobretudo se os mesmos forem formados por sociedades que tenham o seu objeto social dirigido ao desenvolvimento de atividades económicas complementares, de tal forma que o incumprimento, por parte de um deles, da atividade a que se vinculou, pode comprometer as atividades que possam ter que ser desempenhadas a jusante ou concomitantemente com as suas. As relações que se estabelecem nos grupos serão mais de dependência do que de interdependência. Quando exista interdependência esta será o resultado da vontade da sociedade dominante.

[357] Conforme descreve Jorge Manuel Coutinho de Abreu teremos, nos grupos de sociedades, *"um conjunto de empresas encadeadas. Consoante as espécies de grupo e as circunstâncias, esse encadeamento ora reflectirá mais a ideia de multiplicidade dos elos-empresas, ora mais a da unidade do conjunto, ora mais a ideia de cadeia vertical-hierárquica, ora mais a de cadeia horizontal-paritária."*. Cfr. *Da empresarialidade, As empresas no Direito*, Colecção Teses Almedina, Coimbra 1996, pág. 271.

[358] Consideramos que não se pode concluir que o interesse da sociedade-mãe constitua um propósito comum do grupo.

[359] Salientando, também, a vertente cooperativa dos esquemas de contratuais e a vertente de integração nas de participação societária, vide Rui Pinto Duarte, "Formas Jurídicas..." (cit.), pág. 139.

A autonomia e independência, não estão, no entanto, presentes nos grupos de sociedades.[360]

Mesmo nas redes verticais, entendemos, sumariamente, que os poderes que possam ser atribuídos/reconhecidos ao líder da rede não podem afetar a independência e a autonomia de cada uma das entidades que integram a rede, sem prejuízo de voltarmos a tal análise infra, aquando da caraterização dos poderes do líder da rede.

Aponta-se, ainda, a inadequação das relações de subordinação existentes nos grupos para as redes e a rigidez, nos grupos, quanto à desvinculação.[361]

Posto que as redes possam conter, e contenham, regras quando à adesão e saída da rede,[362] a desvinculação tende a ser aceite de forma generalizada e, normalmente, ela traduz a relativa flexibilidade que se reconhece às redes.

Uma referência, ainda que sucinta, aos grupos formados através da celebração de contrato de grupo paritário.[363] O contrato de grupo paritário encontra-se previsto e regulado no artigo 492º do CSC; carateriza-se pela previsão de sujeição, por parte das sociedades contratantes, a uma direção comum, sem que entre as participantes ocorresse previamente qualquer relação de dependência.

O contrato pode admitir, de acordo com o que prevê expressamente o nº 4 do artigo 492º do CSC, que exista um órgão comum de direção, que assegura uma participação igualitária entre as sociedades participantes.

Um dos obstáculos que apontámos para a aproximação entre redes de empresas e grupos de sociedades residia na existência de uma relação de dependência nos grupos; no entanto, quando perante grupos formados por contrato de grupo paritário, ainda que exista uma inegável subordinação – já que se descortina a sujeição a uma direção unitária e comum – essa subordinação é igualitária entre as sociedades envolvidas; não se vislumbrando uma sociedade a quem sejam reconhecidos poderes de conformação, isoladamente, de todo o grupo.

[360] Salientando a nota da independência económica como distintiva das redes em face dos grupos, vide EVA BREDARIOL, *Regole di imputazione...* (cit.), pág. 22.

[361] Assim, JUAN IGNACIO RUIZ PERIS, «Un derecho específico...» (cit.), pág. 85.

[362] Considerando que as redes não têm subjacente, em regra, a detenção de qualquer participação social, a saída da rede – conforme infra concretizaremos – estará mais associada à modificação ou cessação do contrato do que, em bom rigor, a uma transmissão de participações sociais que estará na base na saída de uma determinada sociedade do âmbito de um grupo de sociedades.

[363] Quanto a este contrato, vide, desenvolvidamente, JOSÉ A. ENGRÁCIA ANTUNES, *Os Grupos de Sociedades...* (cit.), pág. 911 e ss. E, bem assim, ORLANDO DINIS VOGLER GUINÉ, Anotação ao artigo 492º, in *Código das Sociedades Comerciais em Comentário*, Vol. VII, Coord. JORGE M. COUTINHO DE ABREU, Almedina, 2014, págs. 183-190.

A celebração de um contrato de grupo paritário, atendendo às consequências a que dá origem, ao nível do governo de cada uma das sociedades integrantes do grupo, implica o cumprimento de um procedimento previsto na lei e que envolve a necessidade de prévia deliberação (por maioria qualificada) por parte das sociedades e, bem assim, de parecer do respetivo órgão de fiscalização.

O legislador, ao contrário do previsto para os grupos constituídos por domínio total ou por contrato de subordinação, não consagrou regime específico para os grupos por contrato paritário.[364]

Em qualquer caso, aponta-se que existe um poder de direção, em termos análogos aos previstos, no artigo 503º, para as sociedades em relação de grupo por domínio total. A especificidade do poder de direção, e das instruções a que ao mesmo se associa, reside na participação paritária de todas as sociedades participantes no grupo.[365]

Concluímos, assim, que o contrato de grupo paritário acolhe alguns dos parâmetros caraterizadores das relações de cooperação interempresarial, sendo de destacar, como resulta da própria designação, a posição de igualdade entre as sociedades integrantes do grupo, ainda que subordinados a uma direção comum.

Esta virtualidade dos grupos assim formados tem, como consequência, no plano de comparação entre redes e figuras afins, uma aproximação entre as redes e os grupos paritários.

A nível doutrinário, têm sido salientados aspetos adicionais para efeitos de distinção entre os grupos e as redes de empresas.

Fabrizio Caffagi assinala dois pontos através dos quais as redes podem ser distinguidas dos grupos. Por um lado, atenta-se na análise da vertente coordenação, por outro considera-se a responsabilidade.[366]

No que se refere à coordenação, o Autor sustenta que, no grupo, o poder de direção será atribuído, como regra, a uma única entidade, sendo que, nas redes, o poder será tendencialmente dividido.[367] Ainda quanto ao parâmetro

[364] Como salienta José A. Engrácia Antunes, *Os Grupos de Sociedades...* (cit.), pág. 912.

[365] Assim, José A. Engrácia Antunes, *Os Grupos de Sociedades...* (cit.), págs. 926 e ss.

[366] Para a exposição, desenvolvida, da distinção mencionada em texto, vide Fabrizio Cafaggi, "Il governo della rete: modelli organizzativi del coordinamento inter-imprenditoriale", in *Reti di imprese tra regolazione e norme sociali – Nuove sfide per diritto ed economia*, Fabrizio Cafaggi (coord.), il mulino prismi, 2004, págs. 78 e ss.

[367] Cremos que a divisão de poder nas redes encontra sustentação nas redes formadas por um contrato multilateral, designadamente à luz do regime jurídico do contrato de rede regulado no ordenamento jurídico italiano, mas já não nas redes que decorram da celebração de contratos

coordenação – e no que, em concreto, se reporta ao âmbito da coordenação – para que exista grupo (seja de facto seja de direito), tem que estar em causa a transferência no que se tem designado *"chaves do reino"*, ou seja, das funções estratégicas, admitindo o Autor que, nas redes, seja bastante a coordenação meramente parcial.[368]

Ante a análise da vertente responsabilidade – e sem prejuízo de ulterior ponderação infra aquando da densificação da responsabilidade na rede, quer dos membros em relação à rede e entre si quer da rede em relação a terceiros – Fabrizio Caffagi apresenta alguns pontos de contacto entre redes e grupos.

O Autor, quando perante redes formais ou formalizadas, com ou sem órgãos próprios de coordenação ou direção da rede, entende ser viável a responsabilização do administrador da rede, em moldes análogos aos previstos para a responsabilidade da sociedade diretora quanto aos credores da sociedade dirigida. Só no caso das redes informais é que o terceiro credor vê os seus poderes de reação quanto a sujeitos com quem não se vinculou contratualmente limitados aos casos específicos previstos na lei.[369/370]

O Autor, ainda na análise empreendida quanto ao confronto entre grupos e redes, refere que a coordenação da direção, nos grupos, advém de cima, enquanto nas redes ela é atribuída pelas bases, pelos demais membros da rede.[371]

Sob o ponto de vista doutrinário, tem sido igualmente salientada – para a distinção entre grupos e redes – a diferença entre o interesse na rede e o interesse nos grupos de sociedades.[372]

bilaterais e em que se reclama uma coordenação unitária da rede, em função, designadamente, da necessidade de proteção de sinais distintivos do comércio de que é titular apenas um membro (o cume da rede).

368 Quando alude ao caráter parcial da transferência de poderes, Fabrizio Cafaggi exemplifica tal parcialidade com as fases de distribuição, distribuição e comercialização. Cfr. Fabrizio Cafaggi, "Il governo della rete... (cit.), págs. 80-81.

369 Assim, desenvolvidamente Fabrizio Cafaggi, "Il governo della rete..." (cit.), págs. 83-84

370 Sobre a possibilidade de os credores da sociedade que é membro da rede poderem responsabilizar o cume da rede nos pronunciaremos em II.3.2.1. infra.

371 Assim, Fabrizio Caffagi, "Reti Contrattuali e contratti di rete: ripensando il futuro", in *Reti di imprese tra crescita e innovazione organizzativa. Riflessioni da una ricerca sul campo*, Fabrizio Cafaggi e Paola Iamiceli, Bologna, Il Mulino, 2007, pág. 431.

372 Neste sentido, designadamente, Eva Bredariol, *Regole di imputazione...* (cit.), pág. 23. Aponta a Autora que o interesse, na rede, é um interesse coletivo e, nos grupos de sociedades, é o interesse da sociedade dominante. Por seu turno, Francesca Mollo alude às diferenças existentes quanto à natureza dos conflitos de interesses e às formas de os solucionar nos grupos e nas redes. Cfr. *Reti di contratti...* (cit.), pág. 49.

Conforme tem vindo a ser sustentado pela doutrina portuguesa autorizada, o interesse nos grupos é, em bom rigor, o interesse que é definido e concretizado pela sociedade-mãe/dominante.[373]

Segundo FABRIZIO CAFAGGI, o interesse na rede não se traduz na soma aritmética dos interesses das empresas participantes, consistindo, ao invés, algo qualitativa e quantitativamente diferente.[374]

O Autor, na densificação do conceito de interesse na rede, conjetura a hipótese de ser sacrificado o interesse de um dos membros da rede em relação à própria rede e quanto ao modo como compensar tal sacrifício, propugnando pela aplicação analógica das normas previstas para os grupos de sociedades.[375]

Temos colocado o enfoque da nossa análise nos grupos de sociedades, tal como se encontram regulados, entre nós, nos artigos 488º e do CSC. Será, no entanto, concebível uma aproximação das redes de empresas aos grupos de facto?

Sustentando-se resposta positiva, propendemos, contudo, para a solução inversa. Como previamente assinalámos, consideramos que as redes não são subsumíveis a relações de grupo de facto, em virtude de, nas redes, estar subjacente uma interdependência entre as empresas participantes – sejam redes horizontais ou verticais – que não tem de se verificar nos grupos de sociedades (mesmo nos grupos de facto).

Adicionalmente, nos grupos, está patente uma direção unitária, a qual é idónea a limitar a autonomia da sociedade integrada no grupo[376] (que não a sociedade-mãe); nas redes, ainda que se possa manifestar uma desigualdade na distribuição de poder, os poderes que se atribuem ao cume da rede são ao

[373] JOSÉ A. ENGRÁCIA ANTUNES refere, a este propósito, que, nos grupos, a vida da sociedade dominada pode *"vir a correr à revelia do seu próprio interesse, ou mesmo, no limite, transformá-la numa simples extensão dos interesses empresariais e da vontade da sociedade-mãe"*. Cfr. *Os Grupos de Sociedades...* (cit.), pág. 124.

Por seu turno, COUTINHO DE ABREU considera duvidoso que se deva falar de *"interesse do grupo"*, porquanto à sociedade diretora será legítimo afastar o interesse social das sociedades subordinadas se ficaram acautelados os seus próprios interesses ou de outras sociedades que integrem o grupo. Cfr. *Curso de Direito Comercial*, Vol. II... (cit.), pág. 201 e, bem assim, em "Anotação ao artigo 503º", in *Código das Sociedades Comerciais em Comentário*, Vol. VII, Coord. JORGE M. COUTINHO DE ABREU, Almedina, 2014, pág. 287.

[374] Cfr. "Il governo della rete..." (cit.), pág. 75.

[375] Será defensável, para FABRIZIO CAFAGGI, no âmbito da análise das normas dos grupos passíveis de serem aplicadas analogicamente, a aplicação da norma que, nos grupos, obriga à fundamentação das instruções desvantajosas dadas pela sociedade dominante à dominada. Cfr. últ. Op. cit, pág. 75, nota 47.

[376] Salvaguardando-se a situação específica das sociedades num grupo paritário.

nível da coordenação, sendo caraterística das redes a salvaguarda da autonomia e independência das entidades que integram a rede.[377]

3.8. Cooperativas

Constituem as cooperativas formas de agregação entre pessoas singulares ou coletivas, fundadas na cooperação e entreajuda e com finalidades expressamente previstas na lei, *maxime* no CCoop, aprovado pela Lei nº 119/2015, de 31 de agosto.

Das notas caraterizadoras essenciais das cooperativas, destacam-se a existência de personalidade jurídica autónoma e distinta da dos seus membros, a sujeição a um conjunto de princípios cooperativos (designadamente, a adesão livre e gestão democrática, a participação económica dos membros e a intercooperação), ao que acresce a inexistência de finalidade lucrativa.

A ausência de escopo lucrativo já tinha sido apontada, como regra, nos ACE; no entanto, nas cooperativas, a finalidade lucrativa não se encontra prevista tão-pouco como finalidade secundária, como está consagrado, para os ACE, no artigo 1º do Decreto-Lei nº 430/73, de 25 de agosto.[378]

O âmbito de atividade das cooperativas é o definido por lei, exercendo estas a sua atividade nos setores económicos legalmente estabelecidos. Tal limitação legal, ainda que, aparentemente, se apresente como cerceadora da liberdade de instituição de cooperativas, não constitui nem é idónea a obviar ao desenvolvimento deste tipo de organização, porquanto os setores legalmente previstos encontram-se definidos em termos amplos. Assim, designadamente, estando incluídos nos ramos do setor cooperativo a comercialização e os serviços, é a cooperativa apta a satisfazer um amplo conjunto de atividades económicas.

As cooperativas afastam-se, em vários aspetos, das redes de empresas.

A impossibilidade de escopo lucrativo da cooperativa é, indubitavelmente, a principal dissonância entre as duas figuras, porquanto as redes de empresas têm como objetivo fundamental – pese embora possa não ser o único ou, até,

[377] De modo semelhante, quanto aos modelos teóricos dos grupos e redes, PIETRO ZANELLI, *Reti e contratto...* (cit.), págs. 14 e 15, ainda que o Autor aproxime grupos de facto e redes, sob o ponto de vista institucional.

[378] São vários os benefícios fiscais concedidos às cooperativas, a que não será indiferente terem estas assento constitucional (cfr. artigos 61º, 80º, 85º da CRP), sendo inclusivamente a sua coexistência, a par do setor público e privado, limite material de revisão constitucional (cfr. artigo 288º alínea *f)* da CRP). Os benefícios atribuídos são, por ora, mais expressivos do que aqueles reconhecidos aos ACE's, destacando-se a isenção de IRC, Imposto sobre as Transmissões Onerosas de Imóveis e Imposto Municipal sobre Imóveis (cfr. artigo 66º-A do Estatuto dos Benefícios Fiscais).

o principal – o aumento da capacidade competitiva, a qual envolve, por norma, a maximização do lucro, quer individual quer coletivamente. O encetar de relações de cooperação nas redes, podendo ter finalidades como a investigação ou a partilha de *know-how*, é indissociável da finalidade lucrativa, quase imanente a serem os membros da rede sujeitos titulares de empresa.

Quando aludimos à ausência de escopo lucrativo das cooperativas temos que precisar o seguinte: a cooperativa, enquanto tal, enquanto entidade jurídica distinta dos seus membros, não tem finalidade lucrativa. No entanto, os membros que compõem a cooperativa podem ter e têm frequentemente, *maxime* quando desenvolvam a sua atividade nos setores da comercialização ou dos serviços, uma finalidade lucrativa. Pensemos na hipótese de um conjunto de produtores de leite que, tendo em vista a colocação no mercado, a custos mais baixos, constituem uma cooperativa entre si. O facto de colocarem no mercado os seus produtos a custos mais baixos irá contribuir para que, potencialmente, possam aumentar a sua capacidade competitiva, e, concomitantemente, o lucro.

Pelo que, por esta via, não se descortinaria uma diferença fundamental entre os propósitos subjacentes à constituição de uma cooperativa e a motivação dos contratantes numa relação de rede.

No entanto, as cooperativas e as redes afastam-se noutros aspetos, além da vertente lucrativa.

Ainda que os ramos de atividade legalmente reconhecidos permitam alguma amplitude nas áreas económicas em que as cooperativas se podem desenvolver, estes ramos não esgotam a totalidade das atividades económicas.[379]

Os ramos indicados pelo legislador são, refira-se, em qualquer caso, designados de forma genérica. Assim, por exemplo, a utilização dos vocábulos *"comercialização"* e *"serviços"* tem a aptidão de potencialmente abranger a quase totalidade da atividade económico-mercantil.

De todo o modo, as redes, tratando-se de um fenómeno que, por ora, não tem previsão legal, enquanto figura geral, nem é estabelecida, em consequência, qualquer limitação quanto ao âmbito de atividade das redes, estas serão potencialmente utilizáveis para todos os setores da atividade económica.

Há, no entanto, vertentes das redes que podem afastar ainda mais as cooperativas das redes de empresas.

Nas cooperativas, por imperativo legal, verifica-se o princípio da livre adesão, conjugado com o direito de adesão (artigo 3º, primeiro princípio, do

[379] O nº 1 do artigo 4º do Código CCoop. estabelece alguns ramos, salvaguardando-se, no entanto, que, legalmente, possam ser estabelecidos outros.

CCoop).[380] Por norma, nas redes de empresas, quer sejam horizontais quer verticais, quer ainda nas redes formadas por conjuntos de contratos bilaterais ou por um contrato multilateral, não há – como veremos infra[381] – um direito de ser membro de uma rede, podendo existir, além de requisitos objetivos, uma apreciação por parte do cume da rede (nas redes hierárquicas e, sobretudo, nas redes formadas por contratos bilaterais em que, num dos vértices do contrato, está sempre a mesma entidade).

Sendo as cooperativas organizações previstas na lei, denota-se um grau pormenorizado da sua regulamentação, prevendo-se inclusivamente vários órgãos das cooperativas, com indicação dos seus poderes.

As redes de empresas podem ser mais ou menos organizadas e não tendo, como regra, personalidade jurídica distinta dos seus membros, para poderem funcionar não são necessários órgãos.

Não obstante, quando as redes de empresas assumam um certo grau de organização, que pode estar relacionado com o número de membros, com o âmbito territorial da atividade e volume de negócios a que a sua atividade dá origem, justifica-se a instituição de órgãos internos na rede; no rigor dos princípios jurídicos, não são, contudo, verdadeiros órgãos, porquanto, concetualmente, não são centros de imputação de uma pessoa coletiva. Quando assim suceda, podem tais *órgãos* que vierem a ser instituídos aproximar-se daqueles previstos no CCoop e, naturalmente, dos previstos no CSC.

3.9. Contrato de sociedade

Dedicaremos especial atenção à comparação entre o contrato de rede com o contrato de sociedade, por, essencialmente, dois fundamentos.

Desde logo, sendo um contrato com extensa regulamentação legal – quer o contrato de sociedade previsto no CCiv (nos artigos 980º e ss.) quer o contrato de sociedade comercial regulado, nos seus vários tipos e vicissitudes, no CSC –, constatada que seja a proximidade entre as duas figuras, pode ser defensável a aplicação de algumas normas aí expressamente previstas para prevenir casos análogos que se convoquem nas redes.

Por outro lado e, diríamos mesmo, pelo (lado) contrário, caso se conclua pela diferenciação entre ambas as figuras, não obstante a eventual ligação quanto a certos aspetos, poderemos ir ao encontro daqueles que afirmam

[380] Sublinha-se que a livre adesão é de tal modo tutelada pelo legislador que se admite o recurso da decisão, quanto à admissão, a decidir pela primeira assembleia geral subsequente (cfr. artigo 19º nº 3 do CCoop).

[381] Cfr. Ponto II.2.3..

que o contrato de rede terá surgido para obviar ao espartilho do contrato de sociedade.

O contrato de sociedade pressupõe, sempre, dois sujeitos, duas declarações de vontade,[382] podendo ser um contrato bilateral ou um contrato multilateral. A multilateralidade pode ser voluntária ou imperativa, posto que, para alguns tipos sociais, no CSC, exige o legislador um número mínimo de sócios superior a dois.[383]

Podendo o contrato de sociedade apresentar-se como contrato multilateral, acolhe uma das vertentes por que se manifesta o contrato de rede que pode ser, conforme vimos, um contrato multilateral.

A vertente comercial – a prática de atos de comércio – é também um elemento comum a ambas as figuras, se estivermos perante redes de empresas.

Não afastamos a possibilidade de as redes poderem existir quanto a entidades que não são comerciantes nem praticam atos de comércio, ou seja, podemos ter redes puramente civis (já não *"redes de empresas comerciais"*). Será o exemplo, paradigmático, das redes de ROC e SROC, que, aliás, foi o setor de atividade económica onde se manifestou, pela primeira vez, no plano do direito constituído português, a noção de rede enquanto fenómeno de colaboração entre sujeitos jurídicos.

A rede, em si mesma, pode não ter por objeto a prática de atos de comércio.

Os ROC e SROC, ainda que se organizem sob a forma de rede (de tal modo que o legislador previu expressamente essa situação), não praticam atos de comércio, porquanto a atividade por aqueles desenvolvida é atividade própria dos designados *profissionais liberais*, atividade que tem sido excluída do âmbito da atividade mercantil, *rectius*, da qualificação como ato de comércio.[384]

Mau grado o exposto, podemos afirmar que, por norma, também as redes têm por objeto a prática de atos de comércio. Quando proferimos tal conclusão, a mesma tem que ser entendida *cum grano salis*. Na verdade, e aqui antecipamos uma das principais diferenças que se apontam entre as duas figuras, as redes não envolvem sempre a criação de uma pessoa jurídica nova, com personalidade distinta dos seus membros. As redes não são sempre institucionais/organizacionais.

[382] Salvaguarda-se, no entanto, as sociedades comerciais com apenas um sócio. Assim sucede nas sociedades unipessoais por quotas (cfr. artigos 270º-A a 270º-G do CSC) e nas sociedades totalmente dominadas (cfr. artigo 488º do CSC).

[383] Para as sociedades anónimas é imposto, como regra, um número mínimo de cinco sócios (artigo 273º nº 1 do CSC) e, para as sociedades em comandita por ações, seis sócios (um comanditado e cinco comanditários, atento o disposto nos artigos 465º e 479º do CSC).

[384] Cfr. Coutinho de Abreu, *Curso de Direito Comercial*, Vol. I... (cit.), págs. 103-104.

E, acrescentamos, não só não envolvem sempre a criação de uma nova entidade, como, em regra, constituindo-se uma pessoa coletiva nova, as especificidades apontadas às redes de empresas podem diluir-se pela aplicação do regime jurídico legalmente consagrado para a pessoa coletiva assim constituída (o regime das associações, fundações ou sociedades comerciais, por hipótese).

Admitindo-se embora que as redes de empresas tenham por objeto a prática de atos de comércio, atenta a *normal* inexistência de uma pessoa jurídica nova constituída pelos membros,[385] tais atos de comércio serão praticados em nome de todos ou de alguns dos membros integrantes da rede. Assim não sucede nas sociedades comerciais que têm por objeto a prática de atos comerciais e os atos que praticam são em seu próprio nome e não em nome dos seus sócios.

Se atentarmos nas diferenças entre redes e sociedades comerciais, vários autores apontam, como nota distintiva, o interesse a prosseguir por umas e outras.[386]

Nas sociedades comerciais, digladiando-se embora teses díspares quanto ao que constitui o interesse social (*maxime* no âmbito da dicotómica visão tese contratualista e tese institucionalista), pode concluir-se que o interesse social, quando encarado na perspetiva de atuação dos sócios, se traduz na *"relação entre a necessidade de todo o sócio enquanto tal na consecução do lucro e o meio julgado apto a satisfazê-la"*[387] e, na perspetiva da administração, consiste na conjugação de interesses dos sócios e de outros sujeitos com quem se relaciona a sociedade (cfr. artigo 64º do CSC).

Nas redes, ao invés, há uma conjugação de um interesse da rede[388] e inúmeros interesses de cada um dos seus membros. Neste âmbito, podem existir

[385] Existem vários autores que, em sentido ligeiramente divergente ao exposto em texto, consideram que as redes, como tais, carecem de personalidade jurídica própria. Assim, vide Carlos Gómez Asensio, "El concepto de red en la reforma de la Ley de Auditoria", in *Nuevas Perspectivas del Derecho de Redes Empresariales,* Tirant lo blanch, Valência 2012, pág. 331.

[386] Constitui esta uma nota distintiva apontada por alguns autores. Assim, encontramos Gunther Teubner, "And if I by Beelzebub..." (cit.), pág. 410. Ainda que não aludindo expressamente à comparação entre interesse na sociedade comercial e na rede, também Fabrizio Cafaggi e Paola Iamiceli sublinham a especificidade do interesse nas redes de empresas, no âmbito das quais o interesse coletivo coexistirá com os interesses individuais. Cfr. "Private Regulation..." (cit.), pág. 12.
Assim, também, Ruiz Peris, "Un derecho específico..." (cit.), pág. 85

[387] Cfr. Coutinho de Abreu, *Curso de Direito Comercial*, Vol. II... (cit.), pág. 296.

[388] Pese embora a questão reclamasse um reflexão mais aprofundada do que o espaço limitado de uma nota, impõe-se a interrogação de saber se a rede, podendo não ter personalidade jurídica

interesses partilhados e interesses divergentes, sendo que essa convivência de interesses é legítima e aceite como nota caraterizadora da rede.[389]

Nas sociedades comerciais, em alguma medida, pode existir, ainda que de forma menos ostensiva, um interesse da sociedade comum aos sócios – o interesse na prosperidade da sociedade, por exemplo – e interesses divergentes dos sócios, uns pretendendo, por exemplo, a imediata partilha dos lucros que tenham sido gerados num determinado exercício económico e outros que optam pela manutenção do capital gerado na própria sociedade, para investimento, por exemplo, em novas tecnologias ou modernização.

Dada a ligação existente entre os vários contratantes/membros de uma rede de empresas, o interesse individual de cada um dos componentes da rede envolve, se não mesmo pressupõe, a satisfação do interesse individual de outro componente.[390]

Outro ponto que salienta a doutrina,[391] quanto ao afastamento das redes das sociedades comerciais, relaciona-se com a distribuição do lucro.[392]

Nas sociedades comerciais, decorrente da personalidade jurídica distinta dos sócios, o lucro é auferido, em primeira linha, pela sociedade comercial

distinta dos seus membros, poderá ser titular de um interesse. Ou, *rectius*, se existe um interesse da rede distinto do dos membros quando não tenhamos uma entidade distinta. Cremos que a resposta é afirmativa; o facto de se ponderar o interesse de uma coletividade, que não constitui um mero somatório dos interesses individuais dos seus componentes, não pressupõe que essa coletividade tenha personalidade jurídica. O interesse não é um direito. O interesse não pressupõe a aptidão para ser titular de direitos e obrigações.
No sentido de ser a rede titular de um interesse coletivo e autónomo em relação aos interesses individuais dos participantes, vide, designadamente, FRANCESCA MOLLO, *Reti di contratti*... (cit.), pág. 144.
JUAN IGNACIO RUIZ PERIS refere que existe uma relação dialética entre dois tipos de interesses dos membros: (i) o interesse em criar valor como um interesse partilhado; (ii) interesse divergente individual na alocação ou partilha do valor criado. Cfr. "Business Networks as a Legal Explanatory Framework", in *Claves del derecho de redes empresariales, Business Networks Law Keys*, Juan Ignacio Ruiz Peris (Director), Universitat de València.

[389] Assim RUIZ PERIS, «Un derecho específico...» (cit.), pág. 107.

[390] Cfr. Assim, também, FRANCISCO GONZÁLEZ CASTILLA, "El impacto de la intermediación..." (cit.), pág. 380.

[391] Neste sentido, vide GUNTHER TEUBNER, *Networks as*... (cit), págs. 155 e 191.

[392] Para efeitos de comparação entre contrato de rede e contrato de sociedade comercial, continuaremos, também aqui, a considerar que a rede não envolveu a criação de uma sociedade comercial. Conforme já havíamos mencionado em texto, quando se institua uma pessoa jurídica distinta dos membros da rede certas questões que se colocam ficam mitigadas, o que não significa que as redes de empresas percam relevância jurídica, designadamente porquanto podem subsistir contratos de rede mesmo após a constituição da pessoa coletiva veículo da rede. Sobre a questão, vide, em especial, II.2.2.1 infra.

sendo que, só posteriormente, o mesmo, dentro de determinadas condições fixadas na lei e no contrato de sociedade, será distribuível aos sócios. Não assim nas redes de empresas em que o lucro é auferido pelos membros, diretamente, sem que tenha que passar, previamente, pelo crivo de qualquer entidade interposta entre membros e lucro, entidade essa que pode não existir.

GUNTHER TEUBNER,[393] quanto à distribuição dos lucros na rede, refere, ainda, que os lucros são distribuídos simultaneamente ao centro da rede e aos seus nós. Da nossa parte, entendemos que tal conclusão apenas se pode efetuar quando exista um *centro da rede*. Com efeito, podemos estar perante redes horizontais e não integradas, em que não existe um centro da rede, mas apenas entidades que, conjugando os seus esforços, tendo em vista uma finalidade de rede, interagem entre si; nessa hipótese, o lucro é atribuído (ou atribuível) aos membros, em função das condições que tiverem sido contratualizadas.

Existe, ainda, uma parte da doutrina (italiana) que aponta no sentido da coincidência total ou parcial entre contrato de rede e contrato de sociedade, considerando, desde logo, o preceituado no diploma legal que, em Itália, acolheu, como tipo legal, o contrato de rede.

Salienta-se, com base no disposto no Decreto-lei nº 5, de 10 de fevereiro de 2009, que as exigências de forma no contrato de rede aproximam-se das estabelecidas para o contrato de sociedade; algumas diferenças apontadas no sobredito diploma legal (designadamente quanto à inexistência de uma sede da rede[394]) seriam rebatíveis pela comparação com o que sucede nas designadas sociedades comerciais de facto, a que faltaria o ato constitutivo e em que, ainda assim, pelos factos concludentes, teríamos uma sociedade.[395]

Em sentido ligeiramente diferente, mas, em qualquer caso, admitindo, pelo menos parcialmente, uma coincidência entre algumas redes e as sociedades comerciais, encontram-se outros autores que sustentam serem as redes contratuais ou organizacionais, referindo-se as primeiras a um contrato multilateral ou a vários contratos bilaterais – na esteira, aliás, do que temos vindo a sufragar – e as segundas à criação de uma nova entidade, normalmente uma sociedade ou um agrupamento de interesse económico.[396]

[393] GUNTHER TEUBNER, *Networks as...* (cit), pág. 155.

[394] Crítica essa que perdeu pertinência com a mais recente alteração legislativa ao diploma legal italiano, que passou a admitir a atribuição de subjetividade jurídica à rede e, concomitantemente, alude à sede da rede, designadamente para efeitos de registo da constituição da rede.

[395] No sentido exposto, vide RENATO SANTAGA, "Il «Contratto di Rete»...", (cit.), pags. 339 e ss.

[396] Neste sentido FABRIZIO CAFAGGI e PAOLA IAMICELI, *Private regulation...* (cit), pág. 11. De certa forma próximo deste entendimento, encontramos, ainda, ANDREA ZORZI, qualificando o Autor as redes proprietárias e burocráticas como aquelas que usam a forma de sociedade ou

Entendemos que a razão não estará, inteiramente, nem com uns nem com outros.

Na verdade, reconhece-se que a constituição de uma sociedade comercial pode resultar de factos concludentes e aí teria inteira aplicação o regime genérica e comummente designado de *sociedades irregulares*, entre nós regulado nos artigos 36º e seguintes do CSC.

A designação de *sociedades irregulares*, conforme tem vindo a ser sublinhado pela doutrina mais autorizada que sobre a matéria se tem pronunciado, não é a mais feliz, daí que, como nota COUTINHO DE ABREU, o CSC tenha tentado afastar-se da expressão, ainda que sem grande sucesso, já que a mesma está presente, por exemplo, no artigo 174º nº 1 *e)*.[397]

Ao que acresce que, para que uma sociedade exista – mesmo que *irregular* – é necessária a vontade de constituição de uma sociedade comercial que, por um qualquer motivo, por norma de índole formal, não veio a ser constituída perfeitamente.

Nas redes de empresas, pode encontrar-se subjacente à sua instituição o afastamento voluntário, por parte dos membros/contratantes, do regime do contrato de sociedade, porquanto o mesmo é idóneo a espartilhar os propósitos dos contratantes na definição das cláusulas que regerão a relação por eles pretendida.

A convocação da figura das *sociedades irregulares* tem sucedido, por parte da doutrina, aquando da análise de outros instrumentos de cooperação interempresarial, principalmente a propósito da tutela dos terceiros com quem os contratantes encetam negociações.[398]

Julgamos que não podem ser, apenas, finalidades de tutela de terceiros as que se encontram na base para a aproximação entre as redes de empresas e o regime jurídico das sociedades irregulares.

Em boa verdade, a hipótese que maior proximidade poderia suscitar nas redes de empresas é a contida no nº 1 do artigo 36º do CSC,[399] uma vez que,

o consórcio como mecanismo de coordenação entre as empresas. Assim, em "Reti di imprese e modelli societari di coordinamento", in *Reti di imprese tra regolazione e norme sociali – Nuove sfide per diritto ed economia*, FABRIZIO CAFAGGI (coord.), il mulino prismi, 2004, pág. 186.

397 Cfr. *Curso de Direito Comercial*, Vol. II... (cit.), págs. 118-199, em nota.

398 Quanto ao confronto entre as sociedades irregulares e os consórcios, vide PAULO ALVES DE SOUSA VASCONCELOS, *O Contrato de Consórcio...* (cit.), pág. 18.

399 Disposição cuja inserção sistemática merece críticas por parte da doutrina. Assim, COUTINHO DE ABREU, *Curso de Direito Comercial*, Vol. II... (cit.), pág. 120, MARIA ELISABETE RAMOS, Anotação ao artigo 36º, in *Código das Sociedades Comerciais em Comentário*, Vol. I, IDET, Códigos, JORGE M. COUTINHO DE ABREU (Coord.), Almedina, 2010, pág. 547.

como sublinhado, pode constituir um dos propósitos dos membros de redes de empresas o afastamento voluntário do regime previsto para as sociedades comerciais, ainda que, nas redes de empresas, possa surgir a constituição de uma sociedade comercial.

Não obstante, tal situação não é, em bom rigor, uma sociedade irregular; para que uma sociedade pudesse estar em causa, necessário seria que tivesse sido celebrado um contrato de sociedade, o que não é pressuposto no nº 1 do artigo 36º.

Naquela norma pretende-se – com o propósito de proteger terceiros – salvaguardar a aparência de uma sociedade comercial, designadamente pela utilização, pelos aparentes sócios, de uma firma comum.

Será frequente, nas redes, a utilização de um sinal distintivo comum, podendo este ser uma firma ou uma marca, por exemplo.

Nas redes, pode ser convocada a aplicação daquela norma, mas a falsa aparência de sociedade – perante terceiros – não torna sociedade comercial algo que, na verdade, não é.

Certo, é, porém, que se pode impor aos membros das redes, que tenham criado a falsa aparência de uma sociedade, uma responsabilidade agravada. A consequência fixada naquele artigo é, assim, ao nível da responsabilidade solidária e ilimitada pelas obrigações contraídas e não a conversão em sociedade de uma realidade social distinta (que pode não ter sido tão-pouco querida pelos membros).

Mantemos, assim, a separação dogmática entre sociedade comercial e rede de empresas, sem prejuízo da convocação analógica de algumas normas aplicáveis às sociedades comerciais sempre e quando a analogia se justifique.[400]

Não nos aproximamos de alguns autores que não aceitam a convivência de redes de empresas e sociedades comerciais; ou seja, para alguns autores, uma rede de empresas carateriza-se, precisamente, pela inexistência de uma entidade unificadora, pela inexistência de um veículo que funcione como elo de ligação entre as várias empresas que são membros da rede.[401]

Na verdade, entendemos ser possível a celebração de um ou vários contratos de sociedade no seio de uma rede de empresas, sem que, com essa circunstância, a rede de empresas perca autonomia dogmática ou relevância jurídica.

[400] Como se constatará, em sede de apreciação do governo da rede e da formação da vontade da rede, em II.2.5. infra.

[401] Assim, HUGH COLLINS, "Introduction to Networks as...", (cit.), pág. 10.

4
Tipos de redes. Enquadramento

A subsunção das redes a tipos ou esquemas pré-definidos não se vislumbra ser uma tarefa simples.[402]

Estando a rede num estádio de evolução jurídica pouco mais além do embrionário, e não existindo um reconhecimento expresso da figura na generalidade dos ordenamentos jurídicos, a análise do fenómeno sob o ponto de vista social e económico pode fornecer algumas pistas para a proposta de uma tipologia.

Para efeitos de sistematização, escolhemos as classificações que a doutrina mais tem abordado; por norma, tais classificação são apresentadas de forma dicotómica, ainda que nem sempre essa abordagem esgote as configurações de rede.

4.1. Classificação das redes quanto à sua natureza contratual ou organizacional

Entendemos que, na base de uma rede, estará, pelo menos, um contrato. Assim, e na pureza dos conceitos, todas as redes seriam contratuais, na medida em que, na sua origem, existe, pelo menos, um negócio jurídico bilateral celebrado entre sujeitos distintos.

[402] Autores há que consideram que *"dificilmente existirão duas redes estruturadas de maneira idêntica. Assim, o esforço de tentar abranger todas as possibilidades de redes interorganizacionais em algumas dezenas de tipologias pré-definidas, não deixa de ser uma simplificação forçada da ampla diversidade de tipologias de redes"* (cfr. ALSONES BALESTRIN e LILIA MARIA VARGAS, "A Dimensão Estratégica..." (cit.) pág. 209). Julgamos, no entanto, que não obstante poder existir uma diversidade na configuração de uma rede, seja ao nível da divisão interna de poderes, seja no número de membros ou na articulação funcional nestes, manifestam-se algumas caraterísticas nas redes que, sendo comuns a várias, permitem o agrupamento para efeitos de classificação.

No entanto, para parte da doutrina, as redes podem ser contratuais ou organizacionais,[403] sendo que as primeiras, por sua vez, podem ser subdivididas em bilaterais e multilaterais,[404] consoante resultem da celebração de vários contratos bilaterais ou de um ou mais contratos multilaterais.

Entendemos, todavia, que as redes não são estanques, isto é, não têm de resultar ou de contratos bilaterais ou de contratos multilaterais, porquanto podem coexistir, e é mais provável que coexistam, redes formadas, simultaneamente, por contratos bilaterais e por contratos multilaterais.

Fabrizio Caffagi apresenta, como exemplos destas redes – que podem ser designadas de redes mistas – as redes nos setores das companhias aéreas, telecomunicações e cartões de crédito. Nestes setores, verifica-se a existência de contratos multilaterais entre os fornecedores e entre estes e os clientes finais constata-se a celebração de contratos bilaterais.[405]

Colocada, nestes termos, a noção de redes mistas, seríamos tentados a concluir que todas as redes de empresas, quando direcionadas para o exterior, seriam redes mistas e pressuporiam a celebração de contratos bilaterais.

Veremos com maior detalhe, em I.4.2. infra, as situações em que um comprador ou um destinatário da produção dos membros da rede pode ser considerado membro da rede, já que não assumimos que todos aqueles que contratam com os membros da rede possam ser considerados parte da rede, mesmo na hipótese em que a contratação seja repetitiva e se prolongue no tempo.

Por seu turno, as redes organizacionais implicam, por norma, a existência de uma entidade jurídica, instituída pelos membros da rede, como seja, por exemplo, uma sociedade comercial, uma associação, uma fundação ou um ACE.[406] Para concretização do conteúdo das redes organizacionais, convocamos a

[403] Neste sentido, Roberta Bertagnin, *Il contratto di rete...* (cit.), pág. 18. Assim, também, acrescentando, no entanto, um *tertium genus*, referente às redes mistas, vide Edoardo Bernini, Guido Bevilacqua, Eva Bredariol, Lorenza Bullo, Cristiano Casalini, Giulia Clarizio, Giuseppe Fietta, Andrea Todeschini Premuda e Diego Trentin "Linee guida..." (cit.), pág. 4 e Francesca Mollo, *Reti di contratti...* (cit.), pág. 47.
De forma mais restritiva, alude-se também ao binómeno redes contratuais e redes societárias. Cfr. AAVV., *Manuale di buone pratiche...* (cit.), pág. 4.

[404] Em sentido ligeiramente diferente, vide Gaetano Guzzardi, *Il contratto...* (cit.), pág. 23. Para o Autor, as redes contratuais resultariam da ligação (apenas) de contratos bilaterais.

[405] Cfr. Fabrizio Caffagi, "Redes contractuales y teoria contractual...", (cit), págs. 53-54.

[406] Acrescentam alguns autores, como exemplo de redes organizacionais, o consórcio. Neste sentido, Edoardo Bernini, Guido Bevilacqua, Eva Bredariol, Lorenza Bullo,Cristiano Casalini, Giulia Clarizio, Giuseppe Fietta, Andrea Todeschini Premuda e Diego Trentin "Linee guida..." (cit.), pág. 4. Também no sentido de que as redes organizacionais não envolvem sempre a constituição de uma pessoa jurídica nova, aludindo, igualmente, ao contrato

noção de contratos organizacionais ou de organização, a que regressaremos em I.6.6. infra. Por ora, antecipamos que os instrumentos negociais que tenham em vista disciplinar os termos em que se processa a entrada e saída numa organização, o modo como esta é gerida, como se relaciona com terceiros e como se forma a vontade, podem ser qualificados como contratos de organização.

Em face desta classificação, poder-se-ia considerar que só quando a fonte da entidade jurídica constituída não fosse um contrato, mas um negócio jurídico unilateral, é que, com propriedade, se aludiria a uma rede organizacional; com efeito, todas as redes que, ainda que dessem origem a uma entidade jurídica, resultassem da celebração de um contrato, seriam, também, contratuais.

Numa tentativa de atribuir efeito útil à distinção ora em análise, há que atender não ao instrumento negocial a que os sujeitos recorreram para reger as relações de rede (podendo este assumir uma feição contratual ou outra), mas aos efeitos que o instrumento negocial produz.

Se se formar uma pessoa jurídica distinta dos contratantes teremos uma rede organizacional; mais, mesmo que não exista tal entidade distinta, quando se vislumbre um conjunto organizado de entidades com um mínimo de coesão em torno de princípios previamente definidos, ainda que o substrato assim instituído não tenha órgãos próprios, mesmo aí se entenderia estarmos perante uma rede organizacional.

Para os autores que admitem a existência de redes organizacionais, a par de redes contratuais, apontam, como exemplos das redes organizacionais, as redes societárias, as redes constituídas através de uma associação ou fundação e, ainda, as cooperativas ou sociedades consorciais (estas últimas sustentadas pela doutrina italiana, com base na previsão legal da figura).[407]

Outros autores apresentam como exemplos de redes organizacionais, os AEIE e as sociedades europeias, salientando, com essas propostas, as redes transnacionais.[408]

Entre nós, só são admissíveis as pessoas coletivas previstas na lei, não sendo legítimo às partes – a coberto, designadamente, do princípio da autonomia privada – constituir pessoas coletivas, com personalidade jurídica distinta dos contratantes, para além das condições e nos exatos termos previstos na lei.[409]

de consórcio, vide Gian Domenico Mosco, "Frammenti ricostruttivi sul contratto di rete", *in Giurisprudenza Commerciale*, I, 2010, pág. 842.

[407] Neste sentido, Roberta Bertagnin, *Il contratto di rete...* (cit.), págs. 18-19.

[408] Deste modo, Gian Domenico Mosco, "Frammenti ricostruttivi..." (cit.), pág. 842.

[409] Gaetano Guzzardi sublinha que caso fosse admissível a constituição de entidades com personalidade jurídica própria, sem que tal figura estivesse expressamente prevista na lei, levaria a uma grande incerteza no direito. Cfr. *Il contratto...* (cit.), pág. 105.

Com a alteração introduzida, pela Lei nº 134, de 7 de agosto 2012[410], no regime jurídico italiano para o contrato de rede, tornou-se legalmente admissível atribuir subjetividade[411] jurídica às redes de empresas.[412/413]

[410] Através da mencionada lei ficou consagrado na parte final do nº 4-quarter do artigo 3º que: *"com a inscrição no registo comercial a rede adquire subjetividade jurídica"*. Tem sido apontada a novidade da utilização do termo *"subjetividade"* ao invés de *"personalidade"*. Cfr. Eva Bredariol, *Regole di imputazione*... (cit.), pág. 36.

[411] A concretização do que seja *"subjetividade"* por comparação com *"personalidade"* ou, até, *"capacidade"* jurídica constitui temática que, reconhecemos, merecia uma análise mais aprofundada do que aquela que lhe dedicamos, mas o objeto do nosso estudo não o permite. Sustentam alguns autores que subjetividade é geralmente considerado um *minus* em relação ao conceito de personalidade jurídica. Neste sentido, Eva Bredariol, *Regole di imputazione*... (cit.), pág. 85. Entendemos que, à luz do direito constituído português, um contrato celebrado entre os contratantes ou dá origem a entidades dotadas de personalidade jurídica ou não, atendendo ao preceituado nas normas legais aplicáveis. Não existe um *tertium genus*, que permitisse reconhecer uma personalidade, por assim dizer, diminuída ou menor a algumas entidades. *Tertium genus* que se afirma, na doutrina e na lei italiana, com o conceito de subjetividade.

[412] O que colocou um ponto final num intenso debate doutrinário naquele país, quando a saber se, perante a ausência de uma norma expressamente reconhecedora da subjetividade jurídica da rede, seria possível atribuir essa subjetividade por força da conjugação de várias disposições. A doutrina dividia-se entre aqueles que se manifestavam contra como Vincenzo Donativi, *"Contratto di rete, Le reti di imprese: natura giuridica e modelli di governance"*, in *Le Società* 12/2011, págs. 1432-1433, Francesco Cirianni, "La costituzione del contratto di rete... (cit.), pág. 28, Salvatore Lopreiato, "Programa comune di rete ed efficacia normativa variabile", in *Il contratto di rete per la crescita delle imprese*, Fabrizio Cafaggi, Paola Iamiceli e Gian Mosco Domenico (Dir.), Quaderni di Giurisprudenza Commerciale, Giuffrè Editore, 2012, pág. 156, maurizio sciuto, "Imputazione e responsabilità..." (cit.), pág. 11, Pietro Zanelli, *Reti e contratto*... (cit.), pág. 146, AAVV., *Manuale di buone pratiche*... (cit.), pág. 4, Mirzia Bianca, "Il modelo normativo del contratto di rete. Nuovi spunti di riflessione sul rapporto tra soggettività giuridica e autonomia patrimoniale" in *Il contratto di rete per la crescita delle imprese*, Fabrizio Cafaggi, Paola Iamiceli e Gian Mosco Domenico (Dir.), Quaderni di Giurisprudenza Commerciale, Giuffrè Editore, 2012, pág. 52, Edoardo Bernini, Guido Bevilacqua, Eva Bredariol, Lorenza Bullo, Cristiano Casalini, Giulia Clarizio, Giuseppe Fietta, Andrea Todeschini Premuda e Diego Trentin, "Linee guida..." (cit.), pág. 48 e a favor como Renato Santaga, Il «Contratto di Rete»... (cit.), pág. 339 e Gian Domenico Mosco, "Frammenti ricostruttivi..." (cit.), pág. 861, quando as partes do contrato de rede tivessem constituído um fundo comum.

Referindo-se aos trabalhos parlamentares e às divergências surgidas quanto à atribuição de subjetividade jurídica à rede ou, apenas, subjetividade tributária, vide Mattia Esposito, "Il contratto di rete..." (cit.), pág. 112.

[413] Sob o ponto de vista da tutela de terceiros, e ainda que a atribuição de personalidade jurídica à rede seja um facto sujeito a registo, parece-nos gerar uma incerteza na contratação. Podendo o contrato de rede dar origem ou não a uma pessoa distinta dos contratantes, recairá sobre os terceiros o especial ónus de indagar se existe uma entidade distinta. É, assim, um problema distinto do regime aplicável às sociedades em formação, sociedades irregulares e sociedades aparentes. De notar que, segundo parece resultar das normas italianas em causa, a existência de uma denominação

Ora, atendendo ao segmento doutrinário que admite a existência de redes organizacionais (com o conteúdo que supra apontámos), tenderíamos a concluir que quando as partes, reunindo-se, é certo, os pressupostos legalmente previstos para tanto, pretendessem criar uma entidade jurídica nova, teríamos uma rede organizacional.

Sob o ponto de vista da sua ocorrência prática, tem a doutrina salientado que as redes contratuais em muito superam – em número – as redes societárias (ou organizacionais, acrescentamos nós).[414]

Os fundamentos para o predomínio encontram-se na maior flexibilidade e facilidade de formação e cessação das redes contratuais por comparação com as redes societárias. As redes, cuja sustentação se encontre numa ou mais sociedades comerciais, têm que submeter-se ao espartilho legal previsto para o tipo social instituído, designadamente quanto ao seu governo e composição acionista.

Quase que diríamos que o domínio das redes contratuais encontra a sua justificação nos fundamentos de formação de redes entre empresas. Com efeito, pretendendo as empresas encetar relações de cooperação entre si, tendo em vista, designadamente, o aumento das suas capacidades competitivas em face dos seus concorrentes no mercado, optam por esquemas de cooperação que sejam idóneos a acompanhar a dinâmica da negociação mercantil e que permitam, por exemplo, a entrada e saída de novos contratantes sem que sejam tais movimentos condicionados ou cerceados por disposições legais imperativas restritivas.

Pense-se, por hipótese, na necessidade de realizar alterações ao contrato de sociedade, por alteração dos sócios, quando a rede societária existente exija essa alteração; essas alterações, tendo que cumprir um procedimento legalmente estabelecido, podem ser morosas e burocráticas de tal modo que pode desincentivar ou até impedir a sua concretização.

A autonomia contratual dos membros das redes encontra condições mais propícias para o seu exercício quando os contratantes não se limitam a escolher um modelo legal para a sua cooperação empresarial mas criam um modelo contratual, permitindo-se, assim, que possam até celebrar vários contratos atípicos, compondo as regras que melhor se adaptem ao figurino negocial que têm em vista.

e uma sede para a rede é uma menção comum às redes dotadas de subjetividade jurídica e àquelas que a não têm, o que tudo não contribui para o cabal esclarecimento dos terceiros com quem os membros da rede ou a rede contratam.

[414] Assim, Joseba A. Echebarría Sáenz "Los grupos de coordinación..." (cit.), pág. 269.

Para finalizar.

Acima indicámos que, para alguns autores, poderíamos ter redes mistas, que se caraterizam pela circunstância de coexistirem contratos multilaterais e contratos bilaterais no âmbito de uma mesma rede.

No entanto, podemos igualmente designar como redes mistas as redes que se apresentam como um *tertium genus*, em que coexiste a vertente organizacional e a vertente contratual,[415] ainda que, segundo o enquadramento que votamos à classificação, tais redes, existindo uma pessoa jurídica distinta dos membros, e mesmo que um contrato exista, serão organizacionais.

Como mencionado, sendo constituída uma pessoa coletiva distinta dos membros, teremos uma condição bastante para a rede assim formada ser considerada organizacional e não contratual. O facto de, supervenientemente à constituição da nova pessoa jurídica, serem celebrados contratos ou com terceiros ou com os próprios membros não tem a virtualidade de colocar fora da noção de rede organizacional a realidade que assim se forma.[416]

Aquando da constituição de uma pessoa coletiva, seja qual for o propósito delineado pelos sujeitos que a constituem, pretendem-se que a mesma se assuma como um centro de imputação de direitos e obrigações, independentemente dos contratantes que estiveram na base da sua constituição.

Constituída uma pessoa coletiva, a mesma entrará no comércio jurídico, celebrando contratos com terceiros, que produzem os seus efeitos na sua própria esfera jurídica e, por regra, não na dos sujeitos que a integram.

Por outro lado, e tomamos como exemplo as sociedades comerciais, estas celebram, amiúde, negócios jurídicos com os seus sócios e, não obstante, a existência de tais contratos com os sócios – *e.g.* contratos de suprimento – não se nega que estaremos perante uma organização.

Conclui-se pela consideração das redes como contratuais se estas não dão origem a uma pessoa jurídica distinta dos contratantes, sendo organizativas caso tal constituição se verificar e, preenchidos alguns pressupostos, mesmo quando não exista uma entidade distinta, como é o exemplo o consórcio.

Esta conclusão não ignora uma vertente organizacional em qualquer rede, mesmo naquelas que não dão origem uma entidade jurídica distinta dos seus membros.[417]

415 Assim, designadamente, EVA BREDARIOL, *Regole di imputazione...* (cit.), pág. 21.

416 Em sentido contrário, referindo que são redes mistas, ECHEBARRÍA SÁENZ, "Los grupos de coordinación..." (cit.), pág. 272 e, bem assim, FABRIZIO CAFFAGI, "Redes contractuales y teoria contractual...", (cit.), págs. 53-54.

417 Assim, também JEAN NICOLAS DRUEY, "The path of the law..." (cit.), pág. 93.

O nível de organização, nas redes de empresas, varia em função de vários fatores; no entanto, a organização que existe em todas funciona como um dos elementos de conexão entre as empresas que compõem a rede.

A organização na rede pode manifestar-se pela existência de um poder de coordenação atribuído ao cume da rede, o qual envolve o inerente poder de organizar a rede, designadamente através da decisão de admissão de novos membros ou de repartição do seu âmbito de atuação num território; pode também ocorrer, quanto a redes em que os contratantes se encontram em posições idênticas, na circunstância de os contratantes regularem os termos da sua atuação externa e interna, nomeadamente quanto aos atos que os mesmos se vinculam a praticar em execução dos contratos celebrados e, ainda, quanto à atribuição a alguns dos membros ou a entidades terceiras de poderes de gestão ou representação dos demais membros da rede.

A classificação ora apresentada tem relevância, nomeadamente para efeitos de definição do direito aplicável a cada um dos tipos de redes; as redes exclusivamente contratuais, em que inexiste uma entidade jurídica distinta dos membros e, bem assim, não se vislumbra um instrumento contratual ou legal destinado a organizar a rede, podem reclamar, caso os contratantes não tenham prevenido determinadas soluções, a aplicação analógica de normas legais.

Quando perante uma rede organizacional, pode suscitar-se a compatibilização das disposições legais previstas para a entidade constituída no seio da rede e os instrumentos contratuais que os contratantes, paralelamente, celebram.[418]

4.2. Classificação das redes enquanto redes verticais e redes horizontais

De acordo com Fabrizio Cafaggi e Paola Iamiceli,[419] as redes verticais estabelecem-se entre empresas que desempenham um papel diverso na

[418] Em relação a esta questão, designadamente quando, no âmbito da rede, se celebre um contrato de sociedade, voltaremos em II.2.2.1. infra.

[419] Cfr. Private Regulation... (cit), pág. 12. Também já Fabrizio Cafaggi, *Contractual Networks and the Small Business Act...* (cit.), pág. 6 e em "Lungo il sentiero di una..." (cit.), pág. 53. No mesmo sentido, também em Fabrizio Cafaggi, Paola Iamiceli e Gian Mosco Domenico, "Prime evidenze sui contratti..."(cit.), pág. xxvii.
Fabrizio Cafaggi, no entanto, manifesta um enquadramento ligeiramente diverso em "Il contratto di rete nella prassi..." (cit.), pág. 9, aquando da análise das redes com coordenação vertical e com coordenação horizontal, já que alude ao facto de, nas primeiras, se poder verificar uma relação de comissão e, nas segundas, uma liderança coletiva.
Conquanto a classificação nos termos que de seguida se expõem seja reconduzível aos autores indicados em texto, existem outros autores cujo enquadramento muito se aproxima do exposto.

estrutura e cadeia produtiva. Será, por exemplo, considerada vertical a rede que se estabelece entre o agricultor, o industrial transformador e o retalhista.

As redes horizontais, por seu turno, seriam aquelas, ainda de acordo com os mesmos autores, que resultam da colaboração entre entidades que se encontram no mesmo segmento produtivo.

Referem que as redes verticais tendem a ser contratuais, e, sobretudo, através de contratos bilaterais, enquanto as redes horizontais seriam organizacionais e com base em contratos multilaterais.[420]

Não assim para outra fração da doutrina,[421] que nos parece maioritária, cujos argumentos partilhamos, em que se alude a rede vertical e a rede horizontal com base em critérios diferentes dos abordados pelos mencionados autores.

Será o caso, designadamente, de Valmir Emil Hoffmann, F. Xavier Molina-Morales, M. Teresa Martínez-Fernández, que consideram existir uma rede vertical quando esta se estabelece entre empresas especializadas, não concorrentes e uma rede horizontal quando se estabelece entre empresas que concorrem em termos de produtos e/ou mercados. Cfr. "Redes de Empresas..." (cit.), págs. 110-111.

Nesse sentido, também, Valmir Hoffmann, Franscesc Molina-Morales e Maria T. Martinez-Fernadez apud Patrícia Trindade Caldas, Ana Cecília Feitosa de Vasconcelos, Gesinaldo Ataíde Cândido, "Tipologia de redes, estratégia e inserção competitiva: um estudo em um consórcio de empresas de base tecnológica", in *Revista Gestão Industrial*, v. 3, nº 4 (2007), pág. 16 e Francesca Mollo, *Reti di contratti*... (cit.), pág. 53.

Em sentido semelhante, vide Mário Sacomano Neto, *Redes: difusão de conhecimento*... (cit.), pág. 227.

Ainda que não enquadrado no âmbito da análise das redes de empresas, mas no seio do estudo do contrato de consórcio, Paulo Alves de Sousa Vasconcelos distingue consórcios verticais e horizontais, utilizando o mesmo critério que o exposto em texto, ou seja, nos consórcios verticais os consorciados exerceriam atividades complementares; nos horizontais as atividades seriam similares. Cfr. *O Contrato de Consórcio*... (cit.), pág. 28.

E, ainda, Pietro Zanelli, *Reti e contratto*... (cit.), pág. 181.

420 Reconhecendo-se mérito na construção teórica dos autores, julgamos, contudo, concebível a existência de redes verticais que tenham por base contratos multilaterais.

421 Encontramos aqui vários autores que assumem este conteúdo para a classificação redes verticais/redes horizontais. Assim, Tito Menzani e Vera Zamagni, "Cooperative Networks..." (cit.), págs. 104. e ss., Cármen Estevan de Quesadam, "Intercambios de información en las redes empresariales: problemática antitrust", in *Nuevas Perspectivas del Derecho de Redes Empresariales*, Director Juan Ignacio Ruiz Peris, Tirant lo blanch, Valência 2012, págs. 516 e ss., Camilla Crea, *Reti contrattuali*... (cit.), pág. 259, Ana Isabel Lambelho Costa, *Descentralização produtiva*... (cit.), pág. 63 e Elena Calzolaio, Fulvio D'Alvia,Paolo Di Marco, Francesco Rullani e Massimo Tronci, "Il Management..." (cit.), pág. 9.

Próximo desta tese, mas não inteiramente coincidente, encontramos Ricardo Luís Lorenzetti, o qual, ao aludir a concentração vertical na rede, esclarece que esta existe quando a rede assume uma configuração piramidal e, em consequência, existe um controlo da rede por uma entidade. Por seu turno, estaríamos perante uma concentração horizontal na rede, quando todos os membros

O elemento distintivo será não a posição na cadeia produtiva (na mesma posição, rede horizontal; posição diversa, rede vertical), mas antes a existência ou inexistência de uma entidade que assume o poder de coordenação em relação às demais.

Quanto existisse uma entidade com o mencionado poder de coordenação ou conformação – para não utilizar o termo *direção*[422] – teríamos uma rede vertical.[423] Nas situações em que estivéssemos ante uma relação paritária entre os membros, assume-se a existência de uma rede horizontal.

Próxima desta tese encontra-se aquela que vem sendo defendida por ANNA GRANDORI E GIUSEPPE SODA, que aludem à rede assimétrica e simétrica, em termos quase coincidentes com a dicotomia, ora exposta, rede vertical e rede horizontal.[424] Por seu turno, e ainda de modo semelhante, TERESA RODRÍGUEZ DE LAS HERAS BALLELL utiliza o binómio rede centralizada e rede descentralizada para classificar as formas de rede, consoante exista ou não um gestor da rede. De acordo com a Autora, na rede centralizada, uma vez instituído o gestor da rede, será este que coordenará a celebração de contratos bilaterais com os novos membros da rede, contratos que se designarão de contratos de participação ou acesso.[425]

Perfilhamos o que se pode designar de critério da posição relativa dentro da rede. Quando os membros têm poderes iguais e/ou paritários, e não existe uma entidade (membro ou não membro) a quem são atribuídos e/ou reconhecidos poderes de conformação na rede, haverá rede horizontal. De outra

da rede se encontram em situação de paridade, não existindo um centro emissor de diretrizes. Cfr. *Tratado...* (cit.), págs. 75 e 76.

[422] Consideramos preferível reservar o conceito de direção para aquelas situações em que, tal como reconhecido juridicamente, existe um poder de dar instruções e um dever de as cumprir. Será exemplo paradigmático, no campo do direito das sociedades, o das sociedades em relação de domínio total, no seio das quais existe um poder de direção reconhecido à sociedade mãe e um dever de cumprir as instruções da sociedade filha.

[423] Nos autores brasileiros, e para a qualificação das redes que, em texto, indicámos como redes verticais, surge, frequentemente, a designação de redes *"topdown"*, expressão que não acolhemos atendendo a que os vocábulos em português são suficientemente expressivos da realidade que têm subjacente. Referindo-se, expressamente, a estas redes, e considerando-as como aquelas em que o *"fornecedor é altamente dependente das estratégias da empresa-mãe e tem pouca ou nenhuma influência nos destinos da rede"*, vide MILTON LUIZ WITTMANN, TIAGO VENTURINI e FERNANDO NEGRINI, *Conceituação e importância das redes de empresas*, disponível em www.profwittmann.com/cesao/prod/artigo-wittmann.doc., pág. 3.

[424] *Inter-firm Networks...* (cit), págs. 198 e ss.

[425] Cfr. "Aspetos jurídicos..." (cit.), págs. 419-420. A análise da Autora é empreendida no domínio das redes de empresas na Internet, daí que a classificação e explanação do fenómeno não seja inteiramente subsumível ao fenómeno das redes de empresas em sentido amplo.

banda, deparamo-nos com as redes verticais, quando o poder, no âmbito da rede, não se encontra distribuído de forma uniforme e, simultaneamente, se reconhece legitimidade a um ou mais membros ou a alguém estranho à rede, para conformação, gestão e coordenação da rede.[426]

Admite-se que nem todas as redes possam ser subsumíveis, em alternativa, a uma rede horizontal ou a uma rede vertical, porquanto, por exemplo, podem existir relações de paridade entre alguns membros e relações hierárquicas entre outros.[427] Teríamos, assim, o que, para alguns autores, se designam de *"redes multidirecionais"*.[428]

Pondere-se, ainda, uma outra situação, que ocorrerá amiúde no âmbito das redes de franquia. Por hipótese, o cume da rede de franquia celebra vários contratos de franquia com um conjunto de franquiados, com o que tenderíamos a estar perante o que se designaria rede vertical, segundo o conceito que adotámos. No entanto, ocorre que o franquiador é titular, ele mesmo, de unidades de franquia. Como se designa a rede nessas circunstâncias? Será, em idêntica medida, uma rede vertical? Atendendo a esta especial configuração aponta-se que a rede será, nessa hipótese, uma rede mista.[429]

[426] Como se reconhece, a classificação vertical/horizontal e o conteúdo da dicotomia que adotámos, pode ser comparada (ainda que com aquelas se não confunda) com a classificação integração/cooperação ou grupo integrado/paritário, noções que são expressamente acolhidas inclusivamente no plano do direito constituído no domínio jurídico-societário. No sentido exposto, vide JOSEBA A. ECHEBARRÍA SÁENZ, aludindo mesmo a "[s]*e se me permite a extrapolação, as redes contratuais copiaram os esquemas de organização dos grupos societários*" [tradução do original espanhol é nossa]. Cfr. "Los grupos de coordinación... (cit.), pág. 251.

[427] Quanto ao caráter vertical e horizontal, JEAN NICOLAS DRUEY nega que as estruturas possam ter ambas as caraterísticas em simultâneo, concluindo que "[a]*o nível da lógica, a estrutura é horizontal ou vertical; horizontalidade significa que não há hierarquia.*" Cfr. "The path of the law..." (cit.), pág. 95. Tradução nossa do original inglês.

[428] Cfr. ANA ISABEL LAMBELHO COSTA, *Descentralização produtiva...* (cit.), pág. 65. A Autora indica alguns exemplos destas redes multidireccionais, apontando, entre outros, os *"distritos italianos"*. Conforme já tivemos ocasião de mencionar, entendemos que as redes são um *aliud* em relação aos distritos italianos, ainda que estes possam ter estado, naquele território, na origem das redes.

[429] Assim, vide PÉNARD THIERRY, RAYNAUD EMMANUEL e SAUSSIER STÉPHANE, « Théories des contrats et réseaux de franchise », in *Revue française d'économie,* Volume 18, nº 4, 2004, pág. 172. O conceito de rede mista – dada sua natural polissemia – tem sido igualmente utilizado para caraterizar a situação em que um coordenador da rede tem funções de governo essenciais e, simultaneamente, deixa outras atividades para os membros da rede. O enfoque será, assim, no governo da rede. Neste último sentido, vide L. MARQUES, J. A. RIBEIRO e R. SCAPENS, "The complementary use of network and bilateral management control mechanisms by a network coordinator: the case of the Aveiro Port Authority", 2010, disponível em http://www.fep.up.pt/conferencias, págs. 2 e 3.

Tendo concebido as redes verticais como aquelas em que existe um cume da rede e as redes horizontais como aquelas em que os membros da rede estão num patamar de cooperação de igualdade, será legítimo convocar a tipologia de rede hierárquica e paritária.[430]

Consideramos preferível a utilização do binómio vertical/horizontal, em detrimento de rede hierárquica/paritária, sobretudo por consideramos que a verticalidade existente em algumas redes, que se manifesta na desigualdade na distribuição do poder na rede patente na atribuição ou reconhecimento do poder de conformação da rede, não é, na maior parte das vezes, uma situação de hierarquia.

Na sua génese, as redes de empresas surgem como um *tertium genus* entre mercado e hierarquia; isto é, mesmo que concebamos desigualdades de poder no seio da rede, *maxime* porque um ou vários dos seus membros podem ter poderes de conformação da rede, designadamente através da titularidade de um sinal distintivo do comércio (por norma, uma marca), cujas condições de comercialização lhes compete definir, não existe uma direção do cume da rede em relação aos demais membros.

A hierarquia tem vindo a ser associada ao poder de dar ordens e ao dever de as acatar. Nas redes, mesmo quando se reconheça uma figura como a do gestor ou cume da rede, não existirá, em regra,[431] um poder de direção daquele sobre cada uma das empresas que compõem a rede, porquanto o poder de organização da rede não é um poder de direção.

[430] Também surge, proposto pela doutrina, o binómio rede orbital e rede não orbital. A rede orbital possui um centro de poder, em torno do qual os demais membros circulam; na rede não orbital, cada um dos membros tem o mesmo poder na tomada de decisões. Para esta classificação, vide Patrícia Trindade Caldas, Ana Cecília Feitosa de Vasconcelos, Gesinaldo Ataíde Cândido, "Tipologia de redes..." (cit.), pág. 17.

[431] Dizemos *em regra*, porquanto, sobretudo nas redes de franquia, poderá manifestar-se um verdadeiro poder de direção do franquiador em relação aos franquiados. No entanto, o dever de *obediência* que os franquiados podem ter quanto ao franquiador não é inteiramente coincidente, por exemplo, com esse dever no âmbito das sociedades totalmente dominadas por outrem. Com efeito, nas sociedades em relação de domínio, e estando o poder de direção conformado ou pela titularidade da totalidade das ações ou pela celebração de um contrato de subordinação, a possibilidade de desvinculação é fortemente cerceada. Por seu turno, o dever de *obediência* que poderia sustentar-se, quanto aos franquiados, pode ter como válvula de escape (com a inerente faculdade de desobedecer) a possível ilicitude de tais cláusulas contratuais que manifestem um poder de direção e o inerente dever de as acatar, caso as mesmas sejam desconformes com o interesse da entidade franquiada. Voltaremos a esta questão infra, aquando da análise do poder de conformação da rede por parte do cume da rede, no ponto II.2.4.3.2. infra.

Atento o diverso enquadramento, consideramos preferível o termo vertical em detrimento do hierárquico, para qualificar as redes em que o poder dos seus membros não se encontra igualitariamente distribuído.

Por outro lado, teremos, ainda, que ponderar uma situação: pode o membro da rede a que se atribui e reconhecem poderes de conformação da rede ser o cliente, o comprador do bem?

Temos concebido as redes como relações de cooperação entre sujeitos, direcionadas a uma finalidade comum e que se relaciona, entre outras, com o aumento da competitividade em relação aos demais operadores no comércio jurídico.

Pode indagar-se a admissibilidade de o cume da rede não se integrar na produção ou na prestação do serviço, mas ser um sujeito comprador, situado, assim, numa das extremidades da cadeia produtiva.

No imediato, a resposta que nos assalta é negativa; contudo, se tivermos em conta o modelo de redes de empresas que perfilhámos e, sobretudo, o objetivo das empresas quando enveredam por esta forma de cooperação, não deixaremos de ponderar se o enquadramento de tal figura nas redes encontra acolhimento.

É esta a construção que nos é proposta por Ana Lourenço e Federica Casarosa.[432] As Autoras, aquando da análise, no domínio das redes, da produção de vinho na Região Demarcada do Douro, consideram que uma das formas pelas quais se manifesta as redes é aquela em que um comprador de uvas ou de vinho a granel celebra contratos com os produtores, impondo condições ao nível do tipo de vinho ou uvas e patamares de qualidade.

Caso a compra de vinho não envolva uma estrutura de cooperação minimamente organizada e dirigida a uma mútua interdependência entre as partes contratantes, não nos parece que tenhamos uma rede de empresas.

Com esta afirmação não pretendemos apartar das redes de empresas as relações contratuais em que uma das partes contratantes seja o comprador, mas entendemos que para o comprador fazer parte de uma rede têm que estar reunidas determinadas condições cumulativas.

Desde logo, para que o comprador seja membro de uma rede não pode estar em causa uma compra final, ou seja, o comprador tem que ter em vista a venda ou distribuição dos bens adquiridos; teremos, assim, que estar perante uma compra para revenda ou distribuição.[433]

[432] Cfr. Ana Lourenço e Federica Casarosa, "Inter-firm networks in the portuguese wine industry..." (cit.), pág. 68.

[433] Ficam foram das situações de rede aquelas em que o comprador adquire o bem ou serviço para seu consumo.

Com efeito, considerando o elemento subjetivo constitutivo das redes de empresas, tem que estar em causa uma rede *de empresas*.

Por outro lado, a compra para revenda não pode ser episódica; com esta caraterística pretendemos trazer à colação a nota da estabilidade e duração no tempo, que entendemos como elemento essencial das redes.

A interdependência e a cooperação serão, também, elementos cuja verificação se impõe para que uma rede exista. Na sua génese, as redes de empresas apresentaram-se como uma realidade económico-social entre mercado e hierarquia, implicando tal enquadramento que as redes não se manifestam como uma mera relação de mercado, como uma relação momentânea.

O comprador deve, adicionalmente, estar inserido no mesmo objetivo comum. Embora reconheçamos que existe um objetivo comum, e como também já destacámos, poderem conviver, nas redes, interesses incompatíveis (como, aliás, existem, nas sociedades comerciais, sócios com interesses conflituantes), haverá ainda, sempre, uma finalidade de que comungam os membros da rede. Por falhar tal finalidade, um comprador de vinho, ainda que possa a relação contratual que mantém com os vários fornecedores ter uma duração prolongada, estaria fora da rede.

São estes os requisitos que reputamos essenciais para que um comprador possa ser trazido para o seio das redes de empresas; sendo este integrado na rede, nada obstará a que, simultaneamente, seja o cume da rede.

4.3. Classificação das redes quanto à finalidade (objetivo)

As redes também podem ser caraterizadas quanto à finalidade.

Assim, e utilizando tal parâmetro como elemento distintivo, principiemos pela classificação proposta por GUNTHER TEUBNER,[434] que alude a redes de inovação (que têm em vista a conceção de tecnologias de *design* e produção e a facilitação da investigação e desenvolvimento), redes de fornecimento (que são verticais, por essência, e estabelecem-se entre empresas e fornecedores de componentes), redes de produtores (nas quais os produtores concorrentes conjugam as suas capacidades de produção), redes de distribuição (que se traduzem em relações que se criam entre os vários elementos da cadeia, desde o produtor até ao utilizador final), redes de clientes (que incorporam os clientes no processo produtivo) e, por fim, as redes de criação de riqueza (que agregam várias fases produtivas numa empresa quase-integrada).[435]

[434] A opção pela classificação – quanto à finalidade – é nossa, sendo que o Autor alude a tais propósitos, não os enquadrando, no entanto, enquanto modelos diversos de classificação.

[435] Vide, para todas, *Networks as connected contracts...* (cit.), págs. 98-100.

Roberta Bertagnin, enquadrando a classificação na avaliação da natureza da rede, salienta a fase produtiva em que a relação de rede é constituída: redes inerentes à fase de produção, redes inerentes à produção e gestão de conhecimento ou de inovação, redes inerentes à fase de distribuição, redes inerentes à produção e distribuição de serviços e redes para a produção e salvaguarda de bens coletivos locais.[436]

No regime jurídico do contrato de rede, consagrado no ordenamento jurídico italiano, perpassam, pela noção acolhida pelo legislador, três tipos de redes que se distinguem entre si pela finalidade das mesmas. Assim, no artigo 3º 4-ter do Decreto-lei nº 5, de 10 de fevereiro de 2009, na sua redação atual, estabelece-se que os contratantes, num contrato de rede, podem ter em vista: (i) colaborar no âmbito da atividade das próprias empresas; (ii) trocar informações ou prestações de natureza industrial, comercial, técnica ou tecnológica e (iii) exercer em comum uma ou mais atividades, no âmbito do objeto das próprias empresas.

Das várias classificações expostas, destacamos as redes de distribuição e as redes para o exercício em comum, pelos membros, de uma atividade.

As redes de distribuição – como assinalado aquando da concetualização das redes de empresas – traduzem uma realidade económica que tem merecido, por parte do direito, principalmente do direito europeu, um tratamento específico. Esta especificidade manifesta-se, com especial preponderância, no direito da concorrência, pretendendo-se salvaguardar as relações de cooperação e de quase integração que tenham subjacente uma finalidade de distribuição de bens ou serviços. Assim, e atendendo a este enquadramento, a classificação é operacional.

Adicionalmente, a circunstância de se estar perante uma rede cuja finalidade seja o exercício em comum de uma atividade económica pode convocar a aplicação analógica – quando a analogia se reclame – de figuras típicas previstas na lei, com idênticas finalidades, como seja a aplicação do regime jurídico do contrato de consórcio, do CCiv e, ainda, do CSC.

4.4. Classificação das redes quanto à sua configuração interna

A arquitetura da rede, ou seja, a forma como, internamente, ela se compõe e organiza, pode ser variada.

Pode apontar-se a existência de redes sequenciais, redes em estrela, redes circulares, redes em teia.

[436] Cfr. *Il contratto di rete...* (cit.), págs. 20-21.

No que se refere às redes sequenciais, lineares ou em cadeia, estas resultam da combinação de vários contratos bilaterais, sequencialmente ligados, de forma que a falta de um deles pode comprometer a prestação/contrato subsequente. Nestas redes, excluindo-se os extremos, os demais contratantes são parte em dois contratos contíguos, um a montante e outro a jusante da sua posição na cadeia.[437]

Também podem ser qualificadas como redes de contratos bilaterais[438] e manifestam-se nas cadeias de fornecimento de bens ou nas cadeias de prestação de serviços.

Por norma, não existe uma entidade que coordene ou supervisione a combinação da cadeia contratual. Esta entidade coordenadora pode existir, por exemplo, nos contratos de empreitada, em que existe um empreiteiro geral a quem incumbe a gestão e controlo de um conjunto de subempreitadas para diferentes fases na obra. Nesse âmbito, o incumprimento por parte de um contratante, quer no que se refere, por exemplo, ao modo da execução quer quanto ao tempo do cumprimento, pode comprometer a execução dos trabalhos que se situem a jusante dos seus e, em consequência, o prazo global da obra.

Perante a inexistência, em regra, de uma entidade que coordene a cadeia, será legítimo indagar se, ainda assim, teremos rede.

Propendemos para a resposta afirmativa.[439] O que distingue as relações de rede das demais relações de cooperação interempresarial reside, em especial, na interdependência que existe entre os vários componentes da rede (os contratantes e as prestações a que estes se vinculam) e os objetivos que tal relação de cooperação pretende prosseguir.

Inegável é, no entanto, a existência de um elemento agregador dos vários componentes; esse elemento agregador pode ser um contrato (ou vários), um sinal distintivo do comércio que é utilizado, em comum, pelos vários contratantes, ou até, um sujeito organizador da rede. O que tudo conduz à conclusão de acordo com a qual não é, apenas, o coordenador da rede que torna o agrupamento de empresários uma rede de empresas.[440]

[437] Assim, PAOLA IAMICELLI, "Le reti di imprese: modelli contrattuali...", (cit.), pág. 132.

[438] Vide, no sentido exposto, designadamente, FABRIZIO CAFFAGI, "Redes contractuales...", (cit.), pág. 29.

[439] São vários os autores que empreendem uma distinção clara entre cadeia e rede. É o caso de RICARDO LORENZETTI, que salienta a sucessão de atos na cadeia, ao contrário da simultaneidade que carateriza a rede. Vide *Tratado...* (cit.), pág. 46.

[440] Como se dará a devida nota em II.2.5.1.4. infra, aquando da apreciação da dispensabilidade de um órgão de governo na rede.

No que se refere às redes em estrela ou em raio, estas caraterizam-se pela existência de um elemento central, com quem se relacionam todos os intervenientes e sem o qual se torna impossível a prestação de serviços no mercado. Salienta-se, também, como elemento essencial deste tipo de rede, a circunstância de existir uma elevada complementaridade entre os componentes.[441] Um exemplo paradigmático destas redes constituem as redes de franquia.[442]

Já quanto às redes circulares ou em anel, as mesmas não possuem um elemento central, ocorrendo uma conexão entre todos os componentes, de modo unidirecional.

Nas redes em teia, por seu turno, as ligações estabelecem-se entre todos os membros.[443]

No que se reporta à relevância da classificação, a mesma manifesta-se no plano do governo da rede e no do incumprimento por parte de um dos membros e seus efeitos na subsistência na rede. Nas redes em cadeia, inexiste, por norma, uma entidade coordenadora da rede, coordenação que se pode revelar de difícil concretização atendendo a que nenhum dos contratantes tem um vínculo com todos os demais. Por seu turno, nas redes em estrela ou raio, a coordenação e o governo da rede revela-se mais profícua porquanto um dos contratantes tem um vínculo contratual com todos os demais, sendo que essa circunstância assenta, frequentemente, na titularidade de uma vantagem no mercado em face dos concorrentes, *maxime* num sinal distintivo do comércio, ou patente ou *know-how* específico, essenciais à atividade a desenvolver por cada um dos membros da rede.

A outra vertente que assinala a relevância da classificação refere-se à importância de cada um dos membros na rede. Nas redes em cadeia, principalmente naquelas em que existe apenas um membro a quem incumbe a realização de uma tarefa no segmento produtivo, a falta, incumprimento ou atraso na prestação comprometerá, em regra, a prestação dos membros que se situam a jusante na cadeia produtiva. Se estivermos perante uma rede em estrela, o incumprimento assume, em princípio, maior relevância em relação ao contratante central do que em relação a cada um dos segmentos descentralizados.

4.5. Classificação das redes quanto à sua localização

Não constitui um dos parâmetros a que se refira a generalidade dos autores, ainda que se reconheça que a classificação – quanto a alguns binómios, pelo menos – assume inegável relevância prática.

[441] Neste sentido, vide Carlos Lobo, *op cit.*, págs. 29 e ss.

[442] Assim, Paola Iamicelli, "Le reti di imprese: modelli contrattuali...", (cit.), pág. 132.

[443] Neste sentido, vide Carlos Lobo, *op cit.* pág. 38.

No âmbito desta classificação, surge-nos a classificação entre redes dispersas e aglomeradas, sendo que as primeiras, como o adjetivo inculca, serão aquelas em que as empresas não se encontram próximas umas das outras, mas que, através de processos avançados de logística, será possível superar as distâncias.[444] As redes aglomeradas caraterizam-se pela proximidade territorial das empresas que as compõem. [445]

Ainda quanto à localização das redes – ou, melhor dizendo, quanto à origem dos membros das redes – aponta-se que as redes podem ser nacionais ou transnacionais.[446] As redes nacionais têm membros exclusivamente do mesmo Estado enquanto as transnacionais envolvem membros de vários Estados.[447]

Esta classificação apresenta relevância prática. Como em qualquer contrato comercial cujos contratantes se situem em Estados distintos, levantam-se questões relacionadas com as normas aplicáveis, na ausência de estipulação contratual expressa das partes; por outro lado, e existindo divergências entre os contratantes, em que se manifeste a necessidade de recurso a órgãos jurisdicionais, haverá que indagar quanto à jurisdição competente.

Entendemos que não são apenas questões relacionadas com o direito aplicável ou com a jurisdição competente que podem surgir nas redes transnacionais. Quando perante redes transnacionais, tendem a ser favorecidos os tipos negociais de feição internacional, como sejam os contratos de *joint venture*, ainda que entendamos que as figuras (as redes e as *joint venture*) não são confundíveis.

Nas redes transnacionais constituídas exclusivamente por empresas de estados-membros da UE, ao nível do direito aplicável, pode a primeira das questões que levantámos encontrar a sua solução em normas da UE. Por outro lado, manifestando-se uniformidade, nos ordenamentos jurídicos dos Estados, quanto a algumas das questões suscitadas, nomeadamente ao nível de cláusulas ou condições contratuais admissíveis ou, ainda, quanto a regras da

[444] Cfr. Valmir Emil Hoffmann, F. Xavier Molina-Morales e M. Teresa Martínez-Fernández, "Redes de Empresas...", (cit.), pág. 111.

[445] Assim, também, Patrícia Trindade Caldas, Ana Cecília Feitosa de Vasconcelos, Gesinaldo Ataíde Cândido, "Tipologia de redes..." (cit.), págs. 16-17.

[446] Neste sentido, Fabrizio Cafaggi e Paola Iamiceli, "Reti di imprese e modelli di governo...", (cit.), pág. 300.

[447] Sob o ponto de vista da incidência prática, salienta a doutrina italiana, em linha com o fenómeno dos distritos industriais, que são mais comuns as redes de empresas com a mesma origem geográfica e menos comuns as transnacionais. Cfr. Fabrizio Cafaggi, "Il contratto di rete nella prassi... (cit.), pág. 4. Inexistindo, tanto quanto saibamos, idêntica análise estatística em Portugal, diríamos, no entanto, que se detectam várias redes transnacionais no âmbito da franquia e, bem assim, no domínio da revisão oficial de contas, como já tivemos oportunidade de aludir.

concorrência, independentemente de qual seja a lei aplicável, será de prever a aplicação de regras não muito díspares, mesmo que perante leis de Estados distintos.

Apontam Fabrizio Cafaggi e Paola Iamiceli que as redes nacionais são geralmente apenas contratuais, caraterizam-se por uma maior informalidade e há uma menor tutela contratual quanto a confidencialidade e concorrência, enquanto que as redes transnacionais combinam coordenação societária e contratual e o controlo contratual é mais estruturado.[448]

Consideramos que, tendencialmente, nas redes transnacionais, sobretudo nas de maior dimensão e em que existe uma forte integração das empresas na rede, há uma exigência, do cume da rede, em assegurar algum controlo, atenta a dispersão territorial existente, em relação ao desempenho da atividade por parte de cada uma das empresas, nos quadros delineados para a rede globalmente considerada. Esse controlo será mais eficaz se o cume da rede tiver assento nos órgãos de governo interno de cada um dos membros da rede.

4.6. Classificação das redes quanto ao seu caráter expansivo

As redes podem ser classificadas considerando a sua eventual expansão a novos membros, contratantes, conforme teremos oportunidade de analisar infra, aquando da explanação do regime de entradas nas redes.

O binómio agora em apreço qualifica as redes enquanto abertas ou fechadas, consoante admitem ou não a entrada de novos membros.[449]

Quanto a esta qualificação, a mesma é produto da autonomia das partes; com efeito, os membros das redes de empresas, no exercício da autonomia privada que lhes assiste, no quadro da definição das condições de funcionamento da rede, podem decidir que a rede é fechada, não sendo, em consequência, de admitir novos membros além dos originários.[450]

Da análise das relações reticulares tenderíamos a concluir que uma larga maioria se apresenta como uma rede aberta, na medida em que se admite,

[448] Cfr. "Reti di imprese e modelli di governo...", (cit.), pág. 300 e, também, págs. 358-359.

[449] À luz do direito constituído italiano, aponta-se que, tal como o contrato está delineado pelo legislador, o mesmo é de estrutura aberta (já que do programa de rede deve constar, atento o disposto na alínea *d)* do nº 3 do artigo 3, co-ter, do DL nº 5, de 10 de fevereiro de 2009, *"a modalidade de adesão de outros empresários"*), sendo possível, no entanto, ao abrigo da autonomia privada, consagrar o caráter fechado. Neste sentido, Edoardo Bernini, Guido Bevilacqua, Eva Bredariol, Lorenza Bullo, Cristiano Casalini, Giulia Clarizio, Giuseppe Fietta, Andrea Todeschini Premuda e Diego Trentin, "Linee guida...", (cit.), págs. 73-74.

[450] Pietro Zanelli qualifica esta autonomia como de conteúdo negativo. Cfr. *Reti e contratto...* (cit.), pág. 236.

ainda que condicionada à verificação dos pressupostos que os contratantes originários tenham estabelecido para o efeito,[451] a entrada de novos membros.

Se tivermos no horizonte as redes de distribuição, e considerando a finalidade às mesmas inerente de beneficiar de canais para a colocação de bens em destinos deslocalizados, será interesse do produtor ou líder da rede a adesão de novos distribuidores.

A flexibilidade que, por norma, se aponta às redes está relacionada, também, com a possibilidade de adesão de novos membros, pelo que as redes tendem a ser abertas.[452]

Aponta-se, por seu turno, que as redes fechadas – ou seja, aquelas que se caraterizam pela manutenção da estrutura originária – têm a seu favor o facto de poderem agregar *"actores mais semelhantes entre si e com comportamentos mais homogéneos"*.[453]

4.7. Classificação das redes quanto à sua formalização

Em relação a esta classificação, as redes são apresentadas como formalizadas ou não formalizadas[454/455], consoante, na sua génese, exista ou não um instrumento contratual celebrado entre os membros da rede, destinado a organizar a rede e a reger as relações estabelecidas entre os membros integrantes.[456]

[451] Aludimos a contratantes originários, mas, como veremos em detalhe infra, não é necessariamente assim. Ou, melhor, não é sempre necessariamente assim. Podem as regras de adesão ser definidas, apenas, por um dos sujeitos, *maxime* o cume da rede.

[452] M. José Cabaleiro Casal salienta que a flexibilidade está relacionada com a não introdução de limites de eficiência no sistema. Cfr. "Redes de empresas..." (cit.), pág. 12.

[453] Cfr. Marta Pedro Varanda, "Acção colectiva entre pequenos empresários: uma análise de redes sociais", in *Análise Social*, vol. XLII (182), 2007, pág. 217.

[454] A classificação que ora analisamos é passível de aproximação à classificação das redes enquanto burocráticas ou sociais. As primeiras caraterizam-se pela formalização através de contratos comutativos ou de associação, as segundas pela não recondução a instrumentos contratuais, baseando-se em relações fiduciárias. Cfr. Pietro Zanelli, *Reti e contratto...* (cit.), pág. 13.

[455] Surge comummente a dicotomia redes formais e informais, com um conteúdo semelhante ao ora exposto em texto. Cfr. Elena Calzolaio, Fulvio D'Alvia,Paolo Di Marco, Francesco Rullani e Massimo Tronci, "Il Management..." (cit.), pág. 9.

[456] Para esta classificação vide Patrícia Trindade Caldas, Ana Cecília Feitosa de Vasconcelos, Gesinaldo Ataíde Cândido, "Tipologia de redes..." (cit.), pág. 17.
Em sentido ligeiramente diverso, apresentando uma classificação tripartida e não um binómio, vide Fabrizio Cafaggi, "Il governo della rete", (cit.), pág. 83. O Autor apresenta, assim, a rede informal, a rede com forma contratual e a rede formalizada. Apenas nesta última existirá um sujeito que tem as funções de gestão/administração/vinculação da rede.
Próximas da noção de redes não formalizada encontramos, como se disse, as redes sociais, que se fundam, de acordo com Andrea Zorzi, em ligações ligações informais, diretas e interpessoais.

Não se confunde esta classificação indicada quanto a redes contratuais e a redes organizacionais, já que uma rede pode ser contratual – com o sentido que já expusemos – e, ainda assim, ser não formalizada.

Uma rede é contratual se tem na sua base a celebração de um ou mais contratos entre vários sujeitos mas não dá origem à criação de um sujeito jurídico distinto dos seus membros. Podem ser celebrados vários contratos de prestação de serviços que, conjugados e combinados em torno de um objetivo comum, podem ser subsumíveis a uma rede de empresas. No entanto, no âmbito desses contratos de prestação de serviços, os contratantes podem não acordar quanto a regras específicas para a organização da rede, designadamente regras quanto a tomada de decisões, responsabilidade perante terceiros, representação, entrada e saída da rede.[457]

Consideramos que a noção de rede formalizada deve reservar-se para aquelas redes de empresas em que as partes regulam os termos essenciais de funcionamento da rede, não se afigurando, no entanto, singela a conclusão de quais os termos essenciais cuja regulação se afigura necessária para que se possa designar uma rede como formalizada.

Aventamos que as regras relativas à entrada e saída da rede, bem como ao governo da rede e exclusividade serão aspetos que carecem de ser expressamente regulados pelos contratantes assim conduzindo a uma rede formalizada.

A relevância da classificação encontra-se, sobretudo, para efeitos de resolução de conflitos na rede. Uma rede formalizada – em especial, uma rede pormenorizadamente formalizada – tende a prever soluções concretas para problemas de funcionamento da rede, enquanto uma rede que não tenha subjacente instrumentos jurídicos específicos para a sua regulação pode suscitar a aplicação de normas e princípios jurídicos supletivos ou, até, de normas análogas, o que pode não acautelar diretamente a real vontade dos contratantes, caso tivessem previsto a situação carente de regulação.

Cfr. "Reti di imprese e modelli societari..." (cit.), pág. 179. Assim, também, FRANCESCA MOLLO, *Reti di contratti...* (cit.), pág. 57.
Em relação à noção de rede social, GIOVANNI ORLANDINI, seguindo de perto GIUSEPPE SODA, acrescenta a nota de não serem estas redes reconduzíveis estritamente a qualquer forma de contrato expresso. Cfr. "Diritto del lavoro e regolazione delle reti", in *Reti di imprese tra regolazione e nome sociali – Nuove sfide per diritto ed economia*, a cura di FABRIZIO CAFAGGI, il mulino prismi, 2004, pág. 284. Diversamente, ALEJANDRO GARCÍA MACÍAS inclui nas redes sociais quatro realidades – as redes de parentesco, de amizade, de compadrio e de educação, exemplificando com base na indústria produtora de vestuário e concluindo com o predomínio das redes de parentesco. Cfr. "Redes sociales..." (cit.), págs. 10 e ss.

457 Tudo, naturalmente, nos limites que a lei imponha, no caso concreto, à liberdade contratual.

Quanto a caraterísticas das redes, aponta-se, às formas de cooperação formais, a relevância da transparência sobre a atividade, ao contrário do que sucede nas informais, em que a ação precede a transparência. Nas formais, a cooperação é mais visível externamente.[458]

Fabrizio Caffagi reserva a qualificação de rede formalizada para aquela rede em que existe um órgão de governo e representação da rede.[459] Ainda que não acolhamos este entendimento, para quem o acolha, a relevância da qualificação encontra-se, também, para efeitos de responsabilidade do órgão de governo.[460]

Tratando-se de uma rede formalizada, existem mecanismos para responsabilizar o órgão de governo da rede, seja em relação à própria rede (quando esta tenha personalidade jurídica distinta dos seus membros)[461] seja em relação aos membros (individual ou conjuntamente) seja, por fim, em relação a terceiros, estranhos à rede.

Fabrizio Caggafi alude à possibilidade de os credores recorrerem à responsabilização do administrador da rede nos casos em que este tenha dado instruções desvantajosas a um dos membros.[462]

O enquadramento dado pelo Autor, pressupondo o poder do cume da rede dar instruções desvantajosas aos membros, não se apresenta como inteiramente adequado para todas as redes; com efeito, não se afigura elemento constitutivo das redes a existência de um órgão de governo da rede e, por outro lado, nos casos em que este exista, não constitui uma sua função natural o poder de emitir instruções desvantajosas.

As relações de rede, ao contrário, por exemplo, das relações estabelecidas entre uma sociedade diretora e uma sociedade subordinada (nos grupos por contrato de subordinação, previstos nos artigos 493º e ss. do CSC), não se

[458] Cfr. Hakan Hakansson e Jan Johanson, "Le strategie di cooperazione..." (cit), pág. 442. Os Autores acrescentam, em relação às formas de cooperação informais, que as mesmas se baseiam na confiança. Apenas em parte perfilhamos este entendimento, porquanto entendemos que em todas as relações de cooperação empresarial (incluindo nas relações de cooperação que se traduzem em redes) existirá sempre um elemento fiduciário entre os contratantes. Concordamos, contudo, que, quando as redes não envolvam uma formalização, o elemento da confiança assume especial relevância, já que os intervenientes, apesar de não terem organizado a rede, elencando os direitos e obrigações que recaem sobre cada um dos membros, não estabelecendo, por exemplo, as regras de adesão e saída da rede, confiam que a rede funciona, cumprindo todos os contratantes as obrigações que legitimamente se espera que cumpram.

[459] Cfr. Fabrizio Cafaggi, "Il governo della rete", (cit.), pág. 83.

[460] Assim, Fabrizio Cafaggi, "Il governo della rete", (cit.), pág. 84.

[461] Ou ainda que não tenha, como se verá em II.2.6.3. infra.

[462] Cfr. Fabrizio Cafaggi, "Il governo della rete", (cit.), pág. 84.

caraterizam por um dever de os membros da rede cumprirem instruções ou decisões proferidas por um órgão de governo da rede.

Como temos vindo a salientar, a autonomia e independência dos membros da rede constituem elementos caraterizadores das redes de empresas, que não se compadecem com um enquadramento das redes em que existe um órgão de governo com poderes de emitir instruções vinculantes (e desvantajosas) aos membros.

É, caso, pois, para indagar se, apesar de não constituir uma caraterística das redes, teremos, ainda, rede quando essas instruções vinculantes possam ser dadas por um órgão de governo da rede aos membros que integram a mesma rede.

Nas redes não existe uma subordinação jurídica dos membros ao órgão de governo da rede; admitimos, no entanto, que o órgão de governo – *maxime*, o cume da rede – possa ter o poder de fixar regras procedimentais e de atuação aplicáveis a todos os membros da rede e cujo teor os membros já conhecem aquando da adesão à rede.[463]

A possibilidade de emitir instruções desvantajosas – com a inerente obrigação de as cumprir – pode assumir relevância para efeitos concorrenciais, ao nível do abuso de dependência económica, ou, ainda, no plano da responsabilidade por factos ilícitos.[464]

[463] Caso as regras venham a ser estabelecidas posteriormente e não acolham o assentimento de alguns dos membros, cremos que não lhes poderá ser exigível o cumprimento, quando as mesmas sejam, para aqueles membros, desvantajosas.

[464] A esta questão voltaremos em II.2.4.3.2. infra.

5
Em torno do tipo e da atipicidade

Colocadas em relevo as principais notas caraterizadoras dos contratos de rede e redes de empresas, e concluída a confrontação das redes com figuras socialmente típicas, é chegado o momento de avaliar se as redes podem subsumir-se a um ou vários tipos ou, se, ao invés, se movem nos campos da atipicidade. Ou, ainda, para finalizar, se é uma figura trans-típica.

No plano do direito constituído português, a única noção de rede – enquanto instrumento de cooperação entre entidades – ocorreu no âmbito da revisão oficial de contas, tendo o legislador indicado, no nº 11 do artigo 68º-A do EOROC, a noção de rede, para efeitos daquele diploma e, posteriormente, na alínea *p)* do artigo 2º do RJSA.

Atenta a manifestação legal da figura seríamos tentados a concluir que a rede é uma figura legalmente típica, com um significado e conteúdo específicos, definidos pelo próprio legislador, ainda que a mesma seja passível de concretização e de abrangência. Sucede que o legislador não tipifica uma rede de empresas. Mas uma rede. E num específico setor da atividade económica – a atividade desenvolvida pelos ROC e SROC.

Uma das consequências da tipicidade legal é, como tem sido salientado por alguns autores, o facto de a figura assim concebida ser considerada lícita, abstratamente analisada e não em concreto.[465]

No ordenamento jurídico italiano, que prevê, *qua tale*, o contrato de rede, a doutrina está longe de ser unívoca, porquanto se digladia com o facto de poder ser uma figura nova (um tipo novo) ou, apenas e tão-só, uma figura trans-típica.[466]

[465] Cfr. José Alberto Vieira, *O Contrato de Concessão...* (cit.), pág. 89.

[466] Para uma análise das duas hipóteses aqui colocadas, vide Roberta Bertagnin, *Il contratto di rete...* (cit.), pág. 33 e, também, Edoardo Bernini, Guido Bevilacqua, Eva Bredariol,

No plano embrionário em que se encontra a questão, seja do ponto de vista legal, doutrinário, social, seja jurisprudencial, será prematuro concluir pela formação de um tipo novo e distinto dos demais já existentes.

Tem vindo a ser sustentado que a qualificação de uma realidade como *"tipo"*, sob o ponto de vista jurídico, ocorre quando estamos perante um modelo socialmente reconhecível.[467]

Considerando a noção de rede de empresas que provisoriamente adotámos e, bem assim, os resultados dos confrontos efetuados com figuras afins, é inequívoco que podem ser subsumíveis as redes de empresas a várias figuras social e legalmente típicas, desde que conjugadas do modo interdependente que apontámos.

Assim, podem formar redes de empresas vários contratos de franquia ou de concessão comerciais, contratos esses que são socialmente típicos ainda que legalmente atípicos.

Consideramos que a rede de empresas e os contratos de redes se apresentam, atualmente, como uma figura trans-típica,[468] daí que preferiremos a uti-

LORENZA BULLO,CRISTIANO CASALINI, GIULIA CLARIZIO, GIUSEPPE FIETTA, ANDREA TODESCHINI PREMUDA e DIEGO TRENTIN "Linee guida..." (cit.), pág. 1.
No sentido de ser o contrato de rede uma figura trans-típica, sustentando-se, sobretudo, no facto de a finalidade deste contrato – tal como concebida pelo legislador – ser uma finalidade genérica, o objeto ter uma vertente tripla e a reduzida (ou até ausência) de regras civilísticas caraterizadoras, vide GIAN DOMENICO MOSCO, "Il Contratto de Rete dopo la Riforma..." (cit.), pág. 30.
No mesmo sentido, PIETRO ZANELLI, *Reti e contratto...* (cit.), pág. 2 e 31, GIUSEPPE FERRI, *Manuale di Diritto...* (cit.), pág. 211 e FRANCESCA MOLLO, *Reti di contratti...* (cit.), pág. 168.
Também se filia no elenco dos autores italianos que adere à tese do contrato de rede enquanto figura trans-típica MARCO GOBBATO. O Autor sustenta a sua posição no facto de o contrato de rede ser *"idóneo a regular operações económicas diversas entre si e a ser empregue com funções diferenciadas"* (tradução nossa). Cfr. "Allocazione del rischio da inadempimento...", pág. 264. Ainda que aceitemos o enquadramento das relações de rede enquanto figura trans-típica, consideramos que o fundamento deste enquadramento está relacionado com o facto de poder potencialmente abranger um conjunto de contratos típicos. Entendemos que pode a trans-tipicidade estar relacionada com as várias operações económicas que o contrato pode regular e com as funções diferenciadas que desempenha, mas não será esse o elemento preponderante.
Neste sentido, também, PAOLA IAMICELI, "Il coordinamento della filiera produttiva tra collegamento negoziale e contratti de rete", in *Il contratto di rete per la crescita delle imprese*, FABRIZIO CAFAGGI, PAOLA IAMICELI e GIAN MOSCO DOMENICO (Dir.), Quaderni di Giurisprudenza Commerciale, Giuffrè Editore, 2012, pág. 321.

[467] Cfr. RUI PINTO DUARTE, *Tipicidade e Atipicidade...* (cit.), pág. 42.

[468] Neste sentido, também, designadamente, FABRIZIO CAFAGGI e MARCO GOBBATO, "Rischio e responsabilità nella rete", in *Il contratto di rete – Commentario*, a cura di FABRIZIO CAFFAGI, il mulino, 2009, pág. 86 e em FABRIZIO CAFFAGI, "Reti Contrattuali e contratti di rete...", (cit.), pág. 439 e PIETRO ZANELLI, "Reti di impresa dall'economia al diritto..." (cit.), pág. 952.

lização do termo rede no plural (contratos de rede e redes de empresas),[469] já que não existe *um* tipo de rede ou *um* contrato de rede.

Constituem sinais dessa trans-tipicidade o facto de, para a sua regulação e para a apresentação de soluções quanto a alguns problemas suscitados pela figura, se recorrerem a alguns princípios gerais de direito, como sejam a boa fé ou a utilização de figuras já consolidadas, designadamente os contratos relacionais ou os deveres de segurança no tráfego.[470]

Encontram-se confortavelmente consolidadas na doutrina jurídica as funções do tipo. O tipo, no âmbito dos contratos, cumpre, desde logo, uma função de facilitação da contratação; com efeito, os contratantes, aquando da contratação, podem optar por recorrer a um tipo contratual já existente e demitirem-se de detalhadamente estabelecerem as regras aplicáveis a tal contrato, porquanto o mesmo, por ser típico, já beneficiará de um conjunto completo de regras.[471]

[469] Assim, também, PIETRO ZANELLI, *Reti e contratto...* (cit.), pág. 3.

[470] Aludindo ao reconhecimento cauteloso das redes de empresas que se manifesta no recurso às figuras apontadas em texto, vide GUNTHER TEUBNER, *Das Recht Hybrider...* (cit.), pág. 4.

[471] Neste sentido, ANTÓNIO MENEZES CORDEIRO, "Do contrato de franquia ("franchising")..." (cit.), pág. 66.

6
A qualificação

Ainda que o nosso percurso no fenómeno das redes de empresas se encontre na sua fase inicial, estaremos já em condições de, partindo da noção provisoriamente adotada e considerando os resultados do confronto com figuras afins, subsumir as redes de empresas às qualificações dos contratos comummente efetuadas pela doutrina e jurisprudência, sendo que, em relação a cada uma daquelas qualificações, apreciaremos a bondade da mesma, à luz dos elementos constitutivos das redes.

6.1. Contratos de rede enquanto contratos comerciais

Ao qualificarmos os contratos de rede como contratos comerciais, temos em conta que, na noção por nós acolhida, admitimos que, na génese dos contratos de rede, possa estar mais do que um contrato.

Não sendo este o campo idóneo ao desenvolvimento das teorias referentes ao artigo 2º do CCom – em relação às quais os contributos doutrinários abundam – por ora, limitar-nos-emos a avaliar em que medida a contratação em rede pode ser qualificada como contratação mercantil, quer sob o ponto de vista objetivo quer, ainda, sob prisma subjetivo.

De acordo com o previsto no artigo 2º do CCom, o qual, para este efeito, pode ser analisado em duas partes, são atos de comércio os atos previstos no CCom (*"neste Código"*). Convocando a doutrina consolidada quanto a este artigo, o preceito legal pode ser interpretado extensivamente, admitindo-se a natureza mercantil a contratos previstos em legislação comercial (avulsa).[472]

Como temos vindo a destacar, o contrato de rede inexiste, enquanto tal, no ordenamento jurídico português.

[472] Quanto a este ponto, com indicações doutrinárias, vide COUTINHO DE ABREU, *Curso de Direito Comercial, Vol. I...* (cit.), págs. 55 e ss.

Esta afirmação deverá ser atendida *cum grano salis*. Com efeito, e como se referiu, existe uma referência legal à relação de rede, enquanto forma de organização/associação entre entidades distintas, no EOROC (no nº 11 do artigo 68º-A) e no RJSA [na alínea *p)* do artigo 2º].

Não se prevê, no entanto, no âmbito destes diplomas, o contrato de rede em si, mas apenas se pretende retirar efeitos da relação de colaboração de ROC e SROC, em rede, sobretudo tendo em vista a imparcialidade, independência e transparência que devem nortear a atuação daqueles sujeitos.

Poder-se-ia sustentar, atenta a localização da noção de rede no quadro da revisão oficial de contas e auditoria, não serem os contratos de rede contratos comerciais, porquanto, desde logo, a mesma ocorreria entre entidades que não são comerciantes (ato de comércio sob o ponto de vista subjetivo) e os ROC e SROC não praticam atos de comércio.

O elemento sistemático não é, quanto a nós, preponderante. De facto, como assinalámos em I.2.1. supra, o termo rede vem referido em alguns diplomas legais (designadamente, no domínio das comunicações eletrónicas, no fornecimento de gás e eletricidade e no CVM); destacamos a referência expressa, enquanto fenómeno de cooperação, às redes de empresas, na alínea *e)* do artigo 4º Decreto-Lei nº 6/2015, de 8 de janeiro, ainda que este último diploma não proceda a uma definição de rede de empresas, enquadra as redes no específico âmbito cooperativo empresarial.

Se estivermos perante redes de empresas em que se integram as empresas (mercantis) elencadas no artigo 230º do CCom, a comercialidade do contrato de rede advém do entendimento, doutrinário, é certo, de acordo com o qual os atos por aquelas praticados são objetivamente comerciais.[473]

Quanto às demais empresas, a comercialidade do contrato de rede celebrado advém não sob o ponto de vista objetivo mas em termos subjetivos.

Sendo os contratos de rede – com o enfoque que lhes damos – celebrados por sujeitos comerciais (sujeitos titulares de empresa, ou seja, empresários), os atos por aqueles praticados são subjetivamente comerciais, verificados os pressupostos previstos na parte final do artigo 2º do CCom.[474] Cremos que os contratos de rede se relacionam direta ou indiretamente com a atividade mer-

[473] Quanto à natureza objetivamente comercial dos atos praticados pelas empresas elencadas no artigo 230º do CCom vide, designadamente, Coutinho de Abreu, *Curso de Direito Comercial, Vol. I...* (cit.), págs. 62 e ss. e Cassiano dos Santos, *Direito Comercial Português – Vol. I, Dos actos de comércio às empresas: o regime dos contratos e mecanismos comerciais no direito português*, Coimbra Editora, 2007, págs. 84 e ss.

[474] Quanto aos atos subjetivamente comerciais, vide Coutinho de Abreu, *Curso de Direito Comercial, Vol. I...* (cit.), págs. 81 e ss..

cantil a que se dedicam os sujeitos integrantes da rede, posto que a finalidade imanente a esta contratação se prende com o aumento da competitividade no mercado, através da coordenação das respetivas atividades económicas.

Pelo que se pode afirmar a comercialidade dos contratos de rede, ainda que os mesmos possam ser, em alguns casos, civis, atenta a natureza dos sujeitos contratantes e a atividade por estes empreendida.

6.2. Contratos de rede enquanto contratos de cooperação

Os contratos de cooperação podem ser definidos, seguindo ENGRÁCIA ANTUNES, como *"acordos negociais, típicos ou atípicos, celebrados entre duas ou mais empresas jurídica e economicamente autónomas (singulares ou colectivas, públicas ou privadas, comerciais ou civis), com vista ao estabelecimento, organização e regulação de relações jurídicas duradouras para a realização de um fim económico comum"*.[475]

Conquanto o fundamento que subjaz a estes contratos reticulares não se esgote numa finalidade meramente cooperativa, podemos qualificar os contratos de rede como contratos de cooperação, na medida em que os sujeitos contratantes, através de um conjunto de instrumentos jurídicos (sejam contratos bilaterais sejam multilaterais), tendo em vista um objetivo económico comum, relacionado com o aumento da competitividade no mercado, assumem prestações interdependentes em benefício recíproco.

6.3. Contratos de rede enquanto contratos duradouros

A qualificação dos contratos de rede (e das relações de rede a que os mesmos dão origem) enquanto contratos duradouros surge por contraposição a contratos de execução instantânea, cujo cumprimento se esgota num único ato.

A especial duração que se assaca aos contratos de rede é um dos elementos constitutivos destes contratos, porquanto, como assinalado em I.2.2.4., e, por um lado, para os contratantes poderem alcançar os objetivos que traçaram, em comum, para a rede, será necessário que a execução das prestações reciprocamente assumidas se prolongue no tempo; por outro lado, atendendo a que, para cada um dos membros integrar a rede, pode constituir condição de acesso à mesma a realização de investimentos iniciais avultados (ou seja, uma *"entrada"*, em sentido amplo), cujo retorno apenas se alcança através da exploração produtiva duradoura da rede.

Subsumindo-se os contratos de rede a contratos duradouros, essa qualificação assume relevância para vários aspetos, como sejam o grau de confiança suscitado entre as partes e as expectativas geradas nos comportamentos futu-

[475] Cfr. JOSÉ ENGRÁCIA ANTUNES, *Direito dos Contratos Comerciais*, Almedina, 2009, pág. 389.

ros ou, ainda, para efeitos de cessação do contrato, nomeadamente pela sujeição dos contratantes que se pretendam desvincular a um prazo de pré-aviso, como aludiremos em II.2.7.2. infra.[476]

6.4. Contratos de rede enquanto contratos-quadro / contratos normativos

Francisco González Castilla considera que os contratos de rede são, não só, um contrato-quadro, na medida em que *"organizam e configuram uma série de obrigações das partes com a finalidade de desenvolver uma função distributiva ao longo do tempo"* como um contrato normativo, *"no sentido em que incluem não só obrigações para as partes contratantes mas também prescrições que devem ser incluídas nos contratos celebrados com outros sujeitos com quem pode contratar o distribuidor."*[477]

Consideramos que os contratos de rede nem sempre pressupõem a celebração de um acordo-quadro.

Na concessão comercial,[478] tem sido apontada, como caraterística daquela contratação, a de envolver a celebração de um acordo-quadro, para enquadramento da celebração de vários contratos de execução, tendo por base as condições gerais patentes no acordo-quadro.

É legítimo, pois, indagar se, nas redes de empresas, será configurável o recurso a idêntico expediente.[479]

Sob o ponto de vista jurídico consideramos admissível a celebração de acordos-quadro nas redes.

No domínio da contratação mercantil, afigura-se ser, frequentemente, interesse dos contratantes a definição de parâmetros gerais de contratação,

[476] Para uma análise da confiança nas relações duradouras, vide, desenvolvidamente, Manuel António de Castro Portugal Carneiro da Frada, *Teoria da Confiança e Responsabilidade Civil*, Almedina, Colecção Teses, 2004, págs. 559 e ss.

[477] Tradução nossa do original espanhol. Cfr. Francisco González Castilla ,"El impacto de la intermediación...", pág. 380.

[478] Destacamos, neste exemplo, a concessão comercial por assumir o contrato-quadro, naquela contratação, a função de nota caraterizadora, ou, até, diríamos, elemento essencial do contrato, ainda que admitamos que os contratos-quadro tenham cabimento também na franquia, como nota Michael Martinek, *Moderne Vertragstypen II...* (cit.), pág. 37.

[479] Conquanto não refiram expressamente o conceito de acordo-quadro nas redes, Stefanos Mouzas e David Ford postulam o recurso, nas redes, a contratos "guarda-chuva" ("umbrella agreements") que contém as condições que os contratantes, à data da celebração do contrato, logrem acordar, relegando para o futuro outras condições que a experiência acumulada e o comprometimento encetado possibilitem maiores possibilidades de acordo. Cfr. "Managing relationships in showery weather: The role of umbrella agreements", in *Journal of Business Research*, 2006, vol. 59, 12, disponível em http://impgroup.org/ uploads/papers/4730.pdf, sobretudo págs. 3 e 10-11.

que são, posteriormente, objeto de concretização, aquando da sua execução, sobretudo quando a relação contratual se prolonga no tempo.

No entanto, nas redes, o acordo-quadro não se apresenta como um elemento constitutivo da figura, como surge no contrato de concessão, em que o acordo-quadro é não só um documento que contém os direitos e obrigações essenciais de cada uma das partes mas também a fonte de obrigações de execução, *maxime* ao nível das compras e vendas mínimas a realizar pelo concessionário.

Por seu turno, nas redes de empresas, o acordo-quadro será instrumento utilizável para definição das condições de adesão à rede, podendo não conter concretização bastante no plano da execução contratual.

Os acordos-quadro, nas redes, à semelhança do que sucede nos contratos de distribuição, estão associados à (relativamente prolongada) duração da relação contratual instituída.[480]

A existência de um acordo-quadro implica que os contratantes pretendem definir, antecipadamente, as condições gerais das suas contratações futuras, o que só tem inteiro cabimento em relação a contratos cuja execução se prolongue no tempo. Sendo as relações de rede, por norma, duradouras estaria preenchido um dos pressupostos para que um acordo-quadro se celebrasse.

No entanto, as partes num contrato de rede podem pretender que os termos da sua contratação não sejam evolutivos e dinâmicos, mas fiquem cristalizados num momento e aí definidos.

Aqui impera a autonomia das partes.

Redes existem em que tais pressupostos se podem aplicar; ou seja, em que as partes, em função dos objetivos que a rede prossegue, pretendem definir *ex ante* as condições em que contratos futuros se executarão. Por exemplo, se a rede se materializa numa cadeia de fornecimento, desde o produtor até ao distribuidor final, as partes podem comprometer-se a celebrar um certo número de contratos de compra e venda e/ou fornecimento, definindo antecipadamente as condições em que os contratos futuros se celebrarão, nomeadamente no que se refere a preço, quantidade a fornecer e condições de pagamento.

Nas redes de ROC e SROC – ainda que não sejam redes de empresas comerciais – não teremos um contrato-quadro tal como o mesmo tem sido doutrinal e jurisprudencialmente concebido. Será comum a existência de condições gerais de adesão, que podem implicar para o aderente um conjunto de obrigações perante os demais membros e/ou perante o gestor da rede. No

[480] Assim, também, quanto às redes, Francisco González Castilla, "El impacto... (cit.), pág. 380.

entanto, do documento que contém as condições de adesão não resulta, por norma, para o aderente, uma obrigação de celebração de contratos com os demais membros da rede, podendo embora existir um dever de cooperação com esses membros.

A integração numa rede não implica uma homogeneidade nas condições contratuais constantes dos contratos que, no seio da rede, são celebrados entre os vários membros entre si, pelo que não assumimos para a qualificação dos contratos de rede a nota de contrato-quadro.

Quanto ao segundo segmento, serem os contratos de rede contratos normativos, cremos que, em algumas hipóteses, essa qualificação poder-se-ia apresentar como mais adequada do que a de contrato-quadro, na medida em que esta última, cristalizando embora os direitos e as obrigações das partes nas suas futuras contratações (como sucede com o contrato normativo), pressupõe, por norma, a obrigação de contratos subsequentes, de execução do contrato-quadro. À qualificação de contrato normativo não vem associada a obrigação de celebração de novos contratos entre as partes, produzindo o contrato a plenitude dos seus efeitos com a sua celebração pelas partes.

Tem a jurisprudência assinalado a vertente *"normativa"*, designadamente, ao contrato de abertura de conta[481] e ao Contrato Coletivo de Trabalho.[482]

A utilização da qualificação de contrato normativo apela à noção de norma, enquanto previsão geral e abstrata, idónea à sua aplicação a um conjunto abrangente de situações concretas.

No entanto, a qualificação dos contratos de rede como contratos normativos não se afigura, também, inteiramente correta, na medida em que a abstração associada aos contratos normativos não é idónea a abranger um conjunto de contratos de rede – como é, verificadas as condições que assinalámos, o contrato de consórcio – em que os contratantes, ao abrigo da autonomia contratual, optam pela celebração de contratos em que pouco mais acordam do que a reprodução das normas legais estabelecidas para o instrumento contratual eleito.

Um contrato normativo só, com propriedade, assume essa qualificação se as partes prevenirem, naquele contrato, todo um conjunto de procedimentos, direitos e obrigações que regem a relação contratual entre as partes.

481 Assim, nomeadamente, no Acórdão do STJ, proferido no Processo nº 2/11.1TVPRT.P1.S1, Relator Granja da Fonseca, datado de 24.10.2013, Acórdão do TRL, proferido no Processo nº 7511/2007-2, Relator Ezaguy Martins, datado de 08.11.2007 e o proferido no Processo nº 970/2007-2, Relator Vaz Gomes, datado de 28.06.2007, todos disponíveis em www.dgsi.pt.

482 Assim, por exemplo, citando António Monteiro Fernandes, o Acórdão do STJ, proferido no Processo nº 07S4481, Relator Bravo Serra, datado de 05.03.2008, disponível em www.dgsi.pt.

Para finalizar, pese embora possam existir condições gerais para a adesão à rede, sobretudo nas redes de maior dimensão, a circunstância de essas condições existirem não é bastante quer para a consideração dos contratos de redes como contratos-quadro, quer como contratos normativos.

As condições gerais de acesso, para este efeito, funcionam como um documento unilateralmente apresentado pelo cume da rede – no caso das redes assim configuradas – ou pelos membros atuais da rede em que se definem os termos em que pode um sujeito, em abstrato, pretender aceder à rede. Eventualmente, podem constar as regras essenciais quanto ao funcionamento interno da rede, mas não são contratos-quadro ou normativos.

6.5. Contratos de rede enquanto contratos onerosos

Caraterizam-se os contratos onerosos como aqueles em que *"a atribuição patrimonial efectuada por cada um dos contratantes tem por correspectivo, compensação ou equivalente a atribuição da mesma natureza proveniente do outro"*.[483]

Quanto à onerosidade, remetemos para o que infra se dirá quanto às entradas nos contratos de rede, *maxime* no ponto II.2.4.4.1. infra.

A correspetividade ou equivalente a atribuição da mesma natureza, que se assinala aos contratos onerosos, tem, nos contratos de redes, semelhantemente com o que sucede, por exemplo, com o contrato de sociedade, contornos específicos. A equivalência entre as prestações, da mesma natureza, dos outros contratantes, encontra variantes, atenta, por exemplo, a diversa participação no seio da organização, não só em termos quantitativos como qualitativos.

Numa rede vertical, a correspetividade encontra-se, designadamente, na circunstância de às obrigações iniciais e periódicas do membros da rede (*e.g.*, o franquiado) corresponder a atribuição da utilização de um sinal distintivo do comércio de que é titular o cume da rede (*e. g.*, o franquiador). As prestações, na sua natureza, não são exatamente equivalentes, mas a valorização que lhes é atribuída pelas partes permite assinalar a correspetividade entre as prestações.

A onerosidade, nos contratos de rede, não envolve a qualificação das relações de rede como comutativas, em que a prestação de uma das partes tem como correspetivo uma prestação da outra.[484]

[483] Cfr. João de Matos Antunes Varela, *Das Obrigações...* (cit.), pág. 323.

[484] Salienta-se, ainda, que os contratos comutativos são sempre bilaterais. Cfr. A. Ferrer Correia, *Lições de Direito Comercial, Vol. II, Sociedades Comerciais, Doutrina Geral*, Universidade de Coimbra, 1968, pág. 53. Como vimos, nas redes, a plurilateralidade é comum.

No âmbito da nossa análise – e tendo em conta a noção de rede e de contratos de rede de que partimos – só relevam as relações reticulares onerosas.

Existem, no entanto, realidades comummente designadas como redes (embora escapem aos *essentialia negotti* assinalados) em que falha a onerosidade; temos em mente algumas organizações sem fins lucrativos, em que admitem como membros determinados sujeitos sem que a uma prestação, por norma realizada gratuitamente, corresponda qualquer correspetivo por parte da organização ou dos demais membros.

6.6. Contratos de rede enquanto contratos de organização

Não constitui esta uma tradicional classificação dos contratos mercantis; não obstante, alguns autores têm classificado estes contratos como contratos de organização, sustentando que, nas redes, se dá vida a um esquema de produção.[485]

À qualificação dos contratos como contratos de organização associa-se a existência de esquemas ou mecanismos jurídicos que se apresentem adequados *"à formação e actuação da vontade social e à gestão da empresa"*.[486]

Atento o enquadramento que temos dado aos contratos de rede, consideramos que nem sempre podem ser qualificados enquanto contratos de organização.

O esquema de produção e a formação de uma vontade sustentada e, bem assim, uma gestão unitária manifesta-se apenas em alguns tipos de redes, nomeadamente nas redes formalizadas e institucionais.

Por outro lado, será dificilmente concebível a qualificação dos contratos de rede como contratos de organização nas redes formadas por conjuntos de contratos bilaterais. Vejamos duas hipóteses.

Uma rede que se materializa numa cadeia de produção, desde a obtenção da matéria prima até à comercialização final, através da colocação do bem no consumidor, sendo que a cada um dos membros incumbe uma fase do processo produtivo. Ainda que se reconheça uma organização por "no processo – o que pode traduzir-se na existência de regras, definidas entre os membros, quanto aos procedimentos de produção, patamares de qualidade e prazos de execução – cremos que tais regras, sobretudo de índole técnico-produtiva, não atingem o elemento organizativo bastante para a sua qualificação enquanto contratos de organização. Falha-lhes a vontade e a gestão unitárias que consideramos elemento mínimo integrante da qualificação de contrato de organização.

485 Assim, VINCENZO DONATIVI, *"Contratto di rete..."* (cit.), pág. 1435.

486 Cfr. A. FERRER CORREIA, *Lições de Direito Comercial, Vol. II* ... (cit.), pág. 53, quanto à qualificação do contrato de sociedade.

Ainda no âmbito da hipótese ora sob análise, se, paralelamente aos contratos bilaterais assim celebrados, existirem regras quanto à gestão e organização do conjunto, nomeadamente no que se refere à contratação, quer a montante quer a jusante do processo produtivo, quer ainda quanto a eventuais trabalhadores dos membros da rede, pode existir a organização necessária para a qualificação enquanto contrato de organização.

Vejamos, ainda, uma segunda hipótese, uma rede formada por conjuntos de contratos de franquia ou de concessão comercial. Através da celebração de vários contratos de franquia ou de concessão, o franquiador e concedente organizam a sua produção e/ou distribuição, consagrando regras quanto à atuação de cada um dos membros que integram a respetiva rede.

O conjunto dos contratos celebrados e a gestão da rede por parte do cume da mesma pode permitir aproximar estes contratos dos de organização, ainda que não ocorra uma gestão unitária. Com efeito, quer o franquiado quer, sobretudo, concessionário, desenvolvem a sua atividade com autonomia e independência.

6.7. Contratos de rede enquanto contratos relacionais[487]

A expressão *"contrato relacional"* (*"relational contract"*)[488] tem sido doutrinalmente utilizada para distinguir uma realidade contratual complexa dos contratos isolados, por norma designados de *"discrete contracts"*, caraterizando-se estes últimos como contratos puros e os primeiros como dando origem a um fluxo de trocas complexas e duradouras.[489]

Nos contratos relacionais existe uma intensa contextualização de relações sociais.

Não é consensual nos autores a associação das redes a um contrato relacional. Sustenta-se que, nos contratos relacionais, há necessidade de celebração de um contrato, pelo menos de forma implícita, entre todos os contratantes, o que não existirá nas redes de *"amici degli amici"*, que se baseiam no contacto com apenas um dos pontos e que cria uma ligação com toda a rede.[490]

[487] Também designados, entre nós, como *"contratos de relação"*. Neste último sentido, Diogo Leite de Campos, "Dos contratos de relação às relações de associação", in *Revista da Ordem dos Advogados*, Ano 70 – Vol. I/IV – 2010, disponível em www.oa.pt.

[488] Desenvolvidamente sobre este contrato, Ian R. Macneil, "Relational Contract: What We Do and Do Not Know", in *Wisconsin Law Review* 483 (1985), págs. 483 e ss.. Para a compreensão da figura, o Autor salienta as dimensões de análise: (i) dimensão comportamental *(behavioral dimension)*; (ii) dimensão jurídica *(legal dimension)*; (iii) dimensão doutrinária *(scholarship dimension)*.

[489] Neste sentido, Maria Raquel de Almeida Graça Silva Guimarães, *O contrato-quadro no âmbito da utilização de meios de pagamento electrónicos*, Coimbra Editora, 2011, págs. 573 e ss..

[490] Assim, Gunther Teubner, "Hybrid Laws: Constitutionalizing..." (cit.), pág. 8.

Jurisprudencialmente apresentam-se os contratos relacionais como contratos duradouros, do qual nascem obrigações reiteradas e diferenciadas.[491]

A durabilidade dos contratos de rede – caraterística assinalada também aos contratos relacionais – constitui um dos elementos que apontámos como constitutivos das figuras em análise; no entanto, aos contratos relacionais assinala-se o facto de os mesmos darem origem a obrigações diversas e reiteradas entre as partes contratantes e de todo o acervo contratual assim encetado entre as partes depender, em grande medida, da especial relação desenvolvida, ao longo do tempo, entre as partes, relação próxima e continuamente desenvolvida.

Consideramos que o que verdadeiramente distingue os contratos relacionais dos demais contratos duradouros não é o tempo da relação contratual mas o grau de comprometimento e envolvimento entre as partes contratantes.[492]

Por exemplo, nas redes de franquia, o envolvimento e comprometimento entre os sujeitos integrantes da rede não se verifica entre os vários franquiados ou, *rectius*, não é essencial que se verifique para que, por um lado, a rede de franquia funcione e, por outro, que se considere uma interdependência entre os franquiados (enquanto elemento constitutivo das redes). O envolvimento ocorre entre as partes formalmente vinculadas por contrato – entre franquiado e franquiador – e não entre os vários franquiados entre si.

No que se reporta às redes organizacionais ou institucionais, que envolvem um mínimo de organização, podendo traduzir-se na constituição de uma pessoa coletiva distinta dos membros (como sejam uma sociedade comercial, uma associação ou um ACE) ou num substrato meramente contratual mas em que se organize a vontade do conjunto em torno de objetivos comuns (como é o caso do consórcio), o comprometimento e envolvimento entre os contratos (e contratantes), que pode exigir um investimento contínuo na relação contratual duradoura, pode permitir assinalar-lhes a nota de contratos relacionais.

[491] Cfr. Acórdão do TRC, proferido no Processo nº 669/10.8TBGRD.C1, datado de 17. 12. 2014 (Relator Sílvia Pires), disponível em www.dgsi.pt.

[492] Neste sentido, também, Diogo Leite de Campos, "Dos contratos de relação..." (cit.).

7
A regulação dos contratos de rede e das relações de rede. Problematização

A problematização quanto à regulação dos contratos de rede não se afigura de singela concretização.

Por um lado, ainda que sectorialmente, a integração numa rede releva, no plano do direito constituído, no âmbito do EOROC e do RJSA, pelo que a interrogação quanto à regulação terá que ser temperada pela constatação da previsão legal existente. Sendo certo que a previsão das redes no EOROC e no RJSA traduz-se numa previsão da figura da rede, nomeadamente para efeitos de avaliação da independência de ROC e SROC; a regulação aí prevista não abrangeu a consagração de regras quanto à constituição das redes e modo de funcionamento.

Por outro lado, e caso indaguemos se se justifica a regulação do fenómeno de rede enquanto regulação geral, ou seja, através da previsão de um regime jurídico próprio e aplicável transversalmente às várias áreas do sistema jurídico, não obtemos, por ora, uma resposta inequívoca.

Estamos, pois, perante a comum interrogação da necessidade de regulamentação de um fenómeno económico-social, que se pode manifestar em sede de contratação entre empresas, mas que, eventualmente, não terá atingido o grau de maturação e de homogeneidade para se justificar a sua previsão expressa no plano do direito constituído.

São bem conhecidas as posições doutrinárias que se digladiam quanto à regulamentação de uma determinada prática social.

Aventam-se, como aspetos positivos para a regulamentação, a certeza e a segurança jurídica, na medida em que os potenciais contratantes podem conhecer, aquando da decisão de contratar – entendida, aqui, em sentido amplo, já que a decisão de contratar pode corporizar-se, na prática, numa adesão a um contrato existente – qual o regime jurídico aplicável ao contrato que pretendem celebrar.

No sentido da desnecessidade de regulação, pode apontar-se o incentivo à autonomia privada, na modalidade da liberdade contratual; com efeito, os sujeitos jurídicos podem não pretender conformar-se a um espartilho de uma regulamentação legislativa, ainda que as normas legais possam apresentar-se, no caso, enquanto regime supletivo. A flexibilidade contratual que se reconhece a uma realidade não regulada pode ser posta em causa caso se opte pela regulação.

Não se ignora que a realidade social é, frequentemente, mais criativa que o legislador, porquanto a dinâmica dos negócios jurídicos e as necessidades de adaptação de instrumentos contratuais a novas modalidades de contratação é mais célere do que a captação, por parte do legislador, dos parâmetros pelos quais se pode manifestar um instituto.

Baptista Machado sublinha que *"nenhum legislador é capaz de prever todas as relações da vida social merecedoras da tutela jurídica, por mais diligente e precavido que seja."*[493]

No domínio específico da rede, também se contrapõem as duas teses, dividindo-se a doutrina que sobre a problemática da regulação se tem pronunciado.

Por um lado, encontramos aqueles que entendem que as figuras jurídicas existentes não dão resposta cabal aos problemas especificamente suscitados nas redes pelo que seria de ponderar a sua regulamentação autónoma.[494]

Ainda previamente à aprovação, em Itália, do regime jurídico do contrato de rede, sustentava-se a necessidade de regulação, ponderando-se, em especial, as finalidades que com a regulação se poderia alcançar. Apontavam alguns autores o facto de a regulação permitir a consagração de formas de gestão patrimonial inovadoras e que assentassem na flexibilidade, sem que, com tais formas, ficassem diminuídas as garantias dos credores; por outro lado, referia-se que a regulação permitiria formas alternativas de *risk sharing* e *risk pooling* entre as empresas envolvidas na rede.[495] Acrescentava-se, ainda, a necessidade de tutelar os intervenientes, nos processos deliberativos a adotar na rede bem como a resolução de conflitos de interesses que pudessem surgir.[496]

[493] Cfr. J. Baptista Machado, *Introdução ao Direito e ao Discurso Legitimador,* Almedina, Coimbra, 1983, pág. 192.

[494] Assim, designadamente, Juan Ignacio Ruiz Peris, "Un derecho específico..." (cit.), pág. 86 e Carlos Gómez Asensio, "El concepto de red en la reforma..." (cit.), pág. 332.

[495] Vide, por todos, Fabrizio Caffagi, "Reti Contrattuali e contratti di rete..." (cit.), pág. 420.

[496] Assim, Fabrizio Cafaggi, "Il governo della rete" (cit.), pág. 123.

De outra banda, encontram-se os autores que consideram que as soluções legais existentes e as práticas adquiridas noutras figuras jurídicas serão bastantes para acolher o fenómeno e apresentar soluções jurídicas válidas para os principais problemas que as relações de rede podem suscitar.

Aponta-se o exemplo das transações financeiras (*maxime* nos pagamentos sem ser com recurso a numerário) – que se podem manifestar uma complexidade similar às das redes – a inexistência de regulação não provocou a incerteza jurídica.[497]

Acrescentamos um argumento adicional.

Uma grande parte da contratação mercantil não se encontra expressamente regulada entre nós, sem prejuízo de se reconhecer que existem tipos de contratos comerciais, com suficiente densidade e concretização. Invoque-se, por exemplo, o contrato de franquia ou o contrato de *joint venture.*

Ora, mesmo perante a ausência de uma regulação legal do tipo, não existe, entre nós – e na generalidade dos ordenamentos jurídicos – quem negue relevância a tais figuras contratuais.

É, pois, possível reconhecer e atribuir relevância a figuras contratuais legalmente atípicas.

A circunstância de o contrato de franquia não ter sido objeto de regulamentação não implica que não se proteja o contratante mais débil (em regra, o franquiado) ou que não sejam aplicáveis normas gerais imperativas que constituem a matriz de um determinado ordenamento jurídico, ou normas especiais análogas, se e quando a aplicação analógica se justifique.

Ainda no âmbito daqueles autores que não reconhecem uma necessidade de uma regulamentação, sublinha-se que, mesmo que exista regulação que, por exemplo, negue a existência ou proíba a celebração de contratos de rede, ainda assim não deixa de se vislumbrar uma realidade social que se subsume a uma rede. Acrescentando-se, ainda, que a lei, nas redes, não deverá estar à frente da realidade, antes intervirá quando a sua necessidade seja reclamada.[498]

Constitui esta uma perspetiva que demonstra, segundo cremos, uma visão limitada da lei, na medida em que vislumbra a intervenção do legislador apenas quando a realidade, dinâmica e diretora, demonstre o surgimento de um fenómeno social e esse fenómeno, por um qualquer motivo, carecer de regulação.

[497] Neste sentido, vide MATHIAS ROHE, *Netzverträge...* (cit.), págs. 498-499.

[498] Assim, JEAN NICOLAS DRUEY, "The path of the law – the difficult access of networks", in *Networks Legal issues of multilateral co-operation*, Ed. MARC AMSTUTZ e GUNTHER TEUBNER, Hart Publishing, Oxford and Portland, Oregon, 2009, pág. 87. Plasticamente, refere o autor, na pág. 87, que *"Law is an oracle, not a manager"* (a lei é um oráculo não um gestor). Tradução nossa.

Reconhecemos que o direito é, por regra, rígido e pode limitar as opções dos contratantes quando estes pretendam enveredar por um modo de contratação de rede/em rede. A rede – seja qual for a noção que, em concreto, se acolha – manifesta uma malha larga, no sentido de nela poderem caber um conjunto muito diverso de realidades.

Como indicado em I.4 supra, existem vários tipos de rede,[499] como sejam redes horizontais e redes verticais, ou redes contratuais e organizacionais, pelo que entendemos relevante apurar se essa diversidade de tipologias impede que o fenómeno possa ser regulado.[500]

A aparente diversidade na rede não constitui obstáculo à regulação; com efeito, no plano do direito constituído, abundam institutos jurídicos que, sob o mesmo tipo, agregam vicissitudes específicas.

Detendo-nos, por exemplo, no âmbito jurídico-mercantil, poderemos invocar o contrato de sociedade e recordar os vários tipos legais existentes, as várias espécies dentro do género.

Semelhantemente, pode admitir-se uma noção de rede empresarial, quer esta se forme por vários contratos (por regra, contratos bilaterais) ou apenas um contrato (em princípio, contrato multilateral) e podendo ser horizontal, vertical, contratual ou organizacional. A homogeneidade exigível para o tipo não é incompatível com configurações fluídas no âmbito do tipo.

Não obstante o que ora expomos, ainda que toda a regulação seja, por essência, mais rígida do que a ausência de regulação, a flexibilidade que a doutrina tem reconhecido às relações de rede condiciona – mas não prejudica – a regulação que se pretenda empreender quanto a esta figura.[501] A opção pela regulação de uma figura que se carateriza pela flexibilidade torna hercúlea a tarefa de um legislador que não pretenda adulterar os traços essenciais da rede.[502]

[499] Utilizamos aqui o vocábulo *"tipo"* no sentido não rigoroso do termo, mas enquanto noção classificatória.

[500] Hugh Collins, debruçando-se sobre a temática ora em análise – a regulação do fenómeno de rede – sublinha que *"como o direito opera através de leis que pretendem ter uma aplicação generalizada, aquelas regras nunca podem reflectir toda a diversidade das situações concretas."* (tradução nossa). Cfr. "The weakest link..." (cit.), págs. 204-205.

[501] Veja-se, designadamente Tito Menzani e Vera Zamagni, "Cooperative Networks..." (cit.), pág. 121.

[502] Ainda que reconheça a insuficiência das figuras existentes, Juan Ignacio Ruiz Peris mostra-se crítico da opção (designadamente a italiana) de comprimir numa única figura (um contrato de rede) um conjunto de realidades muito diversas. Neste sentido "Un derecho específico..." (cit.), pág. 93.

Admitindo-se a regulação das redes, o legislador pode sentir-se tentado a regular apenas aspetos mínimos, deixando para a autonomia contratual das partes a definição dos parâmetros da relação contratual e, quiçá, introduzir cláusulas contratuais que permitam a adaptação dos preceitos aplicáveis, à medida que a rede se desenvolve e consoante as necessidades dos contratantes.

Para a regulação das redes, e provavelmente, de forma mais ampla, para a regulação de um fenómeno social e contratual entre empresas, entendemos ser de avaliar se existem interesses específicos que haja necessidade de tutelar, devido à circunstância de as normas gerais ou especiais não satisfazerem inteiramente esses interesses.

No plano da tutela de interesses eminentemente públicos, suscita-se a necessidade da regulação das redes para efeitos de direito da concorrência.[503]

No âmbito do direito da concorrência, existem, no entanto, algumas disposições que podem ser aplicadas às relações de cooperação em rede.

Atente-se, desde logo, no disposto no artigo 9º da Lei nº 19/2012, de 8 de maio, quanto à sanção de nulidade dos *"acordos entre empresas, as práticas concertadas*[504] *entre empresas e as decisões de associações de empresas que tenham por objeto ou como efeito impedir, falsear ou restringir de forma sensível a concorrência no todo ou em parte do mercado nacional"*.[505]

Consideramos, no entanto, que as redes não têm, na sua génese, uma finalidade anticoncorrencial,[506] ainda que se reconheça que a contratação em rede pode reclamar alguma vigilância, no sentido de aquilatar quanto ao cumprimento das normas relacionadas com a proteção da concorrência.[507]

---

503 Sobre a relevância das redes no plano do direito da concorrência vide, com desenvolvimento, Maria Manuel Leitão Marques, "As Redes de Empresas..." (cit.), págs. 177-191.

504 A prática concertada não pressupõe, como a expressão demonstra, um acordo expresso entre as empresas, basta-se com uma prática comportamental entre os participantes. Cfr. Miguel Moura e Silva, *Direito da Concorrência, Uma Introdução Jurisprudencial*, Almedina, 2008, pág. 341. No mesmo sentido, também, Miguel Gorjão Henriques e Catarina Anastácio, "Acordos, práticas concertadas e decisões de associações de empresas", anotação ao artigo 9º, in *Lei da Concorrência – Comentário Conimbricense*, Coord. Carolina Cunha, Miguel Gorjão-Henriques, José Luís da Cruz Vilaça, Gonçalo Anastácio, Manuel Lopes Porto, Almedina, 2013, pág. 88.

505 Como salientam Miguel Gorjão Henriques e Catarina Anastácio, a nulidade prevista neste artigo não acarreta, irremediavelmente, a nulidade de todo o contrato, havendo que indagar se as partes teriam celebrado o contrato mesmo sem a cláusula viciada. Cfr. "Acordos, práticas concertadas..." (cit.), pág. 107.

506 Assim, também, Ricardo Luís Lorenzetti, *Tratado...* (cit.), pág. 101.

507 Neste sentido, Gian Domenico Mosco, "Frammenti ricostruttivi..." (cit.), pág. 840. Assim, também, Gustavo Oliviere e Patricia Errico, "Contratto di rete e diritto antitrust", *Il*

Nas redes de empresas – seja qual for a sua tipologia e independentemente do domínio da atividade económica em que se desenvolvam – há um inegável fluxo de troca de informações, conhecimento e *know-how*. No plano do direito da concorrência, suscita-se especial atenção na troca de informações entre sujeitos económicos, para efeitos de avaliação da bondade da conduta dos sujeitos.

Reconhece-se que a troca de informações pode ser um dos objetos dos contratos de rede; no entanto, a finalidade associada a essa troca de informações não é, por definição, anticoncorrencial. Os contratantes podem ter em vista a redução dos custos de produção de um determinado bem e podem pretender a troca de informações quanto a processos produtivos mais económicos na sequência de investigação e testes que realizem.

O nº 1 do artigo 10º da Lei nº 19/2012, estabelece a admissibilidade dos acordos que pudessem ser proibidos nos termos do artigo 9º desde que *"contribuam para melhorar a produção ou a distribuição de bens ou serviços ou para promover o desenvolvimento técnico ou económico"*, impondo-se, adicionalmente, a verificação dos pressupostos previstos no mesmo número do artigo 10º e que se relacionam com a distribuição equitativa dos benefícios para os utilizadores, com a não imposição de restrições às empresas que não sejam indispensáveis[508] aos objetivos em causa e, ainda, com o não serem tais acordos idóneos a possibilitar às empresas a eliminação da concorrência numa parte substancial do mercado.

Relacionada com a bondade dos acordos comerciais que contribuam para a distribuição de bens ou serviços ou promovam o desenvolvimento técnico e económico, encontramos as conhecidas figuras de *"abuso de posição dominante"* e de *"abuso de dependência económica"*.

Pode ser suscitada a aplicação de qualquer uma delas aquando da apreciação dos acordos entre as empresas de uma rede, sobretudo nas redes que se caraterizam pela existência de cume/líder da rede, as comummente designadas redes hierárquicas ou verticais.[509]

contratto di rete per la crescita delle imprese, FABRIZIO CAFAGGI, PAOLA IAMICELI e GIAN MOSCO DOMENICO (Dir.), Quaderni di Giurisprudenza Commerciale, Giuffrè Editore, 2012, pág. 368.

[508] A indispensabilidade aqui presente não se relaciona com a causa das restrições mas com o seu âmbito. Cfr. MANUEL LOPES PORTO e VICTOR CALVETE, "Justificação de acordos, práticas concertadas e decisões de associações", anotação ao artigo 10º, in *Lei da Concorrência – Comentário Conimbricense*, Coord. CAROLINA CUNHA, MIGUEL GORJÃO-HENRIQUES, JOSÉ LUÍS DA CRUZ VILAÇA, GONÇALO ANASTÁCIO, MANUEL LOPES PORTO, Almedina, 2013, pág. 119.

[509] Como salienta MARIA MANUEL LEITÃO MARQUES, a atenção do direito da concorrência às redes será tanto maior quanto a redes que se aproximam dos modelos hierárquicos do que nas redes que se aproximam de relação de mercado. Cfr. "As Redes de Empresas..." (cit.), pág. 183.

O abuso de posição dominante consiste, como a própria expressão inculca, na exploração abusiva da posição dominante do mercado (cfr. artigo 11º nº 1)[510], não sendo sancionada a posição dominante mas a exploração abusiva dessa posição de domínio.[511/512]

Transpondo a norma para o campo das redes, nas redes verticais podem existir condições de transação impostas pelo líder da rede em relação aos membros da mesma, sendo objeto de avaliação se tais condições são ou não equitativas [cfr. artigo 11º nº 2, alínea *a)*]. Adicionalmente, e ainda quando perante o mesmo tipo de redes, o cume da rede pode atribuir condições diversas a prestações equivalentes, por exemplo, entre vários franquiados [cfr. artigo 11º nº 2, alínea *c)*].

Quanto ao *abuso de dependência económica*, o mesmo incide pelo lado da procura (enquanto o abuso de posição dominante se regista pelo lado da oferta) e carateriza-se, atento o preceituado no nº 1 do artigo 12º, pela *"exploração abusiva, por uma ou mais empresas, do estado de dependência económica em que se encontre relativamente a elas qualquer empresa fornecedora ou cliente, por não dispor de alternativa equivalente"*.[513]

A conformidade das relações da rede com as normas concorrenciais em apreço não pode ser concluída *ex ante* mas apenas *ex post*, ou seja, será da execução dos contratos celebrados entre as partes e não da mera celebração de um contrato subsumível a um contrato de rede que se pode apreciar se há um abuso de posição dominante ou uma exploração de dependência económica de um dos contratantes por outro.[514]

Uma outra vertente das redes que pode ter já acolhimento no plano do direito da concorrência prende-se com o regime previsto para o controlo das concentrações.

[510] Em linha com o estabelecido no artigo 102º do Tratado da UE. Para uma análise deste artigo, sob o ponto de vista do direito da UE, vide João Mota de Campos e João Luiz Mota de Campos, *Manual de direito europeu...* (cit.), págs. 630 e ss. e Jónatas Eduardo Mendes Machado, *Direito da União...* (cit.), págs. 430 e ss..

[511] Assim, João Mota de Campos e João Luiz Mota de Campos, *Manual de direito europeu...* (cit.), págs. 630-631.

[512] Tem sido considerado que a posição dominante pode resultar de um conjunto variado de fatores. Gonçalo Anastácio aponta, a título exemplificativo: *"direitos de propriedade intelectual (v.g. patentes), outros direitos exclusivos, dimensão, capacidade, rede de distribuição ou integração vertical, fidelidade a marcas"*. Cfr. "Abuso de posição dominante"... (cit.), pág. 136.

[513] Quanto ao conceito de abuso de dependência económica no quadro da contratação mercantil, vide José Engrácia Antunes, *Direito dos Contratos...* (cit.), pág. 209.

[514] Assim, também, Edoardo Bernini, Guido Bevilacqua, Eva Bredariol, Lorenza Bullo, Cristiano Casalini, Giulia Clarizio, Giuseppe Fietta, Andrea Todeschini Premuda e Diego Trentin, "Linee guida..." (cit.), pág. 111.

A celebração de um contrato de cooperação entre empresas não implica uma operação de concentração, para efeitos de aplicação das normas de direito de concorrência ora sob análise.

Mantemos este entendimento mesmo quando os contratos celebrados entre as partes se apresentem como alianças estratégicas, de que constituem exemplo as alianças no âmbito da aviação civil.[515]

Aquando do confronto das redes de empresas com figuras afins aludimos à figura da *joint venture* – em I.3.4. supra –; ainda que as figuras sejam distintas, admitimos que as redes de empresas pudessem envolver a constituição de uma empresa/empreendimento comum.

Quando se conceba a criação de uma empresa comum no seio da rede as normas de salvaguarda da concorrência podem vir a ser aplicadas; consideramos que tal hipótese não é inverosímil, na medida em que as partes contratantes podem colocar em comum um segmento relevante das suas atividades, nomeadamente ao nível de trabalhadores, máquinas, matéria-prima, *know-how* ou bens imóveis, segmento esse que, organizado de modo autónomo e afeto à prossecução de objetivos comuns, pode ser visto, pelo menos à luz do direito da concorrência, como uma empresa comum.

Estabelece o nº 2 do artigo 36º da Lei da Concorrência que *"A criação de uma empresa comum constitui uma concentração de empresas, na aceção da alínea b) do número anterior, desde que a empresa comum desempenhe de forma duradoura as funções de uma entidade económica autónoma"*.[516]

Para que uma empresa comum[517] possa cair no âmbito de aplicação da norma impõe-se, como resulta da parte final do nº 2 do artigo 36º, que a

[515] No sentido de não serem, em geral, as alianças estratégicas uma forma de concentração, vide Maria Manuel Leitão Marques, "As Redes de Empresas..." (cit.), pág. 182.

[516] No âmbito do direito da UE, as concentrações de âmbito comunitário encontram-se, atualmente, disciplinadas no Regulamento nº 139/2004/CE, de 20 de Janeiro. Para uma análise sob o ponto de vista do direito da UE, vide João Mota de Campos e João Luiz Mota de Campos, *Manual de direito europeu: o sistema institucional, a ordem jurídica, o ordenamento económico da União Europeia*, Coimbra Editora, 6ª ed., 2010, págs. 639 e ss. e Jónatas Eduardo Mendes Machado, *Direito da União...* (cit.), págs. 448 e ss. Quanto às concentrações, há que ter em conta o princípio da subsidiariedade o qual implica que a UE só intervenha quando a concentração atingir uma dimensão comunitária. Cfr. Jónatas Eduardo Mendes Machado, *Direito da União...* (cit.), pág. 453.

Quando as concentrações não tenham dimensão comunitária – porquanto não atingem os patamares aí definidos – podem, ainda assim, ser objeto de controlo por parte dos estados membros e de acordo com o preceituado nas respetivas legislações.

[517] São as designadas *"fusões de facto"*. Cfr. Carolina Cunha, "Concentração de empresas", Anotação ao artigo 36º, in *Lei da Concorrência – Comentário Conimbricense*, Coord. Carolina

empresa desempenhe de forma duradoura funções de uma entidade económica autónoma.

Pelo exposto, resulta que não será bastante uma empresa comum que tenha sido constituída apenas para a prática de um negócio jurídico, exigindo-se que estejamos ante uma atividade prolongada por parte da empresa comum.[518]

Por outro lado, exige o legislador o exercício de funções de uma entidade económica autónoma, nada se mencionando quanto à autonomia jurídica; coloca-se, pois, justificadamente, a questão de saber se a empresa comum deverá ter personalidade jurídica distinta da das entidades que a instituíram como veículo para o exercício autónomo de uma atividade económica.

A intenção do legislador – e aqui em consonância com as finalidades do mercado interno, delineadas pelo legislador da UE – terá sido a de abranger o maior número de empresas comuns, mesmo que não dotadas de personalidade jurídica, sob pena de, excluindo-se as que não tivessem personalidade jurídica, estaria encontrada a fórmula para as empresas obviarem a aplicação da norma, desde que não constituíssem, por exemplo, uma sociedade comercial.

Pelo exposto, pode suscitar-se a aplicação das normas relativas ao controlo de concentrações mesmo nas redes de empresas despersonalizadas.

Ainda que em abstrato se justifique a aplicação das normas em apreço, a relevância da operação de constituição de empresa comum – como veículo para a rede – pode não envolver a intervenção da Autoridade da Concorrência, atentos os limites legalmente estabelecidos no que se reporta a volume de negócios e quota de mercado (cfr. artigos 36º e ss. da Lei da Concorrência).

Como resultou da noção de rede de empresas adotada, a mesma é suficientemente ampla para nela caberem acordos entre empresas de várias dimensões. Apesar da noção ser ampla, aponta-se que a rede é especialmente vocacionada para as PME, não só com base em informações estatísticas como com apelo aos fundamentos económicos que estão subjacentes ao surgimento da figura.

Se as redes de empresas, na sua génese e para parte da doutrina, envolvem acordos entre empresas de pequena dimensão podem constituir uma presunção da conformidade dos acordos, em face do direito da concorrência.[519]

Cunha, Miguel Gorjão-Henriques, José Luís da Cruz Vilaça, Gonçalo Anastácio, Manuel Lopes Porto, Almedina, 2013, pág. 400.

[518] O que leva a concluir-se que as empresas comuns que se dediquem apenas a atividades de I&D não integram o âmbito de aplicação da norma; de idêntico modo, também aquelas que se limitem a produzir para empresas-mãe. Cfr. Carolina Cunha, "Concentração de empresas..." (cit.), pág. 404.

[519] Salientando a potencial conformidade entre os contratos de rede e o direito da concorrência, com especial enfoque na dimensão reduzida dos acordos e das empresas que os celebram, vide

Com efeito, o legislador, na Lei nº 19/2012, adota a expressão *"de forma sensível"*,[520] o que tem em vista os comportamentos que, designadamente pelo posicionamento no mercado por parte das empresas em causa, são aptos a produzir efeitos negativos nos concorrentes.

A expressão exige uma apreciação casuística, não se encontrando antecipadamente definidos os termos em que um comportamento afeta de forma sensível o mercado.

No plano jurisprudencial, quer nacional quer europeu, atende-se, em especial, à quota de mercado que têm as empresas em causa, para se apurar se o seu comportamento é idóneo a afetar a concorrência. Não será apenas a dimensão das empresas[521] mas o seu posicionamento no mercado que podem traçar a fronteira entre acordos admissíveis e inadmissíveis no quadro do direito da concorrência.

A Comissão considera que, em princípio, não afetam sensivelmente o comércio os acordos em que, cumulativamente, se verifiquem as seguintes condições: (i) a quota de mercado agregada não ultrapassa 5% e (ii) nos acordos horizontais, o volume de negócios das empresas, quanto aos produtos em causa, não é superior a 40 milhões de euros e, nos acordos verticais, o volume de negócios anual agregado do fornecedor em relação aos produtos abrangidos pelo acordo não é superior a 40 milhões de euros (cfr. Comunicação 2004/C 101/07).

Ainda que se reconheça a possibilidade de PME, em conjunto, poderem afetar a concorrência, nos acordos de rede que celebram, concordamos com o que aduzem alguns autores ao concluírem que *"a reduzida dimensão das empresas aderentes à rede assegura uma presunção de conformidade com os normativos destinados a tutelar a concorrência."*[522/523]

Regressando ao nosso ponto de partida.

EDOARDO BERNINI, GUIDO BEVILACQUA, EVA BREDARIOL, LORENZA BULLO, CRISTIANO CASALINI, GIULIA CLARIZIO, GIUSEPPE FIETTA, ANDREA TODESCHINI PREMUDA e DIEGO TRENTIN, "Linee guida..." (cit.), pág. 107.

[520] Expressão patente no artigo 9º e no artigo 65º do diploma em apreço. É a comummente designada *"regra de minimis"*.

[521] O facto de estarmos perante uma PME não pode implicar uma isenção da aplicação das normas de direito da concorrência. Cfr. MIGUEL MOURA E SILVA, *Direito da Concorrência...* (cit.), pág. 226.

[522] Cfr. GUSTAVO OLIVIERE e PATRICIA ERRICO, "Contratto di rete e diritto antitrust"... (cit.), pág. 369. Tradução nossa do original em italiano.

[523] Ainda que enquadrando no âmbito da análise das empresas virtuais – as quais, como se analisou em I. 2.1.8. supra, podem apresentar caraterísticas comuns às redes de empresas quando não se confundem com estas – COUTINHO DE ABREU sublinha que a operação entre pequenas e médias empresas estimula, mais do que restringe, a concorrência. Cfr. "Empresas virtuais..." (cit.), pág. 608.

Perante a especificidade das redes, e as finalidades que têm vindo a ser apontadas como associadas às mesmas, justificar-se-á uma opção do legislador da UE, no plano do direito a constituir, salvaguardando, de forma clara e expressa, os acordos entre as empresas subsumíveis à noção de rede?

Quando perante redes verticais, a bondade dos acordos celebrados entre as empresas pode suscitar problemas de compatibilidade com as regras anticoncorrenciais, atendendo a que os poderes que podem ser reconhecidos a um líder ou cume da rede não encontram, por norma, a sua fonte na titularidade de participações sociais, ou seja, inexiste uma relação de domínio ou de grupo que legitime tais poderes.[524]

A doutrina não é unívoca quanto à questão, existindo quem reclame solução específica do legislador europeu.[525]

Por outro lado, há que avaliar se as normas da concorrência vigentes dão resposta cabal às solicitações das redes.

Entendemos que, perante a ausência de normas expressas quanto às redes, no âmbito do direito da concorrência, podem ser encontradas respostas adequadas, as quais envolvem a avaliação da rede – e não das empresas individualmente consideradas – e dos seus efeitos. Por outro lado, as cláusulas restritivas da concorrência que podem ser introduzidas nos acordos entre empresas encontram expressa tutela no plano do direito constituído, nomeadamente quanto a cláusulas em matéria de preços e de repartição do território.[526]

No ordenamento jurídico italiano – um dos raros que regulou, *qua tale*, o contrato de rede –, o diploma que prevê aquele contrato não contém qualquer regra específica para efeitos de concorrência.[527] Essa omissão tem sus-

[524] Quanto a este ponto, JOSEBA A. ECHEBARRÍA SÁENZ refere que a criação de redes contratuais por coordenação pode suscitar, no plano do direito da concorrência, maior insegurança do que os modelos societários. Cfr. "Los grupos de coordinación...", (cit.), págs. 295-296.

[525] No sentido da necessidade de uma solução legal específica para a compatibilização das redes com as regras da concorrência, vide, designadamente JAVIER VICIANO PASTOR, "El principio de eficiencia..." (cit.), págs. 504-505, em que o Autor apresenta, como possíveis soluções, quer através de *"uma norma de caráter especial que exclua do âmbito de aplicação do artigo 101.1 do TFUE, quer através da aplicação da doutrina das restrições acessórias, quer mediante a adoção de uma isenção por categorias, quer mediante uma declaração de inaplicabilidade das previstas no artigo 10º do regulamento CE 1/2003"* (tradução nossa) e, bem assim, FABRIZIO CAFAGGI, "Conclusioni", *Il contratto di rete – Commentario*, a cura di FABRIZIO CAFFAGI, il mulino, 2009, pág. 145.

[526] Por todos vide MARIA MANUEL LEITÃO MARQUES, "As Redes de Empresas... (cit.), págs. 186 e ss.

[527] Se atentarmos no regime jurídico italiano respeitante à *subfornitura* (entre nós, normalmente designada descentralização produtiva ou *outsourcing*), o mesmo contém regras específicas quanto a matérias de direito da concorrência. Com efeito, o artigo 9º da Legge 192, de 18 de junho de

citado, por parte da doutrina italiana, um generalizado desacordo perante a opção do legislador italiano que, tendo decidido pela regulação da figura, não acolheu uma regulação expressa também no plano concorrencial, designadamente em virtude de risco de existência de abuso de dependência económica, no seio da rede, o que reclamaria regras específicas em face do regime legal instituído.[528]

À luz do direito italiano, no entanto, considerando as finalidades definidas pelo legislador para as redes de empresas, que se relacionam com o aumento da capacidade de inovação e da competitividade das empresas, os contratos de redes em que a finalidade real se coadune com a finalidade legal não têm, por si só, um objetivo anticoncorrencial.[529]

Quanto ao abuso de dependência económica, atenta a amplitude da noção, é de concluir que a mesma acolhe as preocupações de salvaguarda da autonomia concorrencial da empresa dominada economicamente por outra.

No plano do direito da concorrência, consideramos que um regime jurídico de contratos de rede não terá de prever a sujeição ao direito da concorrência, posto que tais normas serão, em princípio, de aplicação generalizada a um conjunto variado de contratos, mesmo que tais contratos sejam legalmente atípicos.

Se nos movermos no campo do direito privado, e aquando da indagação da necessidade de regulação de um fenómeno social, aponta-se a necessidade de proteção de alguns contratantes que, em virtude de constrangimentos externos, veem a sua liberdade contratual cerceada, de modo que podem ser compelidos a aceitar condições de contratação que lhes são desvantajosas, o que, pretendendo-se uma tendencial igualização das partes, pode justificar que se proteja o contratante mais débil.[530]

1998, consagra a proibição do abuso de dependência económica, sancionando com a nulidade os acordos de *outsourcing* nos quais exista tal abuso.

[528] Neste sentido, Fabrizio Caffagi, "Conclusioni..." (cit.), pág. 145, Pietro Zanelli, "Reti di impresa dall'economia al diritto..." (cit.), pág. 961 e Francesca Mollo, *Reti di contratti...* (cit.), pág. 167.

[529] Assim, também, Pietro Zanelli, *Reti e contratto...* (cit.), pág. 119. Quanto a não terem as redes um objeto anticoncorrencial vide Gian Domenico Mosco, "Frammenti ricostruttivi..." (cit.), pág. 841 e, quanto às redes de franquia não serem anticoncorrenciais, vide Ricardo Luís Lorenzetti, *Tratado...* (cit.), págs. 101-102.

[530] No sentido de que o legislador, quando intervém no campo do direito privado (aquele que constitui o campo da nossa análise), fá-lo frequentemente com o propósito de proteção do contratante mais débil está a generalidade da doutrina. Entre nós, vide, designadamente Joaquim de Sousa Ribeiro, "O Contrato, Hoje: funções e valores" in *Direito dos Contratos, Estudos*, Coimbra Editora, Janeiro 2007, pág. 41.

Quando nos deparamos com uma rede de empresas, existirá, na rede, um contratante mais débil?

Conforme vimos em I.4.2. supra, as redes verticais caraterizam-se pela existência de um contratante a quem são reconhecidos ou atribuídos especiais poderes de conformação da rede, o que pode ser a consequência de ter esse contratante a titularidade de uma determinada marca ou logótipo. Nas redes horizontais, por seu turno, os contratantes encontram-se num patamar de paridade contratual, podendo ocorrer a atribuição de poderes de coordenação ou gestão, mas já não de conformação.

Será, sobretudo, nas redes verticais que o direito – e o legislador – pode ser mais rapidamente chamado a intervir e onde a necessidade de intervenção mais se manifesta. O contratante mais débil será o membro da rede vertical que não o seu líder e que, aderindo à rede, voluntariamente é certo, pode ser constrangido a aceitar condições contratuais que lhe são desvantajosas, que não aceitaria caso a sua liberdade contratual tivesse permanecido incólume.[531]

Este é apenas um dos prismas. Na verdade, entendemos que não releva apenas a necessidade de proteção de alguns contratantes em relação a outros, em virtude do risco de abuso de posições dominantes de uns em face de outros. Uma perspetiva de apreciação que se centrasse, apenas, na vertente de proteção do contratante menos favorecido não deixaria de se qualificar como redutora em face de todas as vicissitudes da rede.

Conforme resultou da noção já acima exposta, em algumas redes pode vislumbrar-se uma unidade económica. A uma pluralidade de contratantes pode não corresponder uma pluralidade de unidades económicas, *rectius*, de empresas, porquanto se verifica uma combinação de prestações jurídico-económicas que, entre si, manifestam uma interdependência na sua génese e função e que conduz a que haja uma unificação em termos de interesses e objetivos económicos a prosseguir.

Reconhecendo-se uma unidade económica, ou, pelo menos, interesses comuns entre os contratantes, não é apenas um propósito de proteção do contratante mais débil que pode sustentar uma intervenção legislativa.

[531] Como refere PILAR PERALES VISCASILLAS, com argumentos que partilhamos, numa ponderação da regulação dos deveres do cume da rede em relação aos demais membros, designadamente quanto ao dever de informação, *"nem toda a situação de inferioridade informativa ou assimetria de informação há de gerar uma intervenção do legislador tendente a impor um dever de informação a empresários a favor de outros empresários, como se de consumidores se tratassem"* (tradução nossa). Cfr. "La conclusión del contrato de distribución en lei proyecto de Código Mercantil", in *Claves del derecho de redes empresariales, Business Networks Law Keys*, Juan Ignacio Ruiz Peris (Director), Universitat de València, 2017.

Mesmo em relação a redes verticais, convocam-se interesses empresariais, relacionados com a expansão e lucro da rede, considerada na sua globalidade. E, assim, até o interesse do cume da rede – que pretende, sobretudo, a homogeneidade entre os membros da rede ao nível do cumprimento das diretrizes pelo primeiro definidas – terá que ser sopesado aquando da ponderação de uma eventual regulação do fenómeno reticular.[532]

Um dos pontos, ainda no âmbito de interesses eminentemente privados, que pode suscitar a intervenção legislativa, prende-se com a eventual necessidade de regular o regime da responsabilidade civil com contornos específicos em face do regime comum vigente.

Constitui um aspeto basilar das normas de direito civil, *maxime* as integrantes do CCiv, e que pode justificar a regulação das redes, o princípio da relatividade dos contratos. O princípio constitui uma pedra de toque da generalidade dos sistemas civilísticos europeus e limita a eficácia dos contratos em relação a terceiros.

Pese embora a existência, no plano do direito constituído, de manifestações legais da coligação contratual,[533] o direito civil vislumbra os contratos, por norma, como isolados entre si, sem ligação.[534]

Convoquemos aqui a hipótese, comum, de vários contratos bilaterais que não têm, entre si (ou, *rectius*, as prestações dos contratantes), qualquer vínculo jurídico voluntariamente encetado, mas que, com a sua conjugação, interdependência e conteúdo similar, podem indiciar a existência de uma unidade económica qualificável como rede.

Coloca-se o problema da sustentação da eficácia de um concreto contrato bilateral em relação aos demais, não existindo entre os contratantes de contratos paralelos qualquer vínculo contratual expresso.

O nº 2 do artigo 406º do CCiv consagra, como princípio geral, o da eficácia relativa dos contratos; de acordo com esta norma, como regra, os contratos vinculam apenas aqueles que do mesmo fazem parte, enquanto contratantes.

Só nos casos especialmente previstos na lei pode o princípio ser afastado e reconhecer-se eficácia em relação a um não contratante.

Este é um dos pontos-chave para a formação das redes[535] e, segundo alguns autores, uma das alterações substanciais a empreender aos cânones tradi-

[532] Semelhantemente, vide FABRIZIO CAFAGGI, "Contractual Networks..." (cit.), pág. 43, colocando o Autor em evidência os interesses da rede, e não apenas o interesse do cume da rede.

[533] Conforme já aludimos, em I.2.1.4 e I.3.5. supra.

[534] Assim, também, RUI PINTO DUARTE, *Tipicidade e Atipicidade...* (cit.), pág. 51.

[535] FABRIZIO CAFFAGI opta pela utilização do vocábulo desafio. Assim, e segundo o Autor, um dos desafios para as redes será lidar com o princípio da relatividade dos contratos. Vide "Redes

cionais do direito privado, ou seja, em que medida e até que ponto um terceiro pode ter direitos e obrigações resultantes de um contrato em que não é parte.[536]

Em desabono da regulação específica, pode sufragar-se, alternativamente, o recurso a outras figuras jurídicas – previstas na lei ou concebidas doutrinal ou jurisprudencialmente – e que acautelam alguns dos interesses que a situação relatada pode suscitar, por exemplo, a responsabilização de um outro membro da rede por eventuais danos causados na imagem da rede.[537]

Definida que seja a vontade de regulação do fenómeno reticular, em termos globais ou apenas quanto a alguns dos seus aspetos, uma dificuldade que pode apresentar-se ao reconhecimento e regulação da rede encontra-se no quadro tradicional do negócio jurídico.[538]

A visão tradicional do negócio jurídico é a de um contrato isoladamente considerado, pelo que quaisquer ligações, expressas ou tácitas, entre vínculos contratuais não tem uma previsão expressa no plano do direito constituído; salvaguarda-se, naturalmente, a figura da subcontratação, nas suas mais diversas manifestações, como sejam a sublocação, o subarrendamento ou a subempreitada, previstas, respetivamente, nos artigos 1060º e ss., 1088º e ss. e 1213º, todos do CCiv, e bem assim, as situações de coligação contratual, previstas para as relações de consumo.

Sustenta-se, de *iure condendo*, a necessidade de uma regulação específica para a coligação contratual, atendendo a que, ainda que o ponto de partida seja o negócio bilateral clássico, tal coligação dará origem a efeitos multilaterais.[539]

Entre as duas posições extremas – a que nega qualquer regulação e a que a sustenta a regulamentação pormenorizada do contrato de rede, de modo similar ao que se adotou no âmbito do ordenamento jurídico italiano – entendemos que a razão estará com uma posição intermédia.

Sufragamos, pois, a tese daqueles que reconhecem a pertinência da regulação perante a insuficiência das soluções legais existentes e, bem assim, dos princípios jurídicos aplicáveis em geral, mas apenas quanto a alguns aspetos.

contractuales y teoria contractual..." (cit.), pág. 28 e, bem assim, em "Reti di imprese, spazi e silenzi regolativi" (cit.), pág. 62.

536 Assim, Hugh Collins, "The weakest link..." (cit.), pág. 190.

537 Quanto ao ponto ora em apreço, apontaremos, em II.2.6. infra, algumas das propostas doutrinárias para o enquadramento de uma responsabilização intra-membros.

538 Sublinhando a visão tradicional do direito civil, vide, designadamente, Francisco Manuel de Brito Pereira Coelho, "Coligação negocial...", (cit.), pág. 236 e Rodrigo Momberg Uribe, "Linked Contracts...", (cit.), pág. 153.

539 Neste sentido, Rodrigo Momberg Uribe, "Linked Contracts...", (cit.), pág. 154.

Serão, muito provavelmente, os domínios da vinculação, representação e responsabilidade civil os que maiores especificidades levantam quando perante um fenómeno de rede.[540]

Uma outra questão colocada doutrinalmente em relação à regulação de rede, prende-se com a separação entre o direito dos contratos do direito das sociedades.[541]

Atenta a interdependência que sustentámos existir em todas as relações de rede, sejam assentes num conjunto de contratos bilaterais sejam, por outro lado, o resultado de relações multilaterais, pode colocar-se a questão da decisão de regular esta contratação apenas no domínio contratual, olvidando eventuais desvios que a regulação possa colocar no plano do direito das sociedades.

A celebração de um contrato por parte de uma sociedade comercial[542] pode suscitar questões jurídicas. Qualquer sociedade comercial celebra inúmeros contratos, sendo que, quiçá em relação à maior parte deles, os mesmos subsumem-se a atos de gestão corrente e não reclamam uma apreciação especial quanto a poderes de vinculação da sociedade, conformidade quanto ao interesse social ou eventual invalidade do negócio por violação de regras imperativas de direito das sociedades.

Podem, no entanto, suscitar-se essas questões quanto a contratos que assumam uma expressão pecuniária de relevo, ou impliquem uma vinculação temporal prolongada e, ainda, algum esvaziamento do poder de gestão e/ou decisão, na medida em que, como consequência do conteúdo contratual acordado, esses poderes podem vir a ser atribuídos a um órgão criado no seio de tal relação contratual.

Um olhar sobre contratos de cooperação ou distribuição mercantil expressamente previstos e regulados na lei[543] permite concluir que, nestes diplomas, não se regulam eventuais situações de colisão entre os regimes instituídos,

[540] Debruçar-nos-emos, em especial, quanto a estas especificidades indicadas em texto, infra no ponto II.2.6. (quanto à responsabilidade intra-membros) e nos pontos II.3.1. e II.3.2., quanto à representação e vinculação da rede e, ainda, quanto à responsabilidade da rede. Mais à frente no presente ponto, debruçar-nos-emos sobre aspetos concretos de regulação.

[541] Salientando, em especial, a vertente ora assinalada em texto, vide Fabrizio Cafaggi, "Contractual Networks and the Small Business Act...", (cit.), pág. 4.

[542] Atendendo a que pretendemos colocar o destaque na articulação entre o direito dos contratos e o direito das sociedades comerciais, delimitamos esta análise à situação em que são as sociedades comerciais os sujeitos contratantes e não pessoas singulares ou outras pessoas coletivas, titulares de empresa.

[543] Temos em mente, quanto aos contratos de cooperação, o contrato de consórcio, o contrato de associação em participação (ambos previstos e regulados no Decreto-Lei nº 231/81, de 28 de julho), o contrato de ACE (previsto na Lei nº 4/73, de 4 de junho, e no Decreto-Lei nº 430/73, de 25 de

isto é, entre o contrato regulado em especial e o CSC, que pode impor limitações quanto aos poderes do órgão de administração e, bem assim, quanto ao conteúdo dos contratos que são celebrados.

O legislador, quando perante a necessidade de regular um contrato, não pode prever, nem é exigível que preveja, todas as pessoas que vão celebrar o contrato, de tal forma que tivesse que prever, nas normas que cria, eventuais exceções à celebração do contrato ou até incluir regras especiais tendentes a salvaguardar o disposto em normas imperativas, aplicáveis a apenas alguns sujeitos jurídicos contratantes.

Essa função incumbe ao intérprete ou aplicador do direito, *maxime* aos tribunais, quando chamados a dirimir os conflitos quanto a aspetos concretos, como seja a conformidade do contrato celebrado com o direito das sociedades comerciais.

Não obstante, será defensável que, no plano das sociedades comerciais, possam ser incluídas normas relacionadas com a celebração de contratos de rede ou a entrada em rede, ainda que, *de iure constituto*, já existam normas gerais que podem ser aplicadas às relações de rede.

A título meramente exemplificativo, convocamos o disposto na alínea *j)* do artigo 406º do CSC. Aí atribuem-se ao Conselho de Administração os poderes para estabelecer ou cessar a cooperação duradoura e importante com outras empresas.

Atentemos, mais em detalhe, nesta alínea para averiguarmos se pode contemplar a celebração de contratos de rede.

Conforme referimos, as relações de rede inserem-se na categoria de relações de cooperação, ou mais restritamente, nos contratos de cooperação. Notámos, também, igualmente, que a contratação em rede se carateriza pela sua durabilidade, prolongando-se no tempo as relações de rede.

O vocábulo *"importante"*, patente nesta alínea[544], é aquele que nos suscita uma maior atenção, para avaliação de quando é que uma relação de cooperação será importante para efeitos de aplicação da norma em crise.

agosto, o AEIE (no direito nacional regulado pelo Decreto-Lei nº 148/90, de 9 de maio), e quanto aos contratos de distribuição, o contrato de agência (previsto no Decreto-Lei nº 178/86, de 3 de julho).

[544] Referimos patente nesta alínea, ainda que a palavra esteja presente nas alíneas *g)*, *h)*, *i)* e *j)* do mesmo artigo. Inegavelmente que se trata de um conceito indeterminado que carecerá de ser preenchido e auscultado em cada caso concreto. No sentido de que *"a ter conteúdo preceptivo, deveria ser explicitado na lei"*, vide ANTÓNIO MENEZES CORDEIRO, anotação ao artigo 406º, *Código das Sociedades Comerciais Anotado* (Coord. António Menezes Cordeiro), Códigos Anotados da Clássica de Lisboa, Almedina, 2009, pág. 988.

A importância de uma relação contratual pode relacionar-se, por exemplo, com o valor do investimento económico associado ao contrato, com o peso que o contrato pode assumir para efeitos de projeção externa e/ou internacional da empresa ou, ainda a título meramente exemplificativo, com o início de laboração de uma nova atividade ou mudança de estratégia empresarial.

Entendemos que as redes de empresas nem sempre manifestam a importância que está subjacente a esta alínea. De facto, e como se disse em I.4.3. supra, as relações de rede podem ter finalidades muito díspares, não sendo inerente às redes abrangerem as atividades que constituam *"as chaves do reino"* de cada uma das empresas envolvidas.

Duas ou mais sociedades comerciais podem encetar uma relação de cooperação de rede tendo em vista, por exemplo, a mera troca de informações. Será uma relação de rede com esses contornos uma cooperação importante? Só casuisticamente pode ser dada uma resposta a esta questão, porquanto a troca de informações pode abranger segredos de negócio que tornam competitiva e distinta dos concorrentes a atividade as empresas envolvidas e, nessa medida, a cooperação ser importante.

À questão supra colocada – quanto à regulação do contrato de rede ou das relações no campo contratual ou no das sociedades comerciais – a resposta parece-nos de alguma singeleza. Assumindo-se que os contratos de rede (e as relações de rede) podem ser celebrados por várias pessoas, inclusive por pessoas singulares titulares de empresa, seria sistematicamente incoerente regular as relações de rede no plano do direito das sociedades comerciais, não obstante, neste último plano, se poderem consagrar especificidades que as relações de rede exijam, em conformidade com os princípios nele consignados.

O caminho a trilhar na definição dos aspetos que mereceriam regulação expressa não se apresenta de percurso simples. Cremos que só em concreto, e na análise dos aspetos nucleares de funcionamento da rede, seja em sede de celebração do contrato ou admissão na rede, seja no apuramento da responsabilidade e vinculação da rede se pode aquilatar quanto a uma eventual carência legislativa.

Remetemos, quanto a esta questão, para a análise a empreender em II.2. infra.

Suscita-se, ainda, a regulação das redes no plano do Direito da União, com argumentos e preocupações a que reconhecemos pertinência.

Conforme teremos oportunidade de analisar com algum detalhe, em capítulo subsequente, a UE já acolheu parte das preocupações doutrinárias, no âmbito das redes de ROC e SROC; no entanto, essa regulação, ainda que tenha um âmbito subjetivo de aplicação potencialmente elevado, não abrange todas as demais atividades económicas. Nem, por outro lado, esgota todas as vicissitudes para as quais a pertença de um ROC ou SROC a uma rede releva na específica atividade de auditoria às contas.

Fabrizio Caffagi salienta alguns aspetos que deveriam merecer regulação por parte da UE, para efeitos de harmonização entre os Estados membros. Considera que deveriam ser reguladas, entre outras, as seguintes matérias: (i) representação na rede, designadamente através da previsão de um mandato coletivo emitido pelos membros a favor de um deles; (ii) definição de condutas e cláusulas ilegítimas na rede; (iii) regras quanto à interpretação dos contratos individuais à luz de um contrato de rede e (iv) cessação e dissolução da rede e deveres pós-contratuais.[545]

Para efeitos de harmonização, são aspetos que podem justificar ponderação por parte do legislador da União. No entanto, internamente, e perante o direito constituído português, ou, até, com recurso a princípios gerais de direito, encontramos algumas respostas para parte das matérias salientadas pelo Autor.

A representação constitui, na verdade, um dos problemas com que se deparam as relações de rede, designadamente porque as partes contratantes podem não ter previsto regras específicas no acordo ou nos acordos que celebraram e militarem aí, também, interesses de terceiros que podem reclamar proteção.

No plano do direito constituído, a concessão de poderes de representação a um terceiro envolve a emissão de uma procuração, embora tal procuração, em regra, não tenha que ser formal, se, para o negócio que o representante vai celebrar, não se exigir forma específica (cfr. artigo 262º nº 2 do CCiv).

Adicionalmente, a atuação em representação de outrem sem que tenham sido concedidos previamente poderes de representação pode ser sancionada pelo representado, através de ratificação, atento o disposto no artigo 268º.

Estas normas, no entanto, não salvaguardam inteiramente os interesses de terceiro, com quem celebra o representante sem poderes; o terceiro pode confiar, em função das circunstâncias que rodearam a celebração do negócio, que aquele que se apresentou como representante de outrem tinha poderes de representação.

Em relação a esta última vertente, reconhecemos que, no plano do direito constituído, não existe uma resposta expressa que tutele a posição do terceiro contratante, ainda que reconheçamos – conforme desenvolveremos infra[546]

[545] Cfr. Por todos, Fabrizio Cafaggi, "Contractual Networks...", (cit.), págs. 43 e ss.
[546] Vide, infra, em II.3.

– que pode o direito acautelar a posição do terceiro, aplicando-se, analogicamente, normas existentes que tenham idêntica teleologia à aqui convocada.

No que se reporta ao segundo aspeto salientado por Fabrizio Caffagi – o elenco das condutas e cláusulas ilegítimas da rede – entendemos que já muitos contributos existem não só no direito interno mas também no Direito da União. Quanto a este último, temos em mente as regras tendentes a preservar a livre concorrência no âmbito da União, consagrando-se várias normas que sancionam condutas desconformes com a livre concorrência no mercado.

No plano do direito interno, abundam não só as normas que tornam nulas ou anuláveis disposições contratuais que violam normas imperativas, como também princípios jurídicos que se materializam em regras de atuação, cuja violação é, em idêntica medida, sancionada.

O que releva aqui, para efeitos de avaliação da bondade da proposta de Fabrizio Caffagi, é ponderar se haverá condutas e cláusulas típicas de relações de relações de rede, que não podem ser consideradas legítimas, mas cuja censura não encontre resposta nem em normas expressas, nem em princípios jurídicos, nem em casos análogos.

Entendemos que as relações de rede, conforme tem resultado do exposto, apresentam-se como figuras trans-típicas, nesta qualificação de rede podendo caber figuras que já se encontram previstas na lei ou que, quando não sejam legalmente típicas, já têm sido apontadas soluções, quer pela doutrina quer pela jurisprudência, com base na analogia *legis* ou *iuris* quer, ainda, por apelo às soluções para realidades legalmente atípicas.

Se, quanto às condutas e cláusulas ilegítimas das redes, consideramos que podem não ser reclamadas soluções expressas por parte do legislador, já quanto à interpretação contratual entendemos que o tema deve merecer atenção por parte do intérprete.

Não sendo este o foro para debatermos o papel do legislador ao nível da consagração de regras quanto à interpretação dos contratos, entendemos que incumbe ao intérprete/julgador um especial papel na análise da relação estabelecida entre contratos, não formalmente ligados por parte dos contratantes outorgantes de contratos paralelos, mas cuja combinação se impõe atenta a finalidade económica unitária subjacente aos mesmos, a causa e a função.

Não cabe ao julgador legislar quanto a estas regras interpretativas.[547]

Por fim, no que se referem às causas de cessação, dissolução e deveres pós-contratuais, consideramos pertinente a proposta de Fabrizio Caffagi.

[547] Contudo, há que reconhecê-lo, o legislador, no CCiv, prevê um conjunto de regras interpretativas gerais para as declarações negociais – cfr. artigos 236º e ss. do CCiv.

No plano do direito constituído, as causas da cessação dos contratos estão tipicamente descritas na lei, sendo legítimo, no entanto, aos contratantes, dentro dos limites da autonomia da vontade, estabelecerem causas específicas para a cessação do contrato.

Nas redes de empresas, suscitam-se problemas específicos quanto à cessação do contrato ou dos contratos de rede; na verdade, atenta a ligação que se estabelece entre os contratantes, entre as prestações ou entre os vários vínculos contratuais, pode ser considerada, como causa de cessação de um contrato, a cessação de um outro, ainda que não se tenha previsto contratualmente (em qualquer um deles) que a cessação de um contrato implicasse a cessação do outro ou outros.

No que respeita a deveres pós-contratuais, a doutrina e a jurisprudência[548] têm encontrado soluções adequadas para situações análogas, como seja o termo ou a desvinculação de um dos contratantes de um contrato de agência, de um contrato de sociedade ou de um contrato de consórcio.

Contudo, surgem especificidades nas redes de empresas, quanto ao conteúdo e extensão dos deveres pós-contratuais. Frequentemente, nas redes, ocorre a transmissão ou partilha de *know-how* ou de sinais distintivos do comércio que podem impor uma limitação quanto à atuação dos contratantes após a cessação do contrato, nomeadamente no que se refere ao dever de não concorrência com os demais contratantes.

O Direito da UE[549] tem fornecido respostas expressas quanto ao dever de não concorrência, designadamente quando ocorre a transmissão de *know-how* – por exemplo, na franquia – e cremos que essas respostas podem, na medida em que o seu fundamento se revele compatível com a específica rede em análise, ser apresentadas para outros fenómenos de rede, além das redes de franquia.

[548] É abundante a jurisprudência que se tem pronunciado quanto aos deveres de conduta pós-contratuais, sendo certo que, nos últimos anos, se constata uma maior profusão de Acórdãos que sobre tal matéria se tem debruçado. Vejam-se, a título meramente exemplificativo, o Acórdão do TRG (proferido no âmbito do Processo nº 4/05.7TBMNC.G1, datado de 30.05.2013), quanto aos deveres pós-contratuais, após termo da relação de franquia, vide Acórdão do TRL (proferido no âmbito do Processo nº 1807/08.6TVLSB.L1-7, datado de 22.03.2011), ambos disponíveis, para consulta, em www.dgsi.pt

[549] Vide, a este título, a Comunicação da Comissão nº C 188, de 4 de Julho de 2001.

II

O ORDENAMENTO JURÍDICO PORTUGUÊS

1
A rede, o EOROC, o NEOROC e o RJSA

No plano do direito constituído português, as relações de rede vieram a ser reconhecidas e definidas pelo legislador – naquela que reputamos ser a primeira definição legal – no Estatuto da Ordem dos Revisores Oficiais de Contas ("EOROC"), aprovado pelo Decreto-Lei nº 487/99, de 16 de novembro, na redação dada pelo Decreto-Lei nº 224/2008, de 20 de novembro.

O referido Decreto-Lei nº 224/2008 procedeu à transposição parcial, para o ordenamento jurídico pátrio, da Diretiva nº 2006/43/CE, do Parlamento Europeu e do Conselho, de 17 de maio, relativa à revisão legal das contas anuais e consolidadas.

Mais recentemente, a Diretiva nº 2006/43/CE foi alterada pela Diretiva nº 2014/56/UE do Parlamento Europeu e do Conselho, de 16 de abril de 2014, a qual foi parcialmente transposta através da Lei nº 140/2015, de 7 de setembro, que aprovou o Novo Estatuto da Ordem dos Revisores Oficiais de Contas ("NEOROC").

Na mesma data, foi publicado o Regulamento (UE) nº 537/2014, relativo aos requisitos específicos para a revisão legal de contas das entidades de interesse público.[550]

[550] Também o regulamento aprovado – e que não carece de implementação por parte dos estados membros – alude às redes a que pertencem os ROC e as SROC. Assim, designadamente, quanto ao conteúdo do relatório anual de transparência, consagra-se que, integrando o ROC ou a SROC uma rede, deve conter uma descrição da rede a que eventualmente pertençam [cfr. artigo 13º nº 2 *b)* do Regulamento]. Um dos pontos que nos parece de maior destaque, e que constitui mais uma manifestação da transparência que o legislador europeu quis impor aos revisores oficiais de contas de entidades de interesse público, é a da obrigatoriedade de divulgação do volume de negócios de toda a rede [cfr. artigo 13º nº 2 *b)* iv.) do Regulamento].

Na sequência da Diretiva 2006/43/CE, foram aditadas ao EOROC vários artigos onde se alude à rede, conquanto o legislador salvaguarde que a noção plasmada no EOROC seja a relevante para efeitos daquele diploma. Assim sucedeu designadamente quanto aos artigos 62º-A, 68º-A e 145º-B.[551]

Sucintamente, o artigo 62º-A alude à rede, na alínea *b)* do seu nº 1, quanto ao conteúdo do relatório de transparência; o artigo 68º-A densifica o conceito de independência e, por fim, o artigo 145º-B, referente ao registo público das SROC – e ao conteúdo do mesmo – consagra a informação de pertença à rede.[552]

No NEOROC – com entrada em vigor em 1 de janeiro de 2016 – ainda que tenha sido eliminada a definição de rede, que constava do nº 11 do artigo 68º-A do EOROC, a relevância da integração numa rede mantém-se, designadamente, em sede de apreciação da independência dos revisores oficiais de contas [cfr. artigo 71º nºs 2, 3 e 11, alínea *a)*, do NEOROC], conteúdo do relatório de transparência [cfr. artigo 62º nº 1, alínea *b)*, do NEOROC] e registo de SROC [cfr. artigo 172º nº 6, alínea *h)*, do NEOROC].

No RJSA, também com entrada em vigor em 1 de janeiro de 2016, a noção de rede consta do artigo 2º alínea *p)*; no entanto, limita-se a noção, assim como as demais que constam do mesmo artigo, *"para efeitos do disposto no presente regime jurídico"*.

Compulsada a fonte da alteração, constata-se que, quer quanto ao EOROC quer quanto ao RJSA, o legislador nacional seguiu de perto a Diretiva nº 2006/43/CE.

No que se refere à transposição levada a cabo pelos demais Estados membros, de uma banda, encontramos aqueles – entre os quais se encontra o ordenamento jurídico português – que seguiram a noção de rede patente na diretiva, aquando da sua transposição para o ordenamento jurídico interno, definindo-o de modo muito semelhante ao que consta do texto do normativo da União. De outra banda, aqueles que, pese embora transponham aspetos essenciais da diretiva, não aludem à rede. E, entre uns e outros, aqueles que mencionando a rede, não a definem com a extensão e pormenor patente no normativo comunitário.

[551] Artigos que correspondem, com ligeiras adaptações, ao consagrado, respetivamente, nos artigos 40º, 22º e 17º da Diretiva e a que aludiremos, com maiores desenvolvimentos, infra.

[552] Não constitui o objeto deste trabalho a avaliação do cumprimento da obrigação de registo, tal como se encontra consagrada nesta norma. De todo o modo, uma pesquisa pela listagem das SROC registadas – de acordo com a publicitação que lhes é concedida pela OROC – confirma que a grande maioria não declara a pertença a uma rede. De facto, e num total de 310 sociedades de revisores oficiais de contas registadas (nem todas estarão ativas), apenas dezoito constam como pertencendo a uma rede (à data de 17.09.2015).

No grupo dos primeiros – largamente uma maioria –, além de Portugal, deparamos com o consagrado, por exemplo, em Itália,[553] Irlanda,[554] Espanha,[555] Reino Unido[556] e Luxemburgo.[557]

Entre aqueles que aludem a rede mas que não a definem ou não a definem com o mesmo conteúdo patente na diretiva, encontra-se, por exemplo, França[558] e Alemanha.[559]

[553] A transposição da Diretiva 2006/43/CE ocorreu, em Itália, através do Decreto Legislativo nº 39, de 27 de janeiro de 2010. A noção de rede consta da alínea *l)* do artigo 1º nº 1 do sobredito diploma: *"a estrutura à qual pertencem um revisor legal ou uma sociedade de revisores legais, que tem por objetivo a cooperação e que prossegue claramente a partilha dos lucros ou dos custos ou a partilha da propriedade, um controlo ou uma direção comum e partilham práticas e procedimentos comuns de controlo da qualidade, a mesma estratégia empresarial, o mesmo nome ou uma parte relevante dos recursos profissionais."*

[554] Para a transposição da Diretiva em análise, vide Lei 120/2010. A noção de rede encontra-se no artigo 3º e reza o seguinte: *"estrutura mais ampla, que tem por objetivo a cooperação e à qual pertence o revisor ou sociedade de revisores, e que tem por objetivo ou a partilha dos lucros ou custos ou a que partilha a propriedade, o controlo ou gestão, ou procedimentos ou políticas de controlo de qualidade comuns, ou uma estratégia de negócio comum ou a utilização de uma marca comum ou a partilha de recursos profissionais".*

[555] Aqui releva Lei 12/2010, de 30 de junho, em que se define rede no artigo 8º-ter: a estrutura que *"a) Tenha por objeto a cooperação, a que pertence um revisor de contas ou uma sociedade de auditoria, e b) seja claramente destinada à partilha de lucro ou custos ou partes de propriedade comum, de gestão ou controlo comuns, políticas e procedimentos de controlo de qualidade comuns, uma estratégia empresarial comum, o uso de uma marca comum, ou uma parte significativa dos recursos profissionais."*
O legislador espanhol foi um pouco mais além do legislador europeu – na medida em que considera haver rede (além da noção que transpõe) nas situações consagradas nos artigos 42º (sociedades em relação de domínio) e 47º (influência dominante) do Código do Comércio.

[556] No âmbito do ordenamento jurídico britânico, a transposição da Diretiva 2006/43/CE foi concretizada através da aprovação de várias disposições, nem todas aprovadas pelo Governo ou Parlamento. Assim, a noção de rede encontra-se nomeadamente presente, ainda que relacionado com a obrigação de transparência, no Estatuto dos Auditores (Transparência), Instrumento 01/2008 – aprovado, por delegação de poderes, pelo Professional Oversight Board. Consta a noção, nos seguintes termos: *"«Rede» designa a estrutura mais vasta a que pertence o auditor que elabora o relatório e que visa a cooperação e (a) é claramente destinado a fins lucrativos ou de partilha de custos, ou à (b) partilha a propriedade, controlo ou gestão, ou (c) tem políticas comuns de controle de qualidade e procedimentos, ou (d) tem uma estratégia de negócio comum, ou (e) a utilização de um nome comum, ou à (f) partilha de recursos profissionais significativos".*

[557] No Luxemburgo, a noção de rede consta do nº 27 do artigo 1º da Lei de 28 de dezembro de 2009, definindo-se rede como *"a estrutura mais vasta que: – tem por objetivo a cooperação e a que pertence um revisor oficial de contas ou uma sociedade de revisores oficiais de contas e – tem como objetivo evidente a partilha de lucro ou dos custos ou a partilha da propriedade, controlo ou gestão comuns, das políticas e dos procedimentos comuns em matéria de controlo da qualidade, uma estratégia comercial comum, a utilização de uma mesma marca ou de uma parte significativa de recursos profissionais".*

[558] Em França, a transposição da diretiva foi levada a cabo pela Lei nº 2008-1278 de 8 de dezembro de 2008 e, ainda, pelo Decreto n.º 2010-131, de 10.02.2010

[559] A definição da noção de rede consta do próprio HGB, no §319b secção 1 frase 3 e que preceitua que existe rede quando pessoas, no exercício das suas atividades profissionais, interagem, com o

Após a entrada em vigor do NEOROC, a 1 de janeiro de 2016, deixa de constar do Estatuto a noção de rede.

Entendemos, no entanto, que a noção de rede constante da Diretiva nº 2006/43/CE continua a assumir relevância para efeitos nacionais e, bem assim, nos ordenamentos jurídicos que não transpuseram esse segmento da Diretiva ou que o tenham feito em desconformidade com o disposto na Diretiva.

Estranha-se que o legislador nacional que havia vertido, no nº 11 do artigo 68º-A do EOROC, a noção de rede tenha retirado aquela noção do NEOROC e vertido a mesma, apenas, no RJSA; com efeito, atentando no teor da Diretiva nº 2006/43/CE, cujo conteúdo, quanto a este aspeto, não sofreu alterações pela Diretiva nº 2014/56/UE, conclui-se, no Considerando 11), que: *"A fim de determinar a independência dos revisores oficiais de contas, o conceito de «rede» em que estes funcionam terá que ser claro..."*.

Cremos que a clareza de um conceito apenas se alcança se o mesmo existir e estiver definido, associado ao dever de independência dos revisores.

Como assinalado, a noção de rede consta, na legislação nacional, e com um conteúdo muito semelhante ao vertido na Diretiva, no RJSA; o âmbito de aplicação daquela noção, expresso pelo legislador no corpo do artigo 2º, é o regime jurídico da supervisão de auditoria; consideramos, no entanto, que a relevância da noção não se pode cingir àquele regime jurídico.

Desde logo, no RJSA, a única menção à rede encontra-se ao nível das informações a consignar no registo público de ROC, SROC, auditores e entidades de auditoria de Estados membros e países terceiros [cfr. artigo 21º nº 5, alínea *h)*] e, como referimos, a rede releva para efeitos substancialmente mais relevantes, como seja a apreciação da independência dos revisores, designadamente para concretização do que se entende por auto-revisão [cfr. artigo 71º nº 11, alínea *a)*, do NEOROC].

Assim, por aplicação do princípio da interpretação do direito nacional em conformidade com o direito europeu, será de sustentar, após 1 de janeiro de 2016 – data de entrada em vigor do NEOROC (que não contem noção de rede) – a aplicação da noção de rede contida na alínea *p)* do artigo 2º RJSA na avaliação da atividade desenvolvida pelos ROC e SROC, à luz do NEOROC.

objetivo de prosseguirem interesses económicos comuns e durante um determinado período de tempo. Relevante, também, a cláusula de exceção que consta do ponto (1) onde se admite que possam não relevar a rede se não existir uma influência no resultado da auditoria. Tal norma foi introduzida pela Lei para a Modernização da Revisão Legal de Contas (*Gesetz zur Modernisierung des Bilanzrechts*), datada de 25.05.2009.

O legislador nacional, não obstante manter a relevância jurídica da rede e consagrar uma noção de rede no RJSA, limitou o seu âmbito de aplicação ao regime jurídico em causa (supervisão de auditoria). A noção de rede, para efeitos de avaliação da independência dos ROC e SROC, deve estar associada à atividade de revisão de contas e não apenas aos termos em que se processa a supervisão da atividade daqueles.

Damos a devida nota que o Regulamento (UE) Nº 537/2014, o qual é aplicável diretamente na ordem jurídica portuguesa mas apenas na revisão legal de contas das entidades de interesse público, incorpora no seu conteúdo, atento o disposto no artigo 3º, as noções que constam da Diretiva 2006/43/CE, entre as quais se incluem a noção de rede (cfr. nº 7 do artigo 2º da Diretiva).

1.1. A origem da alteração

A revisão legal de contas tem sido uma matéria muito cara ao legislador da União, certamente não indiferente à relevância daquela atividade para o bom funcionamento do mercado europeu.

Na base das principais preocupações do legislador europeu encontra-se a independência da atividade dos ROC, pelo que, para se compreender o sentido e alcance da Diretiva nº 2006/43/CE, no que se reporta à noção de rede, cumpre analisar os seus antecedentes.

Desde logo, aponte-se o Livro Verde da Comissão,[560] de 24 de julho de 1996, intitulado *"Papel, Estatuto e Responsabilidade do Revisor Oficial de Contas na União Europeia"*.

No seu âmbito, salientam-se os principais problemas levantados pela Comissão quanto a independência, qualificações, responsabilidade e liberdade de estabelecimento e prestação de serviços dos ROC, problemas a que não são indiferentes – atento o ano em causa – algumas preocupações, então especialmente manifestadas, quanto à bondade da revisão das contas em algumas empresas multinacionais, que, uns anos mais tarde, viria a culminar no malogrado desfecho para a *Enron Corporation*, acompanhada pela entidade que procedia à revisão legal de contas, a extinta *Arthur Andersen*.

Posteriormente a este livro verde e já após um novo colapso financeiro então com origem no *sub-prime*, a Comissão volta a dedicar ao tema um novo Livro Verde, de 13 de outubro de 2010, sob o tema *"Política de auditoria: as lições da crise"*,[561] que, no essencial, mereceu ponderação positiva por parte do Par-

[560] Cfr. COM (96) 338 – Jornal Oficial C 321 de 28.10.1996.

[561] Cfr. COM (2010) 561- Jornal Oficial C/2011/121/54 , de 19.04.2011.

lamento Europeu, através da Resolução nº 2011/2037, 13 de setembro de 2011 (publicada no JO C 51E de 22.2.2013).[562]

No que se reporta a recomendações, e como vêm destacadas nos Considerandos da Diretiva 2006/43/CE, salientem-se as Recomendações datadas de 15 de novembro de 2000 (Recomendação nº 2001/256/CE, publicada no JO L 91 de 31.3.2001) e de 16 de maio de 2002 (Recomendação nº 2002/590/CE, publicada no JO L 191 de 19.7.2002).

A Recomendação da Comissão de 15.11.2000, contendo embora princípios gerais relevantes em matéria da qualidade da revisão oficial de contas, é completamente omissa quanto à noção de rede.

Já na Recomendação da Comissão, de 16.05.2002, o conceito de rede vem mencionado repetidamente e, por fim, definido, como incluindo *"a sociedade de revisores oficiais de contas que efectua a revisão legal de contas, bem como as suas filiais e quaisquer outras entidades controladas pela sociedade de revisores oficiais de contas ou em regime de controlo, propriedade ou gestão comuns, ou de outro modo ligadas ou associadas à sociedade de revisores oficiais de contas pela utilização de uma denominação comum ou pela utilização em comum de recursos profissionais significativos"*.

Na Diretiva nº 2006/43/UE, consta, no âmbito do nº 7 do artigo 2º, a noção de rede como *"a estrutura de maior dimensão: – que tem por objecto a cooperação, a que pertence um revisor oficial de contas ou uma sociedade de revisores oficiais de contas, e – visando claramente a partilha dos lucros e dos custos, ou que partilha propriedade, controlo ou gestão comuns, políticas e procedimentos de controlo de qualidade comuns, uma estratégia empresarial comum, a utilização de uma denominação comercial comum ou uma parte significativa dos recursos profissionais."*[563]

Da análise do conceito de rede proposto na Recomendação de 16.05.2002, se conclui a proximidade em face do conceito que mereceu acolhimento na versão final da Diretiva; não obstante, a noção final da Diretiva apresenta alguns elementos dissonantes.

De facto, é evidente a supressão, na Diretiva, da expressão *"bem como as suas filiais e quaisquer outras entidades controladas pela sociedade de revisores oficiais de contas"*.

[562] Sobre o Livro Verde agora em análise incidiu o Parecer do Comité Económico e Social Europeu, publicado em JO C 248 de 25.8.2011.

[563] Na Diretiva nº 2014/56/UE, que, como se destacou supra, procedeu-se a algumas alterações à Diretiva nº 2006/43/UE, manteve-se, sem alteração, o conceito de rede, tal como constava no artigo 2º nº 7. Constatando-se manutenção do conceito, assinala-se, contudo, que a rede relevará para novos aspetos que a anterior Diretiva ainda não previa.

Na Diretiva não consta qualquer alusão a filiais ou a grupos de sociedade, salvaguardando-se, embora, a referência a controlo comum, o que, pelo menos parcialmente, admitiria uma situação grupal, a saber, os grupos paritários.

Entendemos que foi propositada esta alteração. Na verdade, surge, como noção autónoma, a de afiliada, que consta do nº 8 do mesmo artigo 2º.

Sem prejuízo de concluirmos que a alteração foi voluntária, poderemos avaliar se as situações de grupo não paritárias – à luz da Diretiva e das disposições nacionais que a transpuseram fielmente – estarão excluídas do conceito de rede e, em consequência, do âmbito de aplicação das normas especialmente concebidas para as redes, como sejam os já mencionados artigos 62º-A, 68º-B e 145º-B, do EOROC [semelhantemente, artigos 71º, 62º nº 1 *b)* e 172º nº 6 *h)* do NEOROC] e seus correspondentes artigos 40º, 22º e 17º da Diretiva.

Considerando a amplitude do conceito, entendemos não ser de excluir que os grupos de sociedades não paritários, e, bem assim, outras formas de cooperação, como sejam os consórcios ou ACE se incluam na noção de rede.

Não excluindo embora estas figuras da sua subsunção à noção de rede consagrada na Diretiva, não será bastante que sejam grupos, consórcios ou ACE para automaticamente se qualificarem como rede, já que todos os demais elementos da rede – definidos pelo legislador – têm que estar preenchidos.

Ainda que no domínio da *soft law*, o Código de Ética e de Conduta da Federação Internacional de Contabilistas (IFAC – International Federation of Accountants) alude ao conceito de rede em parâmetros muito similares aos constantes da Diretiva.

Na verdade, os critérios que são considerados para densificar o conceito de rede no âmbito do mencionado Código – *maxime* no parágrafo 24 da Secção 3.4. – compreendem as notas de (i) estrutura mais ampla (ii) cooperação, (iii) nome comum; (iv) sistema de controlo de qualidade comum; (v) partilha significa de recursos profissionais.

Não obstante a aparente coincidência quanto ao previsto na Diretiva e o que veio a ser consagrado no EOROC e, mais recentemente, no RJSA, há alguns pontos dissonantes que justificam a avaliação da opção do legislador português, ao afastar-se, pontualmente, dos parâmetros quanto à temática da rede.

Quanto ao consignado no EOROC, a primeira divergência que se assinala em face das normas europeias, reside na circunstância de a versão portuguesa da diretiva prever, como elemento constitutivo do conceito de rede, a partilha dos lucros *e* dos custos, parecendo com tal redação exigir que a partilha dos lucros surja associada à partilha dos custos, não constituindo elemento suficiente, para se considerar uma rede, apenas a partilha dos custos ou, no reverso, apenas a partilha dos lucros.

O EOROC colocou, como alternativa, a partilha dos lucros *ou* dos custos, ou seja, para que exista rede seria bastante apenas a partilha dos lucros ou apenas a partilha dos custos.

Em face desta pequeníssima divergência, poder-se-ia concluir que o legislador nacional foi mais longe do que o da União, ao bastar-se, para a rede, apenas com a partilha dos lucros ou apenas com a partilha dos custos.

Tenha-se, no entanto, em consideração o seguinte: as versões nas diversas línguas oficiais são, quanto a esta questão, divergentes entre si. Com efeito, as versões em língua inglesa, francesa, espanhola, alemã, estoniana, húngara ou holandesa contêm a disjuntiva *"ou"*, enquanto que a versão italiana utiliza o vocábulo *"e"*.

Perante a divergência, e sendo línguas oficiais da União e em que todas as versões fazem fé, avaliemos qual a interpretação mais consentânea com o espírito do legislador da União.

A finalidade do legislador, ao consagrar um conceito amplíssimo de rede, terá sido a de abranger o maior número de relações de cooperação. Caso se interpretasse a utilização de *"e"* como uma exigência segundo a qual apenas a cumulação da partilha do lucro e dos custos seria relevante, tal poderia apartar das redes as situações de cooperação em que apenas se visasse ou a partilha dos lucros ou dos custos, o que não nos parece que tenha sido a intenção do legislador, pelo que se conclui pela prevalência da disjuntiva *"ou"* sobre a copulativa *"e"*.

De todo o modo, no RJSA, o legislador nacional aproximou-se do preceituado na Diretiva, constando a copulativa *"e"* e não a disjuntiva *"ou"*, como se encontrava vertido no EOROC.

Outra das divergências que apontamos entre a Diretiva e o EOROC reside na circunstância de a Diretiva mencionar *"denominação comercial comum"* e o legislador nacional incluir *"denominação comum"*.[564]

No EOROC não consta *comercial* associado à denominação comum. A diferença que, à partida, parece despicienda, apenas tem a virtualidade de afastar a vertente mercantil da atividade desenvolvida pelos ROC; na verdade, a atividade dos ROC não é, na sua natureza, uma atividade comercial, conquanto possam estes socorrer-se de instrumentos concebidos para comerciantes, como sejam a forma comercial, da sociedade que entre os mesmos se crie.

[564] Mais uma vez destacamos que a divergência se mantém entre as várias línguas oficiais da diretiva. Assim, e a título exemplificativo, na versão inglesa refere-se *"nome da marca"*, em francês a *"marca"*, em espanhol *"nome comercial comum"*, na língua alemã a *"marca"* e, em italiano, a *"nome"*. A esta questão – conexa com a eventual relevância da partilha da marca – voltaremos *infra*, aquando da análise de cada um dos factos-índice de rede, no quadro da revisão legal de contas.

Ainda que de pouca monta, parece, pois, preferível a expressão *"denominação comum"*.

Com a aprovação do RJSA surge a referência à utilização de uma *"marca comum"* deixando o legislador de se referir à utilização de uma denominação comum.

1.2. A noção de rede à luz do EOROC e do RJSA

Atentemos mais de perto na noção de rede acolhida pelo nº 11 do artigo 68º-A do EOROC.

Este preceitua o seguinte: "[p]*ara efeitos deste decreto-lei, o conceito de rede designa a estrutura mais vasta destinada à cooperação, a que pertence um revisor oficial de contas ou uma sociedade de revisores oficiais de contas, e que tem como objectivo a partilha de lucros ou de custos ou a partilha em comum da propriedade, controlo ou gestão, das políticas e procedimentos comuns de controlo de qualidade, da estratégia comum, da utilização de uma denominação comum ou de uma parte significativa de recursos profissionais.*"

No RJSA, a noção de rede, contida na alínea *p)* do artigo 2º, é ligeiramente diferente da constante no EOROC, na medida em que reza o seguinte: *"«Rede», a estrutura mais vasta: i) Que tem por objeto a cooperação, a que pertence um ROC ou uma SROC; e ii) Que tem por objetivo a partilha dos lucros e dos custos, ou a partilha da propriedade, controlo ou gestão comuns, políticas e procedimentos de controlo interno de qualidade comuns, uma estratégia empresarial comum, a utilização de uma marca comum ou uma parte significativa dos recursos profissionais"*

Analisemos cada um dos elementos que o legislador nacional, no EOROC e, mais recentemente, no RJSA, considerou relevantes para apresentar o *"conceito de rede"*.

1.2.1. Estrutura mais vasta e a cooperação[565]

A noção – definitória por natureza – consagrada pelo legislador nacional afigura-se-nos, numa primeira análise, como pouco operativa, sobretudo na sua parte inicial, onde se alude a *"estrutura mais vasta"*.

Reconhece-se que a formulação adotada não auxilia a tarefa do intérprete; tentemos, contudo, descortinar a expressão, quer do ponto de vista de *"estrutura mais vasta"* quer no que toca a *"destinada à cooperação"* (no EOROC) ou *"que tem por objeto a cooperação"* (no RJSA).

No que respeita à *estrutura mais vasta*, averigue-se se o legislador se refere ao número de entidades que fazem parte deste tipo de estrutura/organização ou ao conteúdo ou, ainda, a caraterísticas da cooperação aqui empreendida.

[565] O legislador europeu preferiu a expressão *"estrutura de maior dimensão"*.

Inclinamo-nos mais para a primeira vertente, ou seja, quando se refere a *estrutura mais vasta* o legislador parece pressupor a existência de mais do que um ROC ou SROC.

De todo modo, o conjunto de problemas que a expressão pode levantar é tão vasto como a estrutura a caraterizar. Bastarão duas sociedades ou dois revisores oficiais de contas? Duas entidades formam algo mais vasto?

Parece-nos que, no quadro da atividade dos revisores oficiais de contas, e no sentido de salvaguardar a independência e a transparência, o conceito compreende uma qualquer forma de cooperação que se forme entre, pelo menos, duas entidades.

Carlos Gómez Asensio salienta que a estrutura sintática da expressão *"estrutura mais ampla"* é deficiente, não se conseguindo aferir se o legislador comunitário exige que seja uma estrutura mais ampla em relação a um contrato, a uma sociedade de auditoria ou a um grupo de sociedades.[566]

O Autor conclui que se terá pretendido uma estrutura mais ampla do que a existe na sociedade de auditoria, estribando-se, sobretudo, num elemento interpretativo de índole literal, porquanto a norma refere-se à rede a que pertence a sociedade de revisores oficiais de contas e, logo de seguida, alude à estrutura mais vasta.

Há que reconhecer que aqui o elemento literal assume algum peso. No entanto, julgamos que a intenção do legislador não terá sido abranger apenas as estruturas que sejam mais amplas do que uma sociedade de auditoria; desde logo, porquanto, para se concluir quanto ao preenchimento do conceito de rede, cingindo-nos, apenas, a uma interpretação literal da norma – desde que os demais pressupostos estejam, naturalmente, presentes – pode ser relevante a colaboração encetada entre dois ou mais ROC que não tenham constituído qualquer sociedade de auditoria (ou SROC).

Em relação a este ponto, um outro pode suscitar-se e que se prende com o facto de, assumindo a existência, apenas, de uma estrutura composta por ROC e nenhuma SROC, se aplicarem todas as normas consagradas na Diretiva e no EOROC.

A Diretiva e o EOROC (e as demais leis nacionais que acompanharam, de perto, o teor da diretiva) não dão origem a uma interpretação unívoca.

Ou seja, a uma rede podem pertencer – de acordo com a Diretiva, o EOROC, e o RJSA, respetivamente nos artigos 2º nº 7 e 68º-A nº 11 e artigo 2º, alínea *p)* – quer ROC quer SROC.

566 "El concepto de red en la reforma..." (cit.), pág. 333.

Conquanto se considere a existência de rede com qualquer uma destas entidades, no campo das definições, a Diretiva alude, amiúde, e já no âmbito das consequências da existência de rede, à SROC que faz parte da rede.

Não resulta evidente o sentido da opção legislativa quando, quanto a alguns aspetos, se refere à rede apenas por referência à SROC e já não quanto a ROC, sendo possível conjeturar se a rede, enquanto tal, apenas releva quando dela fizer parte, pelo menos, uma SROC.

Vejamos, assim, quais as normas que preveem consequências jurídicas diversas, consoante uma SROC pertença a uma rede ou, apenas, a ela pertençam ROC.

Atente-se, desde logo, nos artigos 16º e 17º da Diretiva (e os seus equivalentes, respetivamente, nºs 4 e 6 do artigo 145º-B do EOROC, nºs 4 e 6 do artigo 172º do NEOROC e nºs 4 e 5 do artigo 21º do RJSA), que consagram o conteúdo do registo público.

No que se refere ao registo dos revisores oficiais de contas e auditores nenhuma alusão é feita à necessidade de constar do registo a pertença do ROC ou auditor a uma rede,[567] sendo que essa alusão surge como necessária quanto ao registo das SROC e entidades de auditoria [cfr. artigo 17º nº 1, alínea *h)*, da Diretiva, artigo 145º-B nº 6, alínea *h)*, do EOROC, artigo 172º nº 6, alínea *h)*, do NEOROC e artigo 21º nº 5, alínea *h)*, do RJSA].

Por outro lado, também em relação ao relatório de transparência, introduziu-se na Diretiva (artigo 40º) a obrigatoriedade de elaboração de um relatório de transparência, o qual deve ser objeto da publicitação.

Essa obrigatoriedade consta da lei nacional, mais concretamente no artigo 62º-A do EOROC[568] e, manteve-se, no artigo 62º do NEOROC.

[567] Não se compreende o sentido da opção legislativa, na parte em que não determina a obrigatoriedade de menção, no registo do ROC que exerce a sua atividade fora dos quadros de uma sociedade, da sua pertença a uma rede. Os fundamentos que presidem à publicidade de pertença a uma rede por parte de uma SROC verificam-se, igualmente, quanto a um ROC.
De todo o modo, não obstante a ausência de publicidade cremos que se mantém a relevância da pertença de um ROC a uma rede, nomeadamente para efeitos de cumprimento das proibições consignadas na lei referentes à salvaguarda da sua independência, nos termos previstos no artigo 68º-A do EOROC e 71º nºs 2 e 3 do NEOROC. Ou seja, mesmo que não seja publicitada a pertença à rede, pode a OROC – entidade a quem incumbe, atento o disposto no artigo 5º do EOROC e 6º do NEOROC, o exercício de jurisdição disciplinar sobre os membros – (ou a CMVM, no exercício dos poderes de supervisão, ao abrigo do disposto no RJSA) considerar que um ROC que pertence, efetivamente, a uma rede está impedido de realizar determinados atos de auditoria se um outro membro da mesma rede tiver intervindo na elaboração dos documentos contabilísticos.

[568] Conquanto não seja o âmago da nossa análise, uma nota apenas quanto ao relatório de transparência e quanto ao conteúdo que o mesmo tem vindo a apresentar por parte de algumas

Sucede que – e aqui reside, uma vez mais, a relevância da pertença a uma rede de uma SROC e a (pelo menos aparente) irrelevância da pertença a uma rede de um ROC – a pertença à rede e, bem assim, a sua caraterização e descrição das normas jurídicas aplicáveis no seu seio só surgem como elementos obrigatórios do relatório de transparência quanto a SROC.

Veja-se, assim, o disposto na alínea *b)* do nº 1 do citado artigo 40º da Diretiva e, bem assim, *ipsis verbis*, a alínea *b)* do nº 1 do artigo 62º-A do EOROC e alínea *b)* do nº 1 do artigo 62º do NEOROC.[569]

entidades que têm procedido à sua elaboração e publicitação. Analisemos os relatórios das sociedades enquadradas nas *Big Four*.
Quanto às SROC que fazem parte de uma rede, tendem, umas, a publicitar algum grau de pormenor na rede (o que parece ir ao encontro do imposto pela diretiva comunitária e pela lei nacional que a implementou), referindo uma delas (da SROC PriceWaterhouseCoopers, no seu relatório relativo ao ano de 2014, disponível, para consulta, em http://www.pwc.pt/pt/quem-somos/imagens/pwc_relatoriotranspariencia2014.pdf) não só a pertença à rede como a sua designação e proveniência geográfica. No que se reporta à delimitação da propriedade, indica, ainda, a independência em face da rede a que pertence, e que não está sujeita a propriedade ou gestão comum. A caraterização da rede envolve, ainda, a indicação do direito ao uso da marca, recursos, metodologia e experiência, contra a aceitação dos padrões e políticas da rede. Ainda no mesmo relatório de transparência encontra-se a indicação dos *clusters* geográficos, que, de acordo com o patente no relatório, não envolve órgãos de gestão ou subordinação entre as entidades envolvidas.
Um outro relatório (da SROC Deloitte, no seu relatório relativo ao ano de 2014, disponível, para consulta em http://www2.deloitte.com/content/dam/Deloitte/pt/Documents/about-deloitte/relatoriotransparencia/ relatorio_de_transparencia_2014.pdf) concede especial enfoque à rede existente em Portugal, a qual compreende outras entidades que não sociedades de revisores oficiais de contas, mas sociedades que àquela estão associadas em rede, através da partilha de infraestruturas, regras e procedimentos (o que é comum a outros relatórios de transparência).
Salientamos ainda um relatório distinto (da SROC Ernst & Young, relativo ao ano de 2014, disponível, para consulta, em http://www.ey.com/Publication/vwLUAssets/EY-portugal-transparency-report-2014/$ FILE/EY-portugal-transparency-report-2014.pdf), o qual, o que reputamos ser incomum em face daqueles consultados, carateriza a estrutura organizativa, que apelida de *"organização global"*, indicando quais os órgãos que a compõem e os poderes que lhe são reconhecidos. No seio deste mesmo relatório, constata-se o reconhecimento não só do direito de utilização do nome mas também a imposição da obrigação da sua utilização. Por fim, a completude de tal relatório reside, ainda, na indicação de existência de revisão quanto ao cumprimento das obrigações assumidas pelo membro da rede que poderá conduzir à exclusão da organização.
Finalizamos com um último relatório (da SROC KPMG, relativo ao ano de 2014, disponível, para consulta em http://www.kpmg.com/PT/pt/about/Organization/Documents/kpmgpttransparencyreport 2014.pdf), onde se alude a um contrato de membro que é celerado e, ainda, ao facto de cada uma das firmas integrantes da rede ser uma entidade legal distinta e independente.

[569] Já não sucede assim, por exemplo, no ordenamento jurídico italiano, em que do relatório de transparência dos ROC deve constar, caso pertençam a uma rede, essa indicação e a sua caraterização; e note-se, que tal será obrigatório – pelo menos de acordo com o teor da norma

Quanto à concretização do dever de independência, sobretudo em sede de consideração de risco de auto-revisão, o legislador, no NEOROC, aproximou-se do disposto na Diretiva europeia.[570]

O nº 5 do artigo 68º-A do EOROC consagra que: *"O risco de auto-revisão existe nomeadamente quando um revisor oficial de contas, uma sociedade de revisores oficiais de contas, uma entidade de uma rede de sociedades ou um seu sócio, gestor ou trabalhador participa na elaboração dos registos contabilísticos ou das demonstrações financeiras do cliente da revisão legal de contas."*

A expressão rede vem associada a *"sociedades"*, na medida em que alude a *"uma entidade de uma rede de sociedades"*.

O nº 10 estende a aplicação daquelas proibições *"às sociedades de revisores oficiais de contas, aos respectivos sócios e, ainda, às pessoas colectivas que integrem a rede a que a sociedade de revisores pertença"*.

Esta alusão a *"rede de sociedades"* e *"pessoas colectivas que integrem a rede"* a que pertence a sociedade de revisores oficiais de contas levantava, pelo menos, duas questões.

A primeira reportava-se à referência a *"sociedades"* e *"pessoas colectivas"*, o que levaria ao problema de saber se igual extensão não deveria ocorrer em relação a pessoas singulares, *maxime* ROC.

A segunda relacionava-se com a restrição de efeitos quanto à pertença à rede por parte de uma sociedade de revisores oficiais de contas, tornando irrelevante, no que concerne à aplicação desta norma, a pertença por parte de um revisor oficial de contas (pessoa singular).

legal – mesmo que dessa rede não faça parte qualquer SROC. Cfr. artigo 18º nº 1, alínea *b)*, do Decreto-lei nº 39, de 27 de janeiro de 2010.

No mesmo sentido, o ordenamento jurídico alemão, vide §55-c nº 1, da Lei da Revisão Legal de Contas, de 24.07.1961

570 Entendemos, no entanto, que a nova redação dada, pela Diretiva 2014/56/UE, ao nº 1 do artigo 22º da Diretiva 2006/43/UE, não terá contribuído para esclarecer quanto a poder fazer parte de uma rede um ROC e não apenas uma SROC. O nº 1 do artigo 22º passa a prever: *" Os Estados-Membros asseguram que os revisores oficiais de contas ou as sociedades de revisores oficiais de contas tomam todas as medidas razoáveis para garantir que, quando realizam uma revisão legal de contas, a sua independência não é afetada por conflitos de interesses existentes ou potenciais nem por relações comerciais ou outras relações diretas ou indiretas que envolvam o revisor oficial de contas ou a sociedade de revisores oficiais de contas que realizam essa revisão legal de contas e, se aplicável, a sua rede"*, em ligeira dissonância com a redação anteriormente patente no nº 2 que previa: *"trabalho ou de qualquer outro tipo – incluindo a prestação de serviços complementares que não sejam de revisão ou auditoria –, directa ou indirecta, entre o revisor oficial de contas, a sociedade de revisores oficiais de contas ou a rede."* Parece-nos que a utilização do termo *"sua"* pode indiciar uma ligação entre as SROC e a rede e já não entre ROC e uma rede. Essa palavra consta, igualmente, nas versões da diretiva em língua inglesa, francesa, alemã, italiana e espanhola.

Quanto à primeira questão: se a intenção da norma é impor o maior nível de independência na prestação de serviços de revisão legal de contas, a norma devia interpretar-se no sentido de abranger as pessoas singulares que integrem a rede a que pertencem as SROC. Inexistia qualquer fundamento jurídico para não considerar sujeitas ao dever de independência – e às proibições associadas – as pessoas singulares que, com a SROC, pertencem a uma rede.

Aliás, compulsadas as soluções que, quanto à extensão do dever de independência, foram consagradas pelos demais estados membros, teremos de concluir que a redação, acolhida pelo legislador nacional no EOROC, se encontrava em dissonância com alguns ordenamentos jurídicos.

Com efeito, quer no âmbito do ordenamento jurídico alemão,[571] quer no espanhol,[572] quer, ainda, no irlandês,[573] a extensão do dever de independência (as designadas *extensões subjetivas das causas de incompatibilidades*) em relação a membros da rede acontece em relação a qualquer pessoa que faça parte da rede e não, apenas, às pessoas coletivas.

Quanto à segunda questão, esta já se encontra no âmago da análise de que ora cuidamos – será que a pertença à rede apenas releva quando dela faça parte uma sociedade de revisores oficiais de contas?

Em vários ordenamentos jurídicos não se distingue consoante a pertença à rede seja por parte de uma SROC ou ROC, aplicando-se a mesma consequência jurídica a ambas as situações, e que se traduz no facto de a proibição ocorrer quando um ROC ou uma SROC faz parte de uma rede.

Caso a norma em causa apenas se aplicasse às pessoas coletivas (sociedades de revisores oficiais de contas), estaria encontrada uma forma de os sujeitos jurídicos obviarem a sujeição às limitações de contratação consagradas no artigo 68º-A do EOROC, para tal bastando que os sócios das sociedades de revisores oficiais de contas integrassem a rede, em nome individual, assim prestando diretamente os serviços que a norma proíbe às sociedades de que fazem parte.

Com a aprovação do NEOROC e com a redação da alínea *a)* do nº 11 do artigo 71º daquele diploma, os pontos até então assinalados perdem, em parte, a sua pertinência, ainda que a menção a *"uma entidade da sua rede"* indicie, como referimos supra, uma aproximação à rede a que pertence uma SROC e não a uma rede a que pertence um ROC.

[571] Vide § 21 nº 4, do Estatuto dos Revisores Oficiais de Contas (aprovado pela Lei de 05.11.1975).

[572] Cfr. Artigo 8º-ter da Lei 12/2010, de 30 de junho.

[573] Vide § 71 nº 1 da Lei nº 220 de 2010.

Consideremos, agora, a qualificação da estrutura mais vasta, enquanto destinada à *"cooperação"*.

Com a utilização do vocábulo *"cooperação"* terá pretendido o legislador afastar-se das estruturas integradas.

A rede não implica a existência de uma nova entidade, que não tem de ser criada pelas partes contratantes/intervenientes, nem se institui uma relação de subordinação ou integração entre estas.

Quanto muito admitimos, pelo teor da norma legal, que possam existir grupos paritários, que partilhem a gestão da rede.

Mas será que um acordo entre ROC e SROC que preveja, no seu conteúdo ou na sua execução, algo mais do que cooperação retira a sua qualificação como rede?

Propendemos para uma resposta negativa. O que releva é que as partes pretendam encetar diligências tendentes à cooperação, conjugando os seus esforços nesse sentido, considerando, em todo o caso, os índices que se encontram na norma. Se, na execução da cooperação, ou até previamente à mesma, as partes acordam em práticas que revelem subordinação de uma ou umas em relação a outra ou outras não deixaremos de ter rede. Essa subordinação pode assumir, no entanto, relevância para outros efeitos, além daqueles intrinsecamente ligados às questões de independência, incompatibilidades e transparência, designadamente para efeitos de consideração de uma relação de domínio.[574]

Doutrinalmente, as relações de rede ou em rede têm sido vistas como uma alternativa a fenómenos meramente cooperativos, não se confundindo com estes, pese embora na génese de muitas relações de rede possa estar a cooperação.

Perante a redação da norma – que é inequívoca quanto à utilização do vocábulo *"cooperação"* – parece ter sido outra a visão (opção?) do legislador europeu e, em consequência, do legislador português (e dos demais estados membros) ao incluir na noção típica de rede a nota da cooperação.

De todo o modo, não obstante a expressividade de *cooperação*, entendemos que a sua utilização não pode desviar o intérprete e o aplicador da norma da finalidade tida em conta com a sua aprovação.

Na verdade, as relações de rede não são, por natureza, meramente cooperativas; ou seja, as partes que se enquadram no âmbito de uma relação de rede não têm por finalidade apenas a cooperação. Há algo mais que move os

[574] A Diretiva 2014/56/UE alude, para efeitos de independência, a uma *"relação de controlo"* (cfr. nova redação do nº 1 do artigo 22º).

contratantes e que, por via disso, justifica a preocupação sentida pela UE no domínio da revisão legal de contas.

A cooperação não exige estruturação, regras e regulação da relação encetada entre as partes; frequentemente, a cooperação é informal, consensual e empírica.

Como se encontra consagrada a cooperação no domínio do EOROC, esta deve ser entendida como um dos objetivos (*"destinada à cooperação"*) que os membros da rede pretendem alcançar, no quadro de um ambiente marcado pela estabilidade e interdependência entre as relações.[575]

A melhor interpretação que entendemos dever ser dada à cooperação é a que tem em conta a especificidade das relações de cooperação de rede, não relevando, por exemplo, atos esporádicos e isolados de cooperação que não são, por definição, idóneos a instituir uma relação estável e duradoura.

No RJSA, o legislador, em linha com o preceituado na Diretiva europeia, refere-se à cooperação como o objeto da rede e não como seu objetivo, o que nos parece mais ajustado à luz das relações reticulares. A cooperação é empreendida entre as partes como um meio para atingir as finalidades que estas pretendem obter com a relação interdependente.

1.2.2. Os objetivos da rede[576]

A noção de rede – como consagrada no EOROC e no RJSA – possibilita que a estrutura de cooperação possa ter objetivos diferentes, sendo que a verificação de qualquer um deles será bastante para a qualificação como rede, pelo menos sob o ponto de vista indiciário.

Nos termos da lei, a estrutura pode ter como objetivos a partilha dos lucros e/ou[577] dos custos ou a partilha em comum da propriedade, ou a partilha do controlo ou gestão, das políticas e procedimentos comuns de controlo (interno) de qualidade, da estratégia comum, da utilização de uma denominação (marca) comum ou de uma parte significativa de recursos profissionais.[578]

[575] No âmbito da análise da norma comunitária e, bem assim, da lei que a transpôs para o ordenamento jurídico do país vizinho, Carlos Gómez Asensio critica a utilização da palavra *"cooperação"*, na medida em que não existe uma atuação conjunta de empresários, sendo que o funcionamento da rede e os resultados obtidos pelos seus membros dependem dos obtidos pelas demais empresas que formam a rede. Cfr. "El concepto de red..." (cit.), pág. 334

[576] Na Diretiva alude-se a *"visando claramente..."*. O advérbio não passou para a versão portuguesa e cremos que o mesmo não se afigura essencial para a definição do âmbito de aplicação da norma e da relevância dos objetivos traçados pelos membros da rede.

[577] Como referimos, no RJSA alude-se a partilha dos lucros e dos custos, enquanto que no EOROC refere-se a uma partilha dos lucros ou dos custos.

[578] No RJSA acrescentou-se a palavra *"interno"* ao controlo de qualidade e a referência à marca comum em substituição de denominação comum.

Vejamos, separadamente, cada um daqueles objetivos.

1.2.2.1. Partilha dos lucros e/ou dos custos

Como mencionado, a partilha dos lucros e/ou dos custos aparece-nos como um dos objetivos possíveis para a rede.

A obtenção de lucros constitui um dos objetivos mais comuns para a cooperação entre empresas comerciais, pelo que, numa primeira aproximação, diremos que, por si só, este elemento não é apto a distinguir as relações de rede de outras relações encetadas entre empresas (*rectius*, neste caso, entre ROC e/ou SROC).

No entanto, acentua-se neste normativo a partilha dos lucros e não, apenas, a obtenção de lucro. A partilha dos lucros não coincide com a obtenção dos lucros, esta última apresenta-se como um pressuposto da primeira.

Às redes não vem necessariamente associada a existência de uma pessoa coletiva instituída entre os seus membros; por conseguinte, a partilha do lucro obtido na rede não obedece, ou, pelo menos, não tem de obedecer, a quaisquer normas legais que imponham a distribuição de uma parcela mínima dos lucros de exercício.[579] Por outro lado, conjuntamente com a partilha dos lucros, as partes intervenientes podem ter estruturas comuns que pressuponham ou careçam de investimento; donde, o lucro obtido pode não ser partilhado pelos intervenientes e ser, no todo ou em parte, canalizado para reforço ou melhoria da estrutura comum utilizada.

Quanto à partilha dos custos, nem o legislador europeu nem o nacional concretizam que custos relevam para este efeito.

Imagine-se, por hipótese, a partilha de um espaço físico, utilizado em regime de arrendamento por parte de ROC; na sequência daquela partilha, podem os utilizadores do espaço ter acordado numa repartição dos custos associados àquele arrendamento, em função, por exemplo, da quantidade de espaço ocupado ou do tempo de ocupação ou ainda *per capita*, igualitariamente.

Entendemos que a mera partilha de custos de utilização de um espaço, desacompanhada de um acordo mais abrangente entre os utilizadores, não pode ser vislumbrada como uma rede.[580] Nem, semelhantemente, a mera par-

[579] Como sucede, para as sociedades por quotas, com o preceituado no artigo 217º e, para as sociedades anónimas, com o disposto no artigo 294º, ambos do CSC.

[580] Carlos Goméz Asensio aponta no sentido de os objetivos aqui consagrados na rede se afastarem daqueles que estão presentes nalgumas alianças estratégicas e que se relacionam com a mera redução dos custos ou aumento dos benefícios. Cfr. "El concepto de red..." (cit), pág. 335.

tilha de custos com consumíveis. No que se reporta à partilha dos custos com as retribuições de trabalhadores, cremos que a avaliação carece de ponderação autónoma, o que concretizaremos em II.1.2.2.5 infra.

Para que se considere a existência de uma rede com base no objetivo da partilha de custos, será mister que os sujeitos – ROC ou SROC – partilhem a maior parte dos custos que a estrutura em que estão inseridos envolve.

Convoquemos uma relação de cooperação encetada entre vários revisores oficiais de contas que partilham os custos com o local onde se realiza a sua atividade[581] e, bem assim, partilham os demais custos fixos associados, como sejam custos com energia, telefone, consumíveis, formação, atualização e padronização de procedimentos e, bem assim, dos sistemas informáticos e de gestão. Pode suceder, igualmente, a partilha de custos com trabalhadores que prestam genericamente a sua atividade de apoio a todos os revisores, como sejam telefonistas e demais trabalhadores com funções administrativas.

A estrutura da partilha dos custos – a generalidade dos custos – e o inserir-se essa partilha no quadro de uma estrutura de cooperação entre os revisores oficiais de contas, permite a conclusão quanto à qualificação como rede.

1.2.2.2. Partilha da propriedade, controlo ou gestão

Com a aprovação do RJSA, e com a noção de rede aí adotada, o legislador nacional aproximou-se da noção de rede contida na Diretiva 2006/43/CE. No EOROC qualifica-se como *"comum"* a partilha, palavra que é abandonada na nova redação.

A expressão adotada pelo legislador nacional – na linha, aliás, da constante da Diretiva – não traduz, *qua tale*, um conceito jurídico existente entre nós.

Com efeito, e no domínio do direito de propriedade, encontramos a compropriedade (quando duas ou mais pessoas são simultaneamente proprietárias da mesma coisa, à luz do nº 1 do artigo 1403º do CCiv) e a comunhão de mão comum ou propriedade coletiva.[582]

[581] A partilha do custo com espaço está inevitavelmente ligada à partilha do espaço em si mesmo considerado. Ainda que reputemos, conforme expresso em texto, que a partilha dos custos com o espaço (e do espaço em si mesmo) se assume relevante tal poderá não suceder quando estivermos perante estruturas descentralizadas em que cada uma delas se encontra situada num espaço diferente. Ou seja, é possível a combinação da partilha de custos – com a estrutura de recursos humanos, por exemplos – com os custos do espaço serem suportados, apenas, pela entidade (ROC ou SROC) que, em concreto, aí exerce a atividade.

[582] Figura que tem sido utilizada para qualificar as situações em que existe um património afeto a um fim e em relação ao qual podem existir várias relações jurídicas de diversas naturezas, pertencendo esse património a mais do que um titular. Constituem exemplos clássicos desta

Reconhece-se à comunhão de mão comum maiores limitações quanto à disposição do bem, desde logo decorrente do facto de não serem os membros da comunhão titulares de uma quota ideal do bem, que pudessem transmitir a um terceiro.

Julgamos que o legislador terá pretendido aproximar-se mais da compropriedade – de certa forma mais comum no âmbito da dinâmica do comércio jurídico português – do que da comunhão comum. Dessa forma, seriam, como são, inteiramente aplicáveis as normas que, no CCiv, regem a figura (artigos 1403º a 1413º).

A colocação, no âmbito do mesmo segmento, dos vocábulos, *"propriedade"*, *"controlo"* e *"gestão"* auxilia o intérprete na concretização da *mens legis*.

Quando perante a legítima questão da partilha da propriedade, controlo ou gestão de que bem, seremos conduzidos à natural resposta de que o bem se traduzirá na rede formada pelos ROC ou SROC.

No que se refere à partilha do *"controlo"*, teremos que indagar a partir de que momento – quer em termos quantitativos quer em termos temporais – é que se pode entender que existe controlo.

Controlo coincidirá com domínio?

Sob o ponto de vista jurídico, a noção de controlo surge *a pari passu* com a de domínio e de direção unitária, sendo frequente a utilização da expressão *"sociedade controladora"* com o mesmo significado que *"sociedade dominante"* e, bem assim, quanto à situação prevista nos artigos 83º e 84º do CSC, comummente se alude a *"sócio controlador"*.[583]

Atento o enquadramento ora exposto, e a benefício da nossa análise, há que recorrer às noções de domínio, como definidas no CSC, para que, perante tais noções, possamos avaliar se as mesmas podem ser aproveitadas para efeitos de concretização da noção de partilha do controlo da rede.

O domínio relaciona-se, no plano do direito constituído, com a influência dominante, presumindo-se a sua existência quando uma sociedade é titular da maioria do capital social, ou, ainda, quando existe a maioria dos votos ou a possibilidade de designar mais de metade dos membros de órgão de administração ou fiscalização (cfr. artigo 486º do CSC).

figura o património comum dos cônjuges e a herança indivisa. Neste sentido, vide Pires de Lima e Antunes Varela, *Código Civil Anotado*, Vol. III, 3ª Edição, anotação ao artigo 1403º, pág. 347.

583 Para uma análise daqueles artigos, com extensa indicação bibliográfica, vide Rui Pereira Dias, Anotação ao artigo 83º do CSC e Ricardo Costa, Anotação ao artigo 84º do CSC, in *Código das Sociedades Comerciais em Comentário*, Vol. I, IDET, Códigos, Jorge M. Coutinho de Abreu (Coord.), Almedina, 2010, págs. 952 e ss.

Admite-se, entre nós, o domínio conjunto por duas (ou mais) sociedades sobre uma outra. Será a situação que aqui nos importa.

Quando o legislador da União concebeu esta figura – partilha do controlo – teria muito provavelmente em mente os empreendimentos comuns (*joint ventures*), os quais se caraterizam, doutrinalmente, pelo controlo de uma empresa (empreendimento) por parte de duas ou mais empresas, as quais, entre si, são independentes.[584]

O controlo que o legislador europeu terá pressuposto não parece envolver, por um lado, qualquer relação de participação societária entre as entidades, sobretudo porquanto a rede pode ser formada, apenas, por pessoas singulares (ROC não integrados em qualquer estrutura societária) nem, por outro, quaisquer órgãos internos, sobre os quais pudesse ser exercida qualquer influência.

No que se reporta à partilha da gestão, não se exige a detenção, a título de direito de propriedade ou de qualquer direito real, da empresa de rede. Basta-se o legislador, para considerar a existência de rede, com a partilha da gestão.

A separação entre a propriedade e a administração, na dinâmica das transações mercantis, tem vindo, cada vez mais, a ser uma realidade. A crescente profissionalização de quem ocupa os cargos de administração e gestão tem estado na base desta separação.

Como desenhada a rede, deduz-se que o legislador entende relevante a partilha da gestão entre ROC e SROC para se poder concluir pela existência de rede. Note-se que, aqui, o legislador nem tão-pouco liga a gestão a qualquer partilha dos lucros ou dos custos, considerando que a partilha da gestão surge como uma alternativa, como um pressuposto autónomo, independentemente de qualquer benefício ou prejuízo económico direto ou indireto.

A partilha de gestão pode implicar o acesso a informação, *know-how*, procedimentos e clientes, o que justificaria que as normas legais respeitantes à existência de rede lhe fossem aplicadas, igualmente.

Cumpre ter em conta que um dos aspetos em que a pertença à rede assume relevância, no âmbito da revisão legal de contas, é o facto de poder considerar-se diminuída a independência de um ROC ou de uma SROC se existir uma outra relação com a entidade auditada e o ROC ou SROC ou a rede, estranha à revisão ou auditoria (cfr. artigo 68º-A do EOROC e 71º do NEOROC).

A partilha da gestão, como se disse, envolve a comunicação de informação sensível, cujo acesso pode gerar o risco de perda da independência quando, designadamente, um determinado ROC tenha que emitir opinião sobre as

584 Assim, Alberto Amorim Pereira, "Contrato de «joint venture»..." (cit.), pág. 849.

contas de uma entidade e essa entidade tenha obtido pareceres técnicos de um outro membro da rede.

1.2.2.3. Partilha das políticas e procedimentos comuns de controlo (interno) de qualidade

No que se refere a este objetivo, verifica-se uma correspondência entre o teor da norma nacional e da Diretiva europeia, já que ambas aludem às políticas e procedimentos comuns de controlo de qualidade, ainda que, com o RJSA, se qualifique o procedimento de controlo de qualidade como interno, expressão que não se encontra na Diretiva.

No domínio da revisão oficial de contas, é o próprio EOROC (e o NEOROC, semelhantemente) a reconhecer importância aos procedimentos de controlo da qualidade do trabalho desenvolvido pelos ROC e SROC.

A esta consagração não foi indiferente o disposto na Diretiva 2006/43, que prevê, no nº 1 do seu artigo 29º, a sujeição de ROC e SROC a um sistema de controlo de qualidade, estabelecendo, no mesmo artigo, a necessidade de respeito, pelo menos, de um dos critérios ali colocados em evidência.[585]

O controlo de qualidade, à luz do EOROC, é exercido pela OROC, sob a supervisão do CNSA (Conselho Nacional de Supervisão da Auditoria), como preceitua o artigo 68º. Com a aprovação do NEOROC e do RJSA, o controlo de qualidade passa a ser exercido não só pela Ordem como pela CMVM (artigo 69º do NEOROC e 4º do RJSA).

Considere-se, ainda, a aprovação, pela OROC, do Regulamento do Controlo da Qualidade nº 91/2010, publicado na 2ª Série do Diário da República, de 9 de fevereiro de 2010.

As normas aqui em relevo respeitam ao controlo da qualidade externo, exercido pela OROC e sob a supervisão do CNSA, e após 1 de janeiro de 2016, pela CMVM.

Para a noção de rede relevam os procedimentos de controlo da qualidade internos.

Os procedimentos internos de controlo de qualidade são objeto de publicidade, quer através do registo, quer por via do relatório de transparência [cfr. artigos 145º-B nº 3 do EOROC e 172º nº 3 do NEOROC, quanto ao registo, e artigos 62º-A nº 1, alínea *d)*, do EOROC e artigo 62º nº 1, alínea *d)*, do NEOROC, quanto ao relatório de transparência].

Admitimos que a pretensão do legislador, na consideração de indício de rede na partilha destes procedimentos, não se prende com a consagração de

[585] Várias alíneas do nº 1 deste artigo sofreram alterações com a aprovação da Diretiva 2014/56/UE.

políticas e procedimentos iguais de controlo de qualidade, sob pena de se considerar que pertenceriam à mesma rede entidades que nenhuma ligação ou contacto mantivessem. Corrobora esta afirmação a circunstância de ser altamente provável que os procedimentos de controlo de qualidade da atividade desenvolvida pelos ROC e SROC serem semelhantes, posto que existem parâmetros colocados em relevo por parte do controlo da qualidade externa, levada a cabo, anualmente, pela OROC.

Quando se utiliza o termo *"partilha"* não será bastante, parece-nos, serem os procedimentos de controlo da qualidade externalizados a favor da mesma entidade; com efeito, nessa hipótese, não se exigiria qualquer ligação entre as várias sociedades de revisores oficiais de contas beneficiárias dos serviços da mesma entidade, o que não vai ao encontro da noção de rede consagrada na lei.

Entendemos que o legislador (quer o europeu quer nacional) pretendeu consagrar como manifestação da rede aquelas situações em que duas ou mais entidades estão abrangidas num mesmo sistema de controlo de qualidade, no quadro de uma gestão conjunta. Isto é, existem padrões específicos para aferição da qualidade da atividade desenvolvida pelos revisores oficiais de contas, por si e no seio de uma sociedade.

Um breve percurso pelos relatórios de transparência de algumas sociedades de revisores oficiais de contas portuguesas atesta-nos que a larga maioria que se reconhece membro de uma rede tem um sistema de controlo da qualidade integrado, sendo os poderes de controlo da qualidade por regra atribuídos a uma comissão específica na rede.[586]

1.2.2.4. A estratégia (empresarial) comum

Considera o legislador – quer nacional quer europeu – que a partilha de uma estratégia empresarial comum constitui um dos objetivos que os revisores podem prosseguir para efeitos de consideração da sua integração numa rede.

A estratégia associa-se aos grandes objetivos de uma determinada entidade, à planificação quanto ao posicionamento no mercado, quer quanto a fornecedores quer quanto a clientes.

[586] Assim sucede, designadamente, com a BDO que refere que os sistemas de controlo da qualidade interno são operacionalizados e monitorizados pelo *Risk Management & Quality Control Commitees* (de acordo com a informação patente no Relatório de Transparência referente ao ano de 2014, disponível, para consulta, em http://www.bdo.pt/images/docs/documentos/BDO-Relatorio-Transparencia-2014.pdf). No que se refere à Deloitte, no Relatório de Transparência respeitante a 2014, esta refere que aplica em Portugal o sistema concebido globalmente pela DTTL (ou seja, o cume da rede).

Na Diretiva 2006/43/CE e no RJSA, a estratégia surge qualificada como empresarial, enquanto que no EOROC apenas se menciona a estratégia comum.[587]

Considerando que de uma rede, como temos vindo a sustentar e resulta da noção acolhida nas normas em análise, podem fazer parte ROC e SROC, ao aludir-se a estratégia empresarial o legislador pressupõe que cada um dos sujeitos que integram a rede é titular de empresa ou o conjunto desses sujeitos (a rede) é ele mesmo uma empresa?

O que se pretende salientar no segmento em análise é a conjugação de estratégias de negócios, de planos de mercado, pelo que consideramos, por um lado, não ser exigível que todos os membros da rede sejam titulares de uma empresa – desde logo, atento o facto de poder integrar uma rede um ROC em prática individual, não estruturado e organizado sob a forma de empresa – nem, por outro, que o conjunto dos membros da rede forme uma empresa.

Releva, sim, a abordagem de negócio, os propósitos, a longo prazo, traçados pelos membros, ainda que inexista uma unidade jurídica, *rectius*, uma empresa.

A noção de rede contida no RJSA (e na Diretiva 2006/43/CE) ao mencionar *"estratégia empresarial comum"* alude a empresa num sentido não rigoroso, pretendendo-se, segundo julgamos, salientar a vertente negocial, de mercado. Consideramos preferível a expressão *"estratégia de negócio comum"* ou até *"estratégia económica comum"*, as quais se apresentam mais neutras sob o ponto de vista de qualificação dos sujeitos que integram a rede e da rede em si mesma.

1.2.2.5. Utilização de uma denominação/marca comum

Estando a nossa análise – por ora – no domínio do conceito de rede tal como pressuposto na atividade dos revisores oficiais de contas, a utilização de uma denominação ou marca comum pretende abranger as auditoras, que, designadamente sob a égide de uma denominação ou marca comum, prestam a sua atividade em vários estados, *maxime*, nos Estados membros.[588]

Salientamos, pela sua dimensão, sociedades auditoras multinacionais que, no seu seio, agregam revisores oficiais de contas e que prestam serviços de auditoria. Inevitavelmente que salientamos aquelas que têm sido designadas de *"Big Four"* – KPMG, Deloitte, PwC e Ernest & Young.

[587] A lei espanhola e italiana referem a estratégia empresarial; as leis irlandesa e inglesa aludem a estratégia de negócio, enquanto que a lei luxemburguesa menciona estratégia comercial. Cfr. II.1. supra, em notas.

[588] Haverá sempre que ter em consideração que a fonte da lei nacional em análise é uma diretiva europeia.

Ainda que relevem outras vertentes da noção de rede,[589] o operarem sob uma designação ou marca comum, inculca a existência de rede. Os potenciais destinatários das suas atividades – ao recorrerem aos serviços prestados por estas – procurarão um determinado tipo de serviços uniforme, independentemente do Estado em que o serviço é prestado, quer quanto aos procedimentos, regras e parâmetros de qualidade quer quanto às condições contratuais normalmente praticadas em relação aos seus clientes.

A Diretiva 2006/43/CE refere-se a *"denominação comercial comum"*, o EOROC a *"denominação comum"* e, mais recentemente, o RJSA, a *"marca comum"*.

Consideramos que o legislador (europeu e nacional), quando utilizou o termo *"denominação"* ou *"marca"* comum não o terá feito numa aplicação estrita de *"denominação"* ou *"marca"*, como legal e doutrinalmente têm vindo a ser entendidos.

"Denominação", sob o ponto de vista histórico, tem estado associada à identificação de não comerciantes, por contraponto a firma, tendencialmente associada a comerciantes. Certo é, todavia, que tal *tendência* tem vindo a ser esbatida pela utilização indistinta de firma e denominação, por parte do legislador, quer porquanto utiliza o denominação em relação a comerciantes como firma quanto a não comerciantes.[590]

Considerando não serem os ROC comerciantes nem as SROC sociedades comerciais, a denominação aqui expressa encontra-se em linha com os parâmetros tradicionais de distinção entre firma e denominação.

Apoiado na bondade do termo *"denominação"*, o legislador europeu (e, agora, o nacional, com a alusão a marca) terá pretendido atribuir, também, relevância às situações de partilha de outros sinais distintivos que não o nome, a designação das entidades membro da rede.

Por conseguinte, e no quadro legal em apreço, é comum a prestação de serviços de revisão de contas sob uma marca, cuja utilização é colocada em comum no âmbito da rede ou cuja utilização pode estar condicionada ao preenchimento de determinados pressupostos; em qualquer um dos casos, a prestação de serviços sob denominações diversas mas através de uma marca comum afigura-se elemento indiciador de existência de uma rede.

[589] Jean Nicolas Druey refere que estas consultoras não se designam oficialmente como redes, mas internacionalmente e nos contactos informais a palavra rede é comum. Cfr. "The path of the law... (cit.), pág. 96. Cremos que à luz da análise efetuada ao registo de SROC, conclui-se que várias auditoras assumem, na verdade, a sua integração numa rede.

[590] No sentido exposto vide, de forma mais desenvolvida, Coutinho de Abreu, *Curso de Direito Comercial*, Vol. I... (cit.), págs. 154-155 e J.P. Remédio Marques, Anotação ao artigo 10º, in *Código das Sociedades Comerciais em Comentário*, Vol. I, IDET, Códigos, Jorge M. Coutinho de Abreu (Coord.), Almedina, 2010, págs. 179 e ss.

Consideramos defensável uma interpretação extensiva da norma, no sentido em que onde se lê *"utilização de denominação/marca comum"* deverá considerar-se igualmente incluída a utilização de quaisquer sinais distintivos comuns.

Não se ignora que a denominação será um elemento forte para a identificação externa da rede, mas outros sinais distintivos, igualmente postos em comum, podem conduzir àquela mesma identificação.

Por norma, a utilização de denominação comum surge associada, em cumulação, a uma marca comum.

A rede, na atividade dos revisores oficiais de contas, pode ser constituída apenas por ROC não associados previamente sob a forma societária; quando assim suceda, não será comum a existência de uma denominação comum (que designa uma pessoa jurídica) mas, ao invés, uma marca comum, a coberto da qual os ROC prestam os seus serviços profissionais, em cooperação com os demais membros da rede.

Ainda que a Diretiva 2006/43/CE se refira, apenas, à partilha de denominação, em abono da tese aqui acolhida, recuperamos a análise quer quanto às várias línguas oficiais da diretiva quer quanto às leis nacionais que a transpuseram e aqui notamos que, não só na tradução da Diretiva,[591] como nas leis nacionais, se utiliza, em vez da expressão *"denominação comum"*, a expressão *"marca comum"*, parecendo com essa redação admitir-se que se pretendeu colocar em evidência a partilha de um sinal forte identificador dos serviços que são prestados por parte de um determinado membro da rede. A mera referência a tal sinal, mesmo apenas sob a forma de marca que não a de denominação será bastante para fazer crer aos destinatários da atividade dos revisores oficiais de contas.

Nas leis nacionais dos estados membros da União não existe preponderância entre a utilização de marca ou de nome, o que indicia que não será excludente da rede uma situação em que, inexistindo outros factos-índice, apenas se partilhe um sinal distintivo que não seja aquele colocado em destaque por parte do concreto legislador nacional.

O espírito da Diretiva – que será transposto para cada uma das normas nacionais por via da aplicação do princípio da interpretação da lei nacional em conformidade com a Diretiva[592] – será o de partilha, em comum, de um sinal identificador da atividade desenvolvida pelos membros de uma mesma rede.

[591] Vide II.1.2. supra, em nota.

[592] Desenvolvidamente, com indicação jurisprudencial, quanto ao princípio da interpretação conforme, vide Sofia Oliveira Pais, "Princípio da interpretação conforme", in *Princípios fundamentais de direito da União Europeia: uma abordagem jurisprudencial*, coord. Sofia Oliveira

Cumpre, ainda, avaliar, para a conclusão de identificação de uma denominação ou marca comum, quando é que a denominação ou marca é comum.

Quanto à denominação, existirá ou não denominação comum quando a designação utilizada por cada um dos membros não seja absolutamente coincidente?

O que releva, para este efeito, é a identificabilidade da denominação comum por parte dos terceiros destinatários. A utilização de denominações parcialmente distintas não apresenta aptidão para afastar o preenchimento do requisito legal se as denominações das várias entidades que compõem a rede têm, todas, pelo menos, um elemento comum, sendo esse elemento o verdadeiramente distintivo e identificador da entidade.

Assim, e recuperando as denominações das redes de revisores oficiais de contas mais facilmente identificáveis no território europeu, bastará, portanto, que as entidades utilizem uma sigla comum (como KPMG ou PwC, por exemplo), podendo as suas denominações conter outros elementos, mas que são, no conjunto da denominação, mais fracos na identificação da entidade em causa.

No que se refere à marca, a alusão a marca comum não implica que a marca seja compropriedade de todos os membros da rede, isto é, não se revela imperioso que a marca comum seja uma marca coletiva[593], nos termos do disposto nos artigos 228º e ss. do CPI. Consideramos relevante que uma mesma marca seja utilizada pelos vários membros de um rede, independentemente do título que legitima a sua utilização por cada um dos membros.

Atento o segmento de atividade em que nos movemos, o que se nos afigura mais comum é a detenção da marca por parte do cume da rede e o sua cedência aos membros, designadamente por via de uma licença contratual, de acordo com o previsto no artigo 32º do CPI.

1.2.2.6. Utilização de uma parte significativa dos recursos profissionais

Estabelece, ainda, o legislador (EOROC e RJSA) que um dos objetivos das redes pode ser a utilização, em comum, de parte significativa dos recursos profissionais.

Pais. Almedina, 2ª ed., 2012, págs. 91 e ss. Como refere a Autora, na pág. 94, tal princípio ancora-se, por um lado, na obrigação que impende sobre os Estados membros de atingirem os resultados prosseguidos pela diretiva (de acordo com o estabelecido no artigo 288º do TFUE) e, por outro, no princípio da cooperação legal (consignado no artigo 4º nº 3 do TUE). O princípio ora em apreço aplica-se a toda a legislação nacional e irreleva, para este efeito, que a lei nacional seja anterior ou posterior à diretiva (cfr. Op. Cit. pág. 96 e jurisprudência aí citada). Por outro lado, a Autora, a pág. 101, salienta que o princípio não exige uma interpretação *contra legem* do direito nacional.

[593] Quanto à utilização de sinais distintivos do comércio na rede vide II.2.4.3.1. infra.

Cremos que a referência à utilização, em comum, de parte significativa de recursos profissionais não tem como destinatárias as redes de maior dimensão (as denominadas *"Big Four"*, por exemplo), mas, ao invés, organizações de profissionais de menor dimensão e em que existe uma efetiva partilha de recursos profissionais entre ROC e SROC.

Nas redes de maior dimensão, haverá rede independentemente da partilha de recursos profissionais, desde logo porquanto essa partilha dificilmente acontece, na prática; na verdade, e em regra, nessas redes, os membros têm um raio de atividade que coincide, amiúde, com o território nacional e as idiossincrasias de um Estado podem dificultar essa partilha de recursos profissionais além-fronteiras.

Quando perante relações de cooperação entre ROC e SROC de menor dimensão, podem ocorrer partilhas de recursos profissionais, quer no que se refere a serviços administrativos quer no que se reporta a partilha de recursos técnicos especializados.[594]

O que a lei exige é que essa partilha seja significativa; não se afigura suficiente a partilha de um trabalhador quando existam dezenas ao serviço dos ROC e SROC.

Ainda que releve o número de recursos profissionais partilhados – o que implica que a partilha da maioria dos trabalhadores seja, pela sua quantidade, considerada uma partilha significativa – há que ponderar o peso qualitativo de tais recursos.

Se, à partida, e no que se refere à mão-de-obra, a partilha de três trabalhadores num universo de cem pode não ser uma *"parte significativa"*, se esses trabalhadores assumirem funções de chefia ou de direção ou forem titulares de especiais qualificações profissionais, designadamente pelo *know-how* e experiência de que podem ser titulares, teremos de concluir poder essa partilha cair no âmbito de aplicação da norma.

Ao utilizar o conceito *"recursos profissionais"*, o legislador pretendeu abranger colaboradores ao serviço dos ROC e SROC com diversos vínculos jurídicos, designadamente contrato de trabalho, contrato de prestação de serviços ou contrato de utilização de trabalhadores temporários, exigindo-se apenas, julgamos, que se trate de recursos utilizados pelos membros da rede na sua profissão/atividade.[595]

[594] Em conformidade com a interpretação aqui exposta vide o consagrado no Código de Ética e de Conduta da Federação Internacional de Contabilistas (IFAC – International Federation of Accountants), *maxime* nos parágrafos 33 e 34 da Secção 3.4. No que se reporta à mão-de-obra – o que ora se cuida na análise em texto – será relevante a partilha de sócios e de equipas.

[595] O termo profissão estará normalmente associado à pessoa singular. É usual dizer-se que as pessoas singulares têm profissão e as pessoas coletivas têm atividade ou objeto social. Quando

Reputamos ser igualmente de incluir no conceito de *"recursos profissionais"*, ora em análise, outros recursos além da mão-de-obra propriamente dita, sendo relevante para apreciar o conceito de rede a partilha de informações quanto a clientes ou programas informáticos.

Ainda em sede de análise da partilha de recursos profissionais, analisemos se, no plano jurídico-laboral, existem expedientes a que recorrer para formalização da partilha de trabalhadores no seio de uma rede de ROC e/ou SROC.

No CT, é utilizada a expressão *"estruturas organizativas comuns"* no âmbito da cedência ocasional dos trabalhadores [cfr. alínea *b)* do nº 1 do artigo 289º].

Quanto ao consagrado nos artigos 26º e ss. do Decreto-Lei nº 358/89, de 17 de Outubro, considerava-se admissível a cedência ocasional de trabalhadores, incluindo os demais pressupostos consagrados na lei, desde que a cedência se verificasse *"no quadro da colaboração entre empresas jurídica ou financeiramente associadas ou economicamente interdependentes"* [cfr. artigo 27º, nº 1, alínea *b)*, daquele diploma legal].

Da anterior disciplina normativa constavam expressões a que temos vindo a recorrer, na caraterização das redes, como sejam a colaboração, a associação e, sobretudo, a interdependência, o que indicia que a cooperação em rede seria uma forma de colaboração que poderia legitimar o recurso à cedência de trabalhadores entre as empresas membros da rede.

A norma era, contudo, – e, principalmente, se comparada com o quadro legal atual – muito abrangente e, em consequência, permissiva quanto ao recurso à cedência de trabalhadores, posto que se bastava com uma qualquer colaboração entre empresas associadas, não relevando, para aquele efeito, o tipo de colaboração empreendida entre as empresas.[596]

Uma rede coincide, para efeitos jurídico-laborais, com uma estrutura organizativa comum?

A expressão *"estruturas organizativas comuns"* não implica que entre as entidades envolvidas interceda uma relação de participação societária. Poderemos

perante sociedades de revisores oficiais de contas que encetem relações de cooperação no quadro legal vigente, o termo profissão deverá, assim, ser interpretado em sentido amplo, abrangendo os recursos utilizados na atividade das SROC.

[596] As normas contidas no Decreto-Lei nº 358/89, de 17 de outubro, no que à cedência ocasional se referia, não eram isentas de crítica por parte da doutrina; apontava PEDRO ROMANO MARTINEZ a imprecisão, a falta de uniformidade e, ainda, a desconformidade em face do CSC, já vigente à data da aprovação daquele diploma. Cfr. "Cedência ocasional de trabalhadores – quadro jurídico", in *Revista da Ordem dos Advogados*, Ano 59, Vol. III, Dezembro 1999, pág. 864.
Salientando, também, o caráter abrangente da norma anterior, vide ANA ISABEL LAMBELHO COSTA, *Descentralização produtiva...* (cit.), pág. 102.

estar perante uma estrutura organizativa comum designadamente quando duas entidades desenvolvem uma relação de cooperação, no âmbito da qual recorreram a uma partilha de recursos comuns.

Não se afigura necessário que as entidades contratantes tenham natureza societária[597] nem que seja criada uma estrutura nova que seja partilhada (ou que sirva) mais do que uma entidade.

Será o caso, por exemplo, como salienta Luís Miguel Monteiro,[598] da partilha de equipamentos (telefónicos, informáticos...), instalações (escritório, estaleiro de obra) e recursos (biblioteca, serviços de segurança),[599] sendo ainda relevante, na esteira da jurisprudência mais recente, a prossecução pelas várias entidades envolvidas de uma idêntica atividade económica, prossecução que virá, inevitavelmente, conjugada com a partilha dos ativos já acima indicados.[600]

Na noção de estruturas organizativas comuns pode caber todo um conjunto de relações não formalizadas de cooperação interempresarial, mas que se caraterizam, por exemplo, pela partilha de instalações comuns.[601]

Essencial é que exista algum grau de estabilidade na colaboração, como decorre da utilização da palavra *"estrutura"*.[602]

597 O CT/2003 era, quanto a este aspeto, mais impressivo, na medida em que, quer no artigo 92º nº 2 (referente à pluralidade de empregadores) quer no artigo 324º *c)* (quanto à cedência ocasional), esclarecia que as estruturas organizativas comuns poderiam ocorrer *"independentemente da natureza societária"*.

598 Cfr. Anotação ao artigo 101º, in *Código do trabalho anotado*, Guilherme Machado Dray, Luís Gonçalves da Silva, Pedro Romano Martinez, Joana Vasconcelos, Luís Miguel Monteiro, Pedro Madeira de Brito, Almedina, 8ª Ed., 2009, pág. 298.

599 Tal interpretação tem vindo a ser acolhida jurisprudencialmente. Vide, designadamente, o vertido no Acórdão do STJ, datado de 29.02.2012 (Processo nº 163/09.0TTMTS.P1.S1, disponível em www.dgsi.pt). Semelhantemente, também no Acórdão do TRL, datado de 11.03.2015 (Processo nº 559/12.0TTLSB.L1-4, disponível em www.dgsi.pt).

600 Vide, no sentido ora exposto, o constante do Acórdão do TRL, datado de 19.06.2013 (Processo nº 314/11.4TTFUN.L1-4), sendo Relatora Paula Sá Fernandes. [disponível em www.dgsi.pt].

601 Neste sentido, vide, designadamente, ainda que à luz do CT anterior mas com inteira aplicação no CT atual, Maria Regina Gomes Redinha, "Cedência Ocasional de Trabalhadores – Anotação aos artigos 322º a 329º do Código do Trabalho de 2003", Anotação ao artigo 324º, pág. 5, Working Paper, Faculdade de Direito da Universidade do Porto, 2007, disponível em www.sigarra.up.pt/fdup. A Autora exemplifica algumas situações fácticas que se podem subsumir à expressão em apreço.
Na mesma linha, ainda, Ana Isabel Lambelho Costa, *Descentralização produtiva...* (cit.), pág. 136. A Autora refere que a norma pode ser aplicada a quase todas as situações de cooperação empresarial, sendo que terão sempre que existir as mencionadas estruturas organizativas comuns.

602 Neste sentido, Maria Regina Gomes Redinha, "Cedência Ocasional...", (cit.), pág. 5.

A rede constitui um fenómeno económico-social que é algo mais do que uma partilha de estruturas organizativas, na medida em que tem subjacente uma ideia de unidade económica que justifica a agregação de realidades empresariais distintas, em torno de um objetivo comum, expressa ou implicitamente assumido pelos contratantes.

No entanto, a rede nem sempre envolve uma estrutura organizativa comum, podendo existir outros elementos de conexão, relevantes para a génese da rede, que não se relacionam com a partilha da estrutura organizativa.

A estrutura organizativa comum – como considerada pelo legislador laboral – terá que ter subjacente, pelo menos, uma unidade económica caraterizada por objetivos comuns partilhados pelos sujeitos intervenientes.

Os Tribunais, que têm vindo a densificar o conceito de estrutura organizativa comum – perante a ausência da sua definição expressa por parte do legislador –, referem-se diretamente aos objetivos comuns e à composição conjugada das unidades económicas em torno de uma mesma ideia e aludem, ainda, ao desenvolvimento, pelas empresas envolvidas, de uma idêntica atividade económica.[603]

Um outro aspeto que releva apreciar para concretização da partilha de recursos profissionais por parte dos membros de uma rede relaciona-se com a pluralidade de empregadores, prevista no artigo 101º do CT.

Sumariamente, incluem-se as situações em que o trabalhador se obriga a prestar trabalho a mais do que um empregador, sendo que esses empregadores mantêm estruturas organizativas comuns.

Quanto a esta questão, e, ao que julgamos, apenas de *iure condendo*, Catarina Carvalho propugna pela possibilidade de as redes de empresas poderem beneficiar do recurso a esta figura.[604]

Como resulta da redação atual da norma, só quando efetivamente existe uma estrutura organizativa comum estará aberta a porta para o recurso a esta figura jurídico-laboral.

A norma manifesta-se restritiva, pelo que seria de ponderar a sua extensão, de modo a contemplar os casos em que são celebrados contratos comerciais (de rede) entre empresas juridicamente autónomas e que podem envolver, na sua execução, e para que os objetivos traçados, em comum pelos contratantes, sejam atingidos, a partilha de recursos laborais, *rectius*, trabalhadores.

603 Quanto a este ponto, vide os acórdãos citados nas notas anteriores.

604 In *Da dimensão da empresa...* (cit.), pág. 238, referindo: *"Esta figura deveria ser aplicável, não só às coligações societárias, mas também às redes de empresas que nem sempre partilham «estruturas organizativas comuns»"*.

Quanto à pluralidade de empregadores, uma outra questão que tem merecido atenção de alguns autores, designadamente por parte de JÚLIO GOMES,[605] relaciona-se com a indagação de ser o contrato de trabalho com pluralidade de empregadores um contrato bilateral – mantendo-se, pois, o binómio empregador/trabalhador – ou um contrato multilateral, admitindo-se que a um empregador possam corresponder vários empregadores.

Entendemos que o legislador, ao exigir a indicação de um empregador que representa os demais, não se apartou dos quadros tradicionais da relação laboral, pelo que sobrelevará a dimensão bilateral, *de iure constituto*.[606]

A necessidade de indicação de um empregador principal pode brigar com algumas possibilidades de configuração interna no âmbito da rede.

Nas redes em que existe uma paridade entre os membros da rede e em que inexiste um cume, uma coordenação unitária, pode a figura da pluralidade de empregadores não ser a mais conforme aos objetivos dos membros da rede.

Perante a impropriedade da figura da pluralidade de empregadores para a generalidade das situações de rede, será crível que a mesma não seja utilizada e que cada membro da rede contrate os trabalhadores de que necessite, podendo, embora, cedê-los ocasionalmente a outras empresas integrantes da rede se tal se afigurar pertinente e lícito.

Uma das questões que cumpre apreciar é se se justificaria uma previsão, para as situações de estruturas organizativas comuns (quando manifestem a presença de rede) similar à estabelecida expressamente para as relações de participações recíprocas, de domínio ou de grupo, quanto à solidariedade consagrada no artigo 334º do CT.

Exige-se, nesta norma, uma participação efetiva (e maioritária) no capital social da sociedade primitivamente responsável pela dívida emergente de contrato de trabalho. O elemento literal não suscita dúvidas ao intérprete, nem têm eventuais dúvidas sido suscitadas pelos nossos Tribunais, que têm negado que a responsabilização possa suceder fora dos quadros legais em que a mesma foi expressamente estabelecida.[607]

Consideramos que as situações de evidente abuso da limitação da responsabilidade própria das sociedades comerciais podem encontrar alguma tutela na possibilidade de recurso ao levantamento do véu societário para efeitos

[605] Cfr. *Direito do Trabalho, Vol. I – Relações Individuais de Trabalho*, Coimbra Editora, 2007, pág. 233.

[606] Neste sentido também, JÚLIO GOMES, *Op. Cit. Loc. Cit.*

[607] No sentido de a norma apenas ser aplicável às situações por ela expressamente prevenidas vide, designadamente, o Acórdão do STJ, datado de 09.11.2011 (Processo nº1332/07.2TTVNG.P1.S1) e, ainda, o Acórdão do Tribunal da Relação de Évora, datado de 17.01.2013 (Processo nº 279/10.0TTEVR). Ambos disponíveis, para consulta, em www.dgsi.pt.

de responsabilização das entidades que estão por trás da sociedade que formalmente aparece como empregadora do trabalhador cujos créditos se pretende acautelar.[608]

A desconsideração da personalidade coletiva é, de facto, uma construção doutrinária e jurisprudencial que pode ter um dos seus terrenos de fértil aplicação no domínio jurídico-laboral das redes de empresas.[609]

Para efeitos de apreciação da possibilidade de aplicação daquela figura, entendemos que a razão está com aqueles autores que propugnam pela sua aplicação excecional.[610]

A possibilidade de responsabilizar outrem pelo cumprimento de uma obrigação, que não foi por si voluntariamente assumida, há de estar reservada para as situações de evidente abuso da personalidade coletiva ou nas demais situações previstas na lei.[611]

A arquitetura da rede é variável e à rede têm sido atribuídas uma elasticidade e uma maleabilidade que permitem que nela caiba um conjunto de realidades muito diversificadas.

Atenta essa elasticidade não podemos assumir, como regra, a verificação de condições para a aplicação cega da figura do levantamento do véu societário e cremos que nem a figura é idónea para abarcar todo um conjunto de redes de empresas, designadamente aquelas em que não se verificam relações de participação societária entre os vários membros.

1.3. A noção de rede no EOROC e no RJSA – cláusula aberta?

Perante a noção consagrada, cumpre analisar se outras circunstâncias, que não aquelas consideradas factos-índice pelas normas em causa, podem fundar, no quadro da atividade dos revisores oficiais de contas, uma rede.

[608] Por norma, a figura do levantamento do véu societário ou da desconsideração da personalidade coletiva é convocada para efeitos de responsabilização dos sócios por abuso da personalidade coletiva, determinando-se a sua responsabilização direta por atos praticados em nome da sociedade. No entanto, tem sido sustentada a possibilidade de a figura ser, igualmente, utilizada em sede de sociedades em relação de domínio. Assim, desenvolvidamente, Diogo Pereira Duarte, *Aspectos do levantamento da personalidade colectiva nas sociedades em relação de domínio. Contributo para a determinação do regime da empresa plurissocietária*, Almedina, 2007, págs. 277 e ss.

[609] Frequentemente o que está em causa é a determinação do empregador real em detrimento do empregador formal e a figura em apreço pode não servir esse propósito. Assim, Pedro Romano Martinez, *Direito do trabalho*, Almedina, 6ª Edição, 2013, pág. 390.

[610] Mesmo para quem considere que não é a figura do levantamento da personalidade coletiva mas a procura do empregador real, conclui que o recurso a esta última é, semelhantemente, excecional, *"em situações limite."* Assim, Pedro Romano Martinez, *Direito do trabalho...* (cit.), pág. 392.

[611] Temos em mente, por exemplo, os casos previstos na lei de eficácia externa das obrigações. Quanto à questão da responsabilidade, vide, com maior desenvolvimento, II.3.2. infra.

Ou seja, a norma prevê um *numerus clausus* de condições que estarão na base da rede ou admite outras que não as ali previstas?

Não ser a norma um *numerus clausus* parece resultar do teor da própria Diretiva 2006/43/CE, já que, no Considerando 11), se refere que *"os critérios para demonstrar a existência de uma rede deverão ser avaliados e ponderados com base em todas as circunstâncias factuais conhecidas, tais como a existência ou não de clientes habituais comuns"*.

A diretiva admite que outras circunstâncias factuais possam relevar para aferir da existência de rede.

Podem apontar-se outros factos, comuns no âmbito da atividade dos revisores oficiais de contas, como seja a existência de procedimentos de partilha de *know-how*, ou a partilha de clientes (já mencionada na Considerando) ou, ainda, os procedimentos a adotar para efeitos de celebração do contrato de prestação de serviços com o ROC ou SROC e os termos em que essa relação se desenvolve.

Carlos Goméz Asensio salienta, como possíveis critérios além dos previstos na lei, a utilização de tecnologia[612] ou instalações estratégicas comuns ou a colaboração na criação de novos conhecimentos.[613]

Concluímos, assim, quanto à inexistência de um *numerus clausus* dos factos indicados pelo legislador como fonte de uma relação reticular.

Outra questão de relevo relaciona-se com a avaliação dos efeitos do preenchimento dos índices previstos na lei; ou seja, a questão de saber se o preenchimento, sem mais, dos índices previstos na norma é suficiente para se concluir quanto à existência de rede.

Também aqui a diretiva pode auxiliar o intérprete. Os critérios *"deverão ser avaliados e ponderados"*, estabelece o Considerando supra citado. Se assim é, a verificação dos índices de rede deve ser analisada no quadro de todo o negócio em que se integra a cooperação encetada pelos ROC ou SROC.

O preenchimento de um ou mais dos índices, que se encontram incluídos no âmbito da norma, pode não ser bastante para se concluir pela existência de rede.

No plano do direito constituído alemão, conforme supra[614] se mencionou, estabelece-se expressamente uma cláusula de exceção – não se aplica o esta-

612 Admitimos aqui que também estará incluída a partilha de software, de programas informáticos concebidos no seio da rede e que serão partilhados por cada uma das entidades que se inclua na rede, na prestação de serviços de revisão legal de contas.

613 Cfr. "El concepto de rede..." (cit.), pág. 338.

614 Cfr. II.1. supra.

tuído no §319 do HGB (e o §21 nº 5 do Estatuto alemão dos Revisores Oficiais de Contas) se o membro da rede não puder exercer uma influência no resultado da auditoria.

Ante a omissão de igual solução legislativa no EOROC e no RJSA, entendemos ser de analisar se fará sentido uma válvula de escape do sistema, no sentido de não considerar a existência de rede se não ocorrer uma influência no resultado da auditoria.

Julgamos a opção, adotada pelo legislador alemão, restritiva quanto à relevância da rede, posto que, consagrada a exceção de que ora cuidamos, pode excluir um grande conjunto de situações que terão estado na base da redação adotada pelo legislador europeu.

Compreende-se a restrição no que se refere à matéria de independência e entendemos ser de sustentar uma interpretação dos nºs 2 e 5 do artigo 68º-A do EOROC e nºs 2 e 11 do artigo 71º do NEOROC em linha com essa orientação; ou seja, considerando que só pode estar em risco (ou sobretudo em risco) a falta de independência do ROC ou SROC membro de uma rede quando essa qualidade de membro possa exercer uma influência no resultado da auditoria, quando possa determinar um desvio no juízo objetivo de revisão de contas.

Por outro lado, consideramos que já não será admissível desconsiderar a existência de rede em toda a linha, nomeadamente ao nível da publicidade (no registo e no relatório de transparência), que o legislador europeu entendeu justificado impor à revisão de contas efetuada no quadro de uma rede, nomeadamente para efeitos de informação e esclarecimento de terceiros que contactam e contratam com uma SROC membro de uma rede.[615]

Perante estas interrogações, averiguemos se o que o legislador estabelece como índices serão, sob o ponto de vista jurídico, verdadeiras presunções jurídicas, com todas as consequências legais, ou se, não obstante a sua verificação, ainda assim, a parte que pretenda prevalecer-se da existência de rede terá também que provar – além da verificação do facto-índice – que existe uma relação de rede entre ROC e/ou SROC.

No plano do direito constituído, a norma é omissa quanto a estar em causa uma presunção; ora, quando consagrada uma presunção legal – seja *iuris et de iure* seja *iuris tantum* – o legislador manifesta-o no teor da redação da norma legal.

[615] Salienta-se, no plano do direito constituído, quanto ao registo e relatório de transparência, e como mencionado supra, o dever de publicidade da situação de membro de rede impende sobre as SROC e não sobre os ROC.

Para que exista presunção legal a mesma tem de resultar diretamente da lei (cfr. artigos 349º e 350º do CCiv).

Da redação da norma não se infere a existência de uma presunção, antes se preveem um conjunto de situações fácticas que podem contribuir para a existência de rede.

Entendemos que o conteúdo do registo e do relatório de transparência podem auxiliar na conclusão quanto à pertença a uma rede; no entanto, os mesmos não constituem elemento preponderante – ou, *rectius*, determinante – quanto à qualidade de membro de uma rede.

Entendemos que o percurso se processa do seguinte modo:

i) Tratando-se de uma SROC, haverá que analisar a informação que consta do registo e do relatório de transparência; se, no registo, resultar a pertença a uma rede, o terceiro apenas tem que invocar, para sustentar a existência de rede, o conteúdo desse documento, já que tem a seu favor a presunção que resulta do registo, incumbindo à SROC demonstrar que o conteúdo do registo ou do relatório não corresponde à verdade. Assinale-se, em qualquer caso, que se a informação apenas constar do relatório de transparência não se pode afirmar qualquer presunção legal.

ii) Tratando-se de um ROC ou de uma SROC que não tenha a informação de pertença a uma rede em qualquer um dos elementos (registo ou relatório de transparência), recai sobre o terceiro o ónus de demonstrar a pertença a uma rede, socorrendo-se, designadamente, dos factos-índice contidos na lei. Cremos que, para este efeito, não bastará a mera verificação e demonstração dos factos-índice, incumbindo ao terceiro demonstrar a efetiva pertença a uma rede, por parte do ROC ou SROC.

1.4. Personalidade jurídica da rede no EOROC e no RJSA. Problematização

Um dos fundamentos subjacentes à previsão da rede no EOROC e RJSA reside na salvaguarda da independência da atividade desenvolvida pelos ROC.

Com a aprovação do NEOROC e do RJSA, a noção de rede, contida, até então, no EOROC, veio a ser vertida no RJSA.

No nº 2 do artigo 68º-A do EOROC, refere-se que o ROC deve recusar qualquer trabalho que possa diminuir a sua independência e estabelece-se, exemplificadamente, que tal pode ocorrer quando tenha existido uma prestação de serviços, estranha à relação de revisão ou certificação, entre o ROC, a SROC ou a rede e a entidade examinada.

No NEOROC, o nº 3 do artigo 71º apresenta uma redação ligeiramente diferente, mais ampla, na medida em que considera que pode comprometer o dever de independência do ROC ou SROC a existência de relações financeiras, pessoais, comerciais, de trabalho ou outra entre o ROC, a SROC, a sua rede, e qualquer pessoa singular.

O nº 2 do artigo 68º-A do EOROC refere-se à prestação de serviços por parte da *"rede"*, enquanto que, no nº 3 do artigo 71º do NEOROC, de forma mais ampla, menciona-se relações financeiras, pessoais, comerciais ou de trabalho.

Em face de qualquer um destes artigos, é legítimo avaliar se a rede é apresentada, pelo legislador, como uma entidade dotada de personalidade jurídica distinta dos seus membros (e, em consequência, só os conjuntos de ROC e/ou SROC que tivessem essa personalidade jurídica distinta dos membros poderiam ser qualificados como redes); por outro lado, em caso afirmativo, se apenas a prestação de serviços por parte dessa entidade ou a existência de relações jurídicas com essa entidade e já não a prestação de serviços ou relação jurídica com os demais membros da rede pode ser considerada uma das causas de afetação da independência da atividade dos revisores oficiais de contas.

As normas em apreço devem ser lidas conjugadamente com o disposto, por um lado (EOROC), no nº 5 do artigo 68º-A do EOROC e, por outro (NEOROC), na alínea *a)* do nº 11 do artigo 71º do NEOROC.

Se atentarmos no nº 5 do artigo 68º-A do EOROC, quanto à proibição de atos de auditoria praticados em auto-revisão, refere-se à participação na elaboração dos registos contabilísticos ou das demonstrações financeiras do cliente da revisão legal de contas, importando, para aferir dessa participação, avaliar quando a mesma tenha sido efetuada por um *"revisor oficial de contas, uma sociedade de revisores oficiais de contas, uma entidade de uma rede de sociedades ou um seu sócio, gestor ou trabalhador"*.

Do mesmo modo, a alínea *a)* do nº 11 do artigo 71º do NEOROC, de modo similar, menciona a participação na elaboração de registos contabilísticos por parte de um *"revisor oficial de contas, uma sociedade de revisores oficiais de contas, uma entidade da sua rede ou um seu sócio, gestor ou trabalhador"*.

A leitura destas disposições permite aferir que o legislador, quando alude à rede, não terá pretendido apenas incluir – para efeitos de independência – as situações em que a própria rede presta serviços à entidade examinada; ao invés, o legislador considera que pode afetar a independência do auditor a circunstância de ter existido, previamente, uma participação na elaboração de registos contabilísticos por parte de um outro sujeito que integra a mesma rede do revisor que agora tem perante si as contas para examinar.[616]

De notar, para apreciação desta questão, que o legislador considerou rede, designadamente, as organizações que agregam vários ROC e/ou SROC e em que existem procedimentos e estratégias comuns. Com efeito, existindo procedimentos e regras comummente aplicadas a todos os membros da rede, um determinado ROC, confrontado com uma intervenção prévia de um outro membro da rede, a nível contabilístico, pode ser compelido a aceitar essa intervenção, como se de uma auto-revisão se tratasse.[617/618]

Da análise que empreendemos quanto a algumas redes de revisores oficiais de contas, concluímos que o cume da rede, ou, os cumes da rede, nos casos (comuns), em que a rede tem vários níveis de coordenação, frequentemente relacionados com uma parcela territorial, tem personalidade jurídica distinta dos membros mas não presta qualquer serviço a terceiros[619], ou seja,

616 A relevância da anterior intervenção de um outro sujeito integrante da mesma rede é de tal forma considerada pelo legislador que, no NEOROC, em sede de identificação dos elementos que devem figurar no registo das SROC que integram uma rede, passou a constar a necessidade de *"indicação do local onde se encontra disponível para o público informação sobre denominações e endereços das sociedades e filiais aderentes a essa rede"*, o que já resultava da redação inicial da Diretiva 2006/43/CE [artigo 17º nº 1 alínea *h)*], mas não do EOROC.

617 O legislador optou por utilizar a fórmula *"risco de auto-revisão"* sem recorrer, por exemplo, a uma presunção de auto-revisão; considera o legislador que pode colocar em risco a independência do auditor as circunstâncias ali descritas mas não impõe que essa auto-revisão exista nem que a independência seja necessariamente afetada. Cremos que só em concreto se pode concluir que há auto-revisão numa situação de intervenção de um anterior membro da rede; desde logo, julgamos que uma intervenção esporádica e ocorrida em exercícios económicos muito anteriores aos do exercício em causa pode não qualificar a conduta como auto-revisão. De outra banda, julgamos não ser necessária, para que se conclua quanto à auto-revisão, que exista qualquer relação de domínio ou de grupo entre a entidade que previamente elaborou os documentos contabilísticos e que agora procede à revisão.
Só uma anterior intervenção que poderíamos apresentar como *"qualificada"* e em que exista uma efetiva partilha de procedimentos e informação entre a entidade que elaborou as contas e a que agora as analisa pode fazer perigar a independência do auditor, não sendo bastante a mera pertença à mesma rede, porquanto pode esta ter inúmeros membros e o contacto entre estes efetivamente quase nem se materializar.

618 Para uma análise, designadamente, dos riscos de auto-revisão na atividade de auditoria vide Joana Correia de Miranda e Sérgio Coimbra Henriques, "Riscos de Auto-Revisão e Interesse Pessoal – Contributos para a Compreensão das Ameaças ao Dever de Independência dos Auditores", in *Cadernos do Mercado de Valores Mobiliários*, Comissão do Mercado de Valores Mobiliários, nº 55, Dezembro 2016, págs. 151 e ss.

619 De acordo com a informação contida nos relatórios de transparência consultados. Vide, quanto a esta questão, o exposto em II.2.4.2.1. infra.

a sua atividade encontra-se enquadrada na gestão da rede, tendo apenas relevância interna.

Por norma, a rede – o conjunto de todos os membros – não tem uma personalidade jurídica própria.

Entendemos que o legislador terá pretendido incluir a prestação de serviços efetuada por outros membros da rede e não apenas a prestação de serviços efetuada pela própria rede, porquanto, se assim fosse, os destinatários da norma seriam apenas os cumes da rede, os quais, por regra, não prestam quaisquer serviços de auditoria e ficaria esvaziado o conteúdo útil da norma.

Atento o enquadramento, que entendemos deve ser dado aos nºs 2 e 5 do artigo 68º-A do EOROC e nºs 3 e 11 do artigo 71º do NEOROC, não podemos concluir pela assunção de que a rede tem personalidade jurídica, à luz do direito constituído. Ou seja, deverá ser de admitir a existência de rede, conquanto não se vislumbre a constituição, pelos membros da rede de ROC e/ou SROC, de uma entidade distinta.

1.5. Avaliação da noção de rede constante do EOROC e do RJSA

A noção de rede, como consagrada na lei, não é isenta de críticas.

Sob o ponto de vista sistemático, a eliminação da noção de rede do EOROC (com o NEOROC) e a sua inserção no RJSA parece-nos inadequada, porquanto a integração numa rede releva para efeitos de concretização do dever de independência, registo e elementos do relatório de transparência, normativos que se encontram localizados no Estatuto.

Por outro lado, a noção constante destes diplomas não tem a virtualidade de se apresentar como uma noção subsumível a um tipo legal e, por via disso, têm sido apontadas algumas falhas à definição.

De facto, e sem prejuízo de entendermos que, como se encontra doutrinalmente concebida, a rede não tem os contornos normalmente exigíveis para o seu reconhecimento enquanto tipo,[620] o legislador poderia ter aproveitado o ensejo da regulação para apresentar uma noção com um mínimo de características objetivas idóneas a agregar um conjunto de realidades fácticas que se vêm revelando aos seus olhos.

Resumidamente, apontaremos aquelas vicissitudes que resultam da própria noção e não da sua sistematização no âmbito da atividade dos revisores oficiais de contas.[621]

[620] Como já demos nota em I.5. supra.

[621] Poderia apontar-se, como crítica à iniciativa legislativa, o localizar-se esta no campo da revisão legal de contas (no EOROC ou no RJSA) e não no domínio do direito obrigacional (*maxime* no

Entendemos que a norma tem, sobretudo, três problemas: (i) imprecisão quanto ao tipo de estrutura subjacente à existência de rede; (ii) ausência de referência a caracteres comummente utilizados para a definição das redes, como sejam a autonomia jurídica dos seus membros e a interdependência entre membros e/ou prestações; (iii) a escolha dos critérios para a existência de rede.[622]

A utilização da expressão *"estrutura mais ampla"* (EOROC) ou *"estrutura mais vasta"* (RJSA) revela-se pouco operacional aquando da avaliação do âmbito de aplicação subjetivo das normas.

Caso a vontade do legislador seja abranger, como destinatários da norma, o maior número de ROC e SROC, seria preferível, e talvez mais consentâneo com a sistematização legislativa portuguesa, a opção pela utilização da expressão *"estrutura composta por dois ou mais revisores oficiais de contas ou duas ou mais sociedades de revisores oficiais de contas"*.

Adicionalmente, como exposto supra,[623] a melhor interpretação que entendemos que deve ser dada à norma será a de não exigir que pertença à rede – para a mesma ser relevante no quadro do EOROC e do RJSA – uma sociedade de revisores oficiais de contas.

Por outro lado, como se referiu, verifica-se dissonância entre a noção de rede acolhida pelo legislador e o regime jurídico que lhe aplicável, em sede de publicidade (registo e conteúdo do relatório de transparência).

No sentido de assegurar à rede o reconhecimento e pertinência que, no âmbito da atividade de auditoria, esta assume (e deve assumir), entendemos que uma rede composta por, apenas, ROC deveria implicar um conjunto de consequências jurídicas que, tal como consta do EOROC e NEOROC, a estes não se aplica.

As matérias relativas ao conteúdo do registo e do relatório de transparência deveriam incluir, atenta a *ratio legis* subjacente à sua previsão legal, os ROC e não apenas as SROC.

No âmbito de um outro grupo de críticas que podem ser assacadas à norma, encontramos um certo afastamento do que, doutrinalmente, tem vindo a ser

CCiv) ou no direito comercial (por exemplo, no código comercial, ou, até, em diploma próprio, como sucede com outras figuras da contratação mercantil).

622 Para estas e outras críticas, vide Carlos Gómez Asensio, "El concepto de red..." (cit), págs. 339 e 340. O Autor é, sobretudo, crítico da utilização do vocábulo "cooperação" para a definição das redes. Quanto a nós, e como já deixámos expresso em texto, o legislador terá pretendido afastar-se das estruturas integradas (designadamente de grupo), pelo que a utilização de cooperação não será passível de censura se for vislumbrada como alternativa a integração.

623 Vide II.1.2.1..

apontado como notas caraterizadoras do contrato de rede ou das redes de empresas e, bem assim, do que vem sido acolhido no plano do direito constituído, nas escassas alusões legais à rede.

Tem vindo a ser aceite, como elemento essencial para a existência de rede, a interdependência que ocorre entre as várias prestações e/ou entre os vários membros da rede, interdependência essa que não é de idónea a beliscar a autonomia jurídica dos membros, que se mantém, como regra.

A preocupação do legislador terá ido mais ao encontro dos indícios de rede do que da caraterização da figura.

Entendemos que a melhor técnica legislativa, para uma figura jurídica cujo reconhecimento, no âmbito dos vários ordenamentos jurídicos, quase que principiou com a transposição da diretiva comunitária relativa à revisão legal de contas, seria consagrar uma cláusula geral quanto à noção de rede e, num número subsequente, elencar um conjunto de situações fácticas que poderiam dar origem a uma presunção de existência de rede.

Poder-se-ia, em relação à figura de rede, utilizar, assim, a estrutura normativa que, entre nós, se encontra prevista para as sociedades em relação de domínio.

Com efeito, o nº 1 do artigo 486º do CSC estabelece, como cláusula geral, o que se pode entender como *"influência dominante"*, seguindo-se, no número subsequente, presunções de domínio.

Transpondo esta técnica legislativa para as relações de rede teria a norma a virtualidade de se apresentar como uma cláusula aberta (ao nível definitório), capaz de se adaptar à evolução da realidade socioeconómica subjacente, ao mesmo tempo em que permitia, com base num conjunto de situações práticas que, em regra, induziriam a existência de rede, subsumir um facto à rede.

Em consequência, a norma permitiria uma maior certeza jurídica.

Por fim, vejamos os indícios que o legislador selecionou para considerar a existência de rede.

No elenco dos factos-índice de rede, cremos que o legislador se terá inspirado nas grandes redes de revisores oficiais de contas, nas quais se verifica a generalidade dos factos-índice ali elencados, designadamente a utilização de uma denominação ou marca comum, o recurso a procedimentos comuns de gestão, controlo da qualidade e de estratégia.

Para a noção de rede o legislador não convocou, como indício de rede, a existência de participações sociais entre sociedades de revisores oficiais de contas; pese embora a sua não inclusão nas redes, a detenção de participações sociais é relevante para efeitos de apreciação da independência dos revisores, de acordo com o disposto nos nºs 1, 2 e 3 do artigo 68º-A e, ainda, pela extensão contida no nº 10 do mesmo artigo do EOROC, que alarga a proibição aos sócios da sociedade de revisores oficiais de contas e, no NEOROC, nos nºs 2, 3, 4 e 5 do artigo 71º no NEOROC.

De todo o modo, se apenas existe uma participação social e nenhum dos factos-índice consagrados pelo legislador se verifica, pode ser juridicamente insustentável a configuração como rede e, em consequência, a aplicação das normas especialmente concebidas para as redes.

2
As redes de empresas no direito comercial

2.1. Contratos de rede, redes de contratos e redes de empresas

Tem resultado da nossa exposição e, em especial, do ponto I.5. supra, que as redes de empresas agregam figuras variadas, o que confere complexidade a estas relações de colaboração entre sujeitos jurídicos.

No essencial, as redes de empresas podem resultar de dois grandes grupos contratuais: de um lado, constata-se a admissibilidade de rede como contrato plurilateral; do outro, a rede será o resultado da articulação de vários contratos bilaterais.

Esta qualificação sumária não pressupõe que o que distingue as redes formadas por um contrato multilateral das redes formadas por contratos bilaterais combinados seja apenas a sua fonte, existindo alguns aspetos distintivos entre as duas figuras, designadamente quanto à formação, execução ou extinção da rede e, até, quanto aos direitos e deveres das partes envolvidas na rede.

Em sentido ligeiramente diferente do ora exposto, encontra-se Fabrizio Cafaggi. Para o Autor, só a primeira e já não a segunda situação dá origem a uma rede de empresas,[624] acrescentando que a rede formada por contratos bilaterais conduz a uma rede de contratos empresariais.

Consideramos que existe rede de empresas também quando os sujeitos jurídicos integrantes de uma rede não são todos parte de um mesmo e único contrato (um contrato plurilateral), podendo ocorrer rede por conjuntos de contratos bilaterais.

Desde logo, porquanto a noção de rede, sob o ponto de vista semântico, implica uma ligação entre vários pontos, sendo essas ligações, em princípio, regulares.

[624] Assim, "Rete di imprese, Il nuovo contratto di rete: "Learning by doing"?, I contratti 12/2010, pág. 1144.

No mais, ao aludir-se a rede de contratos, quando perante contratos bilaterais compostos e combinados tendo em vista um objetivo comum (independentemente de qual seja, em concreto, o conteúdo de tal objetivo), está a colocar-se o enfoque nos contratos e não nas entidades que, através dos mesmos, se tornam parte de uma unidade de negócio complexa.

O exemplo paradigmático de rede formada por contratos bilaterais será o das redes de franquia, em que um franquiador gere um conjunto de franquiados, que aderem à rede, por aquele concebida através de um contrato de franquia.

Para o franquiador – o cume da rede – relevam as empresas, entendidas estas sob o ponto de vista subjetivo (*"empresários"*), enquanto pessoas singulares ou coletivas que são titulares de um estabelecimento comercial e não, apenas e tão-só, os contratos.

O contrato de franquia e, poderíamos acrescentar, o contrato de concessão ou o contrato de agência, caraterizam-se como contratos *intuitus personae*,[625] em que releva a *pessoa* do outro contratante e em que, em princípio, será proibida a cessão da posição contratual sem o consentimento do franquiador.

Tudo notas que nos permitem concluir que as redes formadas por conjuntos de contratos bilaterais podem ser consideradas, também, redes de empresas.

2.1.1. O nascimento da rede

Sem prejuízo de, em II.2.2. infra, aludirmos em detalhe à celebração do contrato ou contratos de rede, é tempo de avaliar quando é que nasce uma rede de empresas.

Quando é que um contrato multilateral, celebrado entre empresas, assume os contornos essenciais para ser vislumbrado como contrato de rede ou quando é que a celebração do contrato pode dar origem a rede de empresas?

Por outro lado, e centrando-nos no quadro das situações de rede em que a origem da mesma advém da celebração de vários contratos bilaterais, sequenciais ou simultâneos, quando é que a combinação dos contratos dá lugar a rede?

Como nota caraterizadora comum a ambas as situações, encontramos a interdependência, a qual se apresenta mais visível na rede formada por um contrato multilateral, nomeadamente no que respeita aos direitos e obrigações que impendem sobre os membros da rede.

[625] Neste sentido, quanto à franquia, L. MIGUEL PESTANA DE VASCONCELOS, *Contrato de Franquia...* (cit.), pág. 65.

No domínio jurídico-privatístico, a interdependência surge associada à correspetividade entre prestações, obrigações ou declarações de vários contratantes, de modo que cada uma delas determina, por um lado, e é determinada, por outro, pela prestação ou obrigação ou declaração do outro contratante.

O sinalagma estabelece-se entre as obrigações de cada uma das partes, podendo a obrigação configurar-se numa prestação de facto ou na emissão de uma declaração, mas, em qualquer caso, a ligação estabelecida será entre as obrigações dos contratantes.

Entendemos que a conexão exigível entre as obrigações assumidas é, se não além da existente nos contratos sinalagmáticos, um *aliud* em relação a estes.[626] Com efeito, e como tem vindo a ser sufragado doutrinalmente nas situações de redes de empresas, no quadro de um contrato multilateral, o nível de interdependência terá que ser tal *"que o contrato não é facilmente divisível e o objeto pode frustrar-se se uma parte não realiza ou não pode realizar a prestação e não pode ser substituída."*[627]

Nos contratos sinalagmáticos, a obrigação de uma das partes encontra o seu fundamento e extensão na obrigação que impende sobre a outra, ou seja, uma das partes só pode ser compelida a cumprir a sua obrigação se a outra parte cumprir a sua; as obrigações são correspetivas ou equivalentes umas das outras e a ligação entre as prestações constitui-se em relação às obrigações principais do contrato.[628]

Nos contratos de rede, semelhantemente com o que sucede nos contratos sinalagmáticos em geral, a interdependência não se estabelece entre as partes; é concebível que uma mesma prestação possa ser executada por mais do

[626] Semelhantemente, também, GUNTHER TEUBNER, "Hybrid Laws: Constitutionalizing..." (cit.), pág. 7. Alude o Autor à inexistência de qualquer relação sinalagmática entre às partes de uma rede, seja ela bilateral seja multilateral; apesar de a reciprocidade estar presente, está-o de modo diferente, como seja numa relação duradoura de contornos sociais difusos e substantivamente indeterminada.

[627] Cfr. FABRIZIO CAFFAGI "Redes contractuales..." (cit.), pág. 50.

[628] São inúmeros os arestos jurisprudenciais que assim caraterizam e qualificam os contratos sinalagmáticos. Assim, designadamente, e quanto à jurisprudência mais recente, Acórdão do STJ, Processo nº 104/2002.L1.S1, datado de 08.05.2012 (Relator Gabriel Catarino), Acórdão do TRC, Processo nº 636/06.6TBPMS.C1, datado de 06.03.2012 (Relator Arlindo Oliveira). Em especial, quanto a estabelecer-se o sinalagma em relação às obrigações principais (e não secundárias) do contrato, vide Acórdão do STJ, Processo nº 5002/06.0TBSTB.E1.S1, datado de 17.09.2013 (Relator Martins de Sousa),
Acórdão do TRG, Processo nº 252899/11.6YIPRT.G1, datado de 05.02.2013 (Relator António Santos), Acórdão do TRL, Processo nº 903/08.4TVLSB.L1-8, datado de 01.03.2012 (Relator Ilídio Sacarrão Martins). Todos disponíveis em www.dgsi.pt.

que uma parte. Por hipótese, avente-se a construção de uma ponte ou de um viaduto cuja execução será levada a cabo através de uma rede de empresas.[629] Os membros da rede podem adjudicar a um deles a construção das fundações, a outro a parte metálica, a outro os betões, a um outro a cofragem e, ainda, a outro a própria passagem superior.

A interdependência pode resultar dos conhecimentos específicos dos membros da rede, que leva a que a prestação de uns não possa desenvolver-se sem que concorra a atividade de outros; a interdependência pode, ainda, verificar-se em função dos bens que são produzidos ou fornecidos.

Imaginemos uma rede constituída no âmbito da produção e comercialização de vinho[630] e em que existe um membro da rede a quem incumbe o fornecimento de garrafas, outro as rolhas, outro a rotulagem das garrafas e, por fim, um outro (ou outros) que fornecerá o vinho.

Para o produto final, concorrem, assim, várias prestações e vários bens, fornecidos por membros de rede distintos e os bens fornecidos são complementares.[631]

Naturalmente que, no exemplo ora indicado, não poderemos concluir, por um lado, que a prestação de todos os membros tenha o mesmo peso no produto final, nem, por outro, que a falta ou incumprimento da prestação de qualquer dos membros possa comprometer a produção.

Haverá, pois, prestações relativamente fungíveis. Não se nos afigura que, nas redes, a prestação de todos e cada um dos membros seja infungível, de modo que não pudesse ser executada por outros membros ou, até, por terceiros.

Atentemos, mais em detalhe, na interdependência nas redes formadas por contratos bilaterais.

Para efeitos de problematização, convoquemos, novamente, o prestável exemplo das redes de franquia. Quando afirmamos que a interdependência se apresenta como uma caraterística das redes – seja qual for a sua natureza – cumpre avaliar se se exige que a mesma se verifique em relação a todos os contratantes, *maxime* entre todos os franquiados e entre estes e o franquiador.

É inegável que determinados atos praticados pelo franquiado podem afetar outros franquiados, mas será essa possível consequência que justifica a formação de uma rede?

[629] Que, neste exemplo, poderá andar muito próxima da figura do consórcio.

[630] Que constitui, na verdade, um tipo de rede que tem merecido, da doutrina, especial atenção.

[631] Nas palavras de Fabrizio Cafaggi e Paola Iamiceli, há *"complementaridade entre recursos críticos."* Cfr. *Private regulation*... (cit.), pág. 10.

Entendemos que não é a circunstância de a atuação de um contratante poder afetar a posição (jurídica) de um contratante – num outro contrato – que está na base da formação de uma rede.

Com efeito, caso se perfilhasse este entendimento, estaria aberta a porta à formação de múltiplas redes sempre que se verificasse um dano provocado pela atuação de um determinado sujeito, com uma posição paralela à sua.

Como sabemos – e temos vindo a reiterá-lo, porquanto constitui um dos principais basilares do direito das obrigações e, simultaneamente, um dos possíveis obstáculos ao reconhecimento das redes contratuais – o enquadramento das redes terá que se coadunar com o princípio da relatividade dos contratos.

Como regra, os contratos só produzem efeitos entre as partes contratantes (artigo 406º nº 2 do CCiv).

A questão que se coloca aqui é se, quando um contratante adere a uma rede de franquia, através da celebração de um contrato de franquia com um franquiador não está, simultaneamente, e ainda que de forma tácita, a relacionar-se com os demais franquiados, atento o interesse comum subjacente às redes.

Para sustentar a ligação entre os vários membros de uma rede – de que a franquia é apenas uma espécie – têm sido apresentadas algumas propostas de enquadramento, conforme veremos de seguida.

2.1.1.1. A ligação entre os sujeitos assente em negócio comum

Numa tentativa de fundamentar a ligação (implícita) existente entre os franquiados, nomeadamente para efeitos de estabelecimento de limites quanto à utilização dos bens comuns utilizados (por exemplo, a marca), tem-se apontado a existência de um negócio comum.[632]

Quanto perante um único contrato multilateral – no qual todos os membros da rede são contratantes – a existência de um negócio comum advém do facto de existir, apenas, um único contrato.

Se a rede se formar através da celebração de vários contratos bilaterais, de que constitui exemplo a rede de franquia, o negócio comum não decorre de um único contrato, cuja objeto, causa e finalidade os membros da rede tenham, em conjunto, definido.

Um contrato, sobretudo num contexto de rede, não pode ser analisado isoladamente, devendo atender-se a todo um conjunto de condicionantes que se

[632] Neste sentido, vide JOSEBA A. ECHEBARRIA SÁENZ, *El contrato de franquicia...* (cit.), pág. 383. O Autor salienta que os franquiados têm uma posição igual em relação ao franquiador e que há uma inegável conexão jurídica e económica que decorre da utilização repetida de um mesmo modelo de contrato.

encontram à volta do mesmo e que podem determinar a sua execução e, até, a sua subsistência. Assim, se o contrato não está isolado, há que averiguar os vínculos que este possui com outros que lhe estão ligados, e essa ligação assume relevância não apenas económica, mas também, e sobretudo, jurídica.[633]

A unidade do negócio pode encontrar-se não só nos vínculos existentes entre os vários contratos mas, também, de acordo com alguns autores, convocando o enquadramento da rede enquanto sistema. Para RICARDO LUÍS LORENZETTI, o elemento unificador nas redes relaciona-se com a conetividade, que é *"um componente que fundamenta a existência de elementos próprios da rede como a causa sistemática, a finalidade supracontratual e a reciprocidade sistemática das obrigações"*.[634] A rede é, assim, vislumbrada como um sistema.[635]

A circunstância de a rede ser subsumível a um sistema implica que a ligação entre vários contratos bilaterais ocorra para lá dos estritos limites do vínculo. Isto é, a conexão que se forma entre os contratos não se pode encontrar no seio de cada um dos contratos individualmente considerados. Quanto a este aspeto, RICARDO LUÍS LORENZETTI, ainda que sem abandonar a visão sistémica que sustenta para as redes, aproxima-se da fação doutrinária, que consideramos maioritária, e que postula que a conexão se justifica porquanto existe uma finalidade económico-social, que transcende a individualidade de cada contrato.[636]

A finalidade económico-social dos vários contratos permite, assim, vislumbrar um negócio comum na pluralidade contratual.

Para concretização deste ponto consideramos pertinente a convocação da coligação contratual legalmente prevista nos contratos de crédito ao consumo, no âmbito do Decreto-Lei nº 133/2009, de 2 de junho, a que já aludimos.

Naquele diploma, mais concretamente no artigo 4º nº 1, alínea *o)*, para efeitos de fundar a coligação contratual, refere-se a unidade económica alcançada através da ligação entre dois (ou mais contratos).

Cremos que a finalidade subjacente à alusão a *"unidade económica"* nestes contratos (de crédito ao consumo), manifesta alguma proximidade com a alusão a *"negócio comum"*, ainda que com ela se não confunda.

[633] Vide, com algum desenvolvimento, CARLOS NELSON KONDER, *Contratos conexos...* (cit.), págs. 6 e ss. e, ainda, págs. 96 e ss., em que o Autor refere, na página 6, que *"A declarada função social do contrato impõe reconhecê-lo como um evento inserido em um contexto social e capaz de sofrer interferências dos demais negócios que o cercam, assim como apto a neles causar perturbações"*.

[634] Cfr. RICARDO LUÍS LORENZETTI, *Tratado...* (cit.), pág. 55. Conclui o Autor, na pág. 61, que *"a conetividade é um pressuposto do funcionamento do sistema de relações jurídicas interdependentes"*.

[635] Nas palavras do Autor, *"um sistema é um conjunto de partes interdependentes de modo que uma delas não pode existir plenamente sem o contributo das outras."* Cfr. *Tratado...* (cit.), pág. 70.

[636] Cfr. RICARDO LUÍS LORENZETTI, *Tratado...* (cit.), pág. 63.

O legislador considera unidade económica, exemplificadamente, quando ocorre a intervenção de um terceiro contratante na preparação ou na celebração do contrato de crédito ou a referência no contrato de crédito ao bem ou serviço a adquirir com o financiamento.

Deduz-se, de qualquer uma destas situações, que, para a unidade económica ser considerada num conjunto de vários contratos (por norma, dois), impõe-se que, por um lado, haja um conhecimento por parte do terceiro do contrato a celebrar; por outro lado, ou o terceiro intervém na preparação do contrato de crédito ou há uma referência, no contrato de crédito, ao bem ou serviço a adquirir.

O negócio comum – enquanto fator de sustentação da ligação entre contratos bilaterais – exige menos dos contratantes do que a unidade económica, como a mesma se encontra acolhida na lei.

Para que o negócio seja considerado comum, ainda que os contratantes integrantes da rede contratual não conheçam a identidade de todos e de cada um dos demais contratantes, não ignoram, no entanto, ou, pelo menos, não podem ignorar, que o contrato de que são outorgantes se insere num conjunto de contratos, integrados num negócio comum.

A ligação que se funda entre os contratantes através do enquadramento em negócio comum não vai implicar uma funcionalização de um contrato em relação aos demais; ou seja, o destino de um contrato, nomeadamente a sua cessação, não conduz, como efeito automático, à cessação de outro integrante do negócio comum.

Consideramos que, sem prejuízo do que se dirá infra quanto aos efeitos da cessação de um dos contratos, a relevância da ligação estabelecida entre contratos bilaterais integrantes de uma mesma rede contratual – inexistindo uma coligação contratual expressamente estabelecida ou que resulta da lei – ocorre sobretudo no plano dos deveres de lealdade, de promoção da rede e, eventualmente, responsabilidade.

2.1.1.2. A ligação entre os sujeitos assente no interesse coletivo

Ainda tendo em vista a sustentação da ligação entre contratantes não vinculados entre si por instrumento contratual, aponta-se a existência de um interesse coletivo, a prosseguir por todos os contratantes.

Tenderíamos aqui a convocar, ainda que não sejam uma rede, a situação em que se encontram os vários lojistas de um centro comercial. Cada um dos lojistas tem um contrato com o gestor do centro comercial, mas não tem qualquer contrato com os demais lojistas.

Considera-se que quer os lojistas quer o gestor do centro comercial comungam de objetivos e interesses comuns.[637]

A existência de um forte interesse coletivo tem sido apontada, por alguns autores, como se encontrando na base do nascimento de uma rede.[638]

Não obstante concebamos a existência de um interesse comum como um dos elementos caraterizadores das redes de empresas[639] (pese embora existam interesses divergentes), não se afigura, numa primeira análise, facilmente compreensível a colocação, no plano dos elementos constitutivos das redes, do forte interesse coletivo.

Aquando da comparação entre o interesse social nas sociedades comerciais e o interesse nas redes, referimos que, nas redes, os interesses dos membros resultam da combinação de um conjunto de interesses individuais – que as empresas, membros das redes, não veem aniquilados com a pertença a uma rede – com um interesse coletivo.[640]

Referindo-se ao interesse coletivo forte, como elemento constitutivo da rede, julgamos relevante apurar o que é exigível que os contratantes tenham em vista. O interesse coletivo não se relaciona apenas com os objetivos definidos pelos contratantes aquando da constituição ou adesão à rede, antes releva a coletividade formada pelo conjunto dos contratantes, sobrepesando o interesse do coletivo em face do interesse de cada um dos membros, daí que Fabrizio Caffagi aluda a *"interesse coletivo forte"*. A medida do interesse não nos é, no entanto, indicada pelo Autor.

Não basta, ao que nos parece, que os contratantes tenham colocado em supremacia o interesse do todo em detrimento do interesse individual; reputamos exigível que os contratantes, em aspetos concretos, manifestem uma preocupação com a tutela do conjunto.

Podemos apontar, como indícios de um interesse coletivo forte, ainda que pudessem ser apontados outros: (i) a existência de órgãos comuns; (ii) previsão de fundos comuns; (iii) a atribuição de poderes de representação; (iv) a consagração de regras procedimentais de aprovação de deliberações que

[637] Assim tem sido considerado jurisprudencialmente. Neste sentido, designadamente, Acórdão do TRL, Processo nº 2357/07.3TVLSB.L1-1, datado de 24.04.2012 (Relator Rui Vouga). Em parte, também, Acórdão do TRL, Processo nº 4477/05.0TVLSB.L1-6, datado de 24.09.2009 (Relator José Eduardo Sapateiro) e Acórdão do TRP, Processo nº 2279/08.0TJPRT.P1, datado de 19.12.2012 (Relator Maria João Areias). Todos disponíveis, para consulta, em www.dgsi.pt.

[638] Cfr. Fabrizio Caffagi "Redes contractuales..." (cit.), pág. 35.

[639] Cfr. I.3.9. supra.

[640] No que se reporta ao interesse comum da rede, Marina Wellenhoffer considera que os interesses comuns, na rede, são secundários, prevalecendo os interesse individuais. Cfr. "Third party effects ..." (cit.), pág. 120.

envolvam a maioria; (v) a previsão de causas de exclusão da rede, por incumprimento de deveres de cooperação ou de lealdade.

Tais índicos são de verificação mais provável nas redes formadas por contratos multilaterais que vinculam todos os membros; cremos, no entanto, que nas redes que resultam de contratos bilaterais a existência de órgãos comuns ou regras procedimentos de formação da vontade do conjunto será inverosímil.

O interesse coletivo forte prender-se-á, neste último caso, com as vantagens que os contratantes retiram da homogeneidade da rede, para o que contribui a coordenação reconhecida ao cume da rede.

2.1.1.3. A ligação entre os sujeitos assente na coligação contratual ao nível da causa e do objeto

Uma outra proposta de enquadramento e fundamento da ligação entre contratos bilaterais numa rede relaciona-se com a coligação contratual ao nível da causa e do objeto.[641]

Este entendimento tem subjacente uma ligação imanente entre as atividades de cada uma das empresas que integram a rede, relevando apurar o que conduz os contratantes à celebração do específico contrato bilateral (causa) e, bem assim, o conteúdo das suas prestações no âmbito de cada um dos contratos (objeto).

Nas redes de contratos paralelos, de que constituem exemplo as redes de franquia e de concessão, a coligação contratual entre os vários contratos pode, na verdade, fundar-se na ligação ora em análise.

Os vários franquiados e concessionários têm, entre si, idêntico fundamento para a celebração do contrato, através do qual aderem à rede gerida pelo franquiado ou concessionário, o qual consiste na possibilidade de beneficiarem da notoriedade de uma marca ou de um produto, exercendo embora a atividade comercial em seu próprio nome.

O objeto de cada um dos contratos, ainda que contenham condições ligeiramente diversas – nomeadamente quanto a condições de pagamento – é, nos aspetos essenciais, o mesmo em cada um dos contratos.

Os sujeitos jurídicos integrantes das redes de franquia têm as mesmas obrigações perante o franquiador, nomeadamente aquando da adesão à rede e, bem assim, na obrigação de realização de prestações periódicas; por outro

[641] Neste sentido, Edoardo Bernini, Guido Bevilacqua, Eva Bredariol, Lorenza Bullo, Cristiano Casalini, Giulia Clarizio, Giuseppe Fietta, Andrea Todeschini Premuda e Diego Trentin “Linee guida...” (cit.), pág. 4 e Eva Bredariol, *Regole di imputazione...* (cit.), pág. 21.

lado, existem obrigações relacionadas com a utilização do sinal distintivo do comércio, assim como são consagradas cláusulas que impõem lealdade para com os demais membros da rede.

Quanto aos concessionários, *maxime* quando aos mesmos é atribuída, pelo concedente, a exclusividade da comercialização dos bens numa parcela do território, estes assumem obrigações similares na rede em relação ao concedente.

2.1.1.4. A ligação entre os sujeitos assente num contrato multilateral

Não tem sido consensual a consideração de existência de um contrato de rede, *qua tale*, isto é, a rede como resultando de um contrato multilateral, que os contratantes celebram ou a ele aderem posteriormente à celebração do contrato inicial.

GUNTHER TEUBNER, no estudo empreendido para a concetualização da figura ora em análise, afasta a hipótese de a rede ser um contrato multilateral. Com efeito, e de acordo com o Autor, para que um contrato multilateral possa assim ser considerado, será imperioso que cada contratante contrate – de forma simultânea ou sequencial – com todo e cada um dos outros contratantes. Este enquadramento exigiria demasiado da realidade social e apresentar-se-ia ou como um *"wishful thinking"* ou, como já referimos, como uma ficção.[642]

Reconhecendo embora pertinência aos argumentos apresentados pelo Autor, na medida em que consideramos que a conclusão quanto à existência de uma rede de empresas não pode resultar apenas de uma vontade do intérprete ou julgador mas de um conjunto de condições mínimas de contratação, saliente-se que o contrato de rede já foi reconhecido, enquanto tal, no ordenamento jurídico italiano.

Constitui este, tanto quanto saibamos, uma manifestação legal sem paralelo nos demais ordenamentos jurídicos, donde ser de ponderar se, e em que condições, se pode considerar um contrato multilateral como um contrato de rede, quando o contrato seja celebrado sem aquele enquadramento legal.

Aponta FABRIZIO CAFFAGI,[643] com argumentos que consideramos de ponderar, que, quando o grau de concorrência entre as partes é elevado, tendem estas a escolher um modelo de rede que envolva a celebração de contratos bilaterais. Sustenta que, através de contratos bilaterais, se afigura mais simples a obtenção de acordos entre empresas concorrentes e os custos de transação seriam elevados quando perante contratos multilaterais em que se pretenda chegar a acordo quanto a regras comuns.

642 Cfr. *Networks as connected contracts...* (cit.), págs. 160- 161.

643 Assim, designadamente, FABRIZIO CAFFAGI "Redes contractuales..." (cit.), pág. 63.

Entendemos, no entanto, que será apenas tendencialmente determinante da opção dos contratantes. Pode suceder que, não obstante a concorrência entre os contratantes se apresente acentuada, se logre consenso entre todos quanto a aspetos comuns da rede. Na verdade, os objetivos subjacentes à constituição de uma rede podem justificar que os contratantes se apartem de uma finalidade competitiva entre si e reúnam os seus esforços no sentido de aumentar a sua competitividade em relação a agentes económicos externos à rede.

Os contratos multilaterais serão comuns entre membros que se situam no mesmo patamar do segmento produtivo, entre contratantes que se dedicam a atividades empresariais concorrentes.

Entre nós, têm sido comuns os contratos multilaterais, que entendemos que se podem subsumir ao conceito de rede, em algumas indústrias, como seja na indústria vitivinícola ou no vidro.

No domínio vitivinícola português, tem sido sublinhado – inclusive pela doutrina além-fronteiras[644] – o caso "Lavradores de Feitoria" como um exemplo desenvolvido de rede.

Sob o ponto de vista jurídico, apresenta-se como uma sociedade anónima com a firma "Lavradores de Feitoria – Vinhos de Quinta, S.A.".

A sua génese encontra-se marcada pela união entre vários produtores da Região Demarcada do Douro e conta, atualmente, com quinze produtores, destacando-se, na produção, a junção de vinhos provenientes de diversas quintas e a sua comercialização sob marcas únicas, o que ocorre simultaneamente com a comercialização dos vinhos das próprias quintas.[645]

A participação no capital social é diversa entre os acionistas, existindo uma efetiva partilha de recursos, quer ao nível da produção quer na promoção.

Perante o tipo social adotado de sociedade anónima, cumprirá analisar o que torna a sociedade assim concebida uma rede e que a distingue de inúmeras sociedades que, com o mesmo propósito, são constituídas.

Quanto ao pacto social, o mesmo não apresenta especificidades em face dos normalmente acolhidos pelas sociedades anónimas; assim, pese embora a sociedade conte com quinze produtores, o conselho de administração é composto apenas por cinco membros, não tendo ali assento representantes de todos os membros.[646]

[644] Deste modo, Fabrizio Cafaggi e Paola Iamiceli, "Redes empresariales en la industria..." (cit.), pág. 615.

[645] De acordo com a informação que consta de http://www.lavradoresdefeitoria.pt/pt/.

[646] Tal como se encontra na informação publicitada, quanto a esta sociedade, em www.publicacoes.mj.pt.

Cremos que a conclusão quanto à subsunção desta sociedade anónima a uma rede decorre não das condições patentes no contrato de sociedade, mas da eventual existência de obrigações extra contrato social (obrigações parassociais, diríamos) quanto a padrões de qualidade, interdependência entre as prestações concretizadas por cada um dos sócios, partilha de recursos, imagem uniformizada e marcas únicas da rede.

Podemos transpor estas notas para os demais contratos multilaterais que possam ser celebrados entre empresários; ou seja, consideramos índices de contratos de rede a consagração de regras uniformes quanto à atuação de cada um dos contratantes no seio de organização instituída, designadamente no que respeita a qualidade de produção de bens ou de prestação de serviços, a partilha de recursos, por exemplo, matéria-prima, espaço físico ou trabalhadores, trabalhadores estes, por exemplo, que podem não ser contratados diretamente pela entidade veículo criada na rede (a sociedade comercial ou a associação, por hipótese) mas cedidos por cada um dos membros.

Consideramos que os elementos de facto eleitos pelo legislador para a subsunção das relações de cooperação encetadas pelos ROC e pelas SROC podem ser utilizados para a avaliação de existência de relações de rede entre empresas comerciais, pelo que recordamos a partilha da propriedade, controlo ou gestão, das políticas e procedimentos comuns de controlo (interno) de qualidade, da estratégia comum, da utilização de uma denominação/marca comum ou de uma parte significativa de recursos profissionais.

2.1.1.5. Posição adotada

Consideramos que a ligação entre os vários membros da rede, sobretudo quando os membros não são contratantes de um único contrato, pode fundar-se num conjunto de pressupostos de facto, que caraterizam a relação contratual entre os sujeitos integrantes da rede.

A causa e o objeto do contrato, conjugados, ainda, com os interesses e objetivos a prosseguir pelos membros da rede constituem elementos determinantes para se considerar a existência de uma rede de empresas, ainda que, como decorre do que exporemos no ponto subsequente, os sujeitos não pretendam constituir ou organizar a sua colaboração sob a forma de uma rede empresarial.

Quando perante contratos bilaterais, a causa e o objeto do contrato relevam, como resulta do ponto II.2.1.1.3., para a ligação entre os contratantes, na medida em que, designadamente nas redes de franquia, de concessão e nas de fornecimento em cadeia, o que determina ("*causa*") a contratação é a efetiva ligação entre todos os contratantes e modo como a atividade é executada ("*objeto*").

O conteúdo das obrigações assumidas por cada um dos membros de uma rede constitui, ainda, um elemento a considerar para a conclusão da ligação reticular.

Se houver a partilha de ativos comuns, como sejam trabalhadores e/ou prestadores de serviços, matéria-prima, *know-how*, bens imóveis em que se desenvolve a atividade de cada um dos sujeitos, e a ligação existente entre os sujeitos se apresentar estruturante e duradoura, podemos sustentar a existência de uma relação de rede.

Ao referirmos as notas caraterizadoras da relação existente enquanto estruturante e duradoura, pretendemos salientar – como apontámos em sede de identificação dos elementos constitutivos da rede, em I.2.2.4. supra – que as obrigações contratuais assumidas por cada um dos membros da rede não podem ser instantâneas, antes devem prolongar-se no tempo, porquanto só uma relação duradoura é idónea a alcançar os objetivos de aumento da competitividade no mercado.

Os parâmetros exemplificativos eleitos pelo legislador europeu e nacional para considerar a existência de uma rede no domínio de atividade de revisão de contas [cfr. artigo 68º-A nº 11 do EOROC e artigo 2º, alínea *p)*, do RJSA] podem ser convocados para a análise das relações de cooperação interempresarial e conduzir à conclusão de existência de uma relação de rede quando se verifiquem aqueles indícios.

Como apontámos em II.1.3. supra, os elementos de facto que o legislador indicou nos aludidos normativos constituem indícios de uma relação de rede e não presunções de uma relação de rede, o que significa que, conquanto se verifiquem isolada ou conjuntamente, impõe-se uma análise global da relação instituída entre os vários sujeitos que atenda, como ora sustentamos, à causa, objeto e objetivos visados pelos membros.

2.1.2. A relevância da vontade no nascimento da rede[647]

Uma das questões pertinentes quando avaliamos como surge e em que termos uma rede de empresas relaciona-se com a vontade dos contratantes, mais concretamente se os contratantes de uma rede de empresas têm que manifestar uma vontade dirigida ao surgimento de uma rede ou se a rede surge independentemente de qualquer vontade expressa dos contratantes nesse sentido.

[647] Aquando do confronto das redes de empresas com as sociedades comerciais, já havíamos aludido à (ir)relevância da vontade na formação das redes. Vide I.2.2.1. supra.

Militamos pela segunda alternativa, i. e., podemos ter uma rede de empresas ainda que os contratantes não tenham concebido a subsunção das suas relações contratuais a uma rede.[648]

A rede não é *um* contrato e/ou *um* tipo social ou um conceito unitário. A rede de empresas assume-se como uma figura trans-típica, que se manifesta com a celebração de alguns contratos ou com o modo como tais contratos se articulam, de forma interdependente. A ligação que se estabelece entre os vários vínculos negociais – os quais podem resultar da celebração de contratos bilaterais, paralelos ou sequenciais, ou de um ou mais contratos multilaterais –, se assumir as caraterísticas específicas das redes, permite a sua qualificação enquanto relação reticular, dessa qualificação decorrendo a aplicação de algumas regras e princípios, que têm em conta as especificidades que esta contratação e esta relação encetada entre os membros reclamam.

Próxima da questão colocada, outra interrogação pode ser formulada e que se relaciona com a avaliação da vontade dos contratantes que, eventualmente, expressem a não subsunção da relação de cooperação a uma rede.

Quanto a esta questão, entendemos que a vontade expressa das partes constitui um elemento preponderante – ainda que não determinante – para a qualificação da relação jurídica instituída.[649]

Fora de dúvida estará a irrelevância da vontade das partes no sentido de excluir a qualificação de rede quanto à norma imperativa contida no nº 11 do artigo 68º do EOROC e na alínea *p)* do artigo 2º do RJSA, que qualifica a rede no âmbito da atividade desenvolvida pelos revisores oficiais de contas.

No que se reporta, em especial, ao regime aplicável às redes de revisores oficiais de contas, atendendo a que o legislador considera existir uma rede

[648] Estará aqui subjacente o entendimento daqueles que consideram que pode surgir um contrato de rede por trás de vários contratos na rede, sendo que todos os participantes na rede aderiram, ainda que possam tê-lo feito de modo implícito. Quanto a esta tese, vide, nomeadamente, Marc Amstutz, "The constitution of contractual networks", in *Networks Legal issues of multilateral co-operation*, Ed. Marc Amstutz e Gunther Teubner, Hart Publishing, Oxford and Portland, Oregon, 2009, pág. 340.

[649] Ainda que a qualificação jurídica dada pelas partes a uma relação contratual – ou, *in casu*, a exclusão de uma determinada qualificação jurídica – não vincule o tribunal aquando da subsunção das declarações negociais a um tipo contratual ou a uma qualificação, a vontade e a qualificação dada pelas partes (o "*nomen iuris*") são avaliadas nessa subsunção. Nesse sentido, veja-se o Acórdão do STJ, Processo nº 03S2652, datado de 12.03.2003 (Relator Vítor Mesquita), Acórdão do STJ, Processo nº 295/07.9TTPRT.S1, datado de 19.05.2010 (Relator Vasques Dinis), Acórdão do TRP, Processo nº 1403/12.3TJPRT.P1, datado de 07.10.2013 (Relator Carlos Querido), Acórdão do TRL, Processo nº 2924/06.2TTLSB.L1-4, datado de 08.06.2011 (Relator Paula Sá Fernandes). Todos disponíveis em www.dgsi.pt.

verificados os indícios que elenca naquelas normas, mesmo que os membros da estrutura excluam a qualificação da rede, a rede deve considerar-se formada, nomeadamente para os efeitos previstos naquele diploma legal e que se relacionam, como vimos, com os deveres de independência, transparência, regime de incompatibilidades e publicidade da situação de rede (nomeadamente a nível de registo).

Quanto às demais relações de rede, há que ter em conta, por um lado, que o contrato de rede não se encontra previsto na lei; por outro lado, e mesmo considerando a ausência de uma regulação expressa, poder-se-ia indagar quanto à aplicação de princípios jurídicos estruturantes do sistema jurídico que impusessem a consideração de uma rede de empresas mesmo que os contratantes expressamente isso tenham excluído.

O que motiva os sujeitos jurídicos a excluir a qualificação jurídica de uma determinada relação pelos mesmos encetada tem subjacente o afastamento de um regime jurídico instituído na lei. Assim, por exemplo, quando dois sujeitos pretendem iniciar uma relação de cooperação no âmbito das respetivas atividades económicas, podem estabelecer, e estabelecem frequentemente, no contrato que celebram, que de nenhuma das cláusulas do contrato se pode inferir a existência de uma relação de associação, consórcio ou sociedade.

Perante a ausência de normas imperativas – excetuando as consignadas no EOROC, no NEOROC e no RJSA – deve ser valorada a vontade dos contratantes na não qualificação da relação instituída como contrato de rede; conquanto exista essa opção contratual, ao abrigo do princípio da autonomia privada, entendemos existirem soluções para as redes, que podem ser aplicáveis, nomeadamente considerando os fundamentos da colaboração entre as partes e a interdependência entre as prestações.[650]

2.2. Celebração do(s) contrato(s) de rede

Como exposto em II.2.1.2. supra, para se considerar a existência de uma rede de empresas, independentemente do instrumento jurídico a que recorram as partes para a formalização da relação de colaboração, não releva uma especial

[650] Diremos, sumariamente, que aquelas regras que, infra, desenvolveremos e que se encontram relacionadas com a organização da rede, como sejam os órgãos representativos do conjunto dos membros ou a prossecução de um interesse coletivo ou, ainda, os termos em que se extinguem os vínculos contratuais em caso de incumprimento do contrato ou saída do conjunto por parte de um membro, serão algumas das regras que não serão aplicadas caso as partes expressamente afastarem a qualificação das suas relações como relações de rede.

vontade das partes dirigida à constituição de uma rede. Ou seja, não é essencial para a formação da rede a celebração de um contrato de rede.

No que aos contratos multilaterais se refere – *maxime* aqueles que são subsumíveis a redes horizontais – as partes contratantes não terão que adotar o *nomen iuris "contrato de rede"* para que um contrato de rede possa ser vislumbrado pelo intérprete e aplicador do direito. Como igualmente se demonstrará, nos contratos de rede que resultam da combinação/conjugação da celebração de contratos bilaterais, frequentemente o termo *"rede"* aparece mencionado, principalmente quando perante contratos bilaterais celebrados com a mesma entidade, a organizadora/gestora da rede.

Aqui chegados, haverá que distinguir entre a constituição de redes através de um contrato multilateral e através de vários contratos bilaterais.

2.2.1. Redes formadas por um contrato multilateral

A celebração do contrato de rede não apresenta muitas especificidades em face da celebração de contratos multilaterais com os quais a rede apresenta maiores afinidades.

Perante a ausência de regulação do contrato de rede, enquanto tal, por parte da generalidade dos ordenamentos jurídicos, entre os quais o português, aplica-se o princípio da autonomia privada, na vertente da liberdade contratual, através do qual se reconhece aos contratantes/membros da rede o poder de definir e conformar a relação contratual.

Nos ordenamentos jurídicos em que o contrato de rede se apresenta expressamente reconhecido e regulado, a celebração do contrato obedece aos parâmetros definidos por lei, quer quanto ao seu conteúdo quer quanto à forma.

Assim, no ordenamento jurídico italiano, há que dar cumprimento ao preceituado quanto ao conteúdo do contrato de rede indicado no artigo 3º, 4.-ter do Decreto-lei nº 5, de 10 de fevereiro de 2009 (e as suas sucessivas alterações) e, bem assim, a forma a que deve obedecer (escritura pública ou documento privado autenticado ou, ainda, por ato celebrado digitalmente).

Sob o ponto de vista formal, e não existindo regra legal a impor qualquer forma para a sua celebração, vigora o princípio da liberdade de forma previsto no artigo 219º do CCiv.

No âmbito de um contrato de rede, sobretudo naquelas redes de maior dimensão – quer em função do número de membros quer em virtude do volume de negócios da rede – será comum, como veremos infra,[651] a atribuição, no próprio contrato, de poderes de representação a um ou mais membros da

[651] Ver II. 2.5.1.1. infra.

rede. Atenta a circunstância de os poderes de representação terem de constar de declaração negocial que cumpra as exigências de forma do negócio a celebrar, para os quais pode ser exigível forma escrita, a forma escrita deve ser respeitada para o respetivo contrato de rede a celebrar.[652]

Quando, no contrato de rede, se acorde a realização das entradas cuja concretização envolva, por imposição legal, a adoção de uma forma mais solene, o contrato de rede, sob pena de nulidade, tem que cumprir esse formalismo (cfr. artigo 220º do CCiv).

Na verdade, para a entrada da rede, se um dos contratantes pretender dar cumprimento a uma obrigação de entrada que se encontre contratualmente estipulada através da transmissão de um bem imóvel,[653] o contrato de rede, no qual essa declaração é efetuada, deve respeitar a forma legal prevista para a transmissão de bens imóveis, i.e., a escritura pública ou documento particular autenticado (cfr. artigo 875º do CCiv).

Se o contrato de rede estiver subjacente à constituição de uma pessoa coletiva distinta dos seus membros, designadamente uma sociedade comercial, devem ser cumpridos os requisitos legais, *maxime* de forma, para a celebração do contrato de sociedade (cfr. artigo 7º do CSC).

Envolvendo o contrato de rede a celebração de um contrato de sociedade, podem colocar-se problemas quanto à convivência entre os dois instrumentos jurídicos: contrato de rede e contrato de sociedade.

Os principais problemas colocam-se, sobretudo, quando os dois contratos são celebrados simultaneamente e, até, através de um documento único.

[652] Naturalmente que, para a escolha da forma escrita, na celebração de um contrato, intercederão outros interesses além daqueles tidos em vista pelo legislador. Assim, convocamos aqui a doutrina mais autorizada quanto aos interesses a acautelar com a forma escrita, quer ao nível da certeza e segurança jurídica quer ao nível da prova. Para mais desenvolvimentos, vide Carlos Alberto Mota Pinto, *Teoria Geral do Direito Civil*, Coimbra Editora, 3ª Edição, 1996, págs. 430 e ss. e José Engrácia Antunes, *Direito dos Contratos...* (cit.), págs. 156 e ss.

[653] Voltaremos a esta questão infra, aquando da análise do regime das entradas na rede. Por ora, e para efeitos de forma, anteciparemos o seguinte: caso a rede envolva a constituição de uma pessoa coletiva distinta dos membros, a transmissão do imóvel (para concretização da entrada) ocorre, em regra, para a entidade assim constituída. Se, ao invés, a rede não envolver a constituição de uma nova pessoa jurídica, a transmissão pode ser para os demais membros (para todos ou alguns), existindo uma situação de compropriedade do bem dado como entrada. Em qualquer uma das duas situações aqui elencadas, haverá a transmissão total ou parcial de um direito real sobre um imóvel, daí as exigências de forma referidas em texto. Não obstante, pode suceder que a entrada do imóvel não se materialize na transmissão de um direito de propriedade mas na concessão do gozo do mesmo. Nesse caso, já as exigências de forma se bastam com a celebração de documento escrito, sem necessidade de autenticação do mesmo, ou escritura pública (cfr. artigo 1069º do CCiv).

Compreende-se que o contrato de rede, quando é executado, e à medida em que entrem novos membros, pode suscitar a necessidade de uma entidade coordenadora, com órgãos próprios, cuja existência pode também ser motivada pela conveniência de uma entidade que represente os contratantes. Assim, o contrato de sociedade pode surgir, em termos lógicos e cronológicos, posteriormente à celebração do contrato de rede.

O que sucede, nesse caso, ao contrato de rede? Mantém-se?

Entendemos que a maioria das disposições legais reguladoras do contrato de sociedade responde a um grande número de vicissitudes por que passa uma rede de empresas. Mas não a todas, designadamente porquanto os membros (sócios, após a celebração do contrato de sociedade) assumiram no contrato de rede obrigações que podem manter-se, mesmo após a constituição da sociedade comercial, atenta a especificidade das obrigações assumidas no contrato de rede, em comparação com os deveres consagrados no contrato de sociedade ou supletivamente previstos no CSC.

Consideramos defensável que alguns dos direitos e obrigações plasmados no contrato de rede possam ser convertidos em direitos e obrigações patentes em acordo parassocial, vinculando os subscritores iniciais e não os futuros sócios.

O que sucede, então, às cláusulas do contrato de rede consagradoras daqueles direitos e obrigações, na ausência de qualquer vontade expressa das partes quer quanto à vigência do contrato de rede quer quanto ao seu conteúdo?

Quando o contrato de sociedade surja posteriormente à celebração do contrato de rede, entendemos que os direitos e obrigações aí instituídos entre as partes, manter-se-ão caso não sejam expressa ou tacitamente modificados ou revogados com a celebração do contrato de sociedade.[654]

A modificação ou revogação expressas não reclamam especiais considerações. Caso todos os contratantes do contrato de rede acordarem na alteração das condições contratuais previamente assumidas, o princípio da liberdade contratual não cerceia, em abstrato, essa vontade das partes. Os termos em que se processam as modificações constituem problemas distintos e só em concreto podem ser aquilatados.

[654] Tal conclusão sustenta-se, ainda, no facto de o conteúdo de tais acordos poder não ser completamente absorvido pelo contrato de sociedade que, posteriormente, vem a ser celebrado. Pense-se num contrato de rede em que os contratantes assumiram obrigações de fornecimento de bens e serviços, as quais se mantêm após a celebração do contrato de sociedade. Quanto a estas obrigações, no caso de contratos de *joint venture* de forma societária, vide Rui Pinto Duarte, "Formas Jurídicas..." (cit.), pág. 157.

Quando os contratantes nada tenham estabelecido, a regra que se aplica será a da manutenção das condições contratuais previamente estipuladas, exceto se as novas condições – plasmadas no contrato de sociedade ou em acordo parassocial, por exemplo – pressupuserem uma derrogação das previamente existentes. Afigura-se-nos complexa a indagação da vigência de condições existentes anteriormente à celebração do contrato de sociedade.

Caso, na rede de empresas, tenha sido instituído um órgão de governo, podem levantar-se contingências de compatibilidade com o órgão de governo da sociedade comercial.

Têm competências concorrentes? Pode o órgão de administração da sociedade comercial constituída atuar em desconformidade com os parâmetros que tenham sido previamente estipulados no governo surgido do contrato de rede?

Cremos que a questão não tem sido equacionada doutrinal ou jurisprudencialmente.

Convocando as considerações quanto à atuação do órgão de administração da sociedade comercial e às regras a que deve obediência, e, bem assim, quanto à atuação dos sócios, podemos encontrar alguns pontos de partida para a nossa análise.

Previamente a um percurso por essas considerações, é de esperar que a duplicação de órgãos – no contrato de rede[655] e no contrato de sociedade – não subsista após a constituição da sociedade comercial. Conquanto os contratantes do contrato de rede, ao celebrarem um contrato de sociedade, não estipulem a alteração do contrato de rede quanto à sua organização interna e governo, os contratantes tendem a fazer cair em desuso aquela organização interna e os órgãos que eventualmente possam ter criado para a gestão da rede.

Embora consideremos como provável que os órgãos específicos da rede deixem de ser utilizados como veículo para a formação da vontade, gestão e representação da rede, não poderemos deixar de admitir que o desuso possa não ocorrer.

Na verdade, encontramos alguns fundamentos para os membros da rede pretenderem manter ativos os órgãos de governo daquele organismo e que podem relacionar-se com o facto de, na sociedade comercial, ocorrer uma repartição de poder desconforme com a instituída na rede. Quando tal ocorra, os contratantes da rede que têm aí uma posição mais vantajosa do que aquela que lograram na sociedade comercial – o que pode ser motivado pelo facto

[655] Utilizamos, aqui, a expressão *"contrato de rede"* em sentido amplo, de modo a abranger as relações de rede entre empresas, ainda que não exista, em todas as formas, um contrato com aquela designação.

de, nas sociedades comerciais, as regras relativas à avaliação e valorização das entradas para formação do capital social obedecerem a um espartilho legal que não existe nas redes de empresas – procurarão trazer para o palco da rede as decisões a tomar.

Sendo os membros da rede simultaneamente sócios da sociedade comercial, sobre estes, enquanto sócios, impenderá o dever de atuação compatível com o interesse social, assim como, enquanto membros da rede, estarão sujeitos ao dever de lealdade e de boa-fé que enforma qualquer relação contratual, mas que tem especial peso em relações contratuais de cooperação de longa duração. Assim, os sócios (e membros da rede) devem pautar a sua atuação de acordo com o interesse da sociedade (e da rede), sendo o seu comportamento, *maxime* através do direito de voto, passível de censura se for desconforme àquele interesse.

Vejamos, agora, sumariamente, a atuação do órgão de administração, quer no âmbito da rede (ainda que, aí, não seja, em termos rigorosos, órgão de administração...) quer no seio da sociedade comercial.

À semelhança do que constatamos quanto aos sócios, a atuação dos administradores das sociedades comerciais será passível de avaliação de acordo com as regras e princípios consagrados no CSC, em especial o consagrado no artigo 64º.

O membro do órgão de administração deve ponderar a prévia celebração de um contrato de rede? Em caso afirmativo, deve conformar a sua atuação com o que tiver sido deliberado em sede de rede, *maxime* por parte de quem atue em representação dos membros da rede, no âmbito do contrato de rede?

As questões aqui colocadas não se apresentam de resolução singela. Na verdade, parece insofismável que os administradores de uma sociedade comercial devem ter em conta o interesse de longo prazo dos sócios, na prossecução do interesse da sociedade. Tendo a sociedade comercial, nos antecedentes da sua constituição, um contrato de rede, do qual são outorgantes todos os sócios, apesar de a sociedade, em si mesma, não ser parte do contrato de rede, o mesmo apresenta-se como um elemento preponderante e de relevo na atuação dos administradores.

Quanto à segunda questão colocada, a mesma apresenta-se de maior complexidade. A atuação dos administradores, e a sua vinculação ao que tiver sido previamente deliberado (ainda que a deliberação não tenha sido pelos sócios enquanto tais mas enquanto membros da rede), deparar-se-á com diferenças de regime, consoante o tipo social que tiver sido escolhido aquando da constituição da sociedade comercial.

Em qualquer caso, cremos que, conquanto possam estar em causa matérias acordadas previamente à constituição da sociedade comercial, devem os membros do órgão de administração, na medida em que se afigure compatível nos novos quadros de atuação da entidade, entretanto constituída, e dos interesses a prosseguir pela mesma – como impõe o artigo 64º do CSC – adequar a sua atuação em conformidade com o acordado entre os sócios, enquanto tais.

Regressando à hipótese primeiramente levantada – de celebração simultânea do contrato de sociedade e do contrato de rede – analise-se se os dois contratos podem ser celebrados no mesmo documento.

O contrato de rede – na esteira do que temos vindo a expor – apresentar-se-á, nesse caso, como um acordo paralelo ao contrato de sociedade, com finalidades próximas das comummente assinaladas aos acordos parassociais, ainda que estes, pelo menos sob o ponto de vista da sua manifestação prática, respeitem sobretudo ao exercício do direito de voto em assembleia geral.[656]

Como um acordo paralelo, não será comum a sua celebração no mesmo documento que o contrato de sociedade, existindo evidentes obstáculos a que tal suceda.

Desde logo, sob o ponto de vista da publicidade. Sendo a constituição da sociedade comercial um facto sujeito a registo obrigatório [cfr. artigo 5º do CSC e artigos 3º nº 1, alínea *a)*, e 15º nº 1 do CRegCom] e devendo o documento constitutivo instruir o pedido de registo, tal circunstância poderia levar a público direitos e deveres assumidos pelos contratantes além dos constantes do contrato de sociedade, *proprio sensu*. Pela defesa do caráter sigiloso do contrato de rede, quando celebrado no âmbito do contrato de sociedade, basta convocar os fundamentos para o caráter confidencial dos acordos parassociais.[657]

[656] Um contrato de rede que subsista após a constituição da sociedade comercial não poderá ser considerado sempre convertido em acordo parassocial. Desde logo, porquanto a qualidade em que os contratantes intervieram no contrato de rede não se confunde com a qualidade de sócio. Por outro lado, entendemos que a dependência funcional que existe entre o acordo parassocial e o contrato de sociedade não ocorre no contrato de rede. Ou seja, a cessação do contrato de sociedade seja qual for a sua causa (e a extinção da pessoa coletiva) não conduz, como consequência automática, à cessação dos contratos que tenham sido celebrados entre os sócios previamente à constituição da sociedade, designadamente dos acordos subsumíveis a um contrato de rede. Quanto à dependência funcional dos acordos parassociais, vide Pedro Pais de Vasconcelos, *A participação social...* (cit.), pág. 63.

Assinale-se, contudo, que, nos contratos de rede, tal como têm vindo a ser concebidos, não se pretende regular o exercício de direitos sociais; estão em causa condutas extrassociais.

[657] A confidencialidade dos acordos parassociais constitui uma cláusula contratual típica dos mesmos. Neste sentido, também, Carolina Cunha, Anotação ao artigo 17º, in *Código das Sociedades Comerciais em Comentário*, Vol. I, IDET, Códigos, Jorge M. Coutinho de Abreu

Atente-se, ainda, que o artigo 9º do CSC não proíbe que, do contrato de sociedade, constem cláusulas adicionais, incluindo cláusulas que digam respeito, na verdade, à celebração de um contrato distinto.

Não obstante inexistirem obstáculos legais à celebração, no mesmo documento, do contrato de rede e do contrato de sociedade, os fundamentos que levam à celebração do contrato de rede podem não se compadecer com a publicidade inerente ao contrato de sociedade.

Considerando que as redes apresentam alguns pontos de contacto com outras figuras socialmente típicas, algumas das questões que se suscitam nessas outras figuras podem ser transpostas, com as naturais adaptações, para as relações de rede.

Quando nos debruçamos sobre a celebração do contrato de rede ou com a adesão a um contrato de rede já celebrado (designadamente por parte dos contratantes originários), não se coloca de parte a hipótese de existirem vários instrumentos contratuais, sendo que pode existir um contrato base e um conjunto de contratos que alguns autores têm vindo a designar de contratos satélite.[658] Tais acordos podem ter por objeto matérias mais específicas, que não são regulamentadas no acordo base, nomeadamente regras relativas à cedência de instalações ou equipamentos e, bem assim, as disposições aplicáveis à utilização, em comum, de mão-de-obra.

Ainda que a segmentação das matérias em vários documentos distintos possa ser uma possibilidade para as redes, entendemos que, aqui, não existem especificidades nas redes de empresas, comparativamente a outras formas de cooperação mercantil.

2.2.2. Redes formadas por contratos bilaterais

Conforme temos vindo a salientar, será, sob o ponto de vista da realidade social, mais comum a formação da rede decorrente da celebração de vários contratos bilaterais, o que pode concretizar-se através de duas modalidades.

(Coord.), Almedina, 2010, págs. 292-293. Paulo Olavo Cunha aponta, até, que a verdadeira justificação dos acordos parassociais reside na pretensão de regulação de certas matérias que não se pretende que o público conheça. Cfr. Paulo Olavo Cunha, *Direito das Sociedades Comerciais*, Almedina, 3ª Edição, 2009, pág. 293.
Ainda que os sócios subscritores de um acordo parassocial pretendam confidencialidade, esta não é alcançada em alguns acordos, já que o artigo 19º do CVM e o artigo 111º do Regime Geral das Instituições de Crédito e Sociedades Financeiras impõem a comunicação e/ou registo do acordo parassocial, nas condições previstas naqueles artigos.

[658] Neste sentido, e tendo por referência os contratos de *joint venture*, vide Alberto Amorim Pereira, "Contrato de «joint venture»...", (cit.), pág. 861.

A primeira, mais comum, é a modalidade de rede em que existe um líder, o cume da rede, com quem todos contratam; o cume da rede, designadamente em função da titularidade de uma posição especial no mercado (e.g. decorrente de uma marca), suscita a adesão de terceiros à rede por ele instituída. A rede resulta, nesta modalidade, da padronização de vários contratos que desempenham, todos eles, a mesma função sendo, por norma, iguais e predispostos à adesão.

A celebração de tais contratos pode ser padronizada e de acordo com um teor pré-concebido por parte daquele que pode ser designado como o líder da rede e com o qual todos os contratantes/aderentes/membros contratam.

Quando assim sucede, estando as cláusulas pré-elaboradas por parte do cume ou líder da rede, ao aderente caberá, apenas, aceitar ou não o contrato em bloco, já que a margem de negociação, atentas as finalidades de uniformização da rede normalmente tida em vista pelo cume da rede, é reduzida.

A segunda modalidade manifesta-se na celebração de contratos bilaterais, em cadeia. No âmbito desta possibilidade, pode ou não existir um cume da rede. Os contratos celebrados não são padronizados, ainda que possam ter cláusulas iguais.[659]

Saliente-se, ainda, que a padronização na primeira modalidade é, aliás, um elemento conatural à rede. Reconhece-se homogeneidade nas relações que sustentam a rede, não se confundindo esta com igualdade; contudo, impõe-se um substrato mínimo que permita vislumbrar nas relações bilaterais encetadas uma ligação imanente.

É também concebível, ainda que, ao que reputamos, menos frequente, a celebração de contratos bilaterais entre vários membros, não padronizados e negociais, podendo existir, no entanto, cláusulas contratuais idóneas a subordinar a vigência e execução de uns a outros.

No que respeita ao momento temporal da celebração do contrato – ao contrário dos contratos multilaterais – se estivermos perante uma rede de formação sucessiva, a celebração dos contratos bilaterais não é simultânea, antes se sucedendo no tempo, tantas quantas as adesões à rede.

Por seu turno, no caso dos contratos bilaterais sequenciais – de que constituem exemplo claro as cadeias de fornecimento – os contratos podem ser celebrados quase simultaneamente; no entanto, e atendendo à própria configuração deste tipo de contratação, pode existir uma sequência lógica e cronológica.

[659] Fabrizio Cafaggi postula que, neste caso, que os contratos transcrevem as cláusulas, para *"regular, em conformidade, as segundas e terceiras linhas de fornecedores"*. Cfr. "Private Regulation...", (cit.), pág. 13. Tradução nossa.

Quanto à forma do contrato, a opção de celebração de um contrato escrito, seja ou não especialmente desenhado para organizar uma rede de empresas, tem, nas situações de cooperação interempresarial, a vantagem de tornar o comportamento das partes previsível, sobretudo se o contrato assumir um grau de detalhe elevado, com descrição pormenorizada das obrigações que impendem sobre cada um dos membros da rede.[660]

Se atentarmos nas redes fundadas em contratos bilaterais mais comuns, estas são, normalmente, formadas por contratos escritos, considerando a padronização que lhes está subjacente.

Nas redes de contratos de agência – com as reservas que assinalámos em I.3.3. supra quanto à possibilidade da sua subsunção a uma rede – há a considerar o disposto no Decreto-Lei nº 178/86, de 3 de julho.

Destarte, aponte-se o consagrado no nº 2 do artigo 1º quanto à faculdade, reconhecida a qualquer das partes, de exigir da outra um documento assinado com o conteúdo do contrato, ou ainda, a concessão de poderes de representação ou de cobrança de créditos, as quais devem ocorrer, por imposição legal, através de documento escrito, o mesmo sucedendo com a concessão de um direito de exclusividade territorial.

Perante normas expressas que impõem uma determinada forma para o contrato de agência – quando as partes pretendam determinado conteúdo contratual – avalie-se se, analogicamente, tal formalismo teria que ser cumprido na concessão e na franquia. Aventamos uma resposta negativa, ainda que se reconheça a divisão jurisprudencial quanto a tal questão, sobretudo quando se depara com o direito ao exclusivo e quanto a poder ser atribuído sem ser por forma escrita.[661]

Tendo em conta que o contrato de franquia envolve, por norma, a utilização por terceiro, não titular, do sinal distintivo,[662] deve ser dado cumprimento ao preceituado no CPI, que estabelece a necessidade de forma escrita para a licença de exploração dos direitos emergentes de patentes, de modelos de

[660] Cfr. RANJAY GULATI, "Alliances and networks...", (cit.), pág. 303. O Autor acrescenta, ainda, o papel da confiança, como mecanismo para tornar os comportamentos contratuais previsíveis.

[661] No sentido da inadmissibilidade da analogia, para o contrato de concessão, da exigência de forma prevista para o contrato de agência vide Acórdão do STJ, datado de 27.10.2011 (proferido no âmbito do Processo nº 8559-06.2TBBRG.G1.S1, em que e Relator Tavares de Paiva). A favor da analogia vide, designadamente, Acórdão do TRC, datado de 14.12.2005 (proferido no âmbito do Processo nº 3524/05, em que é Relator Garcia Calejo). Ambos disponíveis em www.dgsi.pt.

[662] MARIA DE FÁTIMA RIBEIRO aponta que *"não se encontra nenhum contrato de franquia em que o franquiador não conceda ao franquiado o direito de utilizar uma marca bem implantada junto do público"*. Cfr. "O contrato de Franquia...", (cit.), pág. 105.

utilidade, de registos de topografias de produtos semicondutores, de desenhos ou modelos e de marcas (cfr. artigos 31º e 32º do CPI).[663]

2.3. Admissão/adesão de novos contratantes

Quando perante redes de empresas, há que atender, preliminarmente, ao conteúdo do clausulado contratual respeitante à entrada de novos membros, ao aditamento de um novo contratante.

Poderemos estar perante contratos absolutamente fechados, e cuja natureza *intuitus personae*[664] carateriza a relação contratual estabelecida e, em consequência, não se admite quer a substituição de contratantes quer a entrada de novos sujeitos.

Pode, no entanto, a adesão estar dependente do preenchimento de requisitos objetivos previamente estabelecidos e/ou da concordância maioritária ou unânime dos membros originários.[665]

Por fim, a adesão pode estar apenas dependente da realização de uma entrada ou contributo para um fim patrimonial posto em comum pelos membros, sem que para essa adesão interceda a vontade dos demais membros.

Quanto aos contratos bilaterais estruturantes de uma rede de feição vertical, será menos frequente o seu caráter fechado, sendo curial a entrada de novos membros na rede, preenchidos que sejam os critérios que tenham sido definidos pelo líder/cume da rede. Não obstante, a eventual existência de critérios, por norma objetivos,[666] cujo preenchimento será necessário para a

[663] Assim, também, Isabel Maria de Oliveira Alexandre, "O Contrato de Franquia...", (cit.), pág. 371.

[664] Os contratos de rede abarcam um conjunto muito amplo de relações de cooperação interempresarial, pelo que seria generalizador afirmar que todos são *intuitus personae*. Se atentarmos nas redes com inúmeros participantes e em que a prestação de cada um deles não é verdadeiramente distintiva dos demais, a natureza *intuitus personae* tende a desvanecer-se. Quanto ao caráter elástico das redes industriais, admitindo-se nestas a substituição de cada um dos agentes, sem que fique comprometida a subsistência da rede, vide Hakan Hakansson e Jan Johanson, "Le strategie di cooperazione..." (cit.), pág. 438.

[665] Fabrizio Cafaggi salienta que, por regra, a unanimidade é exigida para entrada e saída de novos membros, no âmbito das redes de cariz multilateral. Cfr. *Contractual Networks...* (cit.), pág. 18. Joseba A. Echebarría Sáenz também considera comum a consagração da unanimidade dos demais membros para a adesão de novos membros, conquanto saliente que poderá estabelecer-se uma entrada mais flexível que não implique a modificação do contrato pré-existente, o que, segundo o Autor, será *"mais prático"*. Cfr. "Los grupos de coordinación..." (cit.), pág. 272.

[666] Não se afastando que, aqui, possam existir critérios subjetivos, como seja o interesse demonstrado pelo proponente na integração da rede. Quanto ao interesse próprio na adesão à rede, vide Pietro Zanelli, *Reti e contratto...* (cit.), pág. 237.

entrada da rede, a vontade do líder da rede apresenta-se como um elemento preponderante para a entrada de novos membros.

Assim, e mesmo que um proponente à rede vertical preencha os parâmetros eleitos pelo líder ou cume da rede para a adesão, haverá uma ampla margem de apreciação na decisão do cume da rede quanto à pretensão de entrada na rede.

Entendemos que inexiste um direito de fazer parte da rede, posto que sobreleva a livre vontade de contratar por parte do cume da rede; com efeito, ante a ausência de uma norma legal ou princípio jurídico que imponha o dever de contratar, não é ilícita a recusa de contratar.

Não sendo uma relação a encetar com um consumidor mas uma relação a instituir entre empresários, e, por outro lado, não existindo, em princípio, um dever legal de contratar que impenda sobre o cume da rede,[667] este conserva inteira autonomia e liberdade na decisão de celebração de um contrato com o potencial aderente à rede.

Nas redes de franquia, concessão e agência, manifesta-se a titularidade, por parte do franquiador, concedente e principal, de um sinal distintivo do comércio ou de uma empresa, produto, *know-how*, que justifica reconhecer àquele um poder de escolher os novos contratantes/membros da rede que o primeiro lidera.

No regime jurídico do contrato de rede, em Itália, estabelece-se, no artigo 3º, 4-ter, alínea *d)*, que o programa de rede deve indicar as modalidades de adesão por parte dos outros empresários (que pretendam subscrever o contrato de rede). No entanto, cremos que, não se vislumbrando um especial interesse público convocável para efeitos de sustentação da abertura das redes, deve permanecer incólume a liberdade contratual das partes, designadamente estabelecendo-se, no programa de rede, que não se admite a adesão de novos membros.

De todo o modo, atentemos quanto ao conteúdo daquela alínea; em relação a este ponto, tem-se assinalado que o programa de rede deve conter, em especial, alguns aspetos: (i) qualidade que deve possuir o candidato; (ii) pro-

[667] Dizemos em princípio, porquanto casos podem ocorrer em que tal dever de contratar efetivamente exista; conceba-se a hipótese – certamente de difícil verificação – em que tenha sido emitida uma promessa de contratação por parte do cume da rede, verificados que sejam determinados pressupostos objetivos. Nessa situação, em cumprimento da promessa de contratar, há um dever de celebrar o contrato que impende sobre o cume da rede. Quanto ao dever de contratar decorrente de promessa negocial, vide JOÃO DE MATOS ANTUNES VARELA, *Das obrigações...* (cit.), págs. 219 e ss. e JORGE RIBEIRO DE FARIA, *Direito das Obrigações*, Vol. I, Almedina, Coimbra 1990, pág. 171.

cedimento para submissão de proposta de adesão; (iii) critérios para a avaliação do requerimento de adesão.[668]

Concretizemos, pelo menos sumariamente, estes parâmetros.

Quando se alude à qualidade que deve possuir o candidato, entendemos que várias situações serão passíveis de avaliação, e mesmo que nos apartemos do regime jurídico italiano.

A qualidade a avaliar pode envolver o escrutínio de vários aspetos relacionados com o candidato à rede.

Se nos depararmos, por exemplo, com as redes de ROC ou SROC, a avaliação do elemento subjetivo é um aspeto determinante. O candidato à rede deve ser titular das habilitações académicas e/ou profissionais que permitam o exercício da atividade a que os membros da rede se dedicam. O membro aspirante à rede terá a qualidade de revisor oficial de contas ou sociedade de revisores oficiais de contas.

Para as redes de profissionais especializados e para cuja atividade seja necessária a detenção de um determinado título profissional, a aferição da qualidade do candidato envolve a análise da posse de tal título.

É igualmente concebível que, no âmbito do parâmetro ora em análise, se pondere a atividade e a forma pela qual essa atividade é exercida; ou seja, tratando-se de uma rede de empresas, pode exigir-se que todos os seus membros sejam sociedades comerciais, não sendo bastante, portanto, o exercício da atividade económica através de um sujeito pessoa singular.[669]

Quanto ao procedimento para submissão da proposta de adesão, entendemos que a existência de um procedimento para a submissão de proposta não constitui, sob o ponto de vista prático, uma condição comummente regulamentada.[670]

[668] Vide, por todos, Roberta Bertagnin, *Il contratto di rete...* (cit.), pág. 64 e Edoardo Bernini, Guido Bevilacqua, Eva Bredariol, Lorenza Bullo, Cristiano Casalini, Giulia Clarizio, Giuseppe Fietta, Andrea Todeschini Premuda e Diego Trentin, "Linee guida...", (cit.), pág. 75.

[669] Assim, por exemplo, Edoardo Bernini, Guido Bevilacqua, Eva Bredariol, Lorenza Bullo, Cristiano Casalini, Giulia Clarizio, Giuseppe Fietta, Andrea Todeschini Premuda e Diego Trentin, "Linee guida..." (cit.), pág. 75.

[670] Não abundam, entre nós, disposições legais que prevejam os termos em que se fará a adesão a um sistema existente, nomeadamente através de requerimento. Pelo seu interesse, cumprirá invocar o disposto nos artigos 1º e 2º do Regulamento Geral do Funcionamento dos Grupos, aprovado pela Portaria nº 242/92, de 28 de setembro. Menciona-se a existência de uma proposta de adesão, subscrita por um proponente à adesão a um grupo de compras; mais se prevê que a proposta será individual para cada participante e que da mesma deverão constar os elementos essenciais do contrato.

Os autores que sustentam a regulamentação deste ponto referem que deve ser indicado quais são os documentos que os potenciais membros devem apresentar para efeitos de apreciação do seu requerimento de adesão e a entidade, no seio da rede, a quem deve ser direcionado o pedido.[671]

Entendemos que será mais relevante, para efeitos de entrada de novos membros, a definição das regras de apreciação das candidaturas e dos procedimentos através dos quais serão tomadas as decisões quanto a entrada dos membros, do que o modo como o proponente faz chegar à rede a sua intenção de entrada.

Por outro lado, e se estivermos perante redes verticais em que o cume da rede é encabeçado por apenas uma entidade a quem incumbe a decisão de entrada de novos membros, frequentemente não se encontram definidas aquelas regras.

Não se encontrando legalmente previsto um direito de pertença a uma rede de empresas – reinando, em consequência, o princípio da autonomia negocial – consideramos que não será exigível a previsão do procedimento para submissão de proposta de adesão à rede.

Ao que acresce que, mesmo no ordenamento jurídico italiano, em que o legislador impõe que do programa de rede constem as modalidades de adesão à rede, não resulta daquele diploma que tenham de constar do programa de rede os procedimentos de submissão de candidatura.[672]

Mais, por analogia com o regime consagrado para as sociedades comerciais e para a entrada de novos sócios, consideramos que no programa de rede – nos contratos de rede celebrados ao abrigo do citado diploma italiano – apenas têm de ser plasmadas as modalidades de adesão, não necessitando os contratantes de regulamentar o modo de formalização da candidatura de adesão.

Semelhantemente, no CCoop, estabelece-se, no artigo 19º, que, para adesão à cooperativa, será necessário o cumprimento dos requisitos e condições previstos no CCoop, na legislação complementar aplicável aos diversos ramos do setor cooperativo e nos estatutos da cooperativa e, ainda, a submissão de requerimento de adesão ao órgão de administração da cooperativa.

671 Cfr. Edoardo Bernini, Guido Bevilacqua, Eva Bredariol, Lorenza Bullo, Cristiano Casalini, Giulia Clarizio, Giuseppe Fietta, Andrea Todeschini Premuda e Diego Trentin, "Linee guida..." (cit.), pág. 75.

672 Posto que tais regras não tenham que estar, por inexistência de imposição legal nesse sentido, no programa de rede, constata-se, porém, que, quanto aos critérios, estes estão normalmente indicados, ponto por ponto; sendo que, noutros casos, tal avaliação é deixada para o órgão comum da rede. Cfr. Fabrizio Cafaggi, "Il Contratto di Rete nelle prasi. Verso il consolidamento", in *Il contratto di rete per la crescita delle imprese*, Fabrizio Cafaggi, Paola Iamiceli e Gian Mosco Domenico (Dir.), Quaderni di Giurisprudenza Commerciale, Giuffrè Editore, 2012, pág. 141.

Por fim, quanto à apreciação do requerimento de adesão, entendemos que este aspeto é de primordial importância.

Conforme já tivemos oportunidade de, pelo menos *en passsant*, mencionar, nas redes verticais e em que o cume da rede é ocupado por apenas uma entidade, a apreciação da adesão, designadamente a formação da decisão de admitir a celebração de um contrato com um novo contratante/membro da rede, é efetuada por essa entidade. Sendo essa entidade uma pessoa coletiva sob a forma de sociedade comercial, serão convocáveis as disposições previstas, no CSC e no respetivo contrato de sociedade, para a matéria em causa.

Questão diversa relaciona-se com a decisão da admissão de novos contratantes quanto a redes horizontais e multilaterais. Nessa hipótese, inexiste uma entidade que encabece a rede e a quem pudessem ser atribuídos/reconhecidos os poderes de decisão de expansão da rede.

Podem os contratantes ter estabelecido regras para a tomada da decisão de admissão de novos membros, regras que podem estar relacionadas com a atribuição a um órgão interno da rede da competência exclusiva para a apreciação e tomada de decisão quanto a tal questão; pode um órgão interno ter apenas um poder de emissão de parecer quanto à admissão, cabendo aos membros a decisão final quanto à entrada do membro, e a decisão será tomada por uma maioria de votos previamente consignada.

A solução a dar a esta questão vai depender do modo como se processa a entrada na rede.

Por um lado, pode estar em causa a cessão da posição contratual, porquanto um membro pretende transmitir a posição que ocupa na rede (com todo o acervo positivo e negativo de relações jurídicas) para um terceiro, podendo essa cessão da posição contratual ser onerosa ou gratuita.

Por outro lado – e julgamos que tal situação será de verificação mais recorrente – pode a entrada na rede não implicar a substituição de membros, mas, apenas, a expansão da rede.

Qualquer uma das situações implica uma alteração ao figurino contratual inicial ou anterior, porquanto se verifica uma modificação subjetiva das partes contratantes.

2.3.1. Cessão da posição contratual

Quando perante redes que recorram, para a sua organização e/ou formalização, a esquemas contratuais legalmente típicos, que dão origem a pessoas coletivas distintas dos membros, a resposta encontra-se no seio de cada figura legal.

Assim, por exemplo, se a rede estiver constituída como uma sociedade comercial[673], será no CSC, e, mais concretamente, nas disposições relativas a cada tipo social, que se encontra a solução. A cessão da posição contratual materializar-se-á, nesta vertente, na possibilidade de transmissão da participação social (com todo o acervo que lhe é associado).

Consoante estejamos, pois, perante uma sociedade em nome coletivo, em que se exige o consentimento unânime dos demais sócios (182º nº 1 do CSC), uma sociedade por quotas, em que se exige o consentimento da sociedade (por deliberação tomada por maioria simples ou tacitamente, se a sociedade não se opuser à transmissão após notificação do sócio) quando a transmissão não seja a favor de cônjuge, ascendente, descendente ou outros sócios (228º nº 2 do CSC) ou uma sociedade anónima, em que a transmissão é, em princípio, livre.

Quando a entrada na rede societária se formalize através da entrada de um novo sócio sem qualquer transmissão da participação social, tal pode ocorrer através de um aumento de capital social por novas entradas, quando este aumento possa ser subscrito por estranhos à sociedade (cfr. artigos 87º e ss. do CSC), respeitando-se o preceituado em tais normas legais e, bem assim, o constante no CSC, para cada tipo social, em sede de maiorias de aprovação para a alteração do contrato de sociedade e de direitos de preferência na subscrição.

Quando a rede não seja uma rede societária, as partes contratantes podem nada ter prevenido quanto à entrada de novos membros, o que não será certamente inverosímil.

A regra aplicável à cessão da posição contratual é a que consta do artigo 424º do CCiv e que prevê que a cessão da posição contratual depende do consentimento do outro contratante, que pode ocorrer antes ou depois do contrato.

São várias as exceções a esta regra, sendo que algumas delas constam da própria lei e outras têm assim sido concebidas pela doutrina e pela jurisprudência.

Não cabendo na economia do presente trabalho a explanação de todos os desvios e exceções à regra consignada naquele artigo do CCiv, procuraremos elencar aquelas cuja *ratio* pode aproximar-se da subjacente à situação de que ora cuidamos.

Uma das exceções, expressamente previstas da lei, relaciona-se com a cessão da posição contratual de arrendatário, independentemente do consenti-

[673] Mantendo-se, no entanto, a autonomia dogmática e jurídica das figuras, relevando a qualidade de sócios para outros efeitos que não diretamente relacionados com o contrato de rede.

mento do senhorio, quando o contrato de arrendamento se encontre inserido no âmbito mínimo de entrega do estabelecimento, em sede de venda de estabelecimento comercial, ou seja, em caso de trespasse.

Ainda que a norma tenha tido o seu âmbito de aplicação consideravelmente reduzido nos últimos anos,[674] encontra-se prevista na alínea *a)* do nº 1 do artigo 1112º do CCiv a possibilidade de cessão da posição contratual de arrendatário, sem consentimento do senhorio, em caso de trespasse de estabelecimento comercial ou industrial.

Tem sido entendido que o fundamento subjacente à exceção se encontra na salvaguarda do interesse do empresário na aquisição de uma empresa com todos os seus elementos, designadamente com o contrato de arrendamento que pode ser um elemento essencial para a empresa adquirida e, bem assim, do interesse na *"tutela ou defesa da circulação negocial dos estabelecimentos"*.[675]

Semelhantemente, ainda que possibilitando ao locador opor-se à transmissão do contrato, provando que o cessionário não oferece garantias bastantes à execução do contrato, o regime jurídico do contrato de locação financeira admite a transmissão da posição de locatário financeiro de bens de equipamento, em caso de trespasse de estabelecimento comercial (cfr. artigo 11º do Decreto-Lei nº 149/95, de 24 de junho).[676]

Além das situações excecionais expressamente previstas na lei, tem sido considerado que a cessão da posição contratual em contratos comerciais pode não encontrar, no espartilho do artigo 424º do CCiv, a solução mais adequada para os interesses mercantis ao caso convocados.[677]

Em relação a estão questão, há que ter em conta que as únicas situações de salvaguarda do interesse mercantil expressamente previstas na lei se inserem no âmbito de uma cessão da posição contratual ocorrida na sequência ou no contexto de uma transmissão da titularidade de um estabelecimento comercial, *rectius*, de uma empresa.

Por forma a aquilatar-se quanto à possibilidade de dispensa do consentimento do outro contratante, para a cessão da posição contratual, será de analisar quais os interesses convocáveis no contrato cuja posição se pretende ceder.

[674] Quanto a contratos celebrados antes de 1995, resulta da alínea *a)* do nº 3 do artigo 28º da Lei nº 6/2006, de 27 de fevereiro, que, ocorrendo trespasse, é legítimo ao senhorio denunciar o contrato de arrendamento, desde que a denúncia seja efetuada com a antecedência de cinco anos.

[675] Assim, COUTINHO DE ABREU, *Curso de Direito Comercial*, Vol. I.... (cit.), pág. 305.

[676] Para uma análise das exceções ao regime consagrado no CCiv, em caso de trespasse de estabelecimento comercial, vide CASSIANO DOS SANTOS, *Direito Comercial...* (cit.), págs. 314 e ss.

[677] Contra a hipótese avançada em texto encontram-se os Acórdãos proferidos pelo Supremo Tribunal de justiça, datados de 07.10.1976 (Relator Miguel Caeiro) e 30.04.1996 (Relator Aragão Seia), sumário de ambos disponíveis em www.dgsi.pt.

Caso se verifique uma colisão entre um interesse mercantil e um interesse civil – como será a situação do trespasse de estabelecimento comercial situado em prédio arrendado, em que ao interesse comercial se oporá o interesse civil do senhorio – a lei reconhece supremacia ao interesse comercial (cfr. os citados preceitos legais), pelo que, analogicamente, será de admitir a dispensa do consentimento do outro contratante ou outros contratantes, não se aplicando o artigo 424º do CCiv, mas o disposto na alínea *a)* do nº 1 do artigo 1112º do mesmo diploma. [678]

CASSIANO DOS SANTOS, em relação a esta questão, acrescenta que, estando em causa dois interesses mercantis, será de aplicar analogicamente o preceituado no nº 3 do artigo 11º do Decreto-Lei nº 149/95, de 24 de junho, admitindo-se a oposição da contraparte caso esta prove que *"o contratante não oferece garantias bastantes de boa e cabal execução do contrato"*.[679]

Próximo desta posição, ainda que sem aludir à possibilidade de oposição com fundamento na diminuição das garantias, encontra-se ENGRÁCIA ANTUNES, que, salvaguarda, no entanto, e designadamente, as situações em que as partes tenham prevenido regra específica e quando os contratos sejam qualificados como *intuitus personae*.[680]

Não sendo o foro para nos pronunciarmos, sob o ponto de vista geral, quanto à aplicação do artigo 424º do CCiv no quadro da contratação mercantil, *maxime* em caso de trespasse, entendemos, inexistindo norma especial a regular expressamente a questão, ser de aplicar aquele artigo, mesmo que a transmissão da posição contratual ocorra em virtude da transmissão da titularidade da empresa.

Adicionalmente, e conforme já havíamos concluído, nas relações de rede, seja qual for a configuração da sua organização, existe, sempre, uma intenção de cooperação, orientada para objetivos comuns; atendendo à partilha de informações e *know-how*, que se verifica nas redes de empresas, consideramos que, para os demais contratantes, é relevante a *pessoa* dos demais membros.

Não obstante, temos em consideração que das redes podem fazer parte pessoas singulares ou coletivas, e, nas pessoas coletivas, podemos ter sociedades anónimas, com o capital disperso e em que se desconhece, verdadeiramente, a identidade dos sócios.

[678] Neste sentido, vide, desenvolvidamente, FILIPE CASSIANO DOS SANTOS, "Transmissão e cessação de contratos comerciais: direito comercial e direito civil nas relações comerciais", in *Nos 20 anos do Código das Sociedades Comerciais. Homenagem aos Profs. Doutores A. Ferrer Correia, Orlando de Carvalho e Vasco Lobo Xavier*, Vol. I, Coimbra Editora, 2007, págs. 296 e ss.

[679] Cfr. FILIPE CASSIANO DOS SANTOS, "Transmissão e cessação...", págs. 298-299.

[680] Cfr. JOSÉ ENGRÁCIA ANTUNES, *Direito dos Contratos...* (cit.), págs. 303-304.

O caráter pessoal das relações de rede funda-se na especificidade de cada um dos contratantes e no papel que, cada um, representa na rede. Tal relevância pode assentar num específico *know-how*, clientela, posição no mercado ou solidez financeira. Concorrem todo um conjunto de qualidades que, em caso de trespasse, podem não ser asseguradas pelo cessionário.

Só os demais contratantes estão em condições de ajuizar quanto à bondade da cessão da posição contratual e quanto ao alinhamento do novo contratante/membro com as finalidades da rede.

Consideramos, assim, aplicável o artigo 424º do CCiv, na cessão da posição contratual de um dos membros da rede, ainda que a cessão da posição contratual se encontre no contexto de um trespasse ou de uma cessão da exploração de estabelecimento comercial.

Tratando-se de uma alteração dos contratantes, a mesma implica uma alteração relevante a uma das condições contratuais que os contratantes aceitaram aquando da sua própria entrada na rede. Deste modo, entendemos que todos os contratantes devem manifestar o seu assentimento para que a cessão da posição contratual possa ser válida e eficaz.

Não se ignora que pode haver um único contratante que coloque em causa a cessão da posição contratual e, em consequência, a substituição de um membro na rede.

Consideramos, como princípio, que a recusa de consentimento não tem de ser motivada; ou seja, um contratante que não pretenda consentir na entrada de um novo membro não tem de apresentar, aos demais, a justificação para a vontade assim formada.

Isto posto, não fica afastada a aplicação de vários princípios jurídicos que enformam a atuação de qualquer sujeito num contrato, sendo que, em contexto de rede e atentas as finalidades que, por regra, estão às mesmas subjacentes, tais princípios podem impor especiais de deveres de conduta, enquanto derivação do princípio da boa fé.

Ou seja, ainda que um contratante tenha um direito de recusa de consentimento à entrada de um novo contratante/membro da rede, esse direito não pode ser exercido abusivamente. Por aplicação do disposto no artigo 334º do CCiv, pode ser considerada abusiva a recusa de consentimento, se o direito for exercido em contravenção aos limites *"impostos pela boa fé, pelos bons costumes ou pelo fim social ou económico desse direito"*.

Teremos oportunidade para voltar a este tema infra, aquando da análise das deliberações nas redes de empresas; de todo o modo, poderemos conceber, desde já, algumas situações em que o interesse da rede reclamará, da parte de todos os seus membros, uma aceitação quanto à entrada de novos membros.

Nas redes de empresas, é comum a qualquer delas a competitividade e reforço da posição de mercado, podendo o intuito lucrativo estar ou não presente.

Assim sendo, indaguem-se as circunstâncias que podem impor o consentimento de todos os membros à entrada de um novo.

Há que avaliar, em primeiro lugar, quais os objetivos inerentes à concreta rede, e, bem assim, a atividade que a mesma e/ou os seus membros realizam.

Pensemos, por exemplo, numa rede de produtores de uma determinada região geográfica que conjugam os seus esforços no sentido de promover os seus produtos. O objetivo primordial, é assim, a promoção do produto e, em consequência, o aumento das vendas.

Em segundo lugar, atende-se às qualidades reunidas pelo membro que pretende aderir à rede, no quadro dos objetivos traçados previamente pelos outros membros.

Para se impor a aceitação aos membros, não basta, segundo julgamos, que o membro aderente se enquadre nos parâmetros de atuação e objetivos vigentes na rede nem que a atividade económica por aquele desenvolvida esteja em consonância com a desenvolvida pelos demais membros. Ao que acresce o facto de a análise de um potencial cocontratante poder envolver – nada tendo as partes estipulado previamente – aspetos não inteiramente mensuráveis e objetiváveis.

A posição que se prevê que o membro candidato venha a ocupar na rede deve manifestar-se ao nível da sobrevivência da própria rede, ou pelo menos, de tal modo que, não se verificando a sua entrada, a rede ficaria substancialmente enfraquecida no mercado.

Regressando ao nosso exemplo.

A rede em causa pode ter acumulado prejuízos sucessivos, ou, caso perante uma rede despersonalizada, os seus membros podem ter acumulado situações deficitárias continuadas, por hipótese, o produto ter perdido notoriedade, terem surgido produtos sucedâneos que, comercializados a preços mais baixo, ocuparam a posição de mercado previamente assumida pelos dos membros da rede.

Numa perspetiva de recuperação da posição da rede, o potencial membro apresenta uma posição de mercado consolidada e é, também por hipótese, titular de uma marca cuja notoriedade tem sido genericamente reconhecida.

Entendemos que, nessa situação, pode atuar em abuso de direito o membro da rede que recuse a entrada do novo membro, sem que apresente para a sua recusa fundamentos objetivos superiores aos interesses que se pretende salvaguardar com a entrada de um novo membro.

2.3.2. Adesão originária

Na adesão que se materialize através da entrada de um novo membro sem substituição de algum dos contratantes, não se convoca a norma prevista no artigo 424º do CCiv, porquanto inexiste uma cessão da posição contratual.

A entrada de um novo contratante, num contrato previamente celebrado, implica uma alteração contratual, em virtude da modificação subjetiva que se pretende operar.

Nos termos do disposto no nº 1 do artigo 406º do CCiv, o contrato só pode modificar-se com o consentimento dos contratantes ou nos casos admitidos na lei.[681]

Inexistindo norma legal a prevenir expressamente esta situação, quedamo-nos no segmento da norma em que se alude à necessidade de consentimento dos contratantes. Tratando-se de um contrato de rede multilateral, será necessário o consentimento unânime, à semelhança do que concluímos quanto à cessão da posição contratual, por um argumento de paridade de razão?

A resposta é afirmativa.[682]

A modificação dos contratos não carece do consentimento unânime dos contratantes, caso a lei admita a modificação com a dispensa de consentimento de alguns dos contratantes.

Entendemos que o artigo 406º do CCiv se apresenta como uma norma geral, que será aplicável aos contratos comerciais, como serão os contratos de rede, por decorrência do disposto no artigo 3º do CCom.

O direito civil apresenta-se como um direito que se aplica diretamente às relações comerciais, em todos aqueles casos em que, propositadamente, o legislador mercantil, sabendo a solução vigente naquele conjunto de diplomas, considerou que tais normas seriam adequadas para aplicação a relações mercantis, porquanto o direito civil é direito privado comum.

Uma leitura mais precipitada do disposto no artigo 3º do CCom poderia induzir o intérprete à conclusão de acordo com a qual o direito civil só seria aplicável se as soluções positivadas na lei comercial ou decorrentes do seu espírito ou de casos análogos não fossem idóneas para a específica situação em crise.

[681] Voltaremos a esta norma infra, aquando da análise da possibilidade de aumento das contribuições dos membros da rede, quando inexista qualquer cláusula contratual a impô-lo.

[682] Neste sentido, designadamente, Pietro Zanelli, *Reti e contratto...* (cit.), pág. 272.
A exigência de unanimidade para a adesão de novos membros encontra-se plasmada, também, no regime jurídico dos ACE's – artigo 10º do Decreto-Lei nº 430/73, de 25 de agosto.

Acompanhamos, aqui, VASCO LOBO XAVIER, quando refere que o direito comercial *"de caso pensado"* relega alguns aspetos dos contratos comerciais para o direito civil.[683]

É essa a interpretação que sufragamos.

No âmbito das alterações contratuais, entendemos que, nada tendo as partes prevenido e inexistindo norma expressa que estabeleça regime diverso, será de exigir o consentimento de todos os contratantes, para que uma alteração contratual se formalize.

Se atentarmos nos contratos especialmente regulados no CCiv, constatamos que, nos mesmos, a regra consagrada no nº 1 do artigo 406º do CCiv é genericamente transposta para cada um dos contratos. Excecionamos, naturalmente, as específicas disposições consagradas no regime da locação, e que já tivemos oportunidade de analisar supra.

Salientamos, ainda, o regime consagrado para os contratos civis de sociedade, em que se consagra o consentimento de todos os sócios, salvo se o contrato o dispensar (cfr. artigo 982º nº 1 do CCiv).

Quanto à formação do consentimento, o raciocínio exposto quanto à cessão da posição contratual pode aqui ser transposto, com as devidas adaptações.

Conceba-se uma rede de empresas não subsumível a qualquer figura tipicamente prevista na lei, ou seja, uma rede meramente contratual, que não envolve a constituição de uma pessoa coletiva distinta dos membros. No âmbito dessa rede, existe um órgão que é composto pela coletividade dos membros – onde todos os membros têm assento e que corresponderá, grosso modo, a uma assembleia geral de membros – e ainda um órgão de governo na rede.

Em caso de omissão de regras próprias quanto à repartição de competências entre a assembleia e o órgão de governo, a quem será reconhecida a competência para decidir quanto à entrada de novos membros?

Entendemos que a competência regra será da coletividade dos membros e não do órgão de governo, já que são os primeiros que, na ausência de atribuição contratual da competência a outros órgãos, manifestam a vontade da globalidade dos membros; por outro lado, a decisão de admissão de novos membros não é, pela sua natureza, uma matéria que tenha que ser atribuída a um órgão de governo.

No plano do direito constituído, nas escassas alusões legais a procedimento para entrada em pessoa coletiva, atribui-se essa competência ao órgão de dire-

[683] Cfr. VASCO LOBO XAVIER, *Direito Comercial. Sumários*. Ed. Policopiada, Coimbra, 1977-78, pág. 14.

ção ou governo e não à coletividade dos membros, apesar de a estes poder caber, também legalmente, a apreciação da bondade da decisão da direção quanto à pretendida entrada.

Temos em mente o disposto, para a entrada nas cooperativas, no artigo 19º do CCoop. Consagra-se que o requerimento deve ser submetido para a apreciação do órgão de administração, admitindo-se que possa haver recurso quanto à deliberação que vier a ser tomada, decidindo, nesse caso, a assembleia geral.

No que se reporta aos ACE, o legislador, quando o contrato nada estipule em relação a essa matéria, atribui a competência aos agrupados e fixa a unanimidade. É o que resulta, expressamente, do disposto no artigo 10º do Decreto-Lei nº 430/73, de 25 de agosto.

No regime aplicável às associações, não constitui matéria exclusiva da assembleia geral a relativa à admissão de novos associados; pode, no entanto, competir àquele órgão essa deliberação, atenta a competência residual do mesmo para as matérias não atribuídas a outro órgão (cfr. artigo 172º do CCiv).

A doutrina italiana, quanto a esta matéria, e perante a ausência de disposição legal expressa, no regime jurídico do contrato de rede, salienta que, sob o ponto de vista prático, nos contratos de rede celebrados, tem esta competência de decisão de admissão de novos membros sido atribuída ao órgão comum.[684/685]

Do ponto de vista operacional, afigura-se a solução mais adequada. Desde logo, porquanto, tratando-se de redes abertas e cujo universo potencial de novos membros seja grande, pode não ser compatível com a dinâmica da rede a convocação da coletividade dos membros sempre e quando se verifique a necessidade de ponderar quanto à entrada de novos membros. Por outro lado, a admissão de novos membros pode envolver uma minuciosa análise quanto ao cumprimento de critérios objetivos e/ou subjetivos que pode tornar morosa uma apreciação quando a mesma seja atribuída a um elevado número de pessoas.

[684] Cfr. Fabrizio Cafaggi, "Il Contratto di Rete nelle prasi..." (cit.), pág. 141. Massimiliano Di Pace et alia apontam que as partes, no programa de rede, podem estabelecer que a competência recai sobre a coletividade dos membros ou sobre o órgão comum. Cfr. "La rete di imprese... (cit.), pág. 32.

[685] Pietro Zanelli convoca a aplicação do disposto no artigo 1332º do Codice Civile, o qual prevê que o requerimento de adesão deve ser dirigido, na ausência de regra expressa, ao órgão constituído no seio do contrato e, na falta deste, a todos os contratantes originários. Cfr. *Reti e contratto...* (cit.), pág. 44.

No entanto, inexistindo cláusula contratual que o preveja, e atendendo a que a admissão de um novo membro configura uma alteração ao contrato celebrado, teremos de concluir que, entre nós, por aplicação do disposto no artigo 406º do CCiv, caberá à coletividade dos membros, reunidos ou não em assembleia, decidir quanto à entrada de novos membros na rede.

2.4. Direitos e obrigações dos contratantes/membros da rede

Constitui a temática dos direitos e obrigações dos contratantes uma daquelas sobre que mais se debruçam os Tribunais e a doutrina, aquando da análise de um determinado tipo contratual, porquanto à definição de tais direitos e obrigações associa-se a análise do cumprimento dos mesmos e as consequências a que dá origem o seu incumprimento, nomeadamente para efeitos de ressarcimento.

Se tivermos em conta o regime jurídico do contrato de rede em Itália, impõe-se que o contrato de rede (na parte relativa ao programa de rede) contenha a enunciação dos direitos e obrigações assumidas pelas partes.[686]

A necessidade de indicação dos direitos e obrigações afasta o contrato de rede do contrato de sociedade, já que, no campo do direito das sociedades, é o legislador que define – mesmo que as partes nada estipulem nesse sentido – quais são os direitos e obrigações que impendem sobre os sócios,[687] donde se impor um especial ónus sobre os contratantes, quanto à previsão expressa de direitos e obrigações que não resultem das regras gerais dos negócios jurídicos.

No que toca à rede de índole multilateral, os direitos e obrigações dos membros estão, por regra, definidos e escritos contratualmente, não sendo imperioso que sejam iguais entre todos os membros.

Atentemos, pois, quanto ao princípio da igualdade.

[686] Como assinala MARIO MAZZEO, não basta que os contratantes estabeleçam qual o objetivo comum, sendo necessário que do programa de rede constem todos os direitos e obrigações. Cfr. "Nasce il contratto di rete", in *Pavimenti e Superfici Continue*, nº 14, 2009, disponível em http://www.conpaviper.com /intra/upload/articolo/file/16_nasce__il_contratto_di_rete.pdf, pág. 45. Parece-nos, no entanto, que atenta a *ratio* subjacente ao contrato de rede, tal como se encontra acolhido naquele ordenamento, não será exigível que todos os direitos e obrigações constem plasmados no programa de rede se tais direitos e obrigações resultarem, por exemplo, de normas legais aplicáveis, designadamente do previsto no Código Civil. Temos em mente, por exemplo, o dever de boa fé que deverá presidir a qualquer relação contratual e que entendemos que, atento o seu caráter imperativo, não carece de consagração expressa para que as partes ao mesmo fiquem vinculadas.

[687] Assim, MASSIMILIANO DI PACE et alia, "La rete di imprese... (cit.), pág. 26.

Nas sociedades comerciais, não se encontra expressamente previsto no CSC, com caráter geral, o princípio da igualdade de tratamento entre os sócios; no entanto, tem vindo a ser reconhecido o seu caráter imperativo, por conjugação de várias normas previstas naquele diploma (artigos 22º nº 1, 58º nº 1, alínea *b)*, 203º nº 2, 231º nº 4, 231º nº 4, 250º nº 1, 321º, 344º nº 2, 346º nº 3 e 384º nº 1).[688]

O artigo 321º do CSC tem mesmo a epígrafe *"igualdade de tratamento entre acionistas"*; no entanto, no corpo do artigo, alude-se a um aspeto específico em que a igualdade é imposta e que se prende com as aquisições a alienações de ações próprias.[689]

De todo o modo, admitindo-se que possam existir direitos e obrigações de conteúdo diferente, entre os vários membros da rede multilateral, os mesmos têm o mesmo substrato, porquanto os membros se encontram, por norma, na mesma posição contratual (em regra, redes horizontais).

Não assim nas redes formadas por grupos de contratos bilaterais (em regra, redes verticais). No âmbito destas redes, constatam-se, sobretudo, duas partes: uma que integra o cume da rede e outra formada pela generalidade dos contratantes que à rede aderem e que estão, na sua globalidade, no mesmo segmento contratual.

Para efeitos de análise dos direitos e obrigações que impendem sobre os membros de uma rede de empresas, destacaremos os direitos e obrigações que, no nosso entendimento, manifestam especificidades em face daqueles aplicáveis a qualquer sujeito jurídico parte de um negócio jurídico.

2.4.1. Obrigação de realização de entrada

Conforme mencionado, nem todas as redes envolvem a obrigação de realização de uma prestação para que o proponente possa ser considerado membro da rede. Por outro lado, quando se preveja a realização de uma entrada, a mesma não é necessariamente canalizada para um fundo patrimonial comum, que, como se viu, não tem que existir para se concluir quanto à verificação de um fenómeno reticular.

[688] Neste sentido, vide Coutinho de Abreu, *Curso de Direito Comercial, Vol. II...* (cit.), págs. 212 e ss. Também jurisprudencialmente tem vindo a ser sustentado o princípio da igualdade de tratamento entre os sócios, frequentemente associado ao princípio da boa fé na execução dos contratos. Designadamente, neste sentido, vide Acórdão do STJ, proferido no âmbito do Processo nº 04A407 (datado de 09-10-2003) e Acórdão do TRG, proferido no âmbito do Processo nº 887/07-1 (datado de 20-09-2007). Ambos disponíveis, para consulta, em www.dgsi.pt.

[689] Quanto à análise deste artigo, sob o prisma do princípio da igualdade dos acionistas, vide, designadamente, Paulo Olavo Cunha, *Direito das Sociedades...* (cit.), págs. 230-233.

Quanto às redes verticais formadas por contratos bilaterais – e recuperando o nosso prestável exemplo das redes de franquia – é comum a consagração de uma entrada inicial por parte do aderente à rede.

Na franquia, designa-se como *"entry fee"* a quantia inicial fixa, em dinheiro, entregue pelo franquiado ao franquiador, como contrapartida pela utilização do sinal distintivo do franquiador, no quadro da rede em que o franquiador está inserido,[690] acrescentando, ainda, parte da doutrina que tal quantia inicial destinar-se-á, adicionalmente, a custear a transmissão de saber-fazer, a formação a prestar ao franquiado e ainda a assistência técnica que este beneficiará do franquiador.[691]

Para se analisarem as entradas na rede, haverá que ter em conta a entidade veículo da rede que tenha eventualmente sido instituída pelos membros da rede. Assim, se estivermos perante uma sociedade comercial ou um ACE, por exemplo, não vislumbramos especificidades em face do regime jurídico das entradas previsto em cada um dos tipos sociais, em caso de sociedades comerciais, ou o previsto para os ACE.

2.4.1.1. Entradas em dinheiro e/ou em espécie

Não será o escopo do nosso estudo a enumeração das entradas admissíveis numa relação de redes de empresas. De todo o modo, referir-nos-emos às mais comuns, àquelas que, pela natureza da relação jurídica instituída, os contratantes a elas recorrem, para cumprimento da obrigação de entrada contratualmente exigida.

Entendemos que os direitos patrimoniais sobre sinais distintivos do comércio são normalmente transmissíveis; será comum o direito sobre marcas, insígnias ou patentes (apesar de estas últimas não serem sinais distintivos do comércio).[692]

Serão, igualmente, comuns as entradas com maquinaria industrial, *software*, instrumentos ou partes de imóveis.[693]

Quando nos deparamos com uma rede que não seja formada por recurso a uma estrutura típica, a liberdade contratual das partes encontra terreno livre

[690] Como bem nota José Alberto Vieira, *O Contrato de Concessão...* (cit), pág. 65, não existe esta entrada inicial no âmbito do contrato de concessão, acrescentando: *"Na concessão comercial o concedente não é remunerado, em caso algum, pelo concessionário."*

[691] Neste sentido, Isabel Maria de Oliveira Alexandre, "O contrato de franquia...", (cit.), pág. 362.

[692] Assim, também, Giuseppe Cavallaro, "The Network..." (cit.), pág. 2.

[693] Neste sentido, Pietro Zanelli, *Reti e contratto...* (cit.), pág. 215.

para a consagração das cláusulas que os membros da rede pretendam, o que não constitui exceção o regime instituído para as entradas na rede.

O que se pode ponderar é se, perante a ausência de normas expressas quanto à avaliação das entradas nas redes, podem, ou devem, ser convocadas as normas previstas para a avaliação das entradas nas sociedades comerciais.

A vontade dos membros das redes é aqui o ponto de referência para a escolha do regime aplicável. As partes podem estabelecer que as entradas em espécie para as redes são objeto de avaliação nos mesmos termos que os previstos no CSC, *maxime* exigindo-se a intervenção de um ROC, sem interesses na sociedade (cfr. artigo 28º do CSC).

No que se refere à segunda questão avalie-se se tais normas se aplicam, analogicamente, sem que interceda a vontade das partes nesse sentido.

A resposta é, quanto a nós, negativa, por um conjunto variado de razões.

Desde logo, atente-se na *ratio legis* subjacente ao aludido preceito legal, que transpôs, para o ordenamento jurídico português, a Diretiva 77/91/CEE do Conselho, de 13 de dezembro de 1976 ("Segunda Diretiva"), mais concretamente o seu artigo 10º. Ainda que a Segunda Diretiva tivesse em vista as sociedades anónimas, a regra relativa à avaliação das entradas *"em bens diferentes de dinheiro"* encontra-se sistematicamente inserida nas normas gerais e é, portanto, aplicável a qualquer tipo social.

A finalidade tida em vista pelo legislador europeu prendia-se com a salvaguarda dos interesses dos sócios e de terceiros, sendo que os terceiros aqui considerados são, inevitavelmente, os credores sociais.

Nas redes, conquanto se reconheça que os credores dos membros das redes possam carecer de especial tutela – designadamente porquanto a entidade com quem contratam pode não oferecer garantias bastantes de cumprimento – não têm os credores qualquer capital social e, normalmente, qualquer fundo patrimonial que lhes pudesse oferecer uma garantia.

Assim, e pelo exposto, propendemos pela desnecessidade de avaliação, por um ROC, das entradas que os membros da rede pretendam efetuar em espécie.[694]

Um olhar, ainda, quanto ao estabelecido, nesta matéria, no regime jurídico italiano do contrato de rede.

A lei que regula o contrato de rede no ordenamento jurídico italiano (Decreto-Lei nº 5, de 10 de fevereiro de 2009) não prevê a aplicação ao con-

[694] Se pensarmos no direito constituído português, nem toda a atividade de avaliação de bens se encontra reservada aos ROC. Por exemplo, os ativos dos fundos de investimento podem ser avaliados pelas sociedades gestoras e por peritos avaliadores de imóveis (artigos 93º e ss. e 144º do RGOIC).

trato de rede das regras de avaliação das entradas previstas no contrato de sociedade, ainda que estabeleça que o programa de rede deve conter *"os critérios de avaliação e das entradas iniciais e das eventuais contribuições sucessivas que cada um dos participantes de obriga a entregar ao fundo"*.

Sandro Cerato defende que se devem aproveitar as regras de avaliação das contribuições das sociedades de capitais, uma vez que seriam inspiradas pela mesma finalidade.[695]

Em sentido ligeiramente diverso, encontramos Giuseppe Cavallaro. O Autor considera que o termo *"entradas"*, utilizado pelo legislador, não deve conduzir a equívocos, porquanto não é utilizado no seu sentido técnico, não sendo de assumir qualquer remissão para as regras societárias e para os princípios delas decorrentes.[696]

Consideramos que, quando o legislador italiano alude a *"critérios de avaliação"* das entradas iniciais, indiretamente está a assumir que as entradas na rede – para efeitos de realização do fundo comum da rede – podem ser em bens diferentes de dinheiro, pois que só aqueles, e não este, carecem de avaliação.

2.4.1.2. A existência de capital comum na rede. Problematização[697]

Quando se preveja a obrigação de realização de entradas ou de prestações periódicas, apesar de inexistir uma prestação inicial, como sucede nas sociedades comerciais, cumpre avaliar se se pode reconhecer o conjunto das contribuições feitas pelos membros da rede como um capital comum.

Nas sociedades comerciais, o capital social apresenta-se como um valor que representa o somatório dos valores nominais das participações sociais.[698] São doutrinalmente apontadas, como funções do capital social, a função de organização, de produção ou financiamento e a função de garantia.[699]

Parte da doutrina considera configurável a existência de capital nas redes de empresas; no entanto, quando o mesmo exista, consideram que este não tem por função o financiamento da atividade dos membros mas da estrutura de coordenação.[700]

[695] Cfr. "L'evoluzione della «rete»... (cit.), pág. 39.

[696] Cfr. Giuseppe Cavallaro, "La rete e i patrimoni destinati"... (cit.), pág. 252.

[697] Recupere-se, aqui, o exposto em I.2.2.5., quanto à avaliação do fundo patrimonial como elemento constitutivo das redes de empresas.

[698] Assim, Coutinho de Abreu, *Curso de Direito Comercial, Vol. II*... (cit.), pág. 66 e, igualmente, Paulo de Tarso Domingues, *Variações sobre o Capital*... (cit.), págs. 47 e ss.

[699] Cfr. Paulo de Tarso Domingues, *Variações sobre o Capital*... (cit.), págs. 556 e ss.

[700] Neste sentido, Juan Ignacio Ruiz Peris, "Un derecho específico..." (cit.), pág. 114.

Reconhecendo embora pertinência a este enquadramento, entendemos que, nessa hipótese, o capital comum da rede pode não exercer uma função muito diversa da exercida pelo capital social nas sociedades comerciais. Na verdade, nestas, como nas redes, o capital social não tem em vista suportar, ao nível do financiamento, a atividade exercida pelos sócios. A sociedade age por si, através dos órgãos representativos, e a atividade que a mesma desenvolve a ela é reconduzida, nela se produzem os efeitos da atuação destes órgãos.

Quando se alude à estrutura de coordenação na rede e ao facto de à mesma se dirigir o capital posto em comum pelos membros da rede não nos afastamos, sob o ponto de vista substancial, do capital social estar afeto à sociedade comercial.

Ainda que os contratantes, membros de uma rede de empresas, possam constituir um fundo patrimonial, que se apresenta como um conjunto de bens destinados a suportar a atividade desenvolvida pelos membros ou a financiar a estrutura de coordenação da rede, não se pode concluir que estamos na presença de um capital comum da rede.

Aliás, o somatório das contribuições iniciais e periódicas que os membros realizam canalizam-se para o que se pode designar património (comum) da rede e não para o capital (comum) da rede. À noção de capital social anda associada a sua intangibilidade, a sua apresentação como cifra de retenção, os constrangimentos quanto à sua movimentação e livre utilização por parte dos sócios.

Quando as redes de empresas não se organizem sobre a forma de uma sociedade comercial e, portanto, quando inexista qualquer imposição legal de previsão de um capital social, as contribuições dos membros da rede não formam um capital comum, mas um acervo patrimonial comum, a que não se aplicam, nem tão-pouco analogicamente, as disposições legais concebidas para o capital social nas sociedades comerciais, as quais prosseguem finalidades diversas, designadamente porque falha, segundo cremos, ao capital comum da rede a função de garantia que se reconhece ao capital social.

2.4.1.3. As contribuições após a adesão à rede

Eventuais contribuições após a adesão à rede não são, no rigor dos princípios, a concretização de uma obrigação de entrada; contudo, pelo menos sumariamente, há que ponderar se será admissível a previsão da obrigatoriedade de realização de contribuições periódicas.

A previsão de entrega, periódica, de contribuições, *maxime* em dinheiro, é comum nas redes de franquia, nas quais, o franquiado, além de estar vinculado à entrega de uma quantia inicial, está, comummente, obrigado a realizar prestações periódicas, os designados *royalties*.

Nas redes que resultam da celebração de um contrato multilateral, entendemos que a autonomia das partes e a circunstância de poderem existir custos comuns em que incorrem os membros ou o cume da rede manifesta-se na previsão, no acordo ou acordos celebrados, da exigibilidade de tais contribuições. A periodicidade da sua realização pode estar antecipadamente definida ou pode resultar de uma necessidade de reembolso de despesas efetuadas, após a sua realização.

A este propósito, invocamos, novamente, o disposto na alínea *c)* do artigo 1167º do CCiv, o qual prevê que o mandante está obrigado a reembolsar o mandatário das despesas feitas, que sejam fundadamente consideradas indispensáveis.

A aplicação desta alínea pode resultar diretamente, porquanto, podendo estar em causa despesas realizadas pelo cume da rede por conta dos demais membros, com ou sem poderes de representação, e tratando-se de uma atuação passível de subsunção a um contrato de mandato – na medida em que o cume da rede se terá obrigado a praticar atos jurídicos por conta dos membros da rede – essa obrigação resulta da lei.

O CCom, quanto às disposições referentes ao mandato comercial – aplicáveis atenta a qualificação das relações de rede de empresas enquanto relações mercantis – consagra uma regra ligeiramente diferente quanto ao reembolso das despesas em que incorreu o mandatário (cfr. artigo 243º § 1 do CCom).

Quando a execução do mandato comercial preveja a existência de fundos por parte do mandatário e, se houver aceitação no sentido da realização do mandato com essas condições, o mandante é obrigado a colocar à disposição do mandatário as importâncias necessárias.

Assim, enquanto no mandato civil se estabelece a ressarcibilidade das despesas indispensáveis, no mandato comercial será legítimo ao mandatário exigir do mandante que este o reembolse de despesas necessárias.

Por outro lado, conquanto não exista qualquer contrato de mandato, a atuação do cume da rede por conta dos membros pode ter na sua base um contrato de prestação de serviços (atípico). Nessa medida, e por aplicação do disposto no artigo 1156º do CCiv, que considera extensíveis aos contratos de prestação de serviços as disposições sobre o mandato, também é exigível aos beneficiários dos serviços prestados pelo cume da rede o reembolso das despesas por aquele incorridas.

Questão diversa é a atuação do cume da rede, por conta dos membros da rede, não ser subsumível a um contrato de prestação de serviços, podendo, até, a atuação ocorrer sem que previamente tenha recebido qualquer mandato por parte dos membros. Nesse caso, se estiver em causa uma atuação por conta e no interesse dos membros da rede, sem prévia autorização por parte de tais membros, pode ocorrer uma atuação em gestão de negócios; concluindo-se pela verificação de uma atuação como gestor de negócios, tem este direito a ser reembolsado das despesas que tenha considerado fundadamente como indispensáveis (cfr. artigo 468º do CCiv).[701]

A similitude entre os dois artigos é evidente e reclama, sobretudo, uma concretização. Ambos os artigos – 1167º *c)* e o 468º do CCiv – aludem à indispensabilidade dos custos incorridos que o mandatário e o gestor assim tenham fundadamente considerado.

Entendemos, porém, que, numa relação de rede, e em que se verifique uma atuação do cume da rede em conformidade com os objetivos da rede, globalmente considerada, o conceito de indispensabilidade deve ser analisado no quadro e à luz dos fundamentos e amplitude dos custos incorridos no especial contexto de rede. Assim, tenderíamos a concluir que se os custos forem razoáveis e necessários para a atuação do cume da rede por conta dos membros da rede, serão estes obrigados a reembolsar as despesas incorridas.

As contribuições que podem ser exigidas aos membros da rede podem não estar relacionadas, apenas, com a satisfação de despesas, sejam estas ordinárias, conexas ao funcionamento e gestão da rede – que pode ser dirigida por um cume da rede ou partilhada por todos os alguns dos membros – sejam extraordinárias, por exemplo, a realização de obras em imóveis comuns.

Pode suceder que se verifique a necessidade de os membros realizarem despesas qualificáveis como investimentos. Na ausência de qualquer estipulação nos instrumentos contratuais celebrados entre os membros da rede, ponderemos se é exigível a sua realização, atentos os fundamentos e objetivos de uma relação reticular.

Apesar de os enquadramentos das figuras serem diversos, designadamente pelo facto de, nas redes, não se apresentar imperiosa a existência de uma enti-

[701] Como referem Pires de Lima e Antunes Varela, a avaliação da indispensabilidade das despesas convoca uma análise simultaneamente objetiva e subjetiva. A indispensabilidade há-de ser aferida em função do que tenha considerado o mandatário (vertente subjetiva), ainda que essa indispensabilidade tenha que ter sido suportada fundadamente (vertente objetiva). Cfr. *Código Civil Anotado*, Vol. I... (cit.), anotação ao artigo 468º, pág. 450. Ribeiro de Faria, em relação ao mesmo artigo, qualifica a análise do mandatário como *"subjectivismo moderado"*. Cfr. *Direito das Obrigações*... (cit.), pág. 358.

dade jurídica distinta dos membros, pode equacionar-se a aplicação das regras relativas ao aumento de capital nas sociedades comerciais.

Tem a doutrina colocado especial interesse no dever de os sócios aprovarem – ou viabilizarem a aprovação – um aumento de capital na sociedade de que são membros, quando esteja em causa uma situação deficitária da sociedade.[702] Tal dever não se materializa, no entanto, no dever de participar no efetivo aumento de capital, através da realização de contribuições em dinheiro.

A não exigibilidade, no campo do direito das sociedades, de participação no aumento de capital relaciona-se, segundo cremos, com a ponderação das expectativas dos sócios aquando da entrada numa sociedade comercial.

Na verdade, no campo dos deveres que impendem sobre os sócios consta o dever de realização de entrada [cfr. artigo 20º, alínea *a)*, CSC]. Podem os sócios ser obrigados a realizar prestações à sociedade além da entrada inicial, designadamente por via da realização de prestações suplementares ou prestações acessórias; no entanto, a possibilidade de poderem ser exigíveis aos sócios tais prestações tem que estar expressamente prevista no contrato de sociedade.

Se as prestações além do capital vierem a ser inseridas posteriormente à constituição da sociedade ou à entrada do sócio, envolve tal medida a verificação do procedimento de alteração do contrato de sociedade, que, como se sabe, exige especiais maiorias de aprovação (cfr. artigos 194º, nº 1, para as sociedades em nome coletivo, 265º, para as sociedades por quotas e 383º e 386º, para as sociedades anónimas). Adicionalmente, os sócios que votem contra (vencidos) a alteração do contrato de sociedade, que se materialize através do aumento das contribuições dos sócios, veem protegida a sua posição,[703] atento o disposto no nº 2 do artigo 86º do CSC.[704]

Analisado o regime patente nas sociedades comerciais, entendemos que idênticas considerações devem ser tecidas no âmbito das redes.

[702] Decorrência, parece-nos, de dever de atuação compatível com o interesse social. Vide, desenvolvidamente, COUTINHO DE ABREU, *Curso de Direito Comercial*, Vol. II... (cit.), págs. 319 e ss.

[703] Quando nos referimos à proteção da posição do sócio referimo-nos à proteção do sócio enquanto sujeito obrigado (ou não) à realização de contribuições adicionais para a sociedade. Naturalmente que a posição relativa do sócio em relação à sociedade não ficará incólume se for deliberado o aumento de capital (ainda que com o voto contrário desse sócio) e este não participar no aumento do capital, vendo a sua posição enfraquecida em conformidade.

[704] Salientando que tal disposição se compreende *"pois mais não é do que um corolário do princípio geral da intangibilidade das relações obrigacionais"*, vide PAULO DE TARSO DOMINGUES, anotação ao artigo 86º, in *Código das Sociedades Comerciais em Comentário*, Vol. II, Coord. JORGE M. COUTINHO DE ABREU, Almedina, 2011, pág. 30.

Nas redes de empresas, como vimos, existe, pelo menos, um contrato, ainda que possa não ser um contrato que vincule todos os membros das redes, já que consideramos admissível que uma rede se forme através da combinação de contratos bilaterais, não sendo mister que, de cada um deles, façam parte todos os membros.

Assente, pois, um contrato na base de cada rede, teremos inevitavelmente que considerar as normas e princípios aplicáveis aos contratos civis e comerciais.

Em relação a esta questão, rege, desde logo, o vertido no nº 1 do artigo 406º do CCiv.

A vertente que aqui destacamos é a da possibilidade de modificação do contrato sem que concorra a vontade de todos os contratantes.

Fora da nossa análise estão as hipóteses em que a modificação do contrato – ainda no plano em que nos encontramos, no que se refere à obrigação de realização de prestações adicionais não previstas no contrato – está expressamente acordada entre os contratantes e, no(s) contrato(s) celebrado(s), se estabelecem expressamente as condições em que o mesmo pode ser modificado.[705]

Apesar de nem todos os ordenamentos jurídicos terem consagrado idêntica disposição, entre nós haverá uma válvula de escape para a designada intangibilidade das relações obrigacionais, através da modificação do contrato por alteração das circunstâncias, ao abrigo do disposto nos artigos 437º a 439º do CCiv.

A nível jurisprudencial, as situações que têm levado à aplicação deste instituto estão relacionadas com a necessidade de desagravamento das obrigações assumidas e não com a hipótese que aqui cuidamos, a da necessidade de contributos adicionais dos membros, que não se previam aquando da celebração do(s) contrato(s).

Por força da crise financeira (comummente apelidada de *"crise do sub-prime"*), com que se depararam vários Estados da zona euro – entre os quais, Portugal – multiplicaram-se as invocações em juízo dos artigos 437º a 439º do CCiv para fundamentar a modificação ou resolução de contratos, com fundamento na alteração das circunstâncias em que as partes fundaram a intenção de contratar.

A larga maioria das situações colocadas à apreciação com base naquelas normas, prendia-se com os contratos de *swap* e a ponderação sobre a exigibili-

[705] A modificação do contrato, *maxime* na contratação mercantil, tem sido utilizada com o recurso a algumas cláusulas, que a *praxis* tem vindo a solidificar. Aponta a doutrina as cláusulas de *"force majeure"*, *"hardship"*, de revisão automática e de revisão concorrente. Para uma análise destas cláusulas vide José Engrácia Antunes, *Direito dos Contratos...* (cit.), págs. 311 e ss.

dade da manutenção dos mesmos ou, pelo menos, a manutenção dos contratos nas condições iniciais de contratação, quando o contrato preveja atualizações automáticas, em função, designadamente, da evolução do mercado.

Têm sido proferidos vários acórdãos no sentido de, reconhecendo-se a imprevisibilidade da evolução do sistema financeiro, não ser exigível ao cliente que contratou um *swap* o exato cumprimento do contrato[706] e, bem assim, na sequência da mesma alteração inesperada, verificada no sistema financeiro, a necessidade de modificar as condições acordadas em contrato de abertura de crédito.[707]

Não se nos afigura bastante, para fundar a modificação ou resolução do contrato, que tenha existido uma alteração no mercado. Sendo as crises financeiras um fenómeno de verificação cíclica, apesar de poderem assumir contornos diversos, nomeadamente quanto à intensidade das consequências que provocam, devem as mesmas ser analisadas com especial cautela, no quadro do regime da alteração das circunstâncias.[708]

Em qualquer caso, cumprirá verificar se os artigos 437º a 439º CCiv podem ser aplicados à situação em apreço, ou seja, se é viável recorrer àqueles artigos, quer por aplicação direta, quer, até, por interpretação extensiva ou aplicação analógica, para fundar uma exigibilidade legítima de aumento de contribuições aos membros da rede.

Constitui um dos pressupostos para aplicação destas normas que exista uma parte lesada, contratante num determinado negócio jurídico. Quando nos debruçamos sobre uma relação de rede em que se verifique a efetiva necessidade, para a rede poder garantir, como um todo, a solvabilidade da operação económica conjunta operada pelos membros, de contributos adicionais, por todos, não existe, no rigor dos princípios, uma *"parte lesada"*.

Para este efeito, entendemos que, atenta a teleologia da norma, pretende-se salvaguardar a posição de um dos contratantes, na medida em que se considera não lhe ser exigível o exato e pontual cumprimento do contrato, em

[706] A título exemplificativo, pronunciou-se pela resolução do contrato por alteração das circunstâncias, no âmbito da negociação de *swaps*, o Acórdão do STJ, proferido no âmbito do Processo nº 1387/11.5TBBCL.G1.S1, datado de 10-10-2013 (disponível em www.dgsi.pt).

[707] Quanto à modificação dos contratos de abertura de crédito, por alteração das circunstâncias, veja-se o Acórdão do TRL, do Processo nº 187/10.4TVLSB.L2-2, datado de 14-06-2012 em que concluiu o tribunal pela razoabilidade da modificação do contrato, ao nível do alargamento do prazo para o reembolso do financiamento obtido. Acórdão disponível em www.dgsi.pt.

[708] No sentido da possibilidade de ocorrerem crises financeiras, inseridas no âmbito da própria álea do contrato, vide Acórdão do TRC (Processo nº 1167/10.5TBACB-E.C1, datado de 05-11-2013) (disponível em www.dgsi.pt).

função de circunstâncias entretanto advindas e não expetáveis aquando da contratação.

O conceito de parte é, aqui, inequívoco; só é parte quem for contratante. Não pode ser considerado parte quem, desde logo, não tenha personalidade jurídica nem, em qualquer caso, quem não tenha celebrado um contrato.

De acordo, pois, com os elementos literal e teleológico de interpretação da norma, seríamos tentados a concluir que não será considerada parte lesada a rede, a entidade abstrata que pode ser o resultado da conjugação de vários contratos ou de relações contratuais de facto[709], mas que pode não se densificar numa pessoa jurídica.

Se pudermos inferir da norma uma intenção de salvaguarda de bens jurídicos, como seja a rede, poder-se-ia ponderar a aplicação analógica a todas as situações em que estivesse em causa a lesão de um bem jurídico e em que se justificasse exigir aos contratantes uma modificação das obrigações assumidas.

Entendemos, no entanto, que, na lógica do sistema em que está inserido o regime da modificação ou resolução do contrato por alteração das condições em que as partes fundaram a intenção de contratar, se pretende onerar ou desonerar um obrigado, um sujeito jurídico que está vinculado ao cumprimento de uma obrigação e que, reunidos determinados pressupostos, pode justificar-se essa alteração contratual.

Adicionalmente, se convocarmos as normas previstas para as sociedades comerciais, e a que já nos referimos supra, mesmo quando existe uma entidade com personalidade jurídica própria (sociedade comercial), cuja subsistência é necessário assegurar, não é exigível aos sócios, por exemplo, um aumento das suas contribuições, designadamente através de realização de prestações suplementares ou de subscrição de um aumento de capital social por novas entradas em dinheiro.

As normas consagradas nos artigos 437º a 439º do CCiv assumem natureza excecional e entendemos que a salvaguarda de bens jurídicos não se encontra inserida no mesmo quadro de excecionalidade que poderia justificar a aplicação analógica de tais normas.[710]

[709] Como se alude no Acórdão do STJ, datado de 17-02-2000 (Relator Miranda Gusmão), *"As relações contratuais de facto assentam sobre actos materiais reveladores da vontade de negociar mas que não se reconduzem aos moldes tradicionais do mútuo consenso (v.g., caso da utilização dos meios de transporte, das máquinas automáticas, dos parques de estacionamento remunerado)"* (disponível em www.dgsi.pt).

[710] Não nos cingimos, pois, ao comando estabelecido pelo artigo 11º do CCiv quanto à impossibilidade de aplicação analógica de normas excecionais.

Concluímos, assim, que não pode alcançar-se, através do expediente previsto nos artigos 437º a 439º do CCiv, um aumento das contribuições dos membros da rede.

Outra possibilidade para sustentação desta exigibilidade residiria na aplicação do princípio da boa fé, que norteia a atuação dos contratantes, no cumprimento das obrigações (cfr. artigo 762º do CCiv).

A boa fé constitui um princípio cuja concretização prática não se encontra expressamente prevista na lei, cabendo ao intérprete e aplicador do direito o ónus de indagar quanto ao seu conteúdo e, sobretudo, quanto às situações factuais que justificam a invocação do princípio, para efeitos de determinação do comportamento dos contratantes.

Em linha com esta possibilidade, na medida em que conjuga o princípio da boa fé com as especificidades das redes, encontramos JAUME MARTÍ MIRAVALLS. Para o Autor, a especial configuração das redes e a circunstância de as mesmas operarem em mercado que se encontra constantemente em mutação, conjugando-se com a intenção de eficiência e competitividade nas redes e, bem assim, com o princípio da boa fé, pode significar ser exigível aos membros que realizem investimentos, mesmo que não exista qualquer cláusula contratual a acautelá-lo.[711]

Consideramos ser sustentável dogmaticamente, e em abstrato, a exigibilidade de contribuições adicionais aos membros da rede com base no princípio da boa fé e atendendo, igualmente, aos objetivos traçados pelos membros da rede.

Ainda que se admita a bondade da exigência de contributos adicionais aos membros, a maior dificuldade encontra-se no modo como se operacionaliza essa exigência. Sendo exigível aos membros, qual a maioria de membros que tem que deliberar no sentido de se realizarem essas contribuições? Tem que existir uma deliberação expressa?

No que se refere às maiorias de aprovação, remetemos para o que infra diremos para a tomada de deliberações na rede, no ponto II.2.5.2.. Quanto à deliberação expressa, propendemos no sentido da sua necessidade quando o contrato ou contratos de rede não estabeleçam os termos e as condições em que tais contribuições adicionais podem ser exigidas dos membros.

No ordenamento jurídico italiano – que regulou o contrato de rede – prevê-se que, no contrato de rede que consagre a existência de um fundo patrimonial comum, constem os critérios para a realização das entradas iniciais e dos eventuais contributivos sucessivos que cada um dos participantes se obriga

[711] Cfr. JAUME MARTÍ MIRAVALLS, "Redes de distribución...", (cit.), pág. 217.

a aportar ao fundo [cfr. alínea *c)* do nº 3 do artigo 3º, co 4-ter do decreto-lei nº 5, de 10 de fevereiro]. Em relação a esta norma, sustenta-se que, para que sejam efetivamente exigíveis estas contribuições adicionais, as mesmas devem estar expressa e claramente determinadas no contrato.[712]

Questão diversa – mas com esta relacionada – é a de saber se, estando contratualmente prevista a realização de contribuições adicionais, pode um terceiro, não membro da rede, mas, eventualmente, credor da rede (quando esta tenha personalidade jurídica diversa dos membros) ou dos seus membros, exigir a efetiva realização das contribuições adicionais.

A obrigação assumida pelos membros da rede foi num contrato que apenas produz os seus efeitos entre as partes; assim, mesmo que um credor possa pretender a satisfação do seu crédito – para o que se revelaria necessária a realização de contribuições adicionais contratualmente previstas – a sua pretensão esbarra nos apertados limites fixados no artigo 406º do CCiv.[713]

Em relação a este assunto, poderemos convocar o regime estatuído para as prestações suplementares, nas sociedades comerciais.

No âmbito das sociedades comerciais, admite o legislador, no artigo 210º do CSC, que o contrato de sociedade possa prever a obrigação dos sócios efetuarem prestações suplementares, em dinheiro, além da obrigação inicial de realização de uma entrada. O legislador, tendo em vista eventuais pretensões de credores sociais, estabeleceu, expressamente, no nº 4 do artigo 212º do CSC, que, no direito a exigir a realização de prestações suplementares, não podem sub-rogar-se credores sociais.

Donde, por convocação analógica de uma norma concebida pelo legislador para a realização de prestações suplementares de capital – as quais, pela

[712] Assim, com sustentação jurisprudencial, quanto às sociedades-consórcio, vide Paola Iamiceli, "Contratto di rete, fondo comune..." (cit.), pág. 68.

[713] As hipóteses em que um terceiro se pode prevalecer de uma obrigação consignada num contrato que não é parte são, como se sabe, apenas as previstas na lei. Para as sociedades comerciais, consigna-se, no artigo 30º do CSC, que os credores podem exercer os direitos que caberiam à sociedade comercial em relação a entradas exigíveis e não realizadas pelos sócios. Quanto ao recurso a este normativo, tendo obtido provimento a pretensão do credor, vide, a título exemplificativo, o Acórdão do TRP, datado de 13.11.2006, Processo nº 0652553 (disponível em www.dgsi.pt).
Para uma análise do artigo 30º do CSC, com indicação de bibliografia, vide Maria Elisabete Ramos, Anotação ao artigo 30º, in *Código das Sociedades Comerciais em Comentário*, Vol. I, IDET, Códigos, Jorge M. Coutinho de Abreu (Coord.), Almedina, págs. 471e ss.
Pedro Pais de Vasconcelos, quanto ao direito aqui consagrado a favor dos credores sociais, refere que, pese embora a obrigação do sócio de realização da sua entrada seja em relação à sociedade, os credores da sociedade *"são também indirectamente credores dos sócios remissos"*. Cfr. *A participação social...* (cit.), pág. 273.

sua natureza, podem ser equiparáveis aos contributos suplementares exigíveis contratualmente aos membros de uma rede de empresas – tenderíamos a concluir pela impossibilidade de os credores exigirem, em substituição da rede ou dos demais membros da rede, a realização de contribuições adicionais aos membros que as não concretizaram.

Pode colocar-se, no entanto, a aplicação do regime estatuído, em geral, nos artigos 606º a 609º do CCiv, referente à sub-rogação do credor ao devedor.

O regime geral encontra-se previsto no CCiv, sendo, em consequência, passível de aplicação a todas as relações obrigacionais, excetuando as expressamente afastadas pelo dispositivo legal ora citado.

O artigo 606º admite que qualquer credor possa substituir-se ao devedor no exercício de direitos de conteúdo patrimonial contra um terceiro. O legislador exceciona as situações em que os direitos, por disposição da lei ou pela sua própria natureza, apenas possam ser exercidos pelo respetivo titular.

Quanto ao segmento *"disposição da lei"* será de singela concretização, havendo, assim, que indagar, para apreciar da bondade da pretendida sub-rogação, se se impõe, por lei expressa, o exercício do direito diretamente pelo seu titular.

No que se reporta à expressão *"pela sua natureza"* cabe intérprete e ao julgador encontrar as situações que, pela sua natureza, devam ser reservadas ao exercício por parte do seu titular.

A admissibilidade de um terceiro exigir dos membros que integram a rede a realização de contribuições (por norma pecuniárias) – substituindo-se à rede (quando esta tenha personalidade jurídica distinta dos membros[714]) ou aos demais membros – encontra a limitação consagrada, para as sociedades por quotas, no artigo 212º nº 4 do CSC. Pode aquela norma, excecional é certo, ser vislumbrada como qualificando todas situações análogas enquanto natureza diversa, o que impediria a aplicação do regime geral previsto no artigo 606º do CCiv, que admite a sub-rogação do devedor no exercício de direitos de natureza patrimonial?

Consideramos que o que está subjacente à previsão contida no nº 4 do artigo 212º do CSC é o respeito pela necessidade de uma deliberação expressa

[714] Não se colocam as dúvidas em apreço quando estivermos perante uma rede organizada com recurso à constituição de uma sociedade comercial, já que, nesse caso, o CSC dá resposta expressa no sentido da impossibilidade de um terceiro se sub-rogar à sociedade na exigência de realização, aos sócios, de prestações suplementares. Também não se colocam especiais dúvidas quando o regime jurídico previsto para as sociedades por quotas seja aplicável por remissão contratual do clausulado na rede.

dos sócios, no sentido de se exigir dos sócios a realização de prestações suplementares, na sequência do estabelecido contratualmente (211º nº 1 do CSC). Quando tal deliberação tenha sido tomada, tem vindo a ser entendido que já os credores sociais se podem sub-rogar à sociedade, no exercício do seu direito de exigir a efetiva realização de tais prestações.[715]

Assim, para se poder analisar qual o regime aplicável nas redes, haverá que avaliar em que termos se encontra contratualmente estipulada a obrigação de realização de contribuições adicionais; caso a obrigação se encontre consignada no contrato (ou contratos) de rede em termos autossuficientes, ou seja, em termos tais que se possa descortinar o montante a que cada um dos membros está obrigado, o modo em que a contribuição será feita e o prazo para a sua realização, não carecendo de qualquer ato adicional a praticar pela rede, pelos seus órgãos ou pelos seus membros, um credor da rede pode socorrer-se do disposto nos artigos 606º e ss. do CCiv. Se, ao invés, a estipulação contratual, na qual se consagre a obrigação de realização contribuições adicionais, carecer de um ato subsequente por parte de um dos sujeitos da rede – ato esse que concretizará os termos em que a contribuição será feita – aí já não será admissível a sub-rogação.

Quando o legislador alude, no nº 1 do artigo 606º do CCiv, à natureza da obrigação ser exercida pelo próprio titular terá pretendido incluir aí as situações em que, para a obrigação se constituir e ser exigível, será necessária a prática de um ato por um outro sujeito que não o sub-rogado.

2.4.2. As obrigações principais dos membros/contratantes da rede. Obrigações de *facere* e/ou *non facere*

As partes outorgantes dos contratos de rede consignam no contrato as obrigações que impendem sobre os seus membros, as quais, direcionando-se para o aumento da competitividade do mercado, podem assumir conteúdos muito diversificados, quer, por exemplo, em sede de produção quer quanto a comercialização ou investigação.

Temos assumido como pressuposto para a análise das redes e, bem assim, para a concretização de cada um dos elementos que compõem a noção de rede acolhida, que os membros das redes de empresas encetam uma relação de cooperação, tendo em vista o aumento da competitividade no mercado.

[715] Neste sentido, Alexandre Mota Pinto, Anotação ao artigo 212º, in *Código das Sociedades Comerciais em Comentário*, Vol. III, IDET, Códigos, Jorge M. Coutinho de Abreu (Coord.), Almedina, 2011, pág. 285.

Avaliemos se as obrigações assumidas por cada um dos membros se têm de manifestar como obrigações *de facere*, ou podem ser apenas e exclusivamente de *non facere*.

Aquando da descrição dos contratos de rede de feição multilateral, ECHEBARRÍA SÁENZ refere que as partes, nestes contratos, acordam em fazer ou não fazer algo,[716] admitindo assim que as obrigações assumidas pelos contratantes possam ser negativas.

É conhecida a tradicional classificação das prestações de facto enquanto positivas ou negativas; são positivas aquelas que se manifestam através de uma ação, sendo negativas as que revelam através de um comportamento omissivo, que pode ser de *"mera tolerância"*.[717]

Consideramos que, por regra, as relações de cooperação interempresarial sob a forma de rede têm subjacente a assunção de obrigações de conteúdo positivo, ou seja, os membros da rede comprometem-se a adotar condutas ativas, designadamente ao nível do fabrico, comercialização ou, em geral, de prestação de serviços.

Admitimos, no entanto, que as relações de rede também possam envolver comportamentos negativos, por exemplo, não comercialização de bens de determinado género ou não comercialização em determinada zona geográfica.[718]

Perante tal hipótese, podem os membros das redes assumir, apenas, obrigações de conteúdo negativo?

No âmbito de uma rede, e de acordo com a noção de rede que perfilhamos, há obrigações que os contratantes assumem, necessariamente, que são de conteúdo positivo e que são transversais a qualquer rede.[719] O que poderemos avaliar é se as obrigações nucleares ou principais (que não acessórias ou laterais) que assumem os membros da rede podem ser apenas de conteúdo negativo. Em relação a esta hipótese, aceitamos que podem existir redes em

[716] JOSEBA A. ECHEBARRÍA SÁENZ "Los grupos de coordinación..." (cit.), pág. 271.

[717] Neste sentido, vide JOÃO DE MATOS ANTUNES VARELA, *Das Obrigações...* (cit.), págs. 70-71.

[718] Cremos que a assunção de obrigações de conteúdo negativo, como as exemplificadamente indicadas em texto, pode levantar maiores problemas de conformidade com o direito da concorrência, na medida em que tais comportamentos podem ter como efeito a limitação ou controlo da produção em termos tais que se consideram restritivos da concorrência. Cfr. artigo 9º nº 1 alínea *b)* da Lei nº 19/2012, de 8 de maio.

[719] Temos em mente obrigações gerais, como sejam o dever de promoção da rede ou o dever de boa fé (ainda que esta também possa abranger deveres de conteúdo negativo) ou, ainda, o dever de realização de entradas ou de cumprimento de orientações do cume da rede, nas situações, naturalmente, em que, respetivamente, exista uma obrigação de entrada ou estejamos perante redes verticais.

que as obrigações principais assumidas pelos seus membros sejam, apenas, de conteúdo negativo.[720]

Apesar de se admitirem as obrigações de conteúdo negativo, tal não implica que a rede assim orientada não tenha como objetivos o aumento da capacidade competitiva dos seus membros ou o reforço da posição de mercado.

Convoquemos uma situação que, para um segmento relevante da doutrina, será passível de organização como rede e que se relaciona com o setor vitivinícola. Admitamos que os produtores de uma determinada região vitivinícola, tendo em vista a melhoria da qualidade do vinho produzido, assumem a obrigação de não incluir, na produção, uvas de determinada espécie ou de não incluir uvas que não atinjam um determinado patamar de qualidade previamente definido e acordado.

Tais obrigações assumidas – de conteúdo negativo – encontram o seu propósito em objetivos típicos de rede, como supra se aludiu.

Assim, consideramos que, nas redes, as obrigações principais assumidas pelos contratantes podem ser, apenas, de conteúdo negativo; contudo, entendemos que, simultaneamente com tais obrigações principais, haverá obrigações secundárias ou laterais com conteúdo positivo.

2.4.2.1. As obrigações do cume da rede

Atendendo a que as redes podem ter uma configuração muito diversa, admitida a existência de redes hierárquicas ou paritárias, ou se se preferir, como preferimos, verticais ou horizontais, aprecie-se se, nas redes hierárquicas/verticais, se exige que o cume da rede exerça diretamente a atividade que constitui o objeto de cada um dos componentes/nós da rede.

Entendemos que o cume da rede pode exercer apenas indiretamente a atividade económica levada a cabo pela rede, ou seja, não tem de exercer diretamente aquela atividade.

Se circunscrevermos a nossa análise ao modelo de rede que inspirou o legislador europeu e português – no âmbito da atividade dos revisores oficiais de contas – constatamos que o cume da rede, nesse setor, exerce funções de gestão da rede, designadamente ao nível da definição de procedimentos aplicáveis e ao controlo da qualidade da atividade desenvolvida por cada um dos seus membros, sejam ROC ou SOC.

Dos relatórios de transparência a que tivemos acesso, *maxime* nos relatórios de transparência das designadas *Big Four*, refere-se, expressamente, que

[720] Admitindo, também, as obrigações de conteúdo negativo, nas redes, vide FRANCESCA MOLLO, *Reti di contratti...* (cit.), pág. 204.

os serviços profissionais não são prestados pelo cume da rede, mas por cada uma das sociedades membro da rede.[721]

A atividade exercida pelo cume da rede manifesta-se, assim, nestas redes, como uma atividade de coordenação, exercendo, pois, apenas indiretamente, a atividade económica de auditoria. A coordenação envolve a definição das regras de atuação, como sejam as atinentes à utilização da marca ou definição de parâmetros de qualidade da atividade desenvolvida.

Ainda que não se pressuponha que o cume da rede detenha qualquer participação social em cada uma das entidades que integram a sua rede – existindo, até, redes em que se declara expressamente, nos relatórios de transparência, que essa detenção não existe[722] – somos forçados a reconhecer um paralelismo com as sociedades gestoras de participações sociais ("SGPS"), que não exercem diretamente qualquer atividade económica.

Mas será que a atividade de coordenação e organização da rede, por parte do cume da rede, no âmbito da atividade dos ROC e SROC, pode ser um exercício meramente indireto de uma atividade económica?

O exercício indireto de uma atividade económica, na situação paradigmática das SGPS, consubstancia-se no facto de estas gerirem participações noutras sociedades, admitindo-se que possam prestar serviços de administração às sociedades participadas ou com quem tenham celebrado contrato de subordinação (cfr. artigo 4º do Decreto-Lei nº 495/88, de 30 de dezembro).

Os cumes das redes de ROC e SROC não se limitam, segundo cremos, à gestão indireta da atividade dos membros (nos quais, por regra, não detêm qualquer participação). Aceitando-se que possa prestar serviços técnicos às entidades que integram a rede, deve concluir-se que, mesmo assim, o cume da rede exerce diretamente uma atividade económica.

[721] Assim, no relatório de transparência da KPMG, relativo ao ano de 2014, refere-se *"A KPMG Internacional desempenha uma função de coordenação mas não presta serviços profissionais a clientes"*. Em sentido semelhante, também o relatório da PwC, quanto ao mesmo ano de 2014, refere que a *"PwCIL não presta serviços a clientes, os quais são exclusivamente prestados pelas firmas-membros, em nome e por conta própria."* E, ainda, o relatório da Ernest &Young, de 2014, que esclarece que a Ernst & Young Europe LLP *"não procede à realização de auditorias nem presta quaisquer serviços profissionais"*. Por fim, também do relatório de transparência da Deloitte (de 2014) consta que a Deloitte Touche Tohmatsu Limited *"não presta serviços profissionais a clientes, nem dirige, gere ou controla nenhuma das firmas membro, nem as afiliadas destas, nem detém qualquer participação nas mesmas"*. Constata-se, pois, que, neste relatório, e, além da alusão à não prestação de serviços, se pretendeu afastar o entendimento do cume da rede enquanto entidade que dirige os membros da rede.

[722] Como vimos, na nota anterior, tal consta do relatório de transparência da Deloitte, em relação ao ano de 2014.

Desde logo, está em causa a exploração lucrativa de um marca, como sejam as afamadas marcas KPMG, Deloitte, PwC ou Ernest & Young, por parte do titular das mesmas; entendemos que tal exploração lucrativa traduz o exercício de uma atividade económica e, em consequência, afasta-se das SGPS.

E nas demais redes, ou seja, nas redes fora do campo de atividade dos ROC, consideramos que será possível que o cume da rede exerça apenas indiretamente uma atividade económica e admitimos como possível que o cume da rede seja, inclusivamente, uma SGPS. Nesse caso, no entanto, as especificidades que, sob o ponto de vista jurídico, podem levantar-se quanto à atuação e articulação dos vários membros das redes podem encontrar a sua resolução no plano do direito constituído, incluindo pela aplicação das normas previstas no CSC para a coligação de sociedades (cfr. artigos 481º e ss. do CSC).

O cume da rede pode gerir a rede através das participações sociais que detém nas várias sociedades que integram a sua rede; naturalmente que, para que possa ser designado como o cume da rede e para que se possa concluir que tem investidos poderes de gestão de rede, terá de estar em causa, pelo menos, uma situação de domínio, nos termos do disposto no artigo 486º do CSC.

Os Tribunais e a doutrina alemãs têm empreendimento especial cuidado na análise de alguns deveres que impendem sobre o cume da rede; destacamos, nesta sede, dois: (i) dever de estender benefícios concedidos a um membro aos demais[723] e (ii) dever de não discriminação entre os membros da rede.

Atenta a evidente conexão existente entre os dois deveres, sendo o primeiro não mais do que uma manifestação concreta do segundo, serão os mesmos analisados em conjunto.

O dever de não discriminação entre os membros (ou da igualdade de tratamento) tem sido comummente aceite como impendendo sobre o cume da rede e o fundamento que sustenta a sua imposição relaciona-se com o facto de os membros terem, por definição, o mesmo papel, as mesmas funções na rede. Para a rede poder funcionar como um todo, como um sistema unitário – apesar de ter componentes/células autónomas – os membros têm que

[723] Não se confunde este dever com um outro – também sustentado por parte da doutrina – e que se prende com o dever de o franquiador (ou, mais genericamente, o cume da rede) passar para os franquiados as vantagens e benefícios que tenha em relação ao fornecedor. Neste sentido, Reinhard Böhner, "Asset-sharing in franchise networks: the obligation to pass on network benefits" in *Networks Legal issues of multilateral co-operation*, Ed. Marc Amstutz e Gunther Teubner, Hart Publishing, Oxford and Portland, Oregon, 2009, pág. 162.

beneficiar de iguais condições de tratamento, designadamente em relação aos benefícios atribuíveis pelo cume da rede.[724]

Ao que acresce que, também por força das regras de direito da concorrência, tem de se concluir que a aplicação de iguais condições a parceiros comerciais permite manter a posição dos atores comerciais em igualdade perante a concorrência. É o que resulta da alínea *c)* do nº 2 do artigo 11º da Lei da Concorrência, que alude à proibição de aplicação de condições desiguais a prestações equivalentes.

Como consequência do dever de não discriminação entre os membros, sustentam alguns Autores que o cume da rede deverá estabelecer regras genéricas e igualitárias,[725] que sejam aplicáveis a todos os membros.

Entendemos que o estabelecimento de regras genéricas, de aplicação indistinta a todos e a cada um dos membros, representa uma exigência que não encontra justificação no específico quadro das redes.

Na verdade, entendemos que o cume da rede, podendo ter que consagrar regras similares em relação aos seus membros – designadamente no que se refere, por exemplo, a procedimentos de controlo da qualidade, utilização de sinais distintivos e, eventualmente, preços de comercialização – não nos parece ser de impor que todas as regras aplicáveis a cada uma das relações contratuais tenham que ser iguais. Com efeito, podem existir, e existem frequentemente, contratantes com quem o cume da rede pretenda uma relação diferenciada.

Convoquemos uma rede de franquia, em que o cume da rede tem um conjunto de regras, normalmente aplicáveis a todos os franquiados que pretendam aderir à rede coordenada pelo primeiro. Pode suceder que um potencial franquiado, pela posição que já ocupa no mercado, na medida em que tem uma clientela estável, por exemplo, ou, até, um espaço comercial com uma localização benéfica, mereça um tratamento diferenciado pelos especiais benefí-

[724] No sentido da existência de um dever de tratamento igualitário vide, designadamente, GUNTHER TEUBNER, *Networks as connected contracts...* (cit.), pág. 188, MARINA WELLENHOFFER, "Third party effects... (cit.), pág. 126.
Referindo-se à igualdade entre os membros da rede, ainda que sem o referir como um dever que recaia sobre o cume da rede, vide PETER W. HEERMANN. O Autor considera que existe um princípio de igualdade entre os membros da rede, ao nível da distribuição dos lucros da rede entre os seus membros, e um princípio de justiça, quanto à repartição entre o cume da rede e os membros. Cfr. "The status of multilateral synallagmas in the law of connected contracts", in *Networks Legal issues of multilateral co-operation*, Ed. MARC AMSTUTZ e GUNTHER TEUBNER, Hart Publishing, Oxford and Portland, Oregon, 2009, pág. 109.

[725] Neste sentido, vide RICARDO LUÍS LORENZETTI, *Tratado...* (cit.), pág. 85.

cios que resultam da adesão do franquiado à rede, para efeitos de promoção da sua própria marca.

Será que, nessa situação, se deve impor ao franquiador que consagre iguais condições a um potencial franquiado que não terá uma posição igual na rede?

Convirá atender que estamos perante relações entre empresas – empresas essas que podem ser de dimensão variável – e não entre relações entre uma empresa e um consumidor, onde especiais deveres têm sido legalmente consagrados.

No quadro de uma relação comercial, o que justificará, pois, que se defenda uma igualdade de tratamento entre várias empresas com quem uma empresa – o cume da rede – contrata?

O direito constituído português e europeu não nos fornecem uma resposta inequívoca (e expressa) a esta questão e, naturalmente, a questão só se coloca, ou, melhor, só se coloca com maior acuidade, quando os contratos celebrados sejam omissos quanto a essa igualdade de tratamento. Ou seja, o dever de tratamento igualitário é um dever imanente às redes, mesmo que não seja acordado entre as partes e mesmo que as partes acordem condições diversas?

Antecipamos desde já a nossa conclusão quanto a não ser o dever de tratamento igualitário um dever imanente a todas redes, sem prejuízo de admitirmos que pode ser imposta uma uniformização quanto ao tratamento que o cume da rede dedica aos membros, ainda que essa uniformização não implique uma igualitarização.

O dever de tratamento igualitário só impede sobre o cume da rede quando as condições distintas que consagra entre os vários membros da rede atinjam a proporção de colocar os demais membros em desvantagem concorrencial entre si e perante os demais atores económicos, com os quais concorrem.

Imagine-se um concedente no ramo automóvel, o qual consagra, em relação aos vários concessionários, diferentes condições, nomeadamente quanto ao valor de cada veículo automóvel ou quanto ao número de veículos automóveis que cada concessionário está obrigado a adquirir do concedente para efeitos de comercialização.

Condições distintas entre concessionários – sobretudo se, sob o ponto de vista territorial, se manifestar proximidade geográfica entre estes – pode conduzir a que o cliente final, perante um preço mais baixo de um concessionário, prefira um concessionário em detrimento de outro. Por outro lado, pode até suceder que um cliente prefira outro operador económico, mesmo que comercialize outras marcas.

O direito da concorrência pode fornecer parâmetros válidos para a avaliação da bondade das condições distintas estabelecidas pelo cume da rede;

assim, se as condições distintas colocarem os membros da rede em desvantagem em face dos concorrentes, de forma sensível, as condições estabelecidas de forma distinta são nulas. Nesse caso, será legítimo aos membros da rede invocar a nulidade de tais cláusulas e, consequentemente, exigir que sejam estabelecidas novas condições, em linha com as vigentes nas relações contratuais do cume da rede com os demais membros, em posição equivalente [cfr. artigo 11º nº 2 alínea *c)* da Lei da Concorrência].

2.4.2.2. A obrigação de promoção da rede

Uma das obrigações que tem sido destacada por alguns autores refere-se à obrigação de promoção da rede, que pode ser concretizada através de concretos deveres, como seja o dever de evitar ataques à rede.

Esta obrigação parece incidir, em especial, sobre o cume da rede,[726] nos casos, naturalmente, em que esse cume exista. No entanto, será de avaliar se os demais membros da rede – numa hipótese de rede vertical – e todos os membros da rede (nas redes horizontais) se encontram vinculados à promoção da rede.

A obrigação de promoção da rede pode ser analisada sobre uma vertente positiva e sobre uma vertente negativa, relacionando-se a primeira com a prática de atos de dinamização da rede, quer seja através de atos publicitários (e, portanto, dirigidos a terceiros, eventuais destinatários da atividade desenvolvida pela rede) quer através de atividade formativa (em que os destinatários são os membros da rede, que se encontram numa posição subordinada na rede).

Nesse sentido, cremos que todos os membros estão vinculados à promoção da rede, pelo menos na sua vertente negativa. Quanto à vertente positiva, consideramos que o dever de promoção há de resultar da análise dos objetivos comuns traçados pelos contratantes, dos quais pode decorrer essa promoção.

Por outro prisma, a obrigação de promoção da rede analisa-se numa vertente negativa, evitando a prática de atos que possam afetar o nome, crédito e valor acrescentado da rede.

Relacionado com esta obrigação de promoção da rede encontra-se o dever de suportar o sistema de rede, dever cuja existência no plano reticular tem sido sustentado, designadamente, por MARINA WELLENHOFFER. A Autora considera que existe este dever, na medida em que todos os membros da rede assumem uma obrigação de adoção de um comportamento uniforme e

[726] Neste sentido, vide MATHIAS ROHE, *Netzverträge...* (cit.), pág. 439 (redes de franquia), e pág. 469 (redes de distribuição).

paralelo,[727] sendo que esse dever, acrescentamos nós, tem particular incidência quanto a redes homogéneas, em que a atuação de cada um dos membros não é diferenciada. Assim sucede nas redes de franquia, em que existe uma imagem comum da rede que todos os membros têm a obrigação de respeitar, nomeadamente ao nível da publicidade, procedimentos e regras de qualidade.

2.4.2.3. Obrigação de partilha de informação

A partilha da informação e a sua divulgação entre os contratantes consiste num especial dever inerente à cooperação (e quiçá integração), apanágio das relações de rede. Deve sublinhar-se que a assimetria de informação se traduz numa das causas de posição contratual enfraquecida.

A informação deve fluir entre os contratantes, o que pode implicar a comunicação de dados pormenorizados e exaustivos, incluindo informação quanto a resultados de investigação que contribuam para a melhoria da produção ou da prestação de serviços, quanto a comportamentos do mercado alvo da atividade desenvolvida pela rede ou, ainda, quanto a questões eminentemente técnicas.

Na densificação do dever de informação, encontramos o que alguns autores designam por dever de transparência.[728]

É caso para indagar se o dever de informação também existe em relação aos membros da rede que se encontram numa posição de subordinação, ou seja, se os membros da rede que não assumem a veste de cume da rede também se encontram vinculados a um dever de informação.

A resposta deve ser afirmativa.[729] De facto, serão várias as situações fácticas que justificam a incidência deste dever, no quadro de uma ideia de negócio uniforme, como é a inerente a uma rede de empresas.

Coloquemos, como hipótese de trabalho, a rede de franquia.

Um determinado franquiado pode ter obtido conhecimento de uma informação técnica relevante que pode colocar em risco a segurança ou fiabilidade do produto fornecido ou serviço prestado; por outro lado, pode um franquiado ter descoberto, através de uma investigação pelo mesmo empreendida, a possibilidade de produzir o bem ou prestar o serviço a um custo mais barato ou com maior qualidade.

[727] Cfr. "Third party effects..." (cit.), pág. 124.

[728] Assim, Juan Ignacio Ruiz Peris, "Un derecho específico..." (cit.), pág. 108.

[729] Ainda que concretize em redes contratuais específicas (como sejam a rede de franquia ou alguns contratos de prestação de serviços de transporte, por exemplo), vide, quanto ao facto de o dever de informação ser um dever interno da rede e para todos os membros, Mathias Rohe, *Netzverträge...*, págs. 403 e ss (no âmbito das redes de serviços de transporte), págs. 438 e ss. (redes de franquia), págs. 466 e ss. (redes de distribuição).

Se os membros da rede – por exemplo, os franquiados, numa rede de franquia – têm o dever de promover a expansão da rede, é sustentável que tais conhecimentos devam ser transmitidos aos demais membros da rede. O dever de informação manifesta-se, assim, não só perante os franquiados, que, à semelhança daquele portador de informações com relevância para a rede, desempenham o mesmo papel na rede, como também perante o próprio franquiador, enquanto sujeito interessado na coordenação e condução da rede.

Sustenta parte da doutrina e jurisprudência[730] – com argumentos que consideramos ponderosos – que o dever de informação, que inegavelmente impede sobre o cume da rede, se apresenta com particular intensidade na fase pré-contratual.[731]

Temos em mente, como objeto da nossa análise, as redes formadas por conjuntos de contratos bilaterais, em que existe uma entidade a que se atribui/reconhece o papel de cume da rede e a quem incumbe gerir as entradas e saídas da rede e, bem assim, a execução das prestações por parte dos membros coordenados.

A adesão à rede, como vimos, pode obedecer a um conjunto de critérios que o cume da rede avaliará e que pode fundamentar a decisão de aceitação de novos membros para a rede.

Na fase de promoção da rede, o cume da rede deve descrever a rede aos proponentes, designadamente de modo a poderem estes avaliar o eventual retorno financeiro que a adesão à rede lhes pode proporcionar.

Na verdade, e se percorrermos os diplomas legais que, nos ordenamentos jurídicos espanhol e italiano, regularam o contrato de franquia, constatamos uma preocupação do legislador na previsão expressa de tal dever.

A Legge 6 maggio 2004, n. 129 – que regula, em Itália, a *"affiliazione commerciale (franchising)"* – consagra, no seu artigo 4º, um dever de informação pré-contratual, que impende sobre o franquiador, e que implica o fornecimento de um conjunto de elementos ao proponente, pelo menos com 30 dias de antecedência em relação à celebração do contrato de franquia. Do elenco de informações contidas naquele artigo destacamos o dever de indicação da lista dos "afiliados" operantes no sistema bem como a indicação da variação anual do número de "afiliados".

[730] Ainda que, quanto a tal específica questão, não exista jurisprudência abundante, destacamos um Acórdão em que o TRP sustentou a responsabilidade pré-contratual do franquiador, por violação do dever de informação. Assim, o Acórdão proferido no âmbito do Processo nº 373/07.4TVPRT. P1, (Relator Teles de Menezes), datado de 02-07-2009 (disponível em www.dgsi.pt).

[731] Neste sentido, pese embora salientando, na fase pré-contratual, o dever de boa-fé, Camilla Crea, *Reti contrattuali...* (cit.), pág. 193.

Também no ordenamento jurídico espanhol – mais concretamente no artigo 62º da Ley 7/1996, de 15 de janeiro – consagra-se um dever de informação pré-contratual, a cumprir com uma antecedência de 20 dias tendo por referência a celebração do contrato de franquia. Naquele artigo, encontra-se patente a indicação da estrutura e extensão da rede de franquia.

Aquando da adesão à rede, consideramos que também os membros da rede, que não assumam a qualidade de cume da rede, estão vinculados a um dever de informação. O dever de informação que sobre os mesmos impende pode ser decorrente das condições de adesão previamente definidas pelo cume da rede.

Como concretização do dever de informação, será, por norma, exigível aos candidatos à rede a apresentação de alguns elementos relacionados, por exemplo, com as suas condições económico-financeiras e, eventualmente, com a experiência previamente demonstrada no setor de atividade em que a rede incide.

2.4.2.4. Dever de lealdade

Estando perante um contrato – ou um conjunto de contratos – de índole jurídico-privada, *maxime* jurídico-comercial, suscita-se a aplicação dos deveres jurídicos gerais aplicáveis à contratação assim qualificada, designadamente o dever de boa fé, e o dever de lealdade.

A boa fé contratual constitui um dos deveres inerentes a uma relação contratual encetada entre dois ou mais sujeitos, atento o disposto no nº 2 do artigo 762º do CCiv. Quando nos deparamos com relações contratuais de cooperação e de longa duração sustenta-se, como decorrência do princípio da boa fé,[732] a existência de um dever de lealdade entre os contratantes.

É, na verdade, na concretização do dever de lealdade na rede que a doutrina tem devotado maior atenção, sustentando a generalidade dos autores a existência do dever de lealdade nas relações de rede.[733]

O dever de lealdade encontra consagração expressa na lei em domínios específicos do direito, como é o caso da relação jurídico-laboral [artigo 128º nº 1, alínea *f*), do CT] e da relação entre órgão de administração ou fiscalização e a respetiva sociedade comercial [artigo 64º nº 1, alínea *b*), e nº 2 do CSC].

[732] Dizemos *"como decorrência"* propositadamente, atendendo a que consideramos que são deveres não inteiramente coincidentes. Quanto ao dever de lealdade que impende sobre os membros do órgão de administração da sociedade comercial e à não coincidência com o princípio da boa fé, vide Ricardo Costa, anotação ao artigo 64º... (cit.), pág. 743.

[733] Assim, designadamente, Francesca Mollo, *Reti di contratti...* (cit.), pág. 51. A Autora propugna a existência de um dever de lealdade entre os vários membros da rede e em relação à rede no seu conjunto.

Doutrinal[734] e jurisprudencialmente,[735] o dever de lealdade tem sido subsumido à categoria de deveres acessórios de conduta,[736] os quais dizem respeito àqueles deveres que *"implicam a adopção de procedimentos indispensáveis ao cumprimento exacto da prestação, com destaque para o dever de cooperação, sem o qual muitas vezes a utilidade final do contrato não é alcançada"*.[737]

Independentemente da qualificação e enquadramento do dever de lealdade, sustenta-se que pode surgir mesmo na fase pré-contratual (por aplicação do disposto no artigo 227º do CCiv) e persistir mesmo após o termo da relação contratual.

Admitindo-se embora a incidência do dever de lealdade mesmo quando não exista qualquer relação contratual entre as partes – daí poder ser um dever pré-contratual – maiores dúvidas podem ser levantadas quanto à possibilidade de o mesmo existir nos casos em que não se verifique qualquer contacto entre dois sujeitos jurídicos (contactos negociais que, note-se, existirão sempre quando perante uma fase pré-contratual).

A questão primordial, aqui, é pois a de saber se existirá um dever de lealdade em relação a membros de uma mesma rede de empresas, não vinculados entre si por qualquer contrato.

A situação mais próxima com a que ora cuidamos – mas cujas diferenças são, ainda assim, assinaláveis – e que tem suscitado alguma atenção da doutrina é a das sociedades-irmãs no âmbito do mesmo grupo de sociedades. Sociedades que não têm, entre si, qualquer vínculo de participação societária ou até, qualquer vínculo contratual, mas que estão integradas no mesmo grupo económico, porquanto se encontram numa relação de grupo com a mesma sociedade-mãe.

[734] Neste sentido, designadamente, JORGE RIBEIRO DE FARIA, *Direito das Obrigações...* (cit.), págs. 126-127.

[735] Assim, por exemplo, nos Acórdãos do STJ (proferidos no Processo nº 3197/11.0TTLSB.L2.S1, datado de 05.02.2014, no Processo nº 492/08.0TTLMG.P1.S1, datado de 12.09.2012, no Processo nº 338/08.9TTLSB.L1.S2, datado de 03.10.2012 e no Processo nº 03B573, datado de 12.06.2003), Acórdão do TRG, proferido no Processo nº 4/05.7TBMNC.G1, datado de 30.05.2013, Acórdão do TRC, proferido no Processo nº 728/11.0T4AVR.C1, datado de 05.12.2012 (todos disponíveis em www.dgsi.pt).

[736] Salienta-se que os deveres acessórios de conduta são mais frequentes nas relações duradouras e que incidem, em especial, quanto às relações obrigacionais em que releva a *"personalidade dos contraentes no correcto cumprimento dos deveres contratuais"*. Assim, ANTUNES VARELA, *Das Obrigações...*, págs. 108-109.

[737] Cfr. Acórdão do STJ, proferido no Processo nº 984/07.8TVLSB.P1.S1, datado de 07.12.2010. Semelhantemente, também, no Acórdão proferido no Processo nº 982/07.1TVPRT.P1.S1, datado de 29.04.2010 e no Acórdão do TRL, no âmbito do Processo nº 5285/06.TVLSB.L1-7 datado de 16.09.2014. Todos disponíveis em www.dgsi.pt.

As hipóteses não são inteiramente coincidentes, já que não constitui elemento constitutivo da noção de rede que adotámos a existência de relações de participação no capital social dos membros, por parte do cume da rede; acresce que os membros da rede nem tão-pouco terão de ser sociedades comerciais, podendo ser empresários em nome individual.

Nas sociedades-irmãs nos grupos de sociedades, cada uma delas tem um vínculo com a sociedade-mãe, o qual, por seu turno, tem um conjunto de participações em várias sociedades,[738] organizando-as em função do que venha a ser definido como o seu interesse. Os poderes da sociedade-mãe, em relação às filhas, estão legitimados, sob o ponto de vista jurídico, com a detenção das participações sociais; os poderes do cume da rede encontram o seu assento nos instrumentos contratuais celebrados com cada um dos membros da rede, instrumentos esses que são, nas redes formadas por contratos bilaterais, frequentemente similares entre si.

No plano dos grupos, a questão tem sido doutrinalmente levantada sobretudo para efeitos de responsabilidade por perdas.[739]

Sustenta-se, entre nós, que é a *"conexão especial do grupo que fundamenta em geral a admissibilidade de deveres de lealdade recíprocos entre sociedades"*.[740]

Fazer impender sobre sociedades-irmãs (ou, no nosso caso, sobre membros da rede) o dever de lealdade para, da violação do mesmo, poder retirar consequências para efeitos de responsabilidade parece-nos fundamento pouco consistente. Na verdade, a responsabilidade intra-membros pode encontrar o seu suporte jurídico num conjunto de normas jurídicas ou construções doutrinárias que não impliquem a importação de um dever especialmente incidente para contratantes entre si ou potenciais contratantes (em sede de responsabilidade pré-contratual).

Já o segundo fundamento – a inserção num grupo – nos parece mais idóneo a suportar um dever de lealdade. A inserção num grupo, por parte das sociedades-filhas, implica todo um conjunto de deveres e direitos entre a sociedade-mãe e a sociedade filha, a que não será indiferente a consideração da maior estrutura que envolve a sociedade-mãe.

Nas redes, o membro da rede, que passa a estar inserido na estrutura encabeçada pelo cume da rede, conhece os contornos gerais da rede em que se

[738] Apartamos da nossa análise as sociedades que celebrem um contrato de grupo paritário, nos termos do disposto no artigo 492º do CSC.

[739] Cfr. Ana Perestrelo de Oliveira, *Grupos de sociedades e deveres de lealdade – por um critério unitário de solução do "conflito do grupo"*, Almedina, 2012, págs. 296-297.

[740] Assim, Ana Perestrelo de Oliveira, *Grupos de sociedades...* (cit.), pág. 297.

insere, nomeadamente saberá da existência de outros membros com uma posição paralela à sua, pese embora existam diferenças entre algumas condições contratuais.

As dificuldades na sustentação de um dever de lealdade em relação aos membros com idêntica posição da rede podem encontrar-se na identificação de todos esses membros; só terá sentido fazer impender um dever sobre um sujeito em relação a outro se, pelo menos, houver conhecimento da identidade desse sujeito. O dever de lealdade não é um dever *erga omnes*, é um dever que tem, pelo menos, um sujeito ativo e um sujeito passivo.

Por outro lado, e aqui reside a nossa maior reserva, o dever de lealdade surge, frequentemente, associado a uma obrigação de não concorrência[741] e a uma obrigação de não atuação de acordo com interesses próprios ou alheios aos interesses que o sujeito vinculado a tal dever terá que prosseguir.[742/743]

Os membros de uma rede – em posição de paridade entre si e de alguma subordinação em relação ao cume da rede – concorrem entre si e prosseguem os seus próprios interesses, ainda que possam ter que o concretizar através de um conjunto de parâmetros definidos pelo cume da rede, o que pode implicar uma limitação quanto à livre concorrência, por exemplo, para efeitos territoriais.

Os deveres que os membros da rede podem ter entre si são sobretudo deveres reflexos dos deveres principais que têm para com o cume da rede; ou seja, têm perante o cume da rede o dever de cumprir as condições contratuais que com aquele tenham ajustado, nomeadamente não concorrendo com aquele, desvirtuando a relação reticular formada. O cabal cumprimento do contrato com o cume da rede – se tivermos em mente o prestável exemplo das redes de franquia – pode implicar a incidência de deveres de lealdade quanto ao cume da rede cujo conteúdo pressuponha a ponderação da dimensão da rede e dos seus vários membros, nomeadamente impondo um conjunto de deveres de conteúdo negativo.[744]

[741] No plano legal, a associação direta entre dever de lealdade e obrigação de não concorrência é feita, designadamente, na já citada alínea *f)* nº 1 do artigo 128º do CT.

[742] Aqui convocamos o disposto, no CSC, para os membros do órgão de administração, mais concretamente o preceituado na citada alínea *b)* do nº 1 do artigo 64º daquele diploma.

[743] Também jurisprudencialmente as duas vertentes do dever de lealdade destacadas em texto têm sido sustentadas. Assim, a título exemplificativo, o vertido nos Acórdãos do STJ (todos disponíveis em www.dgsi.pt), proferidos nos Processos nº 242/09.3YRLSB.S1 (datado de 31.03.2011), nº 189/11.3TBCBR.C1.S1 (datado de 28.02.2013) e nº 09S0625 (datado de 10.12.2009).

[744] Quanto ao dever de lealdade intragrupo de sociedades e o seu conteúdo nuclearmente negativo vide Ana Perestrelo de Oliveira, *Grupos de sociedades...* (cit.), pág. 319.

Por exemplo, em sede de incumprimento do contrato por parte de um membro da rede, o apuramento da sua responsabilidade, designadamente para efeitos da definição da extensão dos danos provocados, pode exigir, para a sua concretização, apurar as consequências do incumprimento na esfera de cada um dos membros, porquanto o cume da rede pode ter sofrido danos de imagem na rede que se propagaram para os membros (franquiados, por exemplo), que, porventura, podem demandar o cume da rede.[745]

Aquando do apuramento da responsabilidade intra-membros, em II.2.6.2. infra, voltaremos a convocar esta questão.

2.4.3. Os direitos principais dos membros/contratantes da rede

Apontaremos, nesta sede, os direitos de que os membros de uma rede de empresas por norma são titulares e que manifestam especificidades em contexto reticular.

Conforme resulta do exposto infra, direitos existem que são eventuais, ou seja, que apenas se verificam em algumas redes, nomeadamente, quanto às redes verticais, e em que existe um cume da rede, o direito de gestão da rede.

2.4.3.1. Direito de utilização de sinais distintivos do comércio e o direito da propriedade intelectual ou industrial

Um dos direitos que, frequentemente, é reconhecido ou atribuído aos membros da rede é o direito de utilização de sinais distintivos do comércio.

O direito existe nas redes de franquia, na medida em que, nas mesmas, o franquiador concede ao franquiado o direito ao uso de um sinal distintivo do comércio (por norma, uma marca) de que é titular, mediante uma contrapartida monetária, e no quadro de uma organização económica que o primeiro encabeça, sendo que os termos em que essa cedência se concretiza são definidos antecipadamente por parte do respetivo titular.

No âmbito das redes de franquia, ainda que lhes possa estar associada uma duração tendencialmente prolongada, ocorrendo o termo da relação de franquia não subsiste, em consequência, o direito do franquiado utilizar o sinal distintivo do comércio.

[745] Em sede de avaliação dos deveres de conduta que devem impender sobre os membros da rede, salienta Carlos Gómez Asensio que *"em toda a atuação individual de um membro da rede de distribuição concorre uma dimensão de gestão ou administração, se se quiser, indireta, dos interesses dos outros membros da rede."* (tradução nossa) Cfr. "Los deberes fiduciarios como instrumento para la gobernanza de una red de distribución", in *Claves del derecho de redes empresariales, Business Networks Law Keys*, Juan Ignacio Ruiz Peris (Director), Universitat de València, 2017.

Podemos conceber, adicionalmente, redes de empresas horizontais – em que inexiste um cume da rede – e em que todas ou algumas delas têm marcas registadas a seu favor e que colocam à utilização dos demais membros, por forma a permitir a uniformização de produtos e a sua comercialização sob as mesmas marcas.

A transmissão – provisória, em regra – da marca para os demais membros pode resultar do cumprimento de uma obrigação de entrada na rede; ou seja, um membro, para aderir à rede, concretiza a sua entrada transmitindo para os demais membros (ou para uma entidade diversa que tenha sido constituída como veículo da rede) uma marca de que é titular.[746]

Questão diversa é aquela que se coloca quanto à titularidade sobre os resultados de investigação, ocorrida no seio da rede.

Um dos objetivos, que pode estar subjacente à constituição de relações de cooperação sob a forma de rede, é a conjugação de esforços ao nível da investigação e desenvolvimento; suscita-se, pois, a questão – como sublinham alguns autores que têm destacado este direito aquando da análise das redes[747] – de saber quem terá o direito sobre os resultados da investigação.

Ante a ausência de disposições legais que consagrem um regime específico para a titularidade dos direitos de propriedade intelectual ou industrial, na sequência da cooperação em rede, teremos que ter em conta o regime geral em vigor.

Quanto a patentes, a regra geral consta do artigo 58º do CPI, que consagra que o direito à patente pertence ao seu inventor. Quando se trate de uma invenção conjunta – o que pode suceder no contexto de rede em que várias empresas envidam os seus esforços em torno de uma investigação, tendente, por exemplo, à descoberta de um produto ou técnica de produção – podem colocar-se divergências entre os participantes quanto à autoria da invenção. Para prevenir as divergências convirá estabelecer antecipada e contratualmente a quem pertence o direito à patente.

Sendo o objeto da rede a realização de investigação, desviar-se-ia dos seus propósitos a atribuição dos resultados da investigação apenas ao membro que, na prática, tivesse realizado aquela específica descoberta. A solução jurídica

[746] Utilizamos a expressão *"transmissão da marca para os demais membros"* em sentido amplo; não se pretende abranger apenas a transmissão a título de direito de propriedade (através, designadamente, de um contrato de compra e venda), que pode não se verificar. O que consideramos que será mais frequente será a cedência de utilização, através de licença ou uma mera tolerância de uso, sendo que, quanto às licenças, os termos em que as mesmas se processam encontram-se prevenidos no artigo 32º do CPI.

[747] Assim, por exemplo, Massimiliano Granieri, "Contratto di rete..." (cit.), pág. 11.

que melhor se coaduna ao objeto e objetivos da rede será aquela que prevê que os resultados alcançados sejam atribuídos em titularidade a todos os membros; sob o ponto de vista da gestão de tais resultados, nomeadamente a exploração lucrativa da patente, pode prever-se a atribuição de tais poderes apenas a um dos membros.

Ainda no âmbito da análise do direito de utilização de sinais distintivos do comércio, coloca-se a necessidade de análise da marca coletiva.[748]

Encontra-se especialmente prevista no CPI, mais concretamente nos seus artigos 228º e ss., a marca coletiva,[749] a qual compreende a marca de associação e a marca de certificação.

O que carateriza ambas as modalidades é o facto de a marca, apesar de poder estar registada a favor de uma entidade, ser utilizada pelos membros da associação ou pelas pessoas sujeitas a controlo ou certificação.[750]

A marca de associação surge por referência a uma associação de pessoas, pretendendo-se ligar produtos ou serviços ao objeto da associação.[751] Entendemos que, aqui, e tendo em vista a tutela dos interessados na salvaguarda destas marcas, o conceito de *"associação"* não surge no seu sentido mais rigoroso, tal como definido no CCiv, mas designa uma marca utilizada por um agrupamento de pessoas (singulares ou coletivas, como admite expressamente o legislador) que se agregam em torno de um objeto comum.[752]

[748] Não se confunde a marca coletiva com a marca de grupo. A primeira, como veremos em texto, encontra-se expressamente prevista e regulada no CPI, enquanto que a segunda, enquanto tal, não se encontra definida ou regulada. O anterior Código da Propriedade Industrial (Decreto-Lei nº 16/95, de 24 de janeiro) referia-se aos grupos de empresas em relação às marcas de base, mencionando que as mesmas poderiam identificar produtos e serviços produzidos por um grupo de empresas (cfr. artigo 177º) e que o direito ao registo caberia ao grupo de empresas que a usam ou têm intenção de a usar (cfr. artigo 178º nº 1). Para uma análise da marca de grupo, à luz do CPI anterior, vide Luís M. Couto Gonçalves, *Função distintiva da marca*, Almedina, 1999, págs. 47 e ss.

[749] As marcas coletivas comunitárias encontram-se previstas nos artigos 66º a 74º do Regulamento da Marca Comunitária, ainda que, nos termos deste regulamento, apenas se discipline uma das modalidades das marcas coletivas (a marca de associação).

[750] Assim, Pedro Sousa e Silva, *Direito industrial – noções fundamentais*, Coimbra Editora, 2011, pág. 220.

[751] Maria Miguel Carvalho exemplifica com a situação da APFAC, Associação Portuguesa dos Fabricantes de Argamassas de Construção quanto ao registo dos produtos *"materiais de construção não metálicos, nomeadamente argamassas"*. Cfr. "Marcas colectivas – breves considerações", Sep. de Estudos em homenagem ao Prof. Doutor Manuel Henrique Mesquita, Coimbra Editora, 2008, pág. 222, na nota 19.

[752] Em relação às marcas coletivas, Coutinho de Abreu refere que cada marca coletiva pertence a um só sujeito. Cfr. Coutinho de Abreu, *Curso de Direito Comercial, Vol. I...* (cit.), pág. 368.

A marca de certificação pertence a uma pessoa coletiva, a quem assistirá o direito de controlar produtos e serviços, e, bem assim, as normas a que estes devem obedecer. A marca de certificação é, assim, por imposição legal (restritiva) da titularidade de uma pessoa coletiva.

A marca de associação parece-nos ser aquela que melhor servirá os interesses dos membros das redes de empresas, *maxime* se estiver em causa uma rede de produção e horizontal. Por seu turno, nas redes verticais/hierárquicas, pode a marca de certificação servir os propósitos do cume de rede, designadamente tutelando a sua pretensão de controlo dos produtos que possam ser produzidos e/ou comercializados pelos membros da rede.[753]

Legitimamente, podemos indagar se, no caso das marcas coletivas, será necessário recorrer aos mecanismos de transmissão e licenciamento, consagrados nos artigos 31º e 32º do CPI. Dir-se-á que a remissão contida no artigo 232º do CPI impõe a aplicação dos referidos preceitos; no entanto, atente-se no preceituado no nº 2 do artigo 231º e que se prende com a imposição de inclusão de quais os sujeitos que podem usar a marca e em que condições. Por força daquela norma (especial, em face do regime geral dos artigos 31º e 32º), será bastante que os estatutos – ou documento equivalente – da entidade que tem a seu favor a marca coletiva prevejam os utilizadores da marca e os termos em que a mesma pode ser utilizada, não sendo necessária a celebração de um contrato de licença.[754]

As marcas coletivas, como se encontram atualmente disciplinadas quer no CPI quer no Regulamento da Marca Comunitária [Regulamento (CE) nº 207/2009 do Conselho, de 26 de fevereiro de 2009], não são aptas a abranger todas as situações de rede; na verdade, e no que às marcas de associação diz respeito – que podem ser aquelas que, como vimos, melhor se enquadrariam no fenómeno reticular – o registo das mesmas compete, atento o disposto no artigo 231º do CPI, à pessoa coletiva.

Conclui-se, pois, que os agrupamentos de sujeitos jurídicos sob a forma de rede que não deem origem a uma pessoa coletiva distinta dos membros não podem recorrer à marca coletiva (quer nacional quer comunitária) para identificação dos bens ou serviços produzidos ou prestados.

Cremos que o legislador não proíbe que as marcas coletivas sejam detidas, em compropriedade, por vários sujeitos.

[753] Como salienta Maria Miguel Carvalho, "Marcas colectivas..." (cit.), pág. 222.

[754] No âmbito dos grupos de sociedades, sustenta-se que a marca registada a favor da sociedade-mãe pode ser utilizada pelos demais membros do grupo através de licenças e outros acordos (mesmo informais). Assim, Coutinho de Abreu, *Curso de Direito Comercial, Vol. I...* (cit.), pág. 370.

Cremos que constitui um obstáculo ultrapassável pelo recurso à marca individual e ao registo a favor de todos ou alguns dos membros da respetiva marca e, bem assim, pelo recurso às licenças contratuais a favor dos membros integrantes da rede que não sejam titulares identificados no registo.

No entanto, no plano do direito a constituir, e para salvaguarda da posição dos membros da rede despersonalizada e para melhor identificação da mesma e dos seus produtos em face de terceiros, seria de ponderar um novo regime que admitisse o registo de uma marca coletiva a favor de uma entidade despersonalizada, desde que a mesma se apresentasse com autonomia em face dos seus elementos integrantes.

Tal como a tutela do nome e da denominação existe, já no direito constituído, em relação a entidades não dotadas de personalidade jurídica distinta dos seus associados [conceba-se o caso do consórcio ou, em termos mais amplos, e conforme se aludirá no ponto subsequente, a possibilidade de registo de denominação de entidades despersonalizadas, atento o disposto no artigo 4º nº 1, alínea *d)*, do RNPC], impunha-se igual tutela da marca, que pode não se alcançar se a mesma for, em comum, da titularidade dos membros.

Dir-se-ia, contra a tese aqui sustentada, que a marca tem associada um conjunto de direitos e obrigações o que imporia a existência de uma personalidade jurídica, pois que só as pessoas podem ser titulares de direitos e obrigações (cfr. artigo 67º do CCiv.).

Sob o ponto de vista jurídico, são várias as exceções consagradas na lei quanto à titularidade e direitos e obrigações por parte de realidades despersonalizadas, as quais encontram a sua justificação, frequentemente, na necessidade de tutela de interesses específicos e dignos de proteção legal, como, por exemplo, no direito civil, no caso dos nascituros e conceturos e, no direito comercial, nas firmas e denominações de entidades que exercem atividades económicas.

A latere. Nome e marca da rede

Por norma, o nome está associado a uma pessoa jurídica, seja singular ou coletiva. Conseguimos conceber, no entanto, um conjunto de entidades que, embora, em termos jurídicos, não tenham personalidade jurídica, têm um substrato pessoal e/ou patrimonial que pode justificar a atribuição de um nome, sobretudo se essa realidade aparecer, aos olhos do público, com recurso a uma designação própria.

Quando a rede tem personalidade jurídica distinta dos seus membros, o que sucede, por exemplo, caso a mesma se materialize através da constituição de uma sociedade comercial, de um ACE, de uma cooperativa ou de uma associação, têm aplicação as normas legais especialmente concebidas para a tutela do nome e das firmas. Referimo-nos ao disposto no regime jurídico do Registo Nacional de Pessoas Coletivas ("RNPC").

No entanto, o mencionado RNPC reúne, igualmente, informação relativa a entidades não dotadas de personalidade jurídica [cfr. artigo 4º nº 1, alínea *d)*, do RNPC].[755]

Prevê-se nesta norma que: *"1. O FCPC integra informação relativa a: (...) d) entidades que, prosseguindo objectivos próprios e actividades diferenciadas das dos seus associados, não sejam dotadas de personalidade jurídica".*

Atentemos nos pressupostos contidos nesta alínea.

Conjugando a alínea *d)* com as demais alíneas do mesmo número, devem estar em causa entidades não subsumíveis a qualquer uma das demais alíneas. Não se afigura bastante, portanto, que a entidade não tenha personalidade jurídica, já que a sujeição ao disposto neste artigo pode suceder quanto a outros instrumentos, como sejam os Estabelecimentos Individuais de Responsabilidade Limitada (EIRL), que se encontram expressamente previstos na alínea *f)* ou as representações de pessoas coletivas estrangeiras, abrangidas *ex vi* alínea *b)*.

A alínea *d)* do nº 1 do artigo 4º apresenta-se como *válvula de escape*, nela cabendo um conjunto de situações que reclamam tutela ao nível do nome, mas que não se encontram discriminadas pelo legislador, que terá considerado mais adequada a utilização de uma formulação abrangente.

Atento o primeiro pressuposto – não subsunção a qualquer uma das alíneas – consideramos que aqui podem ser inseridas as redes de empresas que não caibam na alínea *a)*, ou seja, as redes que sejam contratuais e não institucionais (de acordo com a qualificação/binómio que supra acolhemos).

Passemos ao segundo pressuposto. A entidade abrangida na alínea *d)* tem de prosseguir objetivos próprios.

Os objetivos tidos em vista por esta entidade não se podem confundir com os objetivos de cada um dos seus membros.

Julgamos que, também aqui, não existem obstáculos ao enquadramento das redes de empresas na alínea em apreço, ou, pelo menos, quanto a uma parte das redes de empresas.

Os membros de uma rede ou, se se preferir, os contratantes de um contrato de rede, têm no horizonte um objetivo, o qual se traduz na obtenção de

[755] J. SEABRA LOPES exemplifica, como entidades enquadráveis nesta alínea, as associações sem personalidade jurídica, sociedades irregulares, comissões de moradores, comissões de festas, associações de condóminos. Cfr. *Direito dos Registos e do Notariado*, Almedina, 5ª Edição, 2009, pág. 347, nota 255.

vantagens competitivas no mercado em que a rede e as empresas que a integram desenvolvem a sua atividade. O objetivo dos membros da rede é um objetivo comum aos contratantes. No entanto, a existência de um objetivo comum não seria bastante, segundo julgamos, para se encontrar preenchido o pressuposto em análise.

O que releva, para este efeito, é a circunstância de a rede – despersonalizada, é certo – prosseguir um objetivo, sem prejuízo, ou independentemente, dos objetivos individuais dos seus membros.

Quando o legislador alude a objetivos próprios não impõe que os objetivos da rede sejam diversos dos dos seus membros; devem estar em causa objetivos relacionados com a promoção e expansão da entidade a que se reconhece individualidade em relação aos seus elementos componentes.

Quanto ao terceiro pressuposto, exige o legislador que a entidade prossiga atividade diferenciada da dos seus associados. Quanto a este pressuposto, entendemos que a redação da norma não é inteiramente feliz. De facto, e em bom rigor, a prossecução está mais relacionada com o objetivo que a entidade tem em vista do que com a atividade desempenhada. A atividade constitui o meio para atingir o objetivo e não é, em si mesma, um fim.

Entendemos que a exigência de desempenho de atividade diferenciada não deve pressupor que a atividade seja diversa, sob o ponto de vista material. Assim, por hipótese, caso a atividade dos membros seja no âmbito das tecnologias da informação não ficarão excluídas, desta alínea, as entidades que, agregando embora membros que desempenhem aquela atividade, também desempenhem a sua atividade na mesma área económica.

Parece-nos que são incluídas as entidades cuja atividade é autónoma em relação à atividade dos membros, na medida em que, perante terceiros, aparecem como entidades distintas dos membros, não sendo a sua atividade um mero somatório da atividade do conjunto dos membros.

Perante este enquadramento, avaliemos se as redes de empresas, que se organizem, por exemplo, através da celebração de um contrato de consórcio – figura que, como vimos, é idónea à organização contratual de algumas redes de empresas – podem caber no âmbito de aplicação subjetiva da norma ora em análise.

A atividade desenvolvida pelo consórcio, que não tem personalidade jurídica distinta dos membros, não se confunde com a atividade dos membros, individualmente considerados. No consórcio, conforme resulta do artigo 1º do Decreto-Lei nº 231/81, de 28 de julho, os consorciados, quando realizam diretamente a sua atividade, fazem-no, entre si, de forma concertada e não meramente somada. A atividade do consórcio é assim o resultado de uma composição concertada das várias atividades, sendo distinta da atividade de qualquer um dos membros, ainda que todos contribuam para a atividade do consórcio.

Aqui chegados, é tempo de indagar quanto à possibilidade de obtenção de um certificado de admissibilidade de firma ou denominação[756] para uma rede de empresas despersonalizada. Compreende-se o interesse que um certificado de admissibilidade possa ter para uma rede; na verdade, daquele certificado emergem um conjunto de direitos a favor do seu titular, do qual se destaca o direito ao uso exclusivo da firma ou denominação (artigo 35º do RNPC).

A proteção concedida pelo certificado não se confunde nem é substituída pela tutela que alcançam as empresas no plano da propriedade industrial. No âmbito do CPI, há punição das condutas que se traduzam em atos de concorrência desleal, tal como definidos no artigo 317º do CPI. Em relação a este artigo, verifica-se a proteção do nome alheio, na medida em que é sancionada a conduta que se materialize em *"invocações ou referências não autorizadas feitas com o fim de beneficiar do crédito ou da reputação de um nome, estabelecimento ou marca alheios"*. No entanto, para efeitos de prova da titularidade do nome, e, bem assim, para garantia da exclusividade da firma, será imperiosa a obtenção do registo da mesma.

Regressando à questão acima colocada – a de saber se será possível a obtenção de um certificado de admissibilidade de firma ou denominação para uma rede de empresas despersonalizada – teremos de conjugar o disposto na alínea *d)* do nº 1 do artigo 4º com o consignado na alínea *a)* do nº 1 do artigo 10º.

Não obstante se conclua quanto à possibilidade de inscrição no ficheiro central de pessoas coletivas de entidades despersonalizadas, em consonância, aliás, com o vertido no nº 2 do artigo 2º do RNPC, aquando da apresentação de pedido de certificado de admissibilidade de firma, o legislador alude ao facto de este dever ser apresentado por um dos constituintes ou, sendo o caso, pelas entidades já constituídas (cfr. artigo 46º nº 1) e de ter a validade de três meses (artigo 53º nº 1).

Poder-se-ia conceber que só para a constituição de pessoa coletiva, ou alteração estatutária que careça de um novo certificado de admissibilidade de

[756] Por norma, utiliza-se o vocábulo *"firma"* para designar comerciantes e o vocábulo *"denominação"* para designar não comerciantes. Mas tal divisão não se afigura absoluta, apontando-se a utilização de "firma" mesmo para quem não seja comerciante, como é o caso das sociedades civis (J. Seabra Lopes, *Direito dos Registos...* (cit.), pág. 325) e, ainda, dos ACE com objeto civil e empresários individuais não comerciantes (Coutinho de Abreu, *Curso de Direito Comercial, Vol. I...* (cit.), pág. 154 e J.P. Remédio Marques, Anotação ao artigo 10º, (cit.), pág. 179). Quanto à questão, vide, também, II.1.2.2.5. supra.

firma ou denominação, nos termos previstos no nº 1 do artigo 56º, teria cabimento o prazo de três meses, já que há um ato subsequente que ocorre após a emissão do certificado. Quando não se constitua uma pessoa coletiva – ou não se efetue uma alteração estatutária – como garantir o cumprimento do prazo de validade do certificado?

A solução está, segundo nos parece, no pedido de inscrição no FCPC; atendendo a que estas entidades despersonalizadas – as redes de empresas – podem ser inscritas no FCPC e, para a inscrição no FCPC, ser necessário um certificado de admissibilidade de firma ou denominação, os membros da rede, assegurando o pedido de inscrição no FCPC dentro do prazo de três meses, asseguram a validade do certificado e beneficiam da proteção concedida, para as firmas ou denominações, pelo regime jurídico ora em apreço.

Assim, concluímos que não existem obstáculos legais ao pedido de certificado de admissibilidade de firma ou denominação a favor de uma rede de empresas.[757]

Assente a admissibilidade legal de atribuição de uma firma ou denominação a uma rede de empresas, coloca-se a questão de qual a firma admissível, ou seja, se podemos estar perante firmas ou denominações que não tenham relação (na sua composição) com as firmas ou denominações das entidades que a constituem.

[757] Concluímos pela inexistência de obstáculos legais à obtenção de um certificado de admissibilidade de firma ou denominação a favor de uma rede de empresas. No entanto, se consultado o formulário disponível (à data de 30.09.2015) para, junto do Instituto dos Registos e Notariado, pedir o certificado de admissibilidade de firma ou denominação de uma rede de empresas (na pureza dos conceitos, tratando-se de um sujeito não comerciante, deveríamos preferir a expressão *"certificado de admissibilidade de denominação"*), deparamo-nos com alguns problemas, práticos, no preenchimento do mesmo para a hipótese de que ora cuidamos. As hipóteses para pedido do certificado, para efeitos de identificação da entidade em relação à qual o mesmo é pedido, são: (i) pessoa coletiva; (ii) EIRL; (iii) empresário/comerciante em nome individual. Cremos que nenhuma das três hipóteses encaixa no figurino específico das redes; no entanto, o que mais se aproxima pode ser a pessoa coletiva, o que entendemos será o mais adequado e utilizável em hipóteses similares, como é o caso dos consórcios com atividade externa. A segunda dificuldade, quiçá mais de índole teórica – ainda que num ato prático – prende-se com o preenchimento do campo natureza jurídica, indicando o formulário que deve ser preenchida a *"natureza jurídica da entidade a constituir"*. Cremos que o termo *"constituir"* vem aqui mencionado em sentido amplo, na medida que pode não ocorrer a constituição de uma entidade mas, apenas, a celebração de um contrato, por exemplo, um contrato de rede ou um contrato de consórcio. A referência à entidade a constituir releva, sobretudo, para efeitos de aplicação das normas que, quanto a algumas entidades, mencionam requisitos específicos para efeitos de firma. Como inexiste, até à data, qualquer regulamentação legal específica para a composição da firma (*rectius*, denominação) das redes de empresas, não assume tanta pertinência o conteúdo daquele campo, pelo que entendemos que a indicação de *"rede de empresas"* ou *"contrato de rede"* satisfaria as exigências de registo e de emissão de certificado.

Não constitui novidade a atribuição de um nome ou denominação a realidades organizadas não dotadas de personalidade jurídica e o direito constituído refere-se a essa possibilidade, designadamente no âmbito do regime jurídico do contrato de consórcio (cfr. artigo 15º nº 1).

Da análise do disposto nesta norma conclui-se que o legislador, tendo em mente o facto de o consórcio não ter personalidade jurídica distinta da dos seus membros, pretendeu fazer transparecer, perante terceiros, a composição exata do consórcio, na medida em que impõe que todos os nomes, firmas e denominações sociais das entidades que integrem o consórcio figurem na designação do consórcio.

Diremos, à partida, que idênticas considerações se impunham nas redes de empresas despersonalizadas; inexistiria, em ambos os casos, uma entidade distinta dos membros e haveria que, perante terceiros, divulgar a composição da organização.

As redes de empresas podem integrar inúmeras empresas – concebam-se as redes de franquia que podem integrar empresas dispersas por todo o território nacional – o que pode tornar incomportável a inserção de todas as firmas, nomes ou denominações.

Por outro lado, o regime jurídico aplicável ao registo de firmas e denominações não restringe a liberdade de escolha de firmas e denominações das entidades não dotadas de personalidade jurídica.

Por inexistência de limitação legal, e, ainda, e sobretudo, pelo facto de o consagrado para o contrato de consórcio não ser inteiramente aplicável às redes de empresas, em virtude do caráter potencialmente expansivo das redes, tendemos a admitir que as redes de empresas não necessitem de ter, na sua firma, o nome, firma ou denominação de todos os sujeitos jurídicos que a integrem.

2.4.3.2. Direito de gestão da rede por parte do cume da rede. Avaliação

Quando se reconheça uma liderança à rede, atribui-se, expressa ou implicitamente, ao líder da rede, um conjunto de poderes que se relacionam com a gestão da rede; esses poderes encontram a sua justificação, sobretudo, no facto de o líder da rede ser, por norma, o promotor da mesma.

O direito de gestão da rede tem subjacente um poder de coordenação das prestações desenvolvidas pelas empresas que integram a rede.[758]

[758] Conquanto enquadre no âmbito do tema das empresas virtuais, J. M. Coutinho de Abreu considera que *"uma das empresas (normalmente a promotora da rede) fica com todas ou algumas tarefas nucleares (v.g. investigação e desenvolvimento, marketing, finanças, escolha dos membros da rede) e coordena a actividade das restantes empresas."* Cfr. "Empresas virtuais..." (cit.), pág. 604.

Neste campo, avaliaremos a admissibilidade – e com que extensão, aceitando-se a admissibilidade – do cume da rede dar instruções aos membros da rede e, quiçá, intervir na própria gestão interna da empresa dos membros.

O problema em si não é novo nem específico das redes de empresas, porquanto outras figuras podem convocar semelhante indagação – até que ponto será legítimo que uma pessoa oriente ou controle o negócio de outrem?

O nosso ordenamento jurídico tem algumas normas e princípios jurídicos que têm sido apontados pela doutrina e pela jurisprudência para avaliar cláusulas contratuais, ao abrigo das quais sejam concedidos a outrem o poder de controlo ou de dar instruções.

Indica-se, quanto ao contrato de concessão, o disposto no nº 2 do artigo 280º do CCiv, ferindo-se com a nulidade os *"preceitos contratuais manifestamente desequilibrados e meramente determinados por uma desigualdade acentuada entre as partes"*.[759]

Avaliemos em que circunstâncias e, mais concretamente, até onde pode ir o direito de conformação da rede, tendo em conta que pode ocorrer uma colisão de direitos que haja a necessidade de dirimir, à luz dos legítimos interesses das partes, que podem justificar algum desequilíbrio nos direitos contratuais.

Preliminarmente, temos vindo a aludir à figura do *"cume da rede"*, sem, no entanto, a definir.

Como resultou da distinção supra apresentada,[760] nas redes verticais ou hierárquicas, existe uma figura contratualmente investida de poderes de conformação da rede de empresas. Pode ser uma pessoa singular ou coletiva, a quem são reconhecidos poderes de gestão da rede, o que se manifesta em vários aspetos do regime de funcionamento da mesma, nomeadamente na definição de procedimentos e decisão de entrada e saída da rede.

O cume da rede não tem necessariamente de ser um único sujeito, podendo ser reconhecido, como cume da rede, um conjunto de entidades,[761] que repartem, entre si, a posição de supremacia na rede.

Quando assim suceda, ou seja, quando estivermos perante um cume da rede composto por mais do que uma entidade, podem colocar-se várias questões relacionadas com o exercício de poderes contratuais. Cremos que, nas redes de empresas, não se levantam problemas diversos dos que sucedem na

[759] Cfr. José Alberto Vieira, *O Contrato de concessão...* (cit.), pág. 48, concluindo o Autor que *"não é aceitável que, pressionado por um real desequilíbrio económico, e pela miragem do lucro a obter na revenda, o concessionário aliene a gestão da sua empresa."*

[760] Ver I.4.2. supra.

[761] Assim, também, Pietro Zanelli, *Reti e contratto...* (cit.), pág. 12.

generalidade dos contratos com obrigados plurais, sendo aplicáveis, no silêncio dos instrumentos contratuais celebrados entre as partes, as regras previstas nos artigos 512º e ss. do CCiv.

Por forma a evitar dúvidas quanto à resolução do conflito decorrente de instruções divergentes entre os vários elementos que compõem o cume da rede, consideramos adequada a designação de um representante comum do cume da rede, ao qual sejam atribuídos exclusivos poderes para transmissão da vontade do cume da rede, semelhantemente com o que sucede, entre nós, no plano do direito constituído, quanto à pluralidade de empregadores.[762]

Aponta-se, como fundamento para o reconhecimento dos poderes de gestão da rede, por parte do cume da rede, a circunstância de existir uma unidade da contraparte contratual.[763]

Os poderes do cume da rede relacionam-se com o governo da rede, quando a estrutura de governo adotada envolva a atribuição de poderes de gestão e coordenação da rede a uma entidade líder.

O cume da rede pode estabelecer procedimentos tendentes a salvaguardar o bom desempenho da rede, podendo esses procedimentos ser de resultado, comportamentais ou sociais.[764]

Pode ocorrer a fixação de patamares de qualidade no fabrico de um bem ou prestação de um serviço e a constatação de uma qualidade inferior aos níveis que tenham sido definidos pode conduzir à aplicação de sanções ou, até, a exclusão da própria rede. No que se refere aos procedimentos comportamentais, aponta-se a fixação de regras para o funcionamento da rede, por exemplo, regras relativas à admissão de novos membros. Por fim, quanto aos procedimentos sociais, sugere-se a previsão de sanções.[765]

Joseba A. Echebarría Sáenz alude, mais sinteticamente, aos poderes de supervisão, regulação e moderação de conflitos.[766]

A supervisão constitui um poder de índole geral; julgamos potencialmente abrangidas pelo poder de supervisão a faculdade de acesso às instalações onde é desempenhada a atividade por parte dos membros da rede, para indagação sobre o cumprimento dos procedimentos e regras definidas e a possibilidade

762 Cfr. Alínea *c)* do nº 2 do artigo 101º do CT.

763 Cfr. Paola Iamiceli, "Il coordinamento della filiera produttiva..." (cit.), pág. 327.

764 Neste sentido, vide L. Marques, J. A. Ribeiro e R. Scapens, "The complementary use of network...", pág. 10.

765 Por todos, vide L. Marques, J. A. Ribeiro e R. Scapens, "The complementary use of network...", pág. 10.

766 Cfr. Joseba A. Echebarría Sáenz "Los grupos de coordinación..." (cit.), pág. 270. O Autor refere-se a tais poderes sem concretizar o conteúdo de cada um deles.

de obtenção de informações e documentos, nomeadamente contabilísticos, ou listas de clientes. Consoante a densificação do poder de supervisão, podemos concluir quanto a índices diversos de integração das empresas que são membros da rede em face do cume da rede.

A supervisão pode manifestar-se apenas num poder de conformação das atividades desenvolvidas pelos vários membros, sem se materializar em efetivas ordens ou instruções aos membros. Ou seja, o cume da rede coordena as prestações dos vários membros, nomeadamente articulando-as, para efeitos, por exemplo, de cumprimento de prazos ou controlo da qualidade de produtos fabricados; no entanto, tal coordenação não implica uma ingerência na atuação de cada um dos membros, que permanecem autónomos e com poder de decisão quanto aos contornos da sua atuação.

O poder de regulação abrange a faculdade de definição das regras de atuação dos membros e de funcionamento da rede.[767] A regulação pode ser ao nível de regras mínimas, relegando-se para as partes a faculdade de, posteriormente, concretizarem as regras mínimas ou, por outro lado, a regulação pode ser minuciosa.

A regulação não se limita ao poder de definir as condições contratuais que regem a relação entre o membro e o cume da rede. No âmbito das redes verticais e formadas por conjuntos de contratos bilaterais, por norma, as condições contratuais encontram-se pré-definidas, apresentando-se como verdadeiras cláusulas de adesão. Ao contratante que pretende aderir à rede pode apenas ser admitido que adira – em bloco – ao contrato, sem que tenha um efetivo poder de conformação das condições contratuais.

A regulação manifesta-se na execução das relações de rede; é um poder dinâmico e não estático, ou seja, não se cristaliza no momento em que é celebrado o contrato, mas opera, ou, pelo menos, pode operar, potencialmente, durante toda a vigência do contrato.

Quando se reconhece ao cume da rede o poder de moderar conflitos, entendemos que o objeto da moderação incide, sobretudo, quanto a conflitos entre os vários membros da rede e, eventualmente, entre um ou vários membros da rede e terceiros. Potenciais conflitos que envolvam o cume da

[767] Teresa Rodríguez de las Heras Ballell refere que o poder do gestor da rede, ao nível da regulação, compreende o poder de definir e rever as regras de funcionamento da rede. Cfr. "Aspectos jurídicos de las redes..." (cit.), pág. 434.
Quanto ao poder de alteração unilateral das condições de funcionamento da rede, ainda que admitamos que exista, se contratualmente estipulado, entendemos que não poderá ser exercido de modo a afetar a confiança da contraparte, em termos que excedam os riscos próprios do negócio.

rede não serão *"moderados"* por qualquer das partes envolvidas, *maxime* pelo cume da rede.

No âmbito da moderação de conflitos, podemos encontrar desde um poder de conciliação das partes envolvidas, quando esteja em causa um conflito entre os vários membros, um papel de mediação, numa tentativa de composição consensual e amigável do litígio até um verdadeiro poder de decisão quanto ao conflito surgido. Assim, por exemplo, caso o dissídio entre os membros tenha subjacente o incumprimento de um qualquer dever contratual (ou legal), pode assistir ao cume da rede o poder de sancionar o membro incumpridor.

Acrescentam outros autores o poder do cume da rede sancionar o incumprimento por parte dos membros das regras que aquele instituiu.[768]

Quando se analisa o poder do cume da rede de gerir a rede e de controlar o cumprimento das prestações por parte dos membros da rede cremos ser de atender ao facto de esse ser um poder funcionalizado.[769]

O poder de controlo tem sempre como diapasão o bom funcionamento da rede. Não estamos, pois, perante um poder arbitrário, que o cume da rede possa exercer sem que tenha que obedecer a uma lógica objetiva.

Por outro lado, e sendo um poder funcionalizado, a atuação do cume da rede é passível de sindicância judicial, quer quanto à sua extensão quer quanto ao modo de exercício.

Nas redes verticais, os poderes que são atribuídos ao cume da rede implicam, frequentemente, uma gestão da atividade dos membros da rede. O nosso enfoque tem incidido no prisma do cume da rede e não no dos membros.

Para avaliar a bondade dos poderes do cume da rede, orientados pelo bom funcionamento da rede, teremos que indagar se os poderes não só encontram justificação naquela finalidade como se se fazem incidir também sobre o cume da rede os riscos desses poderes, da gestão que mantém quanto a cada um dos membros.

Quanto aos contratos de concessão comercial, salienta-se – com argumentos que consideramos analogicamente convocáveis para as relações de rede verticais, ainda que não tenham estas necessariamente na sua base um contrato de concessão – que as cláusulas contratuais que transmitam o poder de gestão, sem o inerente risco, são nulas, por contrariedade à ordem pública, atento o disposto no nº 2 do artigo 280º do CCiv.[770]

[768] Cfr. Teresa Rodríguez de las Heras Ballell "Aspectos jurídicos de las redes..." (cit.), pág. 434.

[769] Assim, também, Ricardo Luís Lorenzetti, *Tratado...* (cit.), pág. 80.

[770] Neste sentido, designadamente, José Alberto Vieira, *O Contrato de concessão...* (cit.), pág. 48.

Diríamos, até, que a nulidade destas cláusulas pode resultar da aplicação das normas de proteção da concorrência, como vimos, mais concretamente do disposto nos artigos 11º e 12º da Lei da Concorrência.

Verificada que seja a nulidade de cláusulas contratuais que retirem o risco e/ou a responsabilidade pela atuação do cume da rede na gestão dos membros da rede, são de convocar as regras gerais de responsabilidade contratual, consignadas no CCiv, caso o lesado seja a parte com quem o cume da rede tem o vínculo contratual. Quanto à possibilidade de um terceiro, não vinculado contratualmente ao cume da rede, poder exercer qualquer pretensão ao cume da rede, com fundamento da gestão ou direção empreendida pelo mesmo em relação a um membro da rede, aludiremos infra em II.3.2.1..

2.5. Organização interna da rede

Não será inerente à noção de rede de empresas que adotamos – seja qual for o figurino que apresenta – a existência de órgãos internos na mesma,[771] nomeadamente deliberativos, consultivos, executivos, ou, ainda, fiscalizadores.

Alguns autores apontam, no entanto, que, conquanto não se imponha a sua imperatividade para que a rede possa florescer, um órgão administrativo pode tornar viável a rede e contribuir para o seu desenvolvimento,[772] sustentando-se que, quando a rede tenha atividade externa, com um fundo patrimonial comum, a nomeação de um órgão comum se revelaria essencial.[773]

No que se refere ao governo da rede, podem suscitar-se questões relacionadas com a autonomia das sociedades comerciais quando estas integrem uma ou várias redes de empresas. Como compatibilizar a pertença a uma rede de empresas – em que exista, no seu seio, um ou vários órgãos de governo – com a autonomia daquelas entidades, designadamente com os poderes que são legalmente atribuídos à assembleia geral e ao órgão de administração?

Quanto a esta questão apontam alguns autores que se pode justificar a perda da autonomia decisória da empresa membro da rede e a atribuição de alguns poderes de direção ao cume da rede.[774]

[771] FABRIZIO CAFAGGI salienta que as redes que se apresentam como um contrato multilateral podem dar ou não origem a órgãos próprios de governo, encarregados de coordenar e monitorizar o poder. Assim, *Contractual Networks and the Small Business Act...* (cit.), pág. 19.

[772] Assim, KEITH G. PROVAN e H. BRINTON MILWARD, "Do Networks Really Work?..." (cit.), pág. 419.

[773] Assim, MAURIZIO SCIUTO, "Imputazione e responsabilità..." (cit.), pág. 16.

[774] Neste sentido, vide VINCENZO ZENO-ZENCOVICH e FRANCESCO MEZZANOTTE, "Le reti della conoscenza..." (cit.), pág. 156. Os autores apresentam como fundamentos para tal renúncia o facto de permitir *"assegurar a estabilidade da contratação através da flexibilidade, incentivando a partilha*

2.5.1. O governo da rede

No que se refere ao governo da rede, há que efetuar uma divisão prévia, consoante a rede seja ou não personalizada. Quanto perante redes despersonalizadas, sobreleva a vertente contratual sobre a institucional ou corporativa; nas demais, existindo uma entidade jurídica distinta dos membros, será no seu âmbito que existirão os órgãos comuns.

Se a rede personalizada assumir a forma de uma sociedade comercial, são, por norma, sócios todos os membros da rede, ainda que possam ter participações sociais distintas. As questões jurídicas suscitadas por uma rede/sociedade comercial não serão desenvolvidas com especial acuidade, porquanto poucas especificidades se manifestam; nessa hipótese, o CSC responde à generalidade dos problemas colocados quanto ao governo da sociedade e quanto à distribuição dos poderes pelos seus órgãos.

Com a nota adicional, contudo, que será nos acordos parassociais, paralelos ao contrato de sociedade, que podem ser acordados, entre os subscritores, alguns parâmetros de atuação, seja quanto à designação de membros dos órgãos sociais seja quanto a vinculação de voto em matérias de especial relevo na rede.

Não obstante o campo legalmente reconhecido aos acordos parassociais, onde se reconhece alguma autonomia dos sócios na definição de um conjunto de direitos e obrigações, ao arrepio daquelas decorrentes do contrato de sociedade, a verdade é que o CSC, consagrando, sobretudo no domínio das sociedades anónimas, um amplo conjunto de normas imperativas, pode não seduzir os membros de uma rede a escolherem tal tipo social como o mais adequado para a flexibilidade inerente às redes de empresas.

É provavelmente a matéria de que ora cuidamos – o governo da rede – aquela em que a rigidez das normas societárias se revela de forma acentuada, podendo afastar o recurso ao contrato de sociedade como instrumento veículo para a organização da rede.

Os membros da rede sabem que a celebração do contrato de sociedade irá implicar, necessariamente, uma assembleia de sócios, a quem compete a deliberação sobre determinadas matérias. Por outro lado, se estivermos perante uma sociedade anónima, as maiorias de aprovação podem ser incompatíveis com a tendencial unanimidade estabelecida para a tomada de decisões nas redes.

de recursos críticos; limitando o potencial oportunismo dos sujeitos envolvidos; garantindo a recuperação dos investimentos específicos efetuados." Tradução nossa.

Reconhece-se, na esteira de alguns autores,[775] que o afastamento das tradicionais figuras por parte das redes, de que constitui exemplo paradigmático o contrato de sociedade, pode levar à multiplicação de instrumentos contratuais e, até, à elaboração de contratos extensos e complexos, numa tentativa de antecipar, regulamentando pormenorizadamente, toda uma série de factos passíveis de ocorrência.

Concretizando: se os acordos parassociais podem cobrir um conjunto de matérias *sociais*, existirão outras matérias, sobretudo quanto à articulação das prestações, por parte dos membros, na execução das suas atividades no âmbito da rede, que justificam instrumentos adicionais e diversos dos acordos parassociais.

Entendemos, pois, dedicar especial enfoque às redes que não deem origem à criação de uma pessoa distinta dos seus membros, *maxime* redes não societárias, ainda que pontualmente, e caso se justifique, atentas as especificidades ao caso convocáveis, se possam ponderar consequências jurídicas para as redes societárias.

Quando estamos perante redes de base contratual, cumpre efetuar nova distinção, consoante a rede seja formada por contratos bilaterais agrupados ou por um contrato multilateral.

Se a rede resulta da combinação de contratos bilaterais – de que constituem exemplos paradigmáticos as redes de franquia ou de concessão – por norma não existem órgãos comuns, sobretudo quando tais redes sejam caraterizadas por hierarquização, reconhecendo-se ao cume da rede os poderes de direção. Assim, por exemplo, nas redes de franquia ou de concessão, sendo a rede dirigida e definida pelo franquiador ou pelo concedente, será a este que são reconhecidos poderes de conformação da rede por si governada.

Assim, os órgãos que têm poderes deliberativos e executivos na rede são os órgãos internos integrados na estrutura do cume da rede.

Por seu turno, nas redes de índole multilateral, o contrato que assim tenha sido celebrado (nas suas mais diversas variantes) pode definir a repartição de poderes entre os membros, assim como pode prever a constituição de órgãos comuns.

Principiemos por uma breve análise do disposto no regime jurídico do contrato de rede, tal como consagrado na lei italiana (decreto-lei nº 5, de 10 de fevereiro de 2009).

Consagra-se que, caso o contrato preveja a existência de um órgão comum, deve indicar o seu nome, bem como os seus poderes, incluindo os poderes de

[775] Assim, Fabrizio Cafaggi, "Il governo della rete" (cit.), pág. 121.

representação e a modalidade de participação das várias empresas nas atividades do órgão [cfr. artigo 3º nº 4-ter alínea *e)*].

Este segmento normativo sofreu profundas alterações em 2012 (através da Lei nº 134/2012 e do Decreto-lei nº 179/2012). De monta, constata-se, agora, que, sendo essa a intenção dos contratantes, é possível atribuir subjetividade jurídica à rede; nessa hipótese, o órgão comum representará a própria rede e não cada uma das empresas que compõem a rede.

Acrescenta-se ainda – o que parece manifestar uma presunção de delegação de poderes de representação – que, se nada for estabelecido contratualmente em contrário, o órgão comum tem poderes de representação das empresas, mesmo individualmente consideradas, na negociação com as entidades públicas.

Sob o ponto de vista da incidência prática, tem sido apontado que a larga maioria dos contratos de rede, celebrados no quadro do diploma legal ora em apreço, prevê a constituição de um órgão comum, que se rege pelas disposições aplicáveis ao contrato de mandato.[776] Sustenta-se, ainda, que, como a norma está desenhada pelo legislador italiano, não é possível a atribuição ao órgão comum do contrato de rede poderes de gestão e representação através de um negócio diverso do mandato coletivo.[777]

A lei italiana não estabelece quaisquer regras quanto à composição do órgão comum da rede, deduzindo-se que, voluntariamente, deixou espaço à liberdade contratual dos contratantes para as definir. A ausência de uma previsão expressa quanto a esta matéria permite que o órgão comum possa ser unipessoal ou pluripessoal, sendo que, em caso de um órgão pluripessoal, não se consagra um número máximo de membros do órgão ou se impõe que o número seja ímpar.

Igualmente por inexistência de norma que o preveja, tem sido salientado que o órgão comum, mesmo que seja um mandatário comum dos membros da rede, pode não ter poderes de representação.[778]

Conforme mencionado, o órgão comum não é de existência obrigatória nos contratos de rede regulados no diploma ora em apreço. É concebível,

[776] Cfr. Fabrizio Cafaggi, Paola Iamiceli e Gian Mosco Domenico, "Prime evidenze sui contratti...", (cit.), pág. xxxi. Salientam os Autores que, nos termos legais, a função primordial do mandatário comum da rede será a gestão do programa de rede; no entanto, contratualmente, são-lhe atribuídas funções mais amplas.

[777] Assim, Salvatore Lopreiato, "Programa comune di rete ed efficacia..." (cit.), pág. 175.

[778] Neste sentido, Antonio Damiano, "L'organizzazione nella rete" (cit.), pág. 219. Às questões relacionadas com o mandato sem representação, no quadro das redes de empresas, aludiremos, sumariamente, em II.3.1. infra.

mesmo para redes que sejam dotadas, por vontade dos membros, de personalidade jurídica, que as mesmas tenham apenas representantes designados pelos contratantes, sem que formem um órgão.[779]

Em face do previsto no regime jurídico (italiano) do contrato de rede, suscita-se-nos uma proximidade com o consagrado, entre nós, no regime jurídico do contrato de consórcio para a figura do chefe de consórcio.

Quanto ao contrato de consórcio, distinguem-se os poderes do chefe de consórcio, consoante as funções sejam internas ou externas (cfr. artigos 13º e 14º do Decreto-Lei nº 231/81, de 28 de julho).

A figura do chefe do consórcio[780] não se apresenta como um órgão, podendo conviver com um organismo instituído no consórcio e que é conselho de orientação e fiscalização (COF). A relação estabelecida entre o chefe do consórcio e o COF, de acordo com o previsto na alínea *b)* do nº 2 do artigo 7º daquele diploma legal, parece ser de uma subordinação do primeiro às deliberações do segundo, na medida em que se consagra que as deliberações do COF vinculam o chefe do consórcio.

Uma breve nota quanto à eventual existência de um órgão de fiscalização na rede. Quando aludimos a um órgão de fiscalização, não temos em mente os órgãos de fiscalização previstos para as sociedades comerciais, ainda que as funções que possam ser atribuídas a uma entidade encarregada de fiscalizar o cumprimento das obrigações assumidas por parte dos vários membros da rede possam ser similares às legalmente atribuídas àqueles órgãos de fiscalização.

Sustentam alguns autores que não é necessária a fiscalização, a qual, nas redes, é substituída pela confiança.[781]

Cremos que, fora dos quadros de órgãos de fiscalização de existência obrigatória, a autonomia contratual das partes se apresenta como irrestrita, pelo que estas são livres de definir quanto à existência de uma entidade fiscaliza-

[779] Cfr. ANTONIO DAMIANO, "L'organizzazione nella rete" (cit.), pág. 220.

[780] Para RAÚL VENTURA, o chefe do consórcio não é necessariamente um mandatário dos consorciados, porquanto o mesmo desempenhará, por norma, atos materiais podendo, apenas de forma acessória, praticar atos jurídicos. Cfr. "Primeiras Notas Sobre o Contrato..." (cit.), pág. 670.

[781] Neste sentido, vide GERT JAN HOFSTEDE, "Transparency...", (cit.), pág. 24.
Tem sido destacado, nas redes, o papel da confiança como instrumento de controlo e organização da rede. As relações de cooperação entre empresas têm subjacente a confiança entre os contratantes, enquanto corolário do princípio da boa fé que enforma todas as relações contratuais (mesmo que, apenas, civis, atento o disposto no nº 2 do artigo 762º do CCiv). O papel da confiança nas redes assume especial relevância quando as redes são não formalizadas e quanto a redes de menor dimensão (com o menor número de membros). Para o papel da confiança nas empresas virtuais, enquanto redes de empresas, vide THOMAS MÜLLER, "Virtuelle Organisation..." (cit.), pág. 36 e STEFAN BRANDNER, *Integriertes Produktdaten*...(cit.), pág. 9.

dora. Notamos, porém, que, quando perante redes verticais, a fiscalização é exercida pelo cume da rede, no âmbito dos poderes ao mesmo reconhecidos, de gestão e conformação da rede.

2.5.1.1. Designação do órgão de governo da rede[782]

Quanto à designação do órgão de governo da rede, consideramos vários parâmetros, quer quanto ao procedimento inerente à designação, quer quanto à entidade que pode ser designada como membro do órgão de governo.

Sustenta-se – *maxime* na doutrina italiana, tendo como ponto de partida a análise do regime jurídico constituído – que podem ser designados como membros do órgão de governo da rede todos os membros,[783] ou um terceiro, estranho à rede,[784] podendo, ainda, o órgão comum ser monocrático unipessoal ou ter uma composição plurissubjetiva.[785]

Ainda que em termos teóricos pudesse ser configurável a designação, como membro do governo da rede, de um terceiro, que não seja parte da rede, entendemos que será inverosímil a sua verificação prática. Se, aliás, atentarmos numa figura que pode ser subsumível a uma rede de empresas despersonalizada e que é o consórcio, os membros do COF são, por norma, representantes indicados pelos consorciados que têm vínculo laboral ou de prestação de serviços a cada consorciado.

Assinalam-se vantagens de designação de uma entidade para governo da rede, nomeadamente a facilitação das relações entre os diversos membros da rede[786] e a circunstância de a ausência de um órgão de governo da rede poder

[782] Utilizamos o termo *"órgão"* em sentido não rigoroso. Com efeito, e como analisaremos infra, em texto, o governo da rede pode não estar confiado a uma entidade que se apresente como órgão, mas, apenas, a uma pessoa singular. Por norma, o termo *"órgão"* é reservado para identificar elementos constitutivos de representação e formação de vontade de uma pessoa coletiva, que, como vimos, pode não ser constituída no seio da rede.

[783] Com o que se tem designado como órgão comum omnicompreensivo. Cfr. Eva Bredariol, *Regole di imputazione*... (cit.), pág. 54.

[784] Neste sentido, vide Gaetano Guzzardi, *Il contratto*... (cit.), pág. 74, Mattia Esposito, "Il contratto di rete..." (cit.), pág. 93 e Massimiliano Di Pace et alia, "La rete di imprese... (cit.), pág. 36. Ainda que estes últimos autores sustentem que a solução perfeita, já após as primeiras redes constituídas em Itália, seria a designar como sujeito executor do contrato uma sociedade membro da rede.

[785] Assim, Vincenzo Donativi, *"Contratto di rete*... (cit.), pág. 1442 e Eva Bredariol, *Regole di imputazione*... (cit.), pág. 55.

[786] Neste sentido, vide Francesca Bartoli, Giovanni Ferri, Pierluigi Murro e Zeno Rotondi "Enterprise Networks..." (cit.), pág. 4.

envolver a marginalização da rede comparativamente à atividade individualmente desenvolvida pelas empresas integrantes da rede.[787/788]

Por ora, sublinhamos que a relação estabelecida entre os membros da rede e as entidades designadas para a administração da mesma é, em regra, subsumível a um contrato de mandato.[789]

2.5.1.2. Poderes do órgão de governo da rede

Na ausência de uma figura legalmente típica para a rede, a autonomia privada encontra campo fértil para a definição dos poderes do órgão de governo da rede.

Se a organização da rede envolver a constituição de uma pessoa distinta dos seus membros, haverá que atender aos poderes normalmente atribuídos ao órgão de governo.

Analisemos, preliminarmente, a divisão de poderes entre o órgão de governo da rede e os membros da rede. Ainda que possa existir apenas um órgão de governo da rede, ao mesmo podem não ser atribuídos os poderes para deliberação e/ou execução de todas as questões que se formem no âmbito da rede de empresas.

No regime jurídico do contrato de consórcio, admite-se a existência de uma entidade designada de conselho de orientação e fiscalização (COF) e o legislador reconhece um conjunto de matérias subtraídas à competência daquele.

Nos termos do disposto na alínea *c)* do nº 2 do artigo 7º do Decreto-Lei nº 231/81, não tem o COF *"poderes para deliberar a modificação ou resolução de contratos celebrados no âmbito do contrato de consórcio"*.

Quanto às demais matérias, nada estabelece o diploma em análise.

No quadro específico das redes, apontam alguns autores linhas orientadoras para a repartição dos poderes entre o órgão de governo da rede e os membros da rede.

Segundo Joseba A. Echebarría Sáenz, o que será usual é a criação de uma estrutura em que se deleguem as decisões ordinárias, mas, concomitantemente, se reserve para os membros o direito de estabelecer as diretrizes essenciais na rede, por unanimidade ou maioria qualificada.[790]

[787] Cfr. Elena Calzolaio, Fulvio D'Alvia, Paolo Di Marco, Francesco Rullani e Massimo Tronci, "Il Management..." (cit.), pág. 77.

[788] Quanto à inexistência de órgão de governo da rede aludiremos, desenvolvidamente, em II.2.5.1.4. infra.

[789] Assim, também, Roberta Bertagnin, *Il contratto di rete...* (cit.), pág. 55.

[790] Cfr. "Los grupos de coordinación..." (cit.), pág. 273.

A repartição do poder na rede, entre um órgão de administração e o conjunto dos membros, não se apresenta como de singela resolução.

O primeiro dos problemas surge quando perante uma rede despersonalizada e ainda quando a rede não se formalize através de uma estrutura legalmente típica, por exemplo um contrato de consórcio.

Na hipótese de inexistência de cláusula contratual a repartir os poderes entre a governo da rede e aa coletividade dos seus membros, indaguemos se, no plano do direito constituído, se encontra solução adequada e se, alcançada tal solução, a mesma pode ser aplicada, por interpretação extensiva ou analogia, às redes de empresas.

Como referido, no regime jurídico do contrato de consórcio, a repartição de poderes entre o COF e os membros consorciados não se encontra claramente estabelecida, exceto no que se refere aos poderes para modificar ou resolver contratos celebrados no âmbito do contrato de consórcio, que estão, por lei, reservados aos membros consorciados.

No regime jurídico dos ACE, consagra-se que constituem poderes dos membros agrupados a designação da administração e a definição da sua remuneração (artigo 6º do Decreto-Lei nº 430/73), remetendo-se, no omisso, para o fixado para as sociedades em nome coletivo.

Para as cooperativas, estabelecem-se, claramente, as matérias que competem à assembleia geral (artigo 38º do CCoop) e as que incumbem ao órgão de administração (artigo 47º do CCoop).

No âmbito do CCiv, quanto às associações, prevê-se, como competência regra, a da assembleia geral, quando, na lei ou nos estatutos, não se atribua a competência a outro órgão; indica-se, ainda, um conjunto de matérias que incumbe, imperativamente, à assembleia (artigo 172º do CCiv).

Ainda naquele corpo de leis, haverá que considerar o previsto para as sociedades civis. O legislador não reuniu num único artigo as competências da administração e da coletividade dos sócios; encontram-se dispersas, pelo Capítulo III do Título II do CCiv, as situações que, nos termos legais, reclamam deliberação dos sócios, como sejam as deliberações sobre alteração do contrato de sociedade (artigo 982º), exclusão de sócios (artigo 1005º) e dissolução da sociedade (artigo 1007º).

Temos, ainda, o regime previsto no CSC, aplicável às sociedades comerciais, no seio do qual se encontra a divisão das competências entre os vários órgãos que integram a sociedade comercial. Quanto às sociedades em nome coletivo, e sem prejuízo da remissão para o regime previsto para as sociedades por quotas quanto à convocação e funcionamento da assembleia geral, consagra-se que dependem de deliberação dos sócios as matérias contidas no nº 3 do artigo 189º do CSC, e estabelece-se que a gerência tem poderes para representar e administrar a sociedade (artigo 192º do CSC).

Para as sociedades por quotas, indicam-se as matérias que devem ser objeto de deliberação em assembleia geral de sócios (artigo 246º nº 1 CSC), e outras que são da competência da assembleia geral se o contrato de sociedade não dispuser diversamente (artigo 246º nº 2 CSC).

Quanto às sociedades anónimas, o elenco de matérias que carecem de deliberação em assembleia geral, comparativamente com a situação prevista para as sociedades por quotas, fica substancialmente reduzido, sendo que o órgão de administração vê os seus poderes alargados (artigo 405º do CSC).

Perante o quadro legal assim traçado, analisemos se algum dos conjuntos normativos expostos pode ser aplicado às relações de rede, *rectius*, quanto à repartição de poderes deliberativos entre os membros e o órgão de administração que os mesmos tenham deliberado constituir.

Previamente a uma proposta de solução quanto à questão em apreço, vejamos o que preceitua o regime jurídico do contrato de rede no âmbito do ordenamento italiano.

Em relação a esta matéria, o diploma italiano apenas prevê que, do programa de rede, deve constar a indicação dos poderes de gestão e representação conferidos ao órgão comum da rede. Poder-se-ia concluir que se as matérias não tiverem sido expressamente elencadas como atribuídas ao órgão comum seriam da competência dos membros da rede.

Em Itália, nos contratos de rede que têm vindo a ser celebrados, sob a égide do respetivo regime jurídico, tem sido atribuída competência à assembleia geral para a nomeação do órgão comum, aprovação do balanço e para a alteração do contrato.[791] Constata-se um paralelismo quanto às matérias que, nas associações, são acometidas à assembleia geral, como seja a aprovação do balanço e a alteração dos estatutos (cfr. artigo 172º nº 2 do CCiv).

Entendemos que o percurso se fará do seguinte modo.

Em primeiro lugar, e tendo sido instituído um órgão de gestão e/ou administração da rede, será necessário averiguar se, do contrato celebrado ou do documento através do qual se designou o órgão de governo da rede, se elencam as matérias cuja competência é atribuída a esse órgão.

Caso, quanto a determinada questão, a mesma se inclua no âmbito dos poderes expressamente conferidos ao órgão, será o mesmo competente.

Em segundo lugar, o contrato ou o ato que designou o órgão de governo pode ser omisso quanto à competência.

[791] Assim, FABRIZIO CAFAGGI, "Il Contratto di Rete nelle prasi..." (cit), pág. 143.

O percurso feito quanto a normas consagradas para situações análogas permite-nos concluir que os poderes relacionados com a relação contratual *stricto sensu*, ou seja, com a alteração do contrato nas suas mais diversas modalidades (alteração subjetiva, relacionada com a saída e entrada de novos membros/contratantes; alteração objetiva, por exemplo, quanto às cláusulas contratuais), deve incumbir à coletividade dos membros. Semelhantemente, também a designação dos membros que compõem os eventuais órgãos da rede deve caber, no silêncio dos instrumentos contratuais, à coletividade dos membros.[792]

Os poderes de gestão da rede, nomeadamente em termos de operação interna e externa da mesma, devem, no silêncio dos instrumentos contratuais, ser reconhecidos ao órgão de governo da rede.

Conceba-se que o órgão comum, que os contratantes instituíram no seio da rede, é composto por um representante de cada um dos membros que integra a rede, sendo que, a todos eles, são conferidos iguais poderes, para efeitos de formação da vontade do órgão comum. Quando assim seja, a repartição de competências entre o órgão comum e a coletividade dos membros pode afigurar-se uma tarefa vazia de conteúdo, quase como se se confundissem as funções de órgão de governo da rede e de membro da rede.

Quanto a esta questão, FABRIZIO CAFFAGI considera que a mesma reduz os efeitos da distinção entre programação e atuação.[793]

2.5.1.3. Conflito de deveres e interesses no órgão de governo da rede

Não será certamente inverosímil que para o órgão de governo da rede seja designado um sujeito que é, simultaneamente, membro de órgão de administração de um dos membros. Coloca-se, nessa hipótese, a questão de avaliar o parâmetro de atuação do membro assim designado e de que forma se dirimem eventuais conflitos de interesses ou de deveres.

No âmbito específico das redes, sustenta-se que os membros do órgão de governo da rede devem prosseguir uma finalidade complexa, a qual consiste na *"realização do escopo comum, sem prejudicar o da empresa designante e, na verdade, em conformidade com os interesses de pertença à rede"*.[794]

[792] Aponta-se que ao órgão de governo da rede devem reservar-se as funções de execução do programa da rede e à assembleia a definição e adaptação de tal programa e, bem assim, a monitorização da atividade do órgão de governo. Cfr. EDOARDO BERNINI, GUIDO BEVILACQUA, EVA BREDARIOL, LORENZA BULLO, CRISTIANO CASALINI, GIULIA CLARIZIO, GIUSEPPE FIETTA, ANDREA TODESCHINI PREMUDA e DIEGO TRENTIN, "Linee guida..." (cit.), pág. 66.

[793] Cfr. FABRIZIO CAFAGGI, "Il Contratto di Rete nelle prasi..." (cit), pág. 144.

[794] Neste sentido, FABRIZIO CAFAGGI, "Il governo della rete" (cit.), pág. 110. Tradução nossa.

Não estando o contrato de rede atualmente regulado na lei portuguesa, a autonomia das partes é ampla quanto à definição dos deveres que impendem sobre os sujeitos que tenham sido designados para o órgão de governo da rede; no entanto, na ausência de estipulação contratual expressa, entendemos que esses sujeitos, analogamente ao preceituado no artigo 64º do CSC, devem atuar em conformidade com o interesse da rede.[795]

Levanta-se, pois, o problema de avaliar a atuação dos sujeitos membros do órgão de governo da rede quando as decisões a tomar em conformidade com os interesses da rede se revelarem contrárias ou desconformes com o interesse da sociedade de que, simultaneamente, o sujeito é gerente ou administrador.

A situação em análise não é específica das redes e pode surgir em todas as situações em que um sujeito seja simultaneamente membro de órgão de governo de duas entidades, por exemplo, quando uma sociedade é sócia de outra sociedade, quando uma sociedade é membro de um ACE ou de um contrato de consórcio.

Para as sociedades comerciais, a resposta é fornecida, expressamente, pelo nº 6 do artigo 410º do CSC, quanto ao voto em conflito de interesses.

O regime jurídico dos ACE não contempla regra específica quanto à questão, remetendo, no omisso, para o previsto nas sociedades em nome coletivo.

No regime jurídico do contrato de consórcio, inexiste norma idêntica.

Cremos que, perante uma solicitação concreta, há que procurar a norma que, no espírito do sistema, melhor se coaduna com a tutela dos interesses convocados. Tratando-se, nas redes (e nos ACE e nos consórcios, numa visão mais ampla), de hipóteses similares à expressamente contemplada no CSC, consideramos que a atuação de um membro de um órgão de governo da rede se deve avaliar em função dos objetivos que tenham sido traçados para a rede e não para cada uma das empresas/sociedades que a integrem, podendo aquela norma ser aplicada analogicamente.[796]

[795] O artigo 64º do CSC, para definição dos parâmetros de atuação dos administradores, quando se refere ao interesse da sociedade fá-lo *"atendendo aos interesses de longo prazo dos sócios e ponderando os interesses dos outros sujeitos relevantes para a sustentabilidade da sociedade, tais como os seus trabalhadores, clientes e credores"*.

[796] Não se ignora que a norma em causa – que consagra um impedimento de voto – é uma norma excecional, na medida em que a regra geral é aquela em que existe um direito de voto a favor do administrador. Apesar da excecionalidade, e como tem vindo a ser sustentado, se a analogia se verificar no âmbito da mesma situação de excecionalidade, não tem aplicação o disposto no artigo 11º do CCiv. O que o legislador terá pretendido é proibir a transformação de exceção em regra, não sendo proibido *"estender analogicamente a hipótese normativa que prevê um tipo particular de casos a outros casos particulares do mesmo tipo e perfeitamente paralelos ou análogos aos casos previstos na sua própria particularidade"*. Assim, J. Baptista Machado, *Introdução ao Direito e ao Discurso...* (cit.), pág. 327.

O legislador societário, para evitar o conflito que poderia advir aquando do voto do membro do órgão de administração, impôs um impedimento de voto que entendemos ser extensível aos demais membros de órgãos de governo de entidades (mesmo despersonalizadas) que, numa determinada questão, sejam confrontados com o conflito entre a prossecução do interesse da entidade em que, *in casu*, é suscitado o voto com a prossecução do interesse contrário ou divergente de outra entidade com quem mantêm um vínculo, designadamente de índole contratual.

Imaginemos, no entanto, que o membro do órgão de governo da rede, não obstante ser sustentável o impedimento de voto em matéria de conflito de interesses, efetivamente votou e o sentido de voto é em prejuízo do interesse da sociedade membro da rede em que é simultaneamente administrador.

Coloca-se a questão da bondade da decisão tomada na rede[797] e da relevância desse voto fora da rede; pode a sociedade membro da rede (da qual aquele sujeito também é administrador) retirar consequências desse voto, nomeadamente para efeitos de responsabilidade ou como justa causa de destituição?[798]

À semelhança do que sucede no plano jurídico-laboral, aquando da densificação da justa causa de despedimento do trabalhador, a noção de justa

Também jurisprudencialmente tem vindo a admitir-se, ainda que timidamente, a aplicação analógica de normas excecionais. Assim, designadamente, no Acórdão do TRC (no Processo nº 5441/05.4TBLRA.C1, datado de 22-11-2011 e no Processo nº 498/12.4TBTNV.C1, datado de 01.04.2014).

Contra a aplicação analógica de normas excecionais, vide, por exemplo, Acórdãos do STJ (Processo nº 00B229, datado de 11.05.2000, Processo nº 01A921, datado de 24.04.2001 e Processo nº 07A4417, datado de 22.01.2008). Todos disponíveis em www.dgsi.pt.

797 Aqui convocaríamos a aplicação analógica, na ausência de qualquer disposição contratual nesse sentido, das normas previstas para as sociedades comerciais, sendo considerado nulo o voto assim emitido. Defende-se, para as sociedades comerciais, que, havendo impedimento de voto e sendo manifestada a intenção de voto, ao arrepio da limitação estabelecida, o presidente do Conselho de Administração, não deverá computar o voto assim emitido. Neste sentido, Coutinho de Abreu, in *Código das Sociedades Comerciais em Comentário*, Vol. VI, Coord. Jorge M. Coutinho de Abreu, Almedina, 2013, anotação ao artigo 410º, pág. 492.

Para o caso específico das redes, à luz do direito italiano, sustenta-se a possível anulação do ato praticado (com base no artigo 1394º do Codice Civile), conjugando-se com a responsabilidade do órgão comum (ou, no exemplo que analisamos, do membro do órgão comum) em relação às empresas mandantes. Cfr. Gaetano Guzzardi, *Il contratto...* (cit.), pág. 171.

798 Ao contrário do que sucede no plano laboral, em que a existência de justa causa constitui um dos pressupostos, entre outros, para a cessação da relação contratual, no domínio societário a justa causa não condiciona a destituição, apenas faz surgir, a favor do administrador, uma indemnização (artigo 403º nº 5 do CSC).

causa de destituição de um administrador não se afigura de definição singela, em abstrato.[799]

Está em causa um comportamento de um administrador adotado fora do exercício das funções de administrador da sociedade em causa, mas no exercício de funções de membro de órgão de governo da rede, para o qual foi nomeado, por norma, por indicação da sociedade de que é administrador.

À justa causa para o termo da relação de administração – destituição do administrador – anda associada a inexigibilidade à sociedade da manutenção da relação existente.[800] Esta inexigibilidade relaciona-se com a violação de deveres contratuais ou legais de tal forma grave que determina a legitimidade do termo da relação de administração.

Tendo em conta que o facto que aqui suscita a nossa atenção não ocorreu no estrito quadro da relação entre o administrador e a sociedade, tenderíamos a excluir a qualificação como incumprimento da conduta adotada. No entanto, atentos os deveres consignados na lei, afere-se que o legislador impõe, em termos gerais, que o administrador atue, observando deveres de cuidado e de lealdade (artigo 64º do CSC).

No plano jurídico-laboral, vem sendo discutida a apreciação das condutas extralaborais dos trabalhadores no quadro disciplinar e os nossos tribunais consideram que, atendendo às específicas funções desempenhadas pelo trabalhador e, sobretudo, ao grau de confiança que o cargo ocupado exige, podem condutas adotadas fora dos estritos limites locais e temporais de exercício das funções relevar para efeitos disciplinares.[801]

[799] Ainda que as figuras se possam aproximar não se podem confundir. A tutela jurídico-laboral votada ao trabalhador, cuja segurança no emprego se encontra constitucionalmente consagrada, no artigo 53º da CRP, não encontra paralelo no domínio societário, a que não será indiferente o facto de se manifestar uma subordinação económica acentuada no caso dos trabalhadores, o que não sucede, por norma, quanto aos administradores. Este entendimento que acolhemos tem que ser considerado *cum grano salis*; com efeito, pode suceder que relações de administração existam em que se revele uma dependência económica do administrador em face da sociedade, em termos muito próximos dos que se verificam quanto aos trabalhadores.

[800] Assim, Jorge Manuel Coutinho de Abreu, *Curso de Direito Comercial, Vol. II...* (cit.), págs. 585 e ss..

[801] São vários os arestos jurisprudenciais que têm aceitado a relevância disciplinar de condutas extra-profissionais dos trabalhadores. Vejam-se, a título meramente exemplificado, os Acórdãos do STJ (Processo nº 1552/07.0TTLSB.L1.S1, datado de 17.12.2014 e Processo nº 338/08.9TTLSB.L1.S2, datado de 03.10.2012), TRP (Processo, nº 513/10.6TTMAI.P1, datado de 05.12.2011), todos disponíveis em www.dgsi.pt.

Sobre a temática, desenvolvidamente, vide Diogo Leote Nobre, "A Relevância dos Comportamentos Extra-Laborais em Sede de Justa Causa de Despedimento", in *Revista da Ordem dos Advogados* – Ano 68, Vols. II e III, págs. 923 e ss.

A situação que ora nos ocupa não é, *stricto sensu*, completamente extra função. O concreto sujeito designado, em representação do membro da rede, para exercer funções na rede, terá sido nomeado em virtude do cargo desempenhado, como administrador, na sociedade membro da rede.[802/803] Não se pode, pois, concluir que as funções desempenhadas como membro de órgão de governo da rede são completamente alheias à relação de administração que o sujeito tem com a sociedade.

A justa causa de destituição pressupõe um comportamento ilícito e culposo do administrador; a ilicitude pode decorrer da violação dos deveres consagrados no nº 2 do artigo 64º do CSC.[804]

Estará o administrador que atuou em conformidade com o interesse da rede mas em desconformidade com o que será o interesse da sociedade de que é membro a agir ilicitamente?

Desde logo, consideramos que sobre o membro do órgão de governo da rede recaía o dever de abstenção de voto, porquanto o voto incidiu sobre matéria de conflito de interesses (o interesse da rede e o interesse individual da sociedade de que é administrador).[805]

[802] Compreende-se que um sujeito que já seja administrador de uma sociedade seja apontado, em representação dessa mesma sociedade, como membro de um órgão de governo de uma estrutura de que a sociedade faça parte. Da qualidade de administrador advirá um conhecimento do funcionamento interno e externo da sociedade que poderá contribuir para o bom desempenho da nova função a desempenhar; por outro lado, e para o fluxo de informação entre a rede e a sociedade, a coincidência de órgãos de governo pode agilizar essa informação.

[803] No âmbito de uma relação de grupo, para uma análise dos conflitos de interesses de administradores que assumem tal cargo em várias sociedades do mesmo grupo, vide, em especial, Ana Perestrelo de Oliveira, *Grupos de sociedades...* (cit.), págs. 316 e ss., ainda que a Autora conclua, na pág. 318, que *"não há, em rigor, nas hipóteses de mandatos duplos, um conflito de deveres, pois a conduta do administrador é orientada pelo mesmo critério nas diversas sociedades administradas."*

[804] O artigo 64º do CSC funciona não só como medida da culpa mas também como causa de ilicitude para efeitos de responsabilidade dos administradores. Neste sentido, vide J. M. Coutinho de Abreu, "Deveres de cuidado e de lealdade dos administradores e interesse social", in *Reformas do Código das Sociedades*, IDET, Colóquios, nº 3, Almedina, 2007, pág. 30 e Tiago João Estevão Marques, *Responsabilidade civil dos membros dos órgãos de fiscalização das sociedades anónimas*, Almedina, 2009, págs. 88-89.

[805] A este propósito será possível conceber uma matéria, na rede, em que todos os membros do órgão de governo estejam em conflito de interesses (porquanto se convocam interesses contrários do lado das entidades membros da rede). Nesse caso, entendemos que deveria ocorrer uma recusa de deliberação no campo do órgão de governo e uma convocação dos membros para, por si, tomarem a decisão.

Relativamente a esta questão uma outra lhe andará associada – pode o interesse da rede ser contrário aos interesses individuais de cada um dos membros? Note-se que, *in casu*, estamos no plano da atuação dos membros do órgão de governo da rede. Se convocarmos a situação paralela

Considerando que o sujeito teria incumprido a obrigação de abstenção de voto, a ilicitude adviria, pelo menos, do incumprimento do dever de não votar.

Aferindo-se, em concreto, quanto à bondade do comportamento em causa, suscitam-se-nos dúvidas quanto à subsunção a um comportamento suficientemente grave que admita a destituição do administrador.

Na verdade, o sujeito em causa, na sua atuação, contemplou o interesse da rede, prosseguiu, pois, um dos interesses relevantes para a tomada de decisão e, em bom rigor, acolheu o interesse que, no quadro da sua atuação, maior tutela exigiria.

Conquanto a sua atuação manifeste a violação de um dever que sobre o mesmo impende em relação à sociedade, acolheu o cumprimento de um dever no âmbito da rede. Estamos perante o comportamento de um sujeito que, confrontado com o cumprimento de dois deveres, sacrifica um em detrimento de outro. A exclusão da ilicitude do incumprimento do dever sacrificado só ocorre quando tenha sido objeto de sacrifício o dever considerado menos relevante.

No plano do direito privado, a figura do conflito ou colisão de deveres[806] não obteve consagração legal expressa, como mecanismo de afastamento da ilicitude ou da culpa do agente que incumpre um determinado dever.[807]

No que se refere ao direito penal, o legislador previu expressamente, no artigo 36º do Código Penal, como causa de exclusão da ilicitude, o conflito de deveres jurídicos, caso o agente opte pelo cumprimento do dever superior ao sacrificado.

No sentido de se averiguar qual o dever que prevalece, apontam-se alguns critérios como sejam a antiguidade relativa, os danos pelo não cumprimento,

que se verifica nas sociedades comerciais, sustenta-se que o interesse da sociedade, em sede de aferição do comportamento dos administradores, há de contemplar a ponderação do interesse dos sócios, desde que tais interesses não sejam extra-sociais. Deste modo, o conflito entre o interesse da rede e o interesse dos membros pode existir se se referir a interesses extra-sociais, ou, no nosso caso, extra-rede. Se estivermos a aludir a interesses dos membros na própria rede, o interesse da rede não lhes pode ser desconforme e o conflito exposto em texto não existe.
No sentido de acordo com o qual são irrelevantes, para densificação do conceito de interesse da sociedade, nos termos do artigo 64º do CSC, interesses extrassociais dos sócios, vide J. M. Coutinho de Abreu, "Deveres de cuidado e de lealdade..." (cit.), págs. 42-43.

[806] Sobre a figura do conflito de deveres, vide, desenvolvidamente, Olindo Geraldes, "Conflito de deveres", in *Revista O Direito*, nº 141, 2009 (II), págs. 411 e ss.

[807] O artigo 335º do CCiv apenas regula a figura da colisão de direitos e consagra, no seu nº 2, que, caso os direitos sejam de espécie diferente, deverá prevalecer o que seja considerado superior. A superioridade do direito a salvaguardar – em caso de sacrífico de outro direito ou outros interesses – encontra-se igualmente patente na ação direta (artigo 336º CCiv), legítima defesa (artigo 337º nº 1 CCiv) e no estado de necessidade (artigo 339 nº 1 CCiv).

a prevalência em abstrato, o igual sacrifício, a composição aleatória equilibrada e a composição aleatória.[808]

Em qualquer caso, cremos que, quando inexista, *in casu*, qualquer prevalência, estará afastada a ilicitude do comportamento do administrador e, em consequência, não será admissível a sua destituição com fundamento em justa causa. Mas consideramos adicionalmente o seguinte: ainda que se verifique uma superioridade do interesse da sociedade em face do da rede se essa superioridade não for manifesta, pese embora a ilicitude do comportamento do administrador, o mesmo não assumirá a gravidade bastante para que a justa causa possa estar preenchida.

No âmbito dos artigos 336º, 337º e 339º do CCiv, em que se consagra a exclusão da ilicitude de atos praticados em ação direta, legítima defesa e estado de necessidade, alude-se, em todos eles, à manifesta superioridade do direito ou interesse que se salvaguarda. Quando haja apenas uma sensível superioridade do interesse sacrificado, conquanto exista ilicitude (que não é excluída, atento o espírito do sistema), tal facto, parece-nos, diminui a culpa do agente e, em conformidade, retira ao ato a gravidade bastante para fundar a destituição com justa causa do administrador.

A hipótese inversa também pode ocorrer. Ou seja, o membro do órgão de governo da rede, em matéria de conflito de interesses, opta por exercer o seu direito de voto e vota em sentido desconforme ao interesse da rede, mas em cumprimento do interesse da sociedade da qual também é administrador.

Coloca-se, pois, a questão de saber se será legítima a sua destituição enquanto membro do órgão comum da rede.

Objetivamente, havendo uma atuação em desconformidade com o interesse da rede e verificando-se um incumprimento do dever de recusa de votar em matéria de conflito, pode sustentar-se que ocorreu violação de deveres contratuais em termos que justificam a destituição. Convocamos, aqui, as considerações acima tecidas quanto à atuação em conflito de interesses/deveres e quanto à apreciação de uma conduta assim ocorrida.

Enquanto na hipótese que primeiramente apresentamos – atuação em conformidade com o interesse da rede e em desconformidade com o interesse da sociedade membro da rede – está em causa uma questão eminentemente interna da sociedade membro da rede, na que ora analisamos temos uma atuação que releva no seio da própria rede.

Imaginemos – na linha do que sucede, entre nós, nos contratos de consórcio – que cada um dos membros indica um seu representante no órgão comum

[808] Por todos, vide Olindo Geraldes, "Conflito de deveres"... (cit.), pág. 417.

(no caso do consórcio, um representante no COF), podem os demais membros que não designaram aquela concreta pessoa singular deliberar quanto à sua destituição? E, em caso afirmativo, quem indicará um novo representante no órgão comum? Será um direito devolvido ao membro em causa?

A resposta à primeira questão revela-se de mais singela solução; a destituição do membro pode ser deliberada por quem não tenha designado. Cremos que, nessa situação, militam razões análogas às que ocorrem na designação de administradores das sociedades comerciais; se, por exemplo, for nomeado um administrador para uma sociedade anónima, ao abrigo da possibilidade concedida no nº 6 do artigo 393º do CSC (eleição de administradores por uma minoria), a destituição desses administradores pode ser aprovada mesmo com o voto contrário de quem designou.

O legislador, em matéria de destituição de administradores, não estabeleceu qualquer exceção que salvaguardasse a posição da entidade que designou o administrador, o que se compreende atento o facto de a relação de administração, assim que concretizada a designação, se estabelecer entre a sociedade e o administrador designado e não entre o administrador e os sócios (que designaram).

Quanto à segunda questão colocada – a de saber quem designa o substituto no órgão comum – consideramos que se justifica a aplicação analógica do disposto para as sociedades comerciais.

Com efeito, consta do nº 7 do artigo 393º do CSC, que, tratando-se de administrador eleito ao abrigo de regras especiais (o que se manifesta, na situação de que cuidamos) se aplicam as mesmas regras para a sua substituição, caso não tenha sido indicado um suplente.

Uma nota final.

Quando perante uma rede despersonalizada, coloca-se a questão de saber se a atuação dos sujeitos que integram o governo da rede e em representação da mesma implica uma representação orgânica ou, apenas, uma representação dos membros da rede.

Tem sido maioritariamente sustentada a inexistência, nesta hipótese, de representação orgânica, em virtude de a representação orgânica apenas designar a relação que se estabelece entre uma pessoa coletiva (entre uma entidade dotada de personalidade jurídica própria) e os seus representantes.[809]

[809] Assim, designadamente, PIETRO ZANELLI, *Reti e contratto...* (cit.), pág. 147 e EDOARDO BERNINI, GUIDO BEVILACQUA, EVA BREDARIOL, LORENZA BULLO, CRISTIANO CASALINI, GIULIA CLARIZIO, GIUSEPPE FIETTA, ANDREA TODESCHINI PREMUDA e DIEGO TRENTIN, "Linee guida..." (cit.), pág. 63.

O legislador italiano alude, no diploma que regula o contrato de rede, ao órgão comum da rede; da previsão parece resultar o acolhimento da vertente orgânica no enquadramento do representante ou gestor da rede. Contudo, melhor seria a designação de mandatário comum, quando a rede não tenha personalidade jurídica distinta dos seus membros.[810]

2.5.1.4. Inexistência de órgão de governo da rede

Tem sido pressuposto de análise a designação de um órgão de governo da rede ou de reconhecimento de poderes de governo da rede a um sujeito (ainda que não qualificado como órgão).

É tempo de indagar se assim tem de suceder. Ou seja, se uma rede de empresas, nos seus contornos essenciais, carece de um órgão de governo ou de um sujeito de governo da rede (sem que assuma as vestes de um órgão).

A resposta que antecipamos é negativa.[811]

Na generalidade das organizações – mesmo que não dotadas de personalidade jurídica distinta dos seus membros – que se encontram reguladas por lei, o legislador prevê a existência de um órgão de governo, distinto dos sujeitos contratantes. Assim sucede nas sociedades comerciais (em qualquer um dos tipos sociais – artigos 191º, 252º, 278º nº 1 do CSC), nos ACE (artigo 6º do Decreto-Lei nº 430/73, de 25 de agosto), nas cooperativas [(artigo 27º nº 1 alínea *b)* do CCoop] e nas sociedades civis (artigo 985º CCiv).

No que concerne às associações, o legislador, no artigo 170º do CCiv, concede autonomia à assembleia para designação dos órgãos das mesmas, o que admite que possa não existir um órgão de governo.

Quanto aos consórcios, o COF é de existência facultativa, atento o disposto no artigo 7º do Decreto-Lei nº 231/81, de 28 de julho.

Como já tivemos oportunidade de mencionar, nas redes verticais/hierárquicas, o governo da rede é, por norma, atribuído ao sujeito que assume a qualidade de coordenador da rede. Considerando que, também por regra, o cume da rede é uma sociedade comercial, serão os órgãos internos dessa sociedade comercial que assumem a qualidade de órgão de governo da rede.

[810] Neste sentido, também, FRANCESCA MOLLO, *Reti di contratti...* (cit.), pág. 217.

[811] Aliás, no ordenamento jurídico italiano, que regulou o contrato de rede, o órgão comum de governo da rede é de existência facultativa. A prática tem, no entanto, demonstrado a preferência pela designação do órgão comum, surgindo designações como *"comité de gestão"*, *"órgão comum"*, *"conselho de administração"*, *"órgão comum de gestão"* ou *"empresa líder da rede"*. Vide, por todos, EDOARDO BERNINI, GUIDO BEVILACQUA, EVA BREDARIOL, LORENZA BULLO, CRISTIANO CASALINI, GIULIA CLARIZIO, GIUSEPPE FIETTA, ANDREA TODESCHINI PREMUDA e DIEGO TRENTIN, "Linee guida..." (cit.), pág. 62.

No entanto, mesmo nessa hipótese, ainda que poderes de governo existam necessariamente, consideramos desnecessária a designação expressa e autónoma de um órgão de governo da rede, podendo a qualidade ser assumida pelo órgão de administração do cume da rede.

No que respeita às redes horizontais, em que inexiste um cume da rede, a dispensabilidade do órgão de governo da rede encontra-se na possibilidade de as decisões serem tomadas, em conjunto, pela coletividade dos membros da rede, os quais se encontram num plano de paridade.[812] Sob o ponto de vista operacional, e quanto a redes de maior dimensão (quanto ao número de membros), pode a inexistência de um órgão de governo dificultar o funcionamento da rede, excetuando quando, para a tomada de decisões pela coletividade dos membros, se adotem regras mais flexíveis que não envolvam a necessidade de unanimidade ou de uma maioria qualificada de aprovação.

Por fim, e no sentido de sustentar a dispensabilidade do órgão de governo da rede, atente-se no disposto no ordenamento jurídico italiano, quanto ao regime jurídico do contrato de rede. Do elenco dos elementos que devem constar no contrato de rede consagra-se, na alínea *e)* do parágrafo 4-ter do artigo 3º do Decreto-lei nº 5, de 10 de fevereiro de 2009, que *"se o contrato prever a instituição, o nome, a firma, a razão ou a denominação social do sujeito encarregado para desempenhar as funções de órgão comum..."*.[813]

Sob um ponto de vista mais amplo, atendendo às várias figuras de cooperação interempresarial que não envolvem a constituição de uma pessoa coletiva, figuras essas que são, em parte, atípicas, a ampla autonomia contratual concedida às partes admite que as mesmas moldem o governo da relação em função dos objetivos tidos em vista com a cooperação.

[812] Em relação às redes horizontais, ALSONES BALESTRIN e LILIA MARIA VARGAS consideram que *"a coordenação da rede é exercida a partir de mínimos instrumentos contratuais que garantam regras básicas de governança."* Cfr. "A Dimensão Estratégica..." (cit.), pág. 212.

[813] Cremos que a norma em causa pode não ser consentânea com a possibilidade de atribuição de subjetividade jurídica à rede, faculdade que se encontra prevista no ponto 4-quarter, parte final, do mesmo artigo. Existindo uma pessoa coletiva com personalidade jurídica distinta dos membros, já o caráter facultativo do órgão comum deve ser vislumbrado com algumas reservas. Por outro lado, o legislador italiano, ao prever a atribuição de subjetividade, poderia ter cuidado das normas aplicáveis, subsidiariamente, a tal entidade, nomeadamente quanto à previsão de órgãos comuns. A este propósito, o legislador apenas refere que *"o órgão comum age em representação da rede, quando esta adquira subjetividade jurídica"* [cfr. artigo 3º – 4-ter *e)* do decreto-lei nº 5, de 10 de fevereiro de 2009, com a redação introduzida em 2012], não estabelecendo que o mesmo será, nessa hipótese, de existência obrigatória.
No sentido de não ser dispensável um órgão de governo da rede (órgão comum) quando os contratantes, ao abrigo do direito constituído italiano, entendam atribuir subjetividade jurídica à rede, vide, desenvolvidamente, EVA BREDARIOL, *Regole di imputazione...* (cit.), pág. 84.

No que se refere às redes, apesar de existir um espectro mínimo para a sua caraterização, há variantes quanto ao nível de cooperação e integração entre os contratantes.

Mesmo que não se vislumbre uma pessoa coletiva nova – como modo de organização da rede –, os contratantes, atendendo a vários fatores, como o número de membros, as regras de funcionamento definidas, o volume de negócios apurado nas atividades dos membros, a uniformidade de atuação que se pretende atingir na rede, podem não ter alternativas viáveis à criação de um órgão de um governo da rede.

Se, ao invés, estivermos perante uma rede de empresas cujo objeto seja, por hipótese, e singelamente, a troca de informações entre os seus membros, nomeadamente ao nível de processos de investigação, produtivos ou de comercialização, aí cremos que a existência de um órgão de governo da rede pode revelar-se dispensável.[814]

2.5.2. Deliberações/decisões dos contratantes/membros da rede

Como resultou da análise empreendida no ponto antecedente, as redes podem não ter uma entidade a quem sejam reconhecidos poderes de administração e/ou gestão da rede.

Quando assim suceda, incumbe ao conjunto dos contratantes a definição das condições de execução da relação contratual entre eles instituída. Refe-

[814] Um breve percurso pelo desenvolvimento das redes de telecomunicações cremos que pode fornecer alguns contributos válidos para efeitos da decisão de existência de uma entidade a quem incumba a coordenação e gestão da rede. Se, naquelas redes, o seu início foi marcado pela ausência de estrutura ou hierarquia, o seu desenvolvimento conduziu a soluções estruturadas e, atualmente, voltam a ser estudadas soluções eficientes que são apoiadas no conceito de rede não estruturada, com inteligência distribuída e redundância.
Tornou-se notório que a existência de um nó central como elemento coordenador de comunicação comprometia a fiabilidade nas telecomunicações, na medida em que sempre que o nó central falhava a rede ficava inoperacional. A primeira solução estudada foi a introdução de redundância, ou seja, existia mais que um nó preparado para assumir as funções de gestão da comunicação. No entanto, as redes de energia e de telecomunicações não conseguiam suprir a necessidade de comunicação em situações anómalas, como por exemplo, desastres naturais.
As redes de telecomunicações regressaram a uma forma não estruturada (a mobilidade dos nós impossibilita essa definição estruturada), potenciaram a redundância (criando-se réplicas de informação disseminadas e vários nós disponíveis para encaminhar o pedido), procurando assim uma solução mais fiável que, em tempo real, é adaptável e possibilita a eliminação, quase na totalidade, dos riscos de congestionamento. A informação, a comunicação e a inteligência da rede passaram a estar distribuídas. Para o enquadramento e evolução das redes de telecomunicações, vide M. El-Sayed e J. Jaffe "A view of telecommunications network evolution", in *Communications Magazine*, IEEE, Vol. 40, Issue: 12, 2002, págs. 74-81.

rimo-nos ao conjunto dos contratantes tendo como pressuposto das nossas considerações as relações reticulares baseadas em contrato ou contratos que vinculam todos os membros da rede, ou seja, as designadas redes por contratos multilaterais.[815]

Para a formação da vontade dos contratantes e dos termos em que esta se manifesta, será de indagar, em primeiro lugar, se o contrato previu algo sobre a matéria, posto que, se assim tiver sucedido, são essas as regras a atender.

Em Itália, e nos contratos de rede que têm sido celebrados, ao abrigo do regime jurídico especial vigente, constata-se a previsão de serem as decisões tomadas pela maioria dos contratantes e não por unanimidade.[816] Contudo, no campo doutrinário, sustenta-se que, na ausência de estipulação contratual expressa em sentido diverso, é exigível a unanimidade para as questões que envolvam alterações ao contrato de rede.[817]

O legislador italiano previu que, do programa de rede, devem constar as regras para a tomada de decisões pelos participantes, em relação a matérias que não caibam nos poderes de gestão do órgão comum [cfr. alínea *f)* do artigo 3, co 4-ter do Decreto-lei nº 5 de 10 de fevereiro de 2009].[818]

Por norma, quando perante contratos de associação, o legislador consagra a regra da tomada de decisões/deliberações pela maioria dos membros associados, enquanto em sede de contratos comutativos a regra é a unanimidade.[819]

[815] Quando perante redes formadas por contratos bilaterais, a coletividade dos membros, por norma, não opera em conjunto, mas no âmbito de cada contrato celebrado e com um específico cocontratante.

[816] Cfr. Fabrizio Cafaggi, Paola Iamiceli e Gian Mosco Domenico, "Prime evidenze sui contratti...", (cit.), págs. xxx e xxxi.

[817] Neste sentido, Pietro Zanelli, *Reti e contratto...* (cit.), pág. 101

[818] Para cumprimento deste preceito, tem-se entendido que do programa de rede devem constar: (i) as modalidades de convocação da reunião dos membros; (ii) o direito de voto, se igual por todos se proporcional à participação; (iii) exercício do direito de voto, nomeadamente a possível delegação (representação); (iv) modos de realização da reunião; (v) causas de invalidade da deliberação e processo de impugnação. Por todos, vide, Massimiliano Di Pace et alia, "La rete di imprese... (cit.), pág. 39.
Por seu turno, Edoardo Bernini, Guido Bevilacqua, Eva Bredariol, Lorenza Bullo, Cristiano Casalini, Giulia Clarizio, Giuseppe Fietta, Andrea Todeschini Premuda e Diego Trentin, consideram que deve constar do programa de rede: (i) modalidades de deliberação; (ii) modalidades de convocação e informação preventiva aos participantes; (iii) regras de funcionamento da assembleia; (iv) indicação de maiorias de aprovação; (v) formas de publicidade de deliberações e (vi) indicação do momento a partir do qual a deliberação é eficaz. Cfr. "Linee guida..." (cit.), pág. 80.

[819] Assim, também, Francesca Mollo, *Reti di contratti...* (cit.), pág. 89.

Cremos que, entre nós, e no silêncio do contrato, as decisões ou deliberações dos membros da rede são tomadas por unanimidade dos membros, não sendo de impor a um membro, que tenha votado vencido, a vontade da maioria.

Vale, irrestritamente, o princípio *pacta sunt servanda* (consagrado, como regra geral, no artigo 406º nº 1 do CCiv), o qual implica que, posteriormente à celebração do contrato, as suas modificações (e execução) ocorrem com o concurso da vontade de todos os contratantes, o que não prejudica, como vimos (quanto à apreciação da bondade de uma decisão de não admissão de novos membros), a possibilidade de uma declaração negocial de um determinado contratante padecer de algum vício que a torne nula ou anulável, designadamente se for exercida em abuso de direito.

2.6. Incumprimento. Responsabilidade intra-membros

2.6.1. Enquadramento

Não se pretende um percurso pelas regras gerais de cumprimento e incumprimento das obrigações assumidas, o que, certamente, muito se afastaria do escopo da investigação.

O incumprimento de uma obrigação contratual, independentemente do específico contexto contratual em que ocorre, implica uma avaliação dos efeitos do mesmo, quer para constatação das consequências para o vínculo contratual quer, e, sobretudo, se o mesmo implica uma obrigação de indemnização da outra parte.

Nas relações de rede, atenta a sua conatural complexidade, os problemas que se colocam com maior acuidade relacionam-se com os efeitos que o incumprimento de um dos contratantes pode provocar à própria rede e, bem assim, aos demais contratantes (que podem ser em grande número).

Se estivermos perante uma rede formalizada através de instrumentos típicos, como seja o contrato de sociedade ou o contrato de consórcio, os diplomas legais aplicáveis fornecem respostas específicas para esse incumprimento.

Assim, e por exemplo, nas sociedades comerciais, a um incumprimento de um sócio, pode suceder-se a sua exclusão da sociedade (por exemplo, nas sociedades por quotas, o consagrado no artigo 204º do CSC, em caso de incumprimento do dever de realização da entrada) e, no contrato de consórcio, o contrato pode cessar em relação ao membro consorciado incumpridor dos seus deveres, conforme previsto na alínea *b)* do nº 2 do artigo 10º do Decreto-Lei nº 231/81, de 28 de julho.

Adicionalmente, e se convocarmos a hipótese, também verosímil, de o veículo de organização da rede ser um ACE – e sem prejuízo de o artigo 20º do Decreto-Lei nº 429/73, de 25 de agosto, prever a aplicação, em tudo o que nele não se encontre prevenido, do consagrado para as sociedades em nome coletivo e daí poder resultar a aplicação das normas relativas à exclusão de sócio das sociedades em nome coletivo – prevê-se expressamente a possibilidade de exclusão de um membro em caso de mora na contribuição para as despesas do agrupamento [cfr. artigo 13º, alínea *c)*, do citado diploma].

Quando a rede não se organize através de instrumentos legais típicos, a relevância e efeitos do incumprimento merecem uma ponderação especial.

Desde logo, teremos que considerar que as partes podem ter previsto, no(s) instrumento(s) contratual(ais) que celebraram, regras específicas para o incumprimento do contrato por parte de cada um dos seus membros.

O contrato de rede pode prever um conjunto de sanções para o incumprimento de um dos membros, sanções que pretendem, sobretudo, salvaguardar os efeitos que, internamente, o incumprimento possa ter causado ao bom funcionamento da rede.[820]

Aponta a doutrina que podem ser convocadas algumas das *"sanções"* comummente inseridas nos contratos de consórcio e que, atenta a similitude entre as relações contratuais em análise, podem ser inseridas, validamente, nos contratos de rede.

Alguns dos exemplos assinalados são: (i) a suspensão temporária de utilização da marca comum,[821] (ii) suspensão da utilização de equipamentos ou espaços comuns,[822] (iii) advertência,[823] (iv) expulsão,[824] (v) cláusula penal e (vi) impossibilidade de recurso a fornecedores.[825]

Independentemente da consagração contratual, o incumprimento por parte de um contratante/membro da rede pode assumir gravidade tal que encontra justificação a exclusão da rede, ou, quando não seja constituída uma

[820] Mário Sacomano Neto refere que nas redes de pequena dimensão (com poucos membros) se encontra mais facilitada a aplicação de sanções. *Redes: difusão de conhecimento...* (cit.), pág. 139.

[821] Assim, Gaetano Guzzardi, *Il contratto...* (cit.), pág. 124.
Esta sanção tem o seu campo privilegiado de aplicação nas redes de franquia, na medida em que a franquia pode envolver a cedência do gozo de uma marca a vários franquiados. Sucede que, ainda que se admita a aplicação daquela sanção, entendemos que a sua aplicação, em concreto, deverá ser precedida de uma avaliação criteriosa das consequências que a mesma pode provocar para o desenvolvimento da rede, já que a não utilização da marca por parte de um específico franquiado pode conduzir a uma quebra da notoriedade da marca, numa determinada região, e assim enfraquecer a clientela de todos os membros da rede.

[822] Assim, Gaetano Guzzardi, *Il contratto...* (cit.), pág. 124.

[823] Neste sentido, Fabrizio Caffagi, "Redes contractuales y teoria contractual..." (cit.), pág. 58.

[824] Assim, Fabrizio Caffagi, "Redes contractuales y teoria contractual...", (cit.), pág. 58.

[825] Para estes dois últimos, vide Fabrizio Cafaggi e Marco Gobbato, "Rischio e responsabilità..." (cit.), pág. 101.

entidade distinta dos membros, a resolução do contrato quanto ao contratante incumpridor.

A avaliação da gravidade do incumprimento, para efeitos de sustentação de um direito de resolução contratual, não nos parece suscitar questões muito diversas das tradicionalmente colocadas doutrinal e jurisprudencialmente no âmbito dos contratos civis e comerciais. Atendendo a que nos deparamos com uma relação de rede, em que a interdependência entre as prestações de cada um dos contratantes pode assumir contornos relevantes para a subsistência da própria rede, a resolução pode implicar, no entanto, a ponderação de alguns fatores que não assumem idêntico peso quando perante contratos meramente comutativos.

Com efeito, nas relações de rede, como veremos infra, em sede de avaliação do direito de saída da rede, a resolução do contrato, quanto a um dos contratantes, pode implicar a cessação de todas as relações de rede, porquanto, por exemplo, a prestação do contratante incumpridor é essencial e determinante para a atividade de conjunto desenvolvida, na rede, pelos demais membros.

Coloca-se, pois, a questão de saber se o interesse da rede e de subsistência de rede se devem sobrepor à possibilidade de resolução do contrato de rede, quanto a um dos contratantes, por incumprimento deste último.

A gravidade do incumprimento avalia-se objetiva e subjetivamente; ou seja, o incumprimento por parte de um dos membros é grave por si mesmo ou pela sua reiteração e torna inexigível aos demais membros a manutenção do vínculo contratual com o sujeito incumpridor. Por outro lado, para se aquilatar da gravidade do incumprimento, releva a posição (subjetiva) que o sujeito tem no seio da rede; assim, pode suceder que, precisamente por a sua prestação assumir, na rede, um peso determinante para a atividade desenvolvida na rede, seria exigível, em especial, àquele contratante que não incorresse em incumprimento.

O interesse da rede releva também na fase de apreciação da gravidade do incumprimento[826] e vai ser convocado, posteriormente, para avaliar se a resolução do contrato, ponderado o interesse na continuação da rede, é ou não legítima.

2.6.2. Responsabilidade intra-membros

A responsabilidade pelo incumprimento analisa-se interna e externamente, ou seja, no âmbito da própria rede e perante terceiros.

[826] No sentido de ser o interesse coletivo da rede, e não os interesses individuais de cada um dos membros, aquele que releva para efeitos de avaliação da gravidade do incumprimento, vide Francesca Mollo, *Reti di contratti...* (cit.), pág. 147.

Quando os contratantes estejam vinculados entre si por vínculos contratuais expressos – nas designadas redes formadas por um ou mais contratos plurilaterais – as soluções jurídicas a apresentar encontram no plano do direito constituído resposta adequada; ou seja, por aplicação do disposto no artigo 798º do CCiv, ocorrendo incumprimento culposo de uma obrigação há responsabilidade pelo prejuízo causado ao credor (*in casu*, um ou mais cocontratantes).

Manifestando-se o incumprimento em redes formadas por conjuntos de contratos bilaterais, em que os contratantes/membros da rede não se encontram, todos, vinculados por um contrato expresso, coloca-se a questão de saber se pode haver responsabilidade entre os membros.

Aquando da análise dos fundamentos da formação de uma rede, já mencionámos a relação especial existente entre os vários membros da rede, não vinculados entre si por qualquer contrato.

Alguns autores[827] têm respondido afirmativamente à existência de responsabilidade intra-membros, ainda que o enquadramento jurídico da responsabilidade possa divergir.

Joseba A. Echebarria Sáenz admite a possibilidade de se intentar uma ação por concorrência desleal diretamente em relação ao franquiado que, por exemplo, gera confusão ou afeta a reputação alheia.[828]

Marina Wellenhoffer, quando esteja em causa a violação de interesses especiais, admite que as soluções fornecidas pelo regime jurídico da responsabilidade extracontratual são suficientemente protetoras, considerando, ainda, para casos extremos, a aplicação do artigo 826 do BGB (quanto à violação dos bons costumes).[829]

Assumimos, como ponto de partida, que a responsabilidade que um dos contratantes pode ter em relação aos demais (na hipótese de contratantes não vinculados diretamente por contrato) não é facilmente subsumível a uma

[827] No que se reporta às redes formadas por contratos bilaterais, em que inexiste qualquer vínculo contratual expresso entre todos os membros, Mattia Esposito sustenta que a interdependência que existe entre os vários membros integrantes da rede constitui uma interdependência fatual e não jurídica, porquanto os membros apenas podem reagir perante incumprimentos das suas concretas contra-partes e não em relação a membros com os quais não têm vínculo contratual. Cfr. "Distretti..." (cit.), pág. 13.
Entendemos que, sob o prisma do estrito direito constituído e do princípio da relatividade dos contratos, a razão estaria com o Autor. No entanto, atento o enquadramento da rede de empresas, e verificando-se determinados pressupostos, propendemos para a ponderação da responsabilidade intra-membros, mesmo que nenhum vínculo contratual direto entre estes se tenha formado, pelos fundamentos que melhor se explanarão em texto.

[828] Cfr. *El contrato de franquicia...* (cit.), pág. 384.

[829] Cfr. "Third party effects..." (cit.), pág. 121.

responsabilidade contratual, porquanto a mesma pressupõe um vínculo contratual prévio entre as partes.

Sendo este embora o nosso ponto de partida, também entendemos que a responsabilidade extracontratual, concebida para ressarcir as situações de violação de direitos subjetivos absolutos ou de disposição legal destinada a proteger interesses alheios (como preceitua a *facti species* do artigo 483º do CCiv), não se apresenta como aquela que melhor se adequa à situação em apreço.

Ainda que os contratantes de contratos bilaterais paralelos não tenham qualquer vínculo entre si, os mesmos encontram-se inseridos no seio de um projeto comum, encabeçado pela mesma entidade (o cume da rede) pelo que o recurso à responsabilidade extracontratual pode não ponderar o contexto da rede.

Adicionalmente, a subsunção da responsabilidade em análise ao regime geral da responsabilidade extracontratual, à luz do direito constituído português, deve assentar na violação de direitos subjetivos absolutos ou de disposição legal destinada a proteger interesses alheios. Quando um membro da rede incumpre o contrato celebrado com o cume da rede – a benefício de raciocínio, o contrato de franquia – a definição de qual o direito subjetivo absoluto violado ou da disposição legal violada que protege interesses alheios não se afigura de singela aferição.

Concretizando.

Um franquiado incumpre o contrato de franquia que celebrou com o franquiador, porquanto, por exemplo, não cumpriu com as prescrições de identificação da marca estabelecidas pelo franquiador.

Para que pudesse um franquiado, como se disse, recorrer ao instituto da responsabilidade civil extracontratual, seria imperioso que ocorresse a violação de um direito absoluto (ou a proteção de uma disposição legal destinada a proteger interesses alheios).

Constatada a inexistência de qualquer norma legal, restaria a definição de um direito absoluto que estivesse a ser violado. De que direito subjetivo absoluto é titular um franquiado e que seja oponível *erga omnes*? Não se alcança a definição de qual o direito cuja violação possa sustentar a responsabilidade civil extracontratual.

Para obviar às limitações decorrentes da aplicação pura do regime da responsabilidade civil extracontratual, tem sido aventada a possibilidade de recurso à figura do *"contrato com efeitos de proteção em relação a terceiros"*.[830]

[830] Quanto à aplicação da teoria no domínio das transferências bancárias, vide, com indicação de jurisprudência, MATHIAS ROHE, *Netzverträge...* (cit.), págs. 21 e ss. Quanto às redes, vide STEFAN GRUNDMANN, "Die Dogmatik..." (cit.), pág. 750.

Assenta a figura em apreço na possibilidade de um terceiro, que não é parte de um contrato, poder deduzir uma pretensão indemnizatória quanto a um dos contratantes decorrente do incumprimento de um dever que tenha por finalidade a sua (terceiro) proteção.[831]

Um dos problemas que advém da utilização desta teoria – e que leva a que a mesma possa ser desadequada, ou pelo menos, não possibilitar a sua aplicação generalizada no âmbito das redes de empresas – é a impossível previsão antecipada de quais serão os terceiros que se pretende proteger.[832]

A definição de terceiro pode ser por recurso a uma categoria; se se pretende que o terceiro seja o contratante de outro contrato bilateral, o terceiro define-se como sendo aquele com quem o cume da rede celebre um contrato com finalidade idêntica. Caso, por seu turno, o terceiro seja o consumidor final do bem que a rede produz, será terceiro aquele que encaixe nessa qualificação: o consumidor real ou potencial do bem.

Outra das críticas normalmente assacadas a esta teoria prende-se com o facto de a mesma pressupor uma relação bilateral.[833]

Consideramos que este ponto não constitui um obstáculo de monta para a utilização da figura, na medida em que uma relação de rede, na construção por nós adotada, existe, pelo menos, um contrato bilateral.

De todo o modo, consideramos que a doutrina/teoria do contrato com efeitos de proteção em relação a terceiros não se ajusta às relações reticulares, já que a finalidade das relações de rede não é proteger um terceiro, nem, por outro lado, se pode concluir que um franquiado seja um verdadeiro terceiro, uma vez que está integrado na mesma rede de franquia.

Gunther Teubner rejeita o enquadramento da responsabilidade que se funda na construção ora em análise porquanto aquela doutrina se des-

No sentido de se poder sustentar a aplicação analógica da figura do contrato com efeitos de proteção em relação a terceiros, vide Paola Iamiceli, "Il coordinamento della filiera produttiva..." (cit.), pág. 337.

[831] Cfr. Manuel A. Carneiro da Frada, "Sobre a responsabilidade das concessionárias por acidentes ocorridos em auto-estradas", in *Revista da Ordem dos Advogados*, Ano 2005, Ano 65, Vol. II – Set. 2005.

[832] Dificuldade que é apontada por Fabrizio Caffagi e que demonstra a necessidade de ultrapassar o campo do direito dos contratos e abraçar o da responsalidade e do direito das sociedades comerciais. Cfr. "Redes contractuales y teoria contractual..." (cit), pág. 39.

[833] Assim, Marina Wellenhoffer, "Third party effects... (cit.), pág. 130. A Autora, em alternativa, pondera a convocação do § 311 II nº 3 do BGB, em que se prevê que as obrigações podem advir de contactos negociais, mesmo que nenhum contrato seja celebrado e ainda que não exista intenção de celebrar um contrato. Reconhece, no entanto, que o normativo não abrange as situações em que os danos são causados por uma mera reação em cadeia.

tina a proteger o interesse de terceiros que são afetados negativamente pelas externalidades de um contrato bilateral.[834] O Autor acrescenta que aquela figura pretende tutelar as situações de dano e não fundar *"uma causa primária de atuação (por execução)".*[835]

Cremos, no entanto, que qualquer solução que sustente a responsabilidade intra-membros deve assentar no caráter não contratual da responsabilização.[836]

Do conjunto de hipóteses extracontratuais, aponta-se, como vimos, e tendo por base o ordenamento jurídico alemão, a possibilidade de aplicar o regime da responsabilidade por violação das regras de bons costumes,[837] previsto no §826 do BGB.

No que se reporta à aplicação do preceituado neste artigo às redes de empresas, sustenta-se ser de avaliar quais as práticas comerciais e expectativas de comportamento específicas de uma concreta rede, posto que tais práticas e tais expectativas diferem consoante o ramo de atividade em que opera a rede e as suas caraterísticas.[838]

À luz do direito constituído português, parece-nos dificilmente sustentável que um incumprimento ocorrido num dos nós do contrato possa conduzir a uma responsabilização perante quem não se verificou a violação de um dever absoluto. A relevância do contexto reticular opera na densificação das consequências do incumprimento.[839]

Concretizando.

Ocorrendo o incumprimento do contrato de franquia, por parte de um franquiado, a possibilidade de um outro franquiado poder ser ressarcido dos prejuízos, que aquele incumprimento lhe possa ter causado, deve manifestar-se em relação ao franquiador, designadamente por incumprimento do dever de gestão e coordenação de toda a rede. O franquiador, por seu turno, pretendendo reagir quanto ao incumprimento de um específico franquiado, ponderará, na pretensão indemnizatória a deduzir, as consequências que o incumprimento pode ter causado em toda a rede, incluindo nos franquiados que integram a rede.

[834] Cfr. Gunther Teubner, *Networks as connected...* (cit.), pág. 210.

[835] Cfr. Gunther Teubner, *Networks as connected...* (cit.), pág. 228.

[836] Assim, designadamente, Hugh Collins, "Introduction to Networks as..." (cit.), pág. 42. Vide, também, Fabrizio Cafaggi, "Contractual Networks and the Small Business Act..." (cit.), pág. 40.

[837] Neste sentido, Marina Wellenhoffer, "Third party effects... (cit.), págs. 132 e ss.

[838] Cfr. Marina Wellenhoffer, "Third party effects... (cit.), pág. 132.

[839] Regressaremos a esta questão em II.2.6.3. infra, aquando da análise da indemnização decorrente do incumprimento.

A tutela dos franquiados manifesta-se, pois, e, apenas, indiretamente.

No plano do direito a constituir, várias soluções poderiam ser ponderadas, nomeadamente consagrando um caminho alternativo, entre a responsabilidade extracontratual e a responsabilidade contratual, em linha com o pretendido pela teoria do contrato com efeitos de proteção em relação a terceiros; um sujeito, que comprovadamente demonstrasse ter sofrido um dano provocado pelo incumprimento de um contrato de que este não fosse parte, poderia obter tutela reparatória, além do recurso ao sujeito contratual que encabeça a rede.

O recurso ao cume da rede, segundo cremos, pressupõe um qualquer incumprimento que seja imputável ao cume da rede, designadamente ao nível da organização ou gestão da rede, ou ainda, na vigilância ou escolha do concreto franquiado em relação ao qual se assinalou o incumprimento, assumindo que esse dever exista contratualmente.

Posto que, como acima assinalámos, a tutela dos demais franquiados seja indireta, a mesma pode nem tão-pouco se verificar caso não se logre a identificação de um incumprimento por parte do cume da rede; deste modo, será de ponderar a previsão de um regime legal especial, o qual acautele a específica situação de rede, a inserção e organização de vários contratos em torno de objetivos comuns.

O círculo de terceiros a tutelar não seria indeterminado, seriam aqueles com quem o cume da rede tivesse contratado. Aliás, se atentarmos no previsto na Legge 6 maggio 2004, n. 129 – que regula, em Itália, a *"affiliazione commerciale (franchising)"* – aí se estabelece a obrigação de o franquiador fornecer aos potenciais franquiados a lista identificadora dos franquiados já integrantes na rede, o que auxilia na sustentação do conhecimento, por parte de cada franquiado, da dimensão da rede e dos efeitos que o incumprimento, na rede, pode provocar, nomeadamente quanto aos sujeitos potencialmente lesados.[840]

Por outro lado, no NEOROC, encontra-se consagrada a obrigatoriedade de inclusão, no registo público, das denominações, endereços das sociedades e filiais dos aderentes a uma rede de revisores oficiais de contas [cfr. artigo 172º nº 4, alínea *h)*].

Outra questão que merece análise prende-se com a relevância do incumprimento quanto a prestações contratuais cuja execução está condicionada por uma prestação anterior, de outro contratante. Temos em mente as relações de rede em cadeia, em que o cumprimento de um contratante a montante

[840] Na proposta de Código Mercantil espanhol constava, no artigo 343º nº 4, o dever de informação quanto à extensão da rede.

na cadeia de produção pode assumir relevância para as demais prestações a jusante na mesma cadeia.

A este propósito, para efeitos de avaliação das consequências do incumprimento, cumpre avaliar se a circunstância de estarmos perante uma rede é relevante para apurar essas consequências ou se, ao invés, as consequências são as mesmas, ainda que nenhuma rede exista. E, ainda, se tal incumprimento manifesta uma violação de uma obrigação da rede ou não.

Cordula Heldt, em relação a esta questão, propugna que o risco que aqui se materializa não se traduz num risco específico da rede e que o mesmo poderia ocorrer mesmo que nenhuma rede existisse.[841]

Apenas em parte concordamos com a posição da Autora.

Na verdade, se atentarmos, por hipótese, numa empreitada de construção de uma via de comunicação, existem trabalhos cuja execução condiciona o andamento dos trabalhos que se situam a jusante dos mesmos. Assim, por exemplo, os trabalhos de terraplenagem serão realizados previamente aos de colocação de betuminoso. Mesmo que nenhuma relação exista entre qualquer um dos sujeitos a quem incumbe a realização destes trabalhos, reconhece-se que o incumprimento ou atraso na execução dos primeiros pode determinar o incumprimento dos segundos.

No entanto, e aqui reside o motivo pelo qual nos afastamos deste entendimento, a circunstância de existir uma relação de rede implica uma especial interdependência que não existe caso a ligação entre as obrigações assumidas pelos vários operadores económicos se apresente como meramente lógica e/ou cronológica.

O risco assumido pelos contratantes não será o mesmo numa situação e noutra. Com efeito, se não estivermos perante uma rede, o grau de confiança que o contratante a jusante deposita na execução atempada dos trabalhos a montante é necessariamente menor, na medida em que não existe uma relação de cooperação, em torno de um mesmo objetivo comum. Os objetivos, na ausência de uma relação de rede, são marcadamente individuais. Se, ao invés, interceder uma relação de rede, os riscos que assume o contratante a jusante são definidos em função, designadamente, das obrigações que este último sabe que o contratante a montante assumiu na execução dos seus trabalhos.

[841] Conclui a Autora que este incumprimento não traduz o incumprimento de uma obrigação de rede; decorrerá, sim, da relação de rede a obrigação de informação aos demais membros da rede que o incumprimento ou atraso se efetivou. Cfr. "Internal relations and semi-spontaneous order..." (cit.), pág. 150.

Concluímos, deste modo, que o incumprimento e atraso na execução da prestação, por parte do primeiro contratante, produz, sob o ponto de vista prático, os mesmos efeitos independentemente de existir uma relação de rede ou não; no entanto, os riscos assumidos são diversos numa e noutra hipótese, assim como são diversas as consequências sob o prisma jurídico.

Inexistindo uma rede, a relevância do incumprimento não ultrapassa a esfera do específico contrato celebrado entre o sujeito incumpridor e o dono de obra; em virtude da aplicação do princípio da eficácia relativa do contrato, não pode o sujeito a jusante responsabilizar diretamente o que se encontra a montante. Já não assim se se vislumbrar uma rede de empresas; no entanto, os termos em tal responsabilização ocorre, na ausência de vínculo expresso entre todos os contratantes, constitui uma questão adicional que não afasta a relevância autónoma da rede de empresas.

2.6.3. Dever de indemnização em caso de incumprimento contratual por parte de um dos contratantes/membros da rede

A regra geral, consagrada no artigo 798º do CCiv, prevê a responsabilidade do devedor pelo prejuízo que o seu incumprimento causar ao credor.

Um dos problemas que aqui se coloca, na linha do analisado no ponto antecedente, é a identificação do credor da indemnização, ou seja, quem são os beneficiários do dever de indemnizar que recai sobre o contratante/membro incumpridor.

Nas redes por contratos bilaterais, uma eventual pretensão indemnizatória, no plano do direito constituído, deve ser deduzida, verificados os requisitos gerais de responsabilidade contratual, ao cume da rede, por inexistência de vínculo contratual expresso que pudesse fundar (e fundamentar) a responsabilidade por incumprimento contratual.

Atentemos, pois, nas redes em que todos os membros estão ligados por um contrato.

Se nada estiver estabelecido contratualmente quanto às regras aplicáveis ao incumprimento contratual, teremos que analisar se o incumprimento de um dos membros afeta, em idêntica medida, todos os membros e, até, eventualmente, a própria rede. Um dos principais obstáculos ao dever de indemnização da própria rede reside na eventualidade de a rede não ter personalidade jurídica. Não tendo a rede personalidade jurídica pode ser credora de um direito de indemnização?

Nos cânones tradicionais do direito, a regra geral é aquela que consagra que só as pessoas (singulares ou coletivas) podem ser sujeitos de relações jurídicas, sejam estas ativas ou passivas (cfr. artigo 67º do CCiv). O legislador salvaguarda, no próprio artigo, a existência de disposições legais em contrário, o que encontra manifestação nas situações de direitos sem sujeito (direitos sem titular ativo) consignadas, designadamente, nos artigos 952º e 2033º do CCiv.[842]

Há, por outro lado, inúmeras situações em que patrimónios autónomos, mesmo que não dotados de personalidade jurídica, podem encabeçar posições jurídicas ativas e passivas e, inclusivamente, ser titulares de um direito de indemnização. Concebamos, por hipótese, um fundo de investimento imobiliário,[843] que, através, é certo, da sociedade gestora, celebrou um contrato promessa de compra e venda para aquisição de um imóvel. Esse contrato promessa vem a ser incumprido pelo promitente-vendedor, assistindo ao promitente-comprador o direito de indemnização decorrente desse incumprimento. O titular do direito de indemnização é um património autónomo, despersonalizado, ainda que para o exercício do direito de indemnização se demande a intervenção do gestor do fundo.

Contudo, uma rede de empresas despersonalizada não é um património autónomo, conquanto possa integrar a rede um acervo patrimonial separado, o que implicaria o afastamento do mencionado quanto aos fundos de investimento.

Não obstante, dependendo do modo como a rede está estruturada e das regras que os contratantes estabeleceram, mais concretamente no que toca aos deveres dos membros entre si e em relação à rede, será defensável que a rede despersonalizada, na ausência de qualquer estipulação contratual expressa, possa ser beneficiária de um direito de indemnização por incumprimento de um dos membros.

São configuráveis situações em que se justifica a atribuição de um direito de indemnização à rede – eventualmente cumulável com um direito de indemnização a alguns dos membros – porquanto a rede pode ter sido lesada com a atuação do membro incumpridor.

Vejamos como.

Um determinado membro, através de atos voluntários, divulgou a terceiros processos de fabrico inovadores, processos esses que foram alcançados no âmbito da rede. Como consequência daquela divulgação o conjunto dos

[842] Carlos Alberto Mota Pinto, com argumentos que partilhamos, considera preferível a tese dos estados de vinculação de bens para caraterizar as situações em que não se alcance um sujeito de poder. Cfr. *Teoria Geral do Direito*... (cit.), pág. 197.

[843] Os quais constituem, atento o disposto no artigo 2º, nº 1, alínea *v)*, do RGOIC, um património autónomo.

membros perdeu posição competitiva no mercado e a rede perdeu notoriedade. Sem prejuízo dos demais membros poderem responsabilizar o membro incumpridor pela divulgação assim concretizada, cremos ser defensável a responsabilidade do membro diretamente em relação à rede.

As redes de empresas são tendencialmente dinâmicas, abertas, idóneas à entrada e saída de membros, constituindo essa flexibilidade um fator que permite a sua expansão e desenvolvimento. Os danos provocados pelo incumprimento de um dever perante a rede podem prolongar-se mesmo após a saída dos membros que integravam a rede no momento em que foi praticado o facto ilícito. Pode ser provocado um dano na imagem ou nome da rede e sem que a essa imagem ou a esse nome estejam diretamente associados aos membros, que, *in casu*, podem não ser lesados.

Concluindo: em todas as situações em que um dano seja produzido diretamente (e não apenas de forma reflexa ou mediata) na rede, pode sustentar-se a sua ressarcibilidade, assente designadamente nas regras relativas à tutela do nome ou da marca (cfr. artigo 317º do CPI).

Quanto ao exercício do direito de indemnização, por parte da rede despersonalizada, este carecerá do impulso de um ou mais membros. O produto da indemnização que eventualmente seja reconhecida à rede é, neste caso, canalizado para o fundo comum da rede, quando o mesmo exista;[844] cremos que a inexistência de um fundo comum na rede não implica a automaticidade da distribuição da indemnização pelos membros da rede. Primeiramente será atribuível à rede e só posteriormente os membros, se assim o entenderem, repartirão entre si o benefício, semelhantemente ao que sucede em sede de lucros na rede.

Por outro lado, mesmo que exista fundo comum, parece sustentável que os membros que tenham sofrido diretamente um dano com o incumprimento de outro membro da rede, e desde que exista um vínculo contratual entre ambos, pode responsabilizar o incumpridor pelos danos que o incumprimento contratual lhe causou, independentemente da coletividade dos membros demandar uma indemnização pelos danos causados ao conjunto da rede.[845]

[844] No sentido de a indemnização ser canalizada para o fundo comum, vide Fabrizio Cafaggi e Marco Gobbato, "Rischio e responsabilità..." (cit.), pág. 105. No mesmo sentido, também, Francesca Mollo, *Reti di contratti...* (cit.), pág. 152.

[845] Admitindo, também, a ação individual dos membros, vide Francesca Mollo, *Reti di contratti...* (cit.), pág. 152.

2.7. Cessação da relação contratual e extinção da rede

Atendendo à fisionomia da rede, tal como se encontra na realidade jurídico-económica, a mesma não pressupõe a constituição de uma pessoa jurídica distinta dos membros.

Quando as partes acordem na constituição de uma pessoa jurídica (coletiva) nova, aplicam-se as normas legalmente consagradas para a respetiva pessoa coletiva instituída, seja o CSC para a dissolução da sociedade comercial (artigos 141º e ss. do CSC), sejam as regras especiais para os ACE (artigo 16º do Decreto-Lei nº 430/73, de 25 de agosto), seja, ainda, o CCiv, para as associações (artigos 182º e ss. do CCiv).

As principais questões sobre que nos debruçaremos prendem-se, assim, com as vicissitudes de inexistência de uma pessoa coletiva, que possa ser extinta, por decisão dos contratantes.

Quando perante um contrato multilateral – mesmo que de formação sucessiva – teremos, apenas, um contrato e, como tal, as causas de extinção dos contratos, como se encontram consagradas na lei, são inteiramente aplicáveis, admitindo-se, como causas de extinção do contrato de rede, a revogação (por acordo dos contratantes), a resolução (por iniciativa de um dos contratantes) e a caducidade (por força do contrato).

Destarte, o contrato de rede extinguir-se-á, desde logo, por acordo unânime dos contratantes (revogação), em conformidade com o disposto no nº 1 do artigo 406º do CCiv.

O contrato pode ser resolvido se se verificar um incumprimento do mesmo por qualquer um dos membros, que determine a impossibilidade de continuação do contrato, por inexigibilidade para os contratantes na sua manutenção (cfr. artigo 801º do CCiv).

Por fim, caso o contrato de rede tenha sido celebrado por prazo certo caduca pelo decurso do prazo nele estipulado.

Na eventualidade de os membros da rede terem recorrido a instrumentos contratuais típicos para a organização da rede, nomeadamente o contrato de consórcio, a cessação do contrato de rede (e de consórcio) ocorre, também, nos termos tipicamente previstos na lei; assim, quanto ao consórcio, vale o disposto no artigo 11º do Decreto-Lei nº 231/81, de 28 de julho. Quanto às causas de extinção do consórcio previstas neste artigo, salientamos a extinção do consórcio decorridos dez anos sobre a sua celebração, sem prejuízo de prorrogações.

2.7.1. Exclusão de contratantes/membros da rede[846]

No que se refere à possibilidade de exclusão de contratantes das redes, convocamos o expendido em II.2.6.1. supra, quanto às normas aplicáveis para a exclusão, no caso de o veículo de organização da rede ser uma entidade dotada de personalidade jurídica distinta dos membros.

A exclusão da rede pode fundar-se quer em qualquer circunstância que as partes antecipadamente preveniram no contrato celebrado quer em fundamentos que o legislador, nos instrumentos típicos aplicáveis à rede – caso os contratantes a eles tenham recorrido – tenha elegido como causa de exclusão ou cessação do contrato em relação a um específico contratante.

Ainda que os contratantes não tenham constituído qualquer pessoa coletiva, os fundamentos que, doutrinal e legalmente, têm sido apontados como causas de exclusão de um membro de uma organização ou de cessação do vínculo contratual de um concreto contratante podem ser aplicados, direta ou analogicamente.

Assim, cremos que existem circunstâncias que, previstas para as sociedades comerciais,[847] associações, consórcios e ACE, podem fornecer parâmetros válidos para a avaliação da gravidade de um comportamento ou incumprimento de um contratante como causa da cessação do vínculo.

Consideramos, designadamente, como causas passíveis de fundar a exclusão de um contratante – verificada que seja a gravidade da conduta e a culpa – a violação da obrigação de não concorrência, caso os contratantes tenham clausulado essa obrigação, o incumprimento da obrigação de realização da entrada inicial contratualmente prevista ou o incumprimento reiterado de contribuições periódicas estabelecidas no contrato.

Sustentando, embora, a aplicação analógica de algumas causas de exclusão previstas em institutos típicos, cremos ser de salvaguardar uma situação e que se refere à insolvência de um dos membros da rede.[848]

A insolvência de um sujeito, no plano do direito constituído, pode constituir justa causa de resolução do contrato quanto a esse sujeito ou de exclusão da organização em que o mesmo se insere.

[846] Consideramos preferível a utilização do termo *"exclusão"* do contratante/membro da rede, quando a rede não seja meramente contratual e exista um lastro mínimo de organização (mesmo que sem personalidade jurídica), que permita a identificação da rede como algo mais do que o mero somatório dos contratantes. Preferimos o termo *"extinção"* ou *"cessação"* do contrato em relação a um dos contratantes quando estejamos perante redes meramente contratuais.

[847] Quanto à exclusão de sócios nas sociedades comerciais, vide, designadamente, Jorge Manuel Coutinho de Abreu, *Curso de Direito Comercial – Vol. II* ... (cit.), págs. 427 e ss.

[848] Debruçar-nos-emos, em especial, sobre os efeitos da insolvência nas redes de empresas, no ponto II.4. infra.

Assim sucede, designadamente, quanto às sociedades em nome coletivo, nas quais se consagra, como causa de exclusão de um sócio, a sua insolvência [cfr. artigo 186º nº 1 *b)* do CSC].

Quanto ao contrato de consórcio, estabelece-se, na alínea *a)* do nº 2 do artigo 10º do Decreto-Lei nº 231/81, de 28 de julho, a insolvência (então, ainda, falência) como justa causa de resolução do contrato quanto a um consorciado.

Há que atentar, ainda, no disposto no nº 3 do artigo 119º do CIRE em que se salvaguarda, como exceção ao consignado no nº 2 do mesmo artigo, que a insolvência de um sujeito, possa constituir justa causa de resolução, ponderando-se em especial a natureza e o conteúdo das prestações contratuais.

As relações de rede são, independentemente das finalidades eleitas pelos membros, tendencialmente duradouras e onde pode imperar a natureza *intuitus personae* das obrigações assumidas. Por outro lado, a interdependência entre as prestações, que carateriza a rede, suscita preocupações quanto ao cumprimento e incumprimento dos contratantes, porquanto o incumprimento de uma prestação pode comprometer, por contágio, as prestações que se encontram a jusante daquele ou que dela absolutamente dependam.

Todavia, só em concreto pode analisar-se da bondade de uma decisão de resolução do contrato quanto a um contratante declarado insolvente, na medida em que a interdependência das prestações e a natureza das obrigações assumidas pode variar de grau, consoante a rede em causa.

Se, por exemplo, estiver em causa uma rede, cujas obrigações principais assumidas pelos contratantes se relacionem com a troca de informações e em que o número de membros seja elevado, a insolvência de um dos contratantes pode não constituir justa causa de resolução do contrato se a informação não for sensível ou se a sua eventual divulgação não colocar em crise os objetivos da rede tal como definidos pelos seus membros.

2.7.2. Direito de exoneração de contratantes/membros da rede

Uma das causas de cessação dos contratos, quando admitida por lei, é a desvinculação unilateral de um dos contratantes, que não se funde em justa causa de resolução.

Analisemos se é admissível a denúncia ou exoneração por um contratante e, em caso afirmativo, que consequências jurídicas advêm para a rede e para o contrato que sustenta a mesma.

À rede estão associados alguns caracteres chave como sejam a interdependência entre as obrigações/prestações, a longa duração do contrato e, até, a celebração do contrato por tempo indeterminado.

Quando perante uma longa duração de um contrato ou a sua celebração por tempo indeterminado, sustenta-se, na contratação mercantil, a possibilidade de qualquer um dos contratantes denunciar o mesmo, independentemente de justa causa de resolução, ao arrepio do que resultaria do estrito funcionamento do princípio *pacta sunt servanda*, patente no nº 1 do artigo 406º do CCiv, o qual consagra que o contrato só pode extinguir-se por mútuo consentimento dos contratantes ou nos casos admitidos na lei.

Inexistindo uma norma ou uma cláusula contratual que consagre a livre denúncia, por qualquer das partes, do contrato, seríamos confrontados com a permanência, quiçá *ad aeternum*, no âmbito de um contrato, mesmo que a vontade que tenha estado subjacente à celebração do mesmo não subsista anos volvidos após o início de vigência do contrato ou da adesão ao mesmo por parte de um dos contratantes.

A denúncia dos contratos, como faculdade reconhecida a um dos contratantes, independentemente do consentimento ou da vontade dos demais, e de qualquer fundamento assente em incumprimento do outro ou outros contratantes, tem vindo a ser reconhecida, nos contratos de longa duração, quanto ao consumidor, sustentando-se essa livre denúncia no princípio de ordem pública.[849]

Por outro lado, tem assento constitucional a impossibilidade de impor a alguém ser parte de uma associação (cfr. artigo 46º nº 3 da CRP).

São já vários os diplomas legais que expressamente têm acolhido, quanto ao consumidor, o direito de desistência.[850]

Na ponderação das causas da cessação do contrato, mesmo que fora dos quadros de uma relação de consumo, tem aplicação o princípio, também decorrente do princípio de ordem pública (cfr. artigo 280º do CCiv), de acordo com o qual são proibidas vinculações perpétuas ou excessivamente duradouras.[851]

Ainda que se suporte a proibição de vinculações perpétuas ou excessivamente duradouras na ordem pública, assinalam-se algumas normas vigen-

[849] Com suporte jurisprudencial, designadamente no Acórdão do STJ, Processo nº 03B2060, datado de 08.07.2003 e Acórdão do TRL, Processo nº 1758/2008-8, de 13.03.2008. Ambos os acórdãos disponíveis em www.dgsi.pt.

[850] Neste sentido, de forma desenvolvida, José Engrácia Antunes, *Direito dos Contratos...* (cit.), págs. 325 e ss., com citação de legislação.

[851] Para uma análise do princípio aqui exposto, vide José Engrácia Antunes, *Direito dos Contratos... (cit.)*, pág. 323, Pedro Romano Martinez, *Da cessação do contrato*, Almedina, 2ª Edição, Abril 2006, págs. 229 e ss. e Filipe Cassiano dos Santos, "Transmissão e cessação...", págs. 299 e ss. Com enfoque especial nos contratos civis de sociedade e de mandato, vide Paulo Alberto Videira Henriques, *A desvinculação unilateral ad nutum nos contratos civis de sociedade e de mandato*, Coimbra Editora, 2001, em especial, págs. 210 e ss..

tes, e sem o pano de fundo das relações entre empresas e consumidores, que manifestam a proibição expressa de vinculações perpétuas.

Temos em mente a alínea *j)* do artigo 18º do Decreto-Lei nº 446/85, de 25 de outubro (regime jurídico das cláusulas contratuais gerais), que consagra, como cláusula absolutamente proibida, a estipulada em contratos entre empresários ou entidades equiparadas e que *"estabeleçam obrigações duradouras perpétuas ou cujo tempo de vigência dependa apenas da vontade de quem as predisponha"*.

Fora de dúvida encontra-se a proibição de vinculações perpétuas; mas quando é que podemos considerar que uma relação contratual é excessivamente duradoura?

Em primeiro lugar, há que ponderar qual o prazo a partir do qual é legítimo a um contratante exercer o seu direito de saída. E, adicionalmente, se, mesmo que não seja exercido o direito de saída por qualquer um dos contratantes, é sustentável um limite máximo a partir do qual o contrato caduca, independentemente do concurso da vontade de qualquer das partes.

Para avaliarmos se a duração é ou não excessiva, como nota CASSIANO DOS SANTOS, assume relevância *"o interesse na continuidade da empresa, o relevo dos investimentos feitos por ambas as partes na execução do contrato, o tipo de negócio e de retorno esperado"*.[852]

Por seu turno, PAULO ALBERTO VIDEIRA HENRIQUES alude à relevância das negociações mantidas entre as partes, na fase pré-contratual, e, ainda à execução do contrato e função económica tida em vista por elas, considerando, em especial, as contingências de mercado.[853]

No âmbito das relações reticulares, considerando que as mesmas podem incluir um conjunto diversificado de prestações, só em concreto se pode concluir quanto à duração excessiva do contrato e quanto ao período de tempo de vigência do contrato a partir do qual se afigura admissível a exoneração do membro ou denúncia do contrato, por parte de um contratante.

Tem vindo a ser sustentado que a saída da rede não é um direito de livre exercício, consequência do caráter *intuitus personae* da rede, sobretudo nas redes que tenham por substrato um contrato multilateral.[854]

Quanto ao prazo mínimo de duração do contrato a partir do qual pode ser legítimo aos membros da rede exercerem o seu direito de denúncia do contrato ou de saída da rede, através de exoneração, relevam o princípio da boa fé e a proibição do abuso de direito.

852 Cfr. *Direito Comercial...* (cit.), pág. 158.

853 Cfr. PAULO ALBERTO VIDEIRA HENRIQUES, *A desvinculação unilateral...*, (cit.), págs. 230 e ss.

854 No grupo daqueles Autores que defende a inexistência de um direito de desistência livre encontramos JOSEBA A. ECHEBARRÍA SÁENZ, "Los grupos de coordinación..." (cit.), pág. 272.

Nos contratos comerciais duradouros – como são as redes de empresas, de acordo com os caracteres que assinalámos – não se afigura possível, em abstrato e antecipadamente, quando os contratos celebrados nada estipulem sobre a matéria, estabelecer o período de tempo mínimo de duração da vinculação ou de vigência do contrato para ser legítima a saída da rede.

Quando aludimos à *legitimidade* da saída da rede, não queremos significar que qualquer desvinculação anterior à verificação dos pressupostos se apresente proibida; nessa hipótese, ou seja, quando um contratante pretenda denunciar o contrato de rede e/ou exonerar-se da rede quando ainda não se tenha verificado o prazo razoável de duração do contrato, pode a sua saída implicar um dever de indemnização dos contratantes, por incumprimento do contrato.

Se atentarmos nos objetivos das redes, são vários os fundamentos que podem apontar-se para sustentar um direito de exoneração da rede,[855] ainda que o direito possa estar condicionado à verificação de alguns pressupostos; por outro lado, o contrato celebrado entre os membros de uma rede pode fixar as regras relativas à desvinculação.

Tratando-se as relações de rede de relações de cooperação – podendo, ter, embora, notas de integração (e.g. redes de franquia) – a permanência de um membro da rede contra a sua própria vontade pode criar obstáculos à concretização dos objetivos da rede. É, pois, com base nos riscos de tensões internas que podem colocar em crise o *goodwill* e a imagem da rede, que JUAN IGNACIO RUIZ PERIS sustenta a livre desvinculação da rede.[856]

Podem apontar-se motivos válidos para a bondade de uma saída da rede, mesmo tendo em conta a salvaguarda da sustentabilidade da rede. Como se salienta, a saída da rede pode incentivar o acesso de novas empresas e aumentar a eficiência.[857]

Não obstante não ser possível a definição antecipada de um período de tempo mínimo de vinculação ou vigência do contrato, há alguns parâmetros que devem ser ponderados na avaliação da duração da relação contratual.

855 WALTER W. POWELL milita no sentido de ser livre a saída da rede. Cremos que o entendimento do Autor tem subjacente as relações de rede não formalizadas, que não envolvem ou pressupõem a celebração de um ou mais contratos expressamente concebidos para organizar a rede. O caráter fluído e indefinido que o Autor assaca às redes terá especial sentido quando não existe um corpo de cláusulas contratuais a definir e regular a relação estabelecida entre os membros da rede. Cfr. "Neither..." (cit.), pág. 330, em nota.

856 Cfr. JUAN IGNACIO RUIZ PERIS, "Un derecho específico...", (cit.), pág. 118.

857 Neste sentido, FABRIZIO CAFAGGI e MARCO GOBBATO, "Rischio e responsabilità..." (cit.), pág. 99. Os autores, em relação à saída da rede, também aludem ao facto de a saída da rede poder obstaculizar a realização de investimentos e comprometer o desenvolvimento da atividade comum na rede. De modo semelhante, também, FRANCESCA MOLLO, *Reti di contratti...* (cit.), pág. 148.

Se estivermos perante uma saída da rede que não ponha em causa a continuidade da rede – já que, como veremos, há exonerações que, atenta a posição dos membros que pretendem desvincular-se, determinam a extinção de todas as relações de cooperação entre todos os membros e, em consequência, de toda a rede – releva o contributo do contratante na rede.

As entradas que, eventualmente, o contratante tenha realizado para a sua adesão à rede constituem um dos elementos a analisar.

Nas redes empresariais industriais será comum que os contratantes, nas entradas e, até, durante a execução do contrato de rede, coloquem na esfera da rede (através dos mais diversos instrumentos jurídicos) o seu *know-how*, patentes ou marcas. Pode suceder que o contratante, pelo facto de pertencer à rede, tenha retirado, logo aquando do início da sua adesão à rede, os frutos, através de lucro, nomeadamente por via de outras marcas colocadas em comum por outros membros.

Uma saída antecipada da rede, que não permita aos demais membros usufruir das entradas do membro exonerante e tendo esse membro exonerante beneficiado, *ab initio*, das entradas dos demais, pode ser contrária às regras da boa fé.

Outro aspeto que, no nosso entendimento, merece ponderação é, no caso específico das redes verticais, o investimento que possa ter sido efetuado pelo cume da rede em relação ao contratante que é integrado na sua rede.

Se convocarmos o exemplo das redes de franquia, constata-se que o franquiador transmite para o franquiado um conjunto de informações, ao nível da sua ideia de negócio, e que se materializam, designadamente, em formação, transmissão de *know-how* e que só com uma duração mínima da colaboração do franquiado, nomeadamente com o pagamento periódico dos respetivos *royalties*, alcança o franquiador o retorno do investimento concretizado.

Consideramos ser de avaliar o valor do investimento realizado pelo franquiador para a inserção do franquiado na rede e o retorno que o franquiador obtém com a duração da franquia com aquele concreto franquiado.[858]

Pode suceder que, antecipadamente, e atendendo à comparação com os resultados alcançados pelos demais franquiados, fosse previsível que, por exemplo, decorridos cinco anos, o franquiador já tivesse alcançado o retorno total do investimento realizado e que, por essa via, seria legítimo ao franquiado, decorrido esse período de tempo, desvincular-se da rede. Ainda que

[858] Na proposta de Código Mercantil espanhol previa-se, no artigo 543º nº 22, que os contratos não podiam ser denunciados enquanto não tivessem sido amortizados os investimentos específicos realizados na execução do contrato.

a comparação com os resultados dos vários membros da rede possa apresentar-se como um contributo válido para aferir da duração mínima ora em apreço, aquele concreto franquiado pode alcançar resultados diversos, quer mais quer menos vantajosos, pelo que só em concreto, tendo por referente o específico membro, se pode concluir quanto ao período de tempo mínimo para o retorno do investimento do franquiador.

Quando apontamos, como parâmetro de avaliação, o investimento realizado e o período de tempo necessário para se verificar o seu retorno, não pretendemos concluir que, logo que tal retorno se concretize, seja legítima a saída. Com efeito, é expectativa, fundada, do franquiador que, além do retorno do investimento, exista um período em que a permanência do franquiado na rede gerida pelo primeiro é rentável e não apenas se limite a cobrir os custos em que o franquiador incorreu.[859]

Consideramos, ainda, pertinente, a avaliação de eventuais contratos celebrados entre a rede (os seus membros) e terceiros. Caso, por hipótese, tenha sido celebrado um contrato de prestação de serviços com um terceiro que envolva uma prestação do membro que se pretende exonerar, entendemos ser exigível, atento o princípio da boa fé, que se mantenha a sua integração na rede até que se conclua o serviço acordado com terceiro.

Se a rede implicar um projeto determinado e para cuja execução todos os contratantes se apresentem como imprescindíveis, porquanto, por exemplo, sobre cada um impenderá a obrigação de execução de um segmento produtivo,[860] a saída pode ser mesmo contrária à finalidade do contrato, posto que tal conduziria à impossibilidade de prossecução do projeto tido em vista pelos contratantes.[861]

Admitimos, no entanto, que, caso todas as demais condições para a saída do membro se encontrarem reunidas, se justifica a admissão da sua saída, ainda que se conjugue tal admissão com um dever de colaboração na execução do contrato firmado com terceiro ou, até, sendo a prestação infungível, por não poder ser executada por qualquer outro membro da rede, na obrigação de execução de uma parte da prestação.

[859] Salientando, também, a relevância não só da amortização dos investimentos/gastos incorridos como a rentabilidade da pertença à rede, vide JAUME MARTÍ MIRAVALLS, "Redes de distribución...", (cit.), pág. 179.

[860] Será a situação comum nos casos em que os contratantes estão, todos, envolvidos na execução de uma empreitada e a cada um é atribuída a responsabilidade para execução de uma parte da obra, por exemplo, a parte da elaboração do projeto, da execução dos trabalhos de construção civil, de eletricidade, etc.

[861] Assim, também, FRANCESCA MOLLO, *Reti di contratti...* (cit.), pág. 149.

Quando a saída de um dos contratantes coloque em causa a continuidade de toda a rede, outros fatores devem ser tidos em atenção.

Conceba-se uma rede no setor vitivinícola em que todos os membros da rede colocam em comum a sua matéria-prima (uvas), tendo em vista a produção, comercialização e distribuição de vinho engarrafado sob uma marca única. A marca única pode encontrar-se registada a favor apenas de um dos membros, que, ao inserir-se na rede, permitiu que a mesma fosse utilizada por todos os membros.

A saída do membro da rede, nada se tendo acautelado contratualmente quanto à transferência temporária ou definitiva da marca para os demais membros, pode impossibilitar a continuação da utilização da marca pelos demais.

Esta constitui uma das hipóteses em que a saída de um membro pode colocar em causa a continuidade da rede, ou, pelo menos, a sua continuidade à luz dos parâmetros que até então a caraterizavam, nomeadamente a sua cognoscibilidade em relação a terceiros.

Os fatores que acima expusemos devem ser avaliados com algumas especificidades. Conquanto a saída de um membro possa provocar consequências nos contratantes que permanecem inseridos na rede, se a rede se mantiver, com a procura de novos parceiros comerciais, adoção de estratégias comerciais, novos locais para a sede das suas atividades, com a realização de investimentos para investigação de técnicas produtivas, por exemplo, ainda assim, a rede permanece em atividade, pelo que os contratantes podem continuar a alcançar os objetivos pretendidos quando abraçaram a rede.

Nas saídas que colocam em causa a continuidade da rede, o prazo de duração mínima de permanência exigível ao contratante que se pretende desvincular é necessariamente superior. Todos os membros ficam impossibilitados de continuar o projeto económico tido em vista, daí que entendamos ser de ponderar, também, no quadro da avaliação da duração mínima de colaboração, os efeitos que a saída do membro irá provocar, no plano da continuidade da rede.

Convoquemos, para finalizar, algumas normas que consagram prazos de duração do contrato e antecedência de denúncia em contratos por tempo indeterminado.

O contrato de agência, sendo, dos contratos de distribuição, aquele que beneficia de uma regulamentação pormenorizada por parte do legislador, tem sido chamado a colmatar as lacunas de regulação e de contratualização em relação a contratos de distribuição. Ainda que se reconheça a aptidão ao regime jurídico do contrato de agência[862] para ser aplicado analogicamente, no âmbito da cessação do contrato, *maxime* quanto ao prazo a cumprir para efeitos de admissão da denúncia, tem a doutrina suscitado algumas reservas quanto a uma aplicação sem adaptações.[863]

Analisado o disposto no artigo 28º do Decreto-Lei nº 178/86, constata-se que, nos contratos por tempo indeterminado, não existe um prazo mínimo de vigência do contrato, limitando-se o legislador a estabelecer um prazo de pré-aviso a cumprir, por forma a evitar cessações abruptas dos contratos.

Ponderemos, adicionalmente, se encontra justificação a aplicação analógica das regras previstas para a cessação do contrato de arrendamento e quanto aos prazos de vigência mínima do contrato que ali são consagrados.

Desde já avançamos que a nossa resposta à possibilidade de aplicação é negativa, por um conjunto variado de fundamentos.

Principiemos a nossa análise com as normas previstas no CCiv, quanto à cessação do contrato de arrendamento, *maxime* pelo arrendatário.

Será necessário distinguir as situações em que o contrato de arrendamento é celebrado por prazo certo daquelas em que é celebrado por tempo indeterminado; na primeira hipótese, assiste direito de denúncia ao arrendatário, que pode denunciar o contrato *"decorrido um terço do prazo de duração inicial do contrato ou da sua renovação"* (cfr. artigo 1098º nº 3 do CCiv); na segunda hipótese, o direito de denúncia nasce *"após seis meses de duração efetiva do contrato"* (cfr. artigo 1100º nº 1 do CCiv).

Não sendo o foro para apreciarmos a bondade da opção do legislador, não deixaremos contudo de manifestar algumas reservas quanto ao facto de, tendo as partes convencionado um prazo certo, admitir-se a denúncia quando esteja, apenas, decorrido um terço do prazo pode significar uma rutura prematura do contrato. Com efeito, as partes contratantes, aquando da celebração do contrato, aderiram a um prazo de duração do contrato, um prazo determinado que voluntariamente escolheram.

Com a redação atual da norma (do artigo 1098º do CCiv), introduzida pelo legislador através da Lei nº 31/2012, de 14 de agosto, pretendeu-se reconhecer o direito de denúncia ao arrendatário, tendo por referência o prazo que as partes tiverem convencionado (um terço da duração do contrato); na ver-

862 Aptidão reconhecida pelo próprio legislador, no preâmbulo do diploma legal, mais concretamente no ponto 4, aludindo à aplicação analógica das regras do contrato de agência, sobretudo em matéria de cessação do contrato, ao contrato de concessão comercial.

863 Conforme veremos infra, aquando da análise da exigência de um pré-aviso para a eficácia da desvinculação unilateral nas relações de rede.

dade, na redação anterior, nos contratos com prazo certo, o direito de denúncia nascia na esfera jurídica do arrendatário ao fim de seis meses de duração do contrato, coincidindo-se, pois, e quanto a este aspeto, os regimes aplicáveis à denúncia no contrato celebrado com prazo certo e no contrato celebrado por tempo indeterminado.[864]

Por outro lado, a exigência de uma duração efetiva do contrato, nos contratos com prazo certo, tendo, apenas, por referência, a duração do contrato acordada, ainda que possa ser um critério relevante, não tem em consideração os investimentos e os custos em que a parte não denunciante possa ter incorrido e que ainda não estão integralmente absorvidos com a duração até à data verificada.

Nos contratos de arrendamento, compreendendo-se embora que possa o senhorio ter interesse na manutenção do contrato com o mesmo arrendatário, não terá, por regra, incorrido em custos, em relação àquele arrendatário, que justifique a manutenção do contrato por um período de tempo mínimo.[865] São, pois, segundo julgamos, mais ponderosos os motivos relacionados com o princípio *pacta sunt servanda*, do que com fundamentos específicos da contratação em causa.

O que o legislador terá tido em vista com a possibilidade de cessação do contrato por iniciativa do arrendatário, nos contratos com prazo certo, pode ter sido acautelar as mudanças nas necessidades de habitação por parte do arrendatário, necessidades que podem ser de índole profissional ou familiar, sendo certo que o legislador, quanto à denúncia por parte do arrendatário, ao contrário do que sucede, como regra, com a denúncia por iniciativa do senhorio (cfr. artigo 1101º do CCiv), não impõe a indicação de qualquer motivo.

Não cremos que, no domínio da contratação mercantil, se imponha acautelar alterações supervenientes nas necessidades dos contratantes, como sucede nos contratos de arrendamento. A dinâmica da contratação mercantil é flexível; todavia, os objetivos delineados pelos contratantes são alcançáveis, decorrido um lapso de tempo, que não é compatível com os prazos de denúncia estabelecidos no CCiv para os contratos de arrendamento.

Por fim, e regressando aos contratos comerciais, cremos que o regime jurídico consagrado para o contrato de associação em participação, *maxime* no nº 3

[864] Criticando a solução consagrada na lei, anteriormente à alteração introduzida em 2012, vide Jorge Pinto Furtado, *Manual de Arrendamento Urbano, Vol. II*, Almedina, 4ª Edição, 2008, págs. 907 e ss.

[865] Salvaguardando a hipótese de eventuais obras no locado, tendo em vista aquele concreto arrendatário.

do artigo 30º do Decreto-Lei nº 231/81, de 28 de julho, pode ser aplicado analogicamente, para os contratos de rede por tempo indeterminado, na medida em que militam idênticos fundamentos aos que terão estado subjacentes à consagração daquela norma; a saber: contratos em que exista a necessidade de acautelar uma duração mínima para o retorno do investimento realizado com a sua celebração.[866]

O prazo de dez anos pode apresentar-se como um prazo razoável de duração mínima de contratos de rede, sem prejuízo de se poder sustentar um prazo inferior ou superior, consoante os parâmetros que acima assinalámos.

Aliás, o prazo de dez anos vem mencionado, no âmbito do mesmo diploma legal, mas quanto ao contrato de consórcio, em que se estabelece, no nº 2 do artigo 11º, que o consórcio se extingue decorridos dez anos sobre a data da celebração, podendo o prazo de duração ser prorrogado expressamente.

Uma referência, breve, à eventual exigência de um período de antecedência para a comunicação da denúncia ou exoneração da rede.

A exigibilidade de cumprimento de um prazo de pré-aviso encontra o seu fundamento numa tentativa de atenuação dos efeitos negativos que a saída de um dos contratantes pode provocar na continuidade da relação de cooperação encetada com os demais.

Semelhantemente com a avaliação do período mínimo de permanência na rede, não se afigura possível, em abstrato, e independentemente da análise das especificidades da concreta rede, indicar um prazo exato de aviso prévio, podendo contribuir para tal apreciação as disposições consagradas para o contrato de agência,[867] o que levaria a que o prazo de pré-aviso variasse consoante o prazo de duração da relação reticular até à data em que se pretende exercer o direito de saída.

Dado o caráter *intuitus personae* que acompanha algumas redes – seja qual for a configuração que a mesma apresenta – entendemos ser de impor a verificação de um pré-aviso que possibilite um ajustamento da rede à saída do membro.

[866] Assim, desenvolvidamente, FILIPE CASSIANO DOS SANTOS, "Transmissão e cessação..." (cit.), págs. 301-303.

[867] Para PAULO ALBERTO VIDEIRA HENRIQUES militam aqui várias circunstâncias para se poder concluir quanto a tal prazo e que *"depende da área de actividade, da maior ou menor flexibilidade da organização da parte denunciada, da influência da relação contratual no volume de negócios."* Cfr. *A desvinculação unilateral...* (cit.), pág. 241.
Segundo PINTO MONTEIRO, *"os tempos mínimos de pré-aviso fixados no artigo 28º não serão, em princípio de aplicar aos contratos de concessão e de franquia, por serem demasiado curtos, em face dos investimentos que estes contratos envolverão."*. Cfr. *Contrato de Agência...* (cit.), pág. 124.

Gunther Teubner sustenta, com argumentos que partilhamos, tendo por referência o direito de resolução por parte do cume da rede – naturalmente, na hipótese em que a resolução apenas incida em relação a um dos contratantes, já que, se a resolução se materializar, por hipótese, na saída, *in totum*, do cume da rede, esta conduz à extinção da rede – que este direito tem de ser avaliado, quanto à antecedência com que deve ser exercido, em relação a toda a rede e tendo por base o princípio da proporcionalidade.[868]

Existindo uma evidente lacuna quanto ao prazo de pré-aviso a observar na produção de efeitos da comunicação da denúncia ou exoneração de um contrato comercial – como são os contratos de rede – o regime previsto para a denúncia nos contratos de agência celebrados por tempo indeterminado (cfr. artigo 28º nº 1 do Decreto-Lei nº 178/86, de 3 de julho) pode ser aplicado analogicamente.[869]

No entanto, os prazos aí previstos podem ser ajustados, por norma, para cima, atendendo, designadamente, às circunstâncias que acima assinalámos para a permanência mínima na rede, nomeadamente, as entradas e investimentos realizados, os contratos em curso e as obrigações assumidas perante terceiros e o interesse da rede.[870]

Atentemos, agora, na segunda questão que apontámos e que se relaciona com a fixação de um limite máximo de duração dos contratos de rede.

Consideramos que o que está a coberto da proibição das vinculações perpétuas ou excessivamente duradouras são as situações em que os contratantes, pretendendo desvincular-se de uma relação contratual a que voluntariamente aderiram, veem a sua liberdade contratual (na modalidade de direito de saída) cerceada.

Não nos parece ser uma decorrência do princípio da ordem pública a fixação de um limite máximo de duração de uma relação contratual, quando nenhum dos contratantes pretenda desvincular-se da mesma.[871]

Inexiste um interesse público que justifique a fixação de uma duração máxima de uma relação de cooperação comercial, sendo legítimo que os contratantes, se o pretenderem, mantenham em vigor o contrato ou contratos que os vinculam durante décadas.

868 Cfr. *Networks as connected...* (cit.), pág. 190.

869 Assim, para os contratos comerciais, Filipe Cassiano dos Santos, "Transmissão e cessação..." (cit.), págs. 302-303.

870 Como salienta Fernando A. Ferreira Pinto, será relevante que o prazo de pré-aviso permita um efetivo escoamento das existências. Cfr., *Contratos de distribuição...*, (cit.), pág. 377.

871 No mesmo sentido, também, Pedro Romano Martinez, *Da cessação...*, (cit.), pág. 231 e Paulo Alberto Videira Henriques, *A desvinculação unilateral...*, (cit.), pág. 211.

No entanto, para parte da doutrina, que julgamos minoritária, há um limite para a duração da relação contratual, sendo que se sustenta essa limitação convocando, designadamente, a aplicação das normas de direito da concorrência, as quais preveem que um pacto que limite a concorrência não pode ter uma duração superior a cinco anos.[872]

2.7.2.1. A desvinculação de um dos contratantes/membros da rede e os efeitos na rede

Com base, sobretudo, na interdependência entre as prestações, analisemos se a saída de um dos contratantes, quer através do exercício do direito de denúncia quer através da resolução, tem consequências para a subsistência da rede.

Numa relação de rede, admite-se, como resultou do ponto antecedente, que nem todos os contratantes assumam o mesmo papel na rede, quer porque uns são titulares de um *know-how* específico (seja ao nível de técnicas de produção, comercialização ou gestão, para designarmos alguns) – que justifica que a sua permanência na rede se apresente como um elemento decisivo para a existência da mesma – quer porque outros são fundadores, membros originários da rede e cuja imagem e ligação à rede é preponderante, quer, ainda, pelo facto de uns assumirem funções centrais na rede ou prestarem aos membros e/ou a terceiros serviços vitais para a subsistência da rede.[873]

Assim, só casuisticamente, e aquando da apreciação de uma concreta saída da rede, se pode concluir quanto às consequências da mesma na rede.

Entendem alguns autores que há saídas da rede que envolvem a resolução de todo o contrato de rede (ou contratos de rede), porquanto a prestação de um concreto membro, não podendo ser desenvolvida por um terceiro após a sua desvinculação contratual (seja a que título for), pode implicar a impossibilidade de continuação da rede.

[872] Assim, Edoardo Bernini, Guido Bevilacqua, Eva Bredariol, Lorenza Bullo, Cristiano Casalini, Giulia Clarizio, Giuseppe Fietta, Andrea Todeschini Premuda e Diego Trentin, "Linee guida..." (cit.), pág. 44 e Roberta Bertagnin, *Il contratto di rete...* (cit.), pág. 48. Sustenta a Autora o seu entendimento na aplicação analógica do disposto no artigo 2596º do Código Civil italiano que consagra, no âmbito das regras relativas ao direito da concorrência, que se um contrato que limita a concorrência não tiver duração definida ou se for estabelecida uma duração superior a 5 anos, entende-se que o contrato é válido pelo prazo de 5 anos.

[873] Quanto à articulação entre o poder na rede e a centralidade das funções ou prestação de serviços vitais para os membros da rede, vide J. Kenneth Benson, "The Interorganizational Network..." (cit.), pág. 233.

Naturalmente que tal extinção da rede será sempre uma solução de *ultima ratio*,[874] sendo concebíveis, conforme sublinha Gaetano Guzzardi, soluções alternativas, conservatórias da relação contratual vigente, apontando o Autor a renegociação da prestação da parte que se desvincula, ou até, das prestações de todas as partes.[875]

Perante tal sugestão, consideramos ser de avaliar se existe uma obrigação de renegociação pelas partes ou se a mesma apenas ocorre se e quando os contratantes o pretenderem.

No quadro legal existente em Portugal, tenderíamos a convocar os princípios gerais em matéria de contratos, para aferir quanto à bondade de uma obrigação de renegociação.

Sustenta-se a existência do princípio da conservação dos contratos (princípio *favor contractus*), de acordo com o qual, na dúvida entre a cessação do contrato e sua continuidade, se deve optar pela sua continuidade.[876]

Parece não ser inerente a este princípio a obrigação de as partes negociarem uma alteração das condições que estiveram subjacentes à sua decisão de contratar, salvo se o impuserem as elementares regras da boa fé.[877] Só o princípio da boa fé torna exigível às partes a renegociação das condições vigentes, nomeadamente porquanto os investimentos concretizados ou os negócios em curso imponham uma conservação, adaptada, do vínculo contratual sob pena de os prejuízos decorrentes da cessação da relação de cooperação em muito excederem os benefícios de uma extinção da rede.

[874] A conclusão da resolução do contrato de rede como *ultima ratio*, a ocorrer na sequência da saída de um dos membros, encontra a sua justificação nos princípios gerais de direito, aplicáveis à contratação. Na verdade, por força do princípio *pacta sunt servanda* (consagrado no artigo 406º nº 1 do CCiv), impõe-se o pontual cumprimento do contrato, só se alcançando a sua cessação nos casos expressamente previstos na lei. A saída de um dos contratantes ao determinar, automaticamente, a cessação de todo o contrato multilateral, implicaria uma violação da regra de acordo com a qual só o consenso de todos os contratantes determinaria a cessação (por acordo – revogação) do contrato celebrado. Aponta-se, em relação a esta questão, que se a saída de um dos contratantes determinasse a cessação do contrato tal implicaria que, apenas com o concurso da vontade de uma das partes, se impediria aos demais contratantes a continuação da execução do contrato, cujo interesse na subsistência ainda mantenham e sendo a execução ainda juridicamente possível. Quanto a este último argumento, vide Fabrizio Cafaggi e Marco Gobbato, "Rischio e responsabilità..." (cit.), pág. 102.

[875] Cfr. Gaetano Guzzardi, *Il Contratto*... (cit.), pág. 132.

[876] No plano do direito constituído, algumas normas manifestam a intenção de salvaguarda dos contratos. Apontamos, a título exemplificativo, o disposto nos artigos 292º, 293º, 792º e 802º do CCiv.

[877] Francesca Mollo entende que, inexistindo cláusula contratual que imponha a renegociação do contrato de rede, só através do princípio da boa fé se imporia tal renegociação. Cfr. *Reti di contratti*... (cit.), pág. 89.

Quando se apuram as consequências da saída de um dos contratantes releva o interesse comum da rede.

O interesse da rede não se confunde com o interesse social nas sociedades comerciais. Desde logo porquanto, ao contrário do interesse social nas sociedades comerciais, o interesse comum na rede pode ter por referência um substrato sem personalidade jurídica; nessa medida, o interesse será um interesse partilhado/comum entre os membros e não o interesse de uma entidade (que pode não existir).

Em qualquer caso, é inegável a existência de um interesse na rede (para não dizer, *"da rede"*),[878] o qual se relaciona com o cumprimento dos objetivos eleitos pelos membros para que a rede prossiga e alcance as vantagens competitivas que individual e coletivamente aqueles almejam.

Sustenta MARCO GOBBATO que a gravidade do incumprimento de um dos membros e, bem assim, as suas consequências quanto à sobrevivência da rede, devem ser avaliadas à luz do interesse comum na rede.[879/880]

O interesse na rede também releva quando se apuram as consequências da saída de um dos membros, uma vez que a saída pode comprometer a continuidade da rede, sob o ponto de vista dos objetivos a prosseguir com a relação de colaboração instituída, que os contratantes antecipadamente definiram.

Nas redes por contratos bilaterais, teremos que indagar se a cessação de um dos contratos, por exemplo, por via do exercício do direito de denúncia por um dos contratantes, conduz à cessação de outro, outros ou, até, de todos.

Tal como havíamos anunciado – aquando da apreciação das várias teorias que pretendem enquadrar as relações de rede – a análise dos efeitos da coli-

[878] Quanto à existência de um interesse da rede, mesmo que não seja constituída uma pessoa coletiva distinta dos membros, vide, supra, I.3.9..

[879] Cfr. "Allocazione del rischio da inadempimento...", pág. 269.

[880] Em relação ao interesse *da* rede, ainda que à luz do direito constituído italiano, MATTIA ESPOSITO considera que os problemas levantam-se sobretudo aquando da execução do contrato e não na fase genética do mesmo. Cfr. "Il contratto di rete..." (cit.), pág. 106. Cremos que a questão do interesse da rede, naquele ordenamento jurídico, não pode ser vislumbrada, sobretudo, na fase de execução do contrato. Ao contrário do que sucede nas sociedades comerciais, em que os sócios, quando constituem a sociedade, não têm que estabelecer quais os fins tidos em vista pela sociedade nem qual o interesse ou interesses que a sociedade irá prosseguir, no contrato de rede, por imposição do legislador italiano, os contratantes devem estabelecer, no contrato de rede, um programa de rede que contem, designadamente, a modalidade de realização do escopo comum. As divergências entre os (ainda potenciais) contratantes podem existir, quanto à concretização do interesse da rede, mesmo na fase genética da rede; contudo, e naturalmente, a violação do interesse da rede só tem inteiro cabimento após a celebração do contrato que faz nascer a rede.

gação contratual seriam convocados para avaliação das consequências da cessação de um dos contratos.

Tem sido sustentado que a coligação contratual pode ser bilateral ou unilateral, genética ou funcional e voluntária ou necessária[881] e, ainda, extrínseca ou intrínseca.[882]

A coligação contratual bilateral[883] relaciona-se com a interdependência instituída entre os dois contratos; assim, se se verificar de modo duplo, isto é, em ambos os sentidos, teremos uma coligação bilateral. Se, por outro lado, apenas existir a dependência de um contrato em relação a outro, a coligação será unilateral. Em relação a esta última situação, alude-se à existência de um contrato principal e de um contrato acessório.[884]

Por seu turno, a coligação é extrínseca caso a ligação entre os contratos não gere qualquer relação de dependência entre um e outro, mas apenas se traduza numa ligação formal, designadamente pela circunstância de terem sido celebrados ao mesmo tempo ou, eventualmente, no mesmo documento escrito. A coligação é intrínseca se der efetivamente origem a uma relação de dependência entre os contratos celebrados, independentemente, em qualquer caso, do momento da celebração dos contratos.

Semelhante raciocínio pode ser transposto para efeitos de invalidade de um dos contratos. Ou seja, quando apenas um dos contratos (bilaterais) seja inválido pode a invalidade repercutir-se noutro ou noutros contratos caso não seja possível, para a economia da negociação considerada no seu todo, a subsistência dos demais, em separado.[885]

Quando analisamos os efeitos que provoca a cessação de um contrato bilateral noutro contrato bilateral, integrante da mesma rede, teremos que ava-

[881] Por todos, vide PEDRO ROMANO MARTINEZ, *Da cessação...*, (cit.), págs. 245 e ss. e FRANCESCA MOLLO, *Reti di contratti...* (cit.), pág. 101. Para binómio bilateral/unilateral, vide JOSÉ VIRGÍLIO LOPES ENEI, "Contratos..." (cit.), pág. 116. CARLOS NELSON KONDER, in *Contratos conexos...*, (cit.), por seu turno, além de fazer alusão à qualificação dos contratos conexos enquanto manifestando uma dependência unilateral ou bilateral (págs. 103 e ss.), conclui, na pág. 181, que "[E]*m todos os casos de conexão contratual é possível vislumbrar a chamada vinculação funcional*". Quanto a nós, não nos parece que tal vinculação funcional tenha sempre que existir, porquanto a ligação entre dois contratos pode ser meramente aquando da sua celebração e não se prolongar para efeitos de execução contratual.

[882] Assim, NUNO MANUEL PINTO OLIVEIRA, *Princípios de Direito dos Contratos*, Coimbra Editora, 1ª edição, Maio 2011, pág. 140. Para o Autor a coligação deverá reservar-se para a situação de conexão intrínseca.

[883] FRANCISCO MANUEL DE BRITO PEREIRA COELHO utiliza a expressão *"dependência bilateral"*, Cfr. Coligação negocial...", (cit.), pág. 245.

[884] Neste sentido, NUNO MANUEL PINTO OLIVEIRA, *Princípios...* (cit.), pág. 140.

[885] Assim, CARLOS NELSON KONDER, *Contratos conexos...* (cit.), pág. 219.

liar, primeiramente, se a coligação é voluntária e intrínseca. Se a resposta for afirmativa, a cessação de um contrato conduz automaticamente à cessação do que dele depende absolutamente.

Maiores dificuldades surgem quando se afirme a coligação necessária e os contratantes nada tenham prevenido quanto às consequências da cessação de um contrato de que o segundo é dependente.

Assinalámos em II.2.1.2. supra que a subsunção de uma relação contratual (ou conjunto de relações contratuais) a uma rede não carece do concurso da vontade dos contratantes. A rede não tem de ser voluntária.

Caso se conclua pela existência de uma interdependência entre dois contratos, ainda que os contratantes não tenham prevenido a ligação funcional entre os contratos, a cessação de um deles pode levar à impossibilidade de cumprimento do segundo.

Essa impossibilidade pode ocorrer designadamente se o contrato que cessa se situar na mesma cadeia de produção/fornecimento, encontrando-se os demais contratos a jusante daquele.

Se a ligação entre os contratos não for intrínseca e não se afirmar uma relação de dependência funcional de um em relação aos outros, por exemplo, nas redes de franquia ou de concessão comercial, a cessação de um contrato de franquia ou de concessão, pese embora se trate de um contrato integrante na mesma rede, não é, por norma, causa de cessação de outro contrato de franquia ou de concessão da mesma rede.

Constatada que seja a impossibilidade de execução de um contrato funcionalmente ligado ao contrato que cessa, cremos ser aplicável o disposto no artigo 790º do CCiv por impossibilidade objetiva de cumprimento das prestações, não imputável a qualquer das partes.

2.7.2.2. A desvinculação de um dos contratantes/membros da rede e a restituição da entrada. Avaliação

Quando um membro sai da rede, pode colocar-se a questão de saber se tem direito a obter a restituição daquilo que terá entregado à rede aquando da sua adesão ou na execução das prestações por si assumidas.

Teremos que efetuar uma divisão, consoante estejamos perante redes formadas por conjuntos de contratos bilaterais ou um contrato multilateral (neste último caso, quando a rede seja despersonalizada).

Nas primeiras, em que impera, por regra, uma relação vertical, e de que elegemos, como exemplo operativo, as redes de franquia, a saída da rede não implica para o franquiado o direito ao reembolso do que terá entregado à rede, designadamente a *entry fee* e as contribuições periódicas. Sendo um contrato de execução continuada, a eventual denúncia ou resolução não envolve, na ausência de cláusula em contrário, o direito à restituição do que já tiver sido pago.

Nas segundas, tem vindo a ser doutrinalmente sustentada, sobretudo perante os autores italianos e no âmbito do contrato de rede legalmente previsto, a possibilidade de o contratante que sai da relação de rede ter direito a uma quota aquando da liquidação da rede.[886]

Entre nós, inexistindo qualquer diploma legal a regular o contrato de rede, cremos ser aplicável, analogicamente, o disposto, para as sociedades civis, nos artigos 1010º e ss. do CCiv.

Semelhantemente com o que nelas sucede, em algumas redes de empresas, os membros da rede, para o serem, e como vimos em II.2.4.1. supra, devem realizar uma entrada, que pode traduzir-se, designadamente, na concessão da fruição de bens ou serviços a favor dos demais membros, ou na execução de trabalhos a favor de terceiros.

Aquando da extinção da rede, os bens que eventualmente nela permaneçam devem ser direcionados para o membro que seja titular dos mesmos, considerando que os fundamentos, que presidiram à sua utilização como instrumento da rede, cessaram.

Por outro lado, extinta a rede, e verificando-se um excedente nos resultados alcançados pelos membros, através da rede, os mesmos devem ser canalizados para os que tenham sido membros da rede.

Assim, consideramos que um membro que se exonere da rede tem, por um lado, direito à restituição dos bens atribuídos em uso e fruição aos demais membros (cfr. artigo 1017º nº 1 do CCiv) e, por outro, direito à sua quota parte no ativo remanescente (cfr. artigo 1018º do CCiv); ambos os direitos ficam, no entanto, diferidos para a data em que se extinguir a rede.

[886] Neste sentido, vide FRANCESCO CIRIANNI, "La costituzione del contratto di rete..." (cit.), pág. 30. O autor salienta, no entanto, que, da análise dos primeiros contratos de rede que foram celebrados, não se prevê o pagamento de uma quantia aquando da saída, diferindo-se a mesma para o termo da relação de rede.
ROBERTA BERTAGNIN sustenta que, não prevendo o contrato qualquer disposição nesse sentido, serão convocáveis as normas previstas para o contrato de consórcio quanto ao direito à quota de liquidação. Cfr. *Il contratto di rete...* (cit.), pág. 65.
PIETRO ZANELLI defende, igualmente, o direito à liquidação da quota de participação no fundo patrimonial. Cfr. *Reti e contratto...* (cit.), pág. 44.
FABRIZIO CAFFAGI, pela análise dos contratos de rede celebrados ao abrigo do regime jurídico instituído em Itália, aponta que, nos contratos, prevê-se que a saída da rede não implica, para o membro exonerante, um direito à restituição da entrada ou a uma quota de liquidação. Cfr. FABRIZIO CAFAGGI, "Il Contratto di Rete nelle prasi..." (cit), pág. 141.

O que sucede, então, aos bens que o membro que se exonera disponibilizou para utilização, em comum, na rede?

Conjeturemos a hipótese – certamente não incomum – de um dos membros da rede, aquando da entrada ou até aquando da execução das obrigações assumidas na relação de rede, ter disponibilizado à rede e aos seus membros conhecimentos técnicos específicos, *know-how*, clientela ou resultados de investigação, por exemplo.

Podem tais bens, *maxime* imateriais, continuar a ser utilizados pelos membros que subsistem na rede?[887]

Quanto aos bens materiais, a resposta é fornecida pela aplicação analógica do disposto no nº 1 do artigo 1017º do CCiv. No que se refere aos bens imateriais, será sustentável não só que tais bens continuem a ser utilizados pelos membros da rede, como, simultaneamente, pelo membro exonerante, caso não tenha ficado estipulado contratualmente uma obrigação de não concorrência, que subsista mesmo após a saída da rede.[888]

2.7.2.3. As redes de ROC e SROC e a desvinculação dos membros

Ainda que não sejam, como vimos, redes empresariais, atendendo a que o legislador cuidou destas redes, no plano do direito constituído, avaliaremos se, neste específico campo, se justifica a consagração de um prazo mínimo de permanência na rede para que nasça, na esfera jurídica de cada um dos membros, um direito de saída, que se adjetivará, por regra, através da denúncia do contrato.

Quando o legislador alude, no âmbito da alínea *b)* do nº 1 do artigo 62º-A do EOROC e do artigo 62º do NEOROC, ao facto de, do relatório de transparência, deverem constar as disposições jurídicas e estruturais da rede, não nos parece pressupor que, naquele relatório, devam ser inseridas as regras relativas à saída da rede por parte de um ROC ou SROC.

[887] Massimo D'Auria responde afirmativamente. Cfr. "Dal concetto di rete di imprese...", (cit.), pág. 22.

[888] Cremos não ser sufragável uma obrigação implícita de não concorrência no caso de um membro que deixe de estar integrado numa rede. A obrigação implícita de não concorrência tem sido doutrinal e jurisprudencialmente sustentada sempre que ocorre a transmissão de estabelecimento comercial, seja a título definitivo ou a título provisório e suporta-se esta obrigação, sobretudo, no dever de o alienante assegurar o gozo pacífico da coisa. Quanto a esta questão vide, desenvolvidamente, Coutinho de Abreu, *Curso de Direito Comercial*, Vol. I... (cit.), págs. 307 e ss.. Nas redes de empresas, o membro que se exonera não transmite, a título oneroso, aquando da sua desvinculação, o gozo de qualquer bem, ainda que os bens de que tenha disponibilizado o gozo aos demais membros continuem a ser usufruídos por aqueles até à cessação da rede.

Consta, no entanto, de alguns relatórios de transparência consultados, a possibilidade de um membro ser excluído da rede, com fundamento no incumprimento das políticas e regras do cume da rede,[889] mas nenhum dos acedidos publicita as regras respeitantes à saída voluntária da rede ou alude ao período de permanência mínima na rede.

Compreende-se que, considerando a matéria em causa e as consequências que a saída de um dos membros da rede pode ter ao nível dos beneficiários da atividade de cada um dos membros, se opte pela não divulgação das regras, internas, relacionadas com as condições de saída voluntária.

Ainda que essa informação não seja objeto de publicitação, entendemos ser admissível a desvinculação da rede por parte de um ROC ou SROC, do mesmo modo em que é admissível a renúncia ao cargo de membro de órgão de fiscalização, de acordo com o previsto no CSC.[890]

Na ausência de estipulações expressas quanto à saída da rede, algumas especificidades em face do que acima expusemos devem ser consideradas, sem prejuízo, naturalmente, de se aplicarem as apreciações feitas, quanto à ponderação dos investimentos ou das entradas realizadas.

Definimos como âmbito da nossa análise os ROC e SROC que são membros de uma rede transnacional, e que tem membros em vários Estados. Por regra, e pelo menos, no que respeita às redes em que se integram as denominadas *Big Four*, existe um membro em cada Estado; nesse sentido, a saída de um membro pode implicar que, nesse estado, e ainda que provisoriamente, careça a rede de uma entidade através da qual leva a cabo a prestação de serviços.

A exigência de uma duração mínima de vinculação à rede assume especial relevância, na medida em que pode estar em causa a assunção da prestação de serviços no quadro de um mandato em curso, cuja cessação abrupta pode ter consequências nefastas ao nível do beneficiário do serviço.

Como hipótese de trabalho, consideremos a seguinte situação.

Uma rede de ROC transnacional admitiu, no seu seio, e para Portugal, uma SROC, no ano 1. Aquando da adesão à rede, a SROC foi designada como órgão de fiscalização de várias sociedades comerciais, que, ainda no plano hipotético que nos encontramos, constituem filiais nacionais de empresas multinacionais. Todas e cada uma das sociedades que integram o mesmo grupo internacional

[889] No sentido exposto, encontramos o relatório de transparência da KPMG Europe LLP (em relação ao ano de 2014) e, bem assim, quanto ao incumprimento dos compromissos de qualidade e requisitos de adesão, o relatório de transparência da Ernst & Young Portugal (também em relação ao ano de 2014).

[890] Consagra o artigo 54º do EOROC e do NEOROC a regra da inamovibilidade dos revisores oficiais de contas, salvo acordo do revisor ou verificação de justa causa de destituição.

têm, como órgão de fiscalização, uma SROC membro da rede em análise e daí que, em consequência da adesão à rede de uma SROC portuguesa, também a filial portuguesa passou a ter, nos seus órgãos, a mencionada SROC.

Decorrido um ano de pertença à rede e de prestação de serviços à aludida sociedade comercial, a SROC pretende sair da rede.[891]

[891] Há que ponderar se é admissível a destituição, pela sociedade contratante/beneficiária dos serviços, de um ROC ou SROC pelo facto de este ter deixado de pertencer à rede que pertencia aquando da sua designação/contratação. Consideramos poder justificar-se a cessação da relação encetada, ainda que tenhamos dúvidas que possa configurar uma justa causa.
Resulta do nº 1 do artigo 419º do CSC que, para que ocorra destituição dos membros do órgão de fiscalização, tem que existir justa causa. A justa causa tem vindo a ser densificada na doutrina e na jurisprudência, considerando-se que se manifesta quando ocorra uma violação de um dever, legal ou contratual. Adicionalmente, acrescenta-se que não é qualquer incumprimento contratual que será idóneo a preencher uma justa causa de cessação de uma relação contratual, considerando-se que, para que tal ocorra, não pode ser exigível à contra-parte a manutenção da vigência do contrato. Quando um membro da rede – um ROC ou uma SROC – sai da rede estará a incumprir uma obrigação? Os problemas só se adensam na hipótese em que as partes nada tenham previsto quanto às causas legítimas de cessação do vínculo.
Consideramos, ainda, que a designação de um determinado ROC ou SROC como membro de um órgão fiscalização pode pressupor, para a sociedade que designa, a pertença a uma rede, existindo, frequentemente, um interesse legítimo em que a fiscalização seja exercida por um ROC ou SROC membro daquela rede.
Situando-se tal designação no campo dos fundamentos da contratação – nas circunstâncias em que as partes fundaram a decisão de contratar – admitimos que, por aplicação do regime excecionalíssimo previsto nos artigos 437º a 439º do CCiv, seja defensável a cessação do vínculo, por alteração das circunstâncias.
De todo o modo, há que ponderar o disposto no nº 1 do artigo 54º do EOROC e do NEOROC quanto à inamovibilidade dos ROC, sem o seu consentimento, ou sem que se verifique *"justa causa arguível nos termos previstos no Código das Sociedades Comerciais e na legislação respectiva para as demais empresas ou outras entidades."*
Dir-se-ia que só por justa causa, e nos termos do CSC, seria admissível a substituição de um ROC. No entanto, consideramos que os artigos 437º a 439º do CCiv, constituindo norma geral e inexistindo fundamentos para a sua não aplicação à relação que suporta a designação do órgão de fiscalização, cremos serem aplicáveis, nas circunstâncias excecionais, é certo, que conduzem à sua aplicação. Frequentemente, aliás, se exige, para certas sociedades, que tenham, como órgão de fiscalização, um ROC ou uma SROC pertencente a uma das *Big Four*. Tal exigência tende a ser consagrada em várias situações fácticas, designadamente aquando de aumentos de capital, com entrada de novos acionistas e em que estes pretendem acautelar o rigor na fiscalização das contas da sociedade e entendem que tal rigor é reconhecido, internacionalmente, aos ROC e SROC integrantes das *Big Four*. Encontramos situações em que, para poderem lograr obter financiamentos bancários, é exigido, por parte da entidade mutuante, que, enquanto estiver pendente a regularização do capital mutuado, a sociedade mutuária tenha a sua fiscalização também por uma dessas entidades. Existem, pois, fundamentos legítimos para que uma sociedade pretenda que o órgão de fiscalização inicialmente designado e que, aquando da designação pertencia a uma rede que integra as *Big Four*, se mantenha nessa rede.

Ainda que se apresente como um cenário de verificação improvável – atendendo a que a pertença à rede trará, no campo da revisão de contas, vantagens significativas para os membros da rede – não deixaremos de sobre o mesmo nos debruçar.

A designação,[892] como membro de um órgão de fiscalização, é feita pelo período que o contrato de sociedade estabelecer, entendendo-se, no silêncio do pacto, que os membros são designados para um período de quatro anos (cfr. artigo 415º nº 1 do CSC).

Independentemente da possibilidade de renúncia da pessoa designada, que pode ser exercida a todo o tempo, avaliemos se não é de impor um período de manutenção mínima na rede e, em consequência, de manutenção no cargo designado, atentos os interesses da sociedade beneficiária do serviço e, ainda, o facto de aquela sociedade pretender uma revisão de contas integrada, ou seja, atento um cenário de revisão global das contas de todas as sociedades que pertencem ao mesmo grupo económico internacional.

Entendemos que o especial contexto da rede e, ainda, o facto de estar em causa uma revisão legal de contas, seria de considerar que, pelo menos, a manutenção na rede (e no cargo) até ao final do exercício económico em curso seria um período de tempo razoável para permitir que a sociedade auditada (e a própria rede) se adaptasse à saída do membro.

Compreendendo, embora, tais fundamentos que, como referimos, serão legítimos, tem a Comissão Europeia manifestado preocupação quanto às comummente designadas cláusulas *"Big 4 only"*. Assim se encontra patente no Livro Verde, de 13 de outubro de 2010, sob o tema "Política de auditoria: as lições da crise", COM (2010) 561- Jornal Oficial C/2011/121/54 , de 19.04.2011, pág. 18. Estará subjacente a tal posição da UE o pretender-se incentivar a concorrência entre os prestações de serviços de revisão de contas. Sendo a defesa da concorrência um dos principais objetivos da UE, a admissibilidade de tais cláusulas em acordos parassociais ou em contratos de mútuo poderá constituir um obstáculo à concorrência e à livre escolha de um prestador de serviços.
Atualmente, no NEOROC, tais cláusulas podem ser consideradas nulas, considerando o previsto no nº 3 do artigo 50º do NEOROC.

[892] Atento o disposto nos artigos 262º e 415º e ss. do CSC, o órgão de fiscalização (um ROC ou SROC), é designado pela própria sociedade que beneficia do serviço (podendo sê-lo pelo Tribunal ou pela OROC, caso se verifiquem os pressupostos previstos nos artigos 416º a 418º do CSC), sendo a sociedade auditada aquela que remunera os membros do órgão de fiscalização pelos serviços prestados. Este tem sido um dos temas que tem suscitado preocupação por parte da Comissão Europeia, na medida em que se avalia se tal não constituirá uma distorção no sistema de revisão de contas (imposto por lei). Pondera, assim, a possibilidade dos auditores serem designados por uma entidade reguladora e não por parte da sociedade beneficiária da auditoria. Neste sentido, vide o já citado Livro Verde, de 13 de outubro de 2010, sob o tema "Política de auditoria: as lições da crise", COM (2010) 561- Jornal Oficial C/2011/121/54 , de 19.04.2011, pág. 12.

Não obstante considerarmos como referência o exercício económico em curso, outros fatores devem ser considerados e que podem conduzir à manutenção na rede por período mais longo.

A saída da rede, quando envolva a cessação do contrato de prestação de serviços celebrado entre um terceiro e o membro que se desvincula da rede – o que pode suceder em várias situações, incluindo na que ora cuidamos – deve respeitar um período de tempo de antecedência que permita ao beneficiário dos serviços alcançar uma alternativa que satisfaça os seus interesses.

A revisão de contas constitui uma imposição legal, designadamente, para as sociedades por quotas (verificados que sejam os requisitos previstos no artigo 262º do CSC), para as sociedades anónimas (artigo 278º do CSC) e para as sociedades em comandita por ações (por remissão do artigo 478º do CSC).

Sendo imposto por lei, será de ponderar a manutenção na rede durante um período de tempo que permita ao beneficiário do serviço encontrar uma alternativa equivalente para a revisão de contas. Por outro lado, e tratando-se de uma saída da rede (no exemplo acima exposto) que coloca em crise a existência, num determinado Estado, de um membro/representante da rede global, o interesse da rede deve ser especialmente ponderado.

O procedimento inerente à entrada de um membro no âmbito de uma das grandes firmas de auditoria pode ser demorado e objeto de aturada avaliação, designadamente para constatação da viabilidade de cumprimento dos procedimentos internos definidos pelo cume da rede.

Consideramos, pois, que, quando a saída da rede implique, para o cume da rede, a impossibilidade de levar a cabo os serviços num determinado espaço territorial – por norma, num Estado – se justifica consagrar um prazo mais dilatado de permanência na rede. Não obstante acolhamos tal regra como princípio, entendemos não ser exigível ao membro exonerante que permaneça na rede até à sua efetiva substituição, porquanto pode suceder que, ainda que tenha decorrido um período de tempo razoável para que o cume da rede encontre um novo membro para a posição previamente ocupada pelo antecedente, esta adesão não se concretize.

A avaliação deve atender ao período de tempo que, abstratamente, se afigure como idóneo para a adesão de novos membros, podendo ser avaliado o período de tempo médio de adesão de anteriores membros àquela específica rede, ainda que noutras zonas territoriais. Caso esse período médio seja ultrapassado, entendemos não ser exigível ao membro exonerante a manutenção na rede.

Por norma, o cume da rede não presta serviços de auditoria às empresas destinatárias da atividade – como, aliás, se encontra patente em vários relatórios de transparência consultados[893] – o que contribui para a fundamentação do especial interesse deste na angariação de um novo membro para prestar os serviços que até então vinham sido desempenhados pelo membro exonerante.

O prazo de manutenção na rede pode, no entanto, ser reduzido caso os serviços de revisão de contas possam ser assegurados por outros membros da rede, ainda que sediados noutros Estados membros e desde que, naturalmente, nisso consinta a sociedade auditada.[894]

2.7.3. A cessação de contratos na rede de redes

Como tem resultado da nossa análise, consideramos admissível a existência de vários níveis na rede, ou seja, uma rede que é encabeçada por um cume – o qual detém, por exemplo, a titularidade de uma marca notória – e esse cume celebra contratos com vários sujeitos a quem atribui o poder de organização da distribuição ou comercialização de bens numa determinada área geográfica; por seu turno, cada um dos organizadores celebra alguns contratos com empresários locais. Verificados os demais pressupostos para a subsunção a uma rede, teremos, nesta hipótese, uma rede de redes.

A realidade que aqui se apresenta pode reclamar algumas especificidades ao regime jurídico aplicável, tal como temos vindo a expor. Uma das especificidades relaciona-se com a cessação de contratos e a sua consequência para os demais vínculos contratuais vigentes.

Concretizando.

Suponhamos um cume da rede que celebrou vários contratos com empresários, atribuindo a cada um deles um distrito português. Por hipótese, e ao abrigo de uma cláusula contratual permissiva, decide fazer cessar o contrato que havia celebrado com o sujeito a quem incumbia a coordenação e gestão dos membros integrantes na rede localizados no distrito de Bragança.

O que sucede aos contratos celebrados entre esse sujeito e cada um dos membros a rede que este geria? Para adensar o enredo, conceba-se a situação – não inverosímil, sobretudo se estivermos perante redes de franquia – em que o cume da rede transmitiu, provisoriamente, para cada uma das suas contrapartes, a marca de que é titular. Por expressa autorização contratual, os mencionados organizadores concederam aos membros da rede que coordenam a utilização daquela marca. Podem os membros da rede continuar a utilizar a marca?

[893] Vide II.2.4.2.1. supra.

[894] A Diretiva 2014/56/UE consagra condições menos exigentes para o exercício da atividade de revisão legal de contas a sujeitos já habilitados a exercer essa atividade noutro Estado membro (cfr. artigo 3º-A, aditado pela Diretiva).

Por norma, o cume da rede (o franquiador, nas redes de franquia) impõe a cada uma das empresas com quem celebra o contrato que faça refletir nos contratos que celebrem com os membros finais as condições contratuais constantes do *contrato mãe.* Assim, ou os contratos finais reproduzem as condições contratuais ou, mais singelamente, consagra-se uma cláusula *back-to-back*, ou seja, de comunicação dos efeitos de um contrato no outro, ainda que as partes contratantes não sejam as mesmas.

Se assim for, isto é, se houver uma cláusula *back-to-back*, a modificação ou cessação do contrato com o cume da rede levará à alteração ou cessação do contrato com o membro final.

Mesmo que tal cláusula *back-to-back* não tenha sido inserida no contrato ou de qualquer outro modo acordada, a cessação do contrato do membro intermédio com o cume da rede leva à cessação do contrato com o membro final, por caducidade, à semelhança do que sucede em sede de subcontratação, por exemplo, na sublocação (artigos 1060º e ss. do CCiv), no subarrendamento (quanto à caducidade, artigo 1089º do CCiv) ou na subempreitada (artigo 1213º do CCiv).

Atenta a inexistência de disposição legal a prevê-lo, não é juridicamente exigível ao cume da rede que, por um lado, celebre contratos que permitam a utilização da marca diretamente com os membros finais e, por outro, que contrate um novo membro intermédio, assim tutelando a posição dos membros finais. Conquanto não se verifique essa exigência, o cume da rede, em princípio, tem interesse em manter, na sua rede de redes, sujeitos que já vinham utilizando a marca, nas condições definidas pelo seu titular.

Considerando que o cume da rede não é parte no contrato celebrado entre o organizador intermédio e o membro final, coloca-se o problema de saber como e em que termos assume o cume da rede obrigações em caso de cessação do contrato com o intermédio, sendo que o beneficiário dessas obrigações é, em bom rigor, um terceiro, o membro final.

A rigidez do princípio da eficácia relativa dos contratos – que apenas permite a sua derrogação nos casos expressamente previstos na lei – parece limitar a possibilidade de os membros finais exigirem qualquer prestação diretamente do cume da rede. De todo o modo, entendemos que, caso, no acordo firmado entre o cume da rede e o organizador intermédio, se consagre a assunção da obrigação, por parte do cume da rede, de contratar diretamente o membro final ou de contratar um novo utilizador intermédio, pode salvaguardar-se a posição desse membro final.[895]

[895] Pilar Martín Aresti aponta, como expedientes para a tutela da posição dos membros da rede (finais), *"a designação pelo empresário principal de um novo organizador que sub-roga nas posições*

Dizemos, com cautela, alguma salvaguarda, porquanto alguns problemas podem levantar-se.

Em primeiro lugar, relevam os termos em que assume o cume da rede a obrigação; tratando-se de uma obrigação assumida contratualmente perante um operador intermédio e sendo este último aquele que contrata, posteriormente, com os membros finais da rede, a obrigação não será, em princípio, nominativa, ou seja, não se designam os sujeitos beneficiários da futura contratação.

Podia esta situação ser subsumível a uma promessa pública, de acordo com o previsto no artigo 459º do CCiv. No entanto, é inerente à promessa pública, como a própria designação inculca, uma publicidade, um anúncio público da promessa, o que é, frequentemente, contrário à dinâmica mercantil.

Consideramos mais adequada a celebração de um contrato promessa unilateral, inserto no documento contratual subscrito entre o cume da rede e o operador intermédio; o beneficiário da promessa é um terceiro (o que pode suscitar a aplicação, também, das normas relativas ao regime jurídico do contrato a favor de terceiro, consagradas nos artigos 443º e ss. do CCiv), podendo esse terceiro ser indeterminado – no momento da celebração do contrato – mas determinável, à medida que o intermédio for celebrando os contratos com os membros finais.

contratuais do anterior, ou a celebração de novos contratos com os membros da rede que substituam os extintos". Cfr. "Signos distintivos..." (cit.), pág. 555. Tradução nossa.

3
A rede e terceiros

As redes de empresas, ainda que tenham como finalidade o aumento da competitividade no mercado, podem assumir, apenas, relevância interna, ou seja, os contratantes, organizados sob a forma de rede, não contratam diretamente com terceiros nem é publicitada a existência de uma relação de colaboração interdependente. Se estiver, por exemplo, apenas em causa a troca de informações entre os membros da rede, é improvável o encetar de negociações, através da rede, diretamente com terceiros.

De todo o modo, as relações de colaboração, subsumíveis a redes, podem assumir uma feição externa; quando assim sucede, existem alguns aspetos que devem ser equacionados e que se prendem com a representação e vinculação, com a responsabilidade e, ainda, com a publicidade da relação de rede.

3.1. Representação e vinculação

Em relação a esta questão teremos, uma vez mais, que analisar separadamente as redes formadas por conjuntos de contratos bilaterais e as redes cuja génese se encontra num (ou mais) contrato(s) multilateral(ais).

3.1.1. Redes por contratos bilaterais

Quando perante contratos bilaterais paralelos – temos em mente as já abundantemente convocadas redes de franquia ou de concessão ou, ainda, de agência – não é elemento constitutivo destas redes a atribuição de poderes de representação, seja a favor do cume da rede, seja a favor dos membros da rede (franquiados, concessionários e agentes).

No contrato de agência, caso o principal pretenda atribuir poderes de representação ao agente, a concessão desses poderes deve ser expressa e por escrito (conforme prevê o disposto no artigo 2º do Decreto-Lei nº 178/86, de 3 de julho).

O legislador não estabeleceu qualquer exceção ao regime geral de representação estabelecido no CCiv, sendo que é, num ponto específico, mais exigente do que o legislador civilista.

Com efeito, de acordo com o princípio da liberdade de forma (cfr. artigo 219º CCiv), admite-se que a declaração negocial possa ser expressa por qualquer meio (que não o escrito), o qual encontra acolhimento, quanto à procuração e para os negócios que não sejam formais, no nº 2 do artigo 262º do mesmo diploma legal; por seu turno, no regime jurídico do contrato de agência, exigiu o legislador a forma escrita e essa exigência de forma ocorre independentemente do negócio que o agente celebre em nome principal, ainda que o mesmo não carecesse de forma legal.

Coloca-se, pois, a questão de saber, tendo em conta a disposição especial prevista para o contrato de agência, se, nas redes de distribuição (de que a agência é apenas *uma* espécie[896]), é necessária a forma escrita para a atribuição de poderes de representação. Ou seja, a *ratio* subjacente à concreta previsão de forma escrita, para a atribuição de poderes de representação a favor do agente, por parte do principal, manifesta-se nas demais situações de rede?

Aventamos uma resposta negativa, ainda que reconheçamos a pertinência de argumentos válidos em sentido contrário.

Para avaliar a sujeição a forma escrita da concessão de poderes de representação nas redes de distribuição, não subsumíveis à agência, ponderemos os fundamentos que presidem à exigência da forma legal.

Com a norma prevista no artigo 2º do regime jurídico do contrato de agência, pretende-se tutelar a posição do terceiro com quem o agente contrata, em nome do principal. O terceiro que contrata com o agente tem interesse em que o contrato produza efeitos na esfera do principal (e, assim, o contrato é havido como firmado diretamente entre o principal e o terceiro); deste modo, perante um documento escrito que lhe seja exibido e que comprove os poderes de representação, de que se arrogará o agente, pode confiar na plena eficácia no negócio celebrado.[897]

[896] Ainda que, há que reconhecê-lo, seja uma espécie eleita pelo legislador como referência para outros contratos comerciais. Sinal inequívoco dessa eleição é o próprio teor do diploma preambular do regime jurídico ora em análise, que admite, à nascença, a aplicação analógica do regime instituído, e, quando se justifique, ao contrato de concessão comercial.

[897] De notar que, no âmbito do contrato de agência, o legislador ponderou, com especial acuidade, a proteção do terceiro com quem o agente contrata e tal ponderação manifesta-se noutras normas legais que não no domínio da atribuição de poderes de representação por escrito. Como a economia

Nas redes que não se traduzam em conjuntos de contratos de agência, militam iguais preocupações de proteção do terceiro e que justifiquem a exigência de forma escrita para a representação?

As posições que ocupam o concessionário e o franquiado, em relação, respetivamente, ao concedente e ao franquiador, não são inteiramente equiparáveis à posição do agente em relação ao principal, já que quer o concessionário quer o franquiador agem em seu nome e por sua conta. Perante terceiros, não surgem dúvidas quanto à (in)existência de poderes de representação, cuja necessidade de resolução justificasse a atribuição de poderes de representação sob a forma escrita. Os terceiros, ao contratarem com um concessionário ou com um franquiado, não concebem a hipótese de estar a contratar diretamente com o concedente ou com o franquiador.

Cremos, assim, que a atribuição de poderes de representação aos franquiados e concessionários ocorre nos termos previstos no CCiv, não sendo de exigir a forma escrita para a atribuição desses poderes, quando o negócio a celebrar pelo representante em nome do representado não exija esse formalismo.

Ocorrendo uma atuação em representação de outro membro da rede, o representado fica vinculado ao cumprimento do negócio, dentro dos limites da representação (artigo 258º do CCiv).

3.1.2. Redes por contrato multilateral

No domínio das redes horizontais, *maxime* nas redes formadas por um contrato multilateral que vincula todos os membros, podem levantar-se questões adicionais quanto à representação e vinculação da rede.

Temos como pressuposto não ter sido criado, por vontade das partes e na execução da relação de rede entre elas instituída, qualquer sujeito jurídico com personalidade distinta dos seus membros, posto que, se assim for, a rede personalizada age através dos seus órgãos de representação.

Se a rede personalizada for uma sociedade comercial, no seu seio existe um órgão a quem são atribuídos poderes de representação por parte dos sócios (*in casu*, dos membros da rede) e os problemas práticos de representação e

do presente estudo não permite uma análise aprofundada sobre a temática – específica do contrato de agência – limitar-nos-emos a aludir a uma das especiais manifestações de proteção de terceiro e que se relaciona com a representação aparente, expressamente tutelada no artigo 23º do Decreto-Lei nº 178/86, de 3 de julho, e a que voltaremos no ponto subsequente. Para uma análise desta norma e dos fundamentos subjacentes à sua consagração, vide António Pinto Monteiro, *Contrato de agência...* (cit.), págs. 108 e ss. e Paulo Mota Pinto, "Aparência de poderes de representação e tutela de terceiros" in *Sep. de Boletim da Faculdade de Direito*, Faculdade de Direito da Universidade de Coimbra, vol. 69, 1993, págs. 587-645.

vinculação não são específicos de uma situação de rede e, por isso, afastam-se do âmbito da nossa análise.

Debruçar-nos-emos sobre uma relação de cooperação de rede desacompanhada da constituição de uma pessoa jurídica distinta dos membros (seja sob a forma de sociedade comercial, ACE, cooperativa ou associação).

A figura mais próxima que, no plano do direito constituído, encontramos nas redes contratuais formadas por um contrato multilateral e que não dão origem à criação de uma nova entidade, é o contrato de consórcio, previsto e regulado no Decreto-Lei nº 231/81, de 28 de julho.

No contrato de consórcio, prevê-se a figura do *"chefe do consórcio"*,[898] de existência obrigatória para os consórcios externos, a quem podem ser atribuídos poderes de representação, por parte dos consorciados, sendo que, quando sejam atribuídos tais poderes, os mesmos têm que ser conferidos por procuração (cfr. artigo 14º).

Quando o legislador refere, no nº 1 do artigo 14º, que têm de ser atribuídos poderes de representação por procuração não exige que a procuração tenha forma escrita, pelo que tem aplicação, sem que se convoquem exigências adicionais de forma, o regime geral consagrado no CCiv, ou seja, a forma da procuração é determinada pela forma do negócio representativo, podendo, pois, consoante o negócio a ser celebrado, a procuração ser consensual ou formal.

A prática, no âmbito do contrato de consórcio,[899] tem demonstrado que os consorciados optam pela atribuição de poderes de representação ao chefe de consórcio no próprio contrato de consórcio, celebrado por escrito (como impõe o nº 1 do artigo 3º do Decreto-Lei nº 231/81, de 28 de julho), pelo que a problematização quanto à forma da procuração perde, em termos práticos, alguma da sua utilidade. No entanto, o facto de a concessão de poderes de representação constar do próprio contrato de consórcio, não retira autonomia à procuração assim vertida.[900]

Consideramos que, nas redes, idêntico raciocínio deve ser efetuado, exigindo-se apenas forma escrita para a atribuição de poderes de representação

[898] Tem a doutrina debatido a caraterização do chefe do consórcio, designadamente quanto à questão de saber se o chefe do consórcio poderá ser qualificado como um mandatário dos consorciados. RAUL VENTURA conclui ser o chefe do consórcio, sobretudo, um prestador de serviços dos consorciados, *"que para certos actos recebe também mandato, por meio de instrumentos adequados"*. Cfr. RAÚL VENTURA, "Primeiras Notas..." (cit.), pág. 670.

[899] Quanto ao contrato de rede, VINCENZO DONATIVI aponta, igualmente, idêntico procedimento, sendo o mandato conferido no próprio contrato de rede e não em documento autónomo. Cfr. *"Contratto di rete..."* (cit.), pág. 1440.

[900] Neste sentido, também, RAÚL VENTURA, "Primeiras Notas..." (cit.), pág. 672, e MANUEL ANTÓNIO PITA, "Contrato de Consórcio", in *Revista de Direito e Estudos Sociais*, XXX, nº 2, pág. 223.

quando os negócios a celebrar pelo representante prevejam a forma escrita para a sua validade.

Não existindo uma entidade distinta dos membros da rede, para que um sujeito represente todos os membros da rede, impõe-se que todos confiram poderes de representação para que o representante a todos vincule, na sua atuação em representação dos membros.

Caso ocorra uma atuação sem poderes de representação, teremos de avaliar os efeitos dessa representação.

A representação sem poderes encontra, no regime jurídico do contrato de agência, uma norma específica e que pretende tutelar a posição dos terceiros que contratem com agente sem poderes de representação do principal.

A norma, contida no artigo 23º do Decreto-Lei nº 178/86, é excecional em face do disposto no artigo 268º do CCiv, na medida em que considera o principal vinculado ao negócio celebrado pelo agente, sem poderes de representação, *"se tiverem existido razões ponderosas, objectivamente apreciadas, tendo em conta as circunstâncias do caso que justifiquem a confiança do terceiro de boa fé na legitimidade do agente, desde que o principal tenha igualmente contribuído para fundar a confiança do terceiro"*.

Também no âmbito do regime jurídico do contrato de seguro, após o Decreto-Lei nº 72/2008, de 16 de abril, passou a prever-se, expressamente, uma regra similar, no nº 3 do artigo 30º, quanto à atuação de mediador de seguros, sem poderes de representação do segurador.

Jurisprudencial e doutrinalmente[901] tem vindo a ser admitida a aplicação do regime – excecional – contido no artigo 23º do Decreto-Lei nº 178/86 a outros contratos de cooperação ou colaboração, conquanto se salvaguarde a impossibilidade de aplicação indiscriminada daquele regime excecional.[902/903]

[901] Vide, no sentido exposto, designadamente ANTÓNIO PINTO MONTEIRO, *Contrato de agência...* (cit.), págs. 113-114, com indicações doutrinárias e jurisprudenciais.
Propendendo para a aplicação da regra contida no artigo 23º a outras situações de direito comercial (mas já não às civis), vide ANA CRISTINA BARBEDO PINTO ALVARENGA, *A aparência de representação nas relações comerciais*, Faculdade de Direito da Universidade do Porto, 2010, disponível em http://repositorio-aberto.up.pt, págs. 28 e ss., concluindo, na pág. 30, que tal se justifica *"nos casos de aparência em virtude da externalização da empresa"*.

[902] Assim, por exemplo, o Acórdão do TRL (Processo nº 3635/2007-6, datado de 17.07.2007, disponível em www.dgsi.pt), em que, ainda que se tenha considerado a mediação imobiliária uma atividade distinta da agência (sobretudo porquanto se verifica uma maior independência na atuação do mediador comparativamente com o agente), se postulou abstratamente admissível a proteção da confiança do terceiro nos poderes de representação do mediador. Em sentido contrário, o Acórdão do TRL (Processo nº 6576/2007-1, datado de 13.12.2007, disponível em www.dgsi.pt).
O STJ, por Acórdão de Uniformização de Jurisprudência (Processo nº 752-F/1992.E1-A.S1-A, datado de 05.07.2016), fixou jurisprudência no sentido em que *"Age com abuso de direito, na vertente*

Simultaneamente, salienta-se a distinção entre a representação aparente no direito civil e no direito comercial,[904] já que, no primeiro, em regra, há apenas lugar a responsabilidade pelo dano da confiança e, no segundo, pode verificar-se vinculação do representado aparente pelos atos praticados, sem poderes, pelo representante aparente.[905/906]

Suporta-se a aplicação analógica desta norma na proteção do terceiro de boa fé que contrate com uma organização[907] através de um sujeito que atue em nome dessa organização, *"de acordo com os dados sócio-culturais vigentes e tendo em consideração a sua inserção orgânica nessa organização, seja aparente a existência de poderes de representação"*.[908]

da tutela da confiança, a massa falida, representada pelo respectivo administrador, que invoca contra terceiro – adquirente de boa fé de bem imóvel nela compreendido – a ineficácia da venda por negociação particular, por nela ter outorgado auxiliar daquele administrador, desprovido de poderes de representação (arts. 1211º e 1248º do CPC, na versão vigente em 1992), num caso em que é imputável ao administrador a criação de uma situação de representação tolerada e aparente por aquele auxiliar, consentindo que vários negócios de venda fossem por aquela entidade realizados e permitindo que entrasse em circulação no comércio jurídico certidão, extraída dos autos de falência, em que o citado auxiliar era qualificado como encarregado de venda." Através do sobredito Acórdão, reconhece-se a tutela da aparência, fora dos quadros do contrato de agência, com apelo à figura do abuso de direito.

903 Dizemos excecional mas, em bom rigor, consideramos preferível a qualificação enquanto regra geral, aplicável *"à generalidade dos casos em que esteja presente a mesma razão de ser, isto é, em todos os casos em que se justifique a tutela da confiança de terceiros que contratem com empresas cuja moderna organização interna, regra geral complexa, foge, de todo, ao conhecimento e controle desses terceiros."* Cfr. Acórdão do TRL, Processo nº 1062/2001.L1-6, datado de 25.11.2011 (disponível em www.dgsi.pt).

904 Contudo, deve salientar-se que, no direito comercial, assim como no direito civil, inexiste qualquer norma destinada a salvaguardar, em termos gerais, a tutela da aparência. Cfr. ANA CRISTINA BARBEDO PINTO ALVARENGA, *A aparência de representação...* (cit.), pág. 8.

905 Neste sentido, Acórdão do STJ, proferido no Processo nº 4739/03.0TVLSB.L2.S1, datado de 01.04.2014 (disponível em www.dgsi.pt).

906 Doutrinalmente, não se afasta a aplicação do artigo 23º do Decreto-Lei nº 178/86 a contratos civis. Cfr. PAULO MOTA PINTO, "Aparência de poderes de representação..." (cit.), págs. 616 e ss.. Embora timidamente, também do ponto de vista jurisprudencial, principia uma aceitação da tutela da aparência nos contratos civis. Assim resulta do constante do Acórdão do STJ, Processo nº 752-F/1992.E1,S1, datado de 20.05.2015, em que se conclui que *"tal ocorrerá, nomeadamente quando a desprotecção do terceiro traduzisse uma insuportável lesão da confiança, incompatível com os ditames da boa fé e com a proscrição do abuso de direito – decorrente da simultânea existência de uma muito fundada aparência de poderes representativos e de uma reprovável negligência do representado na criação dessa mesma aparência fundada."* (disponível em www.dgsi.pt).

907 Salientando, também, o princípio do risco da organização, enquanto eventual fonte de aplicação da tutela da aparência, vide ANA CRISTINA BARBEDO PINTO ALVARENGA, *A aparência de representação...* (cit.), pág. 13.

908 Cfr. Acórdão do TRC, no âmbito do Processo nº 3841/07.4TBAVR.C1, datado de 24.01.2012 (disponível em www.dgsi.pt).

Cremos que as relações de rede – sejam quais forem as modalidades em causa – são terreno fértil para a convocação das normas de representação aparente.

Pode até suceder que as soluções consentidas pelo instituto ora em análise resultem de aplicação direta (e não analógica) do artigo 23º do Decreto-Lei nº 178/86, na medida em que as redes podem ser formadas por conjuntos de contratos de agência.

Quando assim não suceda, entendemos que as principais dificuldades na aplicação analógica do dispositivo em apreço residem nos casos em que não tenha sido constituída uma pessoa coletiva distinta dos membros da rede, na hipótese de redes horizontais. Quem serão os representados aparentes? Todos os demais membros? Apenas alguns?

Quer na agência quer na mediação de seguros, o principal é uma entidade e não um conjunto de entidades, pelo que a transposição analógica do disposto naquelas normas não se afigura, nas redes, de concretização imediata.

Nas redes por contratos multilaterais, a interdependência entre as entidades assume um pendor de coordenação na atuação das mesmas que, em determinadas circunstâncias, e aos olhos dos destinatários da sua atuação, pode conduzir à conclusão de existência de apenas uma entidade.

Para que se conclua pela vinculação de um ou mais membros da rede aos termos resultantes da atuação sem poderes de representação, cremos que têm de estar preenchidos, cumulativamente, os seguintes pressupostos: (i) atuação sem poderes de representação; (ii) atuação em nome de uma entidade ou um conjunto de entidades identificáveis por um nome, denominação ou marca comum, independentemente da forma jurídica de associação dessas entidades; (iii) contributo dos membros da rede para a confiança no terceiro dos poderes de representação de quem atua.

O contributo dos membros da rede para a confiança dos poderes de representação pode ser meramente indireto e pode, inclusivamente, resultar de atos materiais, que não jurídicos, nomeadamente a aprovação de colocação de cartazes publicitários ou a entrega de cartões de visita com a identificação de todos os sujeitos que integram a rede. Ou, ainda, resultar de um controlo negligente da atuação por parte do representado aparente em relação àquele que atuou com aparência de representação.

Caso se confirmem os pressupostos em relação a alguns ou a todos os membros, estes ficarão vinculados ao negócio celebrado pelo *representante aparente*.

3.2. Responsabilidade em relação a terceiros

No que se refere à responsabilidade em relação a terceiros, as principais dificuldades podem advir de uma menor concretização contratual quanto aos termos em que cada um dos membros se responsabiliza perante aqueles com quem a rede (e os seus membros) se relacionam.

Podem equacionar-se várias hipóteses alternativas para efeitos de responsabilidade de um membro da rede em relação a terceiros, seja esse membro o cume da rede (nas redes verticais) ou seja um membro da rede (nas redes verticais e horizontais).

Tal como destacámos supra,[909] consideramos que o domínio da responsabilidade se apresenta como aquele que pode justificar a necessidade de uma especial tutela por parte do direito, cumprindo, pois, indagar se as soluções alcançáveis *de iure constituto* e com recurso às regras de integração de lacunas (se estas existirem) fornecem uma resposta cabal às solicitações que ao caso possam ser convocadas.

3.2.1. Responsabilidade do cume da rede nas redes verticais/ hierárquicas

O enfoque da nossa análise, quanto a este ponto, incide sobre a hipótese de uma rede vertical (por facilidade, uma rede de franquia ou análoga) em que o cume da rede, valendo-se da posição contratual de supremacia de que goza – em virtude, por exemplo, da titularidade de sinais distintivos de comércio que coloca à utilização por parte do franquiado e da possibilidade de predispor um conjunto de cláusulas contratuais, as quais, frequentemente, se apresentam como verdadeiras cláusulas de adesão – determina aos demais membros (franquiados, por exemplo), a emissão de uma declaração negocial ou celebração de um negócio jurídico.[910]

O membro da rede, em cumprimento do comando recebido, emite a declaração negocial ou celebra um negócio jurídico. Se este não cumpre (ou porque não quer ou porque não pode) as obrigações assumidas no âmbito daquela declaração ou negócio jurídico, poderá o terceiro a quem foi dirigida a declaração negocial ou com quem o membro contratou dirigir alguma pretensão em relação ao cume da rede?

[909] Ver I.7. supra.

[910] Referimos em texto apenas uma das fontes do poder especial do cume da rede e que se relaciona com a titularidade de sinais distintos de comércio, cuja utilização este possibilita aos demais membros. Hans B. Thorelli aponta como exemplos de fonte de poder de um participante da rede fundamentos de base económica, tecnológica, a competência/conhecimento, a confiança e a legitimidade. Cfr. "Networks: Between markets..." (cit.), pág. 40.

Podem apontar-se algumas propostas de enquadramento, seja o recurso à responsabilidade por facto dos dependentes, responsabilidade pelo controlo, responsabilidade pela aparência[911] ou responsabilidade pelo risco[912] ou, ainda, o recurso à teoria do levantamento do véu societário.

Na linha do analisado no âmbito da responsabilidade intra-membros, há que avaliar se a responsabilidade que pode ser assacada a um membro da rede, não contratante com terceiro, e em relação a esse terceiro, tem sustentação no plano do direito. Em caso afirmativo, analise-se se a responsabilidade se funda numa responsabilidade extracontratual, ou, ao invés, se situa no domínio contratual ou, ainda, numa terceira via.

As consequências jurídicas da subsunção da responsabilidade ao domínio extracontratual ou contratual são diversas; em termos sintéticos, destacamos a presunção de culpa, que constitui a regra na responsabilidade contratual (cfr. artigo 799º nº 1 do CCiv), enquanto, na extracontratual, a presunção de culpa ocorre apenas em situações excecionais (e.g. artigos 492º e 493º do CCiv), fora das quais incumbe ao lesado provar que o dano ocorreu por culpa do lesante. Adicionalmente, e esta constitui uma das consequências de especial relevância no exercício de direitos, o prazo prescricional na responsabilidade extracontratual é manifestamente inferior, por regra,[913] três anos (atento o disposto no artigo 498º do CCiv) ao da responsabilidade contratual (em regra, vinte anos, *ex vi* artigo 309º do CCiv).

Não obstante as inequívocas diferenças de regime, a responsabilidade extracontratual, frequentemente pela mão da doutrina e/ou dos tribunais, tem vindo a ocupar uma extensa área na responsabilidade, cobrindo muitas situações de dano não protegidas pelos contratos.

[911] Quanto à aplicação da tutela da aparência à franquia, com indicações jurisprudenciais, vide Francesca Mollo, *Reti di contratti...* (cit.), pág. 155.

[912] Para todas, na específica situação de redes, vide Ricardo Luís Lorenzetti, *Tratado...* (cit.), pág. 57. Quanto à teoria da aparência, aplicada ao contrato de franquia e à possibilidade de terceiros responsabilizarem diretamente o franquiador por atos do franquiado, vide, com indicações jurisprudenciais, Fabrizio Cafaggi e Chiara Ferrari, "La responsabilità della rete verso..." (cit.), págs. 140-141.

[913] Pretendemos, aqui, salvaguardar aquelas situações em que o prazo será superior em virtude do facto ilícito constituir crime e a lei penal estabelecer prazo de prescrição mais longo – artigo 498º nº 3 do CCiv. O Código Penal prevê, como prazos de prescrição do procedimento criminal, prazos de dois a quinze anos, nos termos do consagrado no artigo 118º do Código Penal. Assim, por força do disposto neste artigo, o prazo de prescrição para o exercício do direito de indemnização em virtude da responsabilidade extracontratual pode ser estendido até quinze anos, em relação a factos que subsumam aos crimes discriminados na alínea *a)* do nº 1 do artigo 118º do CP.

Constitui, esse, um dos fundamentos para alguns autores[914] sustentarem que não se tem desenvolvido, com autonomia, uma dogmática da responsabilidade nas redes de empresas. Estando consolidada a responsabilidade extracontratual e podendo esta abranger muitos atos danosos que não advêm da violação de um qualquer vínculo contratual prévio entre lesante e lesado, pode aí encontrar-se um dos fundamentos para o fraco desenvolvimento dogmático da responsabilidade nas redes de empresas.

De todo o modo, percorramos algumas propostas para o enquadramento jurídico da responsabilidade do cume da rede em relação a terceiros, por atos praticados pelos membros da rede.

Quanto a este ponto, consideramos ser, primeiramente, de avaliar o grau de integração dos sujeitos inseridos numa rede de empresas, quer na rede quer, eventualmente, na própria estrutura da entidade que corporiza o cume da rede.

A definição do grau de integração releva para definição da eventual responsabilidade do cume da rede e, para se definir, serão de analisar alguns parâmetros, nomeadamente: (i) natureza da atividade exercida pelo sujeito membro da rede, na medida em que se a atividade exercida se inserir no ciclo produtivo do sujeito coordenador, a intervenção deste último na atividade do primeiro é mais intensa; (ii) duração da relação comercial, quanto maior for a duração da relação existente entre cume da rede e demais membros, pode ser menor a autonomia dos membros; (iii) local da prestação da atividade e utilização, pelos membros, de materiais fornecidos pelo cume da rede, fatores que podem contribuir para uma integração dos membros no cume da rede; (iv) existência de um pacto de exclusividade, porquanto pode conduzir a uma dependência económica forte e uma possibilidade de definição da atividade comercial desenvolvida pelos membros da rede, que, não se dirigindo à troca sistemática no mercado em que se inserem, dirige-se, unicamente, a um único cliente, o que manifesta, inevitavelmente, uma dependência económica forte.

Para os autores que sustentam a responsabilidade do cume da rede na responsabilidade pelo domínio ou controlo ou, ainda, na teoria do levantamento do véu, consideramos que a definição do grau de integração se apresenta como um passo prévio necessário para se poder afirmar essa responsabilidade.

[914] Neste sentido vide STEFAN GRUNDMANN, "Die Dogmatik..." (cit.), págs. 733-734. O Autor conclui, no entanto, que o desenvolvimento da dogmática no âmbito das redes contratuais não significa regulação. Ou seja, pode uma dogmática ser constituída em torno das redes sem que tal envolva prévia ou concomitantemente a aprovação de um diploma legal a regular a figura.

De iure constituto, inexistem normas expressas que forneçam um enquadramento para a questão de que cuidamos. Por outro lado, o recurso ao ordenamento jurídico italiano, no qual se regulou o contrato de rede, não permite obter uma proposta de enquadramento, já que, no diploma legal que prevê o contrato de rede, não se consagrou qualquer regra para efeitos de responsabilidade do cume da rede, embora compreendamos a opção do legislador.

O legislador italiano elegeu, como modelo de contrato de rede, um contrato paritário, em que todos os membros se encontram num plano de igualdade, não se atribuindo a qualquer um deles poderes de conformação ou direção da rede. A conclusão a que chegamos não é afastada pela circunstância de se poder designar um sujeito para exercer os poderes atribuíveis ao órgão comum, em representação da rede e de cada um dos membros individualmente considerados (cfr. alínea 4-ter do artigo 3º do Decreto-lei nº 5 de 10 de fevereiro de 2009, considerando a redação dada pela Lei nº 134, de 7 de agosto de 2012). A mera existência de poderes de representação não envolve, por si só, o reconhecimento de poderes de direção ao representante.

Como se referiu, tendo o legislador como modelo um contrato de rede paritário, não cuidou de regras específicas para a hipótese em que essa paridade não exista, pelo que as respostas ao problema que levantámos não podem ser encontradas naquele diploma.

Também o projeto espanhol quanto ao regime jurídico dos contratos de distribuição (Projeto-lei 121/000138) não definiu normas específicas quanto à eventual responsabilidade direta do fornecedor perante terceiros com quem os distribuidores contratam.

Em I.7. supra aludimos ao abuso de posição dominante que pode manifestar-se em algumas redes de empresas.

Quando admitimos a possibilidade de um abuso de posição, no seio da própria rede, esse abuso pode assumir algumas variantes. PAOLA IAMICELI elenca, como exemplos de abuso de posição dominante, a situação em que o domínio incide sobre todos os membros da rede, sobre apenas um dos membros e, ainda, através de uma discriminação entre os vários membros da rede.[915/916]

Perante as várias situações aqui em apreço, teremos que avaliar quando é que o domínio se manifesta, com base nos indícios e parâmetros que expusemos supra.

915 Cfr. PAOLA IAMICELI, "Il coordinamento della filiera produttiva..." (cit.), pág. 341.

916 Apontámos, em II.2.4.2.1. supra, que alguns autores sustentam a existência de um dever de não discriminação entre os membros da rede. A que se aduz o consignado nos artigos 9º nº 1 alínea *d)* e 11º nº 1 *c)* da Lei da Concorrência.

No entanto, não pode ser confundida a relevância do abuso de posição para efeitos de direito da concorrência e para efeitos de responsabilidade civil pelo domínio.

Ou seja, apesar de a conduta poder não configurar um abuso de posição dominante, como definida e avaliada à luz do direito da concorrência, *maxime* do disposto no artigo 11º da Lei da Concorrência – porquanto pode, por exemplo, não se verificar o requisito da posição dominante no mercado ou de parte substancial deste, por parte da empresa infratora – a conduta pode relevar para efeitos de responsabilização do seu autor perante a entidade dominada integrante da rede ou, até, perante terceiros com quem essa entidade contrata.

Os exemplos apresentados por PAOLA IAMICELI destacam, por um lado, a amplitude do domínio exercido sobre a rede, consoante incida sobre todos os membros ou apenas alguns e, por outro, a violação de um dever de tratamento igualitário entre os membros da rede.

Principiemos por esta última forma de abuso de domínio apresentada pela Autora.

Aquando da análise dos deveres que impendem sobre o cume da rede, aventamos o dever de estender aos demais membros dos benefícios atribuídos a um ou mais membros da rede, sendo que tal dever tem vindo a ser sustentado pelos tribunais alemães.

Esse dever pode impender sobre o cume da rede, verificados os pressupostos que supra indicámos, e que se relacionam com o facto de os membros da rede, tendo condições de acesso e manutenção na rede similares, nomeadamente porque têm deveres análogos de realização de contributos monetários iniciais e periódicos, justifica-se que devam poder aceder aos benefícios que o cume da rede entenda atribuir (apenas) a alguns dos membros.

O abuso de posição, como a própria expressão inculca, configura uma espécie do género abuso de direito, o que pressupõe que o direito existe mas está a ser exercido em desconformidade com as finalidades que o legislador teve em vista com a sua consagração.

O cume da rede, ao atribuir condições diversas entre os membros – nos casos em que a diferenciação não seja objetivamente justificada –, está a violar o dever de tratamento igualitário, a que não será indiferente a posição de domínio que ocupa na rede.

Apartamo-nos, assim, da consideração de PAOLA IAMICELI, como abuso de posição, das situações de tratamento desigual entre os membros da rede, sem prejuízo de entendermos poder ser uma prática restritiva da concorrência, tal como definida e enquadrada na alínea *d)* do nº 1 do artigo 9º da Lei da Concorrência.

Uma das propostas de enquadramento da responsabilidade do cume da rede em face de terceiros assenta na teoria do levantamento do véu societário ou da desconsideração da personalidade coletiva e, quando se alude a esta, em regra, está subjacente a pretensão de responsabilização dos sócios de uma sociedade comercial.

Assim é concebida doutrinalmente, qualificando-se o expediente em causa como *"derrogação ou não observância da autonomia jurídico-subjectiva e/ou patrimonial das sociedades em face dos respectivos sócios."*[917]

É caso, pois, para indagar se se enquadra no fenómeno das redes o aproveitamento desta figura.

O objetivo do levantamento do véu societário é, sobretudo, alcançar a responsabilidade dos sócios da sociedade cuja personalidade se desconsidera, porquanto se entende que estes terão utilizado a proteção concedida pela pessoa coletiva, de que são membros, para uma finalidade que vai além das admitidas por lei ou dos princípios jurídicos ao caso convocados.

Conforme tem resultado da nossa análise, não é elemento constitutivo, nem tão-pouco, elemento natural, das redes (de empresas) a existência de relações de participação societária entre os membros da rede, nomeadamente participações do cume da rede nas entidades que integram a rede.

Existem, no entanto, sobretudo nas redes formadas nas sociedades de revisores oficiais de contas, situações de participação societária entre os membros da rede. As participações, quando existam, tendem a ser minoritárias.

A generalidade das redes baseia-se e materializa-se em relações de cooperação entre empresas, *maxime* mediante instrumentos contratuais, de que constituem exemplo paradigmático as redes de franquia.

Considerando as duas hipóteses aqui colocadas em relevo – a primeira referente à existência de relações de participação minoritária nas redes de sociedades de revisores oficiais de contas e a segunda respeitante ao facto de a generalidade das redes não implicar qualquer relação de participação societária entre os membros – cumpre, ainda assim, avaliar quanto à aplicação da figura doutrinária e jurisprudencial da desconsideração da personalidade coletiva.

Quando perante redes em que se verifique uma relação de participação societária entre o cume e os membros da rede – nomeadamente nas redes de sociedades de revisores oficiais de contas de que demos nota – não se verifica o obstáculo para aplicação da teoria em apreço.

[917] Cfr. Jorge Manuel Coutinho de Abreu, *Curso de Direito Comercial – Vol. II*... (cit.), pág. 176.

Podemos igualmente ponderar se a teoria tem a sua utilidade – ainda que com roupagens sensivelmente distintas – quando não ocorra uma participação no capital social das sociedades integrantes da mesma rede.

O levantamento do véu surge aqui com uma especificidade, em face da normal aplicação de levantamento da personalidade coletiva, que se tem manifestado já em alguns acórdãos,[918] em sede de imputação aos sócios de uma conduta levada a cabo através da sociedade comercial.

Tem estado subjacente à aplicação da figura, como resulta da análise das várias decisões judiciais que têm decidido pela sua aplicação, uma situação de abuso de direito que não possa ser sanada por recurso a institutos típicos previstos na lei. O levantamento do véu ou desconsideração da personalidade coletiva apresenta-se como um instituto de caráter excecional e com marcada feição subsidiária, ou seja, passível de aplicação se, verificados determinados pressupostos, não existir uma forma legalmente prevista para fazer face à situação de abuso da personalidade coletiva.

No específico caso das redes de empresas – *maxime* nas redes contratuais – o levantamento do véu que aqui pode operar não é da personalidade coletiva (ou sociedade comercial), que, como regra, não é constituída nas redes de empresas, mas o véu contratual.

Entre nós, não tem sido sustentado, nem doutrinal nem jurisprudencialmente, a aplicação da tese da desconsideração do véu contratual.

[918] A título meramente exemplificativo, apontamos o Acórdão do STJ, do Processo nº 434/1999.L1.S1, datado de 10.01.2011, onde, de forma clara, se menciona a relevância do instituto: *"designadamente em situações de marcado abuso da personalidade colectiva..."*
Semelhantemente, e salientando ser uma figura utilizável quando perante situações de abuso de direito, aponta-se o Acórdão do TRC, proferido no âmbito do Processo nº 943/10.8TTLRA.C1, datado de 03.07.2013, onde o Tribunal, perante a constituição de uma sociedade para que foi transmitido um estabelecimento comercial (para dificultar a cobrança de créditos), concluiu que "(...) *não vemos que fim lícito pudesse ser prosseguido com a referida a actuação. Com tudo isto queremos dizer que no caso é possível formular um juízo de forte censura, revelando-se toda esta actuação ilícita e estando comprovado directamente (e não apenas por presunção) um nítido propósito de iludir a lei. Por tudo isto, bem andou a 1ª instância ao decidir desconsiderar a personalidade jurídica da sociedade pois, salvo melhor opinião, só através dela se pode evitar de forma cabal os efeitos indesejáveis não pretendidos pelo ordenamento jurídico*".
Ou ainda, o mesmo TRC, mas em Acórdão proferido no Processo nº 3013/05, datado de 08.03.2006.
Já no mesmo sentido constava no Acórdão do TRP, datado de 25.10.2005 (Relator Henrique Araújo): *"Nos casos de desconsideração o que se passa é que a própria sociedade (pessoa colectiva) se desvia da rota que o ordenamento jurídico lhe traçou, optando por um comportamento abusivo e fraudulento que não pode ser tolerado na utilização funcional da sociedade ou de que aquela conduta não é substancialmente da sociedade mas do ou dos seus sócios (ou ao invés)."*
Todos disponíveis em www.dgsi.pt

Na Alemanha, alguns tribunais têm recorrido a esta figura no quadro das redes contratuais, para fundamentar a responsabilização do centro da rede em relação ao consumidor final, ainda que entre ambos não tenha sido instituído diretamente qualquer vínculo contratual.[919]

Cremos ser sustentável a responsabilidade do cume da rede perante terceiros em relação a atos praticados pelas entidades dominadas pelo primeiro; a fonte, para esta responsabilização, quanto inexista qualquer relação de participação societária, não pode fundar-se na teoria do levantamento do véu societário ou da desconsideração da personalidade coletiva, porquanto essas construções pressupõem um abuso da personalidade coletiva, por parte dos respetivos sócios, que, *in casu*, não se verifica.

Poder-se-ia, ainda, colocar a aplicação analógica das normas previstas para os grupos de direito (cfr. artigos 501º e 502º do CSC), quando ocorresse uma situação em tudo análoga à de uma sociedade filha, totalmente dominada por uma outra sociedade; o poder de controlo e direção suportar-se-ia não na titularidade de participações sociais mas numa relação económica duradoura, em que se assistisse à instrumentalização da sociedade membro da rede, através, designadamente, do controlo da atividade exercida pelos administradores da sociedade membro da rede.[920]

Sustenta-se que se existe a obrigação patente no artigo 501º CSC, mesmo que nenhum domínio seja exercido, apesar da relação de participação societária, por maioria de razão seria de promover a aplicação daquele normativo quando o domínio se exerce (ainda que sem direito), na ausência de qualquer participação social.[921]

As relações de rede, podendo embora envolver um poder de conformação, por parte do cume da rede, das atividades desenvolvidas pelos membros, traduzem um poder de conformação que não afeta, por norma, a autonomia das entidades integrantes na rede.

Na noção que propusemos de rede, assinalámos, como uma das notas caraterizadoras das redes – de modo que podem estas distinguir-se das relações

[919] Para a jurisprudência referida em texto, no ordenamento jurídico alemão, vide GUNTHER TEUBNER, *Coincidentia oppositorum: Hybrid Networks...* (cit)., pág. 3.

[920] Quanto aos grupos de facto qualificados e ponderando a aplicação analógica das normas previstas para os grupos de direito, vide JOSÉ A. ENGRÁCIA ANTUNES, *Os Grupos de Sociedades...* (cit.), págs. 600-601. Também quanto à matéria em causa, vide DIOGO PEREIRA DUARTE, *Aspectos do levantamento da personalidade colectiva...* (cit.), págs. 345 e ss.

[921] Neste sentido, ORLANDO DINIS VOGLER GUINÉ, "A responsabilização solidária nas relações de domínio qualificado – uma primeira noção sobre o seu critério e limites", in *Revista da Ordem dos Advogados*, ano 66, I, Janeiro 2006, disponível em www.oa.pt.

de integração –, a autonomia das empresas integrantes na rede. As redes não constituem um fenómeno de integração empresarial, pelo que falha às mesmas a consideração de entidades dominadas (mesmo que apenas de facto) por outras.

A eventual responsabilidade do cume da rede por atos praticados pelos membros da rede, integrantes na rede gerida pelo primeiro, tem a sua fonte, segundo julgamos, na aplicação das regras gerais de direito civil, nomeadamente na tutela da boa fé, na proibição do abuso de direito, e ainda, na responsabilidade pelo risco.

No que se refere ao ponto em análise, a responsabilidade pelo risco pode sustentar-se na aplicação conjugada dos artigos 500º e 800º do CCiv e, ainda, do disposto no Decreto-Lei nº 383/89, de 6 de novembro (diploma disciplinador da comummente designada *"responsabilidade do produtor"*) e no Decreto-Lei nº 67/2003, de 8 de abril (garantias de bens de consumo).

Os dois primeiros artigos pretendem assacar a responsabilidade extracontratual (o 500º) e contratual (o 800º) daquele que encarrega outrem de qualquer trabalho ou serviço quanto aos danos provocados por esse incumprimento.

Por outro lado, o Decreto-Lei nº 383/89 admite a responsabilização direta do produtor de determinado bem quanto aos danos provocados por produto defeituoso (cfr. artigo 8º daquele diploma); semelhantemente, também a responsabilidade direta do produtor se assinala no artigo 6º do Decreto-Lei nº 67/2003.

Para a aplicação do artigo 500º do CCiv, exige o legislador uma relação de comissão, ou seja, uma relação de dependência entre comitente e comissário, a qual se carateriza pelo poder de dar ordens ou instruções pelo primeiro ao segundo.[922] No que se refere à responsabilidade contratual emergente do artigo 800º do CCiv, o legislador alude às pessoas que o devedor utiliza no cumprimento da obrigação,[923] não exigindo que exista um vínculo de subordinação entre o devedor e esses sujeitos, para que o devedor seja responsável pelos atos praticados por aqueles.

Quanto à responsabilidade direta do produtor, a mesma assenta na circunstância de ter sido aquele que colocou o bem em circulação, ainda que possa não constituir a entidade que comercializa ou promova o bem.

[922] Quanto à relação entre comitente e comissário, vide, designadamente, ANTUNES VARELA, *Das Obrigações...* (cit.), págs. 564 e ss.

[923] Salvaguardando-se, no entanto, a eventual aplicação no nº 3 do artigo 264º do CCiv.

Subjacente a todas estas disposições legais está o princípio *"ubi commoda ibi incommoda"*.[924]

Para fundar a responsabilidade do cume da rede não será suficiente, no entanto, que o cume da rede oriente e coordene uma rede, posto que, se assim fosse, e sem que intercedesse qualquer fundamento legítimo, qualquer terceiro com quem os membros da rede contratassem poderia exigir a responsabilidade direta do cume da rede.

Cremos que deverá estar em causa a prática de um ato por parte do membro da rede determinado expressamente pelo cume da rede e para a satisfação do interesse exclusivo deste último. Por outro lado, e convocando as regras gerais de boa fé e da proibição do abuso de direito, para que ocorra a responsabilização do cume da rede, a atuação deste não pode encontrar justificação legítima no equilíbrio contratual, ocorrendo um grave sacrifício dos interesses do concreto membro da rede, sem o correspondente benefício.

3.2.2. Responsabilidade dos membros nas redes horizontais/ paritárias

Se nenhum dos membros da rede assumir funções de coordenação e gestão da rede e se todos os membros se encontrarem na mesma posição paritária, teremos uma rede horizontal. Também nestas redes, podem suscitar-se questões a nível de responsabilidade.

A primeira hipótese que teremos que colocar será se coincidem a eficácia do contrato em relação a um contratante e a responsabilidade pelo cumprimento ou incumprimento do mesmo por parte desse mesmo contratante.

Imaginemos que um determinado negócio jurídico celebrado, com um terceiro, foi outorgado em nome e representação de todos e cada um dos membros/contratantes do contrato de rede. Perante uma situação de incumprimento contratual, por exemplo, incumprimento da obrigação de fornecimento ou entrega de um determinado bem, de quem pode o terceiro exigir o cumprimento da prestação? De todos os membros do contrato? De apenas um ou uns deles?

A autonomia privada é, aqui, soberana. Caso as partes, no contrato, tiverem previsto regras específicas quanto à responsabilidade em caso de incumprimento, designadamente discriminando quem, de entre os vários contratantes, cumprirá a obrigação em causa e quem pode ser responsabilizado em caso de incumprimento, são essas as disposições contratuais a que se recorre para indagar quanto às consequências jurídicas do incumprimento.

[924] Princípio repetidamente invocado em sede jurisprudencial, para fundar a responsabilidade do comitente por atos praticados pelo comissário. Assim, designadamente, Acórdão do STJ, Processo nº 05B4091 (Relator Oliveira Barros), datado de 02.03.2006, disponível em www.dgsi.pt.

Quando as partes nada tenham estipulado, há que considerar quer a medida da responsabilidade de cada um dos membros quer a imputação da conduta.[925]

Conceba-se um incumprimento de um contrato celebrado com um terceiro, sendo que, para o incumprimento, cada um dos membros da rede contribuiu em medidas diversas. Nos contratos de rede, verifica-se uma ligação entre os contratantes, que envidam os seus esforços tendo em vista um objetivo comum, que se relaciona, amiúde, com o aumento da competitividade do mercado. Ainda que a existência de um objetivo comum não seja o elemento que justifica a responsabilização de todos os membros da rede, não deve esse elemento de ligação entre todos os contratantes ser escamoteado quando se avaliam os efeitos do incumprimento e a medida da responsabilidade de cada um dos membros da rede.

Por outro lado, de ponderar é a aplicação da regra, contida no artigo 100º do CCom, quanto à solidariedade dos coobrigados, quando perante obrigações comerciais.[926] Nessa hipótese, e sendo os contratantes comerciantes titulares de empresa (qualificação que é inerente à noção de rede de *empresas*), os coobrigados – assumindo-se que todos se obrigaram contratualmente perante um terceiro – são solidariamente responsáveis perante esse sujeito.

Uma das manifestações, no plano do direito constituído, de uma relação reticular, opera em domínio não mercantil, na atividade desenvolvida pelos revisores oficiais de contas. Quando se verifique uma relação de rede fora de contexto mercantil, será de sustentar a solidariedade dos coobrigados?

No plano do direito constituído, é inequívoco que só existe solidariedade nos casos previstos na lei ou quando seja essa a vontade expressa das partes (cfr. artigo 513º do CCiv), pelo que o argumento legal é inultrapassável e, em consequência, vigora o regime da conjunção.

[925] Apesar de termos optado pela colocação conjunta das duas situações – responsabilidade e imputação – reconhece-se que, até sob o ponto de vista lógico e cronológico, primeiramente apura-se a imputação da conduta e, posteriormente, assaca-se a responsabilidade. Com efeito, podendo embora, como veremos, a conduta ser imputada apenas a um dos membros, em virtude da solidariedade legal ou contratual entre co-obrigados poderá ocorrer a responsabilização de um outro sujeito a quem a conduta não foi primeiramente imputada. Salientando, em especial, este ponto nas redes, vide Eva Bredariol, *Regole di imputazione...* (cit.), pág. 77.

[926] Mesmo perante o regime jurídico instituído em Itália, e na ausência de previsão legal em contrário, Fabrizio Cafaggi e Chiara Ferrari sustentam que, quando perante uma rede não dotada de personalidade jurídica própria, as empresas participantes da rede não gozam de qualquer limitação da responsabilidade, respondendo pelas obrigações contraídas pelo órgão comum de forma solidária e ilimitada. Cfr. "La responsabilità della rete verso i terzi" (cit.), pág. 136.

De todo o modo, e de *iure constituendo*, ainda que interceda uma especial ligação entre os vários obrigados – a qual se manifesta numa interdependência quanto às obrigações assumidas e quanto ao propósito comum que partilham os membros da rede – a mesma não assume um pendor que justifique que qualquer um dos contratantes possa ser responsabilizado pelo incumprimento de um outro membro da rede.

Considerando que, em algumas redes, as obrigações assumidas pelos vários membros da rede podem corresponder a fases diversas do processo produtivo, não seria razoável exigir a um membro o cumprimento da prestação de outrem, para o qual pode não ter o *know-how* exigível. Se estivermos perante redes de ROC, o obstáculo que ora assinalámos perderia a sua validade, na medida em que os membros, detendo a qualidade de ROC e podendo, em consequência, exercer a atividade de revisão de contas, também a qualquer deles poderia, em abstrato, ser exigido o cumprimento da obrigação assumida.

Cremos, no entanto, que um olhar sobre o regime jurídico do contrato de consórcio, em que se verifica uma interdependência entre os consorciados, a qual se manifesta, designadamente, no facto de cada um dos membros se obrigar a realizar uma atividade de forma concertada, permite concluir que, mesmo quando há uma orientação em torno de objetivos comuns, o legislador não presume a solidariedade dos consorciados (cfr. artigo 19º do Decreto-Lei nº 231/81, de 28 de julho).[927]

O que corrobora o entendimento da inexigibilidade de previsão da solidariedade de coobrigados pelas relações estabelecidas entre membros de uma rede e terceiros, quando entre não comerciantes.

Quando os contratos celebrados com terceiros envolvam prestações precisas e delimitadas por parte dos vários membros da rede, afigura-se-nos ajustada a celebração de um contrato-quadro com o terceiro, na execução do qual serão celebrados, já diretamente por cada um dos membros e o terceiro, concretos contratos bilaterais.[928]

Sendo celebrado um contrato por cada um dos membros com o terceiro, afastada fica a responsabilidade solidária de todos os membros perante o terceiro, porquanto existe, apenas, um obrigado e não uma pluralidade de obrigados.

[927] Conquanto em sede de contratação pública – na qual o contrato de consórcio é frequentemente utilizado pelos concorrentes que apresentam proposta em agrupamento – se estabeleça a responsabilidade solidária perante a entidade adjudicante pela manutenção da proposta (cfr. artigo 54º nº 3 do Código dos Contratos Públicos).

[928] Neste sentido, também, Francesca Mollo, *Reti di contratti*... (cit.), pág. 159.

Aqui chegados e quando exista responsabilidade solidária dos membros da rede que assumiram obrigações contratuais, analisemos a repartição da responsabilidade, internamente, entre os membros.

De acordo com as regras gerais, *maxime* as previstas no CCiv, na falta de convenção ou disposição em contrário, a divisão interna da responsabilidade presume-se igual entre os vários devedores. É o que resulta da leitura conjugada do disposto nos artigos 497º nº 2, 500º nº 3 e 507º nº 2 do CCiv.[929]

No entanto, admitimos que a presunção possa vir a ser afastada.

Desde logo, pode suceder que, na rede, exista um contributo diverso entre os vários membros, o qual, à semelhança do que se concretiza nos contratos de consórcio, pode inclusivamente ser expresso em percentagem, como se de uma participação social se tratasse. Quando tal ocorra, pode essa repartição servir de parâmetro de avaliação da responsabilidade de cada um dos membros, a nível das relações internas.

Aludimos propositadamente a poder essa repartição interna servir de parâmetro de avaliação, na medida em que entendemos que, dentro de determinados pressupostos, é admissível que um dos membros assuma uma responsabilidade interna por um incumprimento perante terceiro que não coincida, inteiramente, com a percentagem da sua participação na rede.

Estando em causa o apuramento da repartição interna da responsabilidade por incumprimento contratual, releva, naturalmente, o contributo de cada um dos membros para tal incumprimento.

Quanto a esta questão, Marco Gobbato salienta, numa perspetiva económica, haver a necessidade de alocar o risco em função do controlo que cada membro tem sobre a prestação e sobre o nível de risco associado àquela prestação.[930]

Aproveitando o enquadramento do Autor, quanto à afetação do risco, consideramos de definir a medida do controlo que cada um dos membros teve quanto à prestação que foi incumprida.

Concebamos que o incumprimento se consubstanciou num atraso na prestação de serviço ou na entrega do bem (caso esteja em causa um contrato de compra e venda ou de empreitada, por exemplo).

O contributo de cada um dos membros para o atraso na prestação pode ser diverso, ainda que todos possam ter manifestado um incumprimento do prazo a que poderiam estar previamente vinculados.

Por hipótese, imagine-se um contrato de compra e venda de azeite. A matéria-prima pode ser fornecida por um dos membros, o qual poderia ter que a

[929] Assim, Antunes Varela, *Das Obrigações...* (cit.), pág. 689.

[930] Cfr. "Allocazione del rischio..." (cit.), pág. 277.

fornecer ao membro que faria o seu tratamento até ao dia 10. Por hipótese, apenas logrou o fornecimento para dia 15. O membro que faria a transformação das azeitonas teria, contratual e internamente, cinco dias para efetuar a sua prestação e concretizou-a em sete. Por fim, o membro da rede que faria o engarrafamento, teria dois dias e conseguiu cumprir em três.

Diríamos, quiçá precipitadamente, que a medida da responsabilidade do primeiro membro da cadeia produtiva é superior a qualquer um dos seus cocontratantes que se encontram a jusante, mas que estes também têm uma participação na responsabilidade.

Mais atentamente, diremos que fora de dúvida está a responsabilidade do primeiro elemento na cadeia produtiva, mas já ter-se-ia que indagar se o atraso na entrega da matéria prima ao transformador não pode ter significado uma impossibilidade para este último em assegurar a produção no prazo que previamente se havia vinculado. Com efeito, e caso a atividade do segundo elemento não esteja toda ela dirigida para a atividade da rede (e para a contratação aqui em análise), pode este agente económico ter organizado a sua produção em função da expectativa de receção daquela específica matéria-prima até ao dia 10.

São designadamente estas as circunstâncias que o aplicador do direito deve atentar quando considere o grau de controlo do risco no cumprimento da prestação de cada um dos membros da cadeia produtiva.

Sustentam outros autores que a repartição da responsabilidade não se apresenta da forma exposta, antes deve ser assacada à rede como um todo e só, posteriormente, ser atribuída aos membros em função do seu concreto envolvimento no projeto.[931]

Cremos ser de analisar a sustentabilidade desta proposta numa hipótese em que a rede não tem personalidade jurídica e, em virtude dessa ausência de personalidade, não seria um centro de imputação de direitos e obrigações, a quem fosse dirigida, em primeiro plano, a responsabilidade.

Em termos teóricos, seria concebível que um determinado projeto pudesse ser, em abstrato, o centro de imputação de uma responsabilidade, mas, juridicamente, e em regra apenas as pessoas (sejam singulares ou coletivas, mas sempre, e em qualquer caso, pessoas) são passíveis de assumir obrigações e apenas em relação a estas pode ser exigido o cumprimento.[932]

[931] Neste sentido, vide Gunther Teubner, *Networks as connected...* (cit.), pág. 266 e, bem assim, em *Das Recht Hybrider...* (cit.), pág. 15. Contra, Pietro Zanelli, *Reti e contratto...* (cit.), pág. 155.

[932] Sem prejuízo das situações de direitos sem sujeito a que já se aludiu em II.2.4.3.1. supra.

Por outro lado, a hipótese de responsabilidade de toda a rede, seguindo-se uma ulterior responsabilidade dos membros da rede envolvidos no projeto, pode não assegurar a adequada proteção dos interesses do terceiro, com quem os membros da rede contrataram, na medida que o terceiro contratante pode até desconhecer os membros que, em concreto, desempenharam a prestação ou incumpriram o contrato.

3.2.3. Responsabilidade da rede e/ou membros da rede e fundo patrimonial

O acervo patrimonial não é, na nossa perspetiva, um elemento constitutivo das relações de rede; ou seja, para que possamos estar perante uma rede de empresas, os seus membros não têm que ter colocado em comum, na rede, determinados bens.[933]

Temos em mente as situações em que a cooperação encetada entre os membros não dá origem a uma pessoa distinta dos membros, já que, se tal suceder, pode estar legalmente imposta a criação de um fundo comum.

Pese embora a dispensabilidade do fundo patrimonial, os contratantes podem, em cumprimento da obrigação de realização de entradas, aquando da sua adesão à rede, ou nas contribuições periódicas[934] que sejam determinadas, no decurso da relação contratual vigente, ter aportado para a rede – para a comunidade dos membros – um conjunto de bens.

Assacando-se a responsabilidade, de acordo com as regras delineadas supra, a algum dos membros da rede ou, até, a todos, estão os credores vinculados a um recurso ao fundo patrimonial e só posteriormente podem recorrer aos bens pessoais de cada um dos membros?

Não existindo regras especialmente acordadas, nos específicos negócios jurídicos celebrados entre os membros da rede e terceiros, os credores podem, indistintamente, fazer incidir as suas pretensões creditícias sobre bens colocados em comum na rede e bens, diremos, à míngua de designação mais apropriada, próprios.

É possível, no entanto, e o artigo 602º do CCiv admite expressamente, que as partes convencionem a limitação da responsabilidade apenas a alguns bens do devedor ou devedores, no caso de as obrigações assumidas não serem voluntariamente cumpridas. A limitação a apenas alguns dos bens pode implicar, se acordado entre as partes, que apenas os bens comuns aos membros da rede sejam afetados em caso de incumprimento.

[933] Quanto à questão vide, desenvolvidamente, o ponto I.2.2.5. supra.

[934] Como já demos nota, em I.2.2.5. supra, os contributos periódicos para suporte de despesas comuns na rede não constituem reforço do fundo patrimonial eventualmente existente na rede.

Regime diverso, para as relações de rede, é o instituído pela lei italiana. Conforme tivemos oportunidade de mencionar, é possível a constituição de um fundo patrimonial no âmbito do contrato de rede e, mesmo que as partes do contrato entendam não atribuir subjetividade jurídica à rede, quando o fundo patrimonial tenha sido constituído, os credores, em relação a contratos enquadrados na rede, devem exercer os seus direitos sobre o fundo patrimonial.

Concretizando.

Prevê o artigo 3º, 4-ter do regime jurídico do contrato de rede italiano, que, quando o contrato preveja a existência de um fundo patrimonial comum, a este fundo se aplicam, se compatíveis, as regras consignadas nos artigos 2614º e 2615º § 2, do Codice Civile; em qualquer caso, acrescenta-se no mencionado diploma, *"pelas obrigações contraídas pelo órgão comum em relação ao programa de rede, os terceiros apenas podem fazer valer os seus direitos exclusivamente sobre o fundo comum"*.

A norma em causa não pressupõe a personalidade ou subjetividade jurídica da rede, antes, segundo cremos, só assume verdadeira dimensão quando os contratantes optem por não atribuir subjetividade jurídica à rede.[935] Se ocorrer a atribuição de subjetividade jurídica, os negócios jurídicos celebrados pelo órgão comum são-no em nome da rede e é na rede que se produzem os seus efeitos; donde, sobre o património comum impenderiam – mesmo que nenhuma norma específica houvesse – as pretensões dos terceiros credores.

O legislador, como ponto de partida, convoca as normas aplicáveis aos consórcios com atividade externa. O §2 do artigo 2615º do código civil italiano estabelece a responsabilidade solidária dos membros com o fundo patrimonial comum, quanto a obrigações emergentes de negócios jurídicos celebrados pelos órgãos do consórcio em nome dos consorciados individualmente considerados.

Por aplicação do mencionado normativo, e considerando que, inexistindo uma entidade distinta dos membros, o órgão comum atua em nome dos membros [cfr. alínea *e)* do nº 3 do artigo 3º nº 4-ter], diríamos, no imediato, que existiria responsabilidade solidária entre o fundo patrimonial e os membros da rede.

[935] Dizemos *"só assume verdadeira dimensão"* propositadamente. Com efeito, consideramos que a norma pode, ainda assim, ser aplicada quando os contratantes atribuam subjetividade jurídica à rede, por forma a poder-se responsabilizar os membros da rede, quanto a atuações do órgão comum fora do objeto do contrato de rede. Quanto à relevância da norma nas situações de atribuição de subjetividade jurídica, vide, desenvolvidamente, EVA BREDARIOL, *Regole di imputazione...* (cit.), págs. 163 e ss.

No entanto, o legislador esclarece que, quanto a obrigações assumidas no âmbito do programa de rede, os terceiros apenas podem fazer valer os seus direitos sobre o fundo comum, o que levaria à exclusão da responsabilidade solidária do fundo com os membros e quanto a estas obrigações.

A fronteira entre a responsabilidade solidária dos membros com o fundo e a responsabilidade exclusiva do fundo parece traçar-se em função da análise que se faça do específico negócio jurídico celebrado pelo órgão comum. Se o mesmo se enquadrar no programa de rede, ou seja, e convocando as disposições relativas ao conteúdo daquele programa, se tiver em vista a satisfação dos objetivos comuns estratégicos da rede, a responsabilidade é assacada apenas ao fundo; se o negócio jurídico pretender salvaguardar os interesses dos membros, de todos ou alguns dos membros, mas já não relacionado diretamente com os objetivos comuns definidos pelos membros no programa de rede, a responsabilidade é, então, solidária daqueles específicos membros com o fundo comum.[936]

A norma não se afigura de fácil aplicação, porquanto convoca conceitos cuja concretização não é singela; com efeito, recorre-se ao programa de rede para se aferir da responsabilidade dos membros, solidariamente com o fundo patrimonial. Quando é que as obrigações contraídas se encontram em relação com o programa de rede? Não se exige que, do programa de rede, conste uma delimitação precisa dos negócios jurídicos que a rede (*rectius*, os seus membros) se propõe celebrar, em execução dos objetivos estratégicos que norteiam a rede.

Consideramos ter sido intenção do legislador a ligação da responsabilidade do fundo ao objeto do contrato de rede, pelo que os negócios jurídicos celebrados pelo órgão comum em representação de alguns dos membros e cuja ligação ao contrato de rede não se visionasse de forma direta, convocariam a responsabilidade, também, dos membros da rede.

O terceiro credor, que pretenda fazer face ao incumprimento do negócio jurídico que celebrou com os membros da rede, deve indagar se o contrato se enquadra no âmbito do objeto do programa de rede, posto que esse enquadramento irá determinar os bens que podem responder pelo incumprimento.

No direito português, existem algumas situações de responsabilidade de um acervo patrimonial, mesmo que esse conjunto patrimonial não esteja associado a uma entidade com personalidade jurídica própria.

No âmbito das normas aplicáveis às sociedades em formação, consagra-se a responsabilidade do património social, quanto aos negócios jurídicos cele-

[936] De modo semelhante, também, EVA BREDARIOL, *Regole di imputazione...* (cit.), págs. 139 e ss.

brados antes do registo definitivo do contrato de sociedade (cfr. artigo 36º nº 2 do CSC e artigo 997º nº 2 do CCiv).[937]

Não tendo os membros da rede instituído uma entidade distinta, as principais interrogações que se podem levantar não são especialmente relacionadas com a responsabilidade do fundo patrimonial – posto que os bens colocados em comum pelos membros são da titularidade, por norma, de todos os membros – mas com a possibilidade de assistir aos membros da rede o direito de exigir a prévia excussão do património comum em relação à afetação do seu património próprio.

A regra geral, assinalada no artigo 601º do CCiv, salvaguarda os regimes especialmente estabelecidos em consequência da separação de patrimónios.

Quanto às relações de rede, o legislador é totalmente omisso. Nada tendo as partes prevenido – nos contratos celebrados com terceiros – será de sustentar a possibilidade de os membros do contrato de rede exigirem a prévia excussão dos bens afetos ou colocados em comum na rede em relação aos seus bens pessoais?

Além das disposições que acima citámos, podemos convocar, ainda, o preceituado no regime jurídico dos ACE (nº 3 da Base II da Lei nº 4/73, de 4 de junho), onde se prevê que os credores só podem exigir das agrupadas o pagamento dos seus créditos depois de excutidos os bens do próprio agrupamento.

Nas redes, ao invés do que sucede nas sociedades civis e nas sociedades comerciais em formação e nos ACE, não existe uma titularidade dos bens verdadeiramente distinta. Mesmo nas sociedades comerciais em formação, os sócios entenderam constituir um acervo patrimonial que será, concretizado o registo definitivo de constituição da sociedade, da titularidade da sociedade.

Por outro lado, nas redes, não nos deparamos com uma separação de patrimónios, mas, eventualmente, com uma destinação de bens; a destinação dos bens que, internamente, os sujeitos entendam concretizar, não pode ser oponível aos credores, porquanto implicaria uma derrogação de uma norma imperativa, a qual se traduz no facto de todos os bens dos devedores responderem pelas suas dívidas (cfr. artigo 601º do CCiv).

[937] O legislador, quanto às sociedades comerciais em formação, apenas admite a responsabilidade do património social quanto ao período decorrido até à celebração do contrato de sociedade; contudo, a generalidade da doutrina entende que essa responsabilidade existe até ao registo definitivo do contrato de sociedade, não obstante a omissão nos artigos 37º e ss. do CSC. Neste sentido, com indicações bibliográficas, vide Elisabete Ramos, anotação ao artigo 40º, in *Código das Sociedades Comerciais em Comentário*, Vol. I, IDET, Códigos, Jorge M. Coutinho de Abreu (Coord.), Almedina, 2010, págs. 584 e ss.

3.2.4. Responsabilidade extracontratual da rede[938]

Tem estado subjacente à nossa exposição a responsabilidade da rede em face de terceiros, na sequência de incumprimento contratual.

Pode suceder que a responsabilidade em relação a terceiros não assente na prévia existência de um vínculo contratual, mas decorra, por exemplo, da prática de um facto ilícito, gerador de responsabilidade, nos termos do disposto nos artigos 498º e ss. do CCiv.

Quando as partes não tenham constituído, no seio da rede, uma pessoa coletiva, coloca-se a questão da imputação do facto ilícito à coletividade dos membros.

Nas situações em que a conduta pode ser imputada a um concreto membro da rede é esse que assume a responsabilidade perante terceiros. O que pode suceder, sobretudo se a atividade desenvolvida pela rede for levada a cabo, conjuntamente, por vários membros, é a conduta não poder ser reconduzida a um concreto membro, mas à coletividade dos membros.

Se assim suceder, sustenta-se a responsabilidade solidária de todos os membros, convocando a aplicação do artigo 497º do CCiv.

Cremos, no entanto, previamente à conclusão de aplicação deste artigo, ser de indagar se todos os membros contribuíram para a produção do dano, já que, no nosso entendimento, não será bastante a pertença à rede para se presumir a intervenção de um membro na produção do dano. Por seu turno, também consideramos que não são apenas aqueles membros que materialmente provocaram o dano os responsáveis pelo seu ressarcimento, na medida em que os outros membros podem ter dado o seu assentimento (prévia ou posteriormente) à prática da conduta.

Na medida em que se consiga vislumbrar uma relação de comissão entre o sujeito atuante e os demais membros, será possível assacar a responsabilidade dos últimos solidariamente com o primeiro, atento o disposto no artigo 500º do CCiv. Se quem atuou por conta dos membros da rede o fez em cumprimento de uma instrução ou mandato expresso, subordinado a uma determinação dos membros da rede, conclui-se pelo enquadramento da responsabilidade nos termos daquele artigo.[939]

[938] Sobre a questão, desenvolvidamente, FRANCESCA MOLLO, *Reti di contratti...* (cit.), págs. 152 e ss, distinguindo a autora as situações em que a rede tem subjetividade jurídica daquelas em que dela é privada.

[939] A doutrina maioritária tende a considerar existir relação de comissão entre mandante e mandatário. Cfr. JOÃO DE MATOS ANTUNES VARELA, *Das Obrigações...* (cit.), pág. 565 e com PIRES DE LIMA, *Código Civil Anotado*, vol. I... (cit.), anotação ao artigo 500º, pág. 508.

No entanto, a atuação pode não ser subsumível a uma relação de comissão quando o sujeito que atua tem inteira autonomia no desempenho da sua função, ainda que atue no quadro das instruções que lhe foram acometidas.

Podemos, ainda, considerar um ato material e não um ato jurídico; ou seja, não estar em causa um facto praticado por um sujeito por conta (e em representação, por vezes) dos membros da rede, mas de um ato material, por exemplo, uma descarga poluente em terreno adjacente àquele em que se encontra em laboração a atividade comum dos membros da rede.

Sendo uma atividade desenvolvida no seio da rede e em relação à qual todos os membros acederam no seu exercício, e nos termos em que o exercício é levado a cabo, a atividade a todos beneficia. O benefício económico da atividade assim desenvolvida poderia funcionar como critério de imputação da conduta ilícita a todos os membros da rede; contudo, sublinha-se que inexiste qualquer presunção (legal) de imputação da conduta ao conjunto dos membros de uma organização empresarial complexa.

Se atentarmos no consagrado para os consórcios, o legislador entendeu que, não obstante existir uma inegável cooperação entre os consorciados que se obrigam a realizar uma atividade económica de forma concertada, não se justificaria um desvio ou a consagração de uma regra especial, quanto à imputação de factos ilícitos (cfr. artigo 19º nº 3 do Decreto-Lei nº 231/81, de 28 de julho).

Pelo exposto, e porque militam nas redes fundamentos análogos aos que existem nos consórcios, não vislumbramos razões de fundo que justifiquem um afastamento às regras gerais. Acrescentamos, contudo, conforme supra assinalámos, que alguns fatores adicionais devem ser tidos em conta em sede de imputação da conduta ao agente e que se prendem com os objetivos comuns traçados pelos membros da rede, com a interação e interdependência que se verifica entre os membros, com o benefício económico a partilhar por todos os membros que a atividade danosa propicia e, ainda, com a eventualidade de a conduta que produziu o dano ter sido sancionada, prévia ou posteriormente, por todos os membros.

De outra banda, quando as redes deem origem a uma pessoa coletiva distinta dos seus membros, a responsabilidade perante terceiros, tratando-se de uma atividade levada a cabo pela rede, implica a responsabilidade da própria rede.[940] Ao concluirmos que a responsabilidade é da rede não prejudica

[940] Assim, também, à luz do direito italiano, Fabrizio Cafaggi e Chiara Ferrari, "La responsabilità della rete verso i terzi" (cit.), págs. 141-142.

que a rede não possa responsabilizar, internamente, de entre os seus membros, aquele ou aqueles que tiverem contribuído para a produção do dano.[941]

3.3. Publicidade da relação de rede

Como tivemos oportunidade de analisar em II.1. supra, na revisão de contas, mais concretamente nos artigos 62º-A e 145º-A e ss. do EOROC e artigo 62º e 172º do NEOROC, consagra-se a publicidade da pertença de uma SROC a uma rede, quer ao nível do dever de elaboração de um relatório de transparência, do qual deve constar, caso assim suceda, a rede a que pertence a SROC e a sua caraterização sumária [cfr. artigo 62º-A nº 1 *b)* do EOROC e artigo 62º nº 1 *b)* do NEOROC], quer ao nível do registo público, onde se consagra a obrigatoriedade de, no registo destas sociedades, constar a identificação da rede nacional ou internacional a que pertence [cfr. artigo 145º-B nº 6, alínea *h)*, do EOROC]. Acrescentou-se, no NEOROC, a indicação do local onde se encontra disponível para o público informação sobre denominações

[941] Paralelamente à responsabilidade extracontratual da rede, poder-se-ia ponderar a avaliação da responsabilidade contraordenacional na rede quanto a factos subsumíveis à prática de uma contraordenação. No entanto, a limitação do presente estudo não permite a aturada ponderação da relevância jurídico-sancionatória das relações de rede. Sumariamente, elencaremos alguns pontos que, no nosso entendimento, devem ser analisados quando se pretenda avaliar a responsabilidade de uma rede de empresas, a nível contraordenacional.
As principais questões que se podem colocar manifestam-se nas redes de empresas despersonalizadas já que, na hipótese em que as mesmas tenham personalidade jurídica, a responsabilidade contraordenacional há-de ser assacada, por regra, à pessoa coletiva instituída pelos membros da rede.
São vários as normas legais que sancionam condutas de entidades sem personalidade jurídica. O Regime Geral das Contra-Ordenações prevê, no nº 1 do artigo 7º, a possibilidade de as coimas se aplicarem às associações sem personalidade jurídica. Quanto a este artigo, Paulo Pinto de Albuquerque considera incluídas aquelas associações que a lei atribui personalidade judiciária exemplificando as comissões especiais, as sociedades civis, as sociedades antes do registo definitivo, o condomínio e os navios. Cfr. *Comentário do regime geral das contra-ordenações : à luz da Constituição da República e da Convenção Europeia dos Direitos do Homem*, Universidade Católica, 2011, pág. 54.
Também o nº 1 do artigo 73º da Lei da Concorrência e o artigo 7º do Regime Geral das Infrações Tributárias aludem às associações sem personalidade jurídica.
Atentemos, por exemplo, nos ilícitos contraordenacionais previstos no CPI (artigos 331º a 338º do CPI), em que se remete, no artigo 320º, para o disposto no Decreto-Lei nº 28/84, de 20 de Janeiro (Infrações antieconómicas e contra a saúde pública).
O nº 1 do artigo 3º deste último diploma alude à responsabilidade das *"associações de facto"*. As redes de empresas despersonalizadas podem cair no âmbito da aplicação deste segmento da norma. Quando o legislador se refere a associações de facto pretende abranger um amplo conjunto de realidades que se caraterizam pelo agrupamento de pessoas que, sob o ponto de vista da sua formalização, não envolveu o cabal cumprimento do disposto nos artigos 167º e ss. do CCiv, relativo às regras e procedimentos tendentes a constituição de associações.

e endereços das sociedades e filiais aderentes a essa rede [cfr. artigo 172º nº 6, alínea *h)*, do NEOROC].

A finalidade da publicidade da relação de rede no âmbito deste diploma legal encontra-se, em especial, na função desenvolvida por estes sujeitos e nos deveres que sobre os mesmos impendem. A função assume interesse público, como se estabelece expressamente nos artigos 40º do EOROC e 41º do NEOROC e exige um dever de independência, consagrado nos artigos 68º-A do EOROC e 71º do NEOROC, para cujo cumprimento não é indiferente a organização mais ampla a que pertence o revisor oficial de contas.

Constitui esta uma manifestação específica da publicidade da pertença de um sujeito a uma rede. Aqui chegados, avaliemos se, no plano do direito a constituir, se justifica uma publicidade das relações de rede, designadamente se, perante terceiros, encontra fundamento exigir a divulgação da celebração de um ou mais contratos dos quais decorre, para o sujeito contratante, a pertença a uma rede.

Constatada que seja a necessidade de publicidade – que ainda não sustentamos que exista – apuraremos em que termos se alcançaria aquela publicidade.

No ordenamento jurídico italiano, que regulou o contrato de rede, consagra-se publicidade à celebração daquele contrato. A primeira etapa da publicidade encontra-se na obrigatoriedade de celebração do contrato por escritura pública, ainda que o legislador admita a celebração por documento particular autenticado ou por contrato celebrado eletronicamente (cfr. artigo 3º, 4-ter 3 do decreto-lei nº 5 de 10 de fevereiro de 2009). A segunda etapa em que a publicidade está patente ocorre no registo do contrato de rede na secção do registo das empresas (artigo 3º, 4-quarter do decreto-lei nº 5 de 10 de fevereiro de 2009).[942] O legislador consignou, ainda, que a eficácia do contrato só ocorre na data em que for registado o contrato no registo comercial da última contratante.[943]

[942] No plano doutrinário, não tem sido isenta de críticas a consagração da obrigatoriedade de registo dos contratos de rede sem atividade externa, porquanto os mesmos, não produzindo efeitos em relação a terceiros, não deveriam carecer de qualquer publicidade. E a crítica é tanto mais acentuada quando o legislador condiciona a eficácia do contrato ao seu registo. Assim, Carlo Ibba, "Contratto di rete e pubblicità..." (cit.), pág. 3, o que leva o autor a propor, na pág. 5, uma interpretação correctiva à norma, de modo a interpretar-se que, neste caso dos contratos de rede sem atividade externa, o registo não é condição de eficácia do contrato entre as partes mas da possibilidade de os contratantes terem os benefícios consagrados na lei.

[943] Aponta-se, quanto a esta norma, e com argumentos que consideramos pertinentes, o facto de o legislador, quando passou a admitir a atribuição de subjetividade jurídica à rede, não ter adaptado, devidamente, o sistema de registo. Com efeito, tal como até então, o contrato de rede só é eficaz com o registo que opere quanto à última entidade membro da rede. No entanto, atualmente

O legislador italiano estabeleceu a obrigatoriedade de registo, ainda que as partes não atribuam subjetividade jurídica à rede. De todo o modo, o registo será constitutivo, quando as partes tenham atribuído essa subjetividade à rede entre elas formada.[944]

Em Portugal, são sujeitos a registo alguns contratos celebrados pelas sociedades comerciais; assim, considerando o disposto no artigo 3º nº 1, alínea *v)*, do CRegCom, está sujeito a registado a celebração de um contrato de subordinação.

No âmbito do artigo 10º do CRegCom, na alínea *a)*, consagra-se a sujeição a registo do mandato comercial escrito, incluindo as alterações a este e a sua extinção, e, na alínea *e)*, o contrato de agência ou representação comercial, quando celebrado por escrito e, bem assim, à semelhança do consagrado quanto ao mandato comercial, as alterações e extinção.

Destas duas alíneas se retira que a sujeição a registo só incide sobre tais factos quando os contratos sejam celebrados por escrito. Compreende-se a *ratio legis* subjacente a esta previsão e que se prende com a titulação do facto trazido a registo; a lei não impõe, em relação a qualquer um dos contratos, a sua celebração por escrito. A todo o facto sujeito a registo corresponde um documento que corporiza o facto a registar; no entanto, o legislador, em relação aos demais factos sujeitos a registo, não faz depender a sua sujeição a registo da sua celebração por escrito, porquanto a forma escrita constitui a regra para tais factos.[945]

O mandato comercial e a agência não pressupõem a atribuição de poderes de representação, atribuição essa que é facultativa em ambas as situações,[946]

também se consagra que a rede adquire personalidade jurídica com o registo na conservatória competente. Parece que deve prevalecer a regra que prevê a constituição da rede com o registo na conservatória em que esta tem a sua sede. Cfr. AAVV. *Manuale di buone pratiche...* (cit.), pág. 13. Por seu turno, GIORGIO MARASÀ salienta que, com a atribuição de subjetividade jurídica à rede, passaram a existir dois regimes de registo. Um, fragmentado, para as situações em que a rede não tem subjetividade jurídica, em que deve ser promovido o registo na conservatória competente de cada um dos membros e outro, único, na conservatória competente da sede da rede. Para o Autor, o registo único, nas redes dotadas de subjetividade, substitui o registo fragmentado e não se cumula com este. Cfr. "La pubblicità dei contratti... (cit.), pág. 5.

944 Ainda que o legislador italiano tenha previsto a sujeição a registo do contrato de rede, sustenta-se que deveria ter cuidado, em especial, da tutela do nome da rede. Cfr. FABRIZIO CAFAGGI, "Il Contratto di Rete nelle prasi..." (cit.), pág. 151.

945 Uma análise das várias alíneas contidas no artigo 3º permite concluir que a forma escrita está subjacente à generalidade das situações ali previstas.

946 Na pureza dos conceitos, o contrato de agência não deveria ser apresentado como sinónimo de representação comercial, pois tais poderes de representação não se apresentam como um elemento constitutivo da figura e têm que ser expressamente conferidos para o agente poder representar

pelo que se impõe indagar qual o fundamento subjacente à sujeição a registo destes contratos e se idêntico fundamento se podia sustentar quanto às relações de rede.

Em primeiro lugar, o legislador, tendo consagrado a sujeição a registo destes factos, não estabeleceu, contudo, a obrigatoriedade de registo; com efeito, nos termos do disposto no nº 1 do artigo 15º do CRegCom (*a contrario sensu*), não é obrigatória a inscrição de tais factos no registo.

Estes contratos não reclamam especificidades em face da generalidade dos factos sujeitos a registo. Lavram-se registos de factos com fundamento na salvaguarda da certeza e segurança jurídicas e como condição para tais factos serem oponíveis a terceiros.

No âmbito do mandato comercial, o CCom já consagra, no seu artigo 242º, a obrigatoriedade do mandatário exibir o seu mandato escrito, se lhe for exigido por terceiro; considerando que o mandatário comercial atua por conta do mandante na prática de atos de comércio, compreende-se que um terceiro, perante quem o mandatário se apresenta como atuando por conta de outrem, possa querer assegurar-se da bondade da atuação de tal mandatário. O registo dos contratos de mandato comercial permitirá que os mandatos sejam oponíveis a terceiros.

Semelhantemente, também na agência comercial, promovendo o agente a celebração de contratos do principal, será interesse legítimo, de todos os intervenientes, o registo do contrato de agência.

Nas relações de rede (salvo, naturalmente, aquelas que são constituídas na sequência da celebração de contratos de agência) não se verifica, por norma, a atuação de um sujeito por conta de outrem. Ou seja, podendo ser atribuídos poderes de atuação por conta dos membros da rede, ou até, poderes de representação, a atribuição de tais poderes não é, contudo, um elemento caraterizador da rede. O que verdadeiramente distingue as relações de rede, como temos vindo a referir, é a especial interdependência que existe entre os vários contratantes, os quais coordenam as suas atividades em torno de um objetivo comum. Para que a atividade desenvolvida pelos membros, na execução das obrigações assumidas na rede, se materialize não é necessário que uns atuem por conta de outros.

Para efeitos registrais, seremos, pois, tentados a equiparar as relações de rede às relações estabelecidas entre os consorciados no âmbito de um contrato de consórcio. A atuação dos membros do consórcio sucede em seu próprio

o principal. A indicação de agência e representação comercial como sinónimos vem acolhida no preâmbulo do Decreto-Lei nº 178/86 de 3 de julho, mais concretamente no seu ponto 2.

nome e por sua conta, ainda que tenha subjacente uma concertação entre os contratantes que se consubstancia no contrato de consórcio.

Os consorciados publicitarão a celebração do contrato de consórcio nos vários contratos que celebrem com terceiros, na execução do objeto que justificou a constituição do consórcio. Tendo em conta que, nos consórcios, por proibição legal, não será possível a constituição de fundos comuns (artigo 20º do Decreto-Lei nº 231/81, de 28 de julho) nem se presume a solidariedade entre os consorciados nas várias obrigações que estes assumam perante terceiros (artigo 19º nº 1 do mesmo diploma), cremos que inexistem fundamentos para o registo do contrato de consórcio, sob pena de, admitindo-se o registo do contrato de consórcio, ser passível de registo todo um conjunto de contratos celebrados por empresas, e com finalidades similares às daquele contrato.

Regressando ao domínio reticular, uma das caraterísticas que apontámos às redes encontra-se na sua duração; as redes de empresas não são instantâneas, não são constituídas para a prática de um único ato jurídico que não se prologue no tempo. As relações entre as empresas que se relacionam em rede são tendencialmente duradouras e estáveis.

Avaliemos se esta especial duração, que se reconhece às relações de rede, pode constituir causa bastante para estas deverem ser passíveis de registo, concebendo-se, como ponto prévio e para concretização do raciocínio que expendemos, que o contrato de rede se apresenta como um contrato legalmente típico.[947]

A finalidade do registo é, como assinalada pelo legislador no nº 1 do artigo 1º do CRegCom, a segurança do comércio jurídico. Cremos que, tal como delineados os contratos de rede, ainda que duradouros, estes não dão origem, de *per se*, a modificações substanciais nas posições jurídicas dos seus membros.

Exigências de tutela do tráfego jurídico podem manifestar-se em todo um conjunto de situações em que, por exemplo, os contratantes, em virtude das relações negociais que encetam com terceiros, se apresentam numa posição de sujeição económica e, por vezes, jurídica.[948] A proteção de eventuais ter-

[947] Nos termos do disposto na alínea *f)* do artigo10º do CRegCom, estão sujeitos a registo os demais factos que a lei consignar. Ainda que a alínea em apreço possa induzir o caráter não taxativo dos factos sujeitos a registo comercial, a verdade é que a sujeição a registo depende da sua previsão na lei, seja na lei do registo comercial seja em qualquer outro diploma legal. A tipicidade não implica que os factos sujeitos a registo sejam apenas os consignados naquele código, podendo ser registados (e, em alguns casos, devendo ser registados) os factos que a lei preveja. Quanto ao princípio da tipicidade no registo comercial, vide J. Seabra Lopes, *Direito dos Registos...* (cit.), págs. 180-181.

[948] Será, julgamos, o que está subjacente à sujeição a registo da celebração de contrato de subordinação.

ceiros, por norma credores, tem vindo a ser conseguida não no plano registal – diríamos, aqui, não de forma preventiva – mas noutros planos, de forma reativa, eventualmente através do direito sancionatório ou, em sede judicial, no plano indemnizatório.

Poder-se-ia aventar num alargamento de soluções preventivas, que assentassem na publicidade de relações comerciais duradouras estabelecidas entre agentes económicos; no entanto, a dinâmica do comércio mercantil não se compadece com a cristalização do direito registal, o qual tem que prever expressamente, por força do princípio da tipicidade, quais os factos sujeitos a registo. Adicionalmente, a celebração de determinados acordos, com outros agentes económicos, concorrentes ou não, enquadra-se, frequentemente, numa esfera de reserva ou segredo comercial, cuja divulgação, alcançada por via do registo, poderia colocar em risco os objetivos traçados pelos contratantes com a colaboração desenvolvida.

Se atentarmos no regime desenhado para pessoas coletivas que desempenham a sua atividade em setores específicos, nomeadamente no âmbito bancário, constatamos que o legislador, no plano registal, não é muito mais exigente quanto a factos sujeitos a registo, *maxime* quanto à publicidade de arranjos negociais celebrados por estas entidades.

Assim, no regime jurídico das instituições de crédito e sociedades financeiras, o elenco de factos sujeitos a registo junto do Banco de Portugal não abrange negócios jurídicos que se materializam em relações de cooperação de longa duração; de facto, excetuando o caso dos acordos parassociais, o elenco de factos sujeitos a registo, constante do artigo 66º do Regime Jurídico das Instituições de Crédito e Sociedades Financeiras, não se afasta do instituído no CRegCom.

No que se refere ao CVM, o legislador previu expressamente, no artigo 281º, que os sistemas utilizados na liquidação de operações de mercado regulamentado ou de sistema de negociação multilateral devem estabelecer as ligações necessárias, *"constituindo uma rede de conexões"*. Em relação a estes acordos, o legislador impõe, no nº 2 do mesmo artigo 281º, que os mesmos devem ser previamente comunicados à CMVM.[949] Não vem consagrada qualquer obrigatoriedade de registo, mas apenas uma obrigação de comunicação.

[949] Existem diferenças entre as conexões previstas neste artigo e as consignadas no artigo 218º do CVM, em relação aos acordos celebrados entre entidades gestoras. No artigo 281º utiliza-se a expressão *"devem estabelecer"*, enquanto que no nº 1 do artigo 218º se apresentam os sistemas de conexão informativa ou operativa como uma possibilidade (*"podem acordar"*). Por outro lado, a obrigação de comunicação do acordo, consignada no artigo 218º, admite que a CMVM, no prazo de

Neste domínio, considerou-se relevante a comunicação da relação de rede, ainda que a mesma não venha acompanhada de publicidade, nem ao nível de registo nem ao nível de publicação.

O sistema jurídico português não é indiferente às relações de rede, impondo, em alguns casos, a sua menção no registo (como na atividade desenvolvida pelos ROC), e, noutros (no âmbito da atividade de liquidação de operações de mercado regulamentado ou de sistema de negociação multilateral, previstas no CVM), a sua comunicação.

Constituem casos pontuais e cujas exigências de publicidade ou de comunicação à entidade supervisora encontram justificação na especificidade da atividade desenvolvida. Na revisão oficial de contas, a publicidade das relações de rede encontra o seu fundamento na transparência e independência da atividade desenvolvida pelos ROC; no domínio dos valores mobiliários, pretende-se, sobretudo, tutelar o bom funcionamento do mercado e proteger os investidores, concedendo-se-lhes ampla informação.

As exigências de publicidade e registo hão de ser encontradas, nas redes, na atividade em que os operadores se enquadram, sendo de sustentar a publicidade das relações reticulares quanto as mesmas sejam idóneas a afetar sensivelmente a posição relativa dos operadores no mercado.[950] É esse, segundo julgamos, o fundamento geral para a publicidade das relações de rede nas duas situações que supra delineámos. Haverá que ponderar, assim, em que setores económicos e que relações de rede justificam a sua publicidade em face de terceiros.

Uma nota adicional.

O princípio da eficácia relativa dos contratos constitui, como temos vindo a expor, um dos principais desafios às relações reticulares. Ou seja, como transpor as fronteiras do contrato, atentas as limitações consagradas no nº 2 do artigo 406º do CCiv?

Apresentámos acima um conjunto de institutos que, no plano do direito constituído, podem ser utilizados para tutela de terceiros.

No plano do direito a constituir, poderia o direito registal tornar-se um expediente de tutela de terceiros, no âmbito das redes?

Um dos efeitos decorrentes do registo é a oponibilidade a terceiros dos factos registados; é o que resulta do disposto, no que ao registo comercial diz respeito, no artigo 14º nº 1 do CRegCom.

15 dias, possa apresentar a sua oposição; semelhante regra (de possibilidade de oposição) inexiste no artigo 281º.

950 Acolhemos, propositadamente, a expressão *"sensivelmente"*, em linha com o contido no artigo 9º da Lei da Concorrência.

A circunstância de um contrato de rede poder ser oponível a terceiro não soluciona os principais problemas que as redes levantam e que se prendem com a responsabilidade dos membros da rede quanto a factos praticados por apenas alguns dos membros, num concreto negócio jurídico com terceiro.

Ainda que formalmente se possa opor a celebração do contrato de rede a um terceiro, não se regulando em que termos o contrato pode ser invocado por esse terceiro para responsabilizar outro membro da rede com quem não contratou diretamente, a oponibilidade é, quanto ao terceiro, inócua, vazia de efeito útil.

O registo do contrato de rede, desacompanhado da instituição de um regime próprio que preveja consequências, nomeadamente ao nível da responsabilidade, da celebração de um contrato qualificável como de rede, não obvia o recurso aos institutos que apresentámos, para tutela dos terceiros, quando tal tutela seja reclamada.

4
A insolvência na rede de empresas

Na dinâmica das redes de empresas, haverá que ponderar se a insolvência, ocorrida na rede, suscita ou deveria suscitar especificidades em face do regime geral.

Várias situações podem ser equacionadas e elegemos duas: (i) efeitos da insolvência de um membro da rede, para o contrato de rede; (ii) efeitos da insolvência da rede personificada, para cada um dos membros que a compõem.

4.1. Efeitos da insolvência de membro da rede, para o contrato de rede

As considerações expostas em II.2.7.2.1. supra quanto aos efeitos que a saída de um dos membros da rede pode causar ao contrato de rede – designadamente avaliando o contributo e a posição do membro que se desvincula – podem ter aplicação, na medida em que se constate que a insolvência de um dos membros implica a cessação da relação de rede.

Mas voltamos à génese da questão. Sendo declarada a insolvência de um dos membros da rede, que efeitos produz no contrato de rede ou na relação de rede em que o mesmo se encontra inserido?

As relações de rede não resultam, necessariamente, de um contrato celebrado expressamente com a finalidade de constituir uma rede entre os contratantes; a relação de rede pode decorrer de um conjunto de contratos celebrados entre as mesmas ou de diversos contratos que, combinados entre si, manifestam uma ligação de rede entre as empresas contratantes.

O princípio da liberdade contratual, que tem norteado, em especial, as nossas considerações – atenta a inexistência de um quadro legal aplicável às relações de rede – surge, neste domínio, fortemente condicionado.

Com efeito, atento o disposto no artigo 119º do CIRE, as normas previstas naquele capítulo são imperativas, considerando-se nulas quaisquer cláusulas contratuais que prevejam ou tenham como efeito excluir ou limitar a aplicação do ali consignado.

O princípio geral – quanto aos contratos bilaterais[951] – encontra-se consagrado no artigo 102º do CIRE. Estabelece-se que a execução do contrato fica suspensa até que o administrador de insolvência opte pelo cumprimento ou pela sua recusa.[952]

Este princípio só parcialmente resolve a situação sobre a qual nos debruçamos. Na verdade, a rede pode ter subjacente um conjunto de contratos bilaterais e o insolvente pode ser contratante apenas num desses contratos e, ainda assim, ser considerado membro integrante de uma rede.

Uma aplicação cega do preceituado neste artigo levaria a que o contrato celebrado por aquele específico contratante (declarado insolvente) ficasse suspenso, nada se indagando quanto à eficácia dessa suspensão em relação a toda a rede. Ou seja, a suspensão de um concreto contrato bilateral – integrante e fonte da rede – pode ter como consequência ou efeito a paralisação da rede de empresas.

A regra contida no nº 1 do artigo 102º deve, no entanto, ser conjugada com a estabelecida no artigo 111º, o qual contém norma específica para os contratos de prestação duradoura de serviço. Nesses contratos, não se verifica a suspensão, mas admite-se a sua livre denúncia.

[951] O nº 1 do artigo 102º apresenta-se como mais restritivo do que a epígrafe do artigo. Na epígrafe, alude o legislador a um princípio geral quanto a *"negócios"* ainda não cumpridos, sendo que o nº 1 – e, aliás, os demais números do artigo pressupõem idêntico raciocínio – menciona, apenas, os contratos bilaterais. Parecem, assim, e pelo teor literal do artigo, estar fora do seu âmbito de aplicação os negócios jurídicos unilaterais, os contratos unilaterais e, por fim, os contratos multilaterais. José de Oliveira Ascensão propõe, para as duas primeiras situações, a aplicação analógica das mesmas regras e princípios previstos para os contratos bilaterais. Cfr. "Insolvência: Efeitos sobre os Negócios em Curso", in *Themis – Revista da Faculdade de Direito da UNL, Edição Especial – Novo Direito da Insolvência*, Almedina, 2005, págs. 111 e 112.
Em relação a esta matéria, o legislador nacional afastou-se, ligeiramente, da sua inspiração espanhola. No artigo 61º da Ley Concursal (Ley 22/2003, de 9 de julho), quanto aos contratos com obrigações recíprocas, não se estabelece a suspensão do contrato até à decisão do administrador de insolvência no sentido do seu cumprimento ou da recusa do cumprimento. A declaração de insolvência não afeta as prestações das partes, sendo a obrigação a cargo do insolvente cumprida às custas da massa.

[952] Estará subjacente a esta solução normativa a defesa dos interesses dos credores – incumbindo tal tarefa, por imposição legal, em especial ao administrador de insolvência – de modo a que não fiquem prejudicados por uma decisão do devedor insolvente no sentido de cumprir uns contratos em detrimento de outros. Quanto ao sentido da solução legal, vide Luís Manuel Teles de Menezes Leitão, *Direito da Insolvência*, Almedina, 4ª Edição, 2012, págs. 179 e ss.

Não contém o CIRE qualquer disposição para contratos de cooperação empresarial que tenham sido celebrados por um insolvente, sem prejuízo do consagrado nos artigos 117º e 118º quanto à associação em participação, ACE e AEIE.

Na pureza dos princípios, não podemos vislumbrar um contrato bilateral integrante de uma rede de empresas como, apenas, um contrato bilateral nem, por outro lado, subsumi-lo a um singelo contrato de prestação de serviços. Como vimos, o conjunto de obrigações, que pode impender sobre um membro de uma rede, é muito variado e pode não contemplar uma prestação duradoura de um serviço.

Concebamos, por exemplo, a troca de informações entre um conjunto de empresários num setor da atividade económica e em relação a resultados de investigação para implementação de um bem um de serviço mais eficiente, sob o ponto de vista económico. Numa situação como a ora descrita, não se pode ver, no núcleo essencial das obrigações assumidas por cada um dos membros, uma obrigação de prestação duradoura de um serviço, o que levaria a que esta situação caísse fora do âmbito de aplicação do artigo 111º do CIRE, o qual se revela, como se constatou, mais protetor da contraparte na medida em que não determina a suspensão do contrato.

A solução mais acertada, na economia das relações de rede, e tendo como ponto de partida o exemplo que acima indicámos, seria a da manutenção do contrato em vigor, aplicando-se analogicamente a solução contida no artigo 111º às situações em que os fundamentos subjacentes àquela disposição se manifestem similarmente, como nas relações de rede.

Nas redes, não existe, por norma, apenas um contrato, ou, quando exista apenas um contrato, o mesmo não tem só dois contratantes, mas um conjunto de contratantes que se reúnem em torno de um objetivo comum.

Ao que acresce o facto de constituir um dos elementos caraterizadores e distintivos das relações de rede o seu caráter não instantâneo. A execução do contrato de rede, por parte de cada um dos contratantes, não esgota o seu conteúdo numa prestação, antes se prolonga no tempo, como sucede com as relações de cooperação interempresarial.

No espírito do artigo 102º do CIRE e, também, no dos artigos 104º, 105º e 106º, está a decisão de realização de uma prestação por parte do insolvente, daí que o legislador tenha pretendido salvaguardar a posição do insolvente, determinando a suspensão de tais contratos até que o administrador de insolvência se pronuncie quanto ao seu cumprimento.

Por seu turno, o legislador considerou que, nas relações duradouras, se justifica a continuação da execução dos contratos que as regem, assim estabelecendo expressamente quanto ao contrato de locação e quanto à prestação duradoura de um serviço.[953]

Por forma a sustentarmos a posição anunciada, há que ponderar quais são os interesses em jogo, no âmbito da insolvência e quanto aos contratos que tenham sido celebrados pelo insolvente.

A finalidade subjacente ao processo insolvência – e que enforma o regime jurídico consagrado no CIRE – é a tutela dos interesses dos credores, como decorre do disposto no artigo 1º do CIRE. Estes são, em último caso, aqueles a que se atende na insolvência de um devedor.

Não constitui finalidade declarada pelo legislador a salvaguarda do próprio insolvente nem, de idêntico modo, de acordos de cooperação subsumíveis a um substrato mais amplo como se apresentam as redes de empresas.

A tutela da rede ou dos demais membros da rede encontra-se na sua eventual qualificação enquanto credores. Na rede, seja qual for a sua forma, existem obrigações recíprocas entre os seus membros, daí que, enquanto credores de obrigações por parte do membro insolvente, os demais membros assumam a qualidade de credores no âmbito da insolvência.

Estamos perante uma situação fáctica em que a suspensão do contrato, quanto à prestação levada a cabo por parte do devedor insolvente, pode implicar uma paralisação de toda a rede; contudo, a paralisação depende da posição relativa ocupada pelo devedor na rede.

Avaliemos, assim, se os interesses específicos destes credores, nas relações de rede, são análogos aos interesses dos credores nos contratos de prestação duradoura de um serviço.

Segundo José de Oliveira Ascensão a manutenção dos contratos celebrados pelo insolvente, ou seja, a continuação da sua execução, independentemente de qualquer decisão nesse sentido por parte do administrador de insolvência, apenas ocorre em *"caso de contratos de que resultam relações duradouras"*.[954]

[953] O facto de o legislador ter consagrado regra diversa para o contrato de mandato – que também será um contrato cuja execução se prolonga no tempo – não assenta no caráter instantâneo ou duradouro de tal contrato. Nesse caso, releva a circunstância de, por norma, a administração do insolvente passar a competir ao administrador de insolvência e não ao insolvente e, em consequência, não se justificar a manutenção em vigor dos contratos que tiverem sido celebrados pelo insolvente tendo como propósito a confiança a outrem do encargo de atuação no seu interesse. Em sentido diferente, vide José de Oliveira Ascensão, "Insolvência: Efeitos sobre os Negócios...", (cit.), pág. 115. Para o Autor, a solução consagrada pelo legislador, quanto às operações a prazo, contratos de mandato e gestão, contratos de conta corrente e de associação em participação será a de pôr termo *"para tornar possível a liquidação da massa"*.

[954] Cfr. José de Oliveira Ascensão, "Insolvência: Efeitos sobre os Negócios...", (cit.), pág. 114.

Não obstante, não poderemos, sem mais, concluir que todos os contratos de que resultam relações duradouras devam implicar um desvio à regra geral contida no artigo 102º do CIRE. Com efeito, o legislador, como já notámos acima, desenha um regime jurídico específico para alguns contratos duradouros, o qual não envolve a sua manutenção automática, como é o caso dos contratos de mandato, para o que prevê, como regra geral, a sua caducidade (cfr. artigo 110º nº 1 CIRE).

A salvaguarda das relações duradouras pode encontrar-se não tanto, ou, *rectius*, não apenas, na sua duração, mas na tutela dos interesses dos credores, contraparte ou compartes do devedor insolvente.

A tutela dos credores pode encontrar-se no regime geral contido no artigo 102º do CIRE; não obstante, *de iure condendo*, pode reclamar-se solução diversa, que atendesse aos contratos de cooperação interempresarial celebrados pelo insolvente, numa lógica de salvaguarda e de promoção da negociação económica, que pode ficar prejudicada com uma suspensão automática do contrato decorrente da declaração de insolvência.

Terá, no entanto, o legislador italiano considerado ajustada a regra geral de suspensão dos contratos celebrados pelo insolvente (regra contida no artigo 72º da Legge Fallimentare), mesmo atendendo a que, naquele ordenamento jurídico, se encontra regulada a figura do contrato de rede.[955] O regime do contrato de rede determinou algumas alterações ao regime da insolvência, mas nenhuma delas incidiu quanto aos efeitos da insolvência na vigência do contrato de rede celebrado pelo insolvente.[956]

Ao entendermos que a regra contida no artigo 102º do CIRE pode salvaguardar os interesses da rede e dos demais membros da rede teremos que indagar em que medida e dentro de que condicionalismos a salvaguarda ocorre.

Como princípio geral, em contratos com obrigações recíprocas para as partes (que podem ser mais do que duas partes), ocorre a suspensão dos mesmos até que o administrador de insolvência se decida pela sua execução ou pela recusa do cumprimento.

[955] Ainda que regra específica não exista, tem sido sustentado que poderá fazer sentido uma norma especial para a redes, nomeadamente quanto à decisão de prossecução ou extinção do contrato de rede. Neste sentido, vide LEONARDO GIANI, "Prime riflessioni..." (cit.), pág. 306.

[956] As alterações ao regime jurídico da insolvência, quanto ao contrato de rede, tiveram em vista a ponderação de alguns aspetos especificamente regulados no contrato de rede e não, em bom rigor, o contrato de rede em si mesmo considerado. Assim, o legislador previu normas específicas quanto aos patrimónios destinados a um específico negócio (figura admitida expressamente no regime jurídico do contrato de rede), ao aditar os artigos 67º-bis e 72º-ter ao regime jurídico da insolvência.

Numa relação de rede, pode suceder que a prestação do contratante insolvente assuma uma especial relevância para a continuação da rede, o que pode decorrer do facto de esse contratante ser, por exemplo, o fornecedor da matéria-prima que irá ser transformada por um dos membros que se situa a jusante da cadeia produtiva ou ser titular de um sinal distintivo do comércio e, contratualmente, ter cedido a sua utilização aos demais membros da rede.

De acordo com a regra geral, com a declaração de insolvência, o contrato fica suspenso.

No entanto, se atentarmos, por exemplo, num contrato de franquia através do qual o franquiador cede a cada um dos franquiados a utilização de uma marca, a suspensão automática do contrato de franquia redundaria, designadamente, no risco de desvalorização da marca (a qual pode representar um valor expressivo no ativo do franquiador insolvente) e, até, na paralisação de eventuais pagamentos periódicos que os franquiados estejam obrigados a concretizar em relação ao franquiador.

Não é, essa, cremos, a intenção do legislador, que apenas pretende a suspensão dos contratos bilaterais em relação a obrigações instantâneas e não quanto a obrigações cujo cumprimento se prolongue no tempo.

Existindo um contrato celebrado com várias partes – e não apenas entre o insolvente e outro contratante – significa que todo o cumprimento do contrato fica suspenso ou apenas se verifica a suspensão quanto àquele contratante insolvente?

O nº 1 do artigo 102º refere-se aos contratos bilaterais e todo o artigo parece ter subjacente um contrato celebrado apenas por duas partes. Cremos que o mesmo é aplicável aos contratos multilaterais, mas, nessa hipótese, a sua aplicação ocorre com as devidas adaptações. A primeira delas relaciona-se com a interrogação agora apresentada.

Sendo um contrato em que existe um feixe obrigacional que impende sobre várias partes, a intenção do legislador terá sido, apenas, a de suspender o cumprimento das obrigações que recaem sobre o devedor insolvente, posto que será apenas em relação ao insolvente que o administrador de insolvência tem legitimidade para decidir quanto ao cumprimento ou recusa de cumprimento.

Assim, a melhor interpretação para o nº 1 do artigo 102º julgamos ser aquela que considera a suspensão do cumprimento apenas por parte do insolvente, sendo que todas as demais partes estão vinculadas ao cumprimento das suas obrigações não obstante uma das partes ter sido declarada insolvente.

O nº 2 do artigo 102º do CIRE, pretendendo fazer face a uma situação de incerteza provocada pela ausência de uma decisão expressa por parte do administrador de insolvência, permite que a *"outra parte"* fixe um prazo razoável[957] ao administrador de insolvência para que este exerça a sua opção.

Também aqui o legislador concebe o contrato como contendo apenas duas partes, na medida em que admite que a *"outra"* fixe o prazo para o administrador de insolvência decidir.

Quando perante um contrato com várias partes, quem tem legitimidade para fixar o prazo razoável para o administrador de insolvência tomar a sua opção?[958]

De iure constituendo seria de consagrar norma expressa quanto a esta questão, esclarecendo se o direito de fixação de um prazo assiste a qualquer uma das outras partes ou se tal direito tem de ser exercido, conjuntamente, pelas partes.

A solução que nos parece mais acertada é aquela que reconhece a qualquer uma das partes do contrato de rede o direito de fixação do prazo ao administrador de insolvência. Na verdade, a prestação a cumprir por parte do membro insolvente pode afetar, em maior medida, um dos contratantes e seria contrário ao espírito da norma exigir que todos os contratantes fixassem um prazo razoável e interpelassem o administrador de insolvência para tomar a decisão. Está em causa uma interpelação extrajudicial que tem subjacente o interesse na mais célere resolução da situação de suspensão criada pela insolvência.

Uma nota adicional apenas quanto à decisão do administrador de insolvência, numa hipótese de contrato de rede.

O administrador de insolvência decide quanto ao cumprimento por parte do insolvente e não quanto à continuidade de todo o contrato de rede. Como vimos acima, pode suceder que o incumprimento por parte de um dos membros da rede – que, neste caso, foi declarado insolvente – conduza à extinção da rede, por impossibilidade de esta atingir os seus objetivos, atenta a cessação do vínculo com o insolvente.

O legislador apenas condiciona a decisão do administrador de insolvência ao previsto no nº 4 do artigo 102º quando estabelece que será abusiva a opção pela execução quanto o cumprimento pontual pela massa for manifestamente improvável. Quanto ao mais, impera o silêncio do legislador, o que levaria o intérprete a admitir que a decisão do administrador é livre.[959]

[957] No âmbito do regime jurídico italiano, estabelece-se, no artigo 72º da Legge Fallimantare, que o prazo a fixar pela outra parte não poderá ser superior a 60 dias.

[958] Temos em mente a situação, mais comum, de inexistência de uma entidade criada na rede, com personalidade jurídica distinta dos demais membros.

[959] No sentido de a decisão do administrador ser, em princípio, livre, vide Luís A. Carvalho Fernandes e João Labareda, *Código da Insolvência e da Recuperação de Empresas Anotado*, Quid Iuris, Lisboa 2008, anotação ao artigo 102º, pág. 389.

A liberdade de decisão não equivale a arbitrariedade.

Os princípios que devem nortear a atuação do administrador de insolvência encontram-se não só no CIRE como no estatuto do administrador judicial, aprovado pela Lei nº 22/2013, de 26 de fevereiro, salientando-se, em especial, o consignado no nº 2 do artigo 12º deste último diploma.

O fim precípuo da atuação do administrador de insolvência é a satisfação dos interesses dos credores, sendo que, para atingir tal desiderato, o legislador impõe que o administrador se abstenha da prática de atos que possam pôr em causa a recuperação do devedor ou a sua liquidação, no caso de primeira não poder ser atingida.

O legislador não previu expressamente, ao contrário do que consta do CSC, para os membros de órgão de administração das sociedades comerciais, os deveres de cuidado e competência técnica, previstos na alínea *a)* do nº 1 do artigo 64º CSC.

Apesar de inexistir essa previsão, do conjunto dos deveres que impendem sobre os administradores de insolvência e que se encontram consagrados quer no Estatuto quer no CIRE pode concluir-se que lhes é exigível o cumprimento dos deveres de cuidado e de competência técnica, em termos análogos aos que se prevê para os administradores das sociedades comerciais.[960]

No que se refere ao patamar de um *"gestor criterioso e ordenado"*, que se encontra previsto para os membros do órgão de administração das sociedades comerciais, apesar de as funções desempenhadas por uns e por outros serem diversas[961], é inegável que também os administradores de insolvência têm de tomar as suas decisões como gestores – da massa insolvente – criteriosos e ordenados (cfr. artigo 59º nº 1 do CIRE). E, para concretização da sua atividade de gestão criteriosa e ordenada, devem os administradores de insolvência ponderar, também, o interesse comum de conservação das empresas.[962]

Aliás, se atentarmos na redação atual do nº 1 do artigo 1º do CIRE, em que se encontra expressa a finalidade do processo de insolvência, conclui-se que a liquidação do património do devedor e a sua repartição pelos credores se

[960] Referimo-nos, aqui, a administradores das sociedades comerciais em sentido amplo, abrangendo-se, igualmente, os gerentes e não apenas os administradores das sociedades anónimas e das sociedades em comandita por ações.

[961] O que assenta, desde logo, no facto de os administradores de insolvência serem considerados servidores da justiça e do direito, ao que é inerente o facto de desempenharem funções de interesse público.

[962] Neste sentido, PEDRO PAIS DE VASCONCELOS, "Responsabilidade civil do administrador de insolvência", in *II Congresso de Direito da Insolvência*, Coordenação: CATARINA SERRA, Almedina, 2014, pág. 173.

encontra, agora, secundarizada em face da recuperação da empresa compreendida na massa insolvente.[963]

Feito um breve percurso pelo enquadramento das funções dos administradores de insolvência, é tempo de, regressando à decisão de cumprimento ou não cumprimento do contrato, no seio da rede, analisar quanto a eventuais especificidades na tomada daquela decisão.

Como vimos, a decisão do administrador de insolvência deve fundamentar-se numa racionalidade análoga à que é exigível aos administradores das sociedades comerciais e a sua decisão deve ter em vista a satisfação dos interesses dos credores, sobretudo se for inviável a recuperação da empresa, na medida em que sendo esta viável, especial relevo tem a ponderação dos interesses do próprio insolvente.

Quando a satisfação do interesse dos credores envolva a recusa de cumprimento do contrato de rede, parece-nos dificilmente sustentável que, no quadro de atuação do administrador de insolvência, se possa exigir a este que atue em desconformidade com tais interesses, para salvaguarda da rede.

Não obstante, pode suceder que uma parte substancial dos credores do insolvente seja constituída pelos demais membros da rede; não será inverosímil esta hipótese já que, no âmbito da rede, haverá um conjunto de contratos celebrados entre os seus membros e de tais contratos emergem obrigações recíprocas para os contratantes.

Quando os demais membros da rede sejam, igualmente, credores do insolvente, essa circunstância deve ser ponderada para efeitos de decisão quanto ao cumprimento do contrato.

O legislador impõe ao administrador de insolvência a maximização dos interesses dos credores, de todos os credores e não apenas dos compartes numa relação contratual.

Ainda que se satisfaçam os credores que integram a rede, se a decisão de cumprimento do(s) contrato(s) integrante(s) da rede implicar uma perda para a massa insolvente, nomeadamente porquanto, pese embora a salvaguarda daqueles credores, os demais veem diminuídas as suas expectativas de recebimento dos seus créditos à custa do insolvente, impende sobre o administrador de insolvência o dever de recusar o cumprimento do contrato.

[963] Quanto a este ponto, aproximamo-nos do sustentado por Pedro Pais de Vasconcelos, para quem os interesses a prosseguir pelo administrador de insolvência podem divergir consoante a empresa que integre a massa insolvente seja passível de recuperação ou não. No primeiro caso, prevalece o interesse do devedor, no segundo o interesse dos credores. Cfr. Pedro Pais de Vasconcelos, "Responsabilidade civil..." (cit.), pág. 177.

Ou seja, não obstante se reconheça a relevância da prestação daquele membro insolvente para efeitos de continuidade da rede, não se admitirá que o administrador de insolvência atenda a interesses estranhos aos da maximização da satisfação dos credores (e, eventualmente, do insolvente, quando seja viável a recuperação da empresa) na decisão de execução ou não execução de um contrato.

A salvaguarda das redes de empresas não é, no nosso entendimento, uma salvaguarda que se imponha por razões de interesse público. Consideramos que, *in casu*, são convocados unicamente interesses privados: o interesse dos credores e o interesse de cada um dos membros que compõem a rede. No conflito entre os dois interesses – caso o conflito exista, porquanto será concebível que os interesses, em concreto, possam dirigir-se no sentido da mesma decisão – o administrador de insolvência deverá manifestar, na sua decisão, uma prevalência pelos interesses dos credores.

Apuremos, ainda, quanto ao destino do contributo efetuado pelo membro da rede, no seio do contrato de rede, em caso de insolvência desse membro.[964]

Conforme aludimos supra, para um membro ser parte de uma relação de rede de empresas, terá, frequentemente, de realizar uma entrada, a qual pode ser em dinheiro ou em espécie, semelhantemente com o que sucede nas sociedades comerciais.

Atendendo a que as relações de rede não têm sempre subjacente uma entidade distinta dos membros, as entradas podem concretizar-se não através de uma transmissão de bens para a rede (que, no caso, pode não existir enquanto pessoa jurídica distinta dos membros) mas por via de uma concessão do gozo do bem ou, até, através de uma tolerância de uso.

O legislador, quanto aos contratos de locação, estabelece que, caso seja insolvente o locador, o contrato de locação não se extingue, sendo a denúncia possível no final do prazo em curso (artigo 109º do CIRE).[965]

Na ausência de previsão especial quanto aos efeitos da insolvência nos contratos de concessão do gozo de um bem não subsumíveis a um contrato de locação – que, por hipótese, não foi celebrado –, pode ponderar-se a aplicação analógica da aludida disposição em detrimento da aplicação da regra geral contida no artigo 102º do CIRE.

[964] Para uma análise da oponibilidade a terceiros, na sequência da declaração de insolvência de um sujeito, da destinação de bem à rede, vide Pietro Zanelli, *Reti e contratto...* (cit.), pág. 226.

[965] O legislador ao aludir ao *"prazo em curso"* teve em mente, exclusivamente, os contratos de locação. Para os contratos de arrendamento por tempo indeterminado, cremos que, na ausência de norma especial em caso de insolvência, a denúncia pelo senhorio (*rectius*, pelo administrador de insolvência em representação do insolvente) terá de ser efetuada nos termos gerais, previstos no artigo 1101º do CCiv.

Subjacente a este artigo encontra-se a tutela do locatário,[966] que o legislador considerou merecer especial proteção na insolvência do locador.

Para aquilatarmos da eventual aplicação, à concessão do gozo de um bem como entrada na rede, da regra contida no artigo 109º do CIRE, será de atender à possível saída da rede do membro insolvente. Caso o administrador de insolvência decida pela continuação do contrato de rede, o problema da aplicação do artigo 109º do CIRE assume foros de interesse teórico, porquanto, tratando-se de uma concessão de gozo conexa com o contrato de rede, a decisão de vigência do contrato de rede implica, consequentemente, a vigência da concessão do gozo do bem efetuada como entrada na rede.

Os problemas adensam-se, pois, com a decisão de saída da rede. Quando assim suceda, a concessão do gozo, subordinada que foi à entrada da rede, deve manter-se mesmo após a saída da rede?

Propendemos para a solução negativa. Cessado o vínculo do membro insolvente à rede, cessa, em consequência, a concessão do gozo do bem de que era proprietário. A concessão só se mantém, assim, até à decisão do administrador de insolvência.

Considerando que militam especiais razões diversas – nomeadamente pelo facto de a concessão do gozo do bem estar intrinsecamente ligada a um outro contrato, cuja vigência será decidida pelo administrador de insolvência – concluímos pela não aplicação do disposto no artigo 109º do CIRE e pela aplicação da regra geral contida no artigo 102º do mesmo diploma legal.

Uma nota – breve apenas – quanto à insolvência do cume da rede.

A análise que temos vindo a efetuar tem pressuposto a situação de redes de empresas horizontais, em que todos os contratantes membros da rede se encontram no mesmo plano, ainda que, mesmo em tais redes, a insolvência de um dos membros possa conduzir a extinção do contrato de rede.

Nas redes verticais, a insolvência do cume da rede terá inegáveis consequências em toda a rede, porquanto tal entidade encabeça um acervo de contratos, numa posição de primazia, que lhe advém, normalmente, da titularidade de sinais distintivos de comércio que coloca à utilização dos demais membros, mediante uma contrapartida monetária.

No plano do direito a constituir, têm sido propostas algumas soluções específicas para a rede, sobretudo quando se pretende tutelar a posição especial dos credores do insolvente que integrem, com o insolvente, uma mesma rede.

[966] Assim, também, Luís A. Carvalho Fernandes e João Labareda, *Código da Insolvência...* (cit.), anotação ao artigo 109º, pág. 409.

Sustenta-se, por um lado, que tais credores possam ter um poder para formulação de observações, em caso de liquidação, ao plano que tiver sido traçado, em termos análogos aos que têm sido reconhecidos aos trabalhadores; por outro lado, aponta-se para um especial peso nas propostas dos membros da rede, atendendo ao conhecimento que têm da dinâmica empresarial do insolvente.[967]

O princípio da igualdade de tratamento entre credores não é isento de concretizações; na verdade, mesmo no plano do direito constituído português, o CIRE vota tratamento diferenciado aos credores, consoante a categoria em que se inserem os seus créditos (cfr. artigos 47º, 48º e 194º do CIRE).

Constata-se que, na categoria de créditos subordinados, são inseridos os créditos de alguns credores que têm uma especial relação com o devedor insolvente, como sejam os sócios e os associados ou os administradores de direito ou de facto.

Ignacio Moralejo Menéndez apresenta a situação de uma empresa integrante de uma rede vertical que ajustou a sua organização à estrutura empresarial mais ampla, ao conjunto que constitui a rede de empresas, a qual é encabeçada por um cume da rede. O Autor considera que o interesse deste credor deverá ser um interesse qualificado no quadro dos vários interesses dos credores da empresa insolvente.[968]

Cremos que o interesse de uma empresa inserida numa rede vertical se poderá aproximar do interesse de uma sociedade integrante num grupo de sociedades, em que a sociedade-mãe do grupo é declarada insolvente. Julgamos que os interesses aí em jogo diferem do interesse dos trabalhadores da empresa insolvente, pelo que entendemos não se justificar, mesmo no plano de direito a constituir, o reconhecimento de especiais poderes de voto ou de pagamento dos seus créditos, como se de créditos privilegiados se tratassem.

A aproximação de tais interesses aos interesses das sociedades em relação de domínio ou de grupo levaria à qualificação dos créditos detidos pelas entidades como créditos subordinados [cfr. artigos 47º, nº 4 *b)*, 48º *a)* e 49º nº 2 *b)* do CIRE].

Isto posto, consideramos que os credores que, simultaneamente, são integrantes da rede em relação à qual se verifica a insolvência do cume podem ver os seus interesses satisfeitos, no âmbito do processo de insolvência, em outros domínios.

[967] Por todos, vide Ignacio Moralejo Menéndez, "El concurso del cabeza de red", in *Nuevas Perspectivas del Derecho de Redes Empresariales*, Director Juan Ignacio Ruiz Peris, Tirant lo blanch, Valência 2012, págs. 358 e 359.

[968] Cfr. Ignacio Moralejo Menéndez, "El concurso del cabeza de red"... (cit.), pág. 359.

Temos em mente quer a liquidação da empresa insolvente quer a hipótese da sua recuperação através de um plano de insolvência.

Principiemos pela primeira situação. Do ativo da insolvente podem fazer parte – e fazem frequentemente – bens imateriais que os demais membros da rede podem pretender salvaguardar na sua esfera jurídica, permanecendo dentro da rede e não na titularidade de um terceiro.

Conceba-se uma marca que, por acordo entre os vários membros da rede e o cume da rede, os primeiros têm vindo a utilizar no âmbito das respetivas atividades comerciais, associando-se, por exemplo, os serviços prestados a uma mesma marca.[969] Estabelece o artigo 162º do CIRE que, integrando-se na massa insolvente uma empresa, a mesma deve ser, em princípio, transmitida como um todo, o que significará a transmissão de todo o ativo e passivo (incluindo sinais distintivos do comércio) a um terceiro, que pode ser ou não um membro da rede.

Podemos colocar a questão de uma eventual preferência, na transmissão, aos membros da rede com quem o insolvente tenha celebrado contratos de utilização de marca. Fora de dúvida é a inexistência desse direito de preferência quando ocorra a transmissão da empresa como um todo, na medida em que os membros da rede apenas têm um direito (obrigacional) quanto a um dos ativos da empresa, a marca.

A resposta depende do contrato que, em concreto, tiver sido celebrado com os membros da rede. Por norma, a utilização da marca envolve a celebração de contratos subsumíveis a contratos de licença de exploração, nos termos do disposto no artigo 32º do CPI. Nada se estabelecendo convencionalmente, como direito de preferência, a transmissão a terceiro da marca não implica qualquer direito de preferência a favor do beneficiário de uma licença de exploração.[970]

Os direitos legais de preferência, no CCiv, existem no âmbito do arrendamento, sendo reconhecido ao arrendatário (artigo 1091º), na compropriedade, ao comproprietário (artigo 1409º), nas servidões (artigo 1555º), ao proprietário do solo quanto à alienação do direito de superfície (artigo 1535º), aos proprietários de prédios confinantes com dimensão inferior à unidade de cultura (artigo 1380º), ao co-herdeiro (artigo 2130º).

[969] O CIRE não contém quaisquer disposições específicas quanto a contratos em que se preveja a transmissão temporária a terceiros de sinal distintivo do comércio, pelo que se aplicam as regras gerais já expostas.

[970] De notar que, mesmo que convencionalmente seja estabelecido um direito de preferência a favor daquele que utiliza a marca por força de um contrato de licença de exploração, para que tal preferência possa valer no âmbito da insolvência carece de eficácia real, atento o disposto no artigo 422º do CCiv.

Em qualquer uma das situações ora elencadas encontra-se presente a intenção, cremos que pressuposta pelo legislador, de reduzir a fragmentação de direitos, sendo que a uma hipótese de pluralidade de titulares associa-se um risco acrescido de conflito entre eles.

No âmbito do arrendamento, o conflito não ocorre entre dois direitos reais mas entre um direito real e um direito obrigacional, pretendendo-se que o arrendatário, encontrando-se a gozar um bem imóvel, possa, se assim o desejar, transformar um direito obrigacional provisório num direito real definitivo, tutelando-se um eventual interesse na habitação do imóvel ou na sua utilização para fins comerciais ou para o exercício de uma profissão liberal.

No plano do direito constituído, como vimos, inexiste qualquer preferência a favor do utilizador de uma marca. O empresário, membro da rede, que utiliza, na sua atividade económica, uma marca cuja utilização foi atribuída, conquanto provisoriamente e, quiçá, a título não exclusivo, pelo titular da mesma, tem um justificado interesse na sua manutenção.

Compete ao administrador de insolvência a decisão – fundamentada em dados objetivos – de cumprir ou recusar a execução de um contrato. Por forma a melhor expormos o nosso raciocínio, concebamos a hipótese de ter o administrador de insolvência tomado a decisão de recusar a execução do contrato ou, ainda, de todos os contratos celebrados pelo insolvente que envolvessem a concessão do gozo da marca aos membros da rede;[971] em consequência da sua decisão, todos os membros da rede deixam de poder utilizar a marca, assim podendo colocar em crise o desenvolvimento normal das atividades económicas que vinham desenvolvendo sob a égide de uma marca notória.

A recusa da execução dos contratos, por parte do administrador de insolvência, pode implicar o nascimento de um direito de indemnização a favor das contrapartes, como consta da alínea *c)* do nº 3 do artigo 102º do CIRE.

O direito de indemnização é um direito cuja probabilidade de ressarcimento efetivo é fortemente limitada pelo legislador, porquanto o crédito que assim nasça constitui um crédito sobre a insolvência e não um crédito sobre a massa [cfr. artigo 102º nº 3 *d) iii)* do CIRE] e tem um teto máximo.[972]

[971] A situação ora exposta é, propositadamente, uma situação de recusa de cumprimento do contrato, quando é certo que, sendo viável a recuperação da empresa integrante do insolvente, a sua transmissão como um todo pode ser mais benéfica se se mantiverem, enquanto tais, os contratos anteriormente celebrados pelo cume da rede insolvente. Por outro lado, mesmo na situação de liquidação da empresa insolvente, a venda da marca pode permitir um maior retorno financeiro se for acompanhada dos contratos de licença de utilização associados à marca nos quais exista uma contrapartida financeira periódica a favor do titular da marca.

[972] Em virtude das aludidas disposições legais, restritivas do direito de indemnização a favor da contra-parte, José de Oliveira Ascensão sustenta que o crédito é de concretização eventual,

Atento o regime fortemente limitador para o ressarcimento dos danos que a cessação antecipada do contrato provoca, consideramos de ponderar se outra regra não deveria ser instituída que salvaguardasse o interesse dos empresários que utilizam a marca no desenvolvimento da sua atividade, quer essa regra surja a montante, nomeadamente em sede de decisão quanto à execução de tais contratos, quer a jusante, aquando da liquidação do ativo da insolvente, *maxime* na alienação da marca a terceiros.

Como se disse, o administrador deve orientar a sua decisão na maximização dos interesses dos credores. A decisão de execução de um contrato, parece-nos, não deve atender à possibilidade de, através de tal contrato, os credores poderem satisfazer outros interesses que não a satisfação dos seus créditos, nomeadamente o interesse de desenvolvimento das respetivas atividades económicas.

Uma disposição legal que impusesse a manutenção de todo um contrato apenas para salvaguarda de um dos ativos a favor de alguns credores não seria consentânea quer com a dinâmica do processo de insolvência quer com as finalidades que ao mesmo estão subjacentes, tal como definidas no artigo 1º da CIRE.

Menos evidente nos parece a apreciação quanto a uma norma que acautele a manutenção das marcas na esfera jurídica daqueles que as venham a utilizar ao abrigo de um contrato celebrado com o insolvente.

A previsão legal de um direito de preferência a favor desses sujeitos não se afigura uma possibilidade facilmente sustentável, por um conjunto variado de razões.

Em primeiro lugar, como vimos, a consagração de direitos legais de preferência pretende, em regra, contribuir para reduzir a fragmentação de direitos reais; existindo, no entanto, uma hipótese de salvaguarda da posição meramente obrigacional do arrendatário em caso de alienação de imóvel por parte do senhorio.

O utilizador de uma marca, seja através de um contrato de licença, seja mediante um contrato de franquia, tem uma posição similar – ainda que não confundível – à do locatário, num contrato de locação, pagando, por norma, uma quantia ao proprietário da marca, quantia paga periodicamente e/ou de uma única vez. Na locação,[973] não existe qualquer direito de preferência a favor do locatário em caso de transmissão do bem.

porquanto *"só existe até à medida em que pode ser compensado por dívidas da massa."* Cfr. "Insolvência: Efeitos sobre os Negócios...", (cit.), pág. 128.

[973] Já não assim, como vimos, no arrendamento, atento o preceituado no artigo 1091º do CCiv.

Em segundo lugar, julgamos que o interesse de um empresário que pretende continuar a exercer a sua atividade económica sob a égide de uma marca não se distingue, na sua essência, do de um empresário que pretenda iniciar uma atividade nesse âmbito. Ambos têm interesses dignos de ponderação; o primeiro, na medida em que terá realizado investimentos no ajustamento da sua produção à marca associada à, por exemplo, comercialização dos seus produtos e, em consequência, pretende obter o retorno do investimento que realizou; o segundo, porquanto pode ter expectativas de enveredar por uma atividade lucrativa, utilizando uma marca com alguma notoriedade no mercado.

Será legítimo ao legislador, em igualdade de circunstâncias, reconhecer um direito de preferência a favor daquele que vinha utilizando a marca? Cremos que não militam motivações diversas das que existem para reconhecer preferência na transmissão a qualquer pessoa que venha utilizando, por um título diverso do direito de propriedade ou contrato de arrendamento, um determinado bem, de terceiro, no seu comércio, sendo aquele bem um elemento essencial para o exercício da atividade comercial.

Em bom rigor, a essencialidade do bem para o exercício da atividade comercial não constitui um fator determinante, no plano do direito constituído, para a atribuição de direito de preferência a favor do arrendatário comercial, direito esse que existe mesmo que o local onde o comerciante exerce a sua atividade mercantil não seja um elemento preponderante para a caraterização da empresa.

De todo o modo, consideramos que a maximização dos interesses dos credores (incluindo dos credores que integram a mesma rede do insolvente) fica salvaguardada, na insolvência, com a possibilidade de os credores que vêm utilizando a marca poderem propor a sua aquisição, em sede de venda, adjudicando-se à melhor oferta.

Concluímos, assim, pela não imposição da criação de um direito de preferência a favor do utilizador da marca; contudo, reconhecemos que tal solução pode contribuir para uma desvalorização da empresa que vinha utilizando essa marca, mas esse constitui um risco próprio da atividade mercantil. A circunstância de o contrato de rede poder cessar, por decisão do administrador de insolvência, ainda que com o inerente reconhecimento de um direito de indemnização, já, por si, manifesta a volatilidade que a contratação encetada pelo insolvente pode ter, quando não venha acompanhada de especiais garantias, como sejam um direito de preferência com eficácia real.

Os membros do contrato de rede que pretendam salvaguardar, em maior medida, a sua posição em caso de insolvência do cume da rede, podem tentar que fique consagrado, no contrato de rede ou em acordo paralelo, a atribuição de um direito de preferência, com eficácia real, a seu favor, que operará, por exemplo, em caso de insolvência do cume da rede.[974]

4.2. Efeitos da insolvência da rede personificada, para cada um dos membros que a compõem

Pode colocar-se a hipótese de a rede ter personalidade jurídica distinta de cada um dos membros que a compõem, o que ocorre, designadamente, quando os membros da rede tenham constituído uma sociedade comercial, uma associação, um ACE ou uma cooperativa.

A ponderação das consequências da declaração de insolvência da rede na esfera de cada um dos membros apresenta-se diversa consoante a entidade jurídica que tenha sido constituída.

Do ponto de vista jurídico, um dos principais pontos de relevo reside na responsabilidade que advém para os membros da rede, com a insolvência da rede.

Principiemos pelas cooperativas. Estabelece a alínea *g)* do nº 1 do artigo 112º do CCoop que as cooperativas se dissolvem com a sua declaração de insolvência. Para efeitos de responsabilidade, o artigo 23º do mesmo Código preceitua que, na ausência de estipulação em contrário, a responsabilidade dos cooperadores é limitada ao montante de capital subscrito, sendo possível consagrar a responsabilidade ilimitada. Se assim tiver sucedido, os credores da cooperativa, perante uma situação de insolvência, podem tentar obter o pagamento dos seus créditos por via dos cooperadores que tenham responsabilidade ilimitada.

Perante os credores da cooperativa insolvente, os cooperadores que não tenham assumido responsabilidade ilimitada estarão desonerados, salvo se a relação de rede instituída, *rectius*, os contratos celebrados no seio da mesma, previrem condições diversas para efeitos de responsabilidade perante terceiros dos membros da rede.

Nos ACE, a responsabilidade solidária perante terceiros é a regra – atento o disposto no nº 2 da Base II da Lei nº 4/73 – podendo estabelecer-se, em cada contrato, regra diversa.

Em caso de insolvência da rede que seja um ACE, não ficam, por norma, desonerados os membros da rede/ACE, quanto ao cumprimento das obrigações assumidas pelo ACE quanto a terceiros.

Quanto à rede sociedade comercial, a responsabilidade de cada um dos membros/sócio varia em função do tipo social adotado como veículo para

[974] Não obstante a proposta em texto, cremos que será improvável, atento o díspar poder negocial entre os contratantes, por um lado, o cume da rede, e, por outro, os demais membros, que os membros da rede logrem acordar a concessão de tal direito de preferência.

a rede, sendo aplicáveis as regras que, em relação a cada tipo de sociedade, preveem a responsabilidade dos sócios (cfr. artigos 175º nº 1, 197º nº 2, 198º e 271º do CSC).

Em qualquer das situações que analisamos, haverá um ponto que, julgamos, é específico das redes e pode reclamar especial tutela e que se prende com as situações em que a rede surge, primeiramente, como eminentemente contratual, inexistindo uma pessoa coletiva distinta dos seus membros e, posteriormente, é constituída essa pessoa coletiva.

Sendo declarada a insolvência da pessoa coletiva, subsiste a rede enquanto fenómeno contratual e no qual os respetivos membros assumiram obrigações que não se confundem com as obrigações que sobre si impendiam enquanto sócios da pessoa coletiva?[975]

A resposta não se adivinha singela; desde logo, porquanto a manutenção dos contratos celebrados previamente à constituição da sociedade comercial, e que estiveram na base da formação da rede, pode suscitar dúvidas quanto à sua compatibilidade com o direito da insolvência.

Se os membros da rede forem simultaneamente administradores de facto ou de direito da sociedade insolvente e se a insolvência for considerada culposa, por aplicação do artigo 189º do CIRE, pode ocorrer a inibição para o exercício do comércio e, bem assim, a inibição para administração de patrimónios de terceiros.

Se a insolvência for fortuita e se preveja a liquidação da sociedade insolvente – e não a sua recuperação através de um plano de insolvência – não existe impedimento aos membros da rede que tenham sido administradores de facto ou de direito da entidade insolvente a continuarem a rede que entre eles existia.

Não obstante a inexistência de um obstáculo a essa continuidade, na economia do contrato ou contratos de rede, mesmo que não se encontre consagrada a denúncia ou desvinculação de tais contratos em caso de insolvência da entidade que no seu seio foi constituída, entendemos ser sustentável que a denúncia possa ser desencadeada.

[975] No âmbito dos instrumentos contratuais que os membros da rede possam ter celebrado podem estes ter assumido diversas obrigações que, cremos, não se extinguem com a criação de uma pessoa coletiva como veículo da rede. Podem estar em causa, designadamente, obrigações de prestação de serviços recíprocos ou em relação a terceiros ou obrigação de troca de informações ou de partilha de resultados de investigação industrial. Com a constituição da pessoa coletiva não ocorre, automaticamente, a extinção desses instrumentos contratuais podendo alguns deles ser considerados acordos parassociais e outros ser transmitidos para a entidade constituída, desvinculando, como contra-parte, os demais membros. Quanto a esta questão, vide II.2.2.1. supra.

Esse direito de denúncia não se encontra expressamente prevenido pelo legislador, no CIRE, que apenas contempla, a este propósito, os negócios jurídicos celebrados pelo insolvente. No entanto, em várias disposições previstas naquele diploma e, bem assim, noutras disposições legais fora do CIRE, se consagra o direito de denúncia em caso de insolvência.

O legislador, no nº 3 do artigo 119º do CIRE, reconhece que a situação de insolvência pode tornar inexigível a um contratante a manutenção das obrigações contratuais por si assumidas, tendo em conta a natureza e conteúdo das prestações contratuais.

No caso que agora cuidamos, temos um contrato (ou vários contratos) paralelo ao contrato de sociedade e que não foi revogado com a constituição da sociedade comercial ou não cessou por caducidade. As obrigações assumidas pelos membros da rede que não se tenham extinguido mantiveram-se após a constituição da sociedade comercial.

Pese embora a aparente autonomia do contrato celebrado previamente à celebração do contrato de sociedade, não se pode concluir que o contrato anterior se mantém incólume com a insolvência da sociedade constituída.

As obrigações assumidas pelos contratantes, designadamente as obrigações relacionadas com eventuais contributos pecuniários que estejam vinculados a concretizar, podem advir do contrato de rede e não do contrato de sociedade. Tendo sido declarada a insolvência do veículo constituído para a organização da rede, será insofismável que os contratantes veem alteradas substancialmente as condições em que fundaram a sua decisão de contratar. Parece-nos não ser exigível aos contratantes que, nessas condições, mantenham o vínculo anteriormente firmado, sem que lhes seja dada a possibilidade de denunciarem o contrato de rede.

No plano do direito constituído, para sustentar o direito de denúncia que aqui reconhecemos, como desvio ao princípio *pacta sunt servanda* – consagrado no nº 1 do artigo 406º do CCiv – chamamos à colação o princípio da boa fé e motivos de ordem pública, expressamente consagrados na lei. Por outro lado, as normas que, no quadro específico de uma situação de insolvência, admitem a denúncia do contrato celebrado com o insolvente, com fundamento na insolvência, podem ser aplicadas analogicamente às situações em que uma das partes de um contrato que antecedeu a constituição de uma entidade declarada insolvente pretende desvincular-se das obrigações assumidas nesse contrato.

Recorde-se que, além do regime previsto no CIRE, também o regime jurídico do contrato de consórcio admite a resolução, com justa causa, do contrato quando se verifique a insolvência de um dos membros [cfr. artigo 10º nº 2, alínea *a)*, do Decreto-Lei nº 231/81].

CONCLUSÕES

1. A rede de empresas pode definir-se como conjunto tendencialmente estável e duradouro de relações bilaterais ou multilaterais de colaboração entre empresas, juridicamente autónomas e independentes, que visam aumentar a competitividade no mercado, coordenando as suas atividades económicas de forma interdependente.

2. Para que exista uma rede juridicamente relevante, atendendo, designadamente, às regras relativas à adesão ou saída da rede, à representação da rede, aos contributos iniciais e sucessivos de cada um dos membros, às regras de funcionamento interno da rede e ao processo de tomada de decisões, a pluralidade de membros ou contratantes revela-se um elemento essencial.

3. As empresas públicas e as cooperativas, conquanto não prossigam um intuito lucrativo, podem integrar uma rede, na medida em que, aludindo-se à competitividade do mercado, pode considerar-se incluído o objetivo de consolidação ou manutenção da posição no mercado.

4. A rede é estável e duradoura. A rede não visa, em princípio, a celebração de apenas um contrato, traduzindo-se num empreendimento que não se esgota num momento, mas que pode abranger, apenas, uma operação económica, desde que a sua execução de prolongue no tempo.

5. O fundo patrimonial não se apresenta como elemento constitutivo da rede.

6. O que torna as redes de empresas um fenómeno distinto é precisamente a circunstância de não se reconduzirem a formas típicas de colabo-

ração interempresarial; as redes não são apenas o resultado de um contrato ou de um conjunto de contratos, antes envolvem uma vertente organizativa e institucional.

7. As redes não pressupõem qualquer relação de participação societária entre as entidades que integram a rede, as quais não têm de ter a forma de sociedade comercial.

8. As redes de empresas e os contratos de redes apresentam-se como uma figura trans-típica. Não existe *um* tipo de rede ou *um* contrato de rede.

9. Afigura-se pertinente a regulação das relações reticulares ante a insuficiência das soluções legais existentes e, bem assim, dos princípios jurídicos aplicáveis em geral, nos domínios da vinculação, representação e responsabilidade civil.

10. Para efeitos do disposto no nº 11 do artigo 68º-A do EOROC e na alínea *p)* do artigo 2º do RJSA, para apreciação dos indícios de pertença a uma rede, releva a utilização de sinais distintivos comuns.

11. Para que um terceiro possa prevalecer-se da integração de um ROC ou SROC numa rede: (i) tratando-se de uma SROC, haverá que analisar a informação que consta do registo e do relatório de transparência; se, no registo, resultar a pertença a uma rede, o terceiro apenas tem que invocar, para sustentar a existência de rede, o conteúdo desse documento, já que tem a seu favor a presunção que resulta do registo, incumbindo à SROC demonstrar que o conteúdo do registo ou do relatório não corresponde à verdade; (ii) tratando-se de um ROC ou de uma SROC que não tenha a informação de pertença a uma rede em qualquer um dos elementos (registo ou relatório de transparência), recai sobre o terceiro o ónus de demonstrar a pertença a uma rede, socorrendo-se, designadamente, dos factos-índice contidos na lei. Para este efeito, não bastará a mera verificação e demonstração dos factos-índice, incumbindo ao terceiro demonstrar a efetiva pertença a uma rede, por parte do ROC ou SROC.

12. Além da inadequação da localização sistemática da noção de rede no RJSA, podem apontar-se algumas críticas à noção de rede contida no EOROC e no RJSA: (i) imprecisão quanto ao tipo de estrutura subjacente à rede; (ii)

ausência de referência a caracteres comummente utilizados para a definição das redes; (iii) a escolha dos critérios para a existência de rede.

13. Se a rede resultar da combinação entre contratos bilaterais, a ligação entre os vários contratantes opera ao nível da causa e do objeto: o que determina (*"causa"*) a contratação é a efetiva ligação entre todos os contratantes e modo como a atividade é executada (*"objeto"*).

14. Os parâmetros exemplificativos eleitos pelo legislador europeu e nacional para considerar a existência de uma rede no domínio de atividade dos revisores oficiais de contas e sociedades de revisores oficiais de contas [cfr. artigo 68º-A nº 11 do EOROC e artigo 2º, alínea *p)*, do RJSA] podem ser convocados para a análise das relações de cooperação interempresarial e conduzir à conclusão de existência de uma relação de rede quando se verifiquem aqueles indícios, fora dos quadros da atividade dos revisores oficiais de contas.

15. A vontade das partes não releva para a exclusão da qualificação da relação estabelecia enquanto rede, se estivermos perante uma relação de rede entre ROC e SROC, na medida em que o nº 11 do artigo 68º do EOROC e o artigo 2º, alínea *p)*, do RJSA são normas imperativas.

16. As obrigações principais assumidas pelos membros de uma relação de rede podem ser apenas de conteúdo negativo.

17. O cume da rede apenas está impedido de tratar os membros de modo desigual quando as condições distintas que consagra entre os vários membros da rede atinjam a proporção de colocar os demais membros em desvantagem concorrencial entre si e perante os demais atores económicos, com os quais concorrem. O diapasão para a apreciação das condições concretamente fixadas é dado pela aplicação das normas de direito da concorrência [cfr. artigo 11º nº 2, alínea *c)*, da Lei da Concorrência].

18. Os deveres de lealdade que impendem sobre cada um dos membros da rede em relação aos demais com quem não têm vínculo contratual são deveres reflexos dos deveres principais que têm para com o cume da rede, em relação ao qual estão vinculados a cumprir as condições contratuais que com aquele tenham ajustado.

19. O poder de controlo que se reconhece ao cume da rede é um poder funcionalizado, que tem sempre como diapasão o bom funcionamento da rede e é passível de sindicância judicial, quer quanto à sua extensão quer quanto ao modo de exercício.

20. Nas redes horizontais é dispensável um órgão de governo da rede e as decisões podem ser tomadas, em conjunto, pela coletividade dos membros da rede.

21. Se a rede despersonalizada sofrer um dano diretamente (e não apenas de forma reflexa ou mediata), pode sustentar-se a sua ressarcibilidade, assente, designadamente, nas regras relativas à tutela do nome ou da marca (cfr. artigo 317º do CPI).

22. Para definição do tempo de duração mínima de vinculação ou vigência do contrato de rede devem ser ponderados alguns parâmetros: (i) entradas que os membros tenham realizado; (ii) investimento que possa ter sido efetuado pelo cume da rede em relação ao contratante que é integrado na sua rede; (iii) contratos celebrados entre a rede (os seus membros) e terceiros.

23. A cessação de um contrato bilateral integrante de uma rede pode conduzir à extinção de outro ou outros integrantes da mesma rede. Se existir coligação voluntária e intrínseca, a cessação de um contrato conduz automaticamente à cessação do que dele depende absolutamente. Se existir uma interdependência entre os contratos, ainda que os contratantes não tenham prevenido a ligação funcional entre os contratos, a cessação de um deles pode levar à impossibilidade de cumprimento do segundo.

24. Um sujeito que se desvincule de uma rede de empresas tem direito à restituição dos bens atribuídos em uso e fruição aos demais membros e direito à sua quota parte no ativo remanescente, ambos os direitos ficam, no entanto, diferidos para a data em que se extinguir a rede, por aplicação analógica do disposto nos artigos 1017º e 1018º do CCiv.

25. A eventual responsabilidade do cume da rede por atos praticados pelos membros da rede integrantes na rede gerida pelo primeiro tem a sua fonte na aplicação das regras gerais de direito civil, nomeadamente na tutela da boa fé, na proibição do abuso de direito, e ainda, na responsabilidade pelo risco.

BIBLIOGRAFIA

As referências bibliográficas encontram-se ordenadas pelo último nome dos autores, excetuando os autores espanhóis, cuja ordenação é feita pelos dois últimos nomes.

AAVV, *Grande Enciclopédia Portuguesa e Brasileira*, Editorial Enciclopédia Limitada, Lisboa, Rio de Janeiro, Volume 24

AAVV, *Manuale di buone pratiche, costituzione e gestione di una rete d'impresa*, no âmbito do Programma di cooperazione transfrontaliera italia-francia marittimo, 2014, disponível em http://www.cersaa.it [acedido em 13.09.2015]

ABREU, J. M. COUTINHO DE, Anotação ao artigo 410º, in *Código das Sociedades Comerciais em Comentário*, Vol. VI, Coord. JORGE M. COUTINHO DE ABREU, Almedina, 2013, págs. 486-494

ABREU, J. M. COUTINHO DE, Anotação ao artigo 503º, in *Código das Sociedades Comerciais em Comentário*, Vol. VII, Coord. JORGE M. COUTINHO DE ABREU, Almedina, 2014, págs. 279-296

ABREU, J.M. COUTINHO DE, *Curso de Direito Comercial – Vol. I – Introdução, Actos de Comércio, Comerciantes, Empresas, Sinais Distintivos*, Almedina, 7ª Edição, 2010

ABREU, JORGE MANUEL COUTINHO DE, *Curso de Direito Comercial – Vol. II – Das Sociedades*, 3ª Edição, 2009

ABREU, JORGE MANUEL COUTINHO DE, *Da empresarialidade, As empresas no Direito*, Colecção Teses Almedina, Coimbra 1996

ABREU, J. M. COUTINHO DE, "Deveres de cuidado e de lealdade dos administradores e interesse social", in *Reformas do Código das Sociedades*, IDET, Colóquios, nº 3, Almedina, 2007, págs. 15-47

ABREU, J. M. COUTINHO DE, "Empresas virtuais (Esboços)", in *Estudos em homenagem ao Professor Doutor Inocêncio Galvão Telles: novos estudos de direito privado*, Vol. IV, Almedina, 2003, págs. 599-609

AGENZIA ENTRATE, Direzione Centrale Normativa, Circolare n. 4/E, disponível em http://www.pr.camcom.it/portale/promozione/reti-di-impresa/CIRCOLARE _4_ E__15_FEBBRAIO_ 2011.pdf [acedido em 18.09.2015]

ALBUQUERQUE, PAULO PINTO DE, *Comentário do regime geral das contra-ordenações: à luz da Constituição da República e da Convenção Europeia dos Direitos do Homem*, Universidade Católica, 2011

ALEXANDRE, ISABEL MARIA DE OLIVEIRA, "O Contrato de Franquia (Franchising)", in *Revista O Direito*, Ano 123º,

1991, Vol. II-III Abril Setembro, págs. 319-382

ALTOMONTE, CARLO e FERRI, GIOVANNI, "Per lo Sviluppo d'Impresa: Reti non gabbie", in *Il contratto di rete per la crescita delle imprese*, FABRIZIO CAFAGGI, PAOLA IAMICELI e GIAN MOSCO DOMENICO (Dir.), Quaderni di Giurisprudenza Commerciale, Giuffrè Editore, 2012, págs. 15-28

ALVARENGA, ANA CRISTINA BARBEDO PINTO, *A aparência de representação nas relações comerciais*, Faculdade de Direito da Universidade do Porto, 2010, disponível em http://repositorio-aberto.up.pt [acedido em 18.09.2015]

ÁLVARO MOYA, ADORACIÓN, "Redes empresariales, inversión directa extranjera y monopolio: el caso de Telefónica, 1924-1965, in *Revista de Historia Industrial*, nr. 34. Año XVI. 2007. 2, págs. 65-96

AMSTUTZ, MARC, "The constitution of contractual networks", in *Networks Legal issues of multilateral co-operation*, Ed. MARC AMSTUTZ e GUNTHER TEUBNER, Hart Publishing, Oxford and Portland, Oregon, 2009, págs. 309-346

ANASTÁCIO, GONÇALO, "Abuso de posição dominante", anotação ao artigo 11º, in *Lei da Concorrência – Comentário Conimbricense*, Coord. CAROLINA CUNHA, MIGUEL GORJÃO-HENRIQUES, JOSÉ LUÍS DA CRUZ VILAÇA, GONÇALO ANASTÁCIO, MANUEL LOPES PORTO, Almedina, 2013, págs. 123-163

ANTUNES, JOSÉ A. ENGRÁCIA, *Direito dos Contratos Comerciais*, Almedina, 2009

ANTUNES, JOSÉ A. ENGRÁCIA, *Os Grupos de Sociedades – Estrutura e Organização da Empresa Plurissocietária*, Almedina, 2ª Edição, Maio 2002

ASCENSÃO, JOSÉ DE OLIVEIRA, "Insolvência: Efeitos sobre os Negócios em Curso", in *Themis – Revista da Faculdade de Direito da UNL, Edição Especial – Novo Direito da Insolvência*, Almedina, 2005, págs. 105-130

BABUS, ANA MARIA, "Essays on Networks: Theory and Applications", in Tinbergen Institute Research Series nr. 424, 2008, disponível em http://repub.eur.nl /pub/12680 [acedido em 13.09.2015]

BALDI, MARIANA e LOPES, FERNANDO DIAS, "Rede – forma híbrida ou nova forma?", in *Revista Portuguesa e Brasileira de Gestão*, v.1 nº 3, out./dez., 2002, págs. 32-48

BALESTRIN, ALSONES e VARGAS, LILIA MARIA, "A Dimensão Estratégica das Redes Horizontais de PMEs: Teorizações e Evidências", in *Revista de Administração Contemporânea*, Edição Especial 2004, págs. 203-227, disponível em http://www.redalyc.org/articulo.oa?id=84009511 [acedido em 13.09.2015]

BARCELLOS, PAULO; BORELLA, MARGARETH, PERETTI, JUCELDA e GALELLI, ADEMAR, "Insucesso em redes de cooperação: Estudo multicasos", in *Revista Portuguesa e Brasileira de Gestão*, 2012, vol.11, n. 4, págs. 49-57

BARTOLI, FRANCESCA; FERRI, GIOVANNI; MURRO, PIERLUIGI e ROTONDI, ZENO, "Enterprise Networks, Firm Performance and Bank-Firm Relationships", Jul. 30, 2012, disponível em SSRN: http://ssrn.com/abstract=2119931 [acedido em 13.09.2015]

BENIGNO-WISSKIRCHEN, RENATA, *O Desempenho da Rede Europeia da Concorrência – REC – e seus Membros no Processo de Modernização do Controlo da Concorrência na União Europeia*, Faculdade de Direito da Universidade do Porto, 2010, disponível em www.cije.up.pt/download-file/1025 [acedido em 13.09.2015]

BENSON, J. KENNETH "The Interorganizational Network as a Political Economy", in *Administrative Science Quarterly*, Vol. 20, No. 2 (Jun., 1975), Sage Publication Inc, págs. 229-249

BENTIVOGLI, CHIARA; QUINTILIANI, FABIO e SABBATINI, DANIELE, "Le reti di imprese" (22 de Fevereiro de 2013), in *Questioni di Economia e Finanza*, Bank of Italy Occasional Paper N. 152, disponível em SSRN: http://ssrn.com/abstract=2243585 [acedido em 13.09.2015]

BERNINI, EDOARDO; BEVILACQUA, GUIDO; BREDARIOL, EVA; BULLO, LORENZA; CASALINI, CRISTIANO; CLARIZIO, GIULIA; FIETTA, GIUSEPPE; TODESCHINI, ANDREA PREMUDA e TRENTIN, DIEGO, "Linee guida per i contratti di rete", Mar. 2012, in *Manuale di buone pratiche, costituzione e gestione di una rete d'impresa*, no âmbito do Programma di cooperazione transfrontaliera italia-francia marittimo, 2014, disponível em http://www.cersaa.it [acedido em 18.09.2015]

BERTAGNIN, ROBERTA, *Il contratto di rete: una nuova opportunità di crescita per le nostre imprese*, Università Degli Studi di Padova, 2012, disponível em http://tesi.cab.unipd.it/41606/1/tesi_Roberta _Bertagnin_MED.pdf [acedido em 13.09.2015]

BIANCA, MIRZIA, "Il modelo normativo del contratto di rete. Nuovi spunti di riflessione sul rapporto tra soggettività giuridica e autonomia patrimoniale" in *Il contratto di rete per la crescita delle imprese*, FABRIZIO CAFAGGI, PAOLA IAMICELI e GIAN MOSCO DOMENICO (Dir.), Quaderni di Giurisprudenza Commerciale, Giuffrè Editore, 2012, págs. 41-64

BÖHNER, REINHARD, "Asset-sharing in franchise networks: the obligation to pass on network benefits" in *Networks Legal issues of multilateral co-operation*, Ed. MARC AMSTUTZ e GUNTHER TEUBNER, Hart Publishing, Oxford and Portland, Oregon, 2009, págs. 153-183

BRANDNER, STEFAN, *Integriertes Produktdaten- und Prozeßmanagement in virtuellen Fabriken*, Herbert Utz Verlag, 2000, disponível em http://www.iwb.tum.de/iwbmedia/ Brandner.pdf [acedido em 13.09.2015]

BREDARIOL, EVA, *Regole di imputazione e responsabilità patrimoniale nelle reti d'impresa*, Università degli Studi di Padova, 2014, disponível em http://paduaresearch.cab.unipd.it/6563/1/bredariol_eva_tesi.pdf [acedido em 13.09.2015]

BROWNSWORD, ROGER, "Network contracts revisited", in *Networks Legal issues of multilateral co-operation*, Ed. MARC AMSTUTZ e GUNTHER TEUBNER, Hart Publishing, Oxford and Portland, Oregon, 2009, págs. 31-52

BRUSCO, SEBASTIANO, *The Emilian model: productive decentralisation and social integration*, Cambridge Journal of Economics 1982, 6, págs. 167-184

BUXBAUM, RICHARD M., "Is 'Network' a Legal Concept?", 149/4, Journal of Institutional and Theoretical Economics, 1993, págs. 698-705

CABALEIRO CASAL, M. JOSÉ, "Redes de empresas: propuesta de crecimiento externo para las sociedades cooperativas", in *Revesco. Revista de Estúdios Cooperativos*, Num. 74, 2001, págs. 7-22

CAFAGGI, FABRIZIO, "Conclusioni", *Il contratto di rete – Commentario*, a cura di FABRIZIO CAFFAGI, il mulino, 2009, págs. 143-152

CAFAGGI, FABRIZIO, *Contractual Networks and the Small Business Act: Towards European Principles?*, EUI Working Papers Law 2008/15 European University Institute, disponível em http://cadmus.eui.eu/bitstream/handle/1814/8771/

LAW_2008_15.pdf?sequence=1 [acedido em 13.09.2015]

Cafaggi, Fabrizio, "Il contratto di rete nella prassi, prime riflessioni", disponível em http://www.inretesipuo.it/pdf/ContrattoRete.pdf [acedido em 15.09.2015]

Cafaggi, Fabrizio, "Il Contratto di Rete nelle prassi. Verso il consolidamento", in *Il contratto di rete per la crescita delle imprese*, Fabrizio Cafaggi, Paola Iamiceli e Gian Mosco Domenico (Dir.), Quaderni di Giurisprudenza Commerciale, Giuffrè Editore, 2012, págs. 115-152

Cafaggi, Fabrizio, "Il governo della rete: modelli organizzativi del coordinamento inter-imprenditoriale", in *Reti di imprese tra regolazione e norme sociali – Nuove sfide per diritto ed economia*, Fabrizio Cafaggi (coord.), il mulino prismi, 2004, págs. 57-124

Cafaggi, Fabrizio, "Lungo il sentiero di una ricerca", in *Reti di imprese tra crescita e innovazione organizzativa. Riflessioni da una ricerca sul campo*, Fabrizio Cafaggi e Paola Iamiceli, Bologna, Il Mulino, 2007, págs. 31-66

Caffagi, Fabrizio, "Redes contractuales y teoria contractual: uma agenda de investigación para un derecho contractual europeo", in *Nuevas Perspectivas del Derecho de Redes Empresariales*, Director Juan Ignacio Ruiz Peris, Tirant lo blanch, Valência 2012, págs. 25-71

Caffagi, Fabrizio, "Reti Contrattuali e contratti di rete: ripensando il futuro", in *Reti di imprese tra crescita e innovazione organizzativa. Riflessioni da una ricerca sul campo*, Fabrizio Cafaggi e Paola Iamiceli, Bologna, Il Mulino, 2007, págs. 413-448

Caffagi, Fabrizio, "Rete di imprese, Il nuovo contratto di rete: "Learning by doing"?", *I contratti* 12/2010, págs. 1143-1154

Cafaggi, Fabrizio, "Reti di imprese, spazi e silenzi regolativi", in *Reti di imprese tra regolazione e norme sociali – Nuove sfide per diritto ed economia*, Fabrizio Cafaggi (coord.), il mulino prismi, 2004, págs. 1-54

Cafaggi, Fabrizio, *Il contratto di rete: uno strumento per la crescita?* (2009), disponível em www.nelmerito.com [acedido em 13.09.2015]

Cafaggi, Fabrizio e Ferrari, Chiara ,"La responsabilità della rete verso i terzi", in *Il contratto di rete – Commentario*, a cura di Fabrizio Caffagi, il mulino, 2009, págs. 111-142

Caffagi, Fabrizio e Iamicelli, Paola (Eds.), *Inter-firm networks in the european wine industry*, EUI Working Papers, Law 2010/19, Department of law, disponível em http://cadmus.eui.eu/bitstream/handle/1814/15654/LAW_2010_19_rev.pdf? sequence=5 [acedido em 13.09.2015]

Cafaggi, Fabrizio e Iamiceli, Paola, "Le Reti Produttive: Spunti Riconstruttivi da Un'Indagine Empirica", in *Reti di imprese tra crescita e innovazione organizzativa. Riflessioni da una ricerca sul campo*, Bologna, Il Mulino, 2007, págs. 333-367

Cafaggi, Fabrizio e Iamiceli, Paola, *Private Regulation and Industrial Organisation: The Network Approach* (July 1, 2012), EUI Working Papers LAW No. 2012/21, disponível em SSRN: http://ssrn.com/abstract=2168729, g/10.2139/ssrn.2168729 [acedido em 13.09.2015]

Caffagi, Fabrizio e Iamiceli, Paola, "Redes empresariales en la industria europea del vino", in *Nuevas Perspectivas del Derecho de Redes Empresariales*, Director Juan Ignacio Ruiz Peris, Tirant lo blanch, Valência 2012, págs. 597-675

Cafaggi, Fabrizio e Iamiceli, Paola, "Reti di imprese e modelli di governo inter-imprenditoriale: analisis comparativa e prospettive di approfondimento", in *Reti di imprese tra crescita e innovazione organizzativa. Riflessioni da una ricerca sul campo*, FABRIZIO CAFAGGI e PAOLA IAMICELI, Bologna, Il Mulino, 2007, págs. 279-331

CAFAGGI, FABRIZIO; IAMICELI, PAOLA e DOMENICO, GIAN MOSCO, "Prime evidenze sui contratti di rete (2010-2011)", in *Il contratto di rete per la crescita delle imprese*, FABRIZIO CAFAGGI, PAOLA IAMICELI e GIAN MOSCO DOMENICO (Dir.), Quaderni di Giurisprudenza Commerciale, Giuffrè Editore, 2012, págs. xvii-xlv

CAFAGGI, FABRIZIO; IAMICELI, PAOLA e DOMENICO, GIAN MOSCO, "Reti e crescita imprenditoriale", in *Il contratto di rete per la crescita delle imprese*, FABRIZIO CAFAGGI, PAOLA IAMICELI e GIAN MOSCO DOMENICO (Dir.), Quaderni di Giurisprudenza Commerciale, Giuffrè Editore, 2012, págs. ix-xv

CAFAGGI, FABRIZIO e GOBBATO, MARCO, "Rischio e responsabilità nella rete", in *Il contratto di rete – Commentario*, a cura di FABRIZIO CAFFAGI, il mulino, 2009, págs. 91-109

CALDAS, PATRÍCIA TRINDADE; VASCONCELOS, ANA CECÍLIA FEITOSA DE; CÂNDIDO, GESINALDO ATAÍDE, "Tipologia de redes, estratégia e inserção competitiva: um estudo em um consórcio de empresas de base tecnológica", in *Revista Gestão Industrial*, v. 3, nº 4 (2007), págs. 13-26

CALZOLAIO, ELENA; D'ALVIA, FULVIO; MARCO, PAOLO DI; RULLANI, FRANCESCO e TRONCI, MASSIMO, "Il Management delle Reti d'Impresa, dalla costituzione alla gestione operativa", Retimpresa, Fev. 2013, in AAVV., *Manuale di buone pratiche, costituzione e gestione di una rete d'impresa*, no âmbito do Programma di cooperazione transfrontaliera italia-francia marittimo, 2014, disponível em http://www.cersaa.it [acedido em 13.09.2015]

CAMPOS, DIOGO LEITE DE, "Dos contratos de relação às relações de associação", in *Revista da Ordem dos Advogados*, Ano 70 – Vol. I/IV – 2010, págs. 193-218, disponível em www.oa.pt [acedido em 16.09.2015]

CAMPOS, JOÃO MOTA DE e CAMPOS, JOÃO LUIZ MOTA DE, *Manual de direito europeu: o sistema institucional, a ordem jurídica, o ordenamento económico da União Europeia*, Coimbra Editora, 6ª ed., 2010

CÂNDIDO, GESINALDO ATAÍDE, *Factores críticos de sucesso no processo de formação, desenvolvimento e manutenção de redes interempresariais do tipo agrupamento industrial entre pequenas e médias empresas: um estudo comparativo de experiências brasileiras*, disponível em inscricao.egc.ufsc.br/EmProducao /igti.ufsc.br/jos_institucional/ images/teses/ Fatores_Cr%C3%A Dticos_de_Sucesso.pdf [acedido em 13.09.2015]

CÂNDIDO, GESINALDO ATAÍDE, "A formação de redes interorganizacionais como mecanismo para geração de vantagem competitiva e para promoção do desenvolvimento regional: o papel do estado e das políticas públicas neste cenário", in *REAd – Revista Eletrônica de Administração* – Edição 28 Vol. 8 No. 4, jul-ago 2002, disponível em http://seer.ufrgs.br/index.php/read/ article/view/44129 [acedido em 13.09.2015]

CARBONE, SÉRGIO e D'ANGELO, ANDREA, "De-Qualificazione e Fonti Normative di Disciplina del Contratto di Cooperazione tra Imprese", in *Le joint-ventures, Profili Giuridici e Modelli Contrattuali, Istituto per lo Studio e la Diffudione dell'Arbitrato e del Diritto del Commercio Internacionale*, AAVV, EGEA, 1997.

Carvalho, Catarina Nunes de Oliveira, *Da dimensão da empresa no direito do trabalho: consequências práticas da dimensão da empresa na configuração das relações laborais individuais e colectivas*, Coimbra Editora, 2011, pág. 900

Carvalho, Jorge Morais, *Os Contratos de Consumo, Reflexão sobre a Autonomia Privada no Direito do Consumo*, 2011, disponível em http://run.unl.pt/bitstream/10362/6196/1/Carvalho_2011.pdf [acedido em 13.09.2015]

Carvalho, Maria Miguel, "Marcas colectivas – breves considerações", Sep. de Estudos em homenagem ao Prof. Doutor Manuel Henrique Mesquita, Coimbra Editora, 2008, págs. 215-249

Castells, Manuel, "Sociedade em rede – do conhecimento à política", in *Sociedade em rede – Do conhecimento à acção política*, Organizado por Manuel Castells e Gustavo Cardoso, Imprensa Nacional Casa da Moeda, http:// www.cies.iscte.pt/destaques/documents/Sociedade_em_Rede_CC.pdf [acedido em 13.09.2015]

Castells, Manuel e Himanen, Pekka, *The information society and the welfare state. The finish state*, Oxford University Press, 2002

Cavallaro, Giuseppe, "La rete e i patrimoni destinati", in *Il contratto di rete per la crescita delle imprese*, Fabrizio Cafaggi, Paola Iamiceli e Gian Mosco Domenico (Dir.), Quaderni di Giurisprudenza Commerciale, Giuffrè Editore, 2012, págs. 251-260

Cavallaro, Giuseppe, "The Network and Capital Allocation in the Italian Companies", Novembro, 10, 2012), disponível em SSRN: http://ssrn.com/abstract=2188306 [acedido em 15.09.2015]

Cerato, Sandro, "L'evoluzione della «rete»: novita` e precisazioni in mérito alle reti d'impresa e al loro governo", Administrazione & Finanza 7/2011, disponível em http://www.sinthema.it/repository/pubblicazioni/pdf/reti_impresa_7.pdf [acedido em 13.09.2015]

Cerejeira, João, "Identificação dos Distritos Industriais em Portugal", IV Congresso Português de Sociologia, 2000, disponível em http://www.aps.pt/cms/docs_prv/docs/DPR462def3e493fe_1.PDF [acedido em 13.09.2015]

Chenut, Charles-Henry, *Le Contrat de Consortium*, LGDJ, Bibliotheque de Droit Prive, 2003

Chung, Walter W.C.; Yam, Anthony Y.K. e Chan, Michael F.S., "Networked enterprise: A new business model for global sourcing", in *International Journal of Production Economics* 87 (2004), págs. 267-280

Cirianni, Francesco, "La costituzione del contratto di rete: aspetti operativi", in *I contratti di rete, Il Corriere Del Merito*, 1/2010, págs. 25-30, disponível em http://www3.unisi.it/ricerca/dip/dir_eco/RASS%20n.1%20-10.pdf [acedido em 13.09.2015]

Coelho, Francisco Manuel de Brito Pereira, "Coligação negocial e operações negociais complexas, Tendências fundamentais da doutrina e necessidade de uma reconstrução unitária", in *Boletim da Faculdade de Direito – Volume Comemorativo*, Universidade de Coimbra, 2003, págs. 233-268

Collins, Hugh, "Introduction: the research agenda of implicit dimensions of contracts", in *Implicit dimensions of contract, Discrete, relational and network contracts*, Ed. David Campbell, Hugh Collins e John Wightman, European Private Law Theory, Hart

Publishing, Oxford and Portlend, Oregon, 2003, págs. 1-24

Collins, Hugh, "Introduction to Networks as Connected Contracts", *Networks as connected contracts*, Hart Publishing, Oxford and Portland, Oregon, International Studies in the Theory of private law 2011, págs. 1-72

Collins, Hugh, "The weakest link: legal implications of the network architecture of supply chains" in *Networks Legal issues of multilateral co-operation*, Ed. Marc Amstutz e Gunther Teubner, Hart Publishing, Oxford and Portland, Oregon, 2009, págs. 187-210

Cordeiro, António Menezes, Anotação ao artigo 406º, *Código das Sociedades Comerciais Anotado* (Coord. António Menezes Cordeiro), Códigos Anotados da Clássica de Lisboa, págs. 986-990, Almedina, 2009

Cordeiro, António Menezes, "Do Contrato de Franquia («Franchising»): Autonomia Privada versus Tipicidade Negocial", in *Revista da Ordem dos Advogados*, ano 48, Vol. I, págs. 63-84

Correia, A. Ferrer, *Lições de Direito Comercial, Vol. II, Sociedades Comerciais, Doutrina Geral*, Universidade de Coimbra, 1968

Costa, Ana Lambelho, *"A subcontratação e as relações individuais de trabalho à luz da actual legislação laboral"*, in *Leiria: Instituto Politécnico de Leiria – Escola Superior de Tecnologia e Gestão, 2012.* Comunicação apresentada no "I Congresso Internacional de Ciências Jurídico-Empresariais, 2009", disponível em https://iconline.ipleiria.pt/bitstream/10400.8/771/1/artigo1.Pdf [acedido em 14.09.2015]

Costa, Ana Isabel Lambelho, *Descentralização produtiva, redes de cooperação empresarial e negociação colectiva. Reflexões a partir da experiência portuguesa*, Tese dout., Fac. Derecho, Univ. Salamanca, 2010, Salamanca: [s.n], 2010, disponível em http://gredos.usal.es/jspui/bitstream/10366/ 83241/1/DDTTS_CostaAI_Descentraliza%C3%A7ao.pdf [acedido em 13.09.2015]

Costa, Ricardo, Anotação ao artigo 84º, in *Código das Sociedades Comerciais em Comentário*, Vol. I, Coord. Jorge M. Coutinho de Abreu, Almedina, 2010, págs. 965-980

Costa, Ricardo e Dias, Gabriela Figueiredo, Anotação ao artigo 64º, in *Código das Sociedades Comerciais em Comentário*, Vol. I, Coord. Jorge M. Coutinho de Abreu, Almedina, 2010, págs. 721-758

Crea, Camilla, *Reti contrattuali e organizzazione dell'attività di impresa*, Publicazioni della Facoltà di Economia e del Dipartimento di Studi Giuridici, Policiti e Sociali, 51, 2008

Cuffaro, Vincenzo, "Contratti di impresa e contratti tra impresa" in *Il Corriere Del Merito*, 1/2010, págs. 5-8, disponível em http://www3.unisi.it/ricerca/dip/dir_eco/ RASS%20n.1%20-10.pdf [acedido em 15.09.2015]

Cunha Carolina, Anotação ao artigo 17º, in *Código das Sociedades Comerciais em Comentário*, Vol. I, IDET, Códigos, Jorge M. Coutinho de Abreu (Coord.), Almedina, 2010, págs. 286-318

Cunha, Carolina, "Concentração de empresas", Anotação ao artigo 36º, in *Lei da Concorrência – Comentário Conimbricense*, Coord. Carolina Cunha, Miguel Gorjão-Henriques, José Luís da Cruz Vilaça, Gonçalo Anastácio, Manuel Lopes Porto, Almedina, 2013, págs. 398-407

Cunha, Paulo Olavo, *Direito das Sociedades Comerciais*, Almedina, 3ª Edição, 2009

CUSA, EMANUELE, "Le società consortili con personalità giuridica: fattispecie e frammenti di disciplina", in *Revista Electrónica de Direito* – Fevereiro 2014 – nº 1, disponível em www.cije.up.pt/revistared [acedido em 13.09.2015]

D'AURIA, MASSIMO, "Dal concetto di rete di imprese al contratto di rete", in *Il Corriere Del Merito*, 1/2010, págs. 17-23, disponível em http://www3.unisi.it/ricerca/ dip/dir_eco/RASS%20n.1%20-10.pdf [acedido em 13.09.2015]

DAINTITH, TERENCE, "Mixed public--private networks as vehicles for regulatory policy, comments of the chapter by Andreas Abegg", *Networks Legal issues of multilateral co-operation*, Ed. MARC AMSTUTZ e GUNTHER TEUBNER, Hart Publishing, Oxford and Portland, Oregon, 2009, págs. 291-308

DAMIANO, ANTONIO, "L'organizzazione nella rete", in *Il contratto di rete per la crescita delle imprese*, FABRIZIO CAFAGGI, PAOLA IAMICELI e GIAN MOSCO DOMENICO (Dir.), Quaderni di Giurisprudenza Commerciale, Giuffrè Editore, 2012, págs. 205-250

DEAKIN, SIMON, "The return of the guild? Network relations in historical perspective", in *Networks Legal issues of multilateral co-operation*, Ed. MARC AMSTUTZ e GUNTHER TEUBNER, Hart Publishing, Oxford and Portland, Oregon, 2009, págs. 53-73

DEAKIN, SIMON; LOURENÇO, ANA e PRATTEN, STEPHEN, "No 'third way' for economic organization? Networks and quasi-markets in broadcasting", in *Industrial and Corporate Change*, Volume 18, N. 1, 2009, págs. 51-75

DELPECH, XAVIER, "Interdépendance contractuelle: mise en échec de la clause de divisibilité", 22.05.2013, disponível em http://www.dalloz-actualite.fr [acedido em 16.009.2015]

DESAI, MIHIR A.; FOLEY, C. FRITZ e JR., JAMES R. HINES, "The Costs of Shared Ownership: Evidence from International Joint Ventures" Julho 2002, in *Harvard NOM Working Paper No. 02-29; Harvard Business School Working Paper No. 03-017*, disponível em SSRN: http://ssrn.com/abstract=324123 [acedido em 15.09.2015]

DIAS, RUI PEREIRA, Anotação ao artigo 83º do CSC, in *Código das Sociedades Comerciais em Comentário*, Vol. I, IDET, Códigos, JORGE M. COUTINHO DE ABREU (Coord.), Almedina, 2010, págs. 952-964

DOMINGUES, PAULO DE TARSO, Anotação ao artigo 86º, in *Código das Sociedades Comerciais em Comentário*, Vol. II, IDET, Códigos, JORGE M. COUTINHO DE ABREU (Coord.), Almedina, Almedina, 2011, págs. 26-32

DOMINGUES, PAULO DE TARSO, *Variações sobre o Capital Social*, Almedina, Setembro 2009.

DONATIVI, VINCENZO, *"Contratto di rete, Le reti di imprese: natura giuridica e modelli di governance"*, in *Le Società* 12/2011, págs. 1429-1443

DRUEY, JEAN NICOLAS, "The path of the law – the difficult access of networks", *Networks Legal issues of multilateral co-operation*, Ed. MARC AMSTUTZ e GUNTHER TEUBNER, Hart Publishing, Oxford and Portland, Oregon, 2009, págs. 87-99

DUARTE, DIOGO PEREIRA, *Aspectos do levantamento da personalidade colectiva nas sociedades em relação de domínio. Contributo para a determinação do regime da empresa plurissocietária*, Almedina, 2007

DUARTE, RUI PINTO, "Formas Jurídicas da Cooperação entre Empresas", in *Direito das Sociedades em Revista*, Ano 2, Vol. 4, Setembro 2010, págs. 137-157

DUARTE, RUI PINTO, *Tipicidade e Atipicidade dos Contratos*, Coimbra, Almedina, 2000

ECHEBARRIA SÁENZ, JOSEBA A., *El contrato de franquicia – definición y conflictos en las relaciones internas*, McGraw-Hill, Madrid, 1995

ECHEBARRÍA SÁENZ, JOSEBA A., "Los grupos de coordinación como instrumento de red", in *Nuevas Perspectivas del Derecho de Redes Empresariales*, Director Juan Ignacio Ruiz Peris, Tirant lo blanch, Valência 2012, págs. 249-299

EL-SAYED, M. e JAFFE, J., "A view of telecommunications network evolution", in *Communications Magazine*, IEEE, Vol. 40, Issue: 12, 2002, págs. 74-81

EMIRBAYER, MUSTAFA e GOODWIN, JEFF, "Network analysis, culture and the problem of agency", in The American journal of sociology, vol. 99, nº 6, Maio, 1994, págs. 1411-1454

ENEI, JOSÉ VIRGÍLIO LOPES, "Contratos coligados", in *Revista de Direito Mercantil, Industrial, Econômico e Financeiro*, 132, Ano XLII (outubro-dezembro/2003), Malheiros Editores, págs. 412-438

ESPOSITO, MATTIA, "Distretti e reti d'imprese", 2009, disponível em http://www.eurosportelloveneto.it/pubblicazioni/DistrettiRetiImprese_versione060309.doc [acedido em 13.09.2015]

ESPOSITO, MATTIA, "Il contratto di rete dopo il c.d. «decreto sviluppo»", in *Revista Ricerche giuridiche*, Vol. I. nº 1; Novembro 2012, págs. 71-114, disponível em http://virgo.unive.it/ecf-workflow/upload_pdf/RG_1.pdf [acedido em 13.09.2015]

ESTACA, JOSÉ NUNO MARQUES, *O interesse da sociedade nas deliberações sociais*, Almedina, 2003

ESTEVAN DE QUESADA, CÁRMEN, "Intercambios de información en las redes empresariales: problemática antitrust", in *Nuevas Perspectivas del Derecho de Redes Empresariales*, Director Juan Ignacio Ruiz Peris, Tirant lo blanch, Valência 2012, págs. 507-529

FARIA, JORGE RIBEIRO DE, *Direito das Obrigações*, Vol. I, Almedina, Coimbra 1990

FERNANDES, LUÍS A. CARVALHO e LABAREDA, JOÃO, *Código da Insolvência e da Recuperação de Empresas Anotado*, Quid Iuris, Lisboa 2008

FERRARIO, ALBERTO ALFREDO e SCAPPINI, LUIGI, "Aspetti giuridici e fiscali delle reti di impresa strumenti aggregativi per lo sviluppo delle imprese", in *Bollettino Tributario d'Informazioni*, 2013, n. 15/16, Bollettino Tributario, 1143-1150

FERRI, GIUSEPPE, *Manuale di Diritto Commerciale*, a cura di CARLO ANGELICI e GIOVANNI B. FERRI, UTET Giuridica, 2010

FRADA, MANUEL A. CARNEIRO DA, "Sobre a responsabilidade das concessionárias por acidentes ocorridos em auto-estradas", in *Revista da Ordem dos Advogados*, Ano 2005, Ano 65, Vol. II – Set. 2005, págs. 407-434

FRADA, MANUEL ANTÓNIO DE CASTRO PORTUGAL CARNEIRO DA, *Teoria da Confiança e Responsabilidade Civil*, Almedina, Colecção Teses, 2004

FURTADO, JORGE PINTO, *Manual de Arrendamento Urbano, Vol. II*, Almedina, 4ª Edição, 2008

GARCÍA MACÍAS, ALEJANDRO, "Redes sociales y "clusters" empresariales", in *REDES – Revista hispana para el análisis de redes sociales*, Vol.1, #6, janeiro 2002, disponível em http://revista-redes.rediris.es [acedido em 13.09.2015]

GERALDES, OLINDO, "Conflito de deveres", in *Revista O Direito*, nº 141, 2009 (II), págs. 411-428

GIANI, LEONARDO, "Prime riflessioni sulla crise della «impresa di rete»", in *Il contratto di rete per la crescita delle imprese*, FABRIZIO CAFAGGI, PAOLA IAMICELI e GIAN MOSCO DOMENICO (Dir.), Quaderni di Giurisprudenza Commerciale, Giuffrè Editore, 2012, págs. 291-311

GOBBATO, MARCO, "Allocazione del rischio da inadempimento nelle reti di imprese e nel contratto di rete: problemi e prospettive in un'ottica giuridico-economica", in *Il contratto di rete per la crescita delle imprese*, FABRIZIO CAFAGGI, PAOLA IAMICELI e GIAN MOSCO DOMENICO (Dir.), Quaderni di Giurisprudenza Commerciale, Giuffrè Editore, 2012, págs. 261-290.

GOMES, FÁTIMA, "As «tracking stocks» como categoria de acções e a sua compatibilidade com o ordenamento jurídico português", in *Direito das Sociedades em Revista*, Setembro de 2010, ano 2, Vol. 4, Semestral, Direcção PEDRO PAIS DE VASCONCELOS, J. COUTINHO DE ABREU, R. PINTO DUARTE, Almedina, págs. 75-113

GOMES, JÚLIO, *Direito do Trabalho, Vol. I – Relações Individuais de Trabalho*, Coimbra Editora, 2007

GÓMEZ ASENSIO, CARLOS, "El concepto de red en la reforma de la Ley de Auditoria", in *Nuevas Perspectivas del Derecho de Redes Empresariales*, Tirant lo blanch, Valência 2012, págs. 319-341

GÓMEZ ASENSIO, CARLOS, "Los deberes fiduciários como instrumento para la gobernanza de una red de distribución", in *Claves del derecho de redes empresariales, Business Networks Law Keys*, Juan Ignacio Ruiz Peris (Director), Universitat de València, 2017

GONÇALVES, LUÍS M. COUTO, *Função distintiva da marca*, Almedina, 1999

GONZÁLEZ CASTILLA, FRANCISCO, "El impacto de la intermediación on-line en el marco de las redes de distribución", in *Nuevas Perspectivas del Derecho de Redes Empresariales*, Director Juan Ignacio Ruiz Peris, Tirant lo blanch, Valência 2012, págs.375-392

GORJÃO-HENRIQUES, MIGUEL e ANASTÁCIO, CATARINA, "Acordos, práticas concertadas e decisões de associações de empresas", anotação ao artigo 9º, in *Lei da Concorrência – Comentário Conimbricense*, Coord. CAROLINA CUNHA, MIGUEL GORJÃO-HENRIQUES, JOSÉ LUÍS DA CRUZ VILAÇA, GONÇALO ANASTÁCIO, MANUEL LOPES PORTO, Almedina, 2013, págs. 82-108

GRANDORI, ANNA E SODA, GIUSEPPE, *Inter-firm Networks: Antecedents, mechanisms and forms*, Organization Studies 1995, 16/2, Egos, págs. 183-214, disponível em http://alejandrogg.com.mx/temario3/Grandori-coordinacion%20y%20redes.PDF [acedido em 13.09.2015]

GRUNDMANN, STEFAN, "Die Dogmatik der Vertragsnetze", in *Archiv für die civilistische Praxis*, Bd. 207 (2007), Mohr Siebeck, págs. 718-767

GRUNDMANN, STEFAN, "Redes contractuales. Contratos o Sociedades no personificadas", in *Nuevas Perspectivas del Derecho de Redes Empresariales*, Director Juan Ignacio Ruiz Peris, Tirant lo blanch, Valência 2012, págs. 125-158

GUIMARÃES, MARIA RAQUEL DE ALMEIDA GRAÇA SILVA, *O contrato-quadro no âmbito da utilização de meios de pagamento electrónicos*, Coimbra Editora, 2011

GUINÉ, ORLANDO DINIS VOGLER, "A responsabilização solidária nas relações de domínio qualificado – uma primeira noção sobre o seu critério e limites", in *Revista da Ordem dos Advogados*, ano 66, I, janeiro 2006, disponível em www.oa.pt [acedido em 18.09.2015]

Guiné, Orlando Dinis Vogler, Anotação ao artigo 492º, in *Código das Sociedades Comerciais em Comentário*, Vol. VII, Coord. Jorge M. Coutinho de Abreu, Almedina, 2014, págs. 183-190

Gulati, Ranjay, "Alliances and networks", in *Strategic Management Journal*, Vol. 19, págs. 293-317

Guzzardi, Gaetano, *Il Contratto di Rete*, Università degli Studi di Catania, Março, 2013, Disponível em http://hdl.handle.net/10761/1361 [acedido em 13.09.2015]

Hakansson, Hakan e Johanson, Jan, "Le strategie di cooperazione formale e informale nelle reti industriali internazionali", in *La cooperazione tra imprese, Joint ventures, alleanze tecnologiche ed altre forme di collaborazione per i mercati internazionali*, Ed. Farok J. Contractor e Peter Lorane, Etaslibri, 1990, págs. 453 e ss. (tradução para italiano de *Cooperative strategies in international business*)

Heermann, Peter W., "The status of multilateral synallagmas in the law of connected contracts", in *Networks Legal issues of multilateral co-operation*, Ed. Marc Amstutz e Gunther Teubner, Hart Publishing, Oxford and Portland, Oregon, 2009, págs. 103-118

Heldt, Cordula, "Internal relations and semi-spontaneous order: the case of franchising and construction contracts", in *Networks Legal issues of multilateral co-operation*, Ed. Marc Amstutz e Gunther Teubner, Hart Publishing, Oxford and Portland, Oregon, 2009, págs. 137-152

Henriques, Paulo Alberto Videira, *A desvinculação unilateral ad nutum nos contratos civis de sociedade e de mandato*, Coimbra Editora, 2001

Heras Ballell, Teresa Rodríguez de las, "Aspectos jurídicos de las redes empresariales en internet", in *Nuevas Perspectivas del Derecho de Redes Empresariales*, Director Juan Ignacio Ruiz Peris, Tirant lo blanch, Valência 2012, págs. 393-435

Hoffmann, Valmir Emil; Molina-Morales, F. Xavier; Martínez-Fernández, M. Teresa, "Redes de Empresas: Proposta de uma Tipologia para Classificação Aplicada na Indústria de Cerâmica de Revestimento", in *Revista de Administração Contemporânea*, 1a. Edição Especial 2007, disponível em http://www.scielo.br/pdf/rac/v11nspe1/a06v1ns1.pdf [acedido em 14.09.2015]

Hofstede, Gert Jan, "Transparency in netchains", WU Information Technology Group, págs. 17-29, Disponível em http://www.paceth.com/ibus/HofstedeTrustTransp.pdf [acedido em 13.09.2015]

Hutter, Michael e Teubner, Gunther, "The parisitic role of hybrids", in *Journal of Institutional and Theoretical Economics* (JITE), 149/4 (1993), págs. 706-715

Iamiceli, Paola, "Contratto di rete, fondo comune e responsabilità patrimoniale", in *Il contratto di rete – Commentario*, a cura di Fabrizio Caffagi, il mulino, 2009, págs. 63-89

Iamiceli, Paola, "Il coordinamento della filiera produttiva tra collegamento negoziale e contratti de rete", in *Il contratto di rete per la crescita delle imprese*, Fabrizio Cafaggi, Paola Iamiceli e Gian Mosco Domenico (Dir.), Quaderni di Giurisprudenza Commerciale, Giuffrè Editore, 2012, págs. 315-345

Iamiceli, Paola, "Le reti di imprese: Modelli contrattuali di coordinamento", in *Reti di imprese tra regolazione e nome sociali – Nuove sfide per diritto ed economia*, a cura di Fabrizio Cafaggi, il mulino prismi, 2004, págs. 125-175

Ibba, Carlo, "Contratto di rete e pubblicità delle imprese (con qualche divagazione in tema di soggettività)", in *Orizzonti del diritto commerciale, Rivista Telematica*, 2014, 3, disponível em http://rivistaodc.eu/media/42566/ibba.pdf [acedido em 13.09.2015]

Ireland, Paddy, "Recontractualising the corporation; implicit contract as ideology", in *Implicit dimensions of contract, Discrete, relational and network contracts*, Ed. David Campbell, Hugh Collins e John Wightman, European Private Law Theory, Hart Publishing, Oxford and Portlend, Oregon, 2003, págs. 255-288

Kenicke, Pedro Henrique Gallotti, "A causa e a coligação contratual brasileira: Referência da noção causalista em contratos coligados e a aplicação destes na jurisprudência", 2012, disponível em http://www.academia.edu/ 3722723/A_causa_e_a_coligacao_contratual [acedido em 13.09.2015]

Kim, Tai-Young; Oh, Hongseok e Swaminathan, Anand, "Framing Interorganizational network change: a network inertia perspective", in *The Academy of Management Review*, Julho, 2006, Vol. 31, nº 3, págs. 704-720

Kjaer, Poul F., "Embeddedness through Networks: A Critical Appraisal of the Network Concept in the Oeuvre of Karl-Heinz Ladeur", in *German Law Journal, Review of Development in German, European and International Jurisprudence, Special Issue The Law of the Network Society A Tribute to Karl-Heinz Ladeur*, Vol.10 No. 04, Abril 2009, págs. 483-499

Kleck, Véronique, *Sociétés en Réseaux et Gouvernance*, Numérique & Cie, Éditions Charles Léoplod Mayer, 2006

Konder, Carlos Nelson, *Contratos conexos. Grupos de Contratos, Redes Contratuais e Contratos Coligados*, Renovar, 2006

Langner, Sabine Johanna, "Tracking Stocks", Fevereiro, 2002, disponível em http://ssrn.com/abstract= 302173 [acedido em 15.09.2015]

Lazzarini, Sergio G.; Chaddad, Fabio R. e Cook, Michael L., "Integrating supply chain and network analysis: The study of netchains", in *Journal on Chain and Network Science*, Vol. 1, Nr. 1 / Junho 2001, págs. 7-22

Leitão, Luís Manuel Teles de Menezes, *Direito da Insolvência*, Almedina, 4ª Edição, 2012

Lima, Pires de e Varela, Antunes, *Código Civil Anotado*, vol. I, Coimbra Editora, 1987

Lobo, Carlos Baptista, *Sectores em Rede: Regulação para a Concorrência – Enquadramento Jurídico-Económico das Redes Físicas (Telecomunicações, Energia e Transportes) e das Redes Virtuais*, Almedina, 2009

Lopes, Fernando Dias e Baldi, Mariana, "Redes como perspectiva de análise e como estrutura de governança: uma análise das diferentes contribuições", in *Revista de Administração Pública* 43(5), Set./Out. 2009, págs. 1007-1035

Lopes, Fernando Dias e Baldi, Mariana, "Rede – forma híbrida ou nova forma?", in *Revista portuguesa e brasileira de gestão*, v.1 n 3, out./dez., 2002, págs. 32-48

Lopes, J. Seabra, *Direito dos Registos e do Notariado*, Almedina, 5ª Edição, 2009

Lopreiato, Salvatore, "Programa comune di rete ed efficacia normativa variabile", in *Il contratto di rete per la crescita delle imprese*, Fabrizio Cafaggi, Paola Iamiceli e Gian Mosco Domenico (Dir.), Quaderni di Giurisprudenza Commerciale, Giuffrè Editore, 2012, págs. 155-180

LORENZ, EDWARD H., "Neither Friends nor Strangers: Informal Networks of Subcontracting in French Industry", in Gambetta, Diego (ed.) *Trust: Making and Breaking Cooperative Relations*, electronic edition, Department of Sociology, University of Oxford (2000), págs. 194-210, disponível em http://www. sociology.ox.ac.uk/papers/lorenz194-210.pdf [acedido em 13.09.2015]

LORENZETTI, RICARDO LUÍS, *Tratado de Los Contratos – Tomo I*, Rubinal – Culzon, Editores, Buenos Aires

LOURENÇO, ANA e CASAROSA, FEDERICA, "Inter-firm networks in the portuguese wine industry: the case of the douro region", in *Inter-firm networks in the european wine industry*, EUI Working Papers, Law 2010/19, Department of law, págs. 54-70, disponível em http://cadmus.eui.eu/ [acedido em 15.09.2015]

MACHADO, J. BAPTISTA, *Introdução ao Direito e ao Discurso Legitimador*, Almedina, Coimbra, 1983

MACHADO, JÓNATAS EDUARDO MENDES, *Direito da União Europeia*, Coimbra Editora, 2ª Ed., 2014

MACHADO, RICARDO ANDRÉ; DOTTO, DALVA MARIA RIGHI e WITTMANN, MILTON LUIZ, "Redes de cooperação: um relato da implantação de uma rede de comércio varejista de alimentos do Rio Grande do Sul", disponível em www.abepro.org.br/biblioteca/ENEGEP2003_TR0706_0822.pdf [acedido em 13.09.2015]

MACNEIL, IAN R., "Relational Contract: What We Do and Do Not Know", in *Wisconsin Law Review* 483 (1985), págs. 483-526

MARASÀ, GIORGIO, "Contratti di rete e consorzi", in *I contratti di rete*, Il Corriere Del Merito, 1/2010, págs. 9-12 disponível em http://www3.unisi.it/ricerca/dip/dir_ eco/RASS%20n.1%20-10.pdf [acedido em 15.09.2015].

MARASÀ, GIORGIO, "La pubblicità dei contratti di rete", in *Orizzonti del diritto commerciale, Rivista Telematica*, 2014, 3, disponível em http://rivistaodc.eu/media/42159/maras__.pdf [acedido em 13.09.2015]

MARQUES, J.P. REMÉDIO, Anotação ao artigo 10º, in *Código das Sociedades Comerciais em Comentário*, Vol. I, IDET, Códigos, JORGE M. COUTINHO DE ABREU (Coord.), Almedina, 2010, págs. 175-222

MARQUES, L.; RIBEIRO, J. A. e SCAPENS, R., "The complementary use of network and bilateral management control mechanisms by a network coordinator: the case of the Aveiro Port Authority", 2010, disponível em http://www.fep.up.pt /conferencias [acedido em 16.09.2015]

MARQUES, MARIA MANUEL LEITÃO, "As Redes de Empresas: Um Desafio ao Direito da Concorrência", in AAVV., *Estudos jurídicos e económicos em homenagem ao Prof. Doutor António de Sousa Franco*, Vol. III, Coimbra Editora, 2006, págs. 177-191

MARQUES, MARIA MANUEL L., *Subcontratação e autonomia empresarial. Um estudo sobre o caso português*, Edições Afrontamento, Centro de Estudos Sociais, 1992

MARQUES, TIAGO JOÃO ESTEVÃO, *Responsabilidade civil dos membros dos órgãos de fiscalização das sociedades anónimas*, Almedina, 2009

MARTÍ MIRAVALLS, JAUME, "Redes de distribución: régimen jurídico de las inversiones", in *Nuevas Perspectivas del Derecho de Redes Empresariales*, Director Juan Ignacio Ruiz Peris, Tirant lo blanch, Valência 2012, págs. 191-225

Martín Aresti, Pilar, "Signos distintivos y redes de distribución", in *Nuevas Perspectivas del Derecho de Redes Empresariales*, Director Juan Ignacio Ruiz Peris, Tirant lo blanch, Valência 2012, págs. 547-572

Martinek, Michael, *Moderne Vertragstypen II.: Franchising, Know-How-Verträge, Management- und Consulting-Verträge*, C.H. Beck, München, 1992

Martinez, Pedro Romano, "Cedência ocasional de trabalhadores – quadro jurídico", in *Revista da Ordem dos Advogados*, Ano 59, Vol. III, Dezembro 1999, págs. 859-870

Martinez, Pedro Romano, *Da cessação do contrato*, Almedina, 2ª Edição, Abril 2006

Martinez, Pedro Romano, *Direito do trabalho*, Almedina, 6ª Edição, 2013

Martinez-Pujalte, Cármen Cerda, "Coordinación empresarial en las redes versus control antitrust: análisis del nuevo Reglamento CE 330/2010 en clave de red", in *Nuevas Perspectivas del Derecho de Redes Empresariales*, Director Juan Ignacio Ruiz Peris, Tirant lo blanch, Valência 2012, págs. 531-546

Mazzeo, Mario, "Nasce il contratto di rete, in *Pavimenti e Superfici Continue*, nº 14, 2009, disponível em http://www.conpaviper.com /intra/upload/articolo/file/16_ nasce__il_contratto_di_rete.pdf [acedido em 18.09.2015]

Menzani, Tito e Zamagni, Vera, Cooperative Networks in the Italian Economy, Enterprise Soc (2010) 11(1), págs. 98-127, disponível em http://www.theholmteam.ca/Menzani+Zamani.Coop.Networks.in.Ital.Econ.pdf [acedido em 13.09.2015]

Miranda, Joana Simões Correia de, *O outsourcing e o modelo atomístico de empresa*, Dissertação de mestrado apresentada à Faculdade de Direito da Universidade de Coimbra, Coimbra, 2006

Miranda, Joana Correia de e Henriques, Sérgio Coimbra, "Riscos de Auto-Revisão e Interesse Pessoal – Contributos para a Compreensão das Ameaças ao Dever de Independência dos Auditores", in *Cadernos do Mercado de Valores Mobiliários*, Comissão do Mercado de Valores Mobiliários, nº 55, Dezembro 2016, págs. 151-166

Mollo, Francesca, *Reti di contratti e reti di imprese*, Università di Bologna, 2012, disponível em http://amsdottorato.unibo.it/4476/1/mollo_ francesca_tesi.pdf [acedido em 13.09.2015]

Monteiro, António Pinto, *Contrato de agência, Anotação*, 6ª Edição, Almedina, Coimbra, Abril 2007

Monteiro, António Pinto, *Contratos de Distribuição Comercial*, Almedina, 2004

Monteiro, Luís Miguel, Anotação ao artigo 101º, in *Código do trabalho anotado*, , Guilherme Machado Dray, Luís Gonçalves da Silva, Pedro Romano Martinez, Joana Vasconcelos, Luís Miguel Monteiro, Pedro Madeira de Brito, Almedina, 8ª Ed., 2009

Morais, Fernando de Gravato, *Contratos de crédito ao consumo*, Almedina, Coimbra, 2007

Morais, Fernando de Gravato, "Proteção do consumidor a crédito na celebração e na execução do contrato", in *Revista Electrónica de Direito* – Fevereiro 2014 – nº 1, disponível em www.cije.up.pt/revistared [acedido em 18.09.2015]

Morais, Luís Domingos Silva, *Empresas Comuns – Joint ventures – no direito comunitário da concorrência*, Colecções Teses Almedina, janeiro 2006

MORALEJO MENÉNDEZ, IGNACIO, "El concurso del cabeza de red", in *Nuevas Perspectivas del Derecho de Redes Empresariales*, Director Juan Ignacio Ruiz Peris, Tirant lo blanch, Valência 2012, págs. 343-372

MOSCO, GIAN DOMENICO, "Frammenti ricostruttivi sul contrato di rete", in *Giurisprudenza Commerciale*, I, 2010, págs. 839-863

MOSCO, GIAN DOMENICO, "Il Contratto de Rete dopo la Riforma: Che Tipo!", in *Il contratto di rete per la crescita delle imprese*, FABRIZIO CAFAGGI, PAOLA IAMICELI e GIAN MOSCO DOMENICO (Dir.), Quaderni di Giurisprudenza Commerciale, Giuffrè Editore, 2012, págs. 29-40

MOUZAS, STEFANOS e FORD, DAVID, "Managing relationships in showery weather: The role of umbrella agreements", in *Journal of Business Research*, 2006, vol. 59, 12, disponível em http://impgroup.org/uploads/papers/4730.pdf [acedido em 15.09.2015]

MÜLLE, THOMAS, "Virtuelle Organisation, Konzept, Theoriebasis, Möglichkeiten und Grenzen", Nr. 21 (1997), disponível em http://kops.uni-konstanz.de [acedido em 13.09.2015]

MUSSO, ALBERTO, *Concorrenza ed Integrazione nei Contratti di Subfornitura Industriale*, Dott. A. Giuffrè Editore, 1993

NETO, MÁRIO SACOMANO, *Redes: difusão de conhecimento e controle – um estudo de caso na indústria brasileira de caminhões*, Tese (doutorado) – Departamento de Engenharia de Produção – Universidade Federal de São Carlos, 2004, disponível em http://www.bdtd.ufscar.br [acedido em 13.09.2015]

NETO, MÁRIO SACOMANO; FARAH, OSVALDO ELIAS; GIULIANI, ANTÔNIO CARLOS E PIZZINATTO, NÁDIA KASSOUF, "Redes de micro pequenas e médias empresas", disponível em http://legacy.unifacef.com.br/quartocbs/arquivos/12.pdf [acedido em 14.09.2015]

NETO, PAULO ALEXANDRE, *A integração espacial, economias de rede e inovação: contribuições para uma análise reticular do processo de União Europeia e relacionamento com o sistema envolvente*, Instituto Piaget, 1999, disponível em disponível em http://www.rdpc.uevora.pt/handle/10174/11033 [acedido em 13.09.2015]

NOBRE, DIOGO LEOTE, "A Relevância dos Comportamentos Extra-Laborais em Sede de Justa Causa de Despedimento", in *Revista da Ordem dos Advogados* – Ano 68, Vols. II e III, págs. 923-960

NOHRIA, NITIN, "Is a Network Perspective a Useful Way of Studying Organizations?" In *Networks and Organizations: Structure, Form and Action*, ed. N. NOHRIA e R. C. ECCLES, Boston: Harvard Business School Press, 1992, págs. 1-22.

OLAVE, MARIA ELENA LEÓN e NETO, JOÃO AMATO, "Redes de cooperação produtiva: uma estratégia de competitividade e sobrevivência para pequenas e médias empresas", in Gestão & Produção, v.8, n.3, 2001, págs. 289-303, disponível em http://www.scielo.br/pdf/gp/v8n3/v8n3a06.pdf [acedido em 13.09.2015]

OLIVEIRA, ANA PERESTRELO DE, *Grupos de sociedades e deveres de lealdade – por um critério unitário de solução do "conflito do grupo"*, Almedina, 2012

OLIVEIRA, NUNO MANUEL PINTO, *Princípios de Direito dos Contratos*, Coimbra Editora, 1ª edição, Maio 2011

OLIVIERE, GUSTAVO e ERRICO, PATRICIA, "Contratto di rete e diritto antitrust", *Il contratto di rete per la crescita delle imprese*, FABRIZIO CAFAGGI, PAOLA IAMICELI e GIAN MOSCO DOME-

NICO (Dir.), Quaderni di Giurisprudenza Commerciale, Giuffrè Editore, 2012, págs. 367-376

OMTA, ONNO; TRIENEKENS, JACQUES e BEERS, GEORGE, "The knowledge domain of chain and network science", in *Chain and network science* (2001), págs. 77-85.

ORLANDINI, GIOVANNI, "Diritto del lavoro e regolazione delle reti", in *Reti di imprese tra regolazione e nome sociali – Nuove sfide per diritto ed economia*, a cura di FABRIZIO CAFAGGI, il mulino prismi, 2004, págs. 281-336

OSBORN, RICHARD N. e HAGEDOORN, JOHN, "The institutionalization and evolutionary dynamics of interorganizational alliances and networks", in *Academy of Management Journal*, 1997, Vol. 40, nº 2 Special Research forum on alliances and networks, págs. 261-278

PACE, MASSIMILIANO DI et alia, "La rete di imprese, Istruzioni per l'uso", Dez 2011, in AAVV, *Manuale di buone pratiche, costituzione e gestione di una rete d'impresa*, no âmbito do Programma di cooperazione transfrontaliera italia-francia marittimo, 2014, disponível em http://www.cersaa.it [acedido em 13.09.2015]

PAIS, SOFIA OLIVEIRA, "Princípio da interpretação conforme", in *Princípios fundamentais de direito da União Europeia: uma abordagem jurisprudencial*, coord. SOFIA OLIVEIRA PAIS. Almedina, 2ª ed., 2012, págs. 91-105

PERALES VISCASILLAS, PILAR, "La conclusión del contrato de distribución en lei proyecto de Código Mercantil", in *Claves del derecho de redes empresariales, Business Networks Law Keys*, Juan Ignacio Ruiz Peris (Director), Universitat de València, 2017

PEREIRA, ALBERTO AMORIM, "Contrato de «joint venture» Conceito e Prática", *Revista da Ordem dos Advogados*, ano 48, III, Lisboa, Dezembro 1988, págs. 845-881

PIENTEDOSI, PAOLA, *Il contratto di rete*, Dispensa MAP On-Line nº 5, Maio 201, disponível em http://www.solmap.it/dispensa/Default.aspx?idDispensa=91#Articolo588 [acedido em 13.09.2015]

PINTO, ALEXANDRE MOTA, Anotação ao artigo 212º, in *Código das Sociedades Comerciais em Comentário*, Vol. III, IDET, Códigos, JORGE M. COUTINHO DE ABREU (Coord.), Almedina, 2011, págs. 283-289

PINTO, CARLOS ALBERTO MOTA, *Teoria Geral do Direito Civil*, Coimbra Editora, 3ª Edição, 1996

PINTO, FERNANDO A. FERREIRA, *Contratos de distribuição: da tutela do distribuidor integrado em face da cessação do vínculo*, Universidade Católica Editora, Lisboa 2013.

PINTO, PAULO MOTA, "Aparência de poderes de representação e tutela de terceiros" in *Sep. de Boletim da Faculdade de Direito*, Faculdade de Direito da Universidade de Coimbra, vol. 69, 1993, págs. 587-645

PITA, MANUEL ANTÓNIO, "Contrato de Consórcio", in *Revista de Direito e Estudos Sociais*, XXX, nº 2, págs. 202-231

PORTO, MANUEL LOPES e CALVETE, VICTOR, "Justificação de acordos, práticas concertadas e decisões de associações", anotação ao artigo 10º, in *Lei da Concorrência – Comentário Conimbricense*, Coord. CAROLINA CUNHA, MIGUEL GORJÃO-HENRIQUES, JOSÉ LUÍS DA CRUZ VILAÇA, GONÇALO ANASTÁCIO, MANUEL LOPES PORTO, Almedina, 2013, págs. 109-122

POWELL, WALTER W.; WHITE, DOUGLAS R.; KOPUT, KENNETH W. e OWEN-SMITH, JASON, "Network Dynamics and Field Evolution: The Growth of

Interorganizational Collaboration in the Life Sciences", in *American Journal of Sociology*, Vol. 110, Nr. 4 (Janeiro 2005), págs. 1132-1205

Powell, Walter, "Neither market nor Hierarchy: network forms of organization", in *Research in organizational behaviour*, Vol 12, JAI Press Inc 1990, págs. 295-336

Prazeres, Paula Patrícia Souza dos e Santana, Elaine Alves Silva de, "Conexão contratual: a perspectiva da desconsideração da lei do inquilinato em virtude do reconhecimento da coligação contratual", in *Revista Pesquisas Jurídicas*, Vol. 1, nº 1, Dezembro de 2012, disponível em http://www. revistapesquisasjuridicas.com.br/ojs/index.php/RPJur/article/view/8 [acedido em 13.09.2015]

Priest, George L. , "Rethinking Antitrust Law in an Age of Network Industries (2007), in *Yale Law & Economics Research Paper N. 352,* disponível em SSRN: http://ssrn.com/abstract=1031166 [acedido em 13.09.2015]

Provan, Keith G. e Milward, H. Brinton, "Do Networks Really Work? A Framework for Evaluating Public-Sector Organizational Networks", *Public Administration Review*, Vol. 61, No. 4 (Jul. – Aug., 2001), Blackwell Publishing on behalf of the American Society for Public Administration, págs. 414-423

Ramos, Maria Elisabete, Anotação ao artigo 30º, in *Código das Sociedades Comerciais em Comentário*, Vol. I, IDET, Códigos, Jorge M. Coutinho de Abreu (Coord.), Almedina, 2010, págs. 471-477

Ramos, Maria Elisabete, Anotação ao artigo 36º, in *Código das Sociedades Comerciais em Comentário*, Vol. I, IDET, Códigos, Jorge M. Coutinho de Abreu (Coord.), Almedina, 2010, págs. 543-551

Ramos, Maria Elisabete, Anotação ao artigo 40º, in *Código das Sociedades Comerciais em Comentário*, Vol. I, IDET, Códigos, Jorge M. Coutinho de Abreu (Coord.), Almedina, 2010, págs. 575-587

Redinha, Maria Regina Gomes, "Cedência Ocasional de Trabalhadores – Anotação aos artigos 322º a 329º do Código do Trabalho de 2003", Anotação ao artigo 324º, pág. 5, Working Paper, Faculdade de Direito da Universidade do Porto, 2007, disponível em www.sigarra.up.pt/fdup [acedido em 18.09.2015]

Ribeiro, Joaquim de Sousa, "O Contrato, Hoje: funções e valores" in *Direito dos Contratos, Estudos*, Coimbra Editora, Janeiro 2007, págs. 35-74

Ribeiro, Maria de Fátima, "O contrato de franquia (franchising)", in *Revista de Direito e Justiça*, Vol. XIX, 2005, Tomo I, Revista da Faculdade de Direito da Universidade Católica Portuguesa, págs. 77-127

Ricciuto, Vincenzo, *Struttura e funzione del fenómeno consortile*, Cedam, Saggi e Documenti di Diritto Civile, 6, 1992.

Rodríguez Orejuela, Augusto e Hernández Espallardo, Miguel, La creación de valor y de ventaja competitiva en la red de relaciones de negocios", in *Revista Universidad Eafit*, ano/vol. 39, número 132, Universidade Eafit, Medellín, Colombia, Out/Nov/Dez 2003, págs. 8-22

Rohe, Mathias, *Netzverträge*, Jus Privatum 23, Mohr Siebeck, 1998

Rondelli, Sabrina, "I Contratti collegati: profili interpretazione", in *Europa e Diritto Privato*, Giuffré Editore, ano 2000, Vol. I, págs. 133-160

Ruiz Peris, Juan Ignacio, "Business Networks as a Legal Explanatory Framework", in *Claves del derecho de redes empresariales, Business Networks Law Keys,*

Juan Ignacio Ruiz Peris (Director), Universitat de València, 2017

Ruiz Peris, Juan Ignacio, "Inter-firm networks in the spanish wine industry: the case of the valencian community", in *Inter-firm networks in the european wine industry*, Fabrizio Caffagi e Paola Iamicelli (Eds.), EUI Working Papers, Law 2010/19, Department of law, págs. 72-79, disponível em http:// cadmus.eui.eu/bitstream/handle/18 14/15654/law_2010_19_rev.pdf?sequence=5 [acedido em 15.09.2015]

Ruiz Peris, Juan Ignacio, "Un derecho específico para las redes empresariales", in *Nuevas Perspectivas del Derecho de Redes Empresariales*, Director Juan Ignacio Ruiz Peris, Tirant lo blanch, Valência 2012, págs. 73-124

Sala, Ilenia e Borroni, Andrea, "La partecipazione agli appalti pubblici: profili civilistici e fiscali del contratto di rete", in http://www.osservatorioappalti. unitn.it/, 2012 [acedido em 13.09.2015]

Sánchez Moral, Simón, *Natalidad industrial y redes de empresas en España, El papel de la Ciudad de Madrid*, Ayuntamiento de Madrid, Área de Economia y Participación Ciudanana, 2005, disponível em http://www.madrid.es/UnidadesDescentralizadas/UDCObservEconomico/Monograficos/Natalidad.pdf [acedido em 13.09.2015]

Santaga, Renato, Il «Contratto di Rete» fra (comunione di) impresa e società (consortile)", in *Revista de Diritto Civile*, Ano LVIII, nº 3 Maggio-Giugno 2011, Cedam, Padova, págs. 323-359

Santos, Filipe Cassiano dos, *Direito Comercial Português – Vol. I, Dos actos de comércio às empresas: o regime dos contratos e mecanismos comerciais no direito português*, Coimbra Editora, 2007

Santos, Filipe Cassiano dos, "Transmissão e cessação de contratos comerciais: direito comercial e direito civil nas relações comerciais", in *Nos 20 anos do Código das Sociedades Comerciais. Homenagem aos Profs. Doutores A. Ferrer Correia, Orlando de Carvalho e Vasco Lobo Xavier*, Vol. I, Coimbra Editora, 2007, págs. 283-303

Schiavone, Francesco, "Governance, Reti d' imprese e Distretti industriali: considerazioni metodologiche", 2003, disponível em http://econwpa. repec.org/eps/urb/papers/0401/0401004.pdf [acedido em 13.09.2015]

Scholz, Christian, "Die virtuelle Organisation als Strukturkonzept der Zukunft", Nr. 30, Set. 1994, Universität des Saarlandes, disponível em http://www.orga.uni-sb.de/bibliothek/nr30.pdf [acedido em 13.09.2015]

sciuto, maurizio "Imputazione e responsabilità del contratto di rete (ovvero dell'incapienza del patrimonio separato)", in *Il contratto di rete per la crescita delle imprese*, Fabrizio Cafaggi, Paola Iamiceli e Gian Mosco Domenico (Dir.), Quaderni di Giurisprudenza Commerciale, Giuffrè Editore, 2012, págs. 65-114

sciuto, maurizio, "Imputazione e responsabilita` nel contratto di rete (ovvero dell'incapienza del patrimonio separato)", texto desenvolvido da apresentação do autor no convénio "Le reti di imprese", na Faculdade de Economia da Universidade de Macerata a 21.05.2010, disponível em www.associazionepreite.it [acedido em 15.09.2015]

Silva, Miguel Moura e, *Direito da Concorrência, Uma Introdução Jurisprudencial*, Almedina, 2008

Silva, Pedro Sousa e, *Direito industrial – noções fundamentais*, Coimbra Editora, 2011

STUDNICKI-GIZBERT, DAVIKEN, "Interdependence and the Collective Pursuit of Profits: Portuguese Commercial Networks in the Early Modern Atlantic", in *Commercial networks in the early modern world* Ed. DIOGO RAMADA CURTO, ANTHONY MOLHO, HEC nº 2002/2, EUI Working papers, European University Institute, Department of History and Civilization, págs. 90-120, disponível em http://cadmus.eui.eu/bitstream/id/935/HEC02-02.pdf [acedido em 14.09.2015]

TEUBNER, GUNTHER, «"And if I by Beelzebub cast out Devils,...": An Essay On the Diabolics of Network Failure», in *German Law Journal, Review of Developments in German, European and International Jurisprudence, Special Issue The Law of the Network Society, A Tribute to Karl-Heinz Ladeur*, Vol.10 nº 4, págs. 395-416, disponível em https://www.germanlawjournal.com/pdfs/TOC/pdf_table_of_contents_Vol_10_No_04.pdf [acedido em 13.09.2015]

TEUBNER, GUNTHER, "Coincidentia Oppositorum: Hybrid Networks Beyond Contract and Organization", Festschrift in honour of Lawrence Friedman, Robert Gordon and Mort Horwitz, eds., Stanford University Press, 2006, disponível em SSRN: http://ssrn.com/abstract=876939 [acedido em 13.09.2015]

TEUBNER, GUNTHER, *Das Recht hybrider Netzwerke*, 2001, Univ.-Bibliothek Frankfurt am Main, disponível em http://www.jura.uni-frankfurt.de/42828844/hybride_ netzwerke.pdf [acedido em 13.09.2015]

TEUBNER, GUNTHER, "Hybrid Laws: Constitutionalizing Private Governance Networks" (publicado em Robert Kagan and Kenneth Winston (eds.) Legality and Community, Berkeley Public Policy Press, Berkeley 2002, 311-331, disponível em http://www.jura.uni-frankfurt.de/42852982/ hybrid_law.pdf [acedido em 13.09.2015]

TEUBNER, GUNTHER, *Networks as connected contracts*, International Studies in the Theory of private law, Hart Publishing, Oxford and Portland, Oregon, 2011.

THIERRY, PÉNARD; EMMANUEL, RAYNAUD e STÉPHANE, SAUSSIER, « Théories des contrats et réseaux de franchise », in *Revue française d'économie*, Volume 18, nº 4, 2004, págs. 151-191

THORELLI, HANS B., *Networks: Between Markets and Hierarchies*, Strategic Management Journal, Volume 7, Issue 1 (Jan-Fev, 1986), págs. 37-51

URIBE, RODRIGO MOMBERG, "Linked Contracts: Elements for a General Regulation", In *Linked Contracts*, ILSE SAMOY E MARCO B.M. LOBOS (eds.) Intersentia Publishing Ltd. 2012, UK, págs. 153-163

VALDÉS DAL-RÉ, FERNANDO, "Descentralización productiva y desorganización del derecho del trabajo", in *Revista Universitária de Ciência del Trabajo y Protección Social en Europa*, 1ª Ed. Junho 2002, págs. 43-63, disponível em http://www.ruct.uva.es/pdf/Revista%202/202.pdf [acedido em 13.09.2015]

VARANDA, MARTA PEDRO, "Acção colectiva entre pequenos empresários: uma análise de redes sociais", in *Análise Social*, vol. XLII (182), 2007, págs. 207-230

VARELA, JOÃO DE MATOS ANTUNES, *Das Obrigações em Geral*, Vol. I, Almedina, 1982, 4ª Edição

VASCONCELOS, L. MIGUEL PESTANA DE, *Contrato de Franquia (Franchising)*, Almedina, 2ª Edição, Março 2010, 2ª edição

VASCONCELOS, PAULO ALVES DE SOUSA, *O Contrato de Consórcio no Âmbito dos Contratos de Cooperação Entre Empresas*, Coimbra Editora, 1999

VASCONCELOS, PEDRO PAIS DE, *A participação social nas sociedades comerciais*, Almedina, 2ª Edição, 2006

VASCONCELOS, PEDRO PAIS DE, "Responsabilidade civil do administrador de insolvência", in *II Congresso de Direito da Insolvência*, Coordenação: CATARINA SERRA, Almedina, 2014, págs. 172-187

VENTURA, RAÚL, "Primeiras Notas Sobre o Contrato de Consórcio", in *Revista da Ordem dos Advogados*, ano 41 (Set-Dez de 1981), págs. 609-690

VICIANO PASTOR, JAVIER, "El principio de eficiencia (defesa de la competencia) en el derecho contractual. Los límites a la política comercial de las redes de distribución: ¿eficiencia o ineficiencia?", *Nuevas Perspectivas del Derecho de Redes Empresariales*, Director JUAN IGNACIO RUIZ PERIS, Tirant lo blanch, Valência 2012, págs. 479-505

VIEIRA, FILIPA DIONÍSIO, "Distritos industriais e inovação : o sector dos moldes em Portugal", 2007, disponível em http://hdl.handle.net/1822/7315 [acedido em 13.09.2015]

VIEIRA, FILIPA DIONÍSIO e ROMERO, FERNANDO, "Distritos industriais e inovação : o sector dos moldes em Portugal, Edições INEGI, 2008, disponível em http://hdl.handle.net/1822/19292 [acedido em 13.09.2015]

VIEIRA, JOSÉ ALBERTO, *O Contrato de Concessão Comercial*, Coimbra Editora, 2006

WELLENHOFFER, MARINA, "Third party effects of bilateral contracts within network", in *Networks Legal issues of multilateral co-operation*, Ed. MARC AMSTUTZ E GUNTHER TEUBNER, Hart Publishing, Oxford and Portland, Oregon, 2009, págs. 119-136

WITTMANN, MILTON LUIZ; VENTURINI, TIAGO e NEGRINI, FERNANDO, *Conceituação e importância das redes de empresas*, disponível em www.profwittmann. com/cesao/prod/artigo-wittmann.doc [acedido em 16.09.2015]

WOLF, MANFRED, "The protection of contractual networks against interference by third parties", in *Networks Legal issues of multilateral co-operation*, Ed. MARC AMSTUTZ e GUNTHER TEUBNER, Hart Publishing, Oxford and Portland, Oregon, 2009, págs. 225-240

XAVIER, VASCO LOBO, *Direito Comercial. Sumários*. Ed. Policopiada, Coimbra, 1977-78

ZANELLI, PIETRO, "Reti di impresa dall'economia al diritto, dall'istituzione al contratto" in *Contrato e impresa, Dialoghi com la Giurisprudence Civil e Comercial*, Cedam, nr. 4 e 5 2010 (págs. 951-970) e nr. 3, 2011 (págs. 535-544)

ZANELLI, PIETRO, *Reti e Contratto di Rete*, Cedam, 2012

ZENO-ZENCOVICH, VINCENZO e MEZZANOTTE, FRANCESCO, "Le reti della conoscenza: dall' economia al diritto", in *Il Diritto Dell'informazione e Dell' informatica*, Anno XXIV Fasc. 2 – 2008, Milano – Giuffrè Editore, págs. 141-171, disponível em http://www.giur.uniroma3.it/materiale/docenti/zeno/materiale/Zeno%20 Zencovich-Mezzanotte.pdf [acedido em 13.09.2015]

ZORZI, ANDREA, "Reti di imprese e modelli societari di coordinamento", in *Reti di imprese tra regolazione e norme sociali – Nuove sfide per diritto ed economia*, FABRIZIO CAFAGGI (coord.), il mulino prismi, 2004, págs.177-231

ZYLBERSZTAJN, DECIO e FARINA, ELIZABETH MARIA MERC QUERIDO, *Dynamics of Network Governance: A Contribution to the Study of Complex Forms* (August 18, 2008), REAd: Revista Eletrônica de Administração, Vol. 16, Nº 1, 2010, disponível em SSRN: http://ssrn.com/ abstract=1716302 [acedido em 13.09.2015]

ÍNDICE

II
O ORDENAMENTO JURÍDICO PORTUGUÊS